本报告的出版得到

国家重点文物保护专项补助经费资助

编辑委员会

主　编：丁金龙
副主编：陈军　赵坤元
编　委：（按姓氏笔画）

昆山绰墩遗址

苏州市考古研究所　编著

文物出版社

北京·2011

封面设计　周小玮

责任印制　陈　杰

责任编辑　杨冠华

图书在版编目（CIP）数据

昆山绰墩遗址／苏州市考古研究所编著 . —北京：
文物出版社，2011. 11

　　ISBN 978-7-5010-3315-7

　　Ⅰ . ①昆… 　Ⅱ . ①苏… 　Ⅲ . ①文化遗址－发掘报告－
昆山市　 Ⅳ . ①K878. 05

中国版本图书馆 CIP 数据核字（2011）第 216472 号

昆山绰墩遗址

苏州市考古研究所　编著

*

文 物 出 版 社 出 版 发 行

（北京市东直门内北小街 2 号楼）

http：//www. wenwu. com

E-mail：web@ wenwu. com

北京君升印刷有限公司印刷

新 华 书 店 经 销

889×1194　 1/16 　印张：34.75 　插页：2

2011 年 11 月第 1 版　 2011 年 11 月第 1 次印刷

ISBN 978-7-5010-3315-7 　定价：450. 00 元

Chuodun Site in Kunshan

by

Municipal Cultural Relics Institute of Suzhou

Cultural Relics Press

Beijing · 2011

目　录

插图目录

彩版目录

第一章 概述

第一节 地理环境与历史沿革

　　绰墩遗址地属江苏省苏州昆山市。昆山春秋时期为娄邑，因古娄江贯穿境内而命名，秦始皇统一中国，实行郡县制时为娄县，梁分娄县置信义县，元升昆山县为州，明降州复县，清雍正初分昆山置新阳县，两县同城分治，辛亥革命后昆新两县合并，仍名昆山县至今[①]。其地处江苏省东南部、上海与苏州之间。北至东北与常熟、太仓两市相连，南至东南与上海嘉定、青浦两区接壤，西与吴江、苏州交界。东西最大直线距离33千米，南北48千米，总面积921.3平方千米，其中水域面积占23.1%。昆山境内有娄江，沪宁铁路与高速公路，312国道等交通枢纽连接上海、南京、杭州等大城市（图一）。

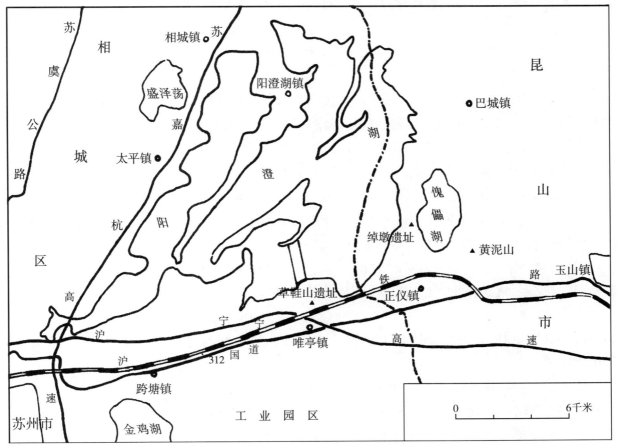

图一　绰墩遗址地理位置图

---

①　《昆新两县续修合志》卷一。

遗址所在的正仪镇（2006 年合并为巴城镇），位于昆山市玉山镇的西部，北衔阳澄、傀儡两湖，与巴城镇城北乡接壤，南濒吴松江、娄江水道、沪宁铁路、沪宁高速横穿镇中。全镇南北长约 11.5 千米，东西宽约 5.5 千米，总面积约 64 平方千米，其中水域面 1730 余万平方米，占总面积的 27%。

正仪镇全境地势平坦，平均海拔 3.46 米，北部湖区具有丰富的水产资源，中部的娄江西接京杭大运河，东达长江。境内河港纵横，气候温和，雨量充沛，盛产水稻、麦、油菜和鱼、虾等水产，尤以阳澄湖大闸蟹著称国内外。

绰墩遗址位于正仪镇北的绰墩山村，地处傀儡湖与阳澄湖之间。在绰墩遗址的中心地带原有一南北长 70、东西宽 30、高 6 米左右的土墩（图二；彩版一）。据《昆山县志》记载：唐玄宗时宫廷艺人黄番绰擅长"参军戏"，死后葬在这里故名绰墩。《中吴纪闻》云，"昆山县西廿里有村曰绰墩，故老相传此黄幡绰之墓。至今村人皆善滑稽及能作三反语"。又："高墟在信义东北六里，高三丈余，四围百步。俗称黄泥山，上有大石，乔松古柏。相传唐高力士葬此。"绰墩山、高墟（黄泥山）分别位于傀儡湖的西、东两侧，可谓远山近水，乃是古代苏州郊外著名景点之一。而绰墩山在 20 世纪 80 年代初，由当地砖厂取土逐渐将土墩夷为平地，现仅剩高墟，位于傀儡湖的东岸黄泥山村，当地称黄泥山，村以山命名，绰墩村亦以墩（山）命名。

第二节　遗址概况与发掘经过

在绰墩村原有一南北长 70、东西宽 30、高 6 米左右的土墩，此为绰墩遗址的中心，往北部至绰墩山路，东至傀儡湖，西至民权村，南至鲁灶浜，为整个遗址范围，总面积约 40 万平方米。遗址中心区域四周环水，面积约 25 万平方米（彩版二，1）。

该遗址于 1961 年 1 月由南京博物院进行太湖地区考古调查时发现。自 1981 年以来，土墩内出土良渚文化时期的兽面纹玉琮、穿孔玉斧和石器等 18 件①。

1982 年 7 月 30 日至 8 月 7 日，南京博物院在昆山县文管会配合下，对遗址进行调查与发掘，发掘面积 111 平方米，发现良渚文化墓葬一座。

1998～2004 年，由南京博物院、苏州博物馆及昆山文物管理所三家合作，先后进行了六次发掘。发掘之前原遗址中心范围的土墩已被砖厂取土全部夷为平地。

第一次发掘：从 1998 年 11 月 7 日开始至 12 月 18 日结束。发掘 10×10 米探方一个（98T0504）、5×10 米探方两个（98T0404、T0503）、5×4 米探方一个（98T0403），合计发掘面积 220 平方米。

第二次发掘：从 1999 年 11 月 8 日开始至 12 月 24 日结束。共计发掘 10×10 米三个（99T0603、T0604、T0704）、扩方 10×2 米（99T0703），发掘面积 320 平方米。

第三次发掘：从 2000 年 10 月 18 日开始至 2001 年 1 月 15 日结束。发掘 10×10 米探方 5 个（20T0701、T0702、T0705、T0706、T2904）、10×5 米探方两个（20T0703、T0707）、5×5

---

① 南京博物院等：《江苏昆山绰墩遗址的调查与发掘》，《文物》1984 年 2 期。

的西南
一个单
的探方
采用 1

范围,
鬼偁湖
北部,

我们
其中
001 年

生第 Ⅱ
米。第
76101、

京师范
入 2003
日～4
二阶段
×10 探
76402、
程中,
部（X
象区两
大约 5
万平方
米，X
代文化
此层

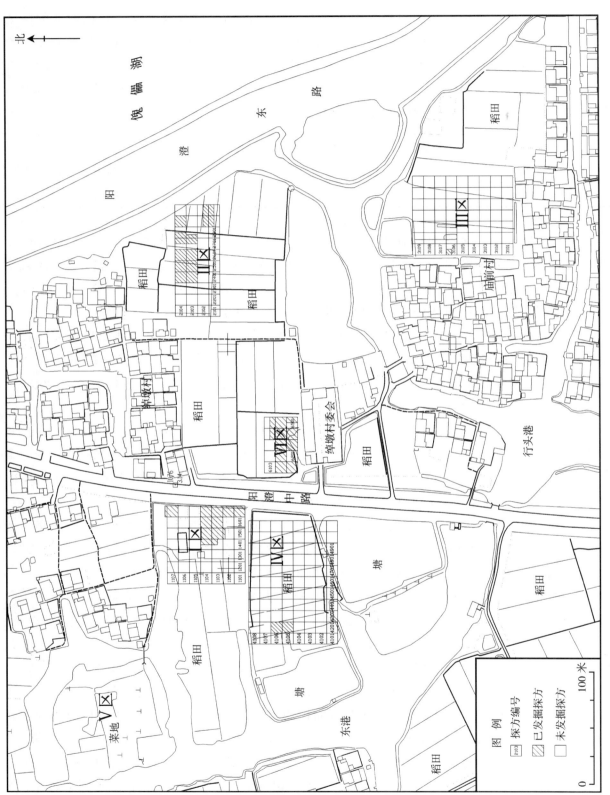

图三　绰墩遗址发掘区与探方分布图

作为标准层，以此来划分较宋代层晚或早的上下文化层年代。

第一至第六次在Ⅰ、Ⅱ、Ⅲ、Ⅳ、Ⅵ五个工作区，共计发掘面积3393平方米（图三），清理发掘新石器时代居住址15处、灰坑81个（附表一），墓葬84座（附表二）、水井11口（附表三）、水田64块（附表四）和河道一条。共出土了陶器、玉石器、骨器等各类文化遗物600多件。另发现东周至马桥时期灰坑85个、水井34口，出土陶器、石器等遗物400多件。还发现汉代水井两口，唐宋时期墓葬10座、灰坑9个、水井37口和河道一条等。

发掘是为了配合当地的建设规划，但是每次发掘我们还是有计划有目的地进行。首次发掘是为了解遗址的堆积与文化内涵；第二、三次发掘主要为了解崧泽文化墓地、马家浜文化墓葬与居住区的分布情况以及遗址的分布范围，并对整个遗址进行了全面钻探调查及初步测绘工作；第四次发掘重点是良渚文化与马桥文化遗存的分布情况；第五、第六次发掘进行多学科合作重点是马家浜文化水稻田及相关课题的研究，同时对遗址边缘区进行钻探调查，确定整个遗址范围，为申报"国保单位"做准备。

第三节　资料整理与报告编写

参加绰墩遗址考古发掘与资料整理的有苏州博物馆、苏州市考古研究所、昆山市文物管理所的考古与文物工作人员。在每一次田野考古发掘工作结束之后，即进行发掘资料的初步整理。2001年下半年，开始进行第一次至第三次发掘资料的汇总，2001年底，开始第四次考古发掘资料的整理工作。2002～2005年，进行了第五、六次发掘资料的整理工作。2008年初开始至2011年进行报告的编写、遗迹与器物绘图等工作，断断续续历时约两年半。参加发掘与资料整理的人员如下。

考古发掘领队为邹厚本、张敏、丁金龙。

主要工作人员为丁金龙、张照根、朱伟峰、张铁军、钱海江、钱松甫、钱桂树、钱发根。

参加出土遗物修复工作的有朱伟峰、钱海江、钱松甫、钱桂树、钱发根。

参加部分发掘与资料整理工作的有王学雷、浦强、王华杰、凌斌、奚彩萍。

遗址发掘野外绘图与本报告插图绘制者为张照根、朱伟峰、王霞、骆瑞阳、张铁军、浦强。

本报告中所附照片为徐耀明拍摄。

本报告所附拓片均为杨舜融拓制。

参加报告编写及具体分工如下。

毛卫敏负责器物描述与制卡；王霞负责第四章文化遗物部分；丁金龙负责第一、二、三、五章以及编写考古报告所涉及的其他部分。2010年下半年至2011年3月，由丁金龙对初稿进行了全面的修改和充实，最后总编纂成文。

本报告所有插图均由王霞重新绘制与编排。

在考古发掘的过程中，我们得到了昆山市人民政府和文化局、正仪镇人民政府、绰墩村领导和群众的关心与支持，特别是第一至第四次发掘的经费全部由昆山市人民政府承担，本次报告的出版经费由国家文物局安排解决，在此谨表深谢。

第二章 地层堆积

在遗址中心区域所划分的 I ~ Ⅵ 六个工作区范围内，地表海拔为 2 米左右。I 区原有一高出地表 6 米左右的土墩，发掘时已夷为平地；Ⅵ区地势较高，起伏落差 2 ~ 2.8 米，其余各区地势都比较平坦。每一区地层都作了统一，地层堆积分区依次介绍如下。

第一节 I 区地层堆积

本区位于通澄公路西侧，原有一南北长 70、东西宽 30、高出地表 6 米的土墩，当地称绰墩山。土墩平整后为旱地，地表海拔高程 2 ~ 2.95 米左右，略高出周围水田，一条小河从该区北面穿过，在本区东面村民建有一座小庙（彩版二，2）。第一至第三次发掘主要在这一区域进行。现以 T0504 北壁剖面、T0703 西壁剖面为例加以说明。

（1）T0504 北壁剖面

第①层：耕土层，夹有原土墩上的黄土。厚 0.10 ~ 0.75 米。出土有较多良渚文化鱼鳍形和丁字形鼎（甗）足、竹节形豆把等。

第②层：分 A、B 两小层。

第②A 层：仅分布在本区东部，本探方不见。

第②B 层：黑灰土，夹黄绿土块。距地表深 0.10 ~ 0.65、厚 0.10 ~ 0.50 米。出土陶片较多，以泥质灰白陶、泥质灰胎黑衣陶及夹炭陶为主。主要器形有折腹盆形鼎、凿形足鼎、粗矮圈足豆等。此层为良渚文化层。在此层下发现 98M1 ~ 98M7、98F1 及 98H1 ~ H16。

第③层：灰黄色土，夹铁锈斑。距地表深 0.25 ~ 0.75、厚 0.20 ~ 1.00 米。出土陶片较多，以泥质灰陶和夹砂褐陶为主，主要器形有折肩折腹罐、釜形扁横足鼎、多阶高把豆、折腹长颈壶等。此层为崧泽文化层。

第④层：分 A、B 两小层。

第④A 层：黄灰色土，土质较硬。距地表深 0.55 ~ 1.05、厚 0.10 ~ 0.30 米。出土陶片较少，以泥质灰陶和夹炭陶为主，另有少量泥质黑皮陶，主要器形有压印纹高颈罐、澄滤器、凹弧形鼎足、鸡冠耳罐等。此层为崧泽文化层。

第④B 层：灰黑色，土质疏松。距地表深 0.70 ~ 1.20、厚 0.15 ~ 0.35 米。出陶片较多，以夹砂红褐陶为主，部分夹砂陶掺蚌末。主要器形有宽横足鼎、牛鼻耳罐、澄滤器、勾敛口高把豆等。此层为崧泽文化层。

第⑤层：黄灰色土，土质较硬。距地表深 0.90 ~ 1.40、厚 0.10 ~ 0.20 米。出土少量陶

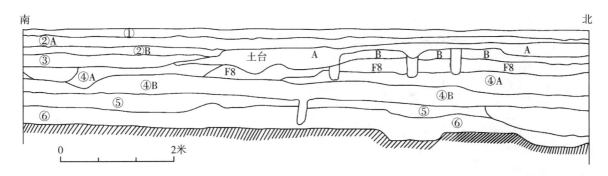

图四 T0703 土台探沟西壁剖面图

片，以泥质红陶和夹砂红陶为主，泥质陶大多施红衣。可辨器形有腰沿釜、牛鼻耳罐、鱼鳍形足鼎等。此层为马家浜文化层。

第⑥层：黑灰色土。土质疏松。距地表深1.05～1.55、厚0.10～0.20米。陶片较少，主要是夹砂红褐陶和泥质红陶。器形仅见鼎、釜。此层为马家浜文化层。

第⑥层下为灰白色生土。

（2）T0703西壁剖面（图四）

第①层：耕土层，黄灰色土。厚0.22～0.60米。

第②层：灰色土，夹铁锰结核块。距地表深0.20～0.60、厚0.15～0.30米。仅分布在探方南部。出土有黑皮陶与灰陶罐，夹砂红褐陶鼎、甗等残片。纹饰仅见凸弦纹。此层为良渚文化层。

此层下压有良渚文化祭台。

第③层：灰黄色土，夹铁锈土颗粒。距地表深0.40～0.90、厚0.10～0.20米。仅分布在探方南部。出土陶片较少，可辨器类有鼎、豆、罐等。此层为崧泽文化层。

第④层：分A、B两小层。

第④A层：黄灰色土，土质较硬。距地表深0.50～0.70、厚0.10～0.35米。分布在探方南部。出土陶片较少，以泥质灰陶和夹炭陶为主，主要器形有澄滤器、凹面足鼎、鸡冠耳罐等。此层为崧泽文化层。此层下有F8。

第④B层：灰黑色土，夹黄土块。距地表深0.70～1.25、厚0.10～0.30米。出陶片较多，以夹砂红褐陶为主，器形有鼎、罐、澄滤器、豆等。纹饰常见附加堆纹、凸棱纹。此层为崧泽文化层。

第⑤层：黄灰色土，土质较硬。距地表深0.95～1.35、厚0.10～0.30米。出土少量陶片，以夹砂陶为主，出现红衣陶。灰陶与黑陶极少。可辨器形有腰沿釜、牛鼻耳罐等。此层为马家浜文化层。

第⑥层：黄灰色土，土质紧密。距地表深1.35～1.45、厚0.20～0.40米。出土陶片较少，主要是夹砂红褐陶和泥质红陶。器形仅见鼎、釜。此层为马家浜文化层。

第⑥层下为黄色生土。

第二节　Ⅱ区地层堆积

本区位于遗址东部傀儡湖西岸，通澄公路东侧；西南与Ⅵ区相连，东南有一大鱼塘；北

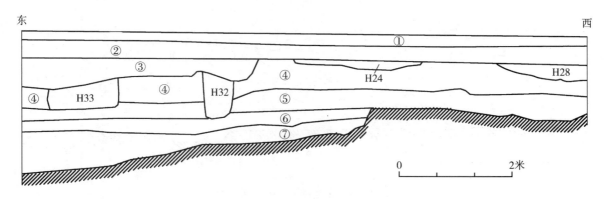

图五　T2904 南壁剖面图

部为村民住宅区。本区内除鱼塘北岸有少量旱田外，其余均为水田。地势平坦，海拔高程
1.50～2.20 米左右（彩版三，1）。现分别以 T2904 南壁剖面与 T2804 西壁剖面为例说明如下。

（1）T2904 南壁剖面（图五）

第①层：耕土层，黄灰色土。厚 0.35～0.44 米。

第②层：灰色土，土质稍硬结。距地表深 0.46～0.52、厚 0.05～0.10 米。出土高圈足瓷
碗底及下层陶片。此层为宋代文化层。

该层下有 H22、H24、H25、H28、H30、J4、J5、J6、J7、J8、J9。

第③层：黑灰色土，夹红烧土粒、黄土块，土质较松。分布在探方东半部。深 0.78～
1.00、厚 0.30～0.50 米。出土陶片 995 片，其中泥质陶片 510 片，夹砂陶片 294 片，印纹硬
陶 175 片，原始瓷片 16 片。器形有罐、豆、盆、等。纹饰有梯格纹、席纹、水波纹、圆圈纹、
曲折纹、方格纹等。此层为东周文化层。该层下有 H31、H32、G3。

第④层：黄灰土，夹红烧土粒、铁锈斑，土质板结。距地表深 0.99～1.38、厚 0.20～
0.50 米，整个探方分布。出土陶片 634 片，其中泥质陶片 522 片，夹烧陶片 41 片，印纹陶片
65 片，原始瓷片仅 6 片。另有砺石 8 块。陶片中能辨认的器形有罐、盆、鼎等。纹饰有弦纹、
篮纹、叶脉纹、绳纹、条格纹等。此层为马桥文化层。该层下有 H34、H35。

第⑤层：黄灰色土，黏性，较细结。主要分布在探方东南大部。距地表深 1.31～1.60、
厚 0.20～0.50 米。出土陶片 1906 片，其中泥质陶片 1561 片，夹砂陶 210 片，印纹硬陶片 134
片，原始瓷片 1 片。泥质陶中有橘红色陶片 167 片，橙黄色陶片 465 片，灰陶片 640 片，黑皮
陶片 21 片，黑陶 268 片。器形有罐、鼎（鼎足分凹足、柱足、刀形足）、豆、盖纽、盆等。纹饰有
绳纹、弦纹、小方格纹、曲折纹等。此层为马桥文化层。该层下有 H23、H26、H27、H29。

第⑥层：深灰色土，夹灰白色泥点，黏性土。距地表深 1.50～1.80、厚 0.20～0.30 米。
主要分布在东部。出土陶片 301 片，其中泥质陶片 253 片，夹砂陶片 30 片，印纹硬陶片 16
片，原始瓷 2 片。器形主要有罐、鼎、豆等。纹饰有绳纹、勾连云雷纹、叶脉纹、篮纹、条
格纹、小方格纹、弦纹等。此层为马桥文化层。

第⑦层：灰黄色土，夹黄土，质较硬。距地表深 1.66～2.53、厚 0.20～0.70 米。出土陶
片极少，仅数片，难分器形与纹饰。此层为马桥文化层。

该层下为黄色生土。

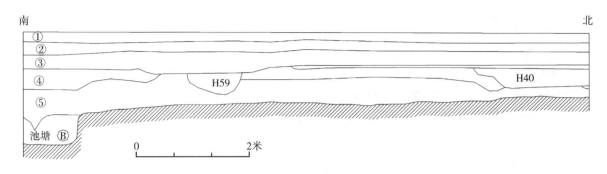

图六　T2804 西壁剖面图

（2）T2804 西壁剖面（图六）

第①层：耕土层，黄灰色土，可分两小层。

①A 层：现代耕作层，土质较松。厚 0.12～0.22 米。

①B 层：70 年代耕作层，土质较密，见有开挖的深沟。厚 0.15～0.88 米。

第②层：黄灰色土。距地表深 0.33～0.42、厚 0.15～0.30 米，出土少量青花瓷片。整个探方分布。此层为明代文化层。该层下有 J10、J11、J13。

第③层：黑灰色土，夹黄土。主要分布在探方的东南与东北部。距地表深 0.55～0.70、厚 0.20～0.35 米左右。出土泥质灰陶 26 片、橙黄陶 16 片、橘红陶 5 片，硬陶 2 片，夹砂陶 20 片，原始瓷 1 片。器形常见印纹硬陶罐、泥质灰陶豆等。此层为战国文化层。该层下有 H36、H37、H38、H39、H40、H41、H44、H48、H59。

第④层：灰黄色土，夹铁锈颗粒。距地表深 0.82～1.01、厚 0.15～0.35 米。整个探方分布，在北部堆积厚达 0.50 米左右。出土陶片 393 片，陶质以灰陶为主有 230 片，另有橙黄陶 70 片，夹砂褐陶 93 片。器形常见罐、豆等。此层为良渚文化层。该层下有 F10、J15、J16、J17、G5、G6。

第⑤层：黄褐色土，夹柱状铁锈条。距地表深 1.13～1.52、厚 0.15～0.50 米。整个探方内分布，西部堆积厚达 0.55 米左右。出土陶片 555 片，其中泥质灰陶有 317 片，黑皮陶 28 片，橙黄陶 61 片，夹砂陶 149 片。常见器形有鼎、甗，另有泥质陶罐、豆、宽把壶等。此层为良渚文化层。该层下有一条河道（代号 CH-1）。

第⑤层下为黄色生土。

第三节　Ⅲ区地层堆积

本区位于遗址的东南，傀儡湖的西南岸，北临小河，南部与西部为居民住宅区。本区内除近河（湖）岸及居住区旁，有少量旱地外，其余均为水田（彩版三，2）。海拔 1.7～2.6 米左右，面积约一万平方米左右。整个地势东高西低，高差 0.80 米左右。发掘区在地势较低靠近西部居民住宅区。现以 T3106 西壁剖面为例加以说明（图七）。

第①层：耕土层，黄灰色土。距地表深 0～0.37、厚 0.32～0.36 米。

第②层：灰色土。距地表深 0.52～0.86、厚 0.14～0.50 米。整个探方分布。出土釉陶

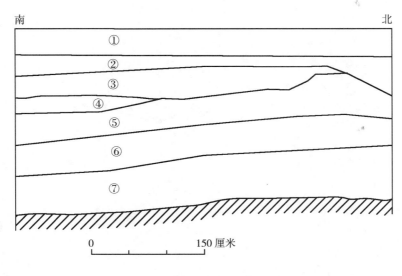

南　　　　　　　　　　　　　　　　　　　　　　　　　　北

0　　　　　　　　150厘米

图七　T3106 西壁剖面图

瓶、高圈足瓷碗底及瓷片、釉陶片。此层为宋代文化层。

第③层：灰褐色土，土质较细软。距地表深 0.59～0.92、厚 0.10～0.40 米。整个探方分布。出土印纹陶罐残片，圆柱形鼎足，黑皮陶乳丁足罐底片等。此层为战国文化层。

第④层：深灰色土，土质较松，含铁锈土。距地表深 0.92～1.10、厚 0.10～0.20 米。主要分布在探方东南部。出土陶片 69 片，以泥质陶和印纹硬陶为主，次为夹砂陶及原始瓷。夹砂陶中能辨认的器形为鼎、釜，泥质陶中主要为黑陶，常见器形有罐、豆。印纹陶中见有罐的底、口片，原始瓷中见有豆、罐、碗、盂等器形残片。纹饰有方格纹、圆点纹、米筛纹、回字纹等。此层为战国文化层。

第⑤层：灰黄色土，土质较硬，内含较多红烧土块，局部表面分布有一层陶片。距地表深 1.12～1.54、厚 0.30～0.50 米。分布在整个探方内。出土陶片 358 片，其中泥质陶 192 片，印纹硬陶 101 片，夹砂陶 41 片，原始瓷 24 片。器形有鼎、豆、罐、碗、盂、澄滤器等。纹饰有圆点纹、米筛纹、方块填线纹、弦纹、席纹等。此层为东周文化层。

第⑥层：黄灰色土，土质较硬，局部呈灰绿色。距地表深 1.53～1.93、厚 0.30～0.50 米。除东南角外，探方内多有分布。出土陶片 96 片，其中泥质陶 63 片，原始瓷 16 片，夹砂陶 10 片，印纹硬陶 6 片。常见器形有鼎、豆、罐等。纹饰有篮纹、小方格纹、圆珠纹、梯格纹、绳纹等。此层为马桥文化层。

第⑦层：深灰色土，土质细腻，似淤积土。距地表深 2.24～2.46、厚 0.50～0.70 米。出土陶片数片，器形仅见夹砂陶盆。另有鹿角 1 个。此层为马桥文化层，下为青灰色生土。

第四节　Ⅳ区地层堆积

本区位于遗址的西南，东北与Ⅰ区相连，南临行头港，西界至西港，北抵小河浜（彩版四，1）。除近河岸旁，有少量旱地外，余均为水田。海拔 2.00 米左右。现以 T4206 东壁剖面为例介绍如下（图八）。

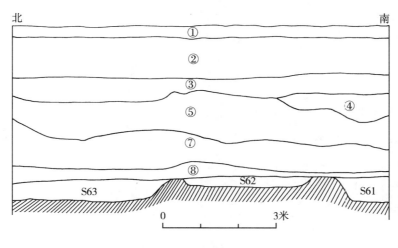

图八 T4206 东壁剖面图

第①层：棕黄色土，整个探方分布。厚度为 0.10～0.22 米，为现代耕土层。

第②层：黄褐色土，分布在探方东部，西部为后期扰乱层打破。距地表深 0.22、厚度为 0.40～0.45 米。出土青花瓷片等，主要为碗口、底、腹片等。

第③层：深灰色土，整个探方都有分布。距地表深 0.65、厚度为 0.08～0.24 米。出土青瓷、砖瓦碎块等，此层为宋代文化层。

此层下有 H168、H169、170、H171。

第④层：浅灰色铁锈斑土，整个探方都有分布。距地表深 1.00、厚度为 0.10～0.40 米。出土泥质黑皮陶 8 片、泥质灰陶 39 片、泥质红陶 6 片及夹砂橙黄陶 7 片等。器形有鼎、豆、盘、钵、罐底。纹饰有附加堆纹、弦纹、弦纹＋划线纹等。此层为崧泽文化层。

此层下有 H172、H173、M92、M93、M94、M95。

第⑤层：深灰色铁锈土，整个探方都有分布。距地表深 1.10、厚度为 0.10～0.25 米。出土泥质红陶 22 片、泥质灰陶 25 片、泥质黑皮陶 24 片、夹砂红陶 151 片等。器形鼎、豆、盆、罐、瓮、钵、缸等，此外还有炉条、石锛、石刀等。纹饰有凹弦纹、附加堆纹等。另有兽骨 1 块。此层为马家浜文化层。

此层下有 H174。

第⑥层：黑灰土，分布在探方西南部。距地表深 1.20、厚度为 0.10 米左右。出土泥质红陶 19 片、泥质黑陶 8 片、泥质灰陶 10 片、夹砂红陶 54 片等。器形有鼎、盆、罐、钵等。纹饰有凹弦纹、凸弦纹及附加堆纹。另有砺石、兽骨、炉条等。此层为马家浜文化层。

第⑦层：黄灰土，整个探方都有分布。距地表深 1.35 厚度为 0.12～0.30 米。出土泥质黑皮陶 6 片、泥质灰陶 7 片、泥质红衣陶 11 片、泥质橙黄衣陶 6 片及夹砂红陶 27 片等，器形有豆、钵、盆、罐等。纹饰有凹弦纹、凸弦纹、附加堆纹、鸡冠耳＋附加堆纹等。另有兽牙床骨 1 块。此层为马家浜文化层。

第⑧层：深灰土夹黑灰土，分布在探方东部。距地表深 1.50 厚度为 0.08～0.14 厘米。此层为马家浜文化层。

该层下有 F15、S55、S56、S57、S58、S59、S60、S61、S62、S63、S64。

第⑧层下为黄色生土。

第五节　Ⅵ区地层堆积

本区为农田南部的高地，南北两地高差约 0.80～1.00 米左右。东南部元代曾建有金粟庵，现在绰墩村小学坐落其上，之后又为绰墩山村村民委员会。发掘探方部分骑跨在高地与农田之上（彩版四，2）。现以 T6403 南壁剖面，T6302 东壁剖面为例说明。

（1）T6403 南壁剖面（图九）

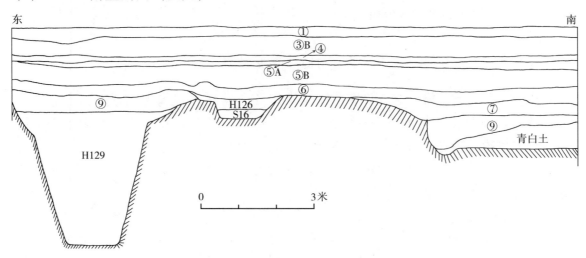

图九　T6403 南壁剖面图

第①层：耕土层，灰黄色土。厚 0.20 米。整个探方分布。

第②层：仅邻方分布。

第③B 层：五花土，内含黄土、黑土、灰白土及夹少量红烧土颗粒。分布在探方西部。距地表深 0.47～0.52、厚 0.20～0.35 米。为宋代文化层。

第④层：灰淤土。整个探方分布。距地表深 0.57～0.62、厚 0.10～0.15 米。出土青瓷碗、圈足碗等残片。此层为宋代文化层。

该层下有 J67。

第⑤层：分两小层。

第⑤A 层：黄灰土夹黑灰，主要分布在探方西南部。距地表深 0.65～0.73、厚 0.05～0.20 米。该层为马桥文化层。

第⑤B 层：黄色土块夹黑色土块（黄土块直径有 20、25、28、30 厘米四种不同规格），分布于整个探方。距地表深 0.90～1.12、厚 0.30～0.40 米。出土泥质红衣陶 8 片、泥质黑陶 2 片、夹砂红褐陶 18 片等，器形有罐、鼎、豆等。此外还有鹿牙。此层为马家浜文化层。

第⑥层：黑灰色土，夹红烧土颗粒及黄土块。距地表深 1.10～1.35、厚 0.10～0.25 米。分布于整个探方。出土泥质红衣陶 48 片、泥质外红里黑陶 2 片、泥质黑陶 40 片、夹砂红褐陶 189 片、夹砂褐陶 63 块等。器形有鼎、豆、罐、钵、釜等。纹饰有凹弦纹、附加堆纹、八字形梯格纹等。另有砺石、炉条及较多兽骨。

该层下有 H126、H127。

第⑦层：棕灰色土，含黄土块及大量的铁锈颗粒。距地表深 1.25～1.53、厚 0.06～0.30 米。分布于探方西部。出土夹砂褐陶 37 片、夹砂红褐陶 37 片、泥质外红内黑陶 2 片、泥质红衣陶 48 片、泥质黑陶 15 片等，器形有鼎、豆、盆、釜等。纹饰有附加堆纹、凹弦纹等。另有兽骨、昆石、砺石等。

第⑨层：浅灰色淤土，局部黑灰色淤土，夹少量红烧土粒。距地表深 1.47～1.92、厚 0.12～0.40 米。分布于整个探方。出土泥质红衣陶 98 片、泥质外红内黑陶 4 片、夹砂褐陶 40 片、夹砂红褐陶 59 片、泥质黑陶 38 片等。器形有鼎、豆、盆、罐、钵、釜等。纹饰有凹弦纹、凸弦纹、划纹、漆绘（朱色）等。

该层下有 H129、S12～S18、G13。

第⑧层：仅邻方分布。

第⑨层下是黄色生土。

（2）T6302 东壁剖面（图一○）

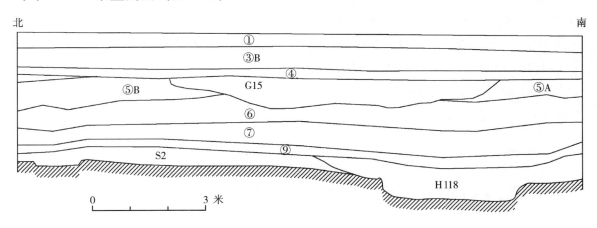

图一○　T6302 东壁剖面图

第①层：耕土层，灰黄色土。厚 0.20 米。

第②层：仅邻方分布。

第③B 层：五花土，内含黄土、黑土、灰白土及夹少量红烧土颗粒。分布在探方西南部。距地表深 0.49～0.53、厚 0.25～0.35 米。为宋代文化层。

第④层：灰淤土。整个探方分布。距地表深 0.59～0.66、厚 0.10～0.15 米。出土青瓷碗、高圈足碗等残片。此层为宋代文化层。

此层下有 G15。

第⑤层：分两小层。

第⑤A 层：黄灰土夹黑灰，主要分布在探方西南部。距地表深 0.81～0.95、厚 0.20～0.26 米。出土泥质灰陶 12 片、泥质橙黄陶 2 片、泥质橘红陶 2 片、泥质黑陶 1 片等。器形有盆、盘、豆罐等；纹饰有篮纹、凹弦纹、凸弦纹、小方格纹、编织纹、叶脉纹及条格纹等。

另有原始瓷、残石器等。此层为马桥文化层。

第⑤B层：黄色土块夹黑色土块（黄土块直径有 20、25、28、30 厘米四种不同规格），分布于探方东北部。距地表深 0.90～1.08、厚 0.10～0.40 米。所出陶片均为马家浜文化时期。

第⑥层：黑灰色土，夹红烧土颗粒及黄土块。距地表深 1.22～1.36、厚 0.30～0.40 米。出土泥质红衣陶 18 片、泥质黑陶 18 片。器形有罐、豆等。纹饰有附加堆纹、凹弦纹等。此层为马家浜文化层。

第⑦层：棕灰色土，含黄土块及大量的铁锈颗粒。距地表深 1.49～1.65、厚 0.20～0.40 米。出土陶片较多，有夹砂红褐陶 219 片、夹砂褐陶 98 片、泥质红衣陶 97 片、红衣陶（内含谷壳或草灰等）91 片、泥质黑陶 66 片等陶片。器形有鼎、豆、釜、钵、罐、盘等。纹饰有附加堆纹、凹弦纹、凸弦纹、窝纹等。此层为马家浜文化层。

第⑧层：黄灰色土，夹大量的柱状形铁锈土以及红烧土颗粒。仅分布在探方西部。出土泥质红衣陶 36 片、泥质灰陶 5 片、夹砂褐陶 21 片、夹砂红褐陶 30 片等。器形有鼎、豆、罐、釜。纹饰有附加堆纹、绳纹等。此层为马家浜文化层。

第⑨层：浅灰色淤土，局部黑灰色淤土，夹少量红烧土颗粒。距地表深 1.60～1.88、厚 0.10～0.15 米。出土泥质红衣陶 46 片、泥质黑陶 26 片、夹砂褐陶 35 片、夹砂红褐陶 18 片等。器形有盆、钵、豆、釜、罐等。纹饰有凹弦纹、附加堆纹等。此层为马家浜文化层。

此层下有 S1、S2、S3、H118 等。

第⑨层下为黄色生土。

第三章　文化遗存

第一节　建筑遗迹

建筑遗迹主要为居住址，共发现 15 处，编号为 F1～F15。另有祭台，河道上建筑遗迹以及蓄水坑内发现柱洞、木构件等。居住址已全部倒塌仅存基础部分，如墙基、柱洞、居住面等。其堆积可分：建筑堆积、使用堆积、废弃堆积等。在居住址内或外有窖穴、灰坑等，这些与居住址相关的遗迹，一并归入居住址内介绍。

一　马家浜文化建筑遗迹

（一）居住址

马家浜文化时期居住址，在Ⅰ、Ⅳ、Ⅵ区各发现一座，分别编号 F7、F13、F15。

F7

位于Ⅰ区 T0706 北部，叠压在④A 层下，打破生土。平面为长方形，南北长 5.6 米、东西宽 4.9 米，东、南、西三面有墙，仅存墙基，分别编号 Q1、Q2、Q3，墙基上有柱洞，另有门道等（图一一；彩版五，1），介绍如下。

1. 墙（基）

Q1 位于东侧，揭露长 5.50 米左右，宽 0.25～0.60 米，墙内有柱洞 6 个（D1～D6），柱洞直径 0.05～0.10 米不等，柱洞之间相距 0.60～1.40 米。从解剖情况看，此墙向东南方向延伸。

Q2 位于南侧与 Q1 直角相连，长约 3.50、宽约 0.70 米，中间有一条长 3、宽 0.30 米左右基槽。

Q3 位于西侧，西南角与南墙（Q2）相连。长 2.8、宽 0.85 米左右，其北部留有 1 米左右宽的门道，门道北侧有一块长 0.80、宽 0.60 米的黄土，可能为墙基。此黄土西侧有一灶坑。西墙靠门道处有一柱洞（D1）。

2. 门道与路

门道在房址的西北角，宽 1 米左右，门道上有一条宽 0.70 米左右的黄土路（L1），高出地面 2 厘米左右，一端（东）通向房址内，另一端（西）通向厨房，略向北弯曲。

3. 厨房

厨房在西北部房子外，有一条路（L1）相连。在厨房西南墙折角处分布有柱洞 3 个（D2～D4），其中 D2 与西墙上的 D1 成一线，即 D1、D2、D3 成一线，D3、D4 成一线，而形成厨房的南墙与西墙。

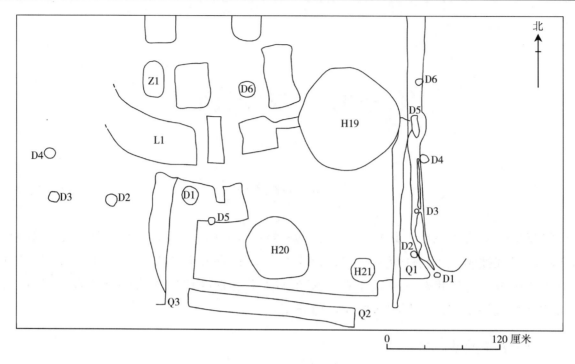

图一一　马家浜文化房址 F7 平面图

在厨房东北角有一灶坑（门道口），灶坑为椭圆形，长 0.65、宽 0.40 米左右，烧结十分坚硬。灶坑周围有一片红烧土面。

另外，在 F7 北侧有两块黄土，通向北面 T0707，被后期遗存打破，在本探方内仅露出 0.50 米左右。在 F7 西侧厨房西面探方西壁上也有两块黄土，在本探方内露出 0.20 米左右。这些黄土块与 F7 都在同一层位上，可能为另一座房址。

F13

位于Ⅵ区 T6501 西南部，叠压在第④层下，打破⑥、⑦层；东北部被 J83、西南部被 J79、南部被 H149 打破。介绍如下。

1. 形状与结构

平面形状呈圆形，结构为浅地穴式。东西直径 2.85、南北直径 2.93、深 0.96 米（彩版五，2）。南部有一台阶，可分两层：A 层高 0.46 米，直接到原地面；B 层高 0.28 米，面宽 0.54 米。房址中心从北向南排列有两个柱洞，编号 D1、D2。D1 直径 0.15、深 0.54 米；D2 直径 0.16、深 0.63 米，柱洞壁均垂直。

2. 堆积与包含物

F13 为浅地穴式，堆积分废弃、使用、建筑三层堆积，其上半部即 F13①层：为废弃后堆积，灰黑土，厚 0.40～0.50 米；下半部分为 F13②层：为使用堆积，黄土夹黑灰，厚 0.50 米；最下为 F13③层：建筑堆积，为黄土堆筑，约厚 0.50 米。西侧⑨层下有马家浜文化水稻田。

F15

位于Ⅳ区 T4206 北部⑦层下，打破生土。长方形，南北宽约 5.00、东西长约 5.40 米（彩版六，1）

1. 形状与结构

为长方形地面建筑，其建筑在生土面上，四周有基槽，中间有南北向隔墙，共有 9 个柱洞（D1～D9）组成。另外，D1、D2、D3、D4 均向东倾斜，分别为 78°、60°、60°、60°。中间南北向隔墙，长 2.50、宽 0.44、深 0.04～0.08 米。

2. 柱洞分布

一共有 9 个柱洞，其中 D5、D8、D4 位于北面即北墙基柱洞；D4、D3、D9 在西部即西墙基柱洞；D9、D7 在南面即南墙基柱洞；D7、D6、D5 为东排柱洞。D1 直径 0.28、深 0.16 厘米，D2 直径 0.36、深 0.16 厘米；D3 直径 0.32、深 0.30 厘米；D4 直径 0.24、深 0.24 厘米；D5 直径 0.30、深 0.16 厘米；D6 直径 0.20、深 0.16 厘米；D7 直径 0.24、深 0.20 厘米；D8 直径 0.20、深 0.15 厘米；D9 直径 0.16、深 0.14 厘米。

3. 堆积与包含物

F15 堆积分四层，①层废弃后堆积即房址倒塌后，上部覆盖地层之第⑦层；②层废弃堆积被地层之⑦层破坏；③层使用堆积，清理中发现黑灰层；④层建筑堆积，其建筑在生土面上，柱洞与基槽均打破这一层。F15 西南及东北部为同时期水稻田。

（二）水稻田蓄水坑内建筑结构

H145　位于Ⅵ区 T6401 第⑨层下，其形状为椭圆形，坑口长 4.00、宽 3.40、深 1.30 米。坑内填土灰黑色淤土。坑底中心横有一段树木，另外呈"品"字形分布三个小坑（彩版六，2）。在坑口东侧有一沟，编号为 G17 与 H145 连接（彩版七，1）。由于该坑位于为水稻田内，坑内水通过水沟流入到水田内。从坑、水沟与水田的关系等，判断为马家浜文化时期用以灌溉水田的蓄水坑。坑内三个"品"字形柱洞可能是支撑防雨棚用的柱坑。

二　崧泽文化建筑遗迹

（一）居住址

共发现 3 座。

F4

位于Ⅰ区 T0603，南部进入 T0602，开口在第④层下，在探方内仅揭露局部（彩版七，2），其余在方外，因故未全部揭露。已揭露部分有墙、柱洞、居住面。

1. 墙

黄土墙一段，位于北部，南北向，长 1.35、宽 0.65～0.75、厚 0.2 米。

2. 柱洞

柱洞共有 4 个（D1～D4）。

D1、D2 在土墙上，东西排列，圆形。D1 直径 0.26、深 0.09 米；D2 直径 0.13、深 0.15 米。填土皆黑灰色。

D3 在居住面上，近似圆形。直径 0.30～0.35、深 0.26 米，坑底南高北低。填土黑灰色。

D4 在居住面西南部，近似圆形。直径 0.2～0.23、深 0.09 米。填土黑灰色。

3. 居住面

揭露出南北长 5.6、东西宽 4 米左右，为黄土面，较硬。厚 0.10 ~ 0.30 米，该层下有一层黄灰土（F4②）为房址的建筑堆积。其西北部黄土面上有经火烧烤呈橘红色硬面及草木灰；东南部有一灶坑，东部和西南部各有一柱洞（D3、D4）。

4. 灶坑

灶坑在居住面东部，近似圆形，直径 0.88 ~ 1.00 米，略低于居住面 0.05 米左右。灶面硬结，西侧有草木灰。

F8

位于 Ⅰ 区 T0703 第④A 层及良渚文化土台下，在解剖土台时发现 F8 的两层建筑堆积与三个柱洞。为了保护良渚文化土台，仅限于 1.5 米探沟范围，因而 F8 的平面情况不清楚，只能从探沟剖面推测：该居住址的两层建筑基础厚 0.50 米左右；南北进深 6 米左右（见图四）。

F14

位于 Ⅰ 区 T1204 内，开口于②B 层下，打破④A、④B、⑤层，西部被 G18、东南部被 H165、H166 打破。

1. 形状与结构

F14 西部、南部、东部分别被 G18、G19、H165 打破而残缺不全，其平面大致可分为南北两间，以 Q2 为分界线。南面一间东西长约 5.00、南北宽约 4.40 米；北间南北长约 5.00、东西宽约 5.40 米，内有灶坑两个（Z1、Z2）（彩版八，1）。为了保护房址现状没有再下挖。

2. 墙基

Q1 位于西南，残长 5.00、宽 0.44 米，纯黄土底部灰土，墙的南端被 G19 打破。

Q2 位于南部，残长 2.20、宽 0.50 米，纯黄土底部黑灰土，墙的东部被 H165 打破。

Q3 位于东北角，为 F14 东北转角，由南北长 0.70、东西宽约 0.80 米的两段墙基相交成直角即房址的东北角。纯黄土，底部有黑灰土。南北向墙基被 Z2 打破。

Q4 位于东部，南北向。残长 4.90、宽 0.45 米。纯黄土，底部有黑灰土。墙的南端被 H165 打破。

3. 灶坑

有灶坑两座。

Z1 椭圆形，南北长 0.66、东西宽 0.56、深 0.26 米。灶壁经火烧形成红烧土硬面，壁面垂直。南壁厚 0.13、西壁厚 0.06 米。Z1 内出土夹砂红衣陶 7 块，为一件瓮口片及肩颈部，肩颈部饰有凹弦纹、菱形纹与附加堆纹组合（标本 1∶瓮）。

Z2 为红烧土堆积坑，最大径 1.95（西南—东北）、宽 1.25（东南—西北）、深 0.35 米。

4. 堆积与包含物

堆积分 4 层：①层废弃后堆积即房址倒塌后，上部覆盖第②B 层；②层废弃堆积，为灰黄土，大部分被①A、②B 及沟、坑打掉；③层使用堆积为黑灰夹黄土，厚 0.10 ~ 0.40 米。内出土陶片 10 块，其中夹砂红陶 6 块，器形有鼎等。夹砂黄陶 4 块，器形有鼎等。采集标本 1∶鼎口，标本 2、3∶鼎足。④层为建筑堆积，为纯黄土，无包含物，厚 0.10 ~ 0.20 米；有些柱洞打破该层，深 0.10 ~ 0.40 米不等。

三　良渚文化建筑遗迹

（一）居住址

这一时期居住址发现较多，共有 9 座。编号 F1、F2、F3、F5、F6、F9、F10、F11、F12。

F1

位于 Ⅰ 区 T0404 西北部，开口在第②层下。因其西部为当地村民所建小庙，北部又为水泥晒场，故仅清理 F1 东南一角。房基是在原地面上堆筑黄土而成，由两条沟槽将 F1 围成圆形，内侧沟槽（Q1）底部凹凸不平，推测为 F1 木骨泥墙基槽，外侧沟槽（Q2）底部平坦，推测为屋檐排水沟，水沟外房基向外倾斜，以利散水（图一二）。房基堆土延伸范围较广，以 T0404 西北角出发，向南延伸约 6 米，向东延伸约 9 米，房基中心残存厚约 0.45 米。F1 的生活堆积和废弃堆积已遭后期破坏。从围沟弧度推算，F1 室内面积接近 40 平方米。另外，在 F1 东南面同层位的 H1，壁面有 2 厘米厚的红烧土结层、坑底堆积灰烬及出土鼎、罐等器物分析，H1 为 F1 炊煮地方即厨房。

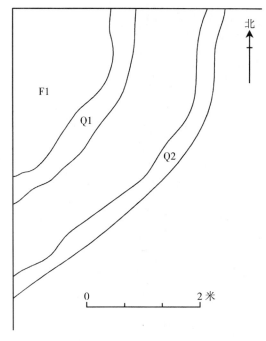

图一二　良渚文化房址 F1 平面图

F2

开口在Ⅰ区 T0604 第①层下，距地表深 0.25～0.38 米，堆积分两层。F2①层为灰黑色土，土质较疏松，为使用堆积。厚 0.10～0.45 米，出土黑皮陶豆、圈足盘、灰陶盆等。F2②层为黄灰土，土质紧密，厚 0.1～0.4 米，无包含物，为建筑堆积层。F2 平面呈长方形，是平地起筑的地面建筑，分别由北面两条基槽，南面土墙，东北面门道及柱坑构成。从基槽、土墙的长度，基槽与土墙之间的距离得知：F2 面阔 10 米左右，进深 6.50 米左右（图一三；彩版八，2）。具体结构如下。

1. 墙

墙为土墙，分设南北两处。南墙（Q1）残长（在探方内长 6 米左右）9.4、宽 0.5、残高

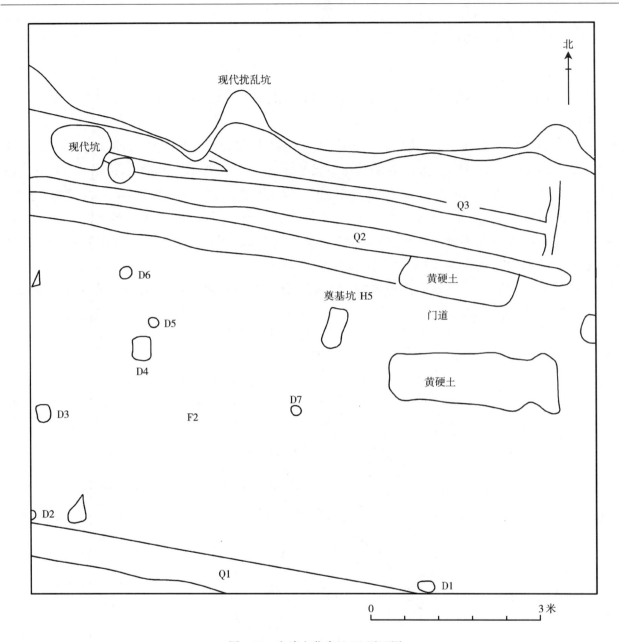

图一三　良渚文化房址 F2 平面图

0.2 米左右。北墙仅剩两条平行的基槽，分别编号 Q2、Q3。Q3 在 Q2 北侧，两者之间相隔 0.5 米左右，为黄硬土面。其中 Q2 东部被后期打破，西端进入邻方后也被后期地层打断，残长 11.25（在探方内长 8.7 米）、宽 0.25～0.35、深 0.10～0.15 米。Q3 东西两端分别被后期地层与现代坑打断，残长 8、宽 0.15～0.25、深 0.10～0.15 米。

2. 门道

门道在东北角两块硬黄土之间，长 2.5、宽 0.8～1 米左右，方向东偏南 10°。路面为黄灰土，较硬。

3. 柱洞（坑）

共发现 7 个柱洞（D1～D7）。

D1 位于 F2 东南角南墙北侧，抹角长方形。长 0.30、宽 0.20、深 0.07 米。坑壁垂直，平底。填土黑灰色，底部填有陶片数块。

D2 位于 F2 西南部南墙北侧，圆形。直径 0.15~0.14 米，底略下凹。填土黑灰色。

D3 位于 F2 西南部，抹角长方形。长约 0.40、宽 0.20、深 0.21 米。坑壁垂直，圜底，填土黑灰色。

D4 位于 F2 西部，长方形，长 0.40、宽 0.30、深 0.15 米。坑壁垂直，平底，灰黑色填土。

D5 位于 F2 西部，D4 北侧，圆形，平底。直径 0.15、深 0.07 米。

D6 位于 F2 西部，圆形。直径在、0.20、深 0.13 米。平底，灰黑色填土。

D7 位于 F2 东北部，门道南侧，椭圆形，平底。长 0.25、宽 0.20、深 0.15 米。填土灰黄色。

F2 奠基坑（H5）

在室内靠门道旁有一长方形坑，长 0.60、宽 0.25 米。坑内埋有一完整动物骨架，似狗类动物（彩版八，3）。该动物可能与建房祭祀有关。

F3

开口在 I 区 T0704 第①层下，平面为圆形，分别由柱洞 D1~D8 及灰坑 H8、H9 构成。室外另有相关的灰坑 H6、H7。其平面布局为：门道在东侧即位于 D6、D7 之间。门宽 0.75 米，黄土面，较平整。四周环列 7 个柱洞，在房址中心偏北处另有一个柱洞（图一四；彩版九，

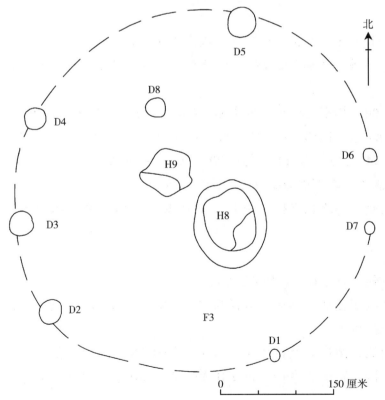

图一四　良渚文化房址 F3 平面图

1）。柱洞直径 0.15~0.40 米。柱洞之间距离 1.20~3.00 米。房址中心有一不规则坑（H9）。口径 0.55~0.60、底径 0.40~0.45、深 0.31 米。内填草木灰，坑的周边为烧结硬面，系经火长期烧烤形成。此坑为灶坑，其旁另有一口径 1.08~1.30、底径 0.83、深 0.42 米的不规则坑（H8），估计为窖穴。

F3 室外的垃圾坑

H6 在 F3 室外西侧，椭圆形。南北长 1.55、东西宽 1.20、深 0.50 米。内填黑灰色土，含碎骨及少量陶片。

H7 在 H6 北侧。椭圆形。南北长 1.6、东西宽 1.4、深 0.71 米。填土同 H6。

F3 内窖穴、灶坑

H8 在 F3 内中心偏东南处，为一不规则形坑，口径 1.08~1.13、底径 0.83、深 0.42 米。无陶片，估计为 F3 内窖穴。H9 在 F3 内中心偏西北处，为一不规则形坑，也未发现陶片。口径 0.55~0.60、底径 0.4~0.45、深 0.30 米。内填草木灰，坑的周边为烧结硬面，系经火长期烧烤形成而判断为 F3 内灶坑。

F5

位于 Ⅰ 区 T0702，开口在第②A 层下。平面为长方形，东西向，揭露东西长 12.1、南北宽约 9.5 米。发现墙基槽 4 条（Q1~Q4）、柱洞 6 个（D1~D6）。房址西部被后期水井打破（图一五；彩版九，2）。

1. 基槽

基槽为墙的建筑基础，南北各有两条。沟内填土均灰黑色。

Q1 位于北部，长 9、宽 0.20、深 0.40 米左右，贯穿整个探方，两端并向东、西延伸，沟边向南略呈弧形。

Q2 位于 G1 南侧，相平行间隔 1 米左右。揭露长 11、宽 0.20~0.50、深 0.45 米左右。西部进入 T0602，东部进入 T0802（未发掘），沟边凹凸不平。中部偏西处被不明沟槽打破。

Q3 位于南部 G4 北侧，长 11、宽 0.20、深 0.40 米左右。西部进入 T0602，东部进入 T0802，沟边比较整齐，西部被 20J1 打破。

Q4 位于 G3 南侧，与之相平行，长 11、宽 0.20~0.30、深 0.40 米左右，东西两端同 G3，沟边整齐。

2. 柱洞

共发现 6 个柱洞，分布在 F5 中间偏东处。

D1 位于东端与 D2 相连，圆形。直径 0.30、深 0.25 米。填土灰黄色夹铁锈土、红烧土颗粒等，另出土一残石箭镞。

D2 位于 D1 西侧，圆形。直径 0.35~0.31、深 0.28 米。填土灰黄色，出土陶片两块。

D3 位于 D2 西侧，圆形。直径 0.29~0.30、深 0.30 米。填土灰黄色，含黑灰，底部垫有一陶片。

D4 位于 D5、D3 之间，圆形。直径 0.30~0.32、深 0.40 米。填土灰色土，含铁锈土、黄土，外圈填土灰白色。

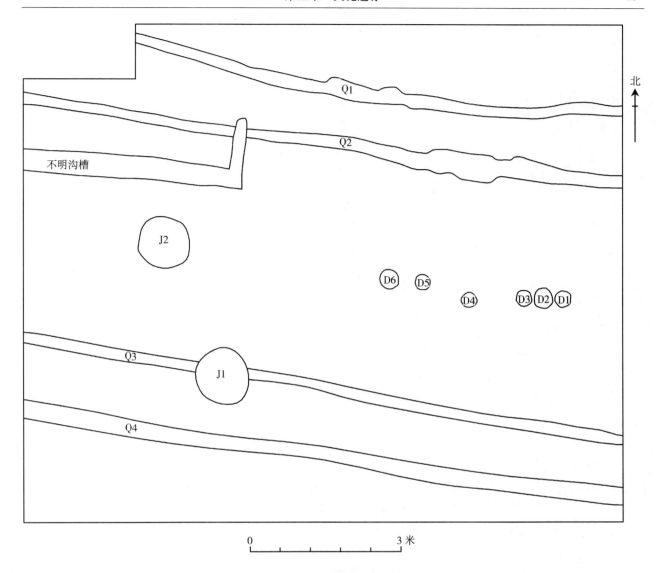

图一五 良渚文化房址 F5 平面图

D5 位于 D4 西北侧，圆形。直径 0.32~0.28、深 0.24 米。填土灰黄色，外圈填土灰白色。

D6 位于 D5 西侧，圆形。直径 0.30~0.31、深 0.30 米。填土灰黄色。

从 4 条墙基槽及柱洞的分布情况分析，F5 为中间立柱向南北两面坡的房子。南北基槽之间为室内，东西长约 12.1、南北宽约 9.5 米。现室内仅剩居住面，其上堆积已被地层打破扰乱。

F6

位于 I 区 T0706，开口在第①层下，仅剩建筑堆积层，灰黄色土，十分板结，厚 0.40 米左右，分室内与室外两部分。

室内揭露东西长 10、南北宽 6.80 米左右，中间有一条南北向基槽（Q3），使室内分隔为东西两间，东面一间南北长 6.80、东西宽 3.60 米，西面一间南北长 6.50、东西宽 4.80 米左右。其中间另有一条东西向基槽（Q4），使之分隔为南北两小间，在北面小间西北角有一大灰坑（图一六；彩版一〇，1）。

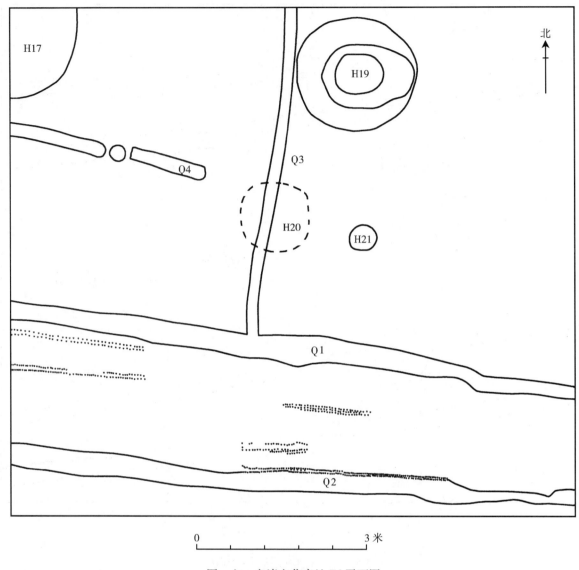

图一六　良渚文化房址 F6 平面图

　　室外南侧可能为房子的外廊，有两条东西向平行的基槽（Q1、Q2），东西贯穿 10 米探方。Q1 位于北侧，揭露长 10、宽 0.30～0.40、深 0.20～0.40 米，填土深灰色。基槽东段北壁有长达 4 米左右十分清楚的排木印痕，排木直径 2～3 厘米，埋入基槽内深 50 厘米左右（彩版一〇，2），在北壁北侧 60 厘米范围共发现 8 排，每排之间上下左右距离约 6 厘米。

　　Q2 位于南部，揭露长 10、宽 0.20～0.40、深 0.50 米左右。填土灰白色，含铁锈粒，在西端南侧有四排芦苇印痕，从东往西有 2.4 米宽的范围十分清楚，两排为一组，上下左右各间距 3 厘米左右，直径 1 厘米，每组之间距离 15 厘米左右。

　　在 F6 基槽填土中出土陶片 93 片，陶系以泥质灰陶为主，次为夹砂红褐陶。器形有鱼鳍形鼎、灰陶罐、黑皮陶豆、细砂陶甗、粗砂陶缸等。纹饰有弦纹、划纹、锥刺纹等。

　　F6 垃圾坑（H17）

　　开口在Ⅰ区 T0706 第①层下，坑口距地表深 0.16 米。位于房址西北角，平面呈不规则形，口径5.25、深0.40米。填土呈黑灰色，经淘洗未发现植物遗骸。出土陶片37片，器形有夹砂陶鱼鳍形鼎足、甗，泥质陶灰陶豆、罐等。从平面关系分析，该坑为F6的垃圾坑。

F10

位于Ⅱ区T2804北部，开口在第④层下，平面为长方形，面阔（东西）4.32、进深（南北）在探方内仅揭露1.80米，北部大半进入T2804北壁内。东、西、南三面均有基槽，基槽宽0.20、深0.20～0.30米。在紧靠西墙基西侧有一条宽0.60～0.80、深0.30米的排水沟，水沟通向同时期河道的河湾内。F10的南墙基距河湾岸边1.40米左右（图一七）。

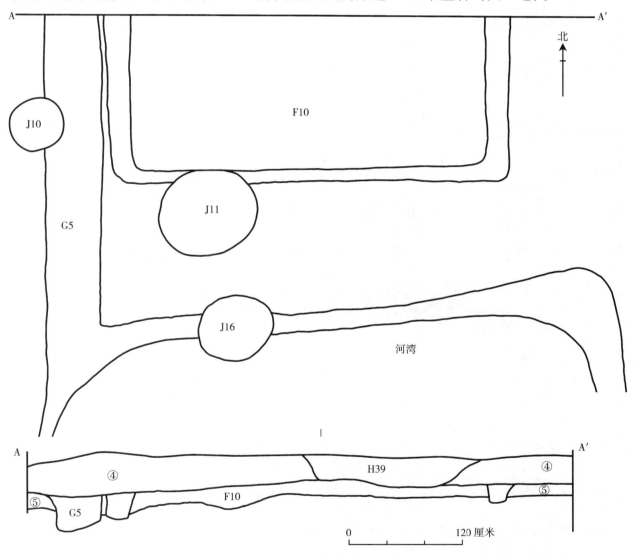

图一七　良渚文化房址F10平、剖面图

F11

位于Ⅱ区T2803南部，东部因进入渠道而保留约2米，西、南均延伸到探方外。其开口在第⑥层下打破生土，北部被池塘南面堤岸打破，东北部被H51打破。F11平面呈长方形，分别有柱洞、墙、居住面和门楣等组成（图一八；彩版一一，1）。F11堆积分三层，F11③层

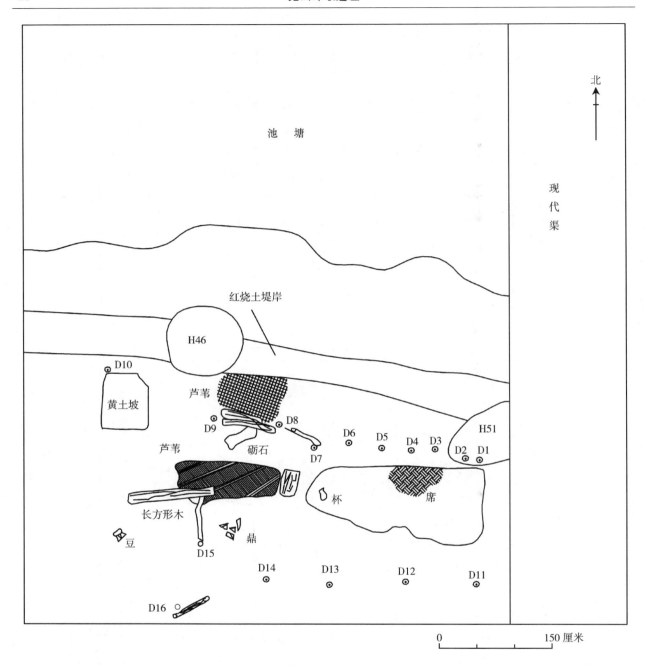

池塘

现代渠

北

红烧土堤岸

H46

D10

黄土坡

芦苇

芦苇

D9

D8

砺石

D7

长方形木

豆

鼎

D15

D16

D6　D5　D4　D3

H51

D2　D1

杯

席

D14　　　D13　　　　D12　　　　D11

0　　　　　　　　　　　150 厘米

图一八　良渚文化房址 F11 平面图

为建筑堆积层，纯黄土，无包含物。厚 0.20～0.40 米。F11②为使用堆积层，是当时人类活动留下生活堆积。厚 0.05～0.10 米。包含物主要发现在这一层，其中，在室内东北部发现有芦苇编织物，揭露出 1 平方米左右，在芦苇编织物上发现有陶豆、陶鼎残片，芦苇编织下发现有木板木炭等，此处估计为房子的主人睡觉的地方。在室内西北部发现一块大砺石，西南进门处有一堆陶片，器形有鼎、豆、罐、黑皮陶宽把杯、漆木杯等，此处可能为餐饮的地方。另外，在室内西部还发现有竹篾编织物（彩版一一，5），内发现稻谷，此处推测是存放粮食地方。F11①层为灰黑色土，为 F11 的废弃堆积层，厚 0.10～0.20 米。发现大面积编织物，覆盖在北排柱洞上及室内，编织物估计为倒塌的屋顶。具体结构如下。

1. 柱洞

共发现 16 个柱洞（D1～D16），分南北两排，北排有 10 个，从东往西分别编号 D1～D10，其中柱洞内多数有木柱，柱洞直径 0.08～0.15 米，深 0.30～0.77 米。柱洞基本排列在一条直线上（彩版一一，2），除 D1、D2 间隔 0.20 米，D8、D9 间隔 1.2 米，D9、D10 间隔 2 米外，其余柱洞之间相隔 0.50～0.60 米。南排有柱洞 6 个（D11～D16），与北排柱洞平行排列。柱洞直径 0.07～0.13、深 0.20～0.42 米。柱洞之间相隔 1.2 米左右。南北两排柱洞之间相隔 2.00～2.40 米。另外 D15、D16 为门框柱洞。经解剖发现，除北排柱洞 D1 向西倾斜，D10 向东南倾斜外，其余柱洞均向南倾斜（彩版一一，3、4），除 D7 没有木柱外，其余均有木柱。南排柱洞 D11 稍垂直，D12～D14 均向北倾斜。没有木柱的柱洞内填土为灰色淤泥。

2. 墙

F11 是浅穴式建筑，其墙是在建筑堆积层堆筑完成后，室内部分下挖而形成浅地穴式结构，其四周高出部分即为墙。墙高等于浅地穴的深度即 0.10～0.20 米。然后在墙内立柱直至生土。

3. 居住面

在建筑堆积层上下挖形成居住面，再铺垫木板、芦苇编织物等。编织物是用 2 根 1 厘米或一根 2 厘米芦苇压扁后（约有 9 片）交叉编织成席，其经纬各宽 5.5～6 厘米（彩版一一，5）。编织物表面平整光滑。

4. 门柱、门楣

在房址西南角有南北两根向对的立柱，立柱高出地面 0.80 米，直径 0.08～0.10 米，但已倒塌。在北面立柱上还顶着一根长 1.40、宽 0.16、厚 0.06 米左右的木板，推测为门楣。从两根门柱的高度及之间的距离得知门高 0.80、宽 1.20 米，门向 110°。

F12

开口在 II 区 T2604 第⑤层下，平面为长方形，长 8.00、宽 3.40 米左右，中间有墙把房子分隔为东西两间。西间南面有一通道，通道连接西侧一灰坑（H105）（彩版一二）。灰坑内填土黑灰色，内出土陶鼎两件，此坑估计为炊煮用的"厨房"。东间可能为居住的地方。

F12 窖穴（H105）

H105 位于 F12 内，兼具炊煮与窖藏功用，其形状为圆角长方形，口径长 5.12、宽 0.90、深 0.58 米，底径长 4.60、宽 0.80 米。坑内填土为草木灰以及被火烧过的骨头。骨头经鉴定：有鱼脊椎骨、猪右上颌骨、梅花鹿趾骨等。还出土陶片 33 块，其中拼对并修复陶鼎两件（彩版一三，1、2）。另外，出土石锤一件。

（二）河道

河道位于遗址 II 区，分河道与内湾两部分。河道为从东北向西南走向，已揭露长 40 米，其南北筑有堤岸。南堤岸宽 1.00 米左右，堆筑材料主要是红烧土块；北堤岸宽 1.80～2.00 米左右，用红烧土或黄土堆筑。用黄土堆筑的堤岸上，打有密密麻麻的木桩。整个河道宽 6.00～9.00、深 1.00 米左右。河底有两条与河道平行的河床，北面河床宽 1.00～3.00、深 0.30～1.00 米；南面河床宽 1.00～4.00、深 0.60～1.00 米。内湾位于河道的东北部，长 6.60、宽 3.60～5.60 米（图一九；彩版一三，3）。

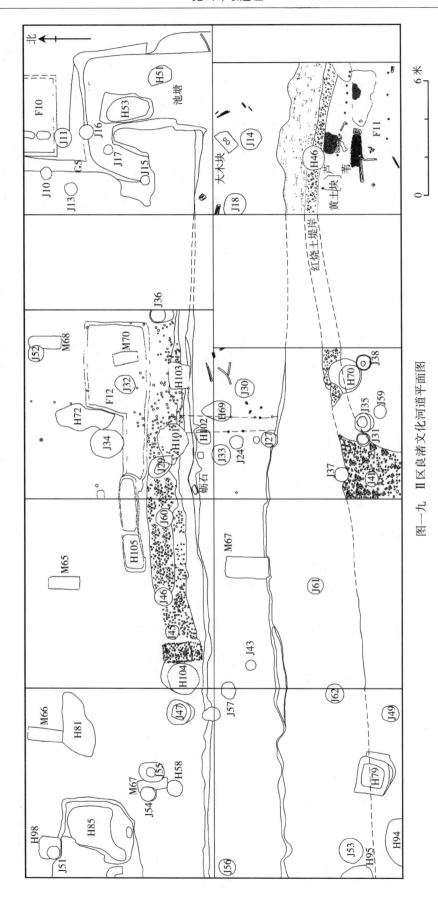

图一九 II区良渚文化河道平面图

1. 河道开口层位与堆积

河道开口在第⑤层下（第④、⑤层均为良渚文化层），分五层堆积。

第①层：黑灰夹灰土，厚0.10～0.30米，为河道的废弃堆积。

第②层：黄灰土夹黄土块，厚0.10～0.70米，为河道的使用堆积。

第③层：红烧土或黄土堆筑，黄土堆筑部分打有木桩，厚0.10～0.40米，为河道的堤岸部分。

第④层：黄灰土含黄土块，厚0.25～0.55米，为早期河道废弃后的堆积。

第⑤层：深灰淤土，含碳粒，厚0.20～0.55米，为河道底及覆盖在早期河道上的一层淤土，大部分遗物均在这一层出土。

2. 河道内出土遗物

河道内出土较多遗物，主要是陶器与石器，陶器有杯、罐、盘、豆、钵、瓮、簋、盉等，石器有刀、斧、镞（标）、砺石、犁、锛等。

另外，在内湾出口处即通向河道口，发现一块大木块，木块长1.10、宽0.70、厚0.23米。木块两侧边加工平整，底部光滑微凹，上部居中处有一锭形象鼻孔纽。木块两端，一端有砍伐留下的断面，另一端从上到下加工呈45°左右斜面，类似船头（彩版一四，1）。木块经南京林业大学鉴定：（1）材质为二针松；（2）体积0.1771立方米；（3）干重94.4千克；（4）浮水力82.7千克（极限）。根据测试鉴定以及木块的形状与所处的位置等，判断为先人渡河的工具。

3. 河道年代与两岸遗迹分布及其与聚落布局的关系

河道为良渚文化时期包括周边发现的多处建筑遗迹。其中，第四次发掘在河道的南北两岸各发现房址一座（F10、F11）；第五次发掘，在河道的北岸发现的房址一座（F12）。

从河道的地层堆积与房子层位关系看：河道位于第⑤层下，堆积分五层。其中第五层为覆盖在早期河道上的堆积，在该层上建有早期房子F11（经^{14}C年代测定：经树轮校正，距今4680±180年），之后由大水的原因，河道逐渐北移，形成河道第④层至第①层堆积（经^{14}C年代测定：经树轮校正，距今4549±73年；实验室编号ZK－3140），其中河道第③层是先民们修筑的河道堤岸堆积。同时建有房子F12、F10。先民们把居住址建筑在河道的两岸，为了确保房址的安全，堤岸用红烧土及打木桩进行加固，在河滩上还留下磨制工具的砺石（彩版一四，2、3）。

从上述情况看：当时的聚落以河道为中心，房址分布在河道的两岸。江南水乡依河而筑的聚落布局，在距今4500年前已初步形成。

（三）祭台

位于Ⅰ区T0703内，开口在第②层下。其平面呈长方形，东西长约10、南北宽约6米，现存高度0.50米左右。台的东面与南面两侧边缘环绕宽0.70～1.00米左右的红烧土，西南角有一宽1.00米左右，从台上往下呈坡状，环绕台的红烧土到此中断，推测为上台的路或台阶（图二〇；彩版一五）。红烧土环绕土台底边，从其叠压关系看，红烧土压着土台，说明先有土台后有红烧土层。土台的堆积情况如下。

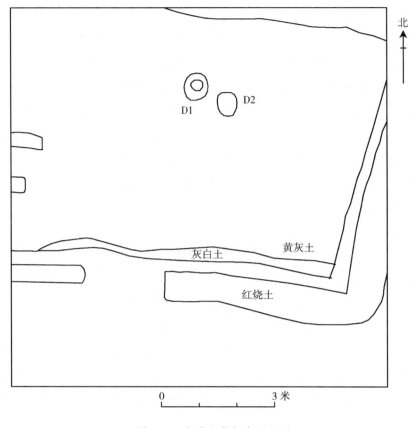

图二〇　良渚文化祭台平面图

1. 红烧土，分布在土台东南面，底部边缘厚 0.02 米。

2. 灰白土，分布在土台东南面斜坡上，厚 0.02 米。

3. 黄灰土，底部有一层较硬的铁锰结合层，分布在整个土台上，厚 0.20～0.50 米，为土台的底层，可能是搬运生土堆筑而成。

在土台下发现柱洞及房址 F8 堆积层，从层位关系看 F8 为崧泽文化时期，说明土台直接建筑在崧泽文化层上。在土台上另发现柱洞两个（D1、D2），还发现一个类似灶坑经火烧烤过的硬土面，可能在土台废弃后曾经作为居住址抑或与在土台上举行祭祀活动有关。

四　小结

随着稻作农业的出现，人类开始定居，从简易单一的建筑形式发展到不仅居住还有其他功用的建筑出现。这些建筑构成原始聚落的核心，是史前遗址中十分重要的遗迹。在绰墩遗址内共清理发现新石器时期居住址 15 座，其中，马家浜文化时期 3 座（F7、F13、F15），崧泽文化时期 3 座（F4、F8、F14），良渚文化时期 9 座（F1、F2、F3、F5、F6、F9、F10、F11、F12）。这些房子大部分在同一区（Ⅰ区）内发现，反映了从马家浜文化时期到良渚文化时期此地一直是人类居住的地方。

马家浜文化房址和墓葬多数位于靠近水田的高地上（建房子于此可能为了看护农田而不被野兽吃掉）（彩版一六）；崧泽文化房址建筑在马家浜墓地上（彩版一七，1）；而良渚文化房址建筑在崧泽文化墓地上（彩版一七，2）。不仅说明其文化的延续性，而且从房子结构方面看也是一脉相承，又因时因地而有所发展。其共同特征是有土墙、柱洞、门道等，且炊煮、居住分设。不同的是：马家浜文化时期房子都为单间且面积较小，土墙内间隔一定距离后放置木柱；而良渚文化时期的房址不仅面积大，而且室内因不同功用分隔成多间，已出现多间一字排开外设长廊的建筑。土墙内不仅一定间隔放置木柱，且纵横成排放置芦苇、木棍等，以加强房子墙体的牢度。此外，还出现了建造房子时用动物奠基的现象。

第二节　灰坑、水井、水田

一　马家浜文化灰坑、水井、水田

（一）灰坑

共 39 个（H10、H11、H14、H108、H109、H110、H112、H113、H116～H121、H123、H124～H132、H138、H139、H144～H148、H156、H160、H161、H167、H174、H176、H177）。灰坑形状有圆形、近似圆形、不规则形、长条形等。按其用途可分一般灰坑、蓄水坑、埋葬动物坑（祭祀）等。这些灰坑分别开口在Ⅰ区第④B层、第⑤层、第⑥层下；Ⅳ区第⑤层、第⑧层下；Ⅵ区第⑦层下等。

H10　开口在Ⅰ区T0603第⑥层下，打破生土。从北向南排列三个相连的坑，依次编号为H10-1、H10-2、H10-3。其中H10-3仅露出0.2米左右，大部分在F4底下，因而没有全部发掘。H10-1东部少许在方外，平面为长方形。南北长0.75、东西宽0.65、深0.2米。H10-2，平面为不规则形。口径0.65～0.50、深0.15米。H10-1与H10-2之间隔一土埂，土埂上有一缺口。坑内填土黑灰色，除出土陶片外坑内还各出一大鹿角，H10-1坑内另出一残破的鹿头骨及牙床（彩版一八，1）。

H14　开口在Ⅰ区T0701第④B层下，打破第⑤层及生土。坑口距地表深1.20米，不规则形，坑壁呈阶梯状，平底。口径1.60～2.20、深1.60米。填土黄灰色夹黑灰，出土陶片124块，器形有腰沿釜、豆、鸡冠耳盆、红衣陶罐。另有较多兽骨，常见有猪、龟等的骨头。另出土骨针、陶球，还有一些禽骨、鱼骨，经火烧烤呈蓝色（图二一、二二）。

标本H14∶1，釜，夹砂红褐陶。圆唇，侈口，束颈，圜底。上腹部有一周檐，颈部有一对泥条状扁耳。口径28.6、最大腹径30.8、高17.5厘米（图二二，1）。

标本H14∶2，骨针，灰褐色，动物胫骨制成。头部呈锥尖状，尾部残缺。残长4.1、直径0.6厘米（图二二，2）。

标本H14∶3，球，泥质红陶。圆形。直径4.6厘米（图二二，3）。

标本H14标∶4，钵，泥质橙黄陶。敛口，肩微鼓，斜腹。口径约26.4、残高10厘米（图二二，4）。

标本H14标∶14，盆，泥质橙红陶。圆唇，沿外翻，凹颈，鼓肩，弧腹。口径约18、残高6厘米（图二二，5）。

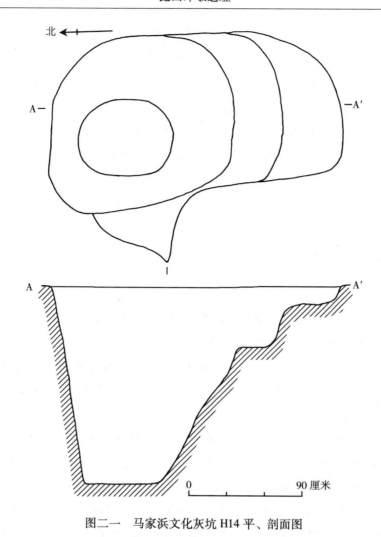

图二一　马家浜文化灰坑 H14 平、剖面图

图二二　马家浜文化灰坑 H14 出土器物

1. 陶釜（H14：1）　2. 骨针（H14：2）　3. 陶球（H14：3）　4. 陶钵（H14 标：4）　5. 陶盆（H14 标：14）

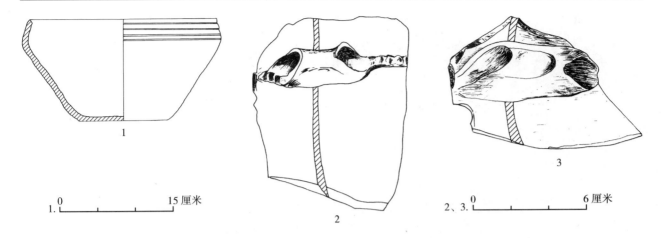

图二三　马家浜文化灰坑 H113 出土陶器

1. 盆（H113：1）　　2、3. 牛鼻耳（H113 标：8、6）

H112　开口在Ⅵ区 T6302 第④层下，近似圆形。口径 0.90～0.85、底径 0.22～0.40 米、深 0.95 米（彩版一八，2）。出土少量陶片，采集标本有红衣陶罐口 1 件、夹砂陶鼎口 1 件。

H113　开口在Ⅵ区 T6101 第⑦层下，打至生土，长圆形。口径 1.76～1.80、深 0.55 米。填土黄灰色夹黑灰。出土陶片 72 块，其中夹砂红褐陶 30 块，泥质红衣陶 32 块，夹砂褐陶 10 块。修复红陶钵 1 件，另有腰沿釜、筒形釜、盖纽、牛鼻耳、红衣陶罐口等器物残片（彩版一八，3）。纹饰有附加堆纹、窝纹等。此坑为一般灰坑。

标本 H113：1，盆，泥质橙红陶。敛口，鼓肩，下腹急收，平底。肩部有数道凹弦纹。口径 24.8、底径 11、高 12.2 厘米（图二三，1）。

标本 H113 标：6，牛鼻耳，泥质红陶。菱角形，耳长 6.5、宽 1 厘米（图二三，2）。

标本 H113 标：8，牛鼻耳，泥质灰陶。耳面中间有一凹窝，耳长 7.5、宽 2 厘米（图二三，3）。

H125　开口在Ⅵ区 T6503 第④层下，打破生土。近似瓶形。口径 1.42～0.80、深 0.43 米。填土灰黄土。出土陶片 18 块，采集标本有夹砂陶砂鼎口 3 件、牛鼻耳 2 件及骨簪 1 件（1、2；彩版一八，4）。此坑为一般灰坑。

标本 H125：1，骨簪，动物胫骨制成。头部呈圆锥形，尾部残缺，横断面为椭圆形。残长 8、直径 1.05 厘米（图二四，1）。

标本 H125 标：5，牛鼻耳，牛鼻耳夹砂红陶。细长形耳。牛鼻耳长 6、宽 1.2 厘米（图二四，2）。

H128　开口在Ⅵ区 T6503 第⑥层下，近似圆形。口径 0.58、底径 0.55、深 0.09 米。填土深灰色。内埋有一完整动物骨架（彩版一八，5）。该坑可能与当时人类饲养动物有关。

H129　开口在Ⅵ区 T6403 第⑨层下，东南进入壁内，上口为不规则形，底为椭圆形。口径 2.20～1.44、底径 1.20～0.60、深 0.67 米。出土陶片 27 块，有木头工具 1 件、红衣陶盆 1 件（彩版一八，6）；采集标本有红衣陶罐口 1 件、牛鼻耳 1 件。此坑为水稻田蓄水坑。

标本 H129：1，盆，泥质橙红陶。口微敞，颈内凹，下腹急收，平底。肩部附一对泥捏小耳。口径 32、底径 13、高 12.6 厘米（图二四，3）。

H139　开口在Ⅵ区 T6502 第⑤A 层下，东部进入邻方。口径 2.05、底径 1.00、深 1.55

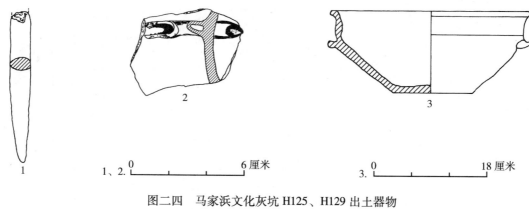

图二四　马家浜文化灰坑 H125、H129 出土器物

1. 骨簪（H125∶1）　2. 陶牛鼻耳（H125 标∶5）　3. 陶盆（H129∶1）

米。填土为黄土，未出土遗物（彩版一八，7）。

（二）水田与蓄水坑（水井）、水沟

1. 水田

绰墩遗址在Ⅳ、Ⅵ区共发现马家浜文化水田 64 块。Ⅵ区发现水田 54 块（S1～S54）、蓄水坑 16 个（H113、H117～H121、H123、H124、H127、H129～H132、H145、H160、H161）、水沟 4 条（G12、G13、G16、G17）等（图二五；彩版一九）；Ⅳ区发现水田 10 块（S55～S64）。所有水田均分布在地势低洼的原生土面上，打破原生土而形成的长条形、圆角长方形或不规则形等多种形状的坑。其面积一般为 0.80～16 平方米，平均为 5.4 平方米；深度为 0.12～0.80 米，平均深 0.33 米（附表四）。这种坑与坑之间的坑边即所保留的原生土为田埂，由几块到几十块田相串联，田块之间有水口连通。另有一些与田块相配套的如水沟、水井或蓄水坑等，这些均为水田的灌溉系统。由于田块是群体串联形式，田内所需要由水井、水沟灌入，水量可通过水口调节。水田的土样通过植物蛋白石数量计算分析后，证明是长期生长过水稻的土，其中 G13 的土样经植物蛋白石计量分析，也接近种植水稻的土。说明水沟与稻田之间由于水的不断流通，使之水沟内也沉积大量水稻植物蛋白石。

2. 水沟与蓄水坑

马家浜水田范围内共发现水沟 4 条（G12、G13、G16、G17），这些水沟是分别连接水田的排水沟（见图二五），其中 G13 南北向，南接 S13，北连 S12；G12 东西向，西部被宋代河道打断，东部与 S6、S3 等水田连接。另有蓄水坑 16 个（H113、H117～H121、H123、H124、H127、H129～H132、H145、H160、H161）。其中 H132 平面呈不规则形，长 1.35、宽 0.50、深 0.31。填土灰白色淤土，无出土遗物。H130 平面呈圆形，口径 0.90、深 0.59 米。填土为灰白色淤土，无遗物出土。

二　崧泽文化灰坑、水井

（一）灰坑

共发现 6 个（H3、H4、H5、H13、H159、H173）。

H3　开口在Ⅰ区 T0404 第②层下，距地表深 0.35 米。长方形。口径 1.34、宽 5.80、深

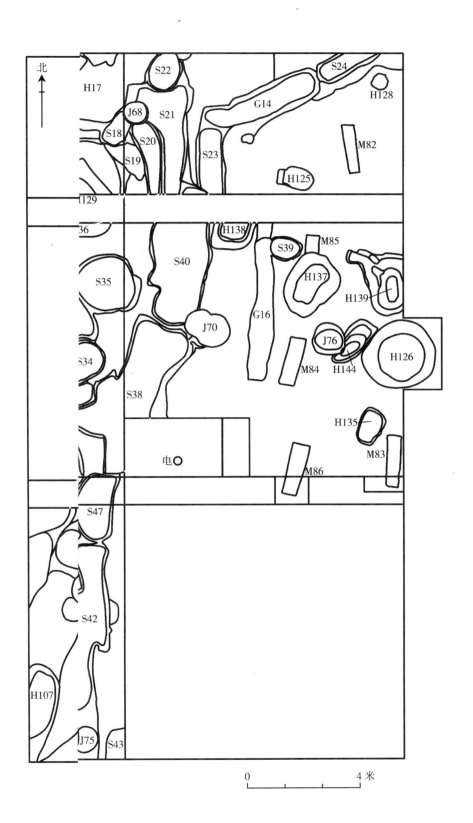

0.68、深 0.30 米。填土浅灰色。出土夹砂陶 4 片，为鼎的腹片。

（二）水井

仅发现一口。

J3　开口在 I 区 T0701 第①C 层下，坑口距地表深 1.05 米，圆形。口径 0.65、深 1.33 米。填土为黄灰色土，含铁锈颗粒，井壁较直，平底。井内仅出土数块陶片（图二八）。

三　良渚文化灰坑、水井

（一）灰坑

共发现 39 个（H1、H2、H6 ~ H9、H12、H17 ~ H21、H44、H47 ~ H50、H52、H53、H59、H99 ~ H105、H137、H140、H142、H163 ~ H166、H168、H170 ~ H172、H175）。其中，H5 为 F2 祭祀坑；H6、H7、H8、H9 分别为 F3 室内外窖穴或灶坑；H17 为 F6 室外垃圾坑；H105 为 F12 窖穴等，这些归入居住址内介绍。其余根据灰坑的平面如圆形、椭圆形、不规则形等形状介绍如下。

H1　开口在 I 区 T0404 第②层下，平面为椭圆形。圜底，坑壁有一层厚 2 厘米左右的红烧土层，烧结程度不高，呈橘黄色，坑底约有 10 厘米厚的草木灰堆积，并伴出鼎、罐、杯、盆等器物残片。

H19　开口在 I 区 T0206F6 下，坑口距地表深 0.75 米。圆形。上口径 2.10、下口径 0.80、深 3.10 米。填土分两层：上部（大口）为灰黄土，下部（小口以下）为黑灰色淤土。遗物均出土于下层，有陶片 40 片，器形有甗、鼎、豆、罐等；另有猪头骨等。该坑道估计原系水井后废弃为灰坑（图二九）。

标本 H19 标：3，罐，泥质灰陶。方唇，折沿，束颈，肩部以下残缺。颈部有道凹槽。口径约 25、残高 8 约厘米（图三〇，1）。

H48　开口在 II 区 T2804 第④层下，坑口距地表深 1.01 米。不规则形。口径 1.83 ~ 2.35、深 0.51 米。出土少量陶片。

标本 H48：1，双鼻壶，泥质灰黑陶。圆唇，折沿与口平，领较高，圆鼓腹，圈足。口径 12、底径 8.4、高 9 厘米（图三〇，2）。

标本 H48：2，盆，泥质灰陶。敞口，深腹，平底。颈部有一道弦纹，上腹部有一道凸棱。口径 34.4、底径 21、高 28 厘米（图三〇，5）。

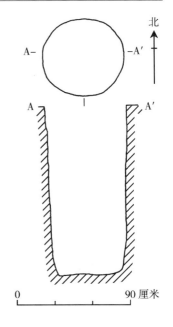

图二八　崧泽文化水井
J3 平、剖面图

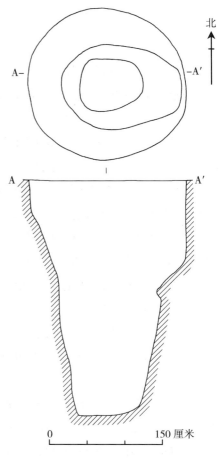

图二九　良渚文化灰坑
H19 平、剖面图

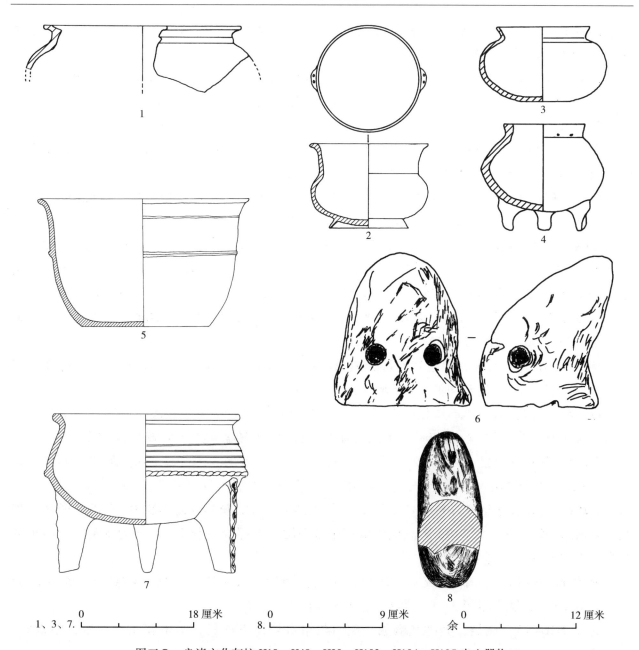

图三〇　良渚文化灰坑 H19、H48、H99、H103、H104、H105 出土器物

1. 陶罐（H19 标:3）　2. 陶双鼻壶（H48:1）　3. 陶罐（H103:1）　4. 陶鼎（H104:1）　5. 陶盆（H48:2）　6. 陶支座
（H99:3）　7. 陶鼎（H105:1）　8. 石锤（H105:3）

H99　开口在 Ⅱ 区 T2404 第③层下，坑口距地表深 0.57 米。近似圆形，口径 1.70～1.60、深 1.26 米。出土陶片 26 片，修复灰陶壶 1 件，另有支座 1 件（彩版二〇，1；彩版二七）。

标本 H99:3，陶支座，泥质灰褐陶。上端圆弧偏向一侧，平底内凹。一侧有两孔似人双眼。底径 12～14、高 16.2 厘米（图三〇，6）。

H103　开口在 Ⅱ 区 T2604 第⑤层下，打破河道堤岸。长方形。口径 1.45～1.10、深 0.34 米。填土灰色土。出土夹砂陶鼎足、鼎口各 2 个，泥质灰陶盘、罐各 1 个。复原灰陶罐 1 件。此坑为一般灰坑。

　　标本 H103∶1，罐，泥质灰陶。薄圆唇，外折沿，束颈，中鼓肩，平底。口径9.8、底径5.3、高8厘米（图三〇，3）。

　　H104　开口在Ⅱ区 T2504 第⑤层下，打破河道红烧土堤岸。近似圆形。口径1.90～1.50、深3.10米。填土灰黑色。出土陶片82片，其中泥质黑皮陶36片、灰陶28片、红陶2片，夹砂褐陶10片、粗砂红陶6片。器形有黑皮陶罐口、匜流（口）、杯、豆把等，灰陶罐口、盘口，夹砂红褐鼎口、盖纽鼎足及粗砂陶缸残片等。另外，坑底出土1件完整三足罐。纹饰有凹弦纹、凸弦纹、绞丝纹和附加堆纹。此坑原为水井后井废弃变成灰坑。

　　标本 H104∶1，鼎，泥质灰陶。口微内侈，窄沿，束颈，鼓腹。圜底附三只似凿形小足。颈部有两个小孔。口径8.4、最大腹径13.2、通高11.4厘米（图三〇，4）。

　　H105　开口在Ⅱ区 T2503 第⑤层下，距地表深1.17米。圆角长方形。口径5.12～0.90、深0.58厘米。出土陶片36片，其中夹砂褐陶25片，泥质灰陶7片，泥质黑皮陶3片，泥质橙黄陶1片；另有黑色鹅卵石锤1个（见彩版一二；见彩版一三，3）。此坑为 F12 窖穴。

　　标本 H105∶1，鼎，夹砂红褐陶，颈以下有五道凹弦纹，腹部饰附加堆纹，圜底附三只饰堆纹足。口径30、最大腹径32.4、通高25.4厘米（图三〇，7）。

　　标本 H105∶3，石锤，黑色卵石加工成长卵形，两端为圆锥面，底面稍打制，上有锤击留下的麻点。长12.4、宽5、厚4.5厘米（图三〇，8）。

　　H137　开口在Ⅵ区 T6502 第⑤A层下，坑口距地表深0.70米。形状椭圆形。口径2.30～1.80、深1.90米。坑内填黑灰土，出土陶片21块，修复陶盆1件（彩版二〇，2）。

　　H140　开口在Ⅵ区 T6401 第⑤A层下，被 J75 打破。距地表深0.70米。形状圆形，口径1.60、深1.80米。坑内填黄土，出土较多陶片，修复灰陶罐1件（彩版二〇，3）。

　　H164　开口在Ⅰ区 T1204 第①层下，东部延伸到方外，坑口距地表深0.20米。形状不规则。口径2.45～2.9、深1.02米。坑内堆积土分两层，上层为黑灰土，下层为灰黄土。出土灰陶瓮、鱼鳍形鼎足等遗物。

　　标本 H164∶1，瓮，泥质灰陶。敞口，折沿，溜肩，长圆腹，平底，器身有七组道凸弦纹。口径21.6、最大腹径37.6、高42.2厘米（图三一，1）。

　　标本 H164∶3，鼎足，夹砂红褐陶，侧面鱼鳍状划纹不连贯，上下宽基本一致，略残缺。宽5.5、残高11厘米（图三一，2）。

　　H165　开口在Ⅰ区 T1204 第②B层下，打破 F14，被 H164 打破，坑口距地表深0.47米。形状不规则，口径3.5～3.2、深0.95米（彩版二一）。坑内为灰土含铁锈，出土鼎、器盖、杯、壶、刮削器、石刀、石凿、残石器和砾石等遗物（彩版二二）。此外该坑内还出土大量鹿角。

　　标本 H165∶1，甗，夹砂褐陶。斜沿，束颈，深腹。通体饰不规则划纹。内腹壁偏下有一周箅隔。圜底附三足（图三一，5；彩版二二，1）。

　　标本 H165∶2，器盖，夹砂褐陶。砂锅形纽，半圆形器盖。纽径7.2、盖径36.8、高12.8厘米（图三一，6；彩版二二，5）。

　　标本 H165∶3，杯，泥质灰陶。口微敞，外壁微内弧，至下腹微外鼓后再内收，矮圈足。口径5.2、底径2.4、通高5.9厘米（图三一，7；彩版二二，2）。

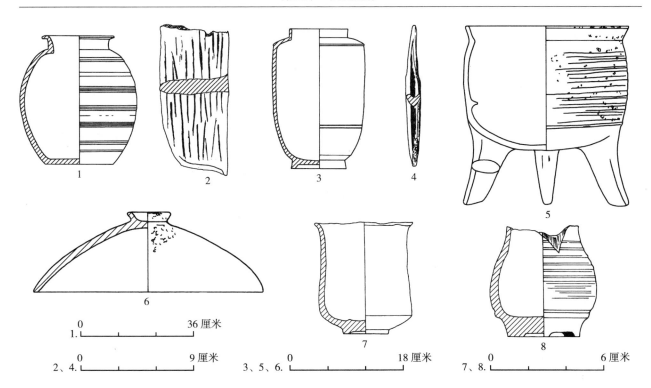

0　　　　　　　　　　36 厘米
1.

0　　　　　　　　　　9 厘米
2、4.

0　　　　　　　　　18 厘米
3、5、6.

0　　　　　6 厘米
7、8.

图三一　良渚文化灰坑 H164、H165、H172 出土器物

1. 陶瓮（H164∶1）　2. 陶鼎足（H164∶3）　3. 陶瓶（H172∶1）　4. 骨镞（H172∶4）　5. 陶鼎（H165∶1）　6. 器盖
（H165∶2）　7、8. 陶杯（H165∶3、H165∶4）

标本 H165∶4，杯，泥质黑皮陶。口残缺，下腹外鼓，圈足底。颈部至圈足饰凹弦纹。口径约 4、底径 3.8、残高 5.7 厘米（图三一，8；彩版二二，6）。

H172　开口在Ⅳ区 T4206 第④层下，坑口距地表深 0.95 米。形状不规则形，口径 1.6～2、深 3.20 米。坑内填灰土、灰白淤土，出土灰陶瓶、黑皮陶提梁壶、骨镞等遗物。

标本 H172∶1，瓶，泥质灰黑皮陶。黑皮大部分脱落。直口，斜肩，筒形腹，圈足。口径 11.2、底径 9.2、高 23.4 厘米（图三一，3）。

标本 H172∶4，骨镞，柳叶形。锥形铤且与镞身界线分明，利用动物胫骨加工制作，一面为圆形的骨面，另一面为骨槽。长 11、宽 1.2、厚 0.9 厘米（图三一，4）。

（二）水井

共有 10 口（J15、J16、J17、J20、J21、J39、J52、J72、J82、J84）。

J15　开口在Ⅱ区 J2804 第④层下，坑口距地表深 0.80 米。圆形。口径 1.00～0.90、深 1.75 米。出土陶片数片。

J16　开口在Ⅱ区 T2804 第⑤层下。圆形，口径 1.26、深 1.7 米。填土灰色淤土，出土少量陶片，有泥质陶罐、黑皮陶贯

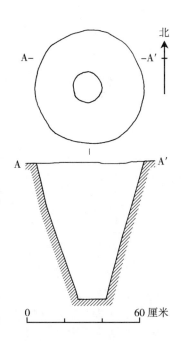

北

A—　　　　—A'

A　　　　　　　A'

0　　　　　　　60 厘米

图三二　良渚文化水井 J16
平、剖面图

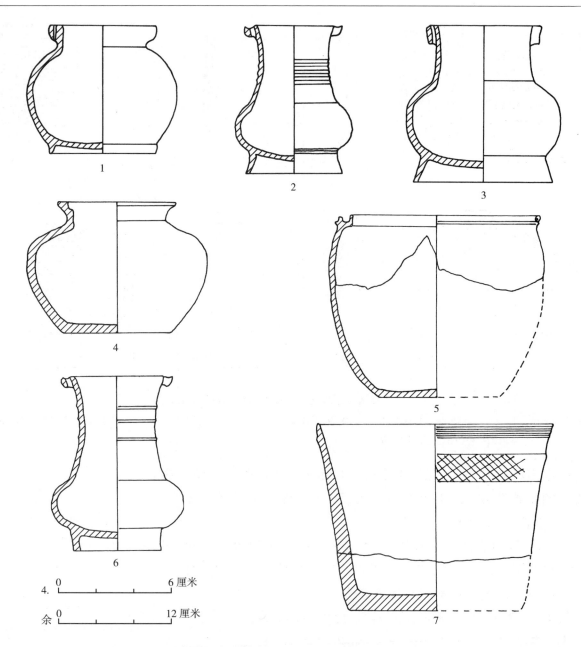

图三三　良渚文化水井 J16、J17 出土陶器

1、2、3. 双鼻壶（J16：1、2、3）　4. 平底罐（J17：1）　5. 大口罐（J17 标：1）　6. 双鼻壶（J17：2）　7. 大口缸（J17 标：2）

耳壶等器形（图三二）。

标本 J16：1，陶双鼻壶，泥质黑皮陶。直口，矮领，器身粗矮，球腹，低圈足。口径 10、底径 11.6、高 13.4 厘米（图三三，1）。

标本 J16：2，陶双鼻壶，泥质黑皮陶。双耳面下凹，形同冠翅状。长颈，上有多道凹弦纹。口径 8.4、底径 10.2、通高 15.6 厘米（图三三，2）。

标本 J16：3，陶双鼻壶，泥质黑皮陶。直口，贯耳与口平，器身略粗矮，鼓腹，圈足。口径 15.6、底径 22.2、高 23 厘米（图三三，3）。

J17　开口在Ⅱ区 T2904 第⑤层下，距地表深 1.40 米。圆形。口径 1.15、深 1.5 米。填土为灰色淤土，内出土大块陶片，复原泥质陶罐1件、双鼻壶1件。

标本 J17：1，平底罐，泥质黑皮陶。圆唇，沿外折，沿面上有一凹槽，束颈，鼓腹。口径9.6、底径9、高10.4厘米（图三三，4）。

标本 J17 标：1，大口罐，泥质灰陶。方唇直口，折肩，深弧腹，平底。口沿上有二耳。口径30、底径20、高约29厘米（图三三，5）。

标本 J17：2，双鼻壶，泥质黑皮陶。口微敞，长颈中部略内收，圆鼓腹，圈足。双鼻稍低于口沿，圈足垂直，颈部有三道弦纹。口径7.6、腹径10.6、底径7、高14厘米（图三三，6）。

标本 J17 标：2，陶缸，夹砂红褐陶。尖唇，敞口，外壁斜直下收，底残缺。口径38.4、底径28、高约30厘米（图三三，7）。

J20　开口在Ⅱ区 T2804 第③层下，距地表深0.65米。圆形。口径1.02、深2.50米。出土大量陶片。

J21　开口在Ⅱ区 T2803 第⑤层下，距地表深1.32米。圆形。口径0.54、深0.76米。出土少量陶片。

J39　开口在Ⅱ区 T2604 第②层下，距地表深0.65米。圆形。口径0.95、深1.20米。出土陶片31片，器形有夹砂陶刀形鼎足、甗腹片，泥质陶宽把杯、罐残片等（彩版二○，4）。

J52　开口在Ⅱ区 T2604 第④层下，距地表深0.65米。圆形。口径0.90、深1.90米。出土陶片23片，器形有泥质灰陶罐、豆残片等（彩版二○，5）。

四　马桥文化灰坑、水井

绰墩遗址马桥文化堆积主要分布在Ⅱ区和Ⅲ区，面积达15万平方米左右，局部堆积厚达一米以上，可划分出四层6个层位。在这一时期共发现灰坑52个、水井15口。

（一）灰坑

共有61个（H23、H26、H27、H29、H34、H35、H36～H42、H51、H61～H66、H69、H71、H72、H74、H75～H95、H97、H98、H106、H107、H114、H115、H122、H133、H135、H136、H141、H143、H149、H150、H154、H155）。形状有长方形、圆形、长条形、不规则形、椭圆形、刀形及近似圆形或圆角方形、长方形等。择其要者介绍如下。

H34　开口在Ⅱ区 T2904 第④层下，坑口平面呈不规则形，距地表深1.10米。口径1.60～1.30、深1.26。填土灰黄色。出土陶片53块，以罐类器形为主，陶质大多为泥质灰陶与橙黄陶（图三四）。

H69　开口在Ⅱ区 T2603 第②层下，坑口平面近

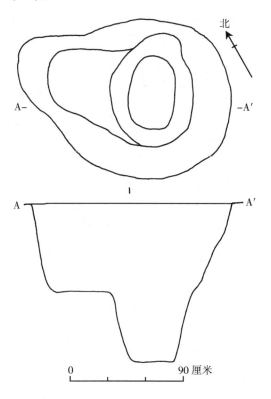

图三四　马桥文化灰坑 H34 平、剖面图

似圆形，距地表深 0.65 米。2.10~2.78、深 3.6 米。填土灰黄色。出土陶片 631 片，其中夹砂褐陶 186 片、红褐陶 60 片，泥质灰陶 94 片、橙黄陶 79 片、橙红陶 131 片、黑陶 31 片，泥质硬陶 50 片。器形有夹砂褐陶刀形、柱形鼎足、釜口、甗口、鼎口，泥质橙黄陶凹圜底罐、灰陶盆口、罐口、豆盘，泥质黑陶簋、盆、圈足盘等。纹饰有梯格纹、条格、方格纹、篮纹、席纹、绳纹等。另有残石斧、箭镞及兽骨等（彩版二〇，6；彩版二三）。

标本 H69：2，罐，泥质橙黄陶。方唇，折沿，沿面上有多道凹槽，器身呈半圆形，凹圜底。通体饰条格纹。口径 19.4、腹径 17.8、底径 5、高 11.4 厘米（图三五，1）。

标本 H69：3，凹圜底罐，泥质橙黄陶。方唇、折沿，束颈，垂腹，凹圜底。通体饰条格纹。口径 24、腹径 32、底径 13.2、高 29 厘米（图三五，2；彩版二三，2）。

标本 H69：6，豆，泥质灰陶。尖唇，敞口，弧腹，粗把，圈足底。盘壁与把部饰弦纹，口径 18.4、底径 13.4、高 16.6 厘米（图三五，3）。

标本 H69：10，凹圜底罐，泥质橙黄陶。尖唇、宽折沿，束颈，中腹，下腹急收，凹圜底。通体饰条格纹。口径 12.4、腹径 18.4、底径 5.6、高 15 厘米（图三五，4；彩版二三，5）。

标本 H69：12，斧，灰石。直柄，两侧底边下凹形成双肩，板斧形刃，双面刃。高 9.4、刃宽 9.3、厚 1 厘米（图三五，5；彩版二三，7）。

标本 H69：22，器盖，泥质灰陶。敞口，盖上部起突棱，陀螺形纽。外部饰三道弦纹。口径 13.2、通高 9.3 厘米（图三五，6）。

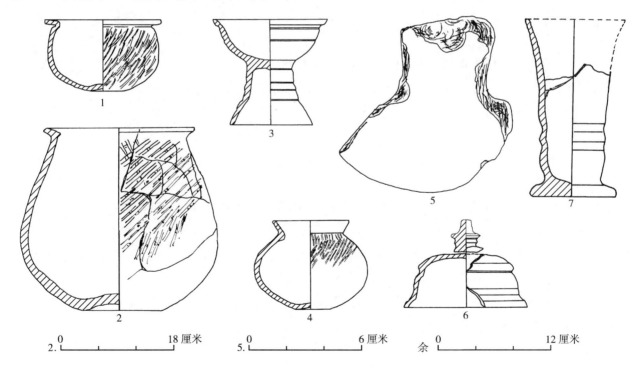

图三五　马桥文化灰坑 H69 出土器物

1. 陶凹圜底罐（H69：2）　 2. 陶凹圜底罐（H69：3）　 3. 陶豆（H69：4）　 4. 陶凹圜底罐（H69：10）　 5. 石斧（H69：12）

6. 陶器盖（H69：22）　 7. 陶甗（H69：25）

标本 H69：25，瓠，泥质灰陶。敞口，筒形，平底宽于杯身，口部残缺。腹部有两道凹弦纹。口径 8、底径 6.8、高 14 厘米（图三五，7）。

H71　开口在 II 区 T2603 第②层下，被 J26、J28 及 J40 打破。近似圆形。口径 2.25～1.70、深 0.39 米。填土灰黄色。出土陶片 37 块，其中夹砂褐陶 8 块，泥质灰陶 21 块、橙黄陶 8 块。器形有夹砂褐刀形鼎足，泥质橙黄陶凹圜底罐、灰陶盆口、罐口、豆盘等。纹饰有梯格纹、条格、方格纹、篮纹等。此坑为一般灰坑。

H72　开口在 II 区 T2604 第②层下，被 J34 打破。坑口距地表深 0.65 米。长方形。口径 1.30～4.25、深 0.65 米。填土为灰褐色。出土陶片 246 片，其中泥质灰陶 92 片、夹砂红褐陶 72 片、泥质橙红陶 15 片、泥质橙黄陶 27 片、印纹硬陶 26 片，另有原始瓷 14 片。器形有泥质陶罐、豆澄滤器，夹砂陶刀形、瓦形鼎足，印纹陶罐、豆，原始瓷罐、豆及橙黄陶支座等。纹饰有方格纹、菱形纹、云雷纹、编织纹、绳纹、叶脉纹等。

H74　开口在 II 区 T2503 第②层下。不规则形。口径 6.50～4.55、深 0.22 米。填土为黑灰色夹黄土。出土陶片 419 片，其中泥质灰陶 179 片、夹砂褐陶 119 块、夹砂红褐陶 60 片、泥质橙红陶 62 片、泥质黑陶 15 片、泥质橙黄陶 8 块、印纹硬陶 58 片。器形有泥质凹底罐、灰陶盆、夹砂陶刀形鼎足等。纹饰有方格纹、条格纹、曲折纹、管戳圆圈纹以及云雷、叶脉纹等。另有半圆形石刀、石镞等（彩版二四）。

H75　开口在 II 区 T2503 第③层下。坑口不规则形。口径 2.53～1.57、深 0.67 米。填土为黑灰色。出土陶片 312 片，其中泥质灰陶 87 片、泥质橙红陶 57 片、夹砂褐陶 94 块、夹砂红褐陶 49 片、印纹硬陶 25 片。器形有泥质灰陶罐、豆、三足盘、簋，夹砂陶釜、刀形、柱形鼎足等。纹饰有绳纹、米筛纹、曲折与方格组合纹、梯格纹等。另有网坠等出土（彩版二五）。

标本 H75：2，簋，泥质灰陶。敛口，溜肩，最大直径偏上，圈足外撇。肩部三道弦纹中间饰两排重圆纹。口径 14.8、腹径 20.4、底径 10.6、通高 13.2 厘米（图三六，1；彩版二五，1）。

标本 H75：4，罐，灰色硬陶。厚圆唇，束颈，溜肩。长弧腹，凹圜底。通体饰条格纹。口径 17、腹径 27.4、底径 8、高 26 厘米（图三六，2；彩版二五，2）。

标本 H75：4，三足盘，泥质灰陶。直口浅腹，圜底附三足。口径 20、通高 18.6 厘米（图三六，3）。

标本 H75：5，豆，原始瓷。勾敛口，浅盘。高把，喇叭形圈足。把上部有一道凸棱与两道凹弦纹。口径 16、底径 13、高 21 厘米（图三六，4；彩版二五，3）。

标本 H75 标：11，罐，泥质灰陶。直口，最大腹径偏上，平地。肩部式网格纹。口径 5、底径 3、高 4 厘米（图三六，5）。

H79　开口在 II 区 T2503 第③层下，坑口距地表深 0.58 米。方形。口径 1.95、深 3.10 米。填土灰黄色。出土陶片 140 片，其中夹砂褐陶 24 块，泥质灰陶 73 片，泥质橙黄陶 26 片，印纹硬陶 17 片。器形有夹砂陶釜、瓮、鼎残片以及羊角形鼎足等，还有泥质灰陶澄滤器、豆盘、罐口、壶及钵等。纹饰有网格纹、凹凸弦纹、编织纹、重菱纹、S 纹等。另有原始瓷豆、半圆形石刀、砺石等（彩版二六）。

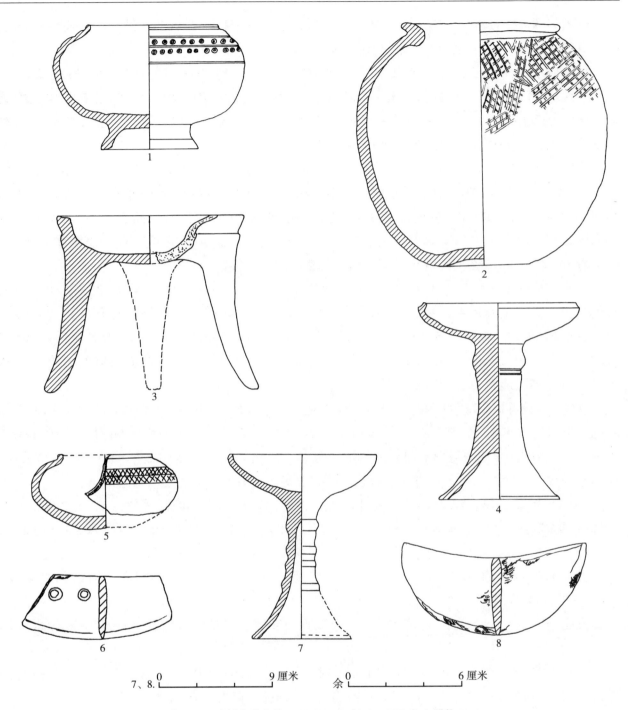

图三六　马桥文化灰坑 H72、H75、H79、H95 出土器物

1. 陶簋（H75：2）　2. 陶罐（H75：4）　3. 陶三足盘（H75 标：4）　4. 陶豆（H75：5）　5. 陶罐（H75 标：11）　6. 半月形石刀（H79：2）　7. 原始瓷豆（H79 标：15）　8. 半月形石刀（H95：1）

　　标本 H79：2，半月形石刀，青石质。有两个圆形对钻空。长 11.6、宽 8、厚 0.5 厘米（图三六，6）。

　　标本 H79 标：15，豆，原始瓷。口微敛，钵形盘，细把上有多道凸棱，圈足底。口径 16、底径 10.8、高 19.4 厘米（图三六，7）。

H80　开口在Ⅱ区 T2504 第②层下，坑口距地表深 0.54 米。近似方形。口径 1.36～1.25、深 0.28 米。填土灰黄色。出土陶片 12 片。器形有夹砂陶鼎残片，泥质灰陶豆盘、罐口等。纹饰有梯格纹等。

H81　开口在Ⅱ区 T2404 第③层下，坑口平面为不规则形，距地表深 0.54 米。口径 3.65～1.65、深 0.28 米。填土灰黄土。出土陶片 224 片，其中夹砂灰褐陶 91 片、红褐陶 34 片，泥质灰陶 57 片、橙红陶 23 片，印纹灰陶 19 片。主要器形有夹砂陶釜、鼎、器盖，泥质橙黄陶凹圜底罐、圈足盘、盆、豆及印纹灰陶罐等。纹饰有方格纹、绳纹、凹弦纹、梯格纹、叶脉纹、刻划纹、编织纹及镂孔等。另有双孔石刀 1 件，黑皮陶盆 1 件。

H82　开口在Ⅱ区 T2404 第③层下，坑口平面近似圆形，距地表深 0.56 米。口径 1.72～1.45、深 0.58 米。填土灰黄土。出土陶片 145 片，其中夹砂灰褐陶 75 片、夹砂橙红陶 7 片，泥质灰陶 49 片、橙黄陶 8 片，印纹陶 6 片。主要器形有夹砂陶鼎、釜，泥质陶罐、豆、盘等。纹饰有方格纹、绳纹、凹弦纹，条格纹、菱纹等。一件罐内有指捏痕。

H83　开口在Ⅱ区 T2504 第②层下，坑口距地表深 0.57 米。近似圆形。口径 2.10～2.20、深 0.76 米。填土灰黄色。出土陶片 17 片。器形有夹砂陶鼎、泥质灰陶罐等。纹饰有篮纹等。

H84　开口在Ⅱ区 T2404 第③层下，打破 H99。坑口平面近似长方形，距地表深 0.58 米。口径 2.45～1.55、深 0.60 米。填土灰黄土。出土陶片 367 片，其中夹砂灰褐陶 150 片，泥质灰陶 37 片、橙黄陶 150 片、橙红陶 30 片。主要器形有夹砂陶釜、鼎，泥质橙黄陶凹圜底罐，泥质灰陶盆、豆盘、器座、杯等。纹饰有方格纹、绳纹、凹弦纹、条格纹、曲折纹、叶脉纹、云雷纹、网格纹及编织纹等。另有石锛 2 件、砺石 1 件、高领小罐 1 件、豆 1 件（彩版二七）。

标本 H84∶1，盆，泥质橘红陶。敞口，宽折沿，圜底。通体饰梯格纹。口径 12、腹径 10.2、高 7.6 厘米（图三七，1；彩版二八，1）。

标本 H84∶7，簋，泥质黑灰陶。敛折肩，下腹内削，圈足，底边外撇近平。口沿下有多道弦纹，圈足上两道弦纹间饰长镂孔。口径 13、底径 11.4、高 12 厘米（图三七，2）。

标本 H84∶8，锛，青灰石。长条形，斜背，平刃，刃角略缺损。长 6.3、宽 2.6、厚 1.4 厘米（图三七，6；彩版二八，6）。

标本 H84∶5，斧，黑灰石磨制。近似三角形，刃部稍大，往上逐渐内，形成把手。高 10.8、刃宽 6.5、厚 0.9 厘米（图三七，7；彩版二八，4）。

H85　开口在Ⅱ区 T2404 第③层下，打破 H98。坑口平面近似方形，距地表深 0.59 米。口径 4.35～4.23、深 0.80 米。填土为灰黄土。出土陶片 681 片，其中夹砂灰褐陶 248 片、红褐陶 108 片，泥质红陶 25 片、橙黄陶 69 片、灰陶 162 片，印纹硬陶 52 片，原始瓷 17 片。主要器形有夹砂陶鼎、釜、器盖，泥质橙黄陶罐、圈座、澄滤器，泥质灰陶豆盘、三足盘口、器盖，原始瓷钵、豆盘等。纹饰有重菱纹、方格纹、绳纹、凹弦纹、条格纹、曲折纹、叶脉纹、云雷纹、网格纹及编织纹等。另有石镞 1 件、陶纺轮 1 件、灰陶杯 1 件（彩版二九）。

H86　开口在Ⅱ区 T2403 第③层下，被 J50 打破。坑口方形，距地表深 0.57 米。口径 1.40、深 1.69 米。填土为灰色。出土陶片 59 片，其中泥质橙黄陶 16 片、灰陶 17 片，夹砂红

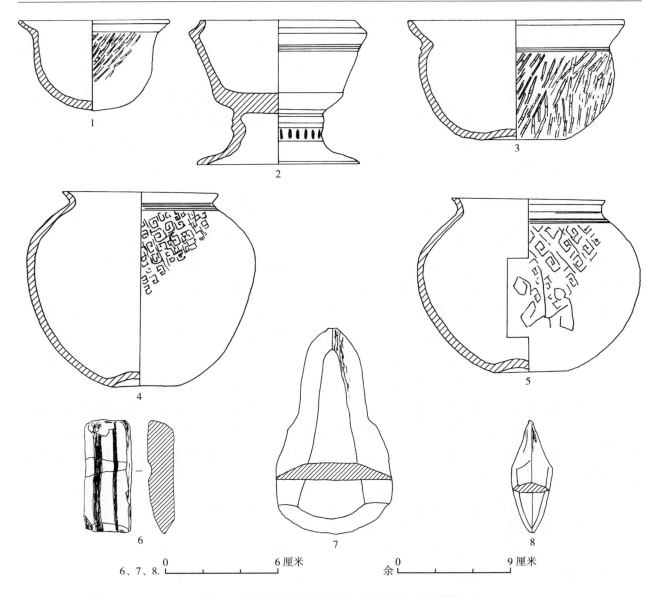

图三七　马桥文化灰坑 H84、H86、H90 出土器物

1. 陶盆（H84:1）　2. 陶簋（H84:7）　3. 陶盆（H90:2）　4. 陶凹圜底罐（H86:1）　5. 陶凹圜底罐（H86:3）　6. 石锛
（H84:8）　7. 石斧（H84:5）　8. 石镞（H90:1）

褐陶 6 片、褐陶 13 片，原始瓷 7 片。器形有泥质陶罐、圈足盘座、豆、盖纽，夹砂陶鼎口、
刀形足等。纹饰有条格纹、弦纹、叶脉纹、绳纹及篮纹等（彩版三〇，1）。

　　标本 H86:1，凹圜底罐，泥质橙黄陶。尖唇，折沿，束颈，溜肩，上鼓腹，凹圜底。颈
部有四道弦纹，器身通体饰云雷纹。口径 12.6、腹径 18.4、底径 5.5、高 15.2 厘米（图三
七，4；彩版三〇，2）。

　　标本 H86:3，凹圜底罐，泥质橙黄陶。尖唇，沿外翻，束颈，削肩，上鼓腹，凹圜底。
颈部有四道弦纹，器身通体饰云雷纹。下腹部另有一刻符。口径 12、腹径 18、底径 6、高
13.8 厘米（图三七，5；彩版三〇，3）。

　　H89　开口在Ⅱ区 T2404 第③层下，坑口平面近似长方形，距地表深 0.60 米。口径1.55 ~

1.10、深 0.13 米。填土为灰黄土。出土陶片 38 片，其中夹砂灰褐陶 10 片，泥质橙黄陶 10 片、灰陶 16 片，印纹硬陶 2 片。主要器形有夹砂陶盆、钵、鼎，泥质橙黄陶罐，泥质灰陶盆口、罐口等。纹饰有重菱纹、小方格纹、条格纹、叶脉纹、篮纹、梯格纹及编织纹等。

H90　开口在Ⅱ区 T2403 第②层下，坑口平面为不规则形，距地表深 0.58 米。口径 3.00 ~ 6.50、深 0.20 米。填土为灰黄色。出土陶片 337 片，其中夹砂红褐陶 31 片、褐陶 36 片，泥质灰陶 104 片、橙红陶 29 片，印纹硬陶 13 片。器形有泥质陶凹底罐、小口罐、豆，夹砂陶鼎等。另有砺石、石镞、多孔石刀、石犁等。纹饰有梯格纹、弦纹、叶脉纹、条格纹、篮纹、窗花纹等。

标本 H90：1，镞，青灰石。柳叶形，尖端与铤尾均略残，两翼呈钝角，侧边磨有刃口。长 6、宽 2, 25、厚 0.5 厘米（图三七，8）。

标本 H90：2，盆，泥质灰陶。尖唇，敞口，宽折沿，束颈，弧腹，凹圜底。通体饰条格纹。口径 17.8、底径 6.8、高 9.4 厘米（图三七，3）。

H94　开口在Ⅱ区 T2403 第②层下，坑口平面为近似圆形，距地表深 0.60 米。口径 1.95、深 0.61 米。填土为灰黄色。出土陶片 24 片。器形有泥质陶盆、器座，夹砂陶鼎，印纹陶瓮、罐等。纹饰有梯格纹、弦纹、编织纹及菱形纹等。

H95　开口在Ⅱ区 T2403 第②层下，坑口平面为半圆形，距地表深 0.55 米。口径 0.70、深 1.47 米。填土为灰黄色。出土陶片 5 片。器形有泥质陶罐、夹砂陶鼎等。另有半圆形石刀（图三六，4；彩版三一，1）。

标本 H95：1，半圆形石刀，青石质。长 15、宽 6.3、厚 1 厘米（图三六，8；彩版三二，1）。

H91　开口在Ⅱ区 T2404 第③层下，东南分别被 J57、J10 打破。刀形。口径 6.15 ~ 2.60、深 0.26 米。填土灰黄土。出土陶片 169 块，其中夹砂灰褐陶 85 块、夹砂红褐陶 46 块，泥质灰陶 25 块、橙黄陶 13 块。主要器形有夹砂陶釜口、刀形鼎足、柱形足，泥质橙黄陶凹圜底罐、器纽，泥质灰陶罐口、盘口、澄滤器、豆座等。纹饰有方格纹、绳纹、凹弦纹，条格纹、曲折纹、叶脉纹及划纹等。此坑面积较大出土遗物丰富，用途不明。

H106　开口在Ⅵ区 T6101 第④层下，打破第 5 层。长条形。口径 6.00 ~ 2.36、深 0.40 米。填土灰黄色土。出土陶片 165 块，其中泥质灰陶 55 块、橙黄陶 39 块，橘红陶 8 块、黑陶 15 块、夹砂褐陶 31 块、原始瓷 15 块，印纹陶 2 块。主要器形有泥质灰陶圈足盘、盖纽、豆盘、罐，泥质橙黄陶罐，夹砂陶釜、鼎、器盖，原始瓷豆座、豆盘等。纹饰有附加堆纹、绳纹、篮纹、条格纹、曲折纹及叶脉纹等。此坑面积较大出土遗物丰富，用途不明。

（二）水井

共发现 19 口水井（J14、J18、J30、J34、J35、J40、J44、J46、J47、J53、J55、J59、J60、J61、J75 ~ J78、J83）。

J14　开口在Ⅱ区 T2803 第②层下，平面为圆形，距地表深 0.65 米。直径 1.6、深 3.6 米。填土为灰淤土，出土大量陶片。修复黑皮陶罐一件，另出土大砺石一块。

标本 J14：1，釜，夹砂黑陶。圆唇，口沿外翻，束颈，下垂腹，圜底。通体饰篮纹。口径 10.2、腹径 14.1、高 13.8 厘米（图三八，1）。

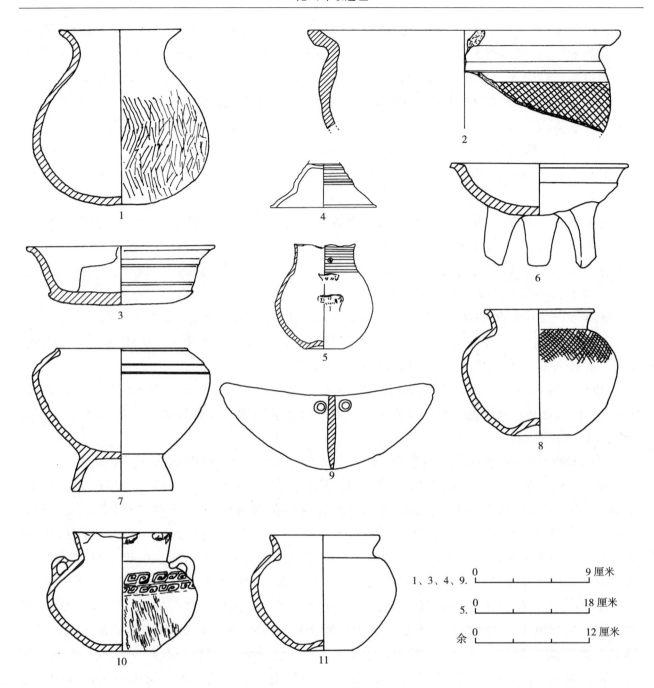

图三八 马桥文化水井 J14、J30、J34、J46、J47、J61 出土器物

1. 陶釜（J14:1） 2. 陶盆（J14 标:1） 3. 陶盆（J14 标:2） 4. 陶豆座（J14 标:3） 5. 陶罐（J30 标:3） 6. 陶三足盘（J34: 2） 7. 陶簋（J34:4） 8. 石刀（J47:1） 9. 陶罐（J46:1） 10. 陶罐（J61:1） 11. 陶罐（J61:2）

标本 J14 标:1，盆，泥质灰陶。敞口，束颈，弧腹，下腹至底残缺。肩部有一道凹弦纹，肩以下饰网格纹。口径 33.2、残高 11 厘米（图三八，2）。

标本 J14 标:2，盆，泥质灰陶。尖圆唇，大敞口，下腹转折处有道折棱，外壁有两道凹弦纹。口径 15、底径 8、高 4.5 厘米（图三八，3）。

标本 J14 标:3，豆座，泥质黑陶。喇叭形底座，上有多道折阶。底径 11.2、残高 4.6 厘米（图三八，4）。

J18　开口在Ⅱ区 T2903 第③层下，平面为圆形，口距地表深 0.6 米。直径 1.22、深 3.40 米。填土分两层，上层为铁锈黄土夹红烧土块；下层为灰色淤土。少量陶片出于下层。

J30　开口在Ⅱ区 T2603 第③层下，平面为圆形，口距地表深 0.65 米。直径 1.20、深 2.50 米。填土灰淤土，出土陶片 45 片。器形有泥质黑陶罐、橙黄陶罐及印纹陶罐，另有残石器一件（彩版三一，2；彩版三二，2~4）。

标本 J30 标：3，双耳罐，橙红色印纹硬陶。口略残，长颈，削肩，中鼓腹，下弧腹，凹圜底。颈部饰多道弦纹，肩腹部附耳已残缺。口径 9.6、底径 6、高 16.8 厘米（图三八，5）。

J34　开口在Ⅱ区 T2604 第②层下，打破 H72。平面为圆形，坑口距地表深 0.65 米。直径 1.80、深 5.60 米，口距地表深 0.65 米。填土为灰色淤土。出土陶片 160 块，其中泥质橙黄陶 42 块、黑陶 18 块、灰陶 28 块，夹砂灰陶 32 块、夹砂黑陶 20 块，原始瓷 20 块。器形有泥质橙黄陶罐、灰陶豆盘、杯、簋、黑陶豆盘、三足盘、罐，夹砂灰陶釜、甗、器盖及鼎，原始瓷豆、碗等（彩版三三，1；彩版三四，1~3）。纹饰有凹弦纹、绳纹、方格纹、篮纹、梯格纹及菱纹等。另有残石斧、刀各 1 件。

标本 J34：2，三足盘，泥质硬陶。敞口，折沿，盘外壁转折处有道折棱。圜底，附三足。口径 18.8、通高 11 厘米（图三八，6；彩版三四，1）。

标本 J34：4，簋，泥质黑陶。敛口，鼓肩，收腹，高圈足。口径 14、底径 11、高 15 厘米（图三八，7；彩版三四，3）。

J35　开口在Ⅱ区 T2603 第③层下，坑口平面为椭圆形，距地表深 0.65 米。口径 1.00~1.25、深 2.40 米。填土为灰色淤土。出土陶片 130 片，其中泥质橙黄陶 7 片、橘红陶 8 片，泥质灰陶 17 片、黑皮陶 2 片，夹砂灰陶 31 片。器形有泥质橙黄凹陶罐、灰陶豆、盆、黑陶豆，夹砂灰陶釜、甗、器盖及鼎。纹饰有凹弦纹、绳纹、方格纹、篮纹及梯格纹等。另有残石器 1 件（彩版三三，2；彩版三四，4、5）。

J40　开口在Ⅱ区 T2603 第③层下，打破 H71 又被 J48 打破。其平面为圆形，口距地表深 0.65 米。直径 1.50、深 1.85 米。填土为灰色淤土。出土陶片 121 块，其中泥质灰陶 36 块、黑陶 30 块、橙黄陶 22 块，夹砂褐陶 26 块，印纹陶 7 块。器形有泥质橙黄陶罐，灰陶盘、盆，黑陶三足盘及罐，夹砂褐陶刀、鼎、甗、盖纽，印纹陶豆、碗等。纹饰有凹弦纹、凸弦纹、划纹、方格纹、篮纹、梯格纹及叶脉纹等。另有残石器等。

J44　开口在Ⅱ区 T2503 第③层下，近似圆形，口距地表深 0.58 米。直径 0.85~0.75、深 3.60 米。填土为灰色淤土。出土陶片 38 片，其中泥质橙黄陶 14 片、夹砂红褐陶 17 片、原始瓷 7 片。器形有泥质橙黄陶罐，夹砂褐陶刀、鼎、原始瓷罐等。纹饰有篮纹、条格纹、叶脉纹及绳纹等。另有砺石、骨簪等。

J46　开口在Ⅱ区 T2504 第③层下，坑口平面为圆形，距地表深 0.58 米。直径 0.84、深 2.30 米。填土为灰色淤土。出土陶片 38 片，其中泥质橙黄陶 14 片、夹砂红褐陶 17 片、原始瓷 7 片。器形有泥质橙黄陶罐，夹砂褐陶刀、鼎、原始瓷罐等。纹饰有篮纹、条格纹、叶脉纹及绳纹等。另有砺石、骨簪等（彩版三五，1）。

标本 J46：1，罐，泥质黑陶。敞口，折沿，束颈，溜肩，圆鼓腹，凹圜底。肩部以下饰网格纹。口径 11.6、腹径 16.8、底径 7、高 13.4 厘米（图三八，9；彩版三六，1）。

J47 开口在Ⅱ区 T2404 第③层下，坑口近似圆形，距地表深 0.58 米。口径 1.04～1.18、深 2.85 米。填土为灰色淤土。出土陶片 36 片，其中泥质橙黄陶 15 片、灰陶 10 片，夹砂褐陶 5 片，原始瓷 6 片。器形有泥质陶罐、豆、钵，夹砂褐陶鼎、原始瓷罐、豆，黑陶罐等。另有半圆形石刀 1 件纹饰有竖绳纹、长条间隔纹、篮纹及弦纹等。（彩版三五，2；彩版三六，2、3）。

标本 J47：1，石刀，黑灰石打制磨光。弯月形，两翼上翘，背中部下凹，刃呈半圆形。中轴近背部下凹处有双孔。高 6、翼宽 17.3、厚 0.55 米（图三八，8；彩版三六，2）。

J53 开口在Ⅱ区 T2403 第②层下，打破 H90。平面为椭圆形，口径 1.33～1.50、深 1.10 米，口距地表深 0.58 米。填土为灰色淤土。出土陶片 40 片，其中夹砂灰褐陶 21 片，泥质灰陶 10 片，橙黄陶 9 片，黑陶罐 1 件，器形有夹砂褐陶鼎，泥质陶罐、豆等。纹饰有小方格纹、竖线纹、篮纹及弦纹等。另有残石器 1 件。

J55 开口在Ⅱ区 T2404 第③层下，打破 M69。其平面为椭圆形，口径 1.00～1.25、深 2.16 米，口距地表深 0.58 米。填土为灰色淤土。出土陶片 112 块，其中泥质橙黄陶 71 块、灰陶 29 块、夹砂褐陶 12 块。器形有泥质橙黄陶罐、灰陶盘、盆、夹砂褐陶鼎等。纹饰有凹、凸弦纹、小方格纹、篮纹、梯格纹、叶脉纹、云雷纹及斜线纹等。

J59 开口在Ⅱ区 T2603 第③层下，坑口平面为圆形，距地表深 0.76 米。直径 0.68、深 2.34 米，填土为灰色淤土。出土陶片 7 块，器形有泥质橙黄陶罐、夹砂褐陶刀、鼎等。纹饰有弦纹、条格纹及绳纹等。另有残石器等（彩版三七，1；彩版三八，1、2）。

J60 开口在Ⅱ区 T2504 第③层下，坑口平面椭圆形，距地表深 0.58 米。直径 1.05～1.00 深 2.45 米。填土为灰色淤土。出土陶片 6 片。器形有泥质陶罐、盆，印纹陶豆、盘等。纹饰有条格纹、凹弦纹等。另有石器 2 件、陶罐 1 件（彩版三七，2；彩版三八，3）。

J61 开口在Ⅱ区 T2503 第②层下，打破 H74。其平面为椭圆形，距地表深 0.56 米。直径 0.90～0.85、深 1.80 米。填土为灰色淤土。出土陶片 4 片，泥质灰陶与夹砂褐陶各 2 片。器形有罐、盘、鼎。另出土 3 件完整陶罐（彩版三九，1；彩版四〇，1～3）。

标本 J61：1，双耳罐，泥质橙色陶。口微敞，中鼓腹，下腹急收，平底。肩部饰一周云雷纹及一对环耳。口径 10.6、腹径 16.2、底径 6、高 12.6 厘米（图三八，10；彩版四〇，1）。

标本 J61：2，罐，泥质黑陶。敞口，折沿，束颈，最大腹径偏上呈圆鼓状，下腹内收，凹圜底。口径 11.4、腹径 14.8、底径 6、高 12.4 厘米（图三八，11；彩版四〇，2）。

五 东周时期灰坑、水井

东周时期文化遗存包括春秋与战国时期，仅见灰坑、水井，Ⅱ区第①层下 J8，第②层下 H22、H24、H25、H28、H30、H43、H45、H46、H55、H70、H73、H96、J4～J7、J9、J13、J19、J23、J29，第②B 层下 H54、H56、H67、H68；第③层下 H31、H32、H33、H57、H58、

J11、J12、J27、J31、J32、J36；Ⅲ区第③层下 J1；Ⅵ区第④层下 H134、H151、J65、J66、J68。

（一）灰坑

共有 22 个（H22、H24、H25、H28、H30、H31、H32、H33、H43、H45、H46、H54、H55 ~ H58、H67、H68、H70、H73、H96、H134、H151）。

H22　椭圆形坑，开口在Ⅱ区 T2904 第②层下，口距地表深 0.40 ~ 0.65 米。长 2.70、宽 1.96、深 1.60 米。坑内堆积分两层，上层灰褐土，含红烧土块，厚 1 米左右，出土陶片 122 块，器形有罐、豆、鼎。纹饰有绳纹、篮纹、条格纹、曲折纹、小方格纹等。下层灰白土夹黑灰及黄土块。出土陶片 108 块，器形与纹饰基本同上层。坑内①、②层共修复 10 多件完整器。该坑分别被 H30 和 H25 打破。

标本 H22②:9，鼎，夹砂橘红陶。厚圆唇，口微敞，束颈，弧腹，圜底附三圆锥形足。饰有网状纹。口径 23.8、腹径 28、通高 31.2 厘米（图三九，1）。

标本 H22②:5，豆，泥质灰陶。勾敛口，斜腹，高把，喇叭形圈足。口径 14.2、底径 12、通高 18.6 厘米（图三九，4）。

标本 H22②:6，豆，泥质灰陶。敞口，盆形盘，高把，喇叭形圈足。口径 16.6、底径 12.8、通高 20.4 厘米（图三九，5）。

标本 H22②:7，豆，泥质灰陶。敞口，浅腹，高把，喇叭形圈足。口径 16.4、底径 12、通高 19.5 厘米（图三九，6）。

标本 H22①:2，三足盘，泥质灰黑陶。口微敛，浅腹，圜底附三羊角形足。口径 16.6、通高 13.6 厘米（图三九，2）。

标本 H22②:8，圈足盘，泥质灰陶。敛口，折肩，弧腹，高圈足。肩部饰圆珠纹并堆塑有一蝌蚪形动物。口径 13.8、底径 13、6、通高 9.8 厘米（图三九，3）。

标本 H22①:4，刀，黑灰石，通体打磨光滑。平背，两侧边外斜略呈"风"字形，弧刃略残缺。中心近背部钻有两孔。高 5.1、刃宽 11.5、厚 0.6 厘米（图三九，7）。

标本 H22②:4，锤，青灰石，磨制。上端略凹，下端圆钝，有锤击使用留下的痕迹。长 10、宽 4.2、厚 2.9 厘米（图三九，8）。

标本 H22②:3，斧，青灰石，打磨而成。柄与刀身垂直，弧刃，刃部残缺不齐。长 13.2、刃宽 11.5、厚 1.5 厘米（图三九，9）。

标本 H22②:1，锛，黑灰石磨制。长条形，背、刃均残缺。残长 6.3、宽 2.1、厚 0.8 厘米（图三九，10）。

H24　开口在Ⅱ区 T2904 第②层下。不规则坑。南半坑在探方外，探方内坑口长 2.20、宽 0.60、深 0.14，坑口距地表深 0.50 米。填土黑灰色夹黄土。出土陶片 12 块，陶片十分残碎，无法辨认器形。纹饰有曲折纹、席纹、叶脉纹。

H55　开口在Ⅱ区 T2902 第②层下。坑口西北部分在探方外，探方内坑长约 1.00、宽 0.70、深 0.60 米，坑口距地表深 0.70 米。填土灰色。出土陶片 22 块，器形有罐、碗。纹饰有曲折纹、篮纹、小方格纹等。该坑打破 H30、H22。

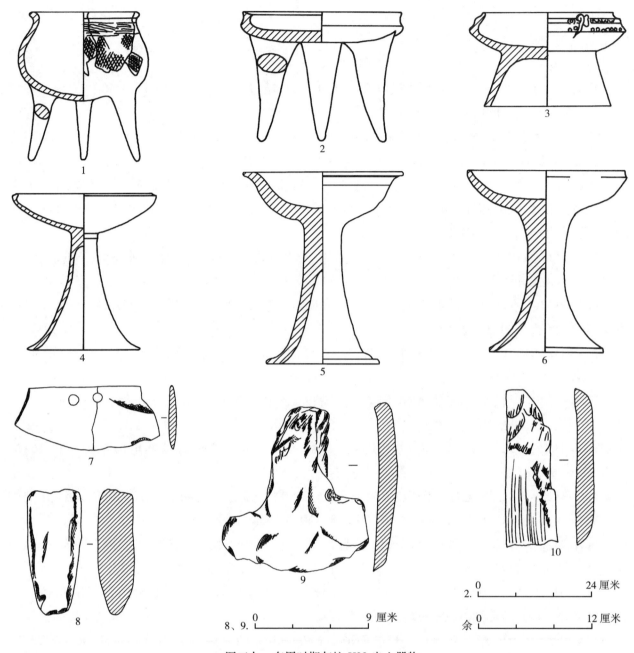

图三九　东周时期灰坑 H22 出土器物

1. 陶鼎（H22②:9）　2. 陶三足盘（H22①:2）　3. 陶圈足盘（H22②:8）　4、5、6. 陶豆（H22②:5、H22②:6、H22②:7）

7. 石刀（H22①:4）　8. 石锤（H22②:4）　9. 石斧（H22②:3）　10. 石锛（H22②:1）

H32　开口在Ⅱ区 T2904 第③层下。圆角长方形。口距地表深 0.52～1.23 米。长 0.70、宽 0.60、深 0.56，坑口距地表深 0.7 米。坑内填土黑灰色，出土陶片 13 块，分泥质陶、印纹硬陶与原始瓷。器形有灰陶罐、原始瓷豆。纹饰有席纹、叶脉纹、弦纹、水波纹及小方格纹等（图四○，1）。

标本 H32 标:2，印纹罐，泥质灰陶。尖唇，高领外翻，广肩下饰方格纹。口径 20、残高 10.3 厘米（图四一，1）。

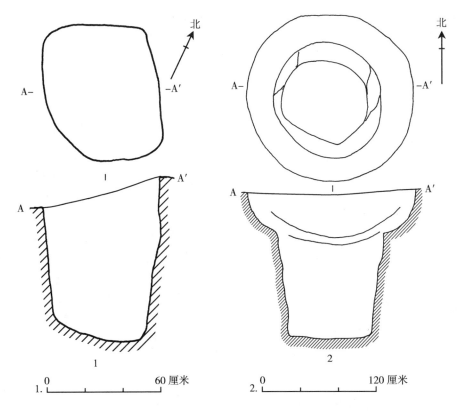

图四〇 东周时期灰坑 H32、H31 平、剖面图
1. H32 2. H31

H31 开口在Ⅱ区 T2904 第③层下。圆形。坑口距地表深 0.85 ~ 1.38 米，直径 0.42 ~ 1.76、深 0.67 ~ 1.56 米。坑内堆积分两层，上层为灰色土，出土陶片 58 块，主要为泥质陶，器形有罐、豆、鼎。纹饰有弦纹、大席纹、网格纹、叶脉纹及篮纹等。下层为黑灰土。出土陶片 15 块，器形有豆、碗。纹饰有大席纹、小席纹。另外出土石刀 2 件（图四〇，2）。

标本 H31：2，刀，青灰石。平背，刀头与刃部均下斜，尾部稍收为刀把。全长 17.1、宽 7.8、厚 1.2 厘米（图四一，6）。

标本 H31：1，刀，青灰石，磨制。近方形，刃部略宽。高 7.2、刃宽 8.4、厚 1.5 厘米（图四一，8）。

标本 H31：3，斧，石灰岩。背刃皆平。刃口残缺。长 7、宽 5、最厚 0.7 厘米（图四一，7）。

标本 H31 标：2，罐，泥质黑灰陶。尖唇，束颈，颈以下饰席纹。口径 35、残高 11.6 厘米（图四一，4）。

标本 H31 标：3，豆把，泥质灰陶。竹节形把，平底略内凹。底径 7、残高 11 厘米（图四一，5）。

标本 H31 标：5，罐，泥质灰陶。尖唇，窄沿，束颈，鼓肩，弧腹。口径 32、残高 11.2 厘米（图四一，3）。

标本 H31 标：6，钵，泥质灰陶。敛口，弧腹。口径 28.4、残高 8 厘米（图四一，2）。

H70 开口在Ⅱ区 T2603 第②层下。平面近似圆形。坑口距地表深 0.45 米，口径 1.75、深 0.30 米。出土陶片 212 块，其中印纹硬陶 79 块，夹砂红褐陶 42 块，泥质灰陶 32 块、橙黄

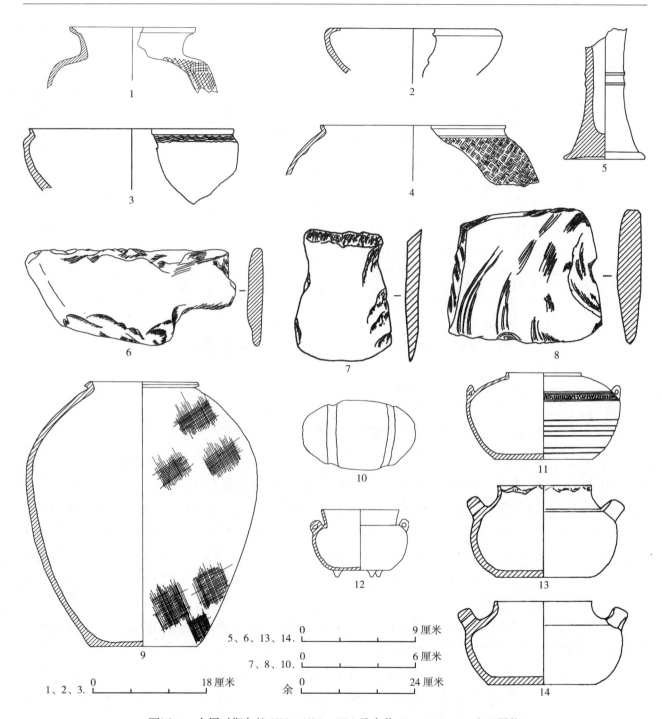

图四一　东周时期灰坑 H32、H31、H96 及水井 J11、J27、J65 出土器物

1. 印纹陶罐（H32 标:2）　2. 陶钵（H31 标:6）　3、4. 陶罐（H31 标:5、2）　5. 陶豆把（H31 标:3）　6. 石刀（H31:2）
7. 石斧（H31:3）　8. 石刀（H31:1）　9. 陶瓮（J11:1）　10. 网坠（H96:1）　11. 陶双耳罐（J11:2）　12. 陶双耳罐
（J27:1）　13、14. 陶罐（J65:5、6）

陶 11 块，原始瓷 12 块。器形有印纹硬陶瓮、罐，夹砂红褐陶釜、鼎，泥质灰陶器盖、豆、罐，原始瓷筒形碗、盂、器盖等。纹饰有麻布纹、米字纹、米筛纹、方块内填 X 纹、方块内填米字纹、水波纹以及圆圈纹等。另有残石刀、砺石等（彩版三九，2；彩版四○，4~6）。

H96　开口在Ⅱ区 T2603 第②层下，被 J33 打破。坑口距地表深 0.66 米，平面为圆形。口径 1.00、深 0.94 米。出土陶片 12 块。器形有泥质橙黄陶罐，灰陶盆、豆，夹砂陶釜、鼎，原始瓷碗等。纹饰有凹弦纹、凸弦纹、水波纹、绳纹等。另有网坠 1 件。

标本 H96：1，网坠，泥质灰陶。椭圆形，近两端各有一道凹槽。长 6、高 5.4、厚 3.7 厘米（图四一，10）。

（二）水井

一共 20 口，分布于Ⅱ区第①层下 J8；第②层下 J1、J4～J7、J9、J10、J13、J19、J23、J29；第③层下 J11、J12、J27、J31、J32、J36；Ⅵ区第④层下 J65、J66、J68、J74。

J5　开口在Ⅱ区 T2904 第②层下，坑口距地表深 0.48 米，直径 0.78、深 1.35 米。坑内灰色土，出土陶片 22 块，大部分为泥质陶，次为印纹硬陶，器形有罐、豆、鼎。另复原一件印纹硬陶瓮，还出土一块砺石。纹饰有叶脉纹、曲折纹、小方格纹、弦纹、米筛纹及麻布纹等（图四二；图四三，1～2）。

标本 J5：2，瓮，泥质硬陶，灰色。直口，广肩，肩部以下逐步内收底。通体饰米筛纹。口径 20.8、腹（肩）径 45、底径 17、高 53 厘米（图四三，1）。

标本 J5 标：1，罐，泥质硬陶。口径 36、残高 9 厘米（图四三，2）。

J7　开口在Ⅱ区 T2904 第②层下，坑口平面为圆形。坑口距地表深 0.50 米，直径 1.40、深 3.80 米，坑内填土深灰色，含铁锈颗粒。出土陶片 38 块。器形有高领罐、厚胎灰陶罐口、羊角形盆形鼎足等。复原黑陶双耳罐和印纹硬陶罐各一件，还出土残石刀一件。纹饰有席纹、米筛纹等（图四三，3～5）。

标本 J7：1，刀，青石质。长 6.7、宽 3.2、厚 0.4 厘米（图四三，3）。

标本 J7：2，罐，泥质灰陶。直口，削肩，附双耳。圆弧腹，平底。肩饰多道弦纹。口径 13.4、腹径 27、底径 18、高 19.1 厘米（图四三，4）。

标本 J7：3，瓮，泥质灰陶。侈口，束颈，鼓肩，肩部以下逐渐内收，平底。通体饰米筛纹。口径 20.2、底径 18.2、高 34.2 厘米（图四三，7）。

J11　开口在 T2804 第③层下，打破 H36 及生土。平面为圆形，直径 0.8、深 4.29 米。坑口距地表深 0.67 米。出土陶片较多，另出土印纹硬陶瓮 1 件、黑皮陶双耳罐 1 件。

标本 J11：1，瓮，泥质硬陶，灰色。侈口，短颈，斜肩，上鼓腹，下腹内收，平底。通体饰麻布纹。口径 22.8、最大腹径 50.6、底径 23.8、高 51.5 厘米（图四一，9）。

标本 J11：2，罐，泥质黑陶。直口，溜肩，圆弧腹，大平底。肩部附双耳及凹弦纹间饰一周圆珠纹，腹部以下饰多道凹弦纹。口径 14、最大腹径 27、底径 18.8、高 16 厘米（图四一，11）。

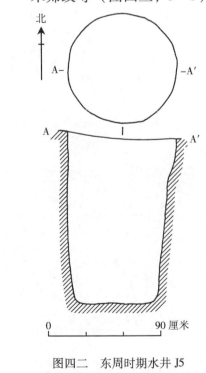

北

A— —A′

A— —A′

0　　　　　　90 厘米

图四二　东周时期水井 J5
平、剖面图

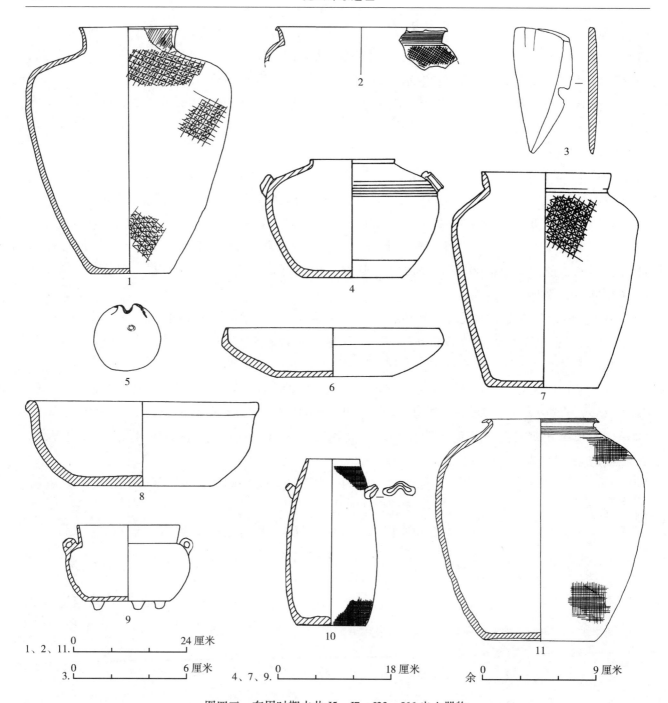

图四三　东周时期水井 J5、J7、J23、J66 出土器物

1. 陶瓮（J5：2）　2. 陶罐（J5 标：1）　3. 石刀（J7：1）　4. 陶双耳罐（J7：2）　5. 陶坠饰（J23：1）　6. 陶盆（J23：2）
7. 陶瓮（J7：3）　8. 陶钵（J23：3）　9. 陶双耳罐（J66：2）　10. 陶双耳杯（J66：4）　11. 陶瓮（J66：1）

J23　开口在 II 区 T2902 第②层下，打破 H56。坑口平面为方形，直径 0.8、深 1.22 米。出土陶片较多，另出土陶挂饰 1 件、灰陶盆 2 件。

标本 J23：1，坠饰，泥质黑灰陶。扁圆形，上端捺有一缺口，钻孔位于中心偏上。直径 5.5、厚 0.8 厘米（图四三，5）。

标本 J23：2，盆，泥质灰陶。厚圆唇，口微敞，圆弧腹，平底。口径 21、底径 13、高 8

厘米（图四三，6）。

标本 J23：3，钵，泥质灰陶。敛口，折肩，斜腹，平底。口径 17、底径 9.4、高 4 厘米（图四三，8）。

J27　开口在 Ⅱ 区 T2603 第③层下。平面椭圆形。坑口距地表深 0.65 米，口径 0.75、深 3.20 米。出土陶片 15 片。器形有黑皮陶乳丁足罐、圈足盘、钵及原始瓷碗底等。另有石磨盘等。纹饰有水波纹、凹弦纹等（彩版四一，1）。

标本 J27：1，罐，泥质黑陶。直口，高领，鼓肩，平底附三乳丁足。肩部附一对竖耳。口径 15.2、底径 12.6、高 13.8 厘米（图四一，12；彩版四二，1）。

J29　开口在 Ⅱ 区 T2604 第②层下。平面为近似三角形。坑口距地表深 0.65 米，口径 1.40～1.00、深 3.30 米。出土陶片 123 片，其中印纹硬陶 32 片、夹砂红褐陶 32 片、泥质灰陶 28 片、原始瓷 31 片。器形有印纹硬陶罐，泥质灰陶盆、罐、豆，夹砂陶鼎，原始瓷碟、盅、器盖等。纹饰有麻布纹、方格填线纹及米字纹等。另有砺石 2 块、鹿角 1 只。

J31　开口在 Ⅱ 区 T2603 第③层下。平面圆形。坑口距地表深 0.65 米，口径 0.70、深 1.15 米。出土陶片 50 片，其中印纹硬陶 20 片、夹砂红褐陶 2 片、泥质灰陶 17、橙黄陶 6 片、黑陶 3 片、原始瓷 2 片。器形有印纹硬陶瓮、罐，泥质陶罐、豆，夹砂陶鬲，原始瓷碗、器盖等。纹饰有麻布纹、方格填线纹、米字纹及席纹等。另有鹿角与鹿头骨各一个。

J32　开口在 Ⅱ 区 T2604 第③层下。平面呈梯形。坑口距地表深 0.65 米，口径 1.10～0.75、深 2.10 米。出土陶片 12 片。器形仅见原始瓷盂、豆等。纹饰有方格纹、叶脉纹及绳纹等。另有鹿角（彩版四一，2；彩版四二，2）。

J36　开口在 Ⅱ 区 T2604 第③层下。平面呈椭圆形。坑口距地表深 0.65 米，口径 1.25～0.90、深 3.05 米。出土陶片 170 片，其中夹砂灰陶 36 片、泥质灰陶 34 片、橙黄陶 6 片、印纹硬陶 74 片、釉陶 19 片、原始瓷 1 片。器形有印纹硬陶瓮、罐，泥质陶罐、盆，夹砂陶釜、鼎，原始瓷豆等。纹饰有方格圆点纹、方格填米字纹、曲折纹加"回"字纹等。另有砺石等（彩版四三、四四）。

J65　开口在 Ⅵ 区 T6302 第④层下，打破 H110。平面圆形。坑口距地表深 0.63 米，口径 1.34、深 4.70 米。出土陶片较多，另出土黑皮陶双耳罐 6 件（彩版四五）。

标本 J65：5，罐，泥质黑皮陶。侈口，圆弧腹，大平底。口沿略残缺。肩部有一对贯耳。口径 7.2、底径 7.3、高 7 厘米（图四一，13；彩版四五，5）。

标本 J65：6，罐，泥质黑皮陶。直口，鼓肩，弧腹，大平底。肩部有一对贯耳。口径 7.7、底径 8.6、高 6.6 厘米（图四一，14；彩版四五，6）。

J66　开口在 Ⅵ 区 T6302 第④层下，打破 S2。平面为圆形。坑口距地表深 0.63 米，口径 1.40、深 5.10 米。出土陶片 20 块。器形有泥质黑皮陶三足盘、瓮、罐，印纹硬陶罐、瓮，原始瓷筒形碗等。另出土印纹硬陶瓮 1 件、黑皮陶乳丁足双耳罐 2 件及麻布纹双耳罐 1 件。

标本 J66：1，瓮，泥质印纹陶。薄尖唇，外翻，溜肩，长弧腹，平底。颈部有多道凹弦纹，通体饰麻布纹。口径 23.4、底径 23.4、高 47 厘米（图四三，11）。

标本 J66：2，双耳罐，泥质黑皮陶。直口，鼓肩，弧腹，平底。肩部有一对贯耳，底部有三乳丁足。口径 8.2、底径 6.8、高 6.8 厘米（图四三，9）。

　　标本 J66：4，双耳杯，印纹硬陶。杯身呈筒形，上口略内收，平底。口沿下有一对泥条粘贴耳。通体饰麻布纹。口径 4.3、底径 5.5、高 13.3 厘米（图四三，10）。

　　六　唐宋时期灰坑、水井

　　共发现唐宋时期灰坑 7 个，水井 30 口。

　　（一）灰坑

　　共 6 个，分布于 Ⅱ 区第②层下 H60；Ⅳ 区第③层下 H169；Ⅵ 区第②B 层下 H153，第④层下 H152、H157、H158。

　　H60　开口在 Ⅱ 区 T3002 第②层下。平面呈不规则圆形。坑口距地表深 0.70 米，口径 0.73～1.27、深 0.45 米。填土呈灰黄色，无包含物。

　　H152　开口在 Ⅵ 区 T6501 第④层下。平面呈不规则形。距地表深 0.6 米，口径 2.06～0.35、深 0.6 米。填土为灰土。

　　H153　开口在 Ⅵ 区 T6301 第②B 层下。平面呈长方形。距地表深 0.22 米，长 2.8、宽 0.9、深 0.45 米。填土为灰土。

　　H157　开口在 Ⅵ 区 T6501 第④层下。平面呈椭圆形。距地表深 0.6 米，直径 1.44～1.6、深 0.8 米。填土为灰色。

　　H158　开口在 Ⅵ 区 T6501 第④层下。平面呈不规则形。距地表深 0.6 米，直径 1.8～1.24 米。填为五花土。

　　H169　开口在 Ⅳ 区 T4206 第③层下。平面呈方形。距地表深 0.7 米，直径 1.28～1.25、深 0.9 米。填土为灰土。

　　（二）水井

　　共 29 口，分布于 Ⅱ 区第②层下 J10、J33、J62；第②B 层下 J22；第③层下 J24～J26、J28、J37、J38、J41～J43、J45、J48～J51、J54、J56～J58；Ⅳ 区第②层下 J85；Ⅵ 区第④层下 J63、J64、J71、J73、J79～J81。

　　J10　开口在 Ⅱ 区 T2804 第②层下，打破 H40。口距地表深 0.65 米，口径 0.55、深 1.10 米。填土为灰土。出土少量陶瓷片。

　　J22　开口在 Ⅱ 区 T2902 第②B 层下。口距地表深 0.99 米，口径 1.13～1.33、深 1.85 米。填土为黑灰色。出土釉陶钵、灰陶盆各一件，另有少量陶片。

　　J24　开口在 Ⅱ 区 T2603 第③层下。平面为椭圆形。坑口距地表深 0.65 米，口径 0.80～0.70、深 1.60 米。填土为灰淤色。出土黑陶盆残片，釉陶四系瓶、执壶，青瓷碗，其中一碗底毛笔书写"史小六"等。另出土木桶、石斧等。

　　J25　开口在 Ⅱ 区 T2603 第③层下，打破 J30。坑口距地表深 0.65 米，口径 0.70～0.60、深 1.00 米。填土为灰淤色。出土青瓷碗等。

　　J26　开口在 Ⅱ 区 T2604 第③层下，打破 J40。平面为椭圆形。口距地表深 0.65 米，口径 0.90～0.70、深 2.15 米。填土为灰淤色。出土黑陶盆口、釉陶瓶底、青瓷碗等。

J28　开口在Ⅱ区 T2603 第③层下，打破 J40、H71。平面为椭圆形。口距地表深 0.65 米，口径 0.70～1.00 米、深 1.40 米。填土为灰淤色。出土黑陶盆口沿、釉陶瓶、青瓷碗等。

J33　开口在Ⅱ区 T2604 第②层下，打破 H96。口距地表深 0.65 米，口径 169、深 3.70 米。填土为黑灰色。出土大瓦片、黑陶盆口沿、黄釉罐底等，另出土釉陶执壶三件、铁釜一件。

J37　开口在Ⅱ区 T2603 第③层下。平面近似圆形。坑口距地表深 0.65 米，口径 0.85、深 2.50 米。填土为灰淤色。出土黑陶盆口沿、青瓷碗、四系瓶等（彩版四六，1；彩版四七，1）。

J38　开口在Ⅱ区 T2604 第③层下，打破 H70。口距地表深 0.65 米，口径 0.80、深 2.25 米。填土为灰淤色。出土黑陶盆口沿、釉瓶底、执壶、青瓷大敞口碗等。另出土铁刀一件（彩版四六，2；彩版四七，2、3）。

J41　开口在Ⅱ区 T2603 第③层下。平面为圆形。坑口距地表深 0.65 米，口径 0.60、深 5.60 米。填土为灰色淤土。出土青瓷碗底、釉陶瓶、黑陶盆口沿、影青瓷碗、釉陶四系瓶、双耳釉陶罐、白瓷碟、执壶、银钗和木梳、木桶等（彩版四八，1；彩版四九，1～3）。

J42　开口在Ⅱ区 T2403 第③层下，打破 H74。椭圆形。坑口距地表深 0.58 米，口径 0.90～0.72、深 0.90 米。填土为黑灰色淤泥。出土黑陶盆 2 件及黄釉瓷碗残片等。

J43　开口在Ⅱ区 T2403 第③层下。平面呈椭圆形。口距地表深 0.58 米，口径 1.00～1.30、深 1.40 米。填土为黑灰色土。出土瓦片、黑陶盆、黄釉瓶、瓷碗等。

J45　开口在Ⅱ区 T2504 第③层下。平面呈圆形。口距地表深 0.58 米，口径 0.70、深 3.10 米。填土黑灰色淤土。出土为黑陶盆、缸口、四系釉陶瓶、青瓷碗、执壶等。

J48　开口在Ⅱ区 T2403 第③层下。平面呈圆形。口距地表深 0.58 米，口径 0.73、深 1.23 米。填土为黑灰色淤土。出土白瓷盘口、青瓷碗、釉陶四瓶、黑陶盆等。

J49　开口在Ⅱ区 T2403 第③层下。平面呈圆形。口距地表深 0.58 米，口径 0.84、深 3.00 米。填土为灰黄色土。出土豆青釉碗、黄釉瓷碗、青瓷瓜棱壶、葵口黄釉碗、璧形底黄釉碗及四系瓶等。

J50　开口在Ⅱ区 T2403 第③层下，打破 H86。平面呈椭圆形。口距地表深 0.56 米，口径 0.78～0.85、深 1.70 米。填土为黑灰色淤土。出土 1 个钧窑药碾磨器、1 片灰陶盆口及数片瓦片等。

J51　开口在Ⅱ区 T2404 第③层下，打破 H98、H85。平面呈圆形。口距地表深 0.58 米，口径 0.70、深 1.09 米。填土为黑灰色淤土。出土褐釉壶、罐、盏残件及黄釉陶壶、灰陶盆口等。

J54　开口在Ⅱ区 T2404 第③层下。平面为椭圆形。口距地表深 0.58 米，口径 0.75～0.85、深 1.30 米。填土为黑灰色淤土。出土青瓷璧底碗、豆青釉罐底、灰陶盆等。另有偶蹄类动物骨头 1 段。

J56　开口在Ⅱ区 T2403 第③层下。平面呈椭圆形。口距地表深 0.58 米，口径 0.70～0.80、深 2.50 米。填土为黑灰色淤土。出土灰陶油盏、黑陶盆、影青瓷碗、青瓷碗、大镂孔盆底及四系釉陶瓶等。

J57　开口在Ⅱ区 T2403 第③层下，打破 G10、H91。平面呈圆形。口距地表深 0.58 米，口径 0.75、深 1.62 米。填土为灰黄色土。出土釉罐、青瓷碗、釉陶执壶、四系瓶等。

J58　开口在Ⅱ区 T2404 第③层下。平面呈椭圆形。口距地表深 0.58 米，口径 0.85～

0.80、深 1.80 米。填土为黑灰色淤土。出土影青瓷碗、黄釉碗、陶井圈残片、釉陶四片、黑陶盆、执壶等（彩版四八，2；彩版四九，4）。

J62 开口在Ⅱ区 T2503 第②层下，打破 H74。平面呈椭圆形。口距地表深 0.56 米，口径 0.80~0.85、深 3.25 米。填土为黑灰色淤土。出土黄釉碗、豆绿釉瓷碗、黄釉瓷盘、釉陶四瓶等。

七　小结

灰坑是聚落内居民进行生产、生活等活动形成的遗迹。由于其用途的不同，在其形态上的表现也往往不同，分废弃前、废弃后的用途。

1. 废弃之前的坑，主要有两种用途。一种是窖穴储存植物用的坑。如 H9、H11、H14、H20、H21 等。这一类坑口较大，较深，坑内往往出土完整器或不见器物。在早期一些坑内发现埋有较多鹿角，如马家浜时期的 H10（见图一八，1）；良渚时期的 H165，在 H165 坑内不仅有较多鹿角，还出土两件工具——石刮削器（见彩版二一；见彩版二二，3、7），显然工具与加工鹿（角）有关，这类坑是否也用来掩埋或加工动物的场所。

另一类坑为灶坑，如 H1、H8。这一类坑中多留有烧土面或较多烧土块。坑内出土炊器为主及被烧焦的动物骨头。

还有一类坑为放置圜底器的坑，如 H11，坑口较小较浅，一般置于灶坑旁与之配套使用。

2. 废弃后的坑，这一类坑较多，部分原用途为水井，例如 H18，下半部为直筒形，上半部为圆形或不规则形，上部大于下半部；上部坑内填满草木灰、碎陶片、兽骨，下部坑底出土汲水用的完整器。

第三节　墓葬

一　墓葬分布与墓葬分层

遗址经过六次发掘，共清理新石器时代墓葬 85 座，其中马家浜文化墓葬 38 座，崧泽文化墓葬 38 座，良渚文化墓葬 9 座。这些墓葬分别分布在遗址中心 I 区、Ⅱ 区，Ⅳ 区与Ⅵ区。此外，还发现唐宋时期墓葬 10 座，分布在 I 区与Ⅱ区。

新石器时代墓葬依据墓葬的开口层位，可划分如下层位。

第①层下 M28。

第②层下 M1~M27。

第③层下 M29~M33、M35、M38、M69、M70、M71。

第④层下 M34、M46、M47、M83、M84、M88、M89、M92~M95。

第④A 层下 M86、M90、M91。

第⑤层下 M36、M37、M39、M40、M41~M45、M52~M56。

第⑤A 层下 M85。

第⑥层下 M72~M82、M87。

另外又根据墓葬的打破关系，又可细分第②层下 M10→M9，M15、M12→M13。

二　马家浜文化墓葬

马家浜文化墓葬共 37 座（M34、M36、M37、M39、M40～M47、M52～M56、M72～M87、M88～M91），分别分布在 I 区与 VI 区。I 区墓葬分别开口在第④层、第⑤层下。VI 区墓葬开口在第④层、第⑥层下。

M34　开口在 I 区 T0603 第④层下，打破第⑤层。头向北，方向 356°，长方形浅穴土坑，墓口长 2.15、宽 0.55、深 0.12 米。墓口距地表深 1.24 米。墓内填黄灰土夹黑灰土。骨架保存较好，为一俯身直肢葬的中年男性。出土鼎、罐、豆三件陶器，均放置在脚下（图四四；彩版五〇，1）。

标本 M34：1，豆，泥质黑陶。敛口，肩部微凹，弧腹，喇叭形豆把，顶端内凹成凸棱，下有一镂孔。口径 18、底径 17.2、通高 19.1 厘米（图四五，1；彩版五一，1）。

标本 M34：2，罐，泥质橙红陶。折沿，束颈，削肩，中腹外鼓，下腹急收，平底。口径 14.2、腹径 19、底径 11、高 11.2 厘米（图四五，2；彩版五一，2）。

标本 M34：3，鼎，夹砂红褐陶。宽折沿，束颈，削肩，鼓腹，圜底。附三足，均残缺。口径 15.6、腹径 20.6、通高 15.5 厘米（图四五，3；彩版五一，4）。

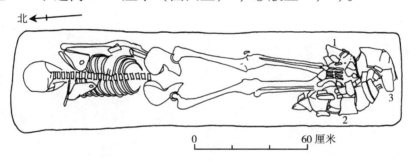

图四四　马家浜文化墓葬 M34 平面图
1. 陶豆　2. 陶罐　3. 陶鼎

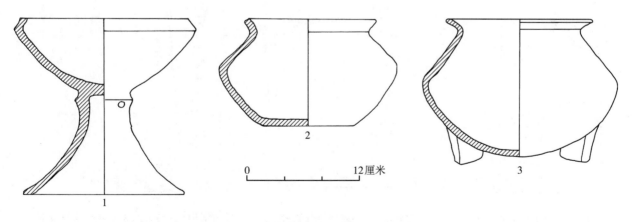

图四五　马家浜文化墓葬 M34 出土陶器
1. 豆（M34：1）　2. 罐（M34：2）　3. 鼎（M34：3）

M39　开口在Ⅰ区 T0604 第⑤层下，打破生土。头向北，方向 349°。长方形浅穴土坑，墓口长 2.45、宽 0.50、深 0.13 米，墓口距地深 1.34 米。墓内填黄灰色土。骨架保存不完整，墓主人为一老年男性。随葬红衣陶豆和腰沿釜各一件（图四六）。

标本 M39∶1，豆，泥质橙色陶。敛口，弧腹，喇叭形座。口径 24、2、底径 22、5、通高 24、9 厘米（图四七，1）。

标本 M39∶2，釜，夹砂红褐陶。高领，束颈，直筒形腹，圜底。肩部有一周沿。口径 18、8、腹径 14、5、通高 29.6 厘米（图四七，2）。

M43　开口在Ⅰ区 T0503 第⑤层下，打破生土。头向北，方向 346°。长方形浅穴土坑，墓口长 200、宽 0.50、深 0.23 米。墓内填黄灰土，骨架保存较好，仰身直肢葬，应是老年女性。随葬品 2 件，有红陶罐、牛鼻耳红陶碗等（图四八；彩版五〇，2）。

标本 M43∶1，碗，泥质红陶。敞口，腹内弧，平底。口径 16、底径 7、高 6.5 厘米（图四九，1；彩版五一，3）。

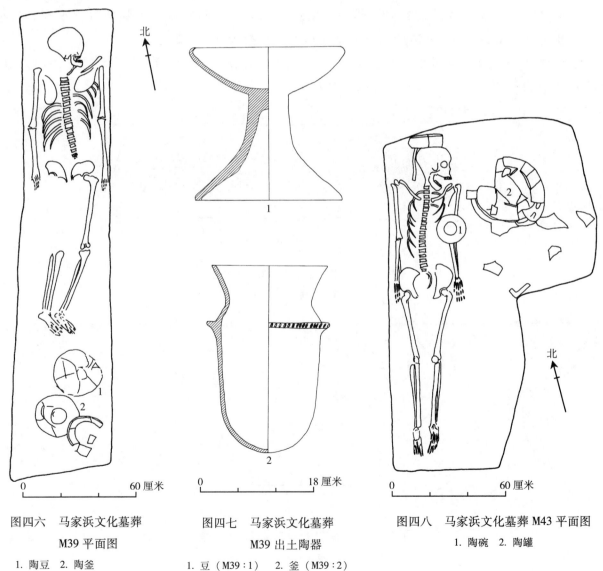

图四六　马家浜文化墓葬
M39 平面图
1. 陶豆　2. 陶釜

图四七　马家浜文化墓葬
M39 出土陶器
1. 豆（M39∶1）　2. 釜（M39∶2）

图四八　马家浜文化墓葬 M43 平面图
1. 陶碗　2. 陶罐

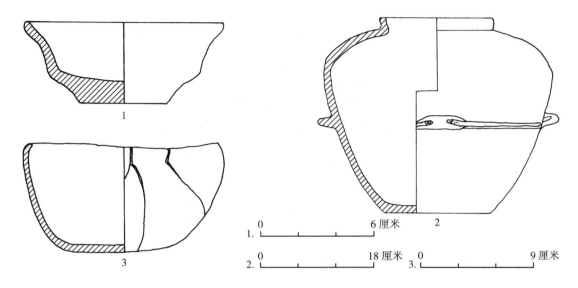

图四九 马家浜文化墓葬 M43、M52 出土陶器

1. 碗（M43∶1） 2. 罐（M43∶2） 3. 钵（M52∶1）

标本 M43∶2，罐，泥质红衣陶。直口，广肩，器壁从肩至底逐渐内收，平底。下腹处等分附四牛鼻耳。口径 18、底径 16、腹径 36、通高 32 厘米（图四九，2；彩版五一，5）。

M52 开口在 I 区 T0706 第⑤层上，被 H15 打破。头向北，方向 350°。长方形浅穴土坑，墓口长 1.90、宽 0.50、深 0.18 米。墓内填较纯的灰黄土。骨架保存较好，仰身直肢葬为 20 ~ 25 岁的女性。仅头部随葬 1 件砂褐陶钵（图四九，3）。

M55 开口在 I 区 T0707 第⑤层下，被 H18 打破。头向北，方向 345°。长方形浅穴土坑，墓口长 1.70、宽 0.42、深 0.29 米。墓内填灰黄土。骨架仅存上肢骨，为一俯身直肢葬的成年女性。无随葬品（图五〇）。

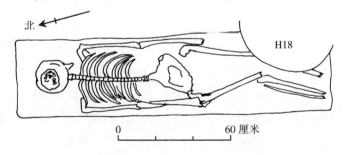

图五〇 马家浜文化墓葬 M55 平面图

M56 开口在 I 区 T0707 第⑤层下，位于 M55 西侧（小孩）。方向 10°。长方形浅穴土坑，墓口长 1.20、宽 0.40、深 0.22 米。墓内填灰黄土。骨架仅保存一般。无随葬品（图五一）。

M72 开口在 Ⅵ 区 T6206 第⑥层下，打破生土。头向北，方向 356°。长方形浅穴土坑，墓口长 1.40、宽 0.56、深 0.08 米。墓内填灰黄土。骨架仅保存较好，仰身直肢葬，应为少儿。头部置一件陶钵（图五二，1；彩版五二）。

M73 开口在 Ⅵ 区 T6101 第⑥层下，打破生土。头向北，方向 349°。长方形浅穴土坑，

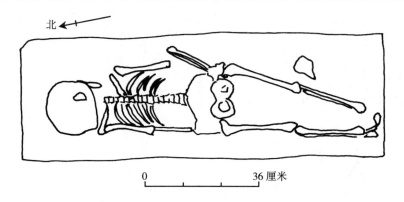

图五一　马家浜文化墓葬 M56 平面图

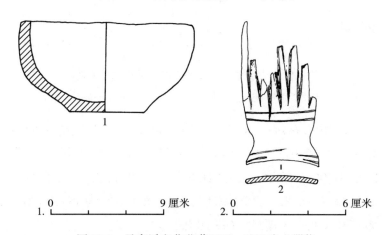

图五二　马家浜文化墓葬 M72、M73 出土器物
1. 陶钵（M72∶1）　　2. 象牙梳（M73∶1）

墓口长 1.90、宽 0.56、深 0.11 米。墓内填土浅灰色，骨架保存较好，仰身直肢葬，壮年女性。仅头部随葬 1 件象牙梳（彩版五三）。

标本 M73∶1，梳，象牙。长方形，尾部平面两端都划刻双线，两侧边内凹，如同绕线板；前部加工有 8 根齿，仅一根保存原高度外，其余均残缺。长 7.7、宽 3.9 厘米（图五二，2）。

M74　开口在 Ⅵ 区 T6101 第⑥层下，打破生土。头向北，方向 344°。长方形浅穴土坑，墓口长 1.88、宽 0.51、深 0.10 米。墓内填土灰黄色，骨架保存较好，俯身直肢葬，老年男性。随葬品 3 件，有陶盆、钵、石锛各 1 件（图五三；彩版五四，1）。

标本 M74∶1，盆，泥质灰黑陶。敞口，肩以上壁内凹，下弧腹，平底微凹。口径 19、底径 4.6、高 7 厘米（图五四，1；彩版五四，2）。

标本 M74∶2，锛，黑灰石。长方形，斜背，刃微弧。器表有打制痕，经磨制加工。长 7.1、宽 2.9、厚 1.4 厘米（图五四，3；彩版五四，3）。

标本 M74∶3，钵，夹砂灰褐陶。敛口，折腹，圜底。口径 18、高 10.8、最带腹径 23.2 厘米（图五四，2）。

M75　开口在 Ⅵ 区 T6101 第⑥层下，打破生土。头向南，方向 16°。长方形浅穴土坑，墓口长 1.05、宽 0.46、深 0.06 米。墓口距地深 0.92 米。墓内填土灰褐色，骨架保存较好，为

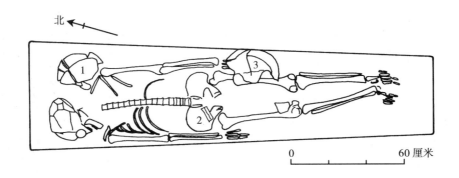

图五三 马家浜文化墓葬 M74 平面图

1. 陶盆 2. 石锛 3. 陶钵

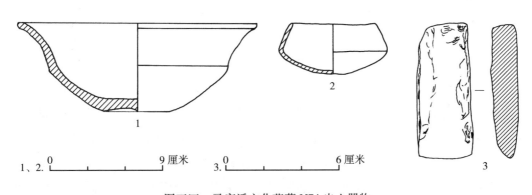

图五四 马家浜文化墓葬 M74 出土器物

1. 陶盆（M74：1） 2. 陶钵（M74：3） 3. 石锛（M74：2）

一幼儿墓，无随葬品。

M76 开口在 T6101 第⑥层下，打破生土。头向北，面向东，方向 350°。长方形浅穴土坑，墓口长 1.00、宽 0.45、深 0.14 米。墓口距地深 0.82 米。墓内填土黄灰色，骨架保存较好，为一幼儿墓。仅随葬陶盆 1 件（图五五）。

标本 M76：1，盆，泥质灰陶。敞口，宽折沿，弧腹下收至平底。口径 24.4、底径 10.6、高 11.4 厘米（图五六，1）

M77 开口在Ⅵ区 T6102 第⑥层下，打破生土。头向北，面向上，方向 339°。长方形浅穴土坑，墓口长 2.06、宽 0.54、深 0.13 米。墓口距地深 0.68 米。墓内填土铁锈斑灰黄色。为一俯身直肢葬的中年男性，骨架保存较好。随葬器物 2 件，骨盆处嵌有一石锛（彩版五五，1～3）。

标本 M77：1，钵，夹砂黄褐陶。敛口，弧肩至圜底。肩部下饰多道凹弦纹，另有一对泥捏把手。口径 23、腹径 26、高 12.4 厘米（图五六，2）。

标本 M77：2，锛，青灰石质。长方形，磨制抛光。长 10、宽 5.6、厚 1.4 厘米（彩版五五，4）。

M78 开口在Ⅵ区 T6102 第⑥层下，打破生土。头向北，面向下，方向 350°。长方形浅穴土坑，墓口长 1.64、宽 0.59、深 0.11 米。墓口距地深 0.70 米。墓内填土灰黑色。为一仰

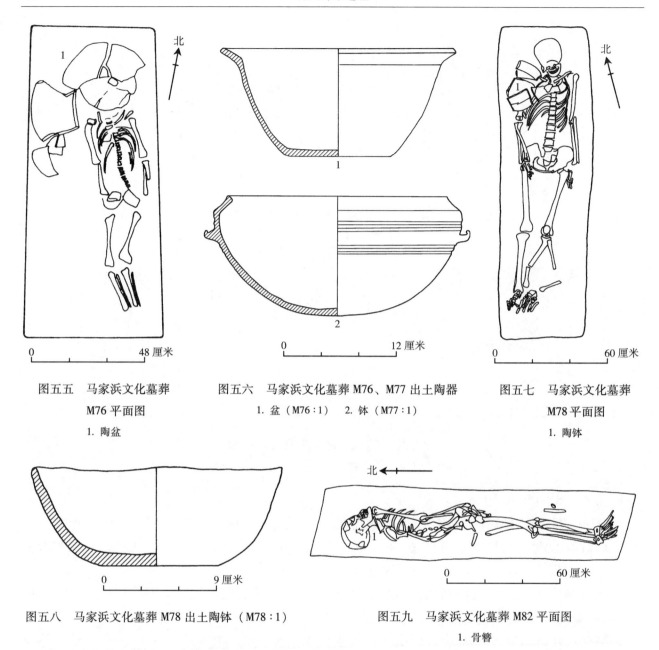

图五五　马家浜文化墓葬　　　　图五六　马家浜文化墓葬 M76、M77 出土陶器　　　图五七　马家浜文化墓葬
　　　　M76 平面图　　　　　　　　1. 盆（M76:1）　2. 钵（M77:1）　　　　　　　　M78 平面图
　　　　1. 陶盆　　　　　　　　　　　　　　　　　　　　　　　　　　　　　　　　1. 陶钵

图五八　马家浜文化墓葬 M78 出土陶钵（M78:1）　　　　　图五九　马家浜文化墓葬 M82 平面图
　　　　　　　　　　　　　　　　　　　　　　　　　　　　　　　　1. 骨簪

身直肢葬的老年女性，骨架保存较好。出土陶钵 1 件（图五七）。

标本 M78:1，钵，泥质黑灰陶。敞口，弧腹，平底。口径 20、底径 10.8、高 7.8 厘米（图五八）。

M82　开口在Ⅵ区 T6503 第⑥层下，被 M81 打破。头向北，方向 352°。长方形浅穴土坑，墓口长 1.61、宽 0.38、深 0.10 米。墓口距地深 0.91 米。墓内填土黑灰色，骨架保存不好，为一侧身直肢葬的女性。仅头部随葬 1 件骨簪（图五九；彩版五六，1）。

标本 M82:1，簪，骨质，棕色。头部磨制锋利，尾部略残缺。长 9.9、宽 1.1、厚 0.35 厘米（图六一，1）

M83　开口在Ⅵ区 T6502 第④层下。方向 15°。长方形浅穴土坑，墓口长 1.80、宽 0.50、深 0.85 米。墓口距地深 0.65 米。墓内填土黑灰色，骨架保存一般，为一附身直肢葬的 25 岁左右女性，无随葬品（彩版五六，2）。

M84 开口在Ⅵ区 T6502 第④层下。方向 15°。长方形浅穴土坑，墓口长 1.70、宽 0.55、深 1.00 米。墓口距地深 0.65 米。墓内填土灰褐铁锈土，骨架基本完整，为一仰身直肢葬的 25～30 岁左右女性，无随葬品（彩版五六，3）。

M85 开口在Ⅵ区 T6502 第⑤A 层下，被 H137 打破。方向 4°。长方形浅穴土坑，墓口长 0.60、宽 0.46、深 0.32 米。墓口距地深 0.70 米。墓内填土黑灰色，骨架仅保存上半身，为一附身直肢葬的 35～40 岁左右男性，无随葬品。

M86 开口在Ⅵ区 T6502 第④A 层下。方向 9°。长方形浅穴土坑，墓口长 1.65、宽 0.47、深 0.26 米。墓口距地深 0.65 米。墓内填土灰褐铁锈土，骨架保存较好，为一仰身直肢葬的 35～40 岁左右女性，出土黑陶豆 1 件、橙黄陶器盖 1 件（图六○；彩版五七，1）。

标本 M86∶1，豆，仅剩盘，泥质黑陶。敛口，鼓肩，圆弧腹。口径 16.4、残高 7.4 厘米（图六一，2；彩版五八，1）。

标本 M86∶2，器盖，夹砂橙黄陶。砂锅盖形纽，中下凹，无孔。覆盆式盖较深。纽径 2.8、底径 14、通高 6 厘米（图六一，3，彩版五八，2）。

M87 开口在Ⅵ区 T6401 第⑥层下。方向 359°。长方形浅穴土坑，墓口长 1.80、宽 0.53、

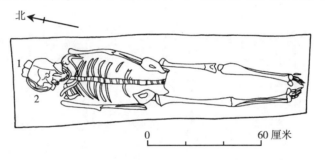

图六○　马家浜文化墓葬 M86 平面图

1. 陶豆　2. 陶器盖

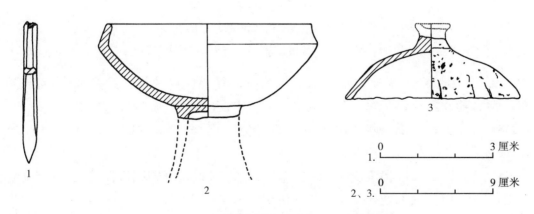

图六一　马家浜文化墓葬 M82、M86 出土器物

1. 骨簪（M82∶1）　2. 陶豆（M86∶1）　3. 陶器盖（M86∶2）

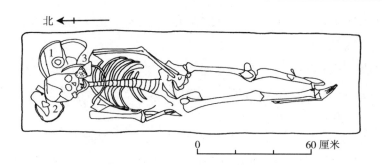

图六二　马家浜文化墓葬 M87 平面图

1. 陶豆　2. 陶匜　3. 陶纺轮

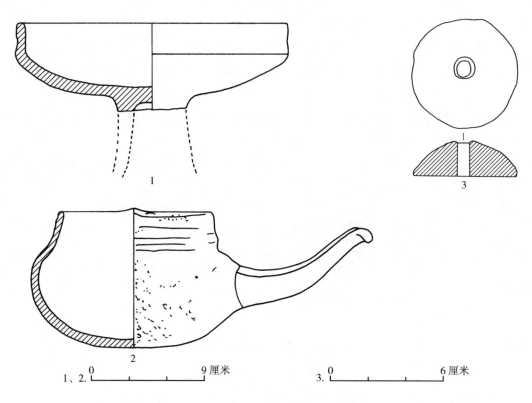

图六三　马家浜文化墓葬 M87 出土陶器

1. 豆（M87：1）　2. 匜（M87：2）　3. 纺轮（M87：3）

深 0.15 米。墓口距地深 0.88 米。墓内填土灰黄色，骨架保存较好，为一仰身直肢葬的 35～40 岁左右女性。随葬陶豆、陶匜、陶纺轮各 1 件（图六二；彩版五七，2）。

标本 M87：1，豆，泥质灰陶。仅残剩豆盘。直口，盘外壁微内凹。口径 21.8 厘米（图六三，1；彩版五八，3）。

标本 M87：2，匜，夹砂褐陶。口微敛，圆鼓腹，圈底。一侧腹部附有把手，口沿至肩部饰多道弦纹。口径 12、最大腹径 16.8、高 10.6 厘米（图六三，2）。

标本 M87：3，纺轮，泥质灰陶。一面平，另一面为馒头形，中有一孔。直径 5.6、高 1.9、孔径 0.7 厘米（图六三，3；彩版五八，4）。

M89　开口在Ⅵ区 T6501 第④层下。方向 14°。长方形浅穴土坑，墓口长 1.00、宽 0.38、深 0.26 米。墓内填土灰褐色，骨架保存较好，为一儿童墓。无随葬品。

三　崧泽文化墓葬

崧泽文化墓葬一共发现 38 座（M1～M27、M29～M33、M35、M38、M92～M95）。其中有 34 座墓葬集中在Ⅰ区（图六四；彩版五九）；有 4 座墓葬在Ⅳ区，分别开口在第②层下、第③层下及第④层下。

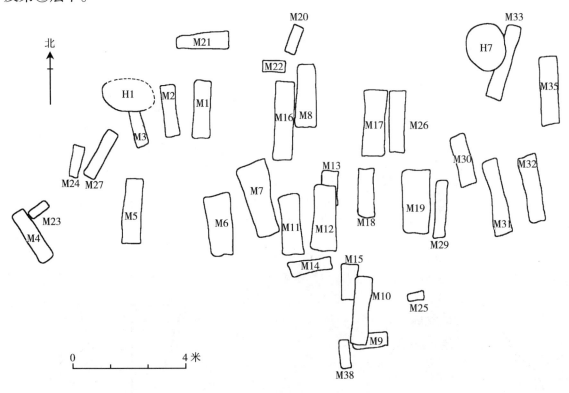

图六四　崧泽文化墓葬Ⅰ区分布示意图

M1　开口在Ⅰ区 T0504 第②层下。方向 175°。长方形浅穴土坑。墓口长 1.90、宽 0.50、深 0.45 米。仰身直肢葬，骨架保存较完整，中年女性。随葬陶鼎 1 件，置于脚端（图六五）。

标本 M1:1，鼎，夹砂灰陶。圆唇，沿外翻，束颈，长弧肩，鼓腹，圜底附三足。肩部饰数十道弦纹。口径 13、最大腹径 23.5、通高 27 厘米（图六七，1）。

M2　开口在Ⅰ区 T0504 第②层下。方向 176°。长方形浅穴土坑。墓口长 1.85、宽 0.50、深 0.45 米。中年男性，侧身直肢葬，骨架保存较完整。随葬陶器 3 件，靠头颈部置有 1 件罐，脚下有 1 件罐、1 件豆。其中靠头颈部的陶罐高出头骨 0.25 米（图六六）。

标本 M2:1，罐，泥质灰陶。方唇，高领，溜肩，中折腹，下腹内弧。平底。口径 12、底径 6、最大腹径 17.2、高 13.3 厘米（图六七，2）。

标本 M2:2，豆，泥质灰陶。圆唇，敛口，折肩，弧下腹，喇叭形座。把部饰四组镂孔，每组三个孔，共 12 个镂孔。口径 15.3、底径 12.2、通高 16.5 厘米（图六七，3）。

标本 M2:3，罐，泥质灰陶。圆唇，沿外翻，束颈，折肩，弧腹，平底。肩部等分附三鸡

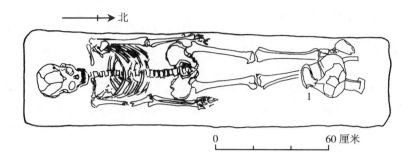

图六五　崧泽文化墓葬 M1 平面图

1. 陶鼎

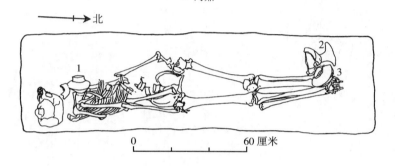

图六六　崧泽文化墓葬 M2 平面图

1、3. 陶罐　2. 陶豆

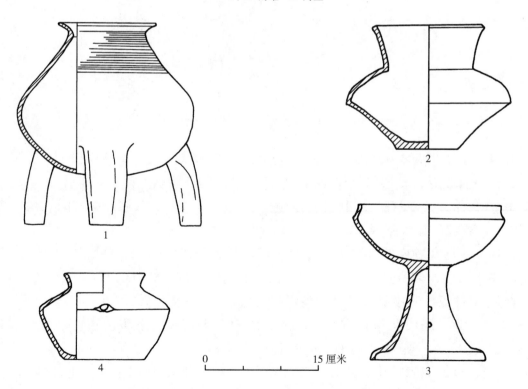

图六七　崧泽文化墓葬 M1、M2 出土陶器

1. 鼎（M1∶1）　2、4. 罐（M2∶1、3）　3. 豆（M2∶2）

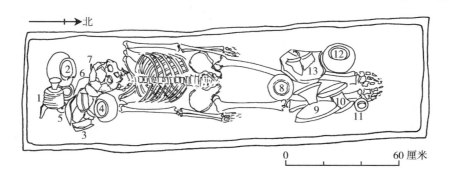

图六八　崧泽文化墓葬 M5 平面图

1. 陶盉　2. 陶釜　3、4、6、8、11、12. 陶罐　5. 石纺轮　7. 骨笄　9、10. 陶豆　13. 陶鼎

冠耳。口径 8.7、底径 6.6、高 9.3 厘米（图六七，4）。

M5　开口在Ⅰ区 T0404 第②层下。头向 180°。墓长 2.18、宽 0.65、深 0.40 米。老年女性，仰身直肢葬。随葬器物 13 件，分置于人骨两端，头下枕有一件骨簪（图六八；彩版六○）。

标本 M5：1，盉，泥质黑皮陶。敞口，束颈，折肩，腹壁略直，上有多道宽凹纹，肩腹部有一辫状环形把手。圜底近平，上附三足。口径 6、腹径 12、通高 21 厘米（图六九，1；彩版六一，1）。

标本 M5：2，釜，夹砂陶。敞口，削肩，鼓腹，圜底近平。口径 9、最大腹径 13.8、高 11.8 厘米（图六九，2；彩版六一，2）。

标本 M5：3，罐，泥质灰黄陶。口微敞，束颈，斜肩至腹布满瓦棱纹。腹部附鸡冠耳一对。口径 11.6、腹径 21、底径 9、高 15.3 厘米（图六九，3；彩版六一，3）。

标本 M5：4，罐，泥质灰陶。敞口，束颈，中腹外鼓，下腹急收，小平底。鼓腹处有鸡冠耳一对。口径 10.7、底径 5.8、腹径 15.5、高 9.6 厘米（图六九，4；彩版六一，4）。

标本 M5：5，纺轮，青灰石。扁圆形，上下均为平面，中有一孔。磨制。直径 5.5 ~ 6.1、厚 0.6 厘米（图六九，5；彩版六一，5）。

标本 M5：6，罐，泥质灰陶。圆唇，直领，削肩，中腹外鼓，下腹急收。平底。口径 7.4、底径 5.2、最大腹径 10.3、高 6.6 厘米（图六九，6；彩版六一，6）。

标本 M5：7，笄，褐色，用动物胫骨制成。圆针形，一头磨尖，另一头抛边似帽檐。长 6、直径 0.5 厘米（图六九，7；彩版六二，1）。

标本 M5：8，罐，泥质灰陶。圆唇，沿外翻，领较高，圆弧肩，中腹折鼓，下腹急收略内弧，平底。口径 8.7、底径 7.5、最大腹径 13.8、高 10.2 厘米（图六九，8；彩版六二，2）。

标本 M5：9，豆，泥质黑皮陶。口微敞，斜腹，喇叭形座。把手上饰瓦楞状纹，上有两组，等分小镂孔。口径 19.5、底径 15、通高 13.3 厘米（图六九，9；彩版六二，3）。

标本 M5：10，豆，泥质灰陶。勾敛口，壁内弧，斜腹，喇叭形座。把手上饰三角纹与镂孔组合纹。口径 15.5、底径 11.2、通高 12 厘米（图六九，10；彩版六二，4）。

标本 M5：11，罐，泥质红陶。直口，削肩，中折腹，下弧腹至底附三方形足。口径 4.2、底径 4.3、高 4.8 厘米（图六九，11；彩版六二，5）。

标本 M5：12，罐，泥质灰陶。口微敞，弧肩，折腹并附鸡冠耳一对。口径 9.7、底径

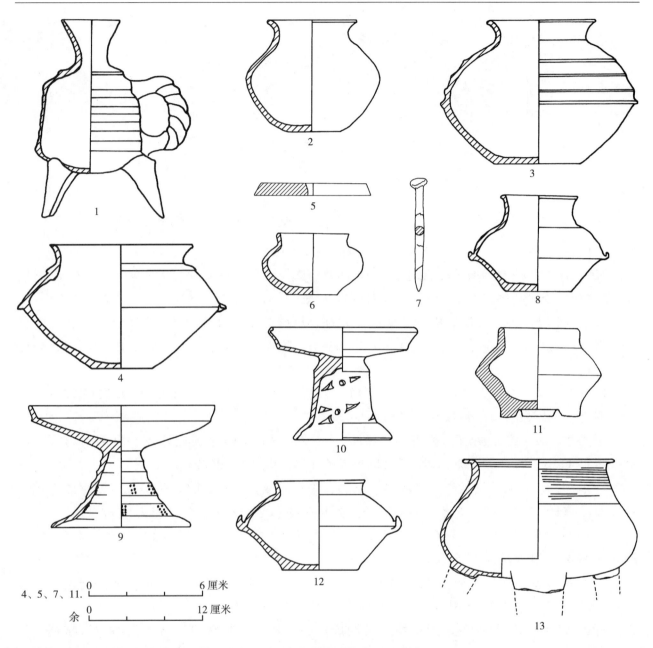

图六九　崧泽文化墓葬 M5 出土器物

1. 陶盉（M5:1）　2. 陶釜（M5:2）　3、4、6、8、11、12. 陶罐（M5:3、4、6、8、11、12）　5. 石纺轮（M5:5）

9、10. 陶豆（M5:9、10）　7. 骨笄（M5:7）　13. 陶鼎（M5:13）

7.8、最大腹径 15.5、高 9.3 厘米（图六九，12）。

标本 M5:13，鼎，夹灰黑陶。平沿，高领，垂腹，圜底附三足。足均残缺。领部有弦纹多道。口径 16.2、底径 15、残高 13.8 厘米（图六九，13；彩版六二，6）。

M6　开口在Ⅰ区 T0504 第②层下。头向 167°。墓长 2.20，宽 0.75～0.95，深 0.40 米。中年男性，仰身直肢葬。随葬器物 13 件，除头部随葬 1 件三足罐与两耳侧各有 1 件玉玦以及腹部有 1 件石斧外，其余均放置人骨脚端（图七〇；彩版六三）。

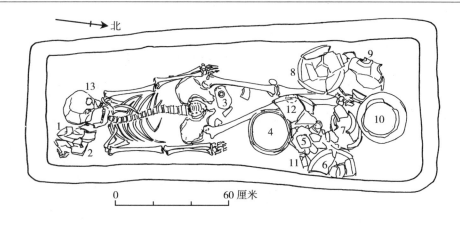

图七〇 崧泽文化墓葬 M6 平面图

1、6、9. 陶罐 2、13. 玉玦 3. 石斧 4、5、8. 陶豆 7. 陶釜 10. 陶鼎 11. 石锛 12. 陶纺轮

标本 M6：1，罐，泥质灰陶。圆唇，口微内敛，折肩，深斜腹，平底附三矮方足。肩部有一道凹弦纹。口径 10、底径 9.8、通高 12.3 厘米（图七一，1；彩版六四，1）。

标本 M6：2，玦，青色玉。圆形，靠缺口的一面磨平，缺口面留有切割痕，直径 2、厚 0.2 厘米（图七一，2；彩版六四，2）。

标本 M6：3，斧，绿色细砂岩。略呈"风"字形，上窄下宽，背、刃皆弧。中轴偏上有一孔，通体磨光。长 10.8、背宽 6.1、刃宽 7.4、厚 1.6、孔径 2.6 厘米（图七一，4；彩版六四，3）。

标本 M6：4，豆，泥质黑皮陶。敛口，折肩，斜腹。把与座均残缺。口径 23.6、残高 6.9 厘米（图七一，6）。

标本 M6：5，豆，泥质灰陶。直口，盘壁转折处有棱，喇叭形座。把上饰瓦棱状纹，另三等分饰三角形镂孔。口径 21.6、底径 17.2、通高 16 厘米（图七一，9；彩版六四，4）。

标本 M6：6，盆，泥质灰陶。圆唇，敞口，折肩，腹下收，平底。口径 24.8、底径 5.4、高 7.2 厘米（图七一，7；彩版六四，5）。

标本 M6：7，釜，夹砂灰褐陶。尖唇，侈口，束颈，斜肩，鼓腹，圜底。口径 13.8、最大腹径 21.6、高 15.9 厘米（图七一，9；彩版六五，1）。

标本 M6：8，豆，泥质黑皮陶。敛口，折肩，斜弧腹，矮把，喇叭形座。把部饰弦纹七道与等分镂孔三个。口径 15.3、底径 11.1、高 11.5 厘米（图七一，11；彩版六五，2）。

标本 M6：9，罐，泥质灰陶。圆唇，沿外翻，束颈，弧肩，中鼓腹微折，下腹急收，平底。口径 11、底径 8.8、最大腹径 22.8、高 18.8 厘米（图七一，12；彩版六五，3）。

标本 M6：10，鼎，夹砂红褐陶。圆唇，平折沿，弧肩，鼓腹，圜底附三扁方形足。口径 20.8、最大腹径 24.6、通高 23.8 厘米（图七一，13；彩版六五，4）。

标本 M6：11，锛，青灰石。长方形，背、刃皆平，侧边磨制平直，刃口锋利。长 8.8、刃宽 3、厚 1.2 厘米（图七一，10；彩版六五，5）。

标本 M6：12，纺轮，泥质黑陶。馒首形，中有一孔。直径 6.4、高 2.4、孔径 0.5 厘米（图七一，8；彩版六五，6）。

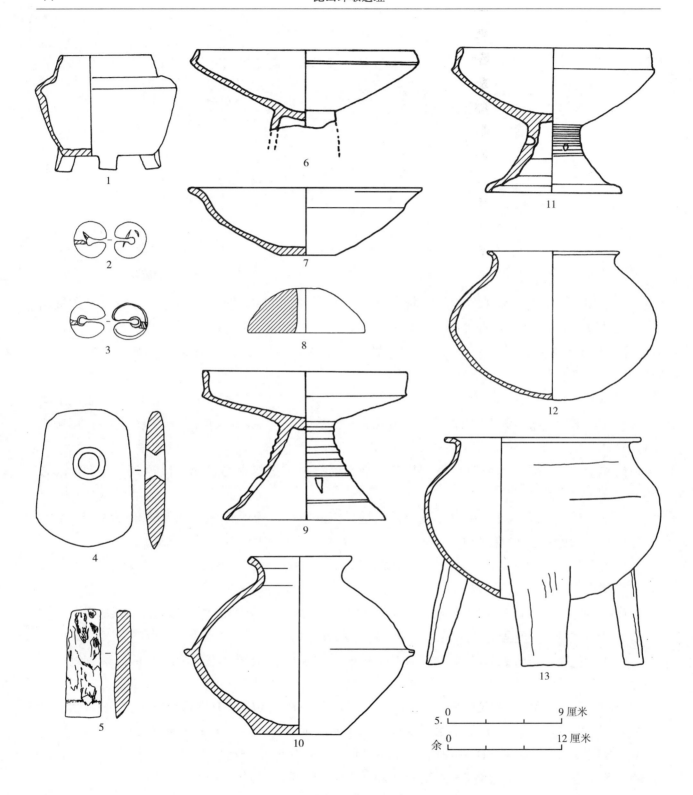

图七一 崧泽文化墓葬 M6 出土器物

1、10. 陶罐（M6:1、9） 2、3. 玉玦（M6:2、13） 4. 穿孔石斧（M6:3） 5. 石锛（M6:11） 6、9、11. 陶豆（M6:4、5、8）

7. 陶盆（M6:6） 8. 陶纺轮（M6:12） 12. 陶釜（M6:7） 13. 陶鼎（M6:10）

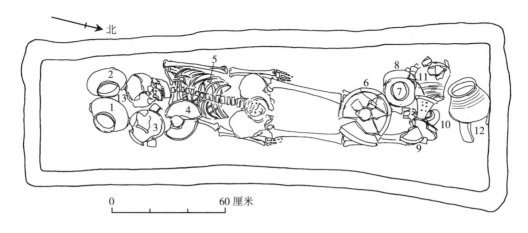

图七二 崧泽文化墓葬 M7 平面图

1、2、7. 陶罐 3、12. 陶鼎 4、9. 陶豆 5. 玉饰件 6. 陶盆 8. 陶甑 10. 陶壶 11. 陶盉 13. 骨簪

标本 M6：13，玦，青色玉。圆形，从"V"字形缺口连接"＝"，再接圆孔。通体磨光。直径 1.9、厚 0.4 厘米（图七一，3；彩版六四，2）。

M7 开口在 I 区 T0504 第②层下。头向 167°。墓长 2.60、宽 0.78～1.00、深 0.45 米。女性，仰身直肢葬。随葬器物 13 件，分置于人骨两端，头下枕有一件骨簪，石饰件放于左腹（图七二）。

标本 M7：1，罐，泥质灰陶。敞口，折沿，束颈，斜平肩，折腹，平底略小。鼓腹处附一对鸡冠耳。口径 13.8、底径 5.4、高 14.4 厘米（图七三，1；彩版六六，1）。

标本 M7：2，罐，泥质灰陶。敞口，折沿，束颈，溜肩，鼓腹，平底略小。折腹处附鸡冠耳一对。口径 12、底径 6、最大腹径 18.6、高 13 厘米（图七三，2；彩版六六，2）。

标本 M7：3，鼎，夹砂灰褐陶。圆唇，弧沿外翻，束颈，斜肩，垂腹，圜底，有三残足。口沿下至腹部饰多道弦纹。口径 13.6、最大腹径 19.5、残高 14.7 厘米（图七三，3；彩版六六，3）。

标本 M7：4，豆，泥质灰陶。敛口，折腹，喇叭形足。把上饰凹弦纹三组，凹弦纹间饰小镂孔。口径 15.9、底径 15、高 14.4 厘米（图七三，4；彩版六六，4）。

标本 M7：5，玉饰件。形似石斧，上端残缺，下端为双面弧刃。残高 3.2、宽 1.9、厚 0.3厘米（图七三，5）。

标本 M7：6，盆，泥质黑陶。圆唇，口微敞，斜直腹，平底。口径 24.4、底径 8、高 8 厘米（图七三，6；彩版六六，5）。

标本 M7：7，罐，泥质灰陶。尖唇，侈口，束颈，弧肩，鼓腹，平底。腹部附鸡冠耳一对。口径 9.2、底径 5.8、最大腹径 15.2、高 12.6 厘米（图七三，7；彩版六六，6）。

标本 M7：8，甑，夹砂红褐陶。圆唇，直口，圆弧腹，圜底，有近 20 个镂孔。外壁通体布满篮纹。口径 16.5、高 9.3 厘米（图七三，8；彩版六七，1）。

标本 M7：9，豆，泥质灰陶。勾敛口，凹折腹，喇叭形座。豆把上等分四组镂孔，每组镂孔间又饰有三角形镂孔四个。口径 18、底径 14.1、通高 16.5 厘米（图七三，9；彩版六七，2）。

图七三　崧泽文化墓葬 M7 出土器物

1、2、7. 陶罐（M7∶1、2、7）　3、12. 陶鼎（M7∶3、12）　4、9. 陶豆（M7∶4、9）　5. 玉饰件（M7∶5）　6. 陶盆（M7∶6）
8. 陶甋（M7∶8）　10. 陶壶（M7∶10）　11. 陶盉（M7∶11）　13. 骨簪（M7∶13）

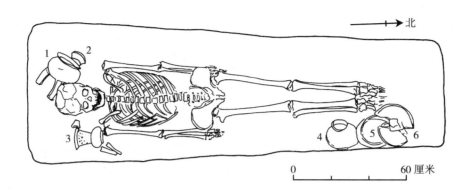

图七四　崧泽文化墓葬 M8 平面图
1. 陶鼎　2、4. 陶罐　3、5、6. 陶豆

　　标本 M7：10，壶，泥质灰陶。直口，高领，斜肩，折腹，平底。肩部有一周凸棱。口径约 6、底径 4.6、最大腹径 11.4、高约 12.2 厘米（图七三，10；彩版六七，3）。

　　标本 M7：11，盉，夹砂红褐陶。口微敞，长颈，削肩，垂腹附有一上翘的扁形把手，圜底，三足略残。口径 8.6、最大腹径 17.8、残高 21 厘米（图七三，11；彩版六七，5）。

　　标本 M7：12，鼎，夹砂红褐陶。方唇，折沿，束颈，削肩，垂腹，圜底附三扁足。肩颈部饰弦纹多道。口径 14、最大腹径 24、通高 29 厘米（图七三，12；彩版六七，4）。

　　标本 M7：13，骨簪，扁薄长条形，利用动物胫骨加工而成。残长 14.7、宽 1.2、厚 0.4 厘米（图七三，13）。

　　M8　开口在 I 区 T0504 第②层下。头向 181°。墓长 2.20、宽 0.58～0.74、深 0.25 米。男性，仰身直肢葬。随葬器物 6 件，均为陶器，分置于人骨两端（图七四；彩版六八）。

　　标本 M8：1，鼎，夹砂灰陶。圆唇，沿外翻近平，束颈，溜肩，圆鼓腹，圜底，附三扁足。口径 14.2、最大腹径 18.3、通高 20.2 厘米（图七五，1；彩版六九，1）。

　　标本 M8：2，罐，泥质灰陶。尖唇，口微敞，束颈，斜肩，上折腹，下弧腹，平底。口径 7.5、底径 7、高 9.1 厘米（图七五，2；彩版六九，2）。

　　标本 M8：3，豆，泥质灰黑陶。口微敛，折肩，圆鼓腹，喇叭形座，上饰镂孔四排，为斜向排列。口径 7.5、底径 12、通高 14.4 厘米（图七五，3；彩版六九，3）。

　　标本 M8：4，罐，泥质黑皮陶。圆唇，直领，溜肩，中折腹，下腹急收，平底。肩与腹部各有一道凸棱。腹部另附鸡冠耳一对。口径 9.5、底径 5.7、最大腹径 17、通高 13.2 厘米（图七五，4；彩版六九，4）。

　　标本 M8：5，豆，泥质灰黑陶。敛口，折肩，弧腹，圈足，上等分排列镂孔三组。口径 16.9、底径 12、通高 9.4 厘米（图七五，5；彩版六八，5）。

　　标本 M8：6，豆，泥质灰陶。直口，弧腹，喇叭形座，上饰四组镂孔，每组上下排列三个镂孔。口径 18.6、底径 13.8、通高 16.5 厘米（图七五，6；彩版六八，6）。

　　M10　开口在 I 区 T0503 第②层下。头向 186°。墓长 2.50、宽 0.58～0.70、深 0.65 米。女性，仰身直肢葬。随葬器物 11 件，陶器分置于人骨两端，玉璜置于颈部（图七六；彩版七〇）。

6.1、高 10.5 厘米（图七七，5；彩版七二，1）。

标本 M10:6，豆，泥质灰陶。勾敛口，盘壁转折处有棱，圈足底边外撇，把部等分三个圆镂孔。口径 16.5、足径 12.8、通高 8.7 厘米（图七七，6；彩版七二，2）。

标本 M10:7，甑，夹砂红衣陶。窄斜沿，直口壁，底为一大镂孔，略偏上处周围有 12 个小镂孔。口径 14.4、底径 6.9、高 9.3 厘米（图七七，7；彩版七二，3）。

标本 M10:8，盉，夹砂红褐陶。圆唇，折沿，束颈，下鼓腹，圜底较平缓，附三扁足，腹部附一往上翘的把手，颈部有多道弦纹。口径 10.8、最大腹径 15.5、通高 15.3 厘米（图七七，8；彩版七二，4）。

标本 M10:9，鼎，夹砂红褐陶。圆唇，折沿，圆鼓腹，圜底，附三足。中腹部有一道凸棱。口径 11.6、最大腹径 15.5、通高 17.9 厘米（图七七，9）。

标本 M10:10，豆，泥质黑灰陶。勾敛口，鼓肩，深弧腹，圈足呈台阶状，上等分三对镂孔。口径 19.8、足径 14.2、通高 9.9 厘米（图七七，10；彩版七二，5）。

标本 M10:11，匜，泥质灰陶。直口，深直腹，平底。口沿部有一流。口径 14.8、底径 6.3、高 8.4 厘米（图七七，11；彩版七二，6）。

标本 M10:12，骨镞。铤部磨尖，尾部为细圆柱状。利用动物胫骨加工制作。长 8.6、宽 1、厚 0.5 厘米（图七七，12）。

M11 开口在 I 区 T0503 第②层下，被 H4 叠压。头向南，方向 179°。墓长 2.10、宽 0.65~0.75、深 0.63 米。女性，仰身直肢葬。随葬器物 9 件，陶器分置于人骨两端，玉璜置于颈部（图七八）。

标本 M11:1，豆，泥质灰陶。勾敛口，折肩，折腹，喇叭形把与座，上饰瓦棱纹，间有四组镂孔，每组两个。口径 18、底径 13.8、通高 12.3 厘米（图七九，1；彩版七三，1）。

标本 M11:2，鼎，夹砂红褐陶。方唇，折沿，口近平，直颈，塌肩，鼓腹，圜底，附三扁足。颈部饰弦纹多道。口径 18.6、最大腹径 21、通高 19.6 厘米（图七九，2；彩版七三，2）。

标本 M11:3，璜，青玉。桥形，弧背，平底。长 12.1、高 4.3、厚 0.5 厘米（图七九，3；彩版七三，3）。

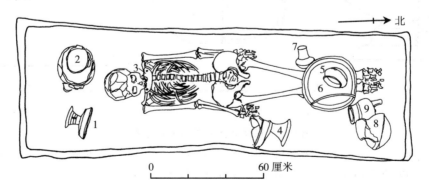

图七八　崧泽文化墓葬 M11 平面图

1、4. 陶豆　2. 陶鼎　3. 玉璜　5、8. 陶罐　6. 陶盆　7. 陶壶　9. 陶盉

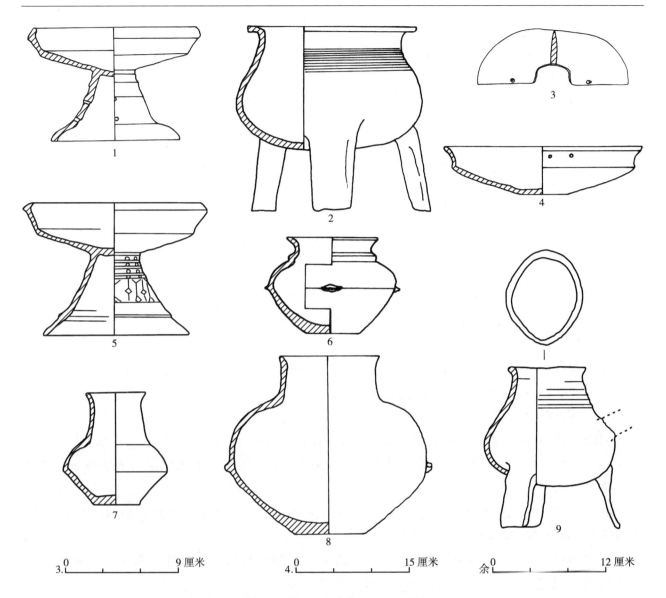

图七九 崧泽文化墓葬 M11 出土器物

1、5. 陶豆（M11:1、4） 2. 陶鼎（M11:2） 3. 玉璜（M11:3） 4. 陶盆（M11:6） 6、8. 陶罐（M11:5、8）

7. 陶壶（M11:7） 9. 陶盉（M11:9）

标本 M11:4，豆，泥质灰黑陶。勾敛口，折肩，折腹，喇叭形把与座，上饰凹弦纹，另有七组圆镂孔与三角形等纹组成的图案。口径18.6、底径15.9、通高14.4厘米（图七九，5；彩版七三，4）。

标本 M11:5，罐，泥质灰陶。尖唇，敞口，束颈，弧肩，中鼓腹，下斜腹至平底。颈部有道凸棱，中腹等分四鸡冠耳。口径10.1、底径6.3、最大腹径14.3、高10.4厘米（图七九，6）。

标本 M11:6，盆，泥质灰陶。圆唇，敞口，盆壁内弧，转折处有道凸棱，小平底。口沿下有两个镂孔。口径28.5、底径6.5、高6.8厘米（图七九，4；彩版七四，1）。

标本 M11:7，壶，泥质黑皮陶。侈口，长颈，斜肩，中折腹，下腹内弧，平底。口径

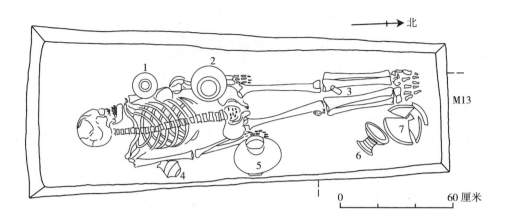

图八〇　崧泽文化墓葬 M12 平面图

1、5. 陶罐　2. 陶鼎　3. 石锛　4. 陶壶　6、7. 陶豆

6.2、底径5.3、高11.9厘米（图七九，7；彩版七四，2）。

标本 M11：8，罐，泥质黑皮陶。直口，高领，弧肩，鼓腹，附鸡冠耳一对，平底。口径11.1、底径8.5、通高19.8厘米（图七九，8；彩版七四，3）。

标本 M11：9，盉，夹砂黄灰陶。小口，直领，弧肩，垂腹圜底，附三扁足。口沿处有一流，沿下有数道凹弦纹，腹部原有把已残缺。口径8.4、最大腹径14.3、通高17.5厘米（图七九，9；彩版七四，4）。

M12　开口在 I 区 T0504 第②层下，打破 M13。头向173°。墓长2.20、宽0.70～0.90、深050米。男性，仰身直肢葬。随葬器物7件，陶器分置于人骨两侧及脚端，石锛置于双膝之间（图八〇）。

标本 M12：1，罐，泥质灰陶。直口，弧肩，折腹，平底。颈部有四道凹弦纹。口径7.1、底径5.8、最大腹径12.5、高8.6厘米（图八一，1）。

标本 M12：2，鼎，夹砂红褐陶。尖唇，折沿，束颈，斜肩，圆鼓腹，圜底。三扁拱形足均不完整。口径15.7、最大腹径19.2、残高15.9（图八一，2）。

标本 M12：3，锛，黑色石质。长方形，单面磨刃。长7.3、宽2.8、厚1.3厘米（图八一，3）。

标本 M12：4，壶，侈口，高领，丰肩，中折腹，下腹急收至底，平底微凹。口径6.6、底径4.8、最大腹径13.8、高12.3厘米（图八一，4）。

标本 M12：5，罐，泥质灰陶。方唇，直口，高领，广肩，中折腹，下腹内收，平底。颈部饰瓦棱状纹，折腹处饰附加堆纹，另等分三个鸡冠耳。口径11.5、底径9、最大腹径21.8、高22厘米（图八一，6）。

标本 M12：6，豆，泥质灰陶。勾敛口，折肩，折腹，喇叭形把与座，上饰瓦棱状纹，另等分四组圆镂孔，每组两个孔。口径18.3、底径14.1、通高14.1厘米（图八一，5）。

标本 M12：7，豆，泥质灰黑陶。勾敛口，折肩，斜腹，喇叭形座，圆柱形把，上大下小，上饰弦纹，另有三组圆镂孔。口径18、足径15.7、通高18厘米（图八一，7）。

M13　开口在 I 区 T0504 第②层下，被 M12 打破。头向183°。墓长1.25、宽0.60、深0.55米。为4～5岁儿童，仰身直肢葬。无随葬器物。

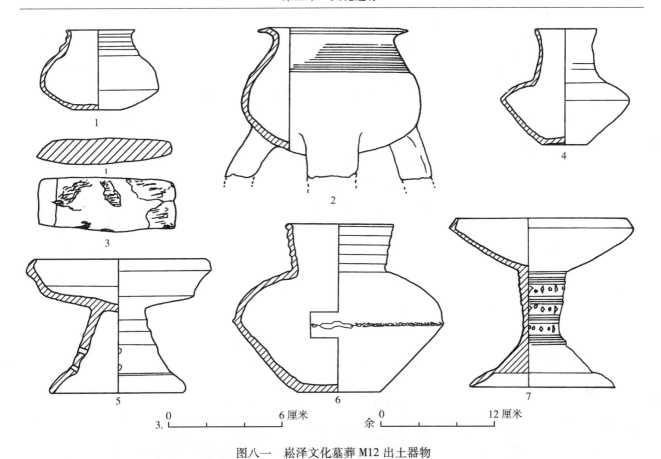

图八一 崧泽文化墓葬 M12 出土器物

1、6. 陶罐（M12:1、5） 2. 陶鼎（M12:2） 3. 石锛（M12:3） 4. 陶壶（M12:4） 5、7. 陶豆（M12:6、7）

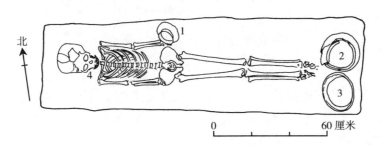

图八二 崧泽文化墓葬 M14 平面图

1. 陶罐 2. 陶鼎 3. 陶豆 4. 玉璜

M14 开口在 I 区 T0504 第②层下。头向 99°。墓长 1.72、宽 0.45~0.53、深 0.45 米。少年，仰身直肢葬。随葬器物 4 件，颈部有一件玉璜，左手外侧有一陶罐，鼎和豆位于足端（图八二；彩版七五，1）。

标本 M14:1，罐，泥质灰陶。圆唇，侈口，弧肩，中折腹，下收腹，平底。折腹处附一对鸡冠耳。口径 9.2、底径 6.9、最大腹径 13.6、高 9.9 厘米（图八三，1；彩版七五，2）。

标本 M14:2，鼎，夹砂红陶。尖唇，折沿，直领，溜肩，圆鼓腹，圜底，附三足。足面中轴竖列划纹，两侧各分列一排凹窝纹。口径 16.5、最大腹径 22、残高 19.2 厘米（图八三，2）。

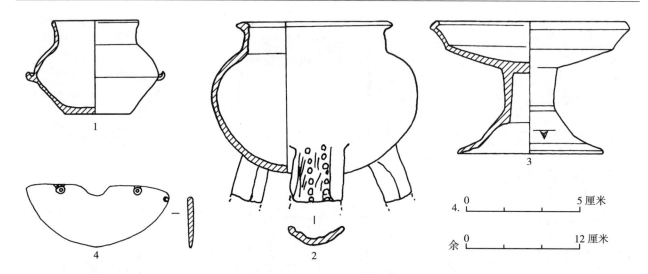

图八三　崧泽文化墓葬 M14 出土器物

1. 陶罐（M14∶1）　2. 陶鼎（M14∶2）　3. 陶豆（M14∶3）　4. 玉璜（M14∶4）

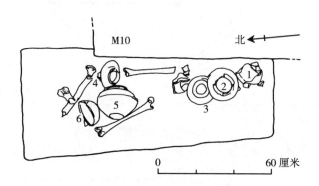

图八四　崧泽文化墓葬 M15 平面图

1、2. 陶鼎　3、4、5. 陶罐　6. 陶甑

　　标本 M14∶3，豆，泥质灰褐陶。勾敛口，折肩，折腹，喇叭形把与座，上饰弦纹，另有三角形与半镂孔纹六个。口径 20.5、底径 15.8、通高 14.2 厘米（图八三，3；彩版七五，3）。

　　标本 M14∶4，璜，灰绿色玉。拱桥形，除两端各有穿孔外，一端另有一孔，均系两面钻孔，并有加工磨制印痕。长 6.3、高 2.8、厚 0.3 厘米（图八三，4；彩版七五，4）。

　　M15　开口于Ⅰ区 T0504 第②层下，被 M10 打破。头向 184°。墓长 1.34、宽 0.45～0.60、深 0.45 米。二次葬，人骨仅见头及部分肢骨，随葬陶器 6 件，分南北两堆放置（图八四）。

　　标本 M15∶1，鼎，夹砂灰褐陶。方唇，平沿，直口，圜底，附三扁方形足。口径 16.5、高 14.1 厘米（图八五，1）。

　　标本 M15∶2，鼎，夹砂灰陶。方唇，折沿，束颈，折腹，圜底，附三足。沿下至腹部有四道凸棱。口径 12.9、最大腹径 16.6、高 15.5 厘米（图八五，2）。

　　标本 M15∶3，罐，泥质黑皮陶。方唇，矮直领，中折腹，圈足底。口径 8.1、足径 9、最大腹径 14.5、高 11 厘米（图八五，3）。

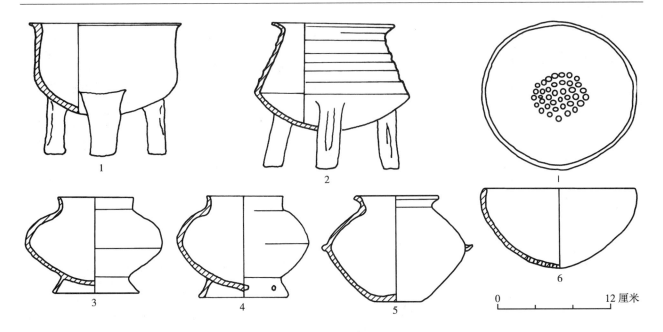

图八五 崧泽文化墓葬 M15 出土陶器

1、2. 鼎（M15：1、2） 3、4、5. 罐（M15：3、4、5） 6. 甑（M15：6）

标本 M15：4，罐，泥质黑皮陶。方唇，直领，溜肩，鼓腹，圈足底。圈足上有三角形镂孔 6 个。口径 8、足径 9.5、最大腹径 13.8、高 11 厘米（图八五，4）。

标本 M15：5，罐，方唇，折沿，弧肩，中折腹，并附鸡冠耳一对。口径 9、底径 7.2、高 11.2 厘米（图八五，5）。

标本 M15：6，甑，泥质红陶。口微敛，圜底，底部镂孔呈蜂窝状。口径 16.2、高 8.2 厘米（图八五，6）。

M16 开口于 I 区 T0504 第②层下。头向 182°。墓长 2.80、宽 0.65、深 0.55 米。男性，骨架保存完好。随葬器物 9 件，腹部放置 1 件石斧，头部有石锛、陶鼎各 1 件，其余置于脚下（图八六；彩版七六）。

标本 M16：1，鼎，夹砂灰陶。方唇，平折沿，斜肩，中折腹，下腹内弧，圜底，附三足，

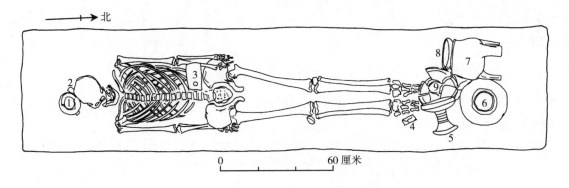

图八六 崧泽文化墓葬 M16 平面图

1、7. 陶鼎 2、4. 石锛 3. 石斧 5、9. 陶豆 6. 陶罐 8. 陶甑

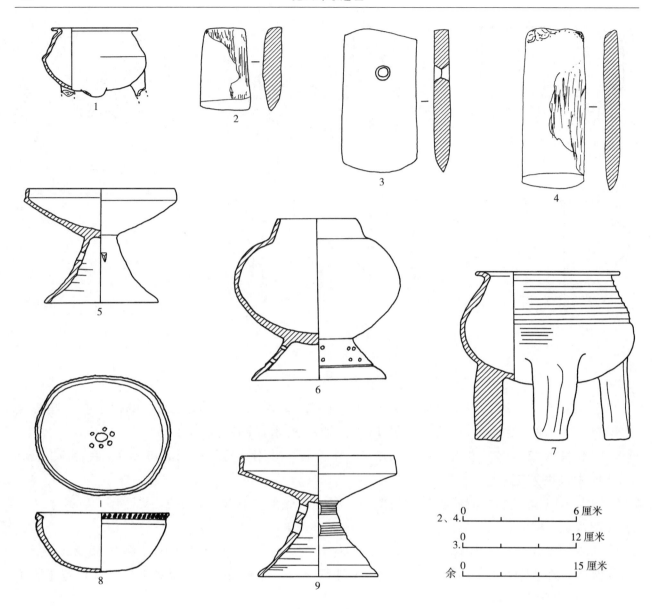

图八七　崧泽文化墓葬 M16 出土器物

1、7. 陶鼎（M16：1、7）　2、4. 石锛（M16：2、4）　3. 石斧（M16：3）　5、6、9. 陶豆（M16：5、9）　6. 陶罐（M16：6）
8. 陶甌（M16：8）

足均残缺。口径 11.1、腹径 13.5、残高 9 厘米（图八七，1；彩版七七，1）。

标本 M16：2，锛，青石。长方形，背、刃皆平，刃角略损，通体磨光。长 6.4、宽 2.9、厚 0.9 厘米（图八七，2）。

标本 M16：3，斧，灰白石。长方形，背残缺，弧刃，刃角残损。中轴偏上有一孔。通体磨光。长 15.2、宽 8、厚 1.6 厘米（图八七，3）。

标本 M16：4，锛，青灰石。长方形，背凹缺，弧刃，刃角残损。通体磨光。长 8.5、宽 3.2、厚 0.8 厘米（图八七，4）。

　　标本 M16：5，豆，泥质黑皮陶。方唇，直口，斜腹，喇叭形座。把部等分三个三角形镂孔。口径 19.5、底径 14.4、通高 15 厘米（图八七，5；彩版七七，2）。

　　标本 M16：6，罐，泥质黑皮陶。方唇，敛口，溜肩，圆鼓腹，喇叭形矮圈足。圈足部等分四组镂孔，每组四个孔。口径 10.5、底径 18、通高 21.3 厘米（图八七，6；彩版七七，3）。

　　标本 M16：7，鼎，夹砂灰陶。圆唇，沿外折，口近平，束颈，斜肩，鼓腹，平圜底，三足。肩至腹部有十余道凹弦纹。口径 18.9、最大腹径 22.2、通高 22 厘米（图八七，7；彩版七七，4）。

　　标本 M16：8，甑，夹砂红褐陶。方唇，短窄沿，圜底，中心有一大孔，周围六个小孔。口径 17.2、高 7.5 厘米（图八七，8；彩版七七，5）。

　　标本 M16：9，豆，泥质黑皮陶。方唇直口，斜腹，喇叭形座。把部饰弦纹，另等分四组，每组上下竖列两个长方形孔。口径 19.8、底径 16.2、高 15.9 厘米（图八七，9；彩版七七，6）。

　　M17　开口在 I 区 T0504 第②层下。头向 180°。墓长 2.33、宽 0.65 ~ 0.84、深 0.70 ~ 0.90 米。墓主人为老年女性，仰身直肢葬。随葬器物 10 件，均放置在人骨脚部（图八八；彩版七八）。

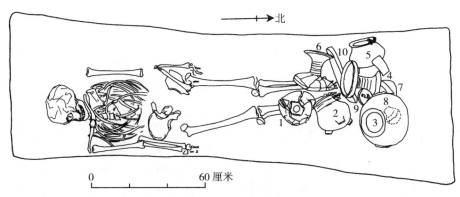

图八八　崧泽文化墓葬 M17 平面图

1、4、6. 陶豆　2. 陶盉　3、7. 陶罐　5. 陶鼎　8. 陶壶　9. 陶甑　10. 石凿

　　标本 M17：1，豆，泥质黑皮陶。方唇，直口，盘壁转折成棱。喇叭形座，把部上下三道凹弦纹，另等分四组长条形孔，每组上下排列三个长方形孔。口径 18.9、底径 15、高 14.1 厘米（图八九，1；彩版七九，1）。

　　标本 M17：2，盉，夹砂灰陶。尖唇，长颈，鼓腹，圜底，附三足。足均残缺。腹部有一往上翘的把。口径 10、最大腹径 16.5、残高 17.4 厘米（图八九，3；彩版七九，2）。

　　标本 M17：3，罐，泥质灰陶。尖唇，折沿，束颈，溜肩，中鼓腹，下腹急收，平底。腹部饰一对鸡冠耳。口径 12.8、底径 10.5、最大腹径 25、高 20.1 厘米（图八九，6；彩版七九，3）。

　　标本 M17：4，豆，泥质黑皮陶。方唇，直口，折腹，喇叭形座。把部上下三道凹弦纹，另等分四组长条形孔，每组上下竖列三个长方形孔。口径 18、底径 15、高 13.5 厘米（图八九，2；彩版七九，4）。

　　标本 M17：5，鼎，夹砂灰褐陶。方唇，折沿，束颈，鼓腹，圜底。颈部饰十多道凹弦纹。三长形扁足，其中一足面上有刻划纹。口径 14、最大腹径 18.5、高 20.4 厘米（图八九，4；

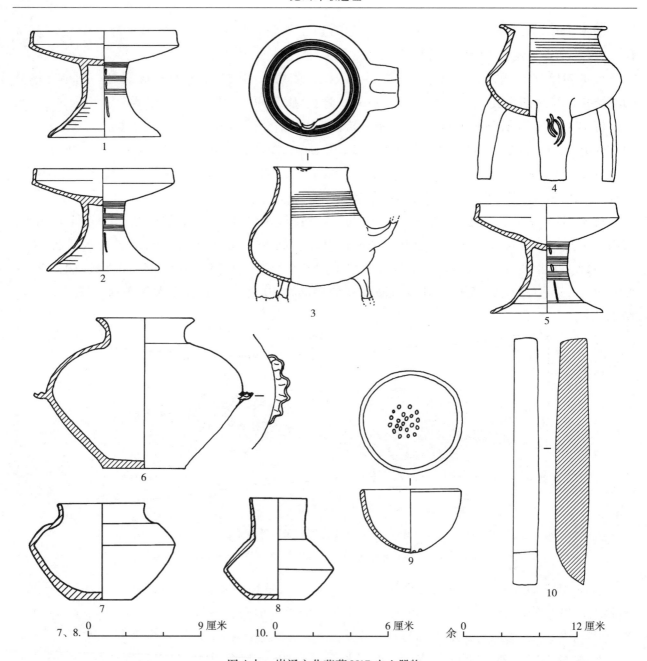

图八九　崧泽文化墓葬 M17 出土器物

1、2、5. 陶豆（M17：1、4、6）　3. 陶盉（M17：2）　4. 陶鼎（M17：5）　6、7. 陶罐（M17：3、7）　8. 陶壶（M17：8）
9. 陶甑（M17：9）　10. 石凿（M17：10）

彩版八〇，1）。

　　标本 M17：6，豆，泥质黑皮陶。圆唇，直口，折腹，喇叭形座。把部饰三组弦纹，另三等分竖列三个条形划纹。口径 18.6、底径 15、高 14.5 厘米（图八九，5；彩版八〇，2）。

　　标本 M17：7，罐，泥质灰陶。圆唇，直口，溜肩，上折腹，下腹内收，平底。口径 8.5、底径 6.2、高 9.6 厘米（图八九，7；彩版八〇，3）。

　　标本 M17：8，壶，泥质黑皮陶。直口，高领，削肩，折腹，平底。口径 5.7、最大腹径

11、高 10.1 厘米（图八九，8；彩版八〇，4）。

标本 M17：9，甑，夹砂灰陶。直口，圜底，镂孔分布在底部中心，共有十多个孔。口径 12.6、高 8.5 厘米（图八九，9；彩版八〇，5）。

标本 M17：10，凿，灰白石。长条形，周边打磨精致光滑。长 13、宽 1.4、厚 1.7 厘米（图八九，10）。

M18 开口在 I 区 T0504 第②层下。头向 181°。墓长 1.55、宽 0.60、深 0.60～0.80 米。墓主人为少年女性，仰身直肢葬。随葬器物 6 件，均放置在人骨两端（图九〇）。

标本 M18：1，鼎，残缺不全，无法修复。

标本 M18：2，罐，泥质灰陶。薄圆唇，侈口，束颈，削肩，鼓腹微折，平底微凹。口径 10.4、底径 7.5、最大腹径 15.5 厘米（图九一，1）。

标本 M18：3，璜，墨绿色玉。三分之一圆，形体较小，穿孔相对称，两面钻孔。长 5.2、

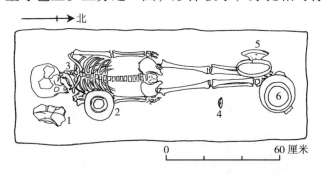

图九〇 崧泽文化墓葬 M18 平面图

1、6. 陶鼎 2. 陶罐 3. 玉璜 4. 陶纺轮 5. 陶豆

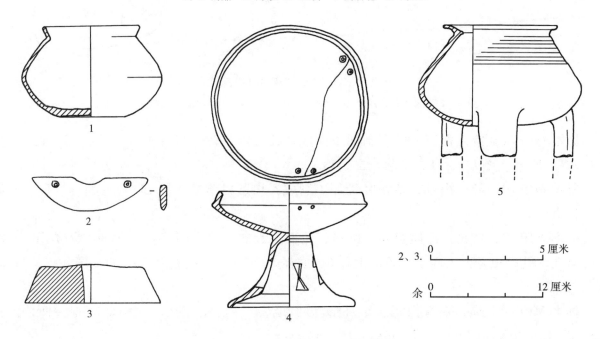

图九一 崧泽文化墓葬 M18 出土器物

1. 陶罐（M18：2） 2. 玉璜（M18：3） 3. 陶纺轮（M18：4） 4. 陶豆（M18：5） 5. 陶鼎（M18：6）

宽 1.5、厚 0.3 厘米（图九一，2）。

标本 M18：4，纺轮，泥质黑陶。圆形，轮面上小下略大，中有一孔。直径 4.5～6.1、高 1.6 厘米（图九一，3）。

标本 M18：5，豆，泥质黑皮陶。敛口，盘壁转折成棱，喇叭形座。把上部饰两道凹弦纹；下部饰三角形与镂孔组合纹三组。口径 15.3、足径 13.8、高 12.2 厘米（图九一，4）。

标本 M18：6，鼎，夹砂灰陶。圆唇，折沿，束颈，斜肩，垂腹，圜底附三足。肩部饰多道凹弦纹，三足略残缺。口径 12.1、最大腹径 17.4、残高 13.8 厘米（图九一，5）。

M19　开口在Ⅰ区 T0504 第②层下。头向 192°。墓长 2.8、宽 1.1～1.36、深 0.7 米。青年女性，仰身直肢葬。随葬器物 11 件，陶器分置人骨架两侧，头骨下枕骨簪和小石锛，颈部有一件玉璜，左肩部有一陶纺轮，另一件石锛放在双膝之间（图九二；彩版八一）。

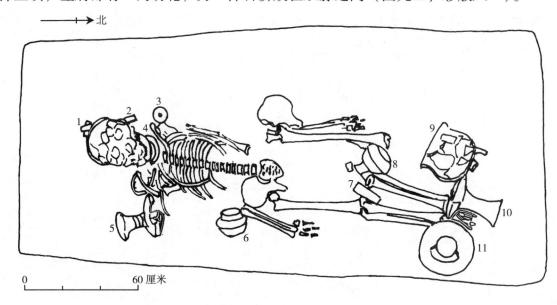

图九二　崧泽文化墓葬 M19 平面图

1、7. 石锛　2. 骨簪　3. 陶纺轮　4. 玉璜　5、9、11. 陶豆　6. 陶罐　8. 陶盉　9. 陶鼎

标本 M19：1，锛，青石，经磨制加工而成。长方形，背、刃皆平，均略残损。长 6、宽 2.9、厚 1 厘米（图九三，1；彩版八二，1）。

标本 M19：2，笄，褐色，动物胫骨加工制成。长条扁薄形。长 19.6、宽 1.4、厚 0.4 厘米（图九三，2）。

标本 M19：3，纺轮，泥质黑陶。圆形，轮面上大底小，大的一面上划刻"八角星"纹，中心有孔，孔径也是上大底小。轮面上径 6、底径 5、厚 1.3、孔径 0.7 厘米（图九三，3；彩版八二，2）。

标本 M19：4，璜，鸡骨白玉。半环形。两端各有一对钻穿孔，一面侧边有一凹槽。长 9.5、高 4.7 厘米（图九三，4；彩版八二，4）。

标本 M19：5，豆，泥质黑皮陶。圆唇，直口，盘壁转折处有棱，喇叭形座。把部有三组凹弦纹，底座上有道折阶。口径 18.6、足径 13.8、通高 14.7 厘米（图九三，6；彩版八二，3）。

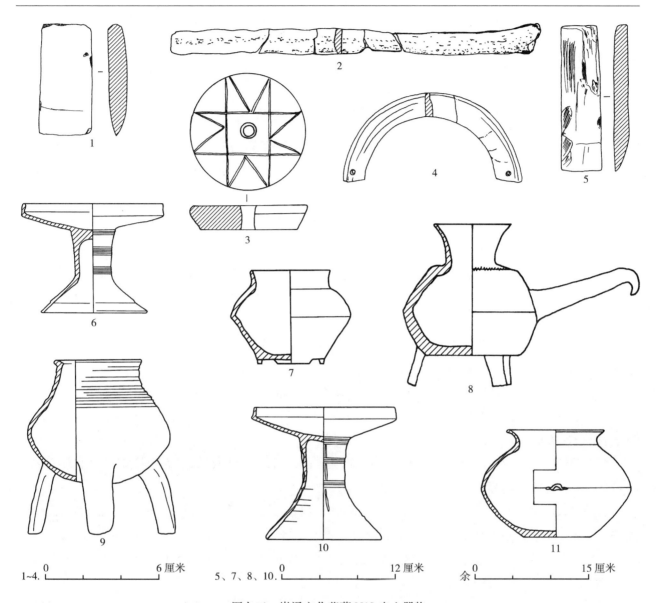

图九三　崧泽文化墓葬 M19 出土器物

1、5. 石锛（M19：1、7）　2. 骨笄（M19：2）　3. 陶纺轮（M19：3）　4. 玉璜（M19：4）　6、10. 陶豆（M19：5、10）

7、11. 陶罐（M19：6、11）　8. 陶盉（M19：8）　9. 陶鼎（M19：9）

　　标本 M19：6，罐，泥质灰陶。尖唇，直领，溜肩，中折腹，下削腹至底，平底附有三扁矮方足。口径 8.4、底径 7.2、最大腹径 12.6、通高 9.9 厘米（图九三，7；彩版八二，5）。

　　标本 M19：7，锛，青灰石磨制而成。长方形，背刃皆平，周边磨出棱角，刃口锋利。长 15.6、宽 4.2、厚 0.7 厘米（图九三，5；彩版八三，1）。

　　标本 M19：8，盉，泥质橙红陶。薄圆唇，敞口，束颈，折肩，中折腹，平底，附有三足，中腹附有一把，把端略下弯。口径 8.4、底径 10.7、最大腹径 14.5、通高 17.3 厘米（图九三，8；彩版八三，3）。

　　标本 M19：9，鼎，夹砂灰褐陶。方唇，折沿，高领，削肩，鼓腹，圜底，附三拱形扁足。领至肩部饰弦纹十多道。口径 11.4、最大腹径 19、通高 23.1 厘米（图九三，9；彩版八三，2）。

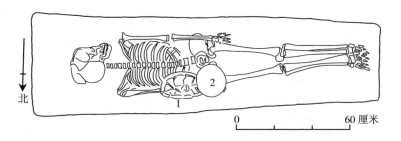

图九四　崧泽文化墓葬 M21 平面图
1、4. 陶豆　2. 陶鼎　3. 石斧

标本 M19:10，豆，泥质黑皮陶。直口，盘壁转折成棱，喇叭形座。把部有三组划纹。口径 18、底径 15、通高 17.7 厘米（图九三，10；彩版八三，4）。

标本 M19:11，罐，泥质黑皮陶。尖唇，口沿外翻，束颈，溜肩，折腹，平底。折腹处三等分各附鸡冠耳一个。口径 13、底径 9.3、最大腹径 20.1、高 14.4 厘米（图九三，11；彩版八三，5）。

M20　开口在 Ⅰ 区 T0504 第②层下。头向 201°。人骨缺头骨，似乎被当时破坏。墓长 1、宽 0.40、深 0.30 米。无随葬品。

M21　开口在 Ⅰ 区 T0504 第②层下。头向 91°。墓长 1.85、宽 0.40～0.55、深 0.40 米。墓主人为儿童，仰身直肢葬。随葬陶器 3 件、石斧 1 件，置于右腹部。墓坑外东南有一小孩的头顶骨（图九四）。

标本 M21:1，豆，泥质黑皮陶。勾敛口，折肩，折腹，把残缺，仅剩根部，上有凹弦纹。口径 23.4、残高 9 厘米（图九七，1）。

标本 M21:2，鼎，夹砂褐陶。圆唇，折沿，口近平，溜肩，鼓腹，圜底，附三扁足，均残缺。口径 15.5、最大腹径 18.8、通高 12.3 厘米。

标本 M21:3，斧，灰白色石凿制而成。上窄下宽，背刃均使用已平，中轴中心偏下有一孔。高 8.7、宽 6.6、厚 1.1、孔径 2.1 厘米。

标本 M21:4，豆，泥质灰陶。敛口，盘壁转折成棱，圜底，喇叭形座。把部有三组凹弦纹与刻划纹。圈座上有一折阶。口径 16.5、底径 12.9、通高 15.3 厘米。

M22　开口在 Ⅰ 区 T0504 第②层下。头向 100°。墓长 0.80、宽 0.40、深 0.40 米。墓主人为儿童，仰身直肢葬。无随葬品。

M23　开口在 Ⅰ 区 T0504 第②层下。头向 234°。墓长 0.70、宽 0.35、深 0.54 米。墓主人为儿童，仰身直肢葬。腰部放置石斧 1 件（图九五；彩版八四，1）。

标本 M23:1，斧，灰白色石凿制而成，经磨制。上窄下宽，背刃均使用已平，中轴中心偏下有一孔。高 8.9、宽 4.5～6.7、厚 1.2、孔径 2.1 厘米（图九七，2）。

M24　开口在 Ⅰ 区 T0404 第②层下。头向 13°。墓长 1.10、宽 0.30～0.35、深 0.34 米。儿童仰身直肢葬。随葬石斧一件，置于右腹（彩版八四，2）。

M26　开口在 Ⅰ 区 T0504 第②层下。头向 180°。墓长 2.15、宽 0.50～0.62、深 0.33～0.58 米。中年男性，仰身直肢葬。随葬陶器 10 件，分置于人骨架两端（图九六）。

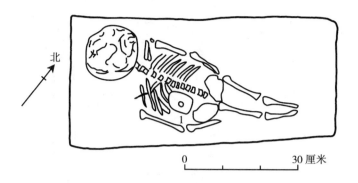

图九五　崧泽文化墓葬 M23 平面图

1. 石斧

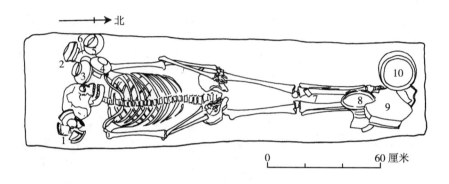

图九六　崧泽文化墓葬 M26 平面图

1、8. 陶豆　2、3、4、5、6. 陶罐　7. 石锛　9. 陶鼎　10. 陶釜

标本 M26：1，豆，泥质灰陶。口微敛，盘壁转折处有折棱。喇叭形座，上有一道折阶。把部饰三组凹弦纹、弦纹间等分刻有条形竖槽。口径 17.7、底径 14.4、高 15.3 厘米（图九七，4；彩版八五，1）。

标本 M26：2，罐，泥质灰黑陶。圆唇，直领，削肩，中折腹，下弧腹，平底。折腹处三等分附鸡冠耳各一，底部有叶脉状刻划纹。口径 7.9、底径 5.5、最大腹径 12.5、高 8.1 厘米（图九七，5；彩版八五，2）。

标本 M26：3，罐，泥质灰陶。圆唇，直领，削肩，中折腹。下弧腹，平底。折腹处三等分附鸡冠耳各一。口径7.5、底径6.3、最大腹径13、3、高9.3厘米（图九七，6；彩版八五，3）。

标本 M26：4，罐，泥质黑皮陶。尖唇，口微侈，高直领，溜肩，中折腹，下腹内弧，平底。口径 7.3、底径 5.5、最大腹径 12.6、高 9.6 厘米（图九七，7；彩版八五，4）。

标本 M26：5，罐，泥质灰陶。尖唇，高直领，削肩，中折腹，下弧腹，平底。口径 8.1、底径4.3、最大腹径11.2、高9.2厘米（图九七，8；彩版八五，5）。

标本 M26：6，罐，泥质灰陶。圆唇，矮领，溜肩，中折腹，下弧腹，平底。折腹处三等分附鸡冠耳各一个。口径 7.5、底径 5、最大腹径 12.2、高 7.6 厘米（图九七，9）。

标本 M26：7，锛，黑色石磨制而成。长方形，背顶稍损缺，刃口斜平，上有缺口。长 5.6、宽3、厚1.1厘米（图九七，3）。

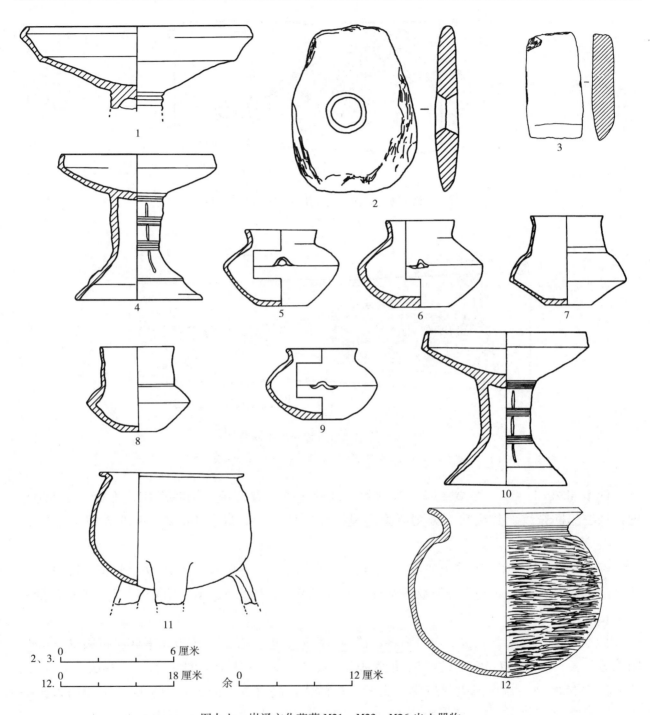

图九七　崧泽文化墓葬 M21、M23、M26 出土器物

1. 陶豆（M21：1）　2. 石斧（M23：1）　3. 石锛（M26：7）　4、10. 陶豆（M26：1、8）　5～9. 陶罐（M26：2、3、4、5、6）

11. 陶鼎（M26：9）　12. 陶釜（M26：10）

　　标本 M26：8，豆，泥质灰陶。口微敛，盘壁转折处有折棱。喇叭形座。把部饰三组凹弦纹与条形刻纹。口径 16.1、底径 15.6、高 16.5 厘米（图九七，10）。

　　标本 M26：9，鼎，夹砂灰陶。尖唇，折沿，束颈，圆鼓腹。圜底。三足残均缺。口径 19.6、最大腹径 19.6、残高 17.3 厘米（图九七，11；彩版八五，6）。

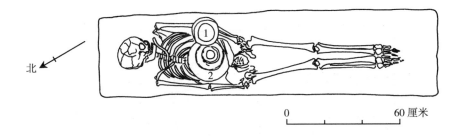

图九八　崧泽文化墓葬 M27 平面图

1、3. 陶鼎　2. 陶豆

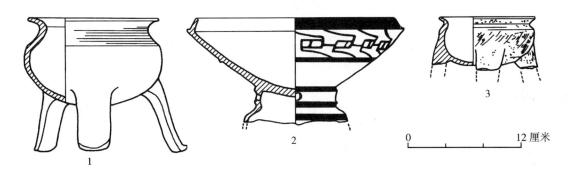

图九九　崧泽文化墓葬 M27 出土陶器

1、3. 鼎（M27∶1、3）　2. 豆（M27∶2）

标本 M26∶10，釜，灰褐陶。方唇，翻沿，束颈，溜肩，圆鼓腹。通体饰篮纹。口径 24、高 27.3 厘米（图九七，12）。

M27　开口在Ⅰ区 T0404 第②层下。头向 151°。墓长 1.80、宽 0.45、深 0.35 米。墓主人为青年女性，仰身直肢葬。随葬陶器 3 件，置于腹部（图九八）。

标本 M27∶1，鼎，夹砂灰褐陶。圆唇，沿外翻，束颈，圆鼓腹，圜底，附三舌形足。颈部有多道凹弦纹。口径 13.8、最大腹径 14.2、通高 14 厘米（图九九，1）。

标本 M27∶2，豆，泥质黑皮陶。仅剩豆盘，尖唇，敛口。朱砂绘几何形纹饰，十等分。口径 21、残高 11.1 厘米（图九九，2）。

标本 M27∶3，鼎，夹砂灰褐陶。圆唇，折沿，束颈，弧腹，圜底，三足残缺。肩部有道折棱。口径 10.2、残高 5.6 厘米（图九九，3）。

M30　开口在 T0604 第③层下。头向 166°。墓长 1.80、宽 0.50、深 0.20 米。仰身直肢葬，骨架保存较差。随葬陶器物 6 件，陶器置于骨架两端，玉耳坠则置于耳侧（图一〇〇）。

标本 M30∶1，耳坠，青玉制成。钝角三角形，近底边中轴有一孔。略残缺。残长 2.3、高 1.1、厚 0.3 厘米（图一〇一，1；彩版八六，1）。

标本 M30∶2，罐，泥质橙黄陶。圆唇，折沿，束颈，广肩，鼓腹，平底。腹部有鸡冠耳一对。口径 9.6、底径 10、高 12 厘米（图一〇一，3；彩版八六，2）。

标本 M30∶3，耳坠，青玉制成。近似等边三角形，顶角有一孔。底边长 2.1、高 2、厚 0.3 厘米（图一〇一，2；彩版八六，3）。

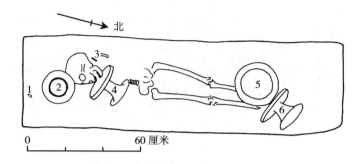

图一〇〇　崧泽文化墓葬 M30 平面图

1、3. 玉耳坠　2. 陶罐　4、6. 陶豆　5. 陶罐

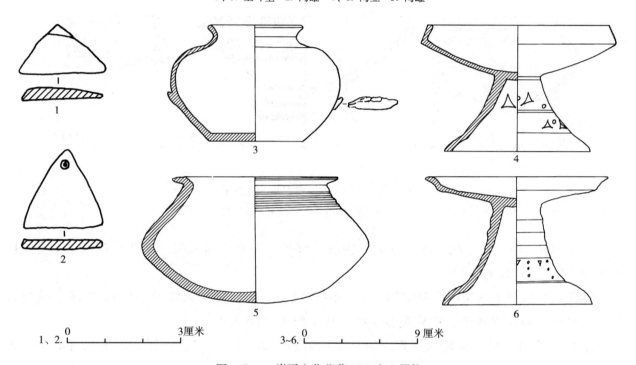

图一〇一　崧泽文化墓葬 M30 出土器物

1、2. 玉耳坠（M30∶1、3）　3、5. 陶罐（M30∶2、5）　4、6. 陶豆（M30∶4、6）

标本 M30∶4，豆，泥质灰陶。敛口，盘壁转折成锐角，深弧腹，喇叭形座。豆把上下各有三组纹饰，每组饰两个三角夹一镂孔，上下纹饰有弦纹间隔。口径 19、底径 15.2、高 13 厘米（图一〇一，4，彩版八六，4）。

标本 M30∶5，罐，泥质淡红陶。尖唇，折沿与口平，束颈，削肩，中折腹，圈底。颈部有多道凹弦纹。口径 13.1、最大腹径 24、高 13.6 厘米（图一〇一，5，彩版八六，5）。

标本 M30∶6，豆，泥质灰褐陶。尖唇，敞口，前盘，竹节形把，喇叭形座。豆把上部饰竹节纹，下部一周饰有 8 个三角纹与 3 个竖排的圆孔。口径 18.8、底径 16.2、高 13.8 厘米（图一〇一，6；彩版八六，6）。

M31　开口在 I 区 T0604 第③层下，打破第④层。头向 168°。长方形竖穴土坑墓。墓口长 2.53、宽 0.62、深 0.13 米。墓口距地表深 0.73 米。墓内填土为灰黄色。骨架保存不完整。随葬品共 11 件，主要为陶器。大多放置在头部，右手边有 1 件石钺；脚下有 1 件罐和 1 件彩

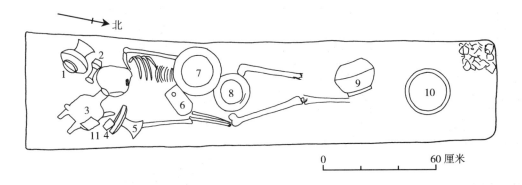

图一〇二　崧泽文化墓葬 M31 平面图
1、5、10. 陶豆　2. 陶壶　3. 陶盉　4、11. 石锛　6. 石钺　7. 陶釜　8. 陶鼎　9. 陶罐

绘黑皮陶豆（图一〇二；彩版八七）。

标本 M31：1，豆，泥质灰陶。直口，削肩，鼓腹，喇叭形座。把部上下各饰三组镂孔，每组有镂孔四个。口径 10.8、底径 13.4、最大腹径 15.4、高 14.7 厘米（图一〇三，1；彩版八八，1）。

标本 M31：2，壶，泥质灰陶。口微敞，高直颈，削肩，中折腹，下削腹，平底。颈部饰十多道弦纹。口径 6.4. 底径 4.8、最大腹径 11.6、高 15 厘米（图一〇三，2；彩版八八，2）。

标本 M31：3，盉，泥质灰陶。高领略外侈，溜肩，直腹，圜底较平缓。腹部有一把，底有三足。口径 6.4、最大腹径 15.4、高 23.6 厘米（图一〇三，3；彩版八八，3）。

标本 M31：4，锛，青灰色石，磨制而成。长方形，背、刃皆平，侧边磨出棱角。长 7、宽 2.9、厚 1.1 厘米（图一〇三，4；彩版八八，4）。

标本 M31：5，豆，泥质灰陶。方唇，口微敞，盘壁斜直，喇叭形座。把部偏下饰四组镂孔，每组四个，共 12 个镂孔。口径 18.1、底径 14.6、高 14.3 厘米（图一〇三，5；彩版八九，1）。

标本 M31：6，钺，青灰色石，磨制而成。长方形，斜背，弧刃，双面磨刃。中轴偏上有一镂孔。长 16、宽 9.1、厚 1.2、孔径 0.8 厘米（图一〇三，6；彩版八九，2）。

标本 M31：7，釜，夹砂褐陶。尖唇，折沿，沿面内斜，折肩，圜底。口径 14.8、最大腹径 24、高 13 厘米（图一〇三，7；彩版八九，3）。

标本 M31：8，鼎，夹砂灰褐陶。口沿略残，三足残缺。圆鼓腹，圜底。肩部有多道凹弦纹。口径约 12、最大腹径 17.4、残高 11.6 厘米（图一〇三，8；彩版八九，4）。

标本 M31：9，罐，泥质灰陶。方唇，侈口，溜肩，中折腹，下腹内弧，平底。折腹处有一周凸棱，另附鸡冠耳一对。口径 11.5、底径 9、高 14.6 厘米（图一〇三，9；彩版八九，5）。

标本 M31：10，豆，泥质黑陶加彩绘。勾敛口，折腹，喇叭座。圈座往上饰四层凹弦纹；另饰长方形孔，方孔上下错位排列，每层四孔，共八孔。口径 22.8、底径 18.6、高 18.8 厘米（图一〇三，10；彩版八九，6）。

标本 M31：11，锛，青灰色石。长方形，背刃皆平，通体磨制而成。长 13.5、宽 4.7、厚 2.6 厘米（图一〇三，11）。

图一〇三　崧泽文化墓葬 M31 出土器物

1、5、10. 陶豆（M31∶1、5、10）　2. 陶壶（M31∶2）　3. 陶盉（M31∶3）　4、11. 石锛（M31∶4、11）　6. 石钺（M31∶6）

7. 陶釜（M31∶7）　8. 陶鼎（M31∶8）　9. 陶罐（M31∶9）

M32　开口在 I 区 T0604 第③层下。头向南，方向170°。墓口长2.25、宽0.60、深0.13米，墓口距地表深0.74米。骨架保存不完整，墓主人为壮年女性，仰身直肢葬。随葬品一共15件，有5件石器、10件陶器。陶器种类较多，有罐、豆、杯、鼎、盉等，其中陶罐上都有小把手（图一〇四；彩版九〇，1）。

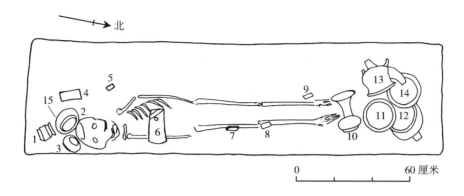

图一〇四　崧泽文化墓葬 M32 平面图

1、2、3、15. 陶罐　4. 陶杯　5、7、8、9. 石锛　6. 石钺　10、11、14. 陶豆　12. 陶鼎　13. 陶盉

标本 M32：1，罐，泥质灰陶。圆唇，沿外翻，束颈，折肩，折腹，平底。折腹处一侧有一内卷的把。口径 9.2、底径 5.2、最大腹径 12.2、高 10 厘米（图一〇五，1；彩版九一，1）。

标本 M32：2，罐，泥质红陶。方唇，口微内收，弧肩，折腹，平底。腹部一侧有一耳。口径 9.4、底径 7.2、高 9.2 厘米（图一〇五，2；彩版九一，2）。

标本 M32：3，罐，泥质灰陶。圆唇，沿外折，削肩，折腹，平底。腹部一侧有一耳。口径 9.2、底径 8.4、高 10.5 厘米（彩版九一，3）。

标本 M32：4，杯，泥质红褐陶。直筒形，平底。口径 6.6、底径 6.6、高 11 厘米（图一〇五，3；彩版九一，4）。

标本 M32：5，锛，青灰石。长方形，背部残缺，刃口缺一角。残长 4.7、宽 2.5、厚 0.4 厘米（图一〇五，4；彩版九〇，2）。

标本 M32：6，钺，青灰石。长方形，上窄下宽，平背略残缺，弧刃。中轴近背端有一孔。通体磨光。长 16.4、宽 7.5～8.7、厚 1.2 厘米（图一〇五，5；彩版九〇，4）。

标本 M32：7，锛，青灰石。长方形，背刃皆平。通体磨光。长 6.9、刃宽 3.1、厚 0.5 厘米（图一〇五，6；彩版九〇，3）。

标本 M32：8，锛，青灰石。长方形，背端略有缺损，单面平刃。长 6.2、宽 2.5、厚 1.1 厘米（图一〇五，7；彩版九二，1）。

标本 M32：9，锛，青灰石。长方形，背刃皆平。通体磨光。长 5.2、宽 2.6、厚 0.5 厘米（图一〇五，8；彩版九二，2）。

标本 M32：10，豆，泥质灰陶。罐形盘，方唇，口微内收，鼓腹，喇叭形座。把部中偏下饰凹弦纹，其上竖列镂孔三个，下有三角形镂孔。口径 6.8、底径 13.4、高 19.3 厘米（图一〇五，9；彩版九二，3）。

标本 M32：11，豆，泥质黑灰陶。敛口，斜腹，平底，喇叭形座。口径 17.6、底径 13.8、高 12.6 厘米（图一〇五，10；彩版九二，4）。

标本 M32：12，鼎，夹砂褐陶。圆唇，折沿，垂腹，圜底，三足略残。口径 15.6、最大腹径 18.4、残高 13.6 厘米（图一〇五，11；彩版九二，5）。

标本 M32：13，盉，夹砂红褐陶。圆唇，折沿，束颈，垂腹，圜底附三扁矮足。腹部一侧

图一〇五　崧泽文化墓葬 M32 出土器物

1、2、14. 陶罐（M32：1、2、15）　3. 陶杯（M32：4）　4、6、7、8. 石锛（M32：5、7、8、9）　5. 石钺（M32：6）　9、10、
13. 陶豆（M32：10、11、14）　11. 陶鼎（M32：12）　12. 陶盉（M32：13）

有一把，把柄上翘。口径 14、腹径 15、高 15 厘米（图一〇五，12；彩版九二，6）。

标本 M32：14，豆，泥质灰陶。口略内勾，折腹，矮喇叭形座，把上端内收形成一折阶。

口径 19.6、底径 15、高 12.5 厘米（图一○五，13；彩版九二，7）。

标本 M32：15，罐，泥质灰黑陶。圆唇，沿外翻，束颈，溜肩中折腹，下腹向急内，平底。口径 7、底径 5.5、最大腹径 12、高 7.4 厘米（图一○五，14）。

M33 开口在Ⅰ区 T0604 第③层下，西侧被 H7 打破。头向 197°。墓长 2.66、宽 0.50、深 0.20 米。坑内前后置两具骨架，墓主人均为儿童，仰身直肢葬。随葬陶器物 4 件，南面一具骨架颈下置玉璜一件、陶豆一件；北面一具骨架头部左侧置陶釜、罐各一件（图一○六，1；彩版九三，1）。

标本 M33：1，豆，泥质灰陶。勾敛口，斜折腹，大喇叭形座。把部上下有三层三角与镂孔组合纹，每一层用一道或两道凹弦纹间隔。口径 17.4、底径 16.2、高 16.5 厘米（图一○七，1；彩版九三，2）。

标本 M33：2，璜，黄白色含黑斑。半圆形，为璧的二分之一，其肉倍于好。朝上的平面

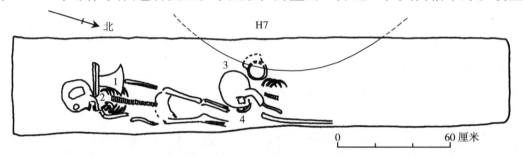

图一○六 崧泽文化墓葬 M33 平面图

1. 陶豆 2. 玉璜 3. 陶釜 4. 陶罐

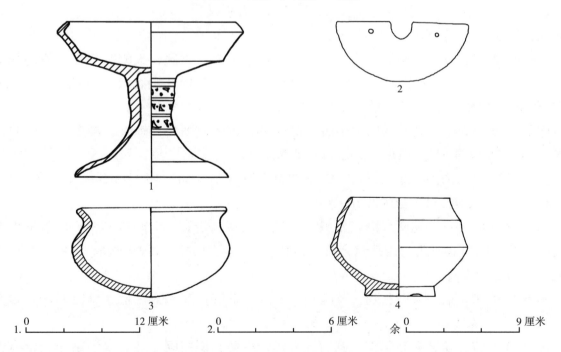

图一○七 崧泽文化墓葬 M33 出土器物

1. 陶豆（M33：1） 2. 玉璜（M33：2） 3. 陶釜（M33：3） 4. 陶罐（M33：4）

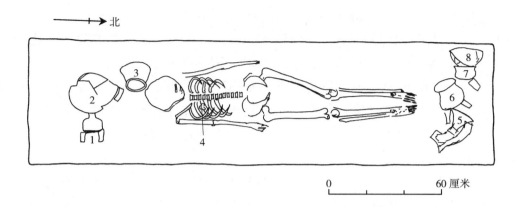

图一〇八　崧泽文化墓葬 M35 平面图

1. 陶盉　2、5. 陶豆　3. 陶釜　4. 萤石饰件　6、7. 陶鼎　8. 陶甗　9. 陶壶

以下左右各有一小孔。长 7.1、高 3.2、厚 0.23 厘米（图一〇七，2；彩版九三，3）。

标本 M33：3，釜，夹砂灰黑陶。圆唇，敞口，束颈，鼓腹，圜底。口径 12、最大腹径 12.4、高 7.2 厘米（图一〇七，3；彩版九三，4）。

标本 M33：4，罐，泥质灰陶。敛口，折肩，折腹，圈足。口径 8、最大腹径 11.2、底径 5.6、高 8 厘米（图一〇七，4；彩版九三，5）。

M35 开口在 I 区 T0604 第③层下。头向 178°。墓长 2.50、宽 0.65、深 0.20 米。仰身直肢葬。随葬陶器 9 件，陶器置于人骨架两端，萤石饰件出土于颈下（图一〇八；彩版九四）。

标本 M35：1，盉，泥质黑皮陶。敞口，溜肩，直壁至下腹外折，圜底，附三足。腹壁饰瓦楞状纹，一侧有一把，把首内卷。口径 5.8、最大腹径 11、高 17.7 厘米（图一〇九，1；彩版九五，1）。

标本 M35：2，豆，泥质黑皮陶。勾敛口，盘壁内弧，折腹，大喇叭形座。圈座往上分别饰一道、二道、三道凹弦纹，一、二道弦纹间另有三角与镂孔组合纹。口径 22.6、底径 17、高 17.9 厘米（图一〇九，2；彩版九五，2）。

标本 M35：3，釜，夹砂灰陶。圆唇，沿外翻，束颈，削肩，垂腹，圜底。口径 11.4、最大腹径 17、高 12.4 厘米（图一〇九，3；彩版九五，3）。

标本 M35：4，饰件，绿色萤石。略呈"品"字形，"品"字上口有一孔。高 2.1、下宽 2.1 厘米（图一〇九，4；彩版九五，4）。

标本 M35：5，豆，泥质灰陶。勾敛口，盘壁内弧，折腹，大喇叭形座。圆鼓形把饰四道凹弦纹，弦纹间另有三角与镂孔组合纹。口径 22、底径 16.7、高 19 厘米（图一〇九，5；彩版九六，1）。

标本 M35：6，鼎，夹砂灰陶。厚圆唇，束颈，垂腹，圜底附三足。口径 11.6、最大腹径 16、高 18.7 厘米（图一〇九，6；彩版九六，2）。

标本 M35：7，鼎，夹砂灰陶。圆唇，束颈，折腹，圜底附三足。口沿下至腹部有四道凸弦纹，折腹处有道附加堆纹，足面饰窝纹与划纹。口径 14、最大腹径 15.2、高 14.4 厘米（图一〇九，7；彩版九六，3）。

图一〇九 崧泽文化墓葬 M35、M92、M93 出土器物

1. 陶盉（M35：1）　2. 陶豆（M35：2）　3. 陶釜（M35：3）　4. 石饰件（M35：4）　5. 陶豆（M35：5）　6. 陶鼎（M35：6）
7. 陶鼎（M35：7）　8. 陶甑（M35：8）　9. 陶壶（M35：9）　10. 陶鼎（M92：1）　11. 陶豆（M92：2）　12. 陶壶（M93：1）

标本 M35：8，甑，夹砂灰陶。方唇直口，圜底上有镂孔。腹壁有一对把手。口径 17、高 10.4 厘米（图一〇九，8；彩版九六，4）。

标本 M35：9，壶，泥质黑皮陶。直口，长颈，溜肩，中折腹，下腹内收，平底。颈部饰多道凹弦纹。口径 7、底径 6、最大腹径 12.4、高 10.6 厘米（图一〇九，9；彩版九六，5）。

M38 开口在 I 区 T0503 第③层下。头向 176°。墓长 0.95、宽 0.34、深 0.15 米。墓主人为幼儿，仰身直肢葬。无随葬品。

M92 开口在 IV 区 T4206 第④A 层下。方向 92°。长方形浅穴土坑。墓口长 2.20、宽 0.50、深 0.21 米。墓内填土灰黄色。人骨架保存一般，仰身直肢葬。在该墓脚下另有一幼儿。随葬鼎、豆各 1 件（图一一〇）。

标本 M92：1，鼎，夹砂红褐陶。圆唇，束颈，斜沿，圆腹，圜底附三矮足。器表呈橘皮状。口径 14、最大腹径 15.4、通高 11.4 厘米（图一〇九，10）。

标本 M92：2，豆，泥质灰陶。勾敛口，深腹，盘外壁内弧，高圈座，上有一折阶并四等分各饰 2 个圆孔。口径 14、底径 10.8、通高 8.6 厘米（图一〇九，11）。

M93 开口在 IV 区 T4206 第④层下。方向 77°。长方形浅穴土坑，脚下有两具并排的小孩骨架。墓口长 1.70、宽 0.45、深 0.20 米。墓内填土灰黄色。人骨架保存一般，仰身直肢葬。仅随葬陶壶 1 件（图一一一）。

标本 M93：1，壶，泥质灰陶。侈口，长颈，溜肩，圆腹，圈足。素面。口径 4.8、底径 7.4、最大腹径 12.4、高 14.6 厘米（图一〇九，12）。

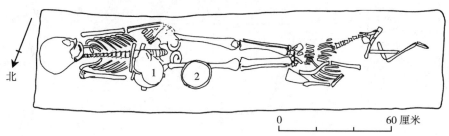

图一一〇 崧泽文化墓葬 M92 平面图

1. 陶鼎　2. 陶豆

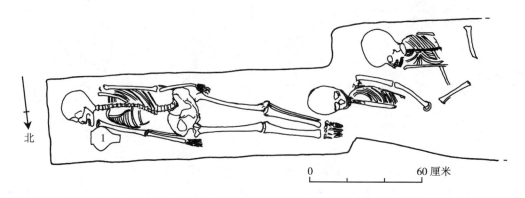

图一一一 崧泽文化墓葬 M93 平面图

1. 陶壶

M94　开口在Ⅳ区 T4206 第④层下。方向 77°。长方形浅穴土坑。墓口残长 1.00、宽 0.30、深 0.20 米。该墓在 M93 脚下，有两具并排的小孩骨架，下肢骨已不存，尚可判断为仰身直肢葬。无随葬品。

四　良渚文化墓葬

遗址中心区偏西处原有一南北长 70、东西宽 30、高约 6 米左右的土墩。1981 年曾经出土良渚文化时期的兽面纹玉琮、穿孔玉斧和石器 18 件（彩版九七）。这些显然是墓葬中的随葬品。1982 年，在调查试掘中，发现墓葬一座（M1），出土器物 12 件。随着土墩逐渐被平掉，墓葬也随之被破坏。因而在 1998～2000 年三次发掘中，仅发现一座被破坏的良渚文化墓葬（M28），该墓在 F3 南侧，开口在Ⅰ区 T0703 第①层下，并被第①层打破，骨架仅剩部分肋骨及一段下肢骨。墓口长 1.98、宽 0.60、深 0.20 米，头向南，方向 198°。随葬品仅一件盆，置于下肢骨旁。第四次发掘在Ⅱ区发现墓葬一座（M64），开口在 T2803 第③层下，仅残剩墓底，残长 1.67、宽 0.72 米，填土为褐色土。随葬品仅有陶罐一件。第五次发掘在Ⅱ区发现墓葬 7 座（M65～M71）。第一至第五次发掘，一共发现良渚文化墓葬 9 座，且都是小墓，随葬品也不多。这些墓葬二三座为一组，不同于Ⅰ区埋葬有一定等级且随葬品丰富的墓葬。现选择主要墓葬介绍如下。

M65　开口在Ⅱ区 T2803 第③层下，打破第④层。头向南，方向 183°。长方形竖穴土坑墓。墓口长 1.80、宽 0.70、深 0.45 米。墓口距地表深 0.54 米。墓内填土灰黄色。骨架仅存头骨，经鉴定为壮年女性。随葬品共 6 件，陶器有双鼻壶、罐、鼎、圈足盘各 1 件，另有玉坠 2 件（图一一二）。

标本 M65：1，双鼻壶，泥质灰陶，轮制。敞口，所附双鼻略低于口沿，长颈，扁鼓腹，圈足外撇。盖为子母口。口径 7.2、底径 8.2、高 16.2 厘米，盖径 6.6、高 2.8 厘米（图一一三，1）。

标本 M65：2，玉坠，通体打磨光滑。一端为圆坠状，另一端凸一榫头，上钻有一小孔。直径 0.7、高 1.5 厘米（图一一三，3）。

标本 M65：3，玉坠，通体打磨光滑。一端为尖状，另一端为一榫头，并钻有小孔。直径

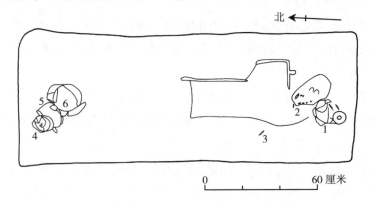

图一一二　良渚文化墓葬 M65 平面图

1. 陶壶　2、3. 玉坠　4. 陶罐　5. 陶鼎　6. 陶盘

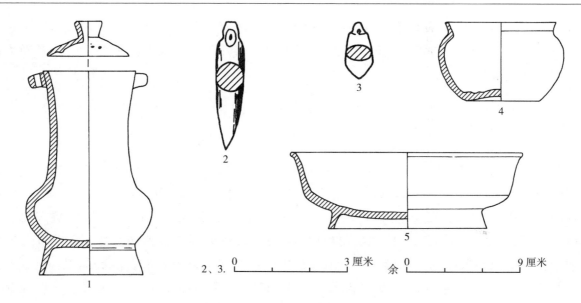

图一一三　良渚文化墓葬 M65 出土器物

1. 陶壶（M65∶1）　2. 玉坠（M65∶3）　3. 玉坠（M65∶2）　4. 陶罐（M65∶4）　5. 陶盘（M65∶6）

0.70、高 3.3 厘米（图一一三，2）。

　　标本 M65∶4，罐，泥质深灰陶，轮制。敞口，束颈，圆弧腹，平底内凹。素面。口径 8.8、腹径 6.4、高 6.2 厘米（图一一三，4）。

　　标本 M65∶5，盖鼎，夹砂灰褐陶，轮制。敞口，束颈，直腹，圜底。鱼鳍形足。口径 12.2、腹径 14、通高 15.6 厘米。

　　标本 M65∶6，圈足盘，泥质灰陶，轮制。敞口，深腹，圈足外撇。素面。口径 18.4、腹径 12.6、通高 6 厘米（图一一三，5）。

　　M66　开口在Ⅱ区 T2404 第③层下。头向南，方向 186°。长方形竖穴土坑墓，墓口距地表深 0.52 米。墓口长 1.90、宽 0.72、深 0.10 米。墓内填土灰黄色。骨架保存不完整，为一老年男性。随葬品共 11 件，主要为石器，其中有 6 件穿孔石斧、2 件双鼻壶、2 件带盖鼎及 1 件圈足盆（图一一四；彩版九八）。

　　标本 M66∶1，穿孔石斧，青灰色，经磨制抛光。略呈"风"字形，背端略有缺损，双面刃呈弧形。中轴偏顶端有一孔。系两面钻孔。长 16.4、宽 11.2、厚 0.7 厘米，孔径 2 厘米（图一一五，1；彩版九九，1）。

　　标本 M66∶2，穿孔石斧，青灰色，经磨制抛光。略呈"风"字形，背端两角缺损，形成折肩。双面刃磨损近平。中轴偏顶端有一孔。系两面钻孔。长 16.3、宽 15、厚 0.6 厘米，孔径 2.6 厘米（图一一五，2；彩版九九，2）。

　　标本 M66∶3，穿孔石斧，黑灰色，经磨制抛光。"风"字形，双面刃。背端与刃部均有缺损。中轴偏顶端有一孔。系两面钻孔。长 15、宽 12.7、厚 0.9 厘米，孔径 2.8 厘米（图一一五，3；彩版九九，3）。

　　标本 M66∶4，双鼻壶，泥质黑灰陶，轮制。双鼻与口沿平，长颈，扁矮腹。圈足内收。腹与圈足连接处有三道凹弦纹。口径 7.8、底径 8.8、高 15.6 厘米（图一一五，4；彩版一

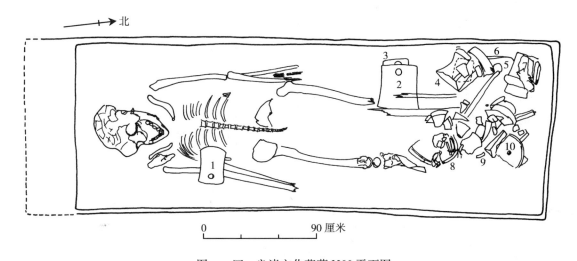

图一一四　良渚文化墓葬 M66 平面图

1、2、3、5、6、11. 穿孔石斧　4、7. 陶壶　8、9. 陶鼎　10. 陶盆

〇〇，1）。

标本 M66：5，穿孔石斧，黑灰色，经磨制抛光。"风"字形，背端略有缺损，刃部与两侧均抛边。中轴偏顶端有一孔，系两面钻孔。长14、宽14、厚0.75厘米，孔径3.5厘米。（图一一五，5；彩版九九，4）。

标本 M66：6，穿孔石斧，黑灰色，经磨制抛光。"风"字形，背端略有缺损，双面刃缺损一角。中轴偏顶端有一孔，系两面钻孔。长14.4、宽12、厚0.85厘米，孔径2.2厘米。（图一一五，6；彩版九九，5）。

标本 M66：7，双鼻壶，泥质黑灰陶，轮制。双鼻与口沿平，长颈，扁腹，圈足内收。盖子为子母口。腹与圈足连接处有三道凹弦纹。口径9.2、底径9.2、高16厘米，盖径9.5、高3厘米（图一一五，7；彩版一〇〇，2）。

标本 M66：8，盖鼎，夹砂黑灰陶，轮制。敞口，束颈，直腹，圜底近平。鱼鳍形足。口径14.2、腹径15.6、高18.4厘米，盖径14、高5.2厘米（图一一五，8；彩版一〇〇，3、4）。

标本 M66：9，盖鼎，夹砂黄褐陶，轮制。敞口，沿面微下凹，束颈，垂腹，圜底近平。鱼鳍形足。口径13、腹径13.2、高13厘米，盖径13、高5.6厘米（图一一五，9；彩版一〇〇，5、6）。

标本 M66：10，盆，泥质灰陶，轮制。敞口，沿面下附一对耳，斜腹，圈足外撇。腹部及圈足部饰弦纹。口径18.6、腹径13.6、高9厘米（图一一五，11；彩版一〇〇，7）。

标本 M66：11，穿孔石斧，青灰色，经磨制抛光。一侧边缺损，平背，双面弧刃。中轴偏顶端有一孔，系两面钻孔。长14.1、宽8.5、厚0.80厘米，孔径2厘米。（图一一五，10；彩版九九，6）。

M67　开口在Ⅱ区 T2504 第③层下，打破第④层。头向南，方向182°。长方形竖穴土坑墓。墓口长2.00、宽0.72、深0.35米。墓口距地表深0.57米。墓内填土灰黄色。骨架保存不完整，老年女性。随葬品共5件，全部为陶器。有圈足盘、盘、杯、器盖和鼎各1件（图一一六）。

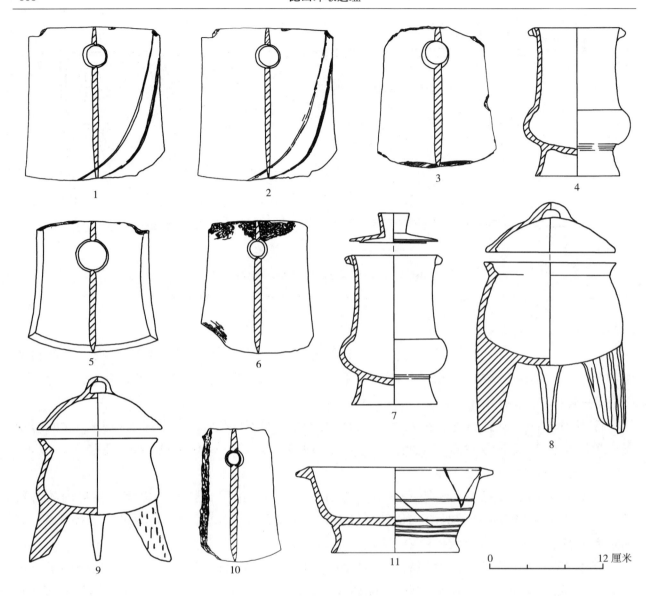

图一一五　良渚文化墓葬 M66 出土器物

1、2、3、5、6、10. 石斧（M66：1、2、3、5、6、11）　　4、7. 陶壶（M66：4、7）　　8、9. 陶鼎（M66：8、9）　　11. 陶盆（M66：10）

标本 M67：1，圈足盘，泥质灰陶，轮制。敞口，深腹，圈足外撇，上饰多道弦纹。口径19、底径15.2、高6.8厘米（图一一七，1）。

标本 M67：2，杯，泥质灰陶，轮制。喇叭口，斜直壁，圈足外撇。外壁口沿下有凸弦纹三道，腹部有凸弦纹十道。口径8.5、底径7.1、通高16厘米（图一一七，2）。

标本 M67：3，器盖，泥质黑灰陶，轮制。酒盅形盖纽，覆盆式盖。纽径3、盖径8、通高4厘米（图一一七，3）。

标本 M67：4，鼎，夹砂灰褐陶。敞口，束颈，圆弧腹，圜底。扁侧足。口径19.6、腹径19、高20厘米（图一一七，4）。

标本 M67：5，盘，泥质灰陶，轮制。直口，浅腹内收至平底。素面。口径18.6、高3.5厘米（图一一七，5）。

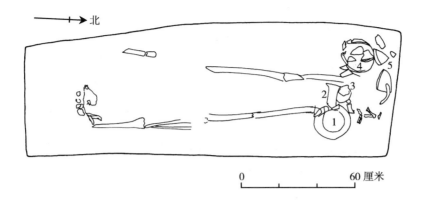

图一一六 良渚文化墓葬 M67 平面图

1、5. 陶盘 2. 陶杯 3. 陶器盖 4. 陶鼎

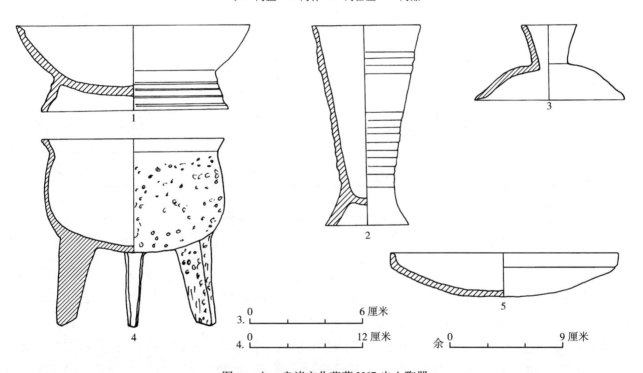

图一一七 良渚文化墓葬 M67 出土陶器

1. 圈足盘（M67：1） 2. 杯（M67：2） 3. 器盖（M67：4） 4. 鼎（M67：3） 5. 盘（M67：5）

M69 开口在 Ⅱ 区 T2404 第③层下，墓口距地表深 0.53。头向南，方向 195°。长方形竖穴土坑墓。墓口长 1.80、宽 0.65、深 0.46 米。墓内填土灰黄色。该墓分别被 J55、J58 打破，骨架保存仅剩头骨，为女性，年龄不明。随葬品共 4 件，其中玉坠和玉珠各 1 件、灰陶双鼻壶 1 件、陶纺轮 1 件（图一一八）。

标本 M69：1，玉坠，圆柱形，通体打磨光滑。一端尖，一端平，在平的一端钻有一直径 0.3、深 0.7 厘米的孔。长 4.7、直径 1 厘米（图一一九，1）。

标本 M69：2，纺轮，泥质灰陶。圆形，正反两面略有大小。中心有一直径 0.5 厘米的孔。直径 4、高 1 厘米（图一一九，2）。

标本 M69：3，玉珠，柱础形。中有一直径 0.3 厘米的孔。直径 1.4、高 1 厘米（图一一

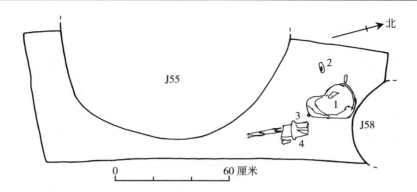

图一一八　良渚文化墓葬 M69 平面图

1. 玉坠　2. 陶纺轮　3. 玉珠　4. 陶壶

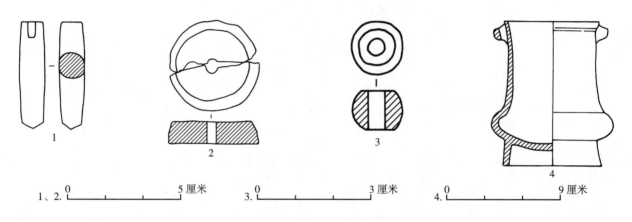

图一一九　良渚文化墓葬 M69 出土器物

1. 玉坠（M69∶1）　2. 陶纺轮（M69∶2）　3. 玉珠（M69∶3）　4. 陶壶（M69∶4）

九，3)。

标本 M69∶4，壶，泥质灰陶，轮制。侈口，所附双鼻略低于口沿，长颈，扁腹。直圈足。口径 7.4、底径 8、通高 11.4 厘米（图一一九，4）。

M70　开口在Ⅱ区 T2504 第③层下，打破第④层。头向南，方向 172°。长方形竖穴土坑墓。墓口长 1.90、宽 0.60、深 0.47 米。墓口距地表深 0.70 米。墓内填土灰黄色。骨架保存完整，中年女性。随葬品共 8 件，全部为石器，有镞 6 件、锛 2 件，皆置于人骨的上半身（图一二〇；彩版一〇一，1）。

标本 M70∶1，镞，青灰石，磨制。柳叶形，中有脊，锋刃尖利，横断面呈菱形。圆锥形铤。长 9.2、宽 1.7 厘米（图一二一，1；彩版一〇二，1）。

标本 M70∶2，镞，青灰石，磨制。柳叶形，中有脊，锋刃尖利，横断面呈菱形。镞身与铤部连接处呈钝角。长 7.7、宽 1.75 厘米（图一二一，2；彩版一〇二，2）。

标本 M70∶3，锛，青灰石，磨制。梯形，弧背，单面平刃。长 8.6、刃宽 5.2、厚 2 厘米（图一二一，3；彩版一〇一，2）。

标本 M70∶4，锛，黑色石，磨制。长方形，弧背，单面平刃。两侧边磨出棱角。长 10.2、宽 6.1、厚 1.8 厘米（图一二一，4；彩版一〇一，3）。

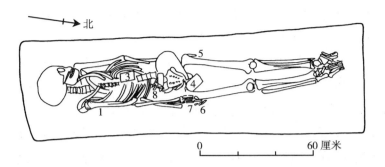

图一二〇　良渚文化墓葬 M70 平面图

1、2、5、6、7、8. 石镞　3、4. 石锛

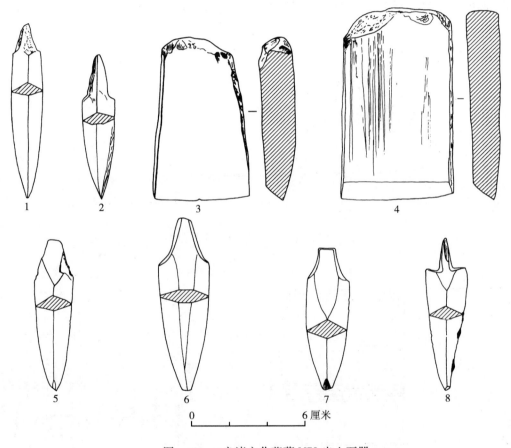

图一二一　良渚文化墓葬 M70 出土石器

1、2、5、6、7、8. 镞（M70:1、2、5、6、7、8）　3、4. 石锛（M70:3、4）

标本 M70:5，镞，青灰石，磨制。柳叶形，中有脊，箭头略损，横断面呈菱形。扁铤。长 7.9、宽 2.1 厘米（图一二一，5；彩版一〇二，3）。

标本 M70:6，镞，青灰石，磨制。宽柳叶形，中脊扁平，箭头残缺。铤部呈扁锥形。长 9.1、宽 2.6 厘米（图一二一，6；彩版一〇二，4）。

标本 M70:7，镞，页岩制成。宽柳叶形，中有脊，横断面呈菱形。箭头残缺。圆锥形铤与镞身连接转处呈直角。长 8、宽 2.3 厘米（图一二一，7；彩版一〇二，5）。

标本 M70：8，镞，灰色页岩制成。近似三角形，中有脊，箭头残缺。铤部呈扁锥形。长9.1、宽2.6厘米（图一二一，8；彩版一〇二，6）。

M71 开口在Ⅱ区 T2603 第③层下，打破第④层。头向南，方向 181°。长方形竖穴土坑墓。墓口长 1.70、宽 0.70、深 0.20 米。墓口距地表深 0.70 米。墓内填土灰黄色。在陶器堆内仅发现部分人头骨，中年女性。随葬陶瓮和鼎各 1 件（图一二二）。

标本 M71：1，瓮，泥质灰陶。口微敞，束颈，深弧腹，平底。器身肩部有两道凸弦纹，腹部有两处，每处各有四道凸弦纹。口径 37.4、底径 22、腹径 41.8、高 35.5 厘米（图一二三，1）。

标本 M71：2，鼎，夹砂橙黄陶。敞口，直领，圆弧腹，折腹，圜底。器身有三道附加堆纹，三足正面也均有附加堆纹。口径 19、腹径 13.6、高 20.6 厘米（图一二三，2）。

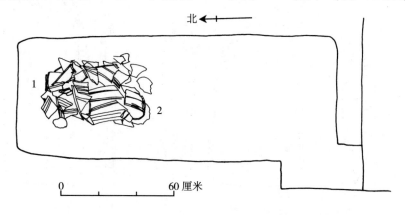

图一二二 良渚文化墓葬 M71 平面图

1. 陶瓮 2. 陶鼎

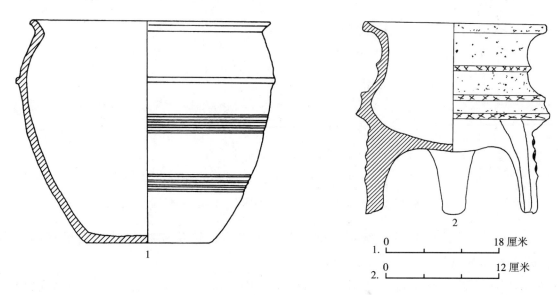

图一二三 良渚文化墓葬 M71 出土陶器

1. 瓮（M71：1） 2. 鼎（M71：2）

五　唐宋时期墓葬

共发现唐宋时期墓葬 10 座。

M49　开口在Ⅰ区 T0701 第①层下，为唐代船形砖室墓，已被破坏。方向 340°。残长 4.76、宽约 2.80 米。墓地铺 "人" 字形砖，中间铺砌两批砖为棺床，长 3.16、宽 1.10 米。墓壁残剩砖为二横一竖二横，残高 0.30 米。棺床上出土开元通宝 3 枚，不见其他随葬品。墓壁西南角竖砖上，发现一块上刻有 "天子问什"；墓葬铺底砖有的刻 "不□□" 等字。东面墓壁横砖上刻有 "调" 字等（图一二四；彩版一〇三）。

M48　开口在Ⅰ区 T0701 第①层下，为宋代墓葬，葬具木棺仅剩底板。方向 158°。墓坑长 2.20、残宽 0.60、残深 0.23 米。出土釉陶瓶、白瓷碗、黄釉瓷碗、越窑粉盒各一件（图一二五、一二六）。

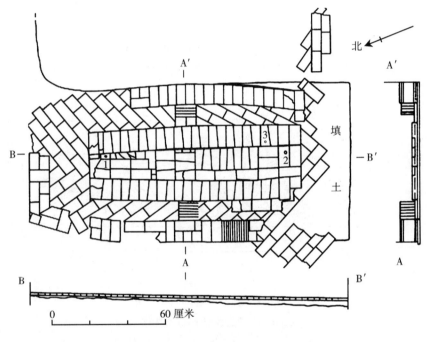

图一二四　唐代墓葬 M49 平、剖面图

1～3. 铜钱

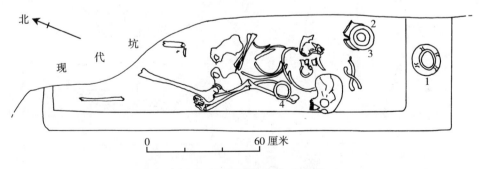

图一二五　宋代墓葬 M48 平面图

1. 瓷四系瓶　2、3. 瓷碗　4. 瓷盒

M51　开口在Ⅱ区 T0701 第①层下，为宋代墓葬，葬具木棺仅剩板灰。方向166°。墓坑长 2. 25、残宽 0.72、残深 0.17 米。出土釉陶瓶、白瓷碗、葵口瓷碗青瓷盒各一件（图一二七、一二八）。

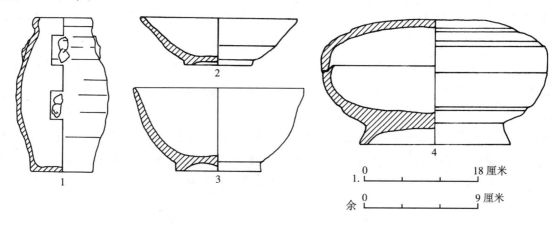

图一二六　宋代墓葬 M48 出土器物

1. 瓷四系瓶（M48∶1）　2. 瓷碗（M48∶2）　3. 瓷碗（M48∶3）　4. 瓷盒（M48∶4）

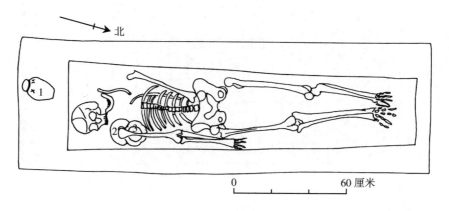

图一二七　宋代墓葬 M51 平面图

1.四系瓶　2.青瓷莲瓣碗　3.青瓷葵口碗

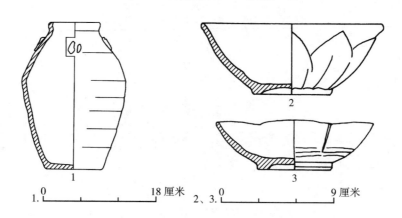

图一二八　宋代墓葬 M51 出土器物

1. 瓷四系瓶（M51∶1）　2. 青瓷莲瓣碗（M51∶2）　3. 青瓷葵口碗（M51∶3）

六　小结

　　绰墩遗址所经清理的 85 座墓葬，均为单人葬，其葬式分仰身直肢、俯身直肢、屈肢及二次葬。头向南或北，偶尔有朝东或朝西。其中俯身葬仅见于马家浜文化时期，且头向全部朝北；崧泽文化时期，成人墓头向全部朝南，葬式多为仰身直肢葬，个别墓为屈肢或二次葬。有一个墓葬骨架腹部另有一儿童头骨；还有一个墓葬旁有一小孩墓，可能为母子合葬。

　　总的来讲，马家浜文化时期墓葬随葬品极少，仅 1~3 件，一件炊器或一件盛器，也有墓葬不见随葬品。

　　崧泽文化时期墓葬，成人墓葬都有随葬品，6~15 件不等，以鼎、豆、壶为主要组合。少数墓随葬生产工具，有石斧、石锛等。个别墓葬墓主人颈部挂有玉璜，耳侧有玉坠。这一时期的儿童墓葬大都没有随葬品，或仅有一两件。所不同的是，儿童墓分布在成人墓的四周（环绕成人墓），而头向不一。

　　良渚文化时期分布在 Ⅰ 区土墩上的多为大墓，而分布在 Ⅱ 区的都是小墓。这些墓葬二三座为一组，随葬品也不多。墓葬一般靠近居住址。

　　唐宋时期墓葬一共发现 10 座，其中两座唐代墓葬分布在 Ⅰ 区，为南北向。M49 据传为唐黄幡绰墓葬。可惜墓葬早期被破坏，仅发现墓砖上刻有类似戏文如"天"、"天子问什"、"调"等字砖。8 座宋代墓葬分布在 Ⅱ 区，均为东西向，为普通小墓，随葬器物仅有一件釉陶瓶或几件青瓷碗等。

第四章　文化遗物

第一节　马家浜文化遗物

出土马家浜文化遗物的遗迹单位有：I 区有第⑥层、第⑤层；第⑥层、第⑤层与第④B 层下灰坑；第④A 层下房子；IV 区第⑦层下房子；VI 区第⑨~⑥层，第⑦层、第⑥层、第⑤A 层下灰坑与地层出土遗物。主要有陶器、石器两大类。

一　陶器

马家浜文化陶系以夹砂红陶和泥质红衣陶为主，部分夹砂陶表面也施红衣。纹饰多为附加堆纹，少量捺窝、戳印纹和弦纹等。主要器形有腰沿釜、牛鼻耳罐、釜形鼎、盆形豆等。下面把地层与典型单位的出土遗物介绍如下。

釜

24 件，其中复原 5 件。依形态变化关系，可分为四型。

A 型　11 件。方唇或圆唇，肩腹部有附加堆纹。分为四式。

I 式　4 件（标本 H147 标：14，标本 T6401⑨标：5、14，标本 F7 标：8）。方唇，折沿，鼓肩、束颈。标本 H147 标：14，夹砂褐陶，沿面上有数道凹弦纹，口底残缺不全。口径 24、残高 11 厘米（图一二九，1）。

II 式　4 件（标本 T6401⑨标：4、10，标本 F7 标：1，标本 T6403⑦标：5）。方唇，平折沿，削肩。标本 T6401⑨标：4，修复完整，夹砂红褐陶。肩部有一周附加堆纹，炮弹形器身（图一二九，2）。标本 T6401⑥标：10，夹砂红褐陶，口底残缺不全。口径 32、残高 14 厘米。

III 式　1 件。尖唇，平沿，颈下有一周附加堆纹，下腹急收成尖底，整个器形如炮弹。标本 T0701⑥:1，夹砂褐陶，复原完整。口径 13.4、高 22 厘米（图一二九，3；彩版一〇四，1）。

IV 式　2 件。尖唇，侈口，口沿下有一对扁耳，肩部有一周堆纹，下腹急收成圜底。标本 T0603⑥:9，夹砂红褐陶，修复完整。口径 31、高 29.5 厘米（图一二九，4；彩版一〇四，2）。

B 型　6 件。修复完整 1 件，余均口沿标本，口沿下有鸡冠耳或牛鼻耳，肩腹部有附加堆纹，分四式。

I 式　2 件（标本 T6301⑨标：6，标本 T6401⑨标：11）。尖圆唇，沿外折或微外折。标本 T6301⑨:6，夹砂褐陶。口沿下有一对附耳，肩腹部有一周附加堆纹，圜底，口沿下有扁耳一对。口径 18、高 16.4 厘米（图一二九，5）。

II 式　1 件。方唇，侈口。口沿下有一对扁耳，腹部有附加堆纹。标本 T0701⑥标：2，夹

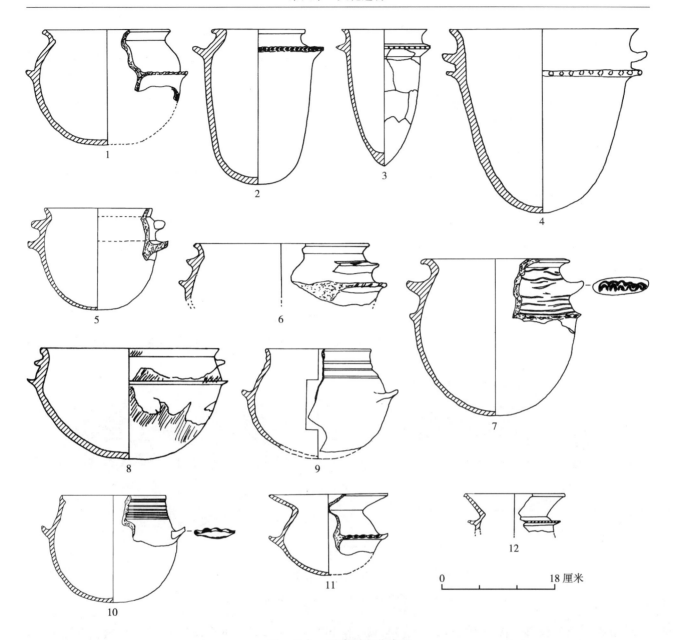

图一二九　马家浜文化陶釜

1. A 型 I 式（H147 标：14）　2. A 型 II 式（T6401⑨标：4）　3. A 型 III 式（T0701⑥：1）　4. A 型 IV 式（T0603⑥：9）　5. B 型 I 式
（T6301⑨标：6）　6. B 型 II 式（T0701⑥标：2）　7. B 型 III 式（T6301⑧标：1）　8. B 型 IV 式（H14：1）　9. C 型 I 式（T6402⑨标：
10）　10. C 型 II 式（T6301⑧标：7）　11. D 型 I 式（H146 标：3）　12. D 型 II 式（T0701⑥标：6）

砂黄陶。口径28、残高10厘米（图一二九，6）。

　　III式　2件（标本 T6301⑧标：1，标本 T6402⑦标：6）。圆唇，弧沿，沿面上有数道凹槽。
标本 T6301⑧标：1，夹砂灰陶，口沿下有一对鸡冠状耳，另有不规则划纹；颈腹部有一周附加
堆纹。口径24、残高12（图一二九，7）。

　　IV式　1件。圆唇，侈口，肩部有一周窄沿，圜底。标本 H14：1，夹砂红褐陶，修复完
整。口径28.6、高17.5厘米（图一二九，8）。

C 型　3 件。均口沿标本，口微侈或直领，腹部有鸡冠状耳或堆纹。分两式。

Ⅰ式　2 件（标本 T6402⑨标：10，标本 T6302⑧标：4）。圆唇，口微侈。标本 T6402⑨标：10，夹砂红陶。颈部有三道凹弦纹，器表有气孔，圆圈底。口径 17、高约 17.6 厘米（图一二九，9）。

Ⅱ式　1 件。尖唇，口内侈，沿面内弧。标本 T6301⑧标：7，夹砂褐红陶。口径 18、残高 8.8 厘米（图一二九，10）。

D 型　4 件。均口沿标本，可分两式。

Ⅰ式　1 件。尖圆唇，沿外折呈 85°角，腹部有堆纹。标本 H146 标：3，夹砂黄褐陶。口径 19、残高 10 厘米（图一二九，11）。

Ⅱ式　3 件（标本 T0701⑥标：6，标本 T0703⑤标：4，标本 T0701⑤标：8）。方唇，沿外折呈 105°~120°角。腹部有附加堆纹或绞束纹。标本 T0701⑥标：6，夹砂黄陶。口径 16、残高 6 厘米（图一二九，12）。

鼎

6 件，均口沿标本，颈部有凹弦纹，折肩处饰附加堆纹，可分两式。

Ⅰ式　1 件。尖唇，沿面上有一道凹槽。标本 T6402⑨标：9，夹砂褐陶。口径 22、残高 10.8 厘米（图一三〇，1）。

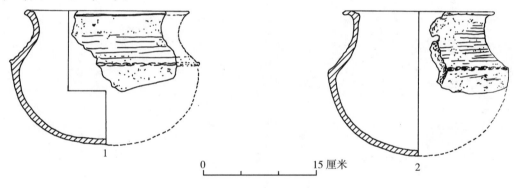

图一三〇　马家浜文化陶鼎
1. Ⅰ式（T6402⑨标：9）　2. Ⅱ式（T6402⑨标：6）

Ⅱ式　5 件（标本 T6402⑨标：5、6、14，标本 T4206⑧标：2，标本 H124 标：1），圆唇，折沿近平。标本 T6402⑨标：6，夹砂黄褐陶。颈部有数十道凹弦纹。口径 20、残高 11 厘米（图一三〇，2）。

鼎足

28 件。分三型。

A 型　9 件。均不完整，分两式。

Ⅰ式　5 件。瓦形，上窄下宽，足面成弓背形。标本 T6403⑨标：12，夹砂灰陶，残剩上段，残高 12、宽 9 厘米（图一三一，1）。

Ⅱ式　4 件。铲形。标本 T4206⑤标：10，夹砂红褐陶，弓背，背面两边各有 6 个窝纹。高 16、宽 7.5 厘米（图一三一，2）。标本 T4206⑤标：1，夹砂褐红陶，素面。残高 17、宽 7.5 厘米。

B 型　17 件。香蕉形，侧面有凹槽或窝纹。标本 T6403⑥标：18，夹砂褐陶，残 14.5、最宽处 4 厘米（图一三一，3）。标本 T6402⑨标：12，夹砂黄褐陶，足根部有窝纹，两侧面有凹槽。残高11.5、最宽处3.5厘米（图一三一，4）。

　　C型　2件。舌形。标本H119标:1，夹砂红陶。残高12.5、宽4.5厘米（图一三一，5）。

豆

7件，复原5件。依形态变化关系，分为两型。

A型　3件，修复完整2件。分三式。

Ⅰ式　1件。标本H147标:14，泥质黑陶。尖唇，直口，盘壁转折成棱，豆把中鼓，有镂孔，喇叭形圈足，口底均残缺。口径28、底径20.4、高28厘米（图一三二，1）。

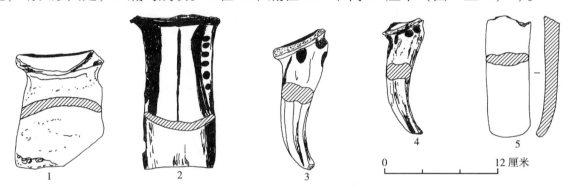

图一三一　马家浜文化陶鼎足

1. A型Ⅰ式（T6403⑨标:12）　2. A型Ⅱ式（T4206⑤标:10）　3、4. B型（T6403⑥标:18、T6402⑨标:12）　5. C型（H119标:1）

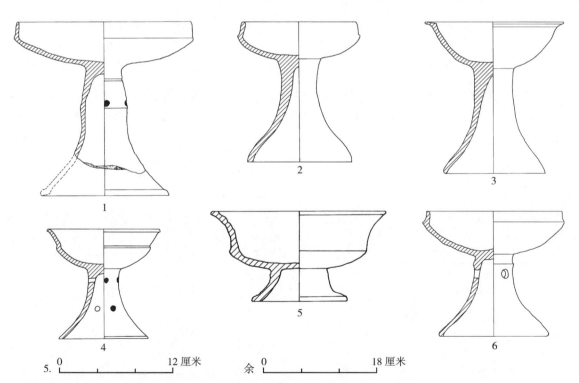

图一三二　马家浜文化陶豆

1. A型Ⅰ式（H147标:14）　2. A型Ⅱ式（T6502⑦:3）　3. A型Ⅲ式（T6302⑦:3）　4. B型Ⅰ式（T6402⑨:1）　5. B型Ⅱ式（H121:2）　6. B型Ⅲ式（T6302⑦:4）

Ⅱ式 1件。标本 T6502⑦:3，泥质橘红陶。圆唇，口微敛，圆弧腹，喇叭形圈足。口径18、底径16.6、高22厘米（图一三二，2；彩版一〇四，3）。

Ⅲ式 1件。标本 T6302⑦:3，泥质红衣陶。尖唇，折沿近平，圆弧腹，喇叭形高圈足。口径22.2、底径16、通高24.4厘米（图一三二，3；彩版一〇四，4）。

B型 4件，修复完整3件。可分三式。

Ⅰ式 1件。标本 T6402⑨:1，泥质黑陶。方唇，沿外翻，盘壁转折成棱，圆弧腹，喇叭形圈足外缘有一折阶，豆把上下各有三组镂空，每组两个圆镂孔。口径18.4、底径15、高17.8厘米（图一三二，4；彩版一〇四，5）。

Ⅱ式 1件。标本 H121:2，泥质红陶。圆唇，敞口，腹外壁内弧，转折处成棱，矮圈足。口径19、通高10.2、圈足高3.6厘米（图一三二，5）。

Ⅲ式 2件。标本 T6302⑦:4，泥质深灰陶，修复完整。尖唇，口微敛，折肩，喇叭形圈足，近盘处有一折阶，下有一镂孔。口径21.4、底径17.4、通高20厘米（图一三二，6；彩版一〇四，6）。另一件喇叭形圈足，近盘处有一凸棱，上有压印纹，凸棱下有镂孔。标本 T6302⑨:4，泥质黑陶。底径约14、残高12厘米。

盆

10件，复原4件。依形态变化关系，分为四型。

A型 4件。分两式。

Ⅰ式 1件。平宽沿，沿面两边凹弦纹内有几何状划纹，圆弧腹，平底。标本 T0703⑥:1，泥质橘红陶，修复完整。口径28.6、底径12.2、高7.8厘米（图一三三，1；彩版一〇五，1）。

Ⅱ式 3件（标本 T6403⑥:4、标本 H14标:5、标本 T6402⑦标:23）。圆唇，大敞口，折腹，平底。标本 T6403⑥:4，泥质灰褐陶，修复完整。口径26、底径10、高6.6厘米（图一三三，3；彩版一〇五，2）。标本 H14标:5，沿面上有数道弦纹。口径26.4、高约6厘米。

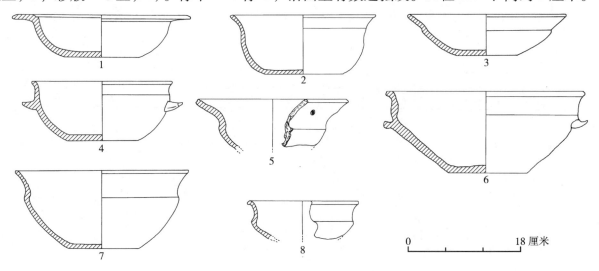

图一三三 马家浜文化陶盆

1. A型Ⅰ式（T0703⑥:1） 2. B型Ⅲ式（T4206⑦:1） 3. A型Ⅱ式（T6403⑥:4） 4. C型Ⅱ式（H129:1） 5. B型Ⅰ式（T6301⑨标:3） 6. B型Ⅱ式（T6302⑨:3） 7. C型Ⅰ式（T6401⑨:2） 8. D型（H14标:14）

B 型　3 件。均口沿标本，可分三式。

I 式　1 件。沿外翻，沿外缘有道凹槽。标本 T6301⑨标：3，泥质红陶，口沿下有穿孔，底残缺。口径 24、残高 7 厘米（图一三三，5）。

II 式　1 件。尖唇，宽折沿，折肩，弧腹，平底。标本 T6302⑨：3，泥质红陶，复原完整。口径 28、底径 11、高 12.4 厘米（图一三三，6；彩版一〇五，3）。

III 式　1 件。标本 T4206⑦：1，泥质灰陶，敞口，沿下内弧，下腹微鼓，平底。口径 23.6、底径 12.4、高 9.2 厘米（图一三三，2）。

C 型　2 件。修复完整，可分两式。

I 式　1 件。标本 T6401⑨：2，夹砂橘红陶。尖唇，口微敞，颈部微凹，肩腹部有一对泥捏耳，圆弧腹，平底。口径 22.4、底径 11.4、高 9.4 厘米（图一三三，7）。

II 式　1 件。方唇，窄沿，肩部微折，下腹急收。平底。标本 H129：1，泥质红陶，肩下有一对鸡冠耳。口径 32、底径 13、高 12.6 厘米（图一三三，4）。

D 型　1 件。标本 H14 标：14，口沿标本。圆唇，沿下内收，鼓腹。口径 17.6、底径约 10、高约 6 厘米（图一三三，8）。

罐

7 件，复原 2 件。依形态变化关系，分为三型。

A 型　1 件。双耳，敛口，鼓腹，平底，肩部有两耳。标本 T0603⑥：10，泥质灰陶。口径 7.6、底径 7.4、腹径 14、高 6.6 厘米（图一三四，1；彩版一〇五，4）。

B 型　5 件。中领，复原 1 件，余均口沿标本，分四式。

I 式　1 件。薄唇，削肩，鼓腹，圜底近平。标本 S8：1，泥质灰陶。修复完整。口径 19、最大腹径 23.6、底径 9、高 12.4 厘米（图一三四，2）。

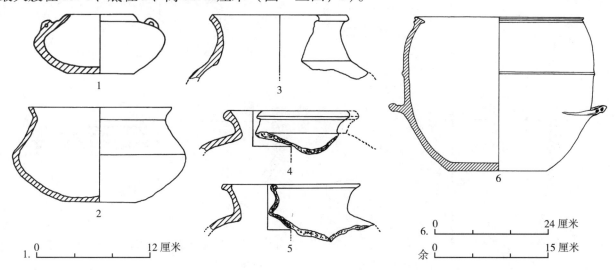

图一三四　马家浜文化陶罐

1. A 型（T0603⑥：10）　2. B 型 I 式（S8：1）　3. B 型 IV 式（F7②标：3）
4. B 型 II 式（H177 标：1）　5. B 型 III 式（S31 标：1）　6. C 型（T6401⑨：5）

Ⅱ式　1件。厚唇，折沿，斜肩。标本 H177 标:1，泥质灰陶。口径 17、残高 6 厘米（图一三四，4）。

Ⅲ式　1件。唇厚变为沿。标本 S31 标:1，夹砂褐陶。口径 18、残高 7 厘米（图一三四，5）。

Ⅳ式　2件。抹角方唇，弧沿外翻。标本 F7②标:3，夹砂橙黄陶。口径 18、残高 8 厘米（图一三四，3）。标本 T6401⑦标:4，泥质黄陶。口径 14、残高 8.8 厘米。标本 T4205⑦标:4，泥质黑陶。口径 20、残高 10 厘米。

C 型　1件。修复完整。标本 T6401⑨:5，泥质橘红陶。勾敛口，深腹，平底。器身中偏上有一道凸弦纹，下腹有一对宽沿状把手，平底。口径 36、底径 20.5、高 33 厘米（图一三四，6）。

钵

7件，复原3件。可分三型。

A 型　4件。分三式。

Ⅰ式　1件。标本 H119:2，泥质橙黄陶。圆唇，大敛口，折肩，弧腹，平底。肩下有扁平状双耳。口径 19.2、底径 9.4、高 9.6 厘米（图一三五，1）。

Ⅱ式　2件。标本 H14 标:4，泥质橙黄陶。尖唇，口微敛，折肩，下腹急收，附鸡冠耳，

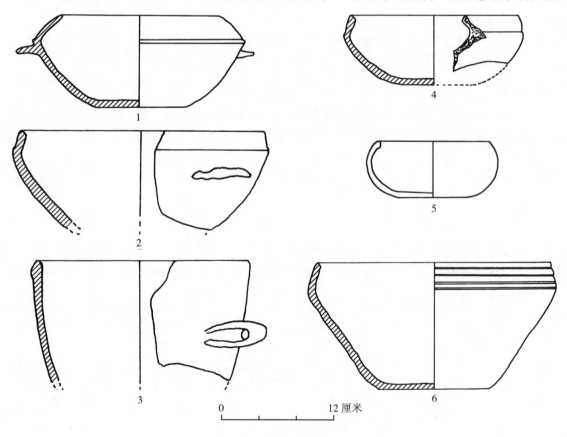

图一三五　马家浜文化陶钵

1. A 型 Ⅰ 式（H119:2）　2. A 型 Ⅱ 式（H14 标:4）　3. A 型 Ⅲ 式（T0701⑤标:1）
4. B 型 Ⅰ 式（H148 标:1）　5. B 型 Ⅱ 式（T6301⑨:1）　6. C 型（H113:1）

底残缺。口径 26. 4、残高 10 厘米（图一三五，2）。

Ⅲ式 1 件。口微敛，腹部附牛鼻耳，下腹壁逐渐内收，底残缺。标本 T0701⑤标：1，泥质红陶。口径 23. 2、残高 12 厘米（图一三五，3）。

B 型 2 件。均口沿标本，可分两式。

Ⅰ式 1 件。标本 H148 标：1，泥质红陶。方唇，敛口，折肩，弧腹。口径 18、残高 5 厘米（图一三五，4）。

Ⅱ式 1 件。修复完整。标本 T6301⑨：1，泥质黑陶，口内敛，唇微勾，圆弧腹，平底。口径 12、底径 8、高 6 厘米（图一三五，5；彩版一〇五，5）。

C 型 1 件。标本 H113：1，修复完整，泥质橙红陶。敛口，鼓肩，下腹急收，平底。肩部有数道凹弦纹。口径 24. 8、底径 11、高 12. 2 厘米（图一三五，6）。

器盖

3 件。分两型。

A 型 2 件。均修复完整。桥形纽，覆盆式盖。标本 T6402⑨标：3，夹砂灰陶。口径 30、通高 9. 6 厘米（图一三六，1）。标本 T6401⑦：1，红褐色夹砂陶。口径 31、通高 9. 5 厘米（图一三六，2）。

B 型 1 件。修复完整。器形如大喇叭，圆饼形纽。标本 H119：3，泥质橙红陶。口径 40、通高 30. 4 厘米（图一三六，3；彩版一〇五，6）。

盖纽

10 件。分三型。

A 型 2 件（标本 T6202⑦标：1，标本 T6302⑦标：23）。牛鼻形。标本 T6202⑦标：1，夹砂黄陶。残宽 9 厘米（图一三六，4）。

B 型 7 件（标本 T6201⑦标：2，标本 T6201⑦标：21，标本 T6404⑦标：22，标本 T6401⑥：11，标本 T6401⑥标：12，标本 T6402⑥标：12，标本 T6403⑥标：11）。花边形。标本 T6301⑦：

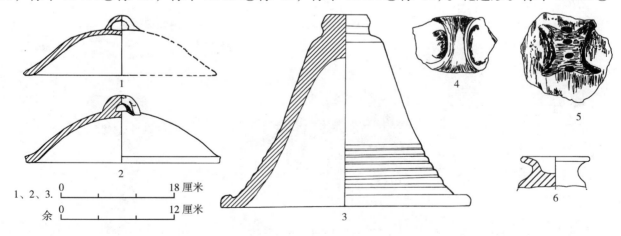

图一三六 马家文化浜陶器盖与盖纽

1、2. A 型器盖（T6402⑨标：3、T6401⑦：1） 3. B 型器盖（H119：3） 4. A 型盖纽（T6202⑦标：1）

5. B 型盖纽（T6301⑦标：2） 6. C 型盖纽（T6202⑥标：6）

2，夹砂红陶。拱面上排列有四个窝纹、两侧边各有手捏凹窝。纽径 5 厘米左右（图一三六，5）。

C 型   1 件。砂锅盖形纽。标本 T6202⑥标：6，泥质红陶（图一三六，6）。

盉

复原 1 件。标本 T6403⑥：3，泥质灰陶。方唇，口壁斜直内敛，肩腹部有一折肩，圆腹圜底，附有三足。口沿下有弦纹数道，肩腹部有一角朝上的羊角形把手。口径 10.6、腹径 6.2、通高 17.2 厘米（图一三七，1）。

甑

1 件。方唇，折沿，敞口，深斜腹，平底。底部有镂孔，器身中部对称各有一牛鼻形耳。标本 H124：1，泥质红陶。口径 26、底径 11.4、高 17.5 厘米（图一三七，2；彩版一○六，1）。

模

复原 1 件。标本 T0603⑤：8，泥质灰陶。直口，直壁，方形，底略内凹。口径 4.8、底径 4.2、高 3.5 厘米（图一三七，3）。

炉垫

8 件，复原 2 件。其余为炉垫把手。

复原 2 件炉垫，为长方形或圆角长方形。标本 T6403⑥：5，夹砂黑陶。长方形，分别有四根圆条形间三长条形孔排列而成，两端面上中心各有一把手。长 34.8、宽 16.6、通高 5.6 厘米（图一三七，4；彩版一○六，2）。

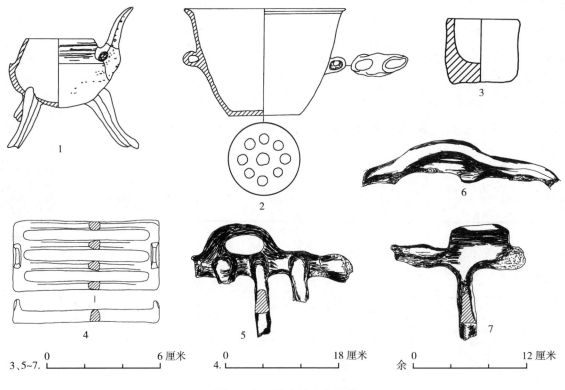

图一三七 马家浜文化陶器

1. 盉（T6403⑥：3）   2. 甑（H124：1）   3. 模（T0603⑤：8）   4. 炉垫（T6403⑥：5）   5. A 型炉垫把手（T6301⑨标：5）
6. B 型炉垫把手（T6402⑦标：17）   7. C 型炉垫把手（T6402⑦标：20）

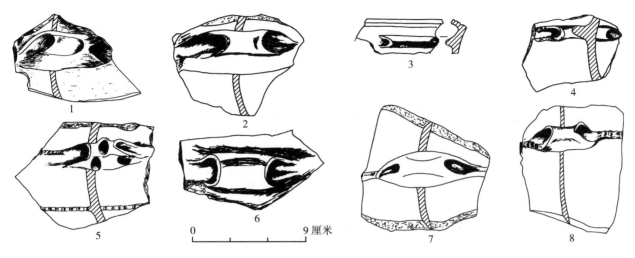

图一三八 马家浜文化陶牛鼻耳

1、2. A 型（H113 标：8、T6302⑨标：15） 3、4. B 型（T6401⑨标：7、H125：5） 5. C 型（T6202⑧标：6） 6. E 型（T0603⑤标：26） 7. D 型（H121 标：4） 8. C 型（H113 标：6）

炉垫把手

6 件。分三型。

A 型 3 件。半环形把。标本 T6301⑨标：5，夹砂褐陶。环把高 3、宽 8.6 厘米（图 138，5）。标本 T6401⑥：17，夹砂褐陶。环把高 4.5、宽 6.5 厘米。

B 型 2 件。扁矮拱桥形。标本 T6402⑦标：17，夹砂褐陶。把高 2.5、宽 10.5 厘米（图一三七，6）。

C 型 1 件。扁把形。标本 T6402⑦标：20，夹砂褐陶。把高 2.5、宽 7.2 厘米（图一三七，7）。

牛鼻耳

27 件。标本较多，可分五型。

A 型 8 件。近似椭圆形。标本 H113 标：8，耳面中间有一凹窝，耳长 7.5、宽 2 厘米（图一三八，1）。标本 T6309⑨：15，泥质红陶，耳长 9、宽 3 厘米（图一三八，2）。

B 型 5 件。细条形。标本 T6401⑨标：7，夹砂红陶，为一件釜上耳，耳长 9、宽 2 厘米（图一三八，3）。标本 H125 标：5，夹砂红褐陶。耳长 6.5、宽 1 厘米（图一三八，4）。

C 型 5 件。菱角形。标本 T6202⑧标：6，夹砂黄陶，耳面与侧边有按窝。耳长 7、宽 1.5 厘米（图一三八，5）。标本 H113 标：6，泥质红陶。耳长 6.5、宽 1 厘米（图一三八，8）。

D 型 3 件。水饺形。标本 H121 标：4，泥质红陶。耳长 8.5、宽 2.8 厘米（图一三八，7）。

E 型 6 件。管形。标本 T0603⑤标：26，泥质红陶，耳长 8、宽 3 厘米左右（图一三八，6）。

二 玉、石器

石锛

11 件。分为两型。

A 型 7 件。长方形，分三式。

Ⅰ式 3 件。长方形，弧背，单面斜刃，磨制。标本 T6503⑧：4，灰岩，刃部缺损。长约

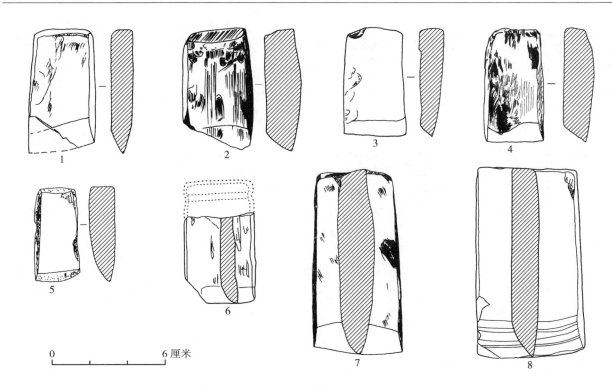

0 _____ 6厘米

图一三九 马家浜文化石锛

1、2、3. A型I式（T6503⑧：4、S40：1、T0701⑤：1） 4. A型II式（T6502⑦：2） 5. A型III式（T6402⑥：2） 6. B型I式
（T6503⑧：2） 7. B型II式（T6302⑦：2） 8. B型III式（T6402⑥：1）

6.5、宽3.5、厚1.8厘米（图一三九，1；彩版一〇六，3）。标本S40：1，灰黑色，较厚，刃部残缺。器身通体打磨光滑。残长6.5、宽3.6、厚2厘米（图一三九，2）。标本T0701⑤：1，青灰色。长5.8、宽3.3、厚0.8厘米（图一三九，3）。

II式 2件。长方形，背刃皆平，器身均打磨光滑。标本T6502⑦：1，青灰色。器身及侧边均打磨光滑。单面刃，刃口略有缺损。长6.8、宽4.1、厚1.5厘米。标本T6502⑦：2，黑灰色。单面斜刃。背略缺损。长6.0、宽3.3、厚1.6厘米（图一三九，4；彩版一〇六，4）。

III式 2件。长方形或长条形，单面弧刃。标本T6402⑥：2，青灰色，通体打磨光滑。背略缺损。残长5.0、宽2.3、厚1.3厘米（图一三九，5；彩版一〇六，5）。标本T6401⑥：2，青灰色。长条形，刃口缺损。残长9.2、宽2.8、厚2.8厘米。标本T6301⑥：1，灰黑色，上段残缺。残长5.8、宽3.6、厚1.5厘米（彩版一〇六，6）。

B型 4件。分三式。

I式 1件。长方形，背刃皆平，器身较薄。标本T6503⑧：2，青灰色页岩，刃部略缺损。长10.0、宽5.5、厚1.4（图一三九，6；彩版一〇六，7）。

II式 1件。标本T6302⑦：2，深灰色。单面弧刃，上段残缺。残长6.5、宽3.8、厚0.8厘米（图一三九，7）。

III式 2件。标本T6402⑥：1，青灰色，双面刃。长9.7、宽4.1厘米、1.9厘米（图一三九，8；彩版一〇六，8）。

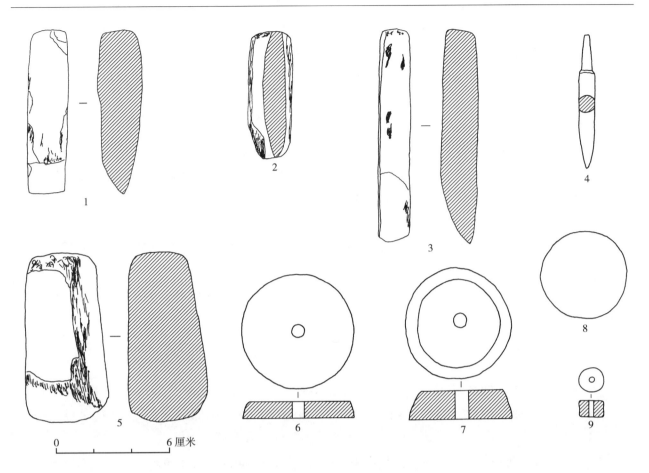

图一四〇 马家浜文化玉、石器

1. I式石凿（T0701⑤:2） 2. II式石凿（T6301⑨:2） 3. III式石凿（T6301⑦:2） 4. 石镞（T6301⑨:4） 5. 石锤（T0706⑤:1）
6、7. 石纺轮（T0603⑤:6、T4206⑤:3） 8. 石球（H14:3） 9. 玉珠（T6301⑦:1）

石凿

4件。分三式。

I式 1件。长条形，背较厚，双面平刃，侧边棱角分明，磨制。标本T0701⑤:2，青灰色。宽2.3、高8.6、厚2.15厘米（图一四〇，1）。

II式 2件。长条形，弧背。标本T6301⑨:2，灰色。长11.2、宽1.7、厚1.9厘米（图一四〇，2）。标本T6301⑦:1，上段残缺。宽1.5、残高5.7厘米。

III式 1件。条形，较薄，侧边棱角不分明，磨制。标本T6301⑦:2，青灰色。背部略残。残长6.1、宽1.3、厚0.6厘米（图一四〇，3）。

石锤

1件。长条形，两端为锤面，均有锤打后留下的麻点状痕。标本T0706⑤:1，黑灰色，高9.9、宽4.3、厚4.5厘米（图一四〇，5）。

石斧

1件。均为穿孔石斧。标本T6202⑦:3，上窄下宽，刃部残缺。背中轴偏上段有一孔，孔径3.5厘米。高约16.5、宽约10.8、厚1.0厘米。

石纺轮

2件。圆饼形,轮面光滑平整,中有一小圆孔。标本 T0603⑤:6,暗红色,直径6、厚0.9、孔径0.7厘米(图一四○,6;彩版一○七,1)。标本 T4206⑤:3,直径5.6、厚1.5、孔径0.7厘米(图一四○,7)。

石镞

2件。标本 T6301⑨:4,上段柄部加工成插接形式,下段为圆锥体,类似后期的锥形器。长7、直径0.8厘米(图一四○,4;彩版一○七,2)。标本 T0504⑤:9,黑色,磨制。圆锥形,前锋锐利,尾部圆钝。长7.8、直径0.7厘米。

石球

1件。圆形较规整,磨制光滑。标本 H14:3,灰色,直径4.6厘米(图一四○,8)。

玉器

仅圆形玉珠1件。标本 T6301⑦:1,平面为圆形,断面呈柱础状。直径1.3、高0.9、孔径0.3厘米(图一四○,9)。

三 骨、角器

主要为簪、镞,两者形似。簪,一端为圆锥形或两端收分呈梭子形;镞,由动物的胫骨开成料再加工制成,因此留有胫骨内的凹槽,一般头部尖锐,尾部细圆。

簪

5件。用动物胫骨加工而成。标本 S8:1,骨片,断面成凹形,两端加工成梭子形。长12.3、宽1厘米(图一四一,1)。标本 T6302⑨:1,骨片,加工成梭形。长11、宽1厘米(图一四一,2)。标本 H121:1,棒形,两端为圆锥体。长11.5、径0.8厘米(图一四一,3)。标本 H14:2,残剩簪头,梭形。残长4.1、径0.6厘米。标本 H125:1,断面呈椭圆形,尾端残缺。残长8、径1.05厘米。

镞

9件。分两型。

A型 3件。用动物胫骨加工成较规整的镞形。标本 S38:1,圆锥箭头,铤部较长与镞身连接处呈钝角,通长8.8、宽1.4、厚0.9厘米(图一四一,4;彩版一○七,3)。标本 T6202⑥:1,长4.6、宽1、厚0.4厘米(图一四一,5)。标本 T6403⑦:2,箭头残缺,圆柱状铤。残长6、直径0.8厘米(图一四一,6)。

B型 6件。用动物胫骨开成的骨片,两端经加工而成,铤与尾之间界限不分明。标本 T6403⑥:1,铤部锐利,尾部残缺。残长7.6、宽1厘米(图一四一,9)。标本 T6301⑥:4,残长11、宽1.2厘米(图一四一,8)。标本 S2:1,梭形。残长6、宽1厘米(图一四一,7;彩版一○七,4)。标本 T6405⑥:5,箭头与尾均为圆锥形。长6.2、直径0.8厘米。标本 S2:2,残长3.5、宽0.9厘米。标本 T4205⑥:1,铤部有锋,尾部圆钝。长55、宽1.2厘米(彩版一○七,5)。

叉

1件。标本 H119:1,利用禽骨加工而成,两端为燕尾状一种类似叉的饮食工具(图一四一,10)。

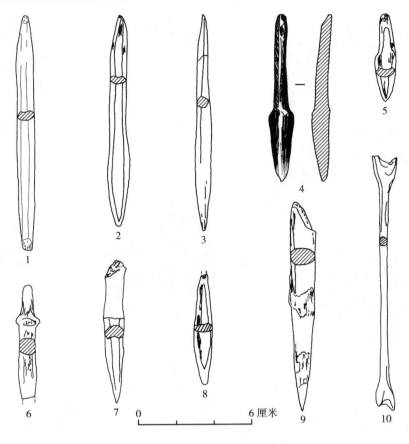

图一四一　马家浜文化骨、角器

1. 簪（S8∶1）　　2. 簪（T6302⑨∶1）　　3. 簪（H121∶1）　　4. A 型镞（S38∶1）　　5. A 型镞（T6202⑥∶1）　　6. A 型镞（T6403⑦∶2）

7. B 型镞（S2∶1）　　8. B 型镞（T6301⑥标∶4）　　9. B 型镞（T6403⑥∶1）　　10. 叉（H119∶1）

獠牙

1 件。标本 T6403⑦∶1，褐色，猪獠牙，十分光滑，为经常使用所致，可作为一件工具。长 5.7 厘米。

第二节　崧泽文化遗物

出土崧泽文化遗物的遗迹单位分别有Ⅰ区第④A、④B 层，第④层、④A 层下房址与灰坑，第②B 层下房址与灰坑，第④层下灰坑；Ⅳ区第④层下、Ⅵ区第⑤A 层下灰坑等出土遗物。主要有陶器、石器两大类。陶系以夹砂红褐陶和泥质灰黑陶为主，纹饰盛行堆纹、镂孔、划纹和弦纹（图一四二），另有少量彩绘。堆纹主要出现在鼎腹上；镂孔和弦纹主要在豆把上。陶器种类有豆、罐、鼎、盉、釜、壶、甗、匜、盆、杯、纺轮等；石器有钺、锛、纺轮等；玉器有璜、耳坠等。

一　陶器

鼎

2 件。均口沿标本，为圆唇，平沿，口微内侈。标本 T1204④A 标∶21，夹砂红陶。颈部

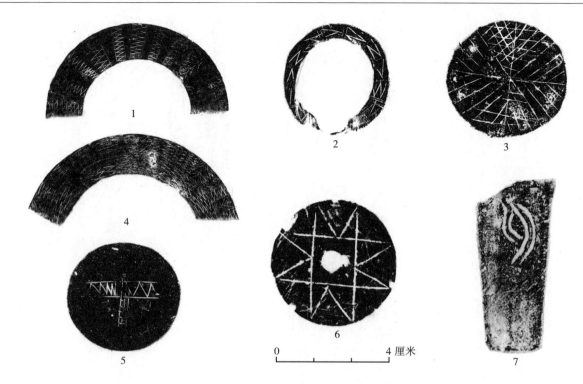

图一四二　崧泽文化陶器纹饰

1. 罐肩部纹饰（M10∶3）　2. 罐颈肩部纹饰（M10∶3）　3. 罐底纹饰（M26∶2）　4. 罐腹部纹饰（M10∶3）　5. 罐底纹饰
（M10∶3）　6. 陶纺轮上纹饰（M19∶3）　7. 鼎足上纹饰（M17∶5）

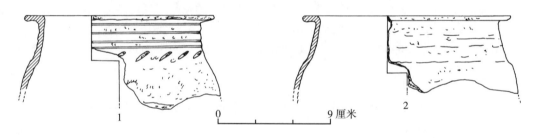

图一四三　崧泽文化陶鼎

1. T1204④A 标∶21　2. F14 标∶1

饰凹弦数道，另有指甲掐印纹。口径 20、残高 8 厘米（图一四三，1）。标本 F14 标∶1，夹砂褐陶，颈部饰凹弦纹。口径 22、残高 8 厘米（图一四三，2）。

　　鼎足

　　9 件。分三型。

　　A 型　5 件。分三式。

　　Ⅰ式　2 件。宽扁形，横断面呈瓦棱状或略带弧形。标本 H13 标∶1，夹砂黄陶。宽 9.5、残高 9.5 厘米（图一四四，1）。

　　Ⅱ式　1 件。上宽下窄，正面有较多窝纹。标本 H13 标∶4，夹砂灰陶。上段残缺，最宽处 7.5、残高 9 厘米（图一四四，2）。

　　Ⅲ式　2 件。两侧边从上往下逐渐内收，两侧面起伏如鱼鳍状形，另分布有十多个小窝

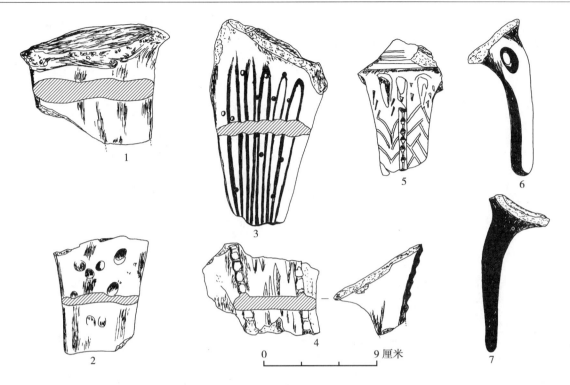

图一四四　崧泽文化陶鼎足

1. A 型 I 式（H13 标∶1）　　2. A 型 II 式（H13 标∶4）　　3. A 型 III 式（T0503④B 标∶6）　　4. B 型（T0707④A 标∶4）　　5. B 型（T0706
④A 标∶1）　　6. C 型（T0603④B 标∶3）　　7. C 型（T0603④B 标∶4）

纹。标本 T0503④B 标∶6，夹砂橙黄陶。最宽处 9.5、残高 16 厘米（图一四四，3）。

　　B 型　2 件。均残缺不全，似凿形。标本 T0707④A 标∶4，夹砂橙黄陶。正面有两道附加
堆纹，堆纹之间另有划纹。宽 6、残高 7 厘米（图一四四，4）。标本 T0706④A 标∶1，夹砂橙
黄陶。足面正中有一道附加堆纹，堆纹两边有划纹。宽 6、残高 10 厘米（图一四四，5）。

　　C 型　2 件。羊角形。标本 T0603④B 标∶3，夹砂橙黄陶。根部穿有一孔。高 12.5 厘米
（图一四四，6）。标本 T0603④B 标∶4，夹砂灰褐陶。高 12 厘米（图一四四，7）。

　　罐

　　6 件。均口沿标本，可分三型。

　　A 型　2 件。分两式。

　　I 式　1 件。标本 T0707④A 标∶2，泥质灰陶。口径 18、残高 5.8 厘米（图一四五，1）。

　　II 式　1 件。标本 T0706④A 标∶1，泥质灰陶，直口，圆唇，肩部有凸棱与水波状划纹。
口径 16、残高 5 厘米（图一四五，2）。

　　B 型　2 件。折沿，方唇，束颈。标本 T0701④A 标∶2 泥质黄陶，肩部有凹弦纹。口径
21.6、残高 9.6 厘米（图一四五，3）。标本 T0701④A 标∶1，泥质灰陶。口径 34、残高 8 厘米
（图一四五，5）。

　　C 型　2 件。分两式。

　　I 式　1 件。标本 T0707④A 标∶5，泥质灰陶。方唇，高领，广肩。肩部有凸棱。口径
16、残高 4 厘米（图一四五，4）。

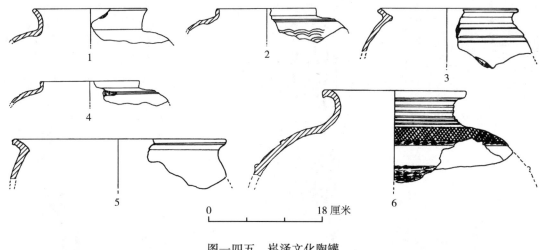

图一四五　崧泽文化陶罐

1. A 型I式（T0707④A 标：2）　2. A 型Ⅱ式（T0706④A 标：1）　3. B 型（T0701④A 标：2）　4. C 型 I 式（T0707④A 标：5）　5. B 型（T0701④A 标：1）　6. C 型 Ⅱ 式（F14Z1 标：1）

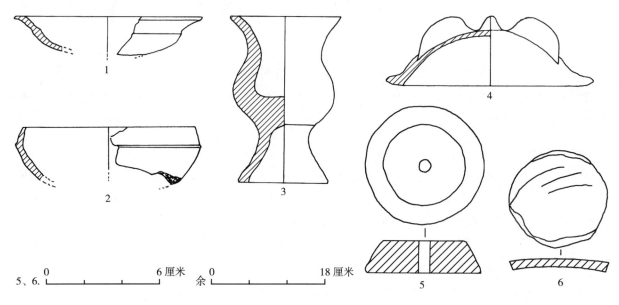

图一四六　崧泽文化陶器

1. 盆（H13 标：2）　2. 钵（T0707④A 标：3）　3. 杯（T0503④B：5）　4. 器盖（T0503④B：2）　5. 纺轮（T0704④B：2）
6. 圆片（T0701④A：4）

　　Ⅱ式　1 件。标本 F14Z1 标：1，泥质红陶。方唇，沿外翻，束颈。颈部饰数道凹弦纹，肩部有斜方格划纹与堆纹。口径 22.6、残高 14 厘米（图一四五，6）。

　　盆

　　1 件。圆唇，敞口，折腹。标本 H13 标：2，泥质灰陶。口径 30、残高 6 厘米（图一四六，1）。

　　杯

　　复原 1 件。尖唇，敞口，沿外翻，圆鼓腹下附有喇叭口圈足。标本 T0503④B：5，泥质褐陶。口径 8.4、底径 7.2、腹径 8.2、通高 13.4 厘米（图一四六，3）。

　　器盖

1件。形如覆盆，半圆上有等分四个扁（足）形装饰，反过来可以用作盆。标本 T0503④B：2，泥质灰陶。口径13、通高5.6厘米（图一四六，4）。

钵

1件。方唇，敛口，折腹。标本 T0707④A 标：3，泥质灰陶，肩部有一道凹弦纹（图一四六，2）。

纺轮

1件。圆形，中有一小孔，轮面上小下大。标本 T0704④B：2，泥质灰陶。直径4.5～6.2、孔径0.65、厚1.7厘米（图一四六，5）。

圆陶片

2件。陶器残片经加工成圆形。标本 T0701④A：4，泥质灰黑陶，周边加工不规整。直径5.3、厚0.55厘米（图一四六，6）。标本 T0701④A：3，泥质米黄陶，周边加工规整。直径2、厚0.8厘米。

二　石器

石器发现很少，地层出土更少。仅见锛及一件残石器。均为磨制。

锛

3件。分两型。

A 型　2件。形状较小，弧背、平刃，刃口均锋利。标本 T0504④A：1，绿色。宽2.7、高4.9、厚1.3厘米（图一四七，1）。标本 T0701④A：2，青灰色。宽2.9、高5、厚1.2厘米（图一四七，2）。

B 型　1件。长方形，刃口略损。标本 T0504④A：7，灰白色。宽4、高12.5、厚2厘米（图一四七，3）。

斧

1件。标本 T0704④B：1，青灰色。仅剩下半部，双面刃，另有一孔（图一四七，4）。

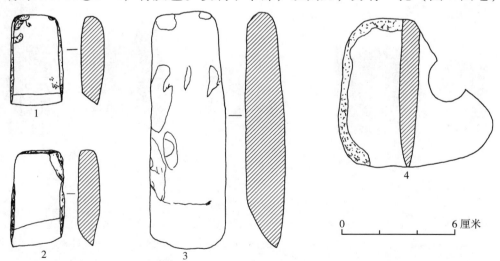

0　　　　　　6厘米

图一四七　崧泽文化石器

1. A 型锛（T0504④A：1）　　2. A 型锛（T0701④A：2）　　3. B 型锛（T0504④A：7）　　4. 斧（T0704④B：1）

第三节　良渚文化遗物

　　出土良渚文化遗物的遗迹单位分别有Ⅰ区第③、②层，第②B、①层下灰坑、水井与房子；Ⅱ区第⑤、④层，第⑤、④、③、②层下出土灰坑、水井、房子以及河道等出土遗物。以陶器为主，部分石器与少量骨、玉器。陶系以泥质灰陶和黑皮陶为主，一部分夹砂陶及少量细夹砂陶。纹饰常见弦纹与镂孔、多股绞丝纹、锥刺纹等（图一四八～一五〇），在陶器的底、口、肩颈部刻有符号（见图一四九）。主要器形有豆、圈足盘、簋、鼓腹罐、双鼻罐等。地层、房址、灰坑、水井等遗迹出土遗物分别介绍。

0 　　　　　　　4 厘米

图一四八　良渚文化陶器纹饰

1. T2403 河道⑤:2（罐底）　　2. T2603⑤:5（罐底）　　3. T2503⑤:11（罐口沿）　　4. T2603 河道⑤:14（罐颈部）　　5. 河道⑤:7（罐口沿）　　6. T2604⑤:13（罐口沿）　　7. 河道⑤:70　8. T2603⑤:4（罐口沿）　9. T2503⑤:52（鼎足侧面）　10. T2503⑤:8（罐底）　11. T2504⑤:2（罐肩部）　12. T2603 河道⑤:15（罐底）　13. T2604⑤:14（罐底）　14. T2503 河道⑤:2（罐底）　15. T2603 河道⑤:16（罐底）　16. T2503④:3（盆口沿）　17. T2504⑤:1（罐肩部）

图一四九　良渚文化陶器纹饰

1. T2503⑤:20（壶把）　　2. T2403 河道⑤:4（壶把）　　3. T2403 河道⑤:1（鼎足）　　4. T2403 河道⑤:3（圈足盘座）　　5. T2503 河道⑤:1　　6. T2403 河道⑤:5（豆把）　　7. 河道⑤:13（罐口沿）　　8. 河道⑤:73（罐口沿）　　9. H104:13（罐腹）　　10. T2603⑤:7（罐腹）　　11. T2603⑤:6（豆把）

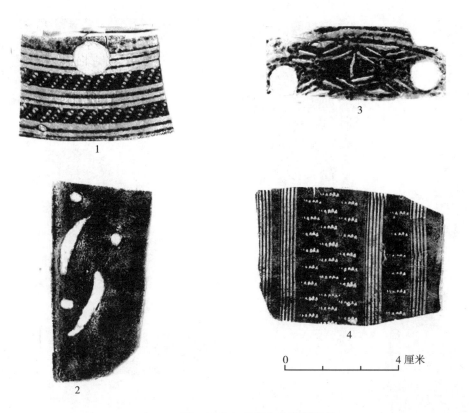

图一五〇　良渚文化陶器纹饰

1. T2603⑤:3（豆座）　　2. T2603⑤:8（鼎足）　　3. T2603⑤:1（鼎足）　　4. T2603⑤:2（豆把）

一　陶器

豆

16件。分五型。

A型　3件。竹节形高柄，喇叭形圈足。分两式。

Ⅰ式　2件。勾敛口，鼓肩，弧腹，圈足略粗。标本H18:1，泥质黑皮陶，修复完整。圈足上有三道凹弦纹，另等分三组弧线三角纹与圆镂孔。口径22.8、底径13.4、高11.4厘米（图一五一，1；彩版一〇八，1）。另一件为一残圈足，上等分镂孔与三角孔。残高6厘米。

Ⅱ式　1件。标本T2503④:5，泥质灰陶。口微勾，深弧腹，喇叭形圈足，把部上下各两道弦纹之间饰指甲掐印纹。口径21.6、底径13.8、高10.6厘米（图一五一，2）。

B型　7件。分四式。

Ⅰ式　3件（标本F11②标:10、标本F11②标:2、标本F11②:5）。敞口，盘形，盘外壁转角处有道折棱。标本F11②:10，泥质黑皮陶。口径19.2、底径14.2、高22.2厘米（图一五一，4）。

Ⅱ式　1件。标本F11②:1，泥质黑皮陶。尖唇，敞口，盘外壁转角呈弧形，大喇叭形圈足。口径21.8、底径18.4、高17.2厘米（图一五一，5）。

Ⅲ式　2件。敞口，浅腹。标本T2803⑤:7，泥质灰陶，修复完整。柄部上下有两道棱，下道棱上饰长方形镂孔，喇叭形圈足。口径21.4、底径12.2、高14厘米（图一五一，3）。

图一五一　良渚文化陶豆

1. A 型 I 式（H18：1）　2. A 型 II 式（T2503④：5）　3. B 型 III 式（T2803⑤：7）　4. B 型 I 式（F11②：10）　5. B 型 II 式（F11②：1）

6. B 型 IV 式（F2：4）　7. C 型 I 式（T2804⑤：1）　8. C 型 II 式（T2803⑤：5）　9. D 型（F11②：9）　10. C 型 III 式（T2804④：1）

11. E 型（T2803⑤：16）

标本 F12②标：6，泥质黑灰陶。柄较粗，中部有道棱，上饰长方形镂孔。

　　IV 式　1 件。标本 F2：4，泥质黑皮陶，修复完整。盘壁转折处有一凹槽，粗矮柄，上有圆镂孔和长形孔。口径 19.6、底径 12.2、高 11.4 厘米（图一五一，6；彩版一〇八，2）。

　　C 型　4 件。分三式。

　　I 式　1 件。标本 T2804⑤：1，泥质黑灰陶。敞口，浅盘，粗柄，大喇叭形圈足。口径 17.4、底径 16、高 16.6 厘米（图一五一，7）。

　　II 式　1 件。标本 T2803⑤：5，泥质灰黑陶。椭圆形浅盘，高细把，喇叭形圈足。口径 17.6～12、底径 12、通高 22.8 厘米（图一五一，8）。

　　III 式　2 件。敞口，钵形盘，竹节形柄，喇叭形圈足。标本 T2804④：1，泥质黑灰陶，修复完整。束腰竹节形柄。口径 20.6、底径 15、通高 30 厘米（图一五一，10）。另一件仅剩豆盘，近盘底的柄部有一道凸棱。

　　D 型　1 件。标本 F11②：9，泥质灰陶。修复完整。敞口，深腹，竹节形柄。口径 15.8、底径 8.8、通高 10.8 厘米（图一五一，9；彩版一〇八，3）。

　　E 型　1 件。标本 T2803⑤：16，泥质灰陶。直口，鼓腹。口径 13.2、底径 12.8、通高 17.4 厘米（图一五一，11）。

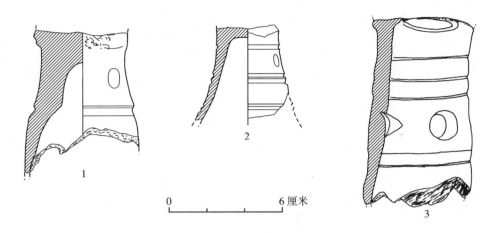

0 ____ 6 厘米

图一五二　良渚文化陶豆把

1. A 型（H15 标：2）　　2. B 型（CH‑1①标：4）　　3. C 型（T2504⑤标：9）

豆把

3 件。分三型。

A 型　1 件。标本 H15①标：2，泥质灰陶。柄部有道折棱，另有镂孔。残高 7.5 厘米（图一五二，1）。

B 型　1 件。标本 CH‑1①标：4，喇叭口形，柄上有多道凹弦纹，另饰镂孔。残高 10 厘米（图一五二，2）。

C 型　1 件。标本 T2504⑤标：9，泥质灰陶，残剩中段。柄部有凹弦纹，弦纹间有大镂孔。残高 10 厘米（图一五二，3）。

圈足盘

14 件。分三型。

A 型　6 件。高圈足。分五式。

Ⅰ式　1 件。圆唇，折平沿，弧腹。标本 CH‑1②：3，泥质黑陶。圈足上饰有旋涡状纹，底边外撇。口径 29.8、底径 23.4、高 8 厘米（图一五三，1）。

Ⅱ式　1 件。平沿，弧腹微内凹，圈足外撇。标本 T2503⑤：1，泥质灰陶。口径 24.4、底径 13.8、高 6.6 厘米（图一五三，2）。

Ⅲ式　2 件。标本 T2604⑤：3，泥质黑皮陶，修复完整。口微勾，圆弧腹，圈足外撇，等分三个大镂孔，另饰有三道带状弦纹，弦纹之间有锥刺纹。口径 24、底径 20、高 8 厘米（图一五三，3；彩版一〇八，4）。标本 T2604⑤标：4，泥质灰陶。口与圈足均残缺。口径 15、底径 9.4、高 8 厘米。

Ⅳ式　1 件。敞口，折腹。标本 T0604②B：2，泥质黑灰陶，修复完整。口径 18.8、底径 12.8、高 6.5 厘米（图一五三，4）。

Ⅴ式　1 件。标本 T2804④：9，泥质灰陶，修复完整。口微敞，弧腹，圈足较直。口径 24、底径 12.2、高 7.2 厘米（图一五三，5）。

B 型　4 件。矮圈足，均修复完整。分两式。

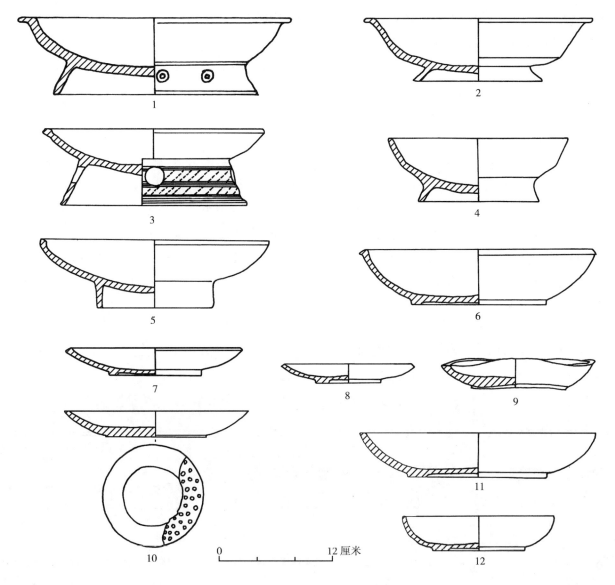

图一五三 良渚文化陶圈足盘

1. A 型Ⅰ式（CH-1②:3）　2. A 型Ⅱ式（T2503⑤:1）　3. A 型Ⅲ式（T2604⑤:3）　4. A 型Ⅳ式（T0604②B:2）　5. A 型Ⅴ式
（T2804④:9）　6. C 型Ⅱ式（T2803⑤:1）　7. B 型Ⅰ式（CH-1①:8）　8. B 型Ⅰ式（T2804⑤:13）　9. B 型Ⅰ式（F12:1）
10. B 型Ⅱ式（T0604②B:3）　11. C 型Ⅰ式（CH-1①:1）　12. C 型Ⅰ式（T2804⑤:11）

　　Ⅰ式　3 件。窄斜沿，斜直腹。标本 CH-1①:8，泥质黑陶。口径 18.4、底径 10、高 3 厘米
（图一五三，7）。标本 T2804⑤:13，泥质灰陶，口径 14.4、底径 7、高 2 厘米（图一五三，8）。
标本 F12:1，泥质灰陶，出窑时已变形。口径 16.4、底径 10.2、高 3.2 厘米（图一五三，9）。

　　Ⅱ式　1 件。标本 T0604②B:3，泥质灰陶，浅盘，假圈足。口径 19.2、底径 10.4、高
2.7 厘米（图一五三，10）。

　　C 型　4 件。矮圈足，均修复完整。分两式。

　　Ⅰ式　3 件。敞口，窄平沿，圆弧腹。标本 CH-1①:1，泥质灰陶。尖唇，敞口，弧腹，
矮圈足。口径 24.8、底径 14、高 4.6 厘米（图一五三，11）。标本 T2804⑤:11，泥质灰陶，

敛口，圆弧腹。口径16.2、底径10、高3.6厘米（图一五三，12）。标本T2804⑤：16，泥质灰陶，口径20.4、底径12.6、高3.8厘米。

Ⅱ式　1件。敞口，斜沿，深弧腹，圈足。标本T2803⑤：1，泥质灰陶，修复完整。口径24.4、底径14.4、高5.8厘米（图一五三，6）。

簋　8件。修复4件，可分四型。

A型　4件。分三式。

Ⅰ式　1件。标本H168：7，泥质灰陶。方唇，直口，圆鼓腹，圈足。下腹有凹弦纹与三角形镂孔。口径13.2、底径7.8、高6.8厘米（图一五四，1；彩版一〇八，5）。

Ⅱ式　1件。标本H168：6，泥质黑陶。尖唇，侈口，束颈，圆腹，圈足。下腹部饰三角纹与圆镂孔组合纹。口径22.8、底径17.4、高8.2厘米（图一五四，2；彩版一〇八，6）。

Ⅲ式　2件。方唇，窄平沿。标本T2804⑤：18，泥质灰陶，修复完整。口以下壁内弧，下腹微鼓，圈足外撇，有镂孔。口径24、底径16.2、高8.2厘米（图一五四，3）。标本T0706②标：7，泥质灰陶。底残缺。

B型　2件。分两式。

Ⅰ式　1件。标本T2503⑤：3，泥质灰陶。敞口，中腹壁内收附泥捏耳一对，高圈足，外撇。口径24、底径16、通高14厘米（图一五四，5）。

Ⅱ式　1件。标本T2604④：18，夹砂灰陶。大敞口，斜壁微内弧。圈足外撇。口径18.6、

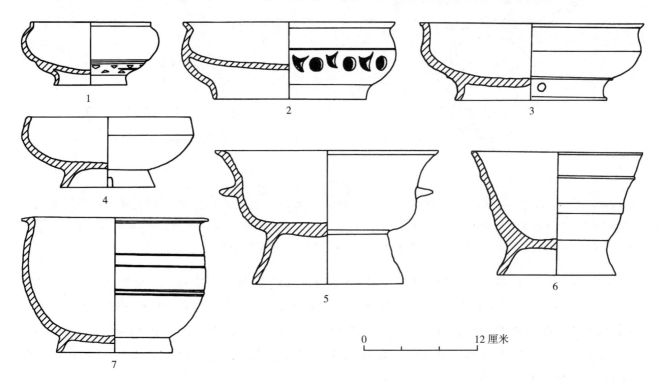

图一五四　良渚文化陶簋

1. A型Ⅰ式（H168：7）　2. A型Ⅱ式（H168：6）　3. A型Ⅲ式（T2804⑤：18）　4. D型（T2804⑤：4）　5. B型Ⅰ式（T2503⑤：3）
6. B型Ⅱ式（T2604④：18）　7. C型（T2604⑤：5）

底径13、通高13厘米（图一五四，6）。

C 型　1件。标本 T2604⑤:5，泥质黑灰陶。方唇，平沿，口微敛。深弧腹，圈足。腹部有多道弦纹。泥质黑灰陶。口径21、底径12.7、通高14.4厘米（图一五四，7）。

D 型　1件。标本 T2804⑤:4，泥质灰陶。敛口，鼓肩，圆弧腹，圈足外撇，四等分各有一缺口。口径17.4、底径10.2、通高7.6厘米（图一五四，4）。

罐

18 件。分四型。

A 型　3 件，高领罐，领内折，均口沿标本。分三式。

Ⅰ式　1件。圆唇，平沿外折，敛口，束颈，斜肩。标本 H15①标:1，泥质灰陶。口沿上有多道凹槽，肩部饰十多条凹弦纹。口径20、残高11厘米（图一五五，1）。

Ⅱ式　1件。沿外折与口近平。标本 H12 标:5，泥质灰陶。肩部有数十道凹纹。口径15、4、残高8厘米（图一五五，2）。

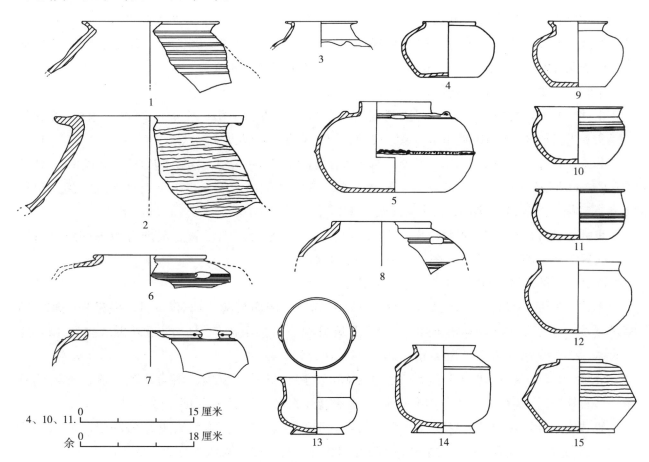

图一五五　良渚文化陶罐

1. A 型Ⅰ式（H15①标:1）　2. A 型Ⅱ式（H12 标:5）　3. A 型Ⅲ式（H18 标:9）　4. B 型Ⅰ式（CH1-1⑤:29）　5. B 型Ⅱ式（CH1-1①:14）　6. B 型Ⅲ式（T0703③标:6）　7. B 型Ⅳ式（H12 标:1）　8. B 型Ⅴ式（T0706②标:3）　9. C 型Ⅰ式（J17:1）　10. C 型Ⅱ式（T2603⑤:6）　11. C 型Ⅲ式（T2504④:5）　12. D 型Ⅰ式（T2804⑤:5）　13. D 型Ⅰ式（H48:1）　14. D 型Ⅱ式（T2503⑤:2）　15. D 型Ⅲ式（T0707②:1）

Ⅲ式　1件。折平沿。标本 H18 标:9，泥质黑陶。口径23.4、残高8厘米（图一五五，3）。

B 型　7件。矮领罐。分五式。

Ⅰ式　1件。标本 CH－1⑤：29，泥质灰陶，修复完整。直口，溜肩、鼓腹，大平底。口径6.8、底径8、高7.5厘米（图一五五，4）。

Ⅱ式　1件。标本 CH－1①：14，泥质灰黑陶。直口，广肩，圆鼓腹，大平底。肩部有两道附加堆纹，另附四管状形耳；腹中部有一道附加堆纹。口径11.6、底径16.8、最大腹径25.6、高14.4厘米（图一五五，5；彩版一〇九，1）。

Ⅲ式　2件。厚圆唇，平沿，广肩。标本 T0707③标:6，泥质灰陶。肩部等分四个椭圆形耳，另有多道凹弦纹。口径18、残高5厘米（图一五五，6）。另一件为标本 T0702②B 标:4，泥质纯黄陶。口径14、残高4厘米。

Ⅳ式　2件。直口，沿面较宽上有凹槽或成高低台阶状。标本 H12 标:1，泥质橙黄陶。沿面上有一凹沟，口沿上另附管状耳。口径26、残高7厘米（图一五五，7）。标本 H48 标:5，泥质黑陶。沿面外缘高内低成台阶状，沿口附管状耳。口径32、残高4厘米。

Ⅴ式　1件。直口，沿面内高，外缘低形成台阶状。标本 T0706②：3，泥质灰陶。肩部饰弦纹两道另附管状形耳。口径16、残高8厘米（图一五五，8）。

C 型　4件。平底罐，均修复完整。分三式。

Ⅰ式　1件。标本 J17：1，泥质黑皮陶。圆唇，沿外折，沿面上有一凹槽，束颈，鼓腹。口径9.6、底径9、高10.4厘米（图一五五，9；彩版一〇九，2）。

Ⅱ式　2件。尖唇，折沿，束颈，圆鼓腹。标本 T2804⑤：17，泥质灰陶。口径13、底径8、高11.4厘米（彩版一〇九，3）。标本 T2603⑤:6，泥质灰陶。口沿下有凹弦纹数道。口径11.4、底径7、高12.2厘米（图一五五，10）。

Ⅲ式　1件。标本 T2504④:5，泥质灰陶。方唇，平沿，圆弧腹。腹部有数道弦纹。口径12、底径7.6、高6.6厘米（图一五五，11；彩版一〇九，4）。

D 型　4件。圈足罐，均修复完整。分三式。

Ⅰ式　2件。高直领，圆鼓腹。标本 T2804⑤：5，泥质灰陶。口径13.8、底径9、通高10厘米（图一五五，12）。标本 H48：1，泥质灰黑陶。口沿上附双耳，圈足外撇。口径12、底径8.4、高9厘米（图一五五，13；彩版一〇九，5）。

Ⅱ式　1件。标本 T2503⑤：2，泥质灰陶。尖唇，折沿，束颈，斜肩，深直腹，圈足略外撇。口径10.2、底径10.4、高14厘米（图一五五，14；彩版一〇九，6）。

Ⅲ式　1件。标本 T0707②：1，泥质灰陶。直口，斜肩，折腹斜直壁，假圈足。肩腹部饰弦纹。口径7.4、底径11.1，高11.6厘米（图一五五，15；彩版一〇九，7）。

鼎

10件。有夹砂陶与泥质陶两类。

夹砂陶鼎

7件。分三型。

A 型　3件。分三式。

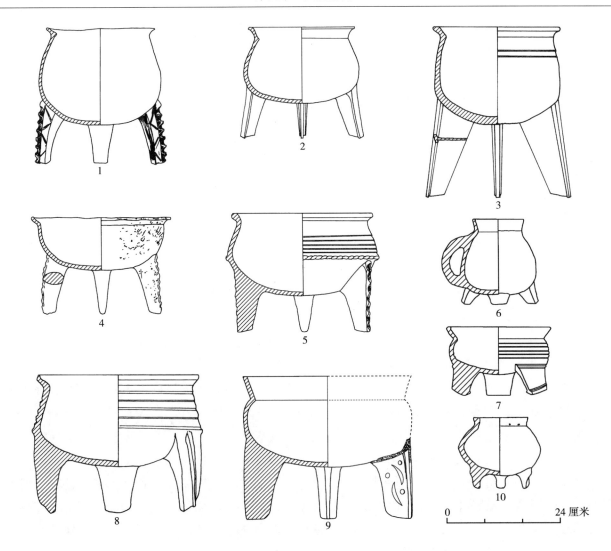

图一五六　良渚文化陶鼎

1. A 型 I 式（H168：3）　　2. A 型 II 式（F11②：6）　　3. A 型 III 式（H35：3）　　4. B 型 I 式（H168：2）　　5. B 型 II 式（H105：2）
6. C 型（H168：8）　　7. A 型 I 式（T2603⑤：10）　　8. B 型 III 式（T2604④：5）　　9. A 型 II 式（T2603⑤：1）　　10. B 型（H104：1）

　　I 式　1 件。方唇，斜沿，束颈，圆腹，圜底附三只饰堆纹的足。H168：3，夹砂红褐陶。
沿面微下凹，三拱足，正面饰堆纹，侧面划刻锯齿纹。口径 23.2、最大腹径 26、高 28.4 厘米
（图一五六，1；彩版——〇，1）。

　　II 式　1 件。标本 F11②：6，夹砂褐陶。方唇，斜折沿，束颈，圆弧腹，圜底，三"丁"
字形足。素面。口径 22.8、最大腹径 23.8、通高 23.6 米（图一五六，2）。

　　III 式　1 件。标本 H35：3，夹砂灰褐陶。折沿，口沿下饰数道弦纹，深腹，圜底，"丁"
字形足。口径 26、高 36 厘米（图一五六，3）。

　　B 型　3 件。分三式。

　　I 式　1 件。标本 H168：2，夹砂褐陶。圆唇，折沿，凹面，圆弧腹较浅。圜底附三足，足面
有附加堆状纹。口径 29.4、最大腹径 26.6、高 20.4 厘米（图一五六，4；彩版——〇，2）。

　　II 式　1 件。标本 H105：2，夹砂红褐陶。厚圆唇，束颈，圆弧腹。颈以下有五道凹弦

纹，腹部饰附加堆纹，圜底附三只饰堆纹足。口径30、最大腹径32.4、高25.4厘米（图一五六，5；彩版一一〇，3）。

Ⅲ式　1件。圆唇，折沿，沿外缘有道凹槽，颈以下斜直，折腹。标本 T2604④:5，夹砂褐陶。口沿下至折腹处饰有五道凹弦纹，圜底，三足正面有一道脊。口径17.2、高14.6厘米（图一五六，8；彩版一一〇，4）。

C型　1件。标本 H168:8，夹砂红陶。敞口，束颈，腹下垂，形如袋状，一侧有半环形把。圜底近平，附三只小方足。口径8、最大腹径12、高13厘米（图一五六，6）。

泥质陶鼎

3件。可分两型。

A型　2件。分两式。

Ⅰ式　1件。标本 T2603⑤:10，泥质灰陶。沿面内勾，束颈，圆弧腹，环底附三个小方足。腹部饰弦纹，足部有5组6竖线条组成的图案。略残缺修复完整。口径16.6、高10.6厘米（图一五六，7；彩版一一〇，5）。

Ⅱ式　1件。标本 T2603⑤:1，黑灰陶。宽沿外折，束颈，弧腹，圜底。"丁"字形宽足，侧面饰弯月形与圆形镂孔。口径约36、高约30厘米（图一五六，9）。

B型　1件。口微内侈，窄沿，束颈，鼓腹。标本 H104:1，泥质灰陶，圜底附三似凿形小足。颈部有两个小孔。口径8.4、最大腹径13.2、高11.4厘米（图一五六，10；彩版一一〇，6）。

甗

3件，修复3件。分两式。

Ⅰ式　1件。标本 H165:1，夹砂褐陶。斜沿，束颈，深腹。通体饰不规则划纹。内腹壁偏下有一周箅隔。圜底附三足。口径28.4、腹径32、高39.6厘米（图一五七，1）。

Ⅱ式　1件。标本 F11②:5，夹细砂红褐陶，器表磨光。勾敛口，折沿，束颈，圆鼓腹，圜底，三"T"形足。内腹壁有一周箅隔，箅隔下有一加水孔。颈部有两道弦纹。口径28.6、最大腹径31.6、高42.2厘米（图一五七，2）。

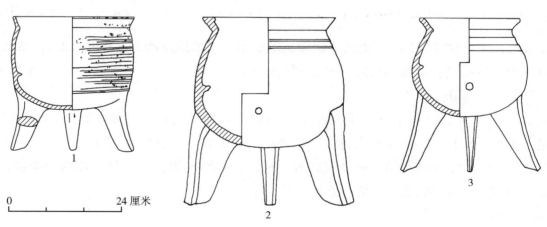

0　　　　　　　24厘米

图一五七　良渚文化陶甗
1. Ⅰ式（H165:1）　2. Ⅱ式（F11②:5）　3. Ⅲ式（T0603②A:2）

Ⅲ式　1件。标本 T0603②A：2，夹细砂红褐陶。窄沿外折，削肩，球腹，圜底，三 "T"形足。颈肩部饰数道凹弦纹，腹内壁有一周箅隔，箅隔下有一加水孔。口径 21.8、最大腹径 24.6、高 33 厘米（图一五七，3）。

双鼻壶

5 件，均修复完整。分两型。

A 型　3 件。侈口，长颈。分三式。

Ⅰ式　1 件。标本 F11②：8，泥质黑皮陶。侈口，两贯耳与口平，长颈，上有凹弦纹多道，圆鼓腹，圈足外撇。口径 5.6、底径 8.2、高 10.8 厘米（图一五八，1；彩版一一一，1）。

Ⅱ式　1 件。双耳面下凹，形同鸡冠翅状。标本 J16：2，泥质黑皮陶。长颈，上有多道凹弦纹。口径 8.4、底径 10.2、高 15.6 厘米（图一五八，2；彩版一一一，2）。

Ⅲ式　1 件。标本 J17：1，泥质黑皮陶。壶腹下垂，圈足内撇。颈部有三道弦纹。口径 7.6、底径 7、高 14 厘米（图一五八，3）。

B 型　2 件。直口，矮领。分两式。

Ⅰ式　1 件。标本 J16：3，泥质黑皮陶。直口，贯耳与口平，器身略粗矮，鼓腹，圈足。口径 10.4、底径 15、高 16.6 厘米（图一五八，4；彩版一一一，3）。

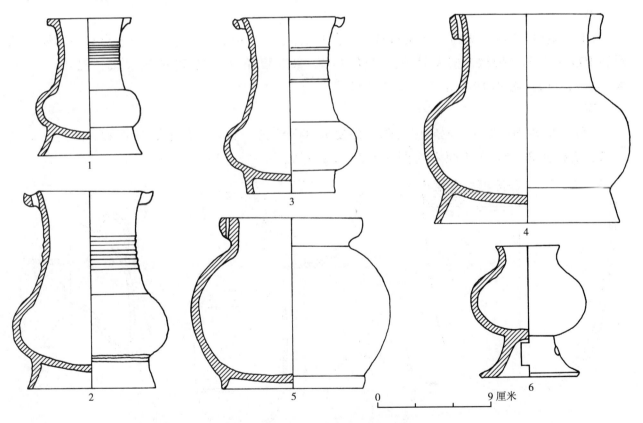

图一五八　良渚文化陶壶

1. A 型Ⅰ式双鼻壶（F11②：8）　　2. A 型Ⅱ式双鼻壶（J16：2）　　3. A 型Ⅲ式双鼻壶（J17：1）　　4. B 型Ⅰ式双鼻壶（J16：3）

5. B 型Ⅱ式双鼻壶（J16：1）　　6. 圈足壶（H15：3）

Ⅱ式　1件。标本 J16：1，泥质黑皮陶。直口，矮领，器身粗矮，球腹，低圈足。口径10、底径11.6、高13.4厘米（图一五八，5）。

圈足壶

1件。标本 H15：3，泥质灰陶。敞口，束颈，圆鼓腹，喇叭形圈足，上等分四镂孔。修复完整。口径5.2、底径8、高10.5厘米（图一五八，6；彩版一一一，4）。

缸

1件。标本 F2：1，夹砂红褐陶。方唇，直口，斜直壁，圜底。口沿下有数道凹弦纹。口径32、腹径30.8、高34.7厘米（图一五九，1）。

澄滤器

1件。标本 T0603③：3，泥质橙红陶。敛口，一侧有一流，深弧腹，平底。口沿内壁及底部有划纹。口径26、底径11、高14厘米（图一五九，2；彩版一一一，5）。

提梁壶

1件。标本 H72：2，泥质黑陶。敞口，口偏于一侧，背部中心提梁已残缺，后部泥捏成尾状。中腹略鼓，平底。口径5、最大腹径14、底径9、高12.8厘米（图一五九，4；彩版一一一，6）。

鬶

2件。标本 CH－1②：6，泥质橙黄陶。敞口，束颈，溜肩，三袋足，肩下部有一周绳束状附加堆纹。大部分残缺，修复完整。口径10.2、最大腹径18、高28厘米（图一五九，3；彩版一一二，1）。标本 H88 标：4，残剩口部。

瓶

1件。标本 H172：1，泥质黑皮陶。黑皮大部分脱落。直口，斜肩，筒形腹，圈足。口径11.2、底径9.2、高23.4厘米（图一五九，5；彩版一一二，2）。

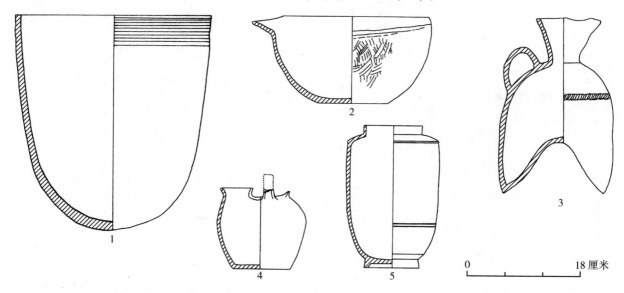

0　　　　　　　　　18厘米

图一五九　良渚文化陶器

1. 大口陶缸（F2：1）　2. 澄滤器（T0603③：3）　3. 鬶（CH－1②：6）　4. 提梁壶（H72：2）　5. 瓶（H172：1）

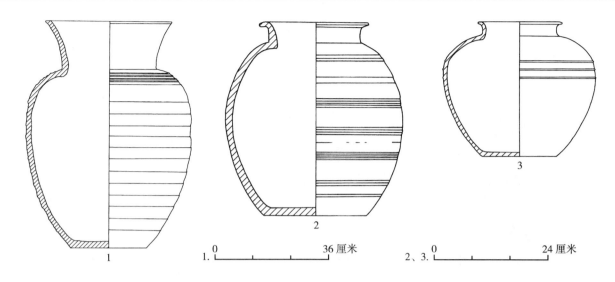

图一六〇　良渚文化陶瓮

1. Ⅰ式（CH‑1⑤：31）　2. Ⅱ式（H168：1）　3. Ⅲ式（H164：1）

瓮

3件，均修复完整。分三式。

Ⅰ式　1件。标本 CH‑1⑤：31，泥质黑灰陶。敞口，高领，圆肩，长弧腹，平底。器身分布有十多道凸弦纹，肩部稍密。修复完整。口径40、底径25、最大腹径52、高72厘米（图一六〇，1）。

Ⅱ式　1件。标本 H168：1，泥质黑灰陶。敞口，矮领，束颈，广肩，斜弧腹，平底。17、底径15.4、最大腹径32、高28.4厘米（图一六〇，2；彩版一一二，3）。

Ⅲ式　1件。标本 H164：1，泥质灰陶。敞口，折沿，溜肩，长圆腹，平底，器身有七组道凸弦纹。口径21.6、最大腹径37.6、高42.2厘米（图一六〇，3；彩版一一二，4）。

杯

7件。可分两型。

A型　3件。宽把鸭嘴形。分三式。

Ⅰ式　1件。标本 F11②：5，泥质黑皮陶。鸭嘴形流，筒形腹，矮圈足。鸭嘴形流，筒形腹，矮圈足。通体菱形网格状内饰鸟形刻纹，鸭嘴形流下及圈足上饰有稻穗状纹。肩至下腹附有一宽把，上有40多根泥条贴面。口径6.7、底径7.8、高18.8厘米（图一六一，1；彩版一一三）。

Ⅱ式　1件。标本 F11②：2，泥质黑皮陶。鸭嘴形流，上有一盖，盖上有两个圆孔。整个杯身瘦长，矮圈足，肩至下腹附把手。素面。口径5.4、底径5.4、高17.6厘米（图一六一，2）。

Ⅲ式　1件。标本 T2604④：2，泥质黑皮陶。鸭嘴形流，杯身呈筒形，矮圈足。口径6.4、底径7.2、高16厘米（图一六一，3；彩版一一四，1）。

B型　4件。筒形。分四式。

Ⅰ式　1件。标本 CH‑1⑤：1，泥质灰陶。口略内侈，中腹微鼓，平底内凹。腹部有三道凸棱。口径5、底径6、高8厘米（图一六一，4）。

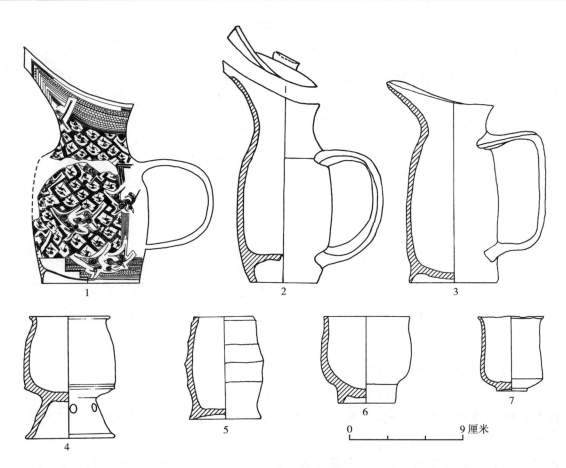

图一六一　良渚文化陶杯

1. I式宽把杯（F11②:5）　2. II式宽把杯（F11②:2）　3. III式宽把杯（T2604④:2）　4. I式筒形杯（CH－1⑤:1）　5. II式筒
形杯（CH－1①:5）　6. III式筒形杯（T2804⑤:12）　7. IV式筒形杯（H165:3）

　　II式　1件。标本CH－1①:5，泥质灰陶。方唇，窄沿，口微侈，折腹处有一凸棱，高圈
足外撇，上有5个圆孔。口径6.3、底径7.2、高9.8厘米（图一六一，5；彩版一一四，2）。

　　III式　1件。标本T2804⑤:12，泥质灰陶。直口，矮圈足。口径7、底径4、高7厘米
（图一六一，6）。

　　IV式　1件。标本H165:3，泥质灰陶。侈口，筒形，圈足几乎不见。口径5.2、底径
2.4、高5.9厘米（图一六一，7；彩版一一四，3）。

　　器盖

　　6件，均修复完整。分三型。

　　A型　4件。分三式。

　　I式　1件。标本T2803⑤:11，泥质灰陶，修复完整。盅形纽略高，覆盆式盖从纽往下
逐渐内弧。盖上有两小孔。纽径2.5、盖径7.8、高3.4厘米（图一六二，1）。

　　II式　1件。标本H168:4，夹砂褐陶。盅形纽略矮，覆盆式盖微下凹。纽径6.4、盖径
27.2、高9.6厘米（图一六二，2；彩版一一四，4）。

　　III式　2件。标本F2:2，泥质灰陶。纽口内敛，圆弧形盖。纽径3.2、盖径12.8、通高

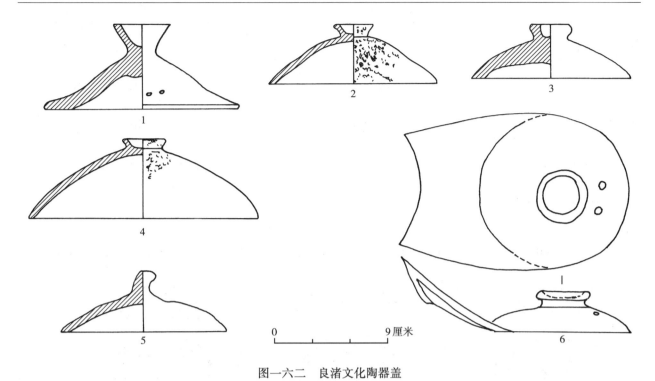

图一六二 良渚文化陶器盖

1. A型Ⅰ式（T2803（5）：11） 2. A型Ⅱ式（H168：4） 3. A型Ⅲ式（F2：2） 4. A型Ⅲ式（H165：2） 5. C型（H20：1）
6. B型（F11②：4）

4.4厘米（图一六二，3）。H165：2，夹砂褐陶。纽径6.8、盖径36.4、高12.8厘米（图一六二，4）。

B型 1件。标本F11②：4，泥质黑皮陶，为鸭嘴杯上盖，形似帽子。锅盖形纽，盖上有两小孔。盖径6、高1.6厘米（图一六二，6；彩版一一四，5）。

C型 1件。标本H20：1，泥质灰陶。瓜形纽，圆弧形盖。盖径13.6、通高4.8厘米（图一六二，5）。

盆

5件，修复完整。分三型。

A型 3件。分三式。

Ⅰ式 1件。标本CH-1①：7，泥质灰陶。直口，弧腹近底内凹，平底。口径14、底径8、高4厘米（图一六三，1）。

Ⅱ式 1件。标本H15：1，泥质灰陶。敞口，深弧腹，平底。口沿下有一道凹槽。口径23.4、底径11.6、高7.5厘米（图一六三，2）。

Ⅲ式 1件。标本T0604②B：1，泥质灰陶。直口，鼓肩，下腹急收，平底。口径13.2、底径8.4、通高4.6厘米（图一六三，3）。

B型 1件。标本H15：2，泥质灰陶。口微敛，束颈，鼓肩，弧腹，平底。口径46.5、底径21、高15厘米（图一六三，4）。

C型 1件。标本H48：2，泥质黑皮陶。敞口，深弧腹，平底。口沿上有几道凹弦纹，腹

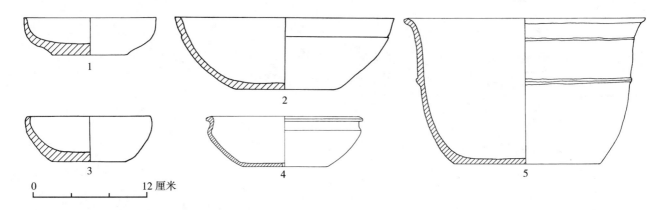

图一六三　良渚文化陶盆

1. A型Ⅰ式（CH-1①:7）　2. A型Ⅱ式（H15:1）　3. A型Ⅲ式（T0604②B:2）　4. B型（H15:2）　5. C型（H48:2）

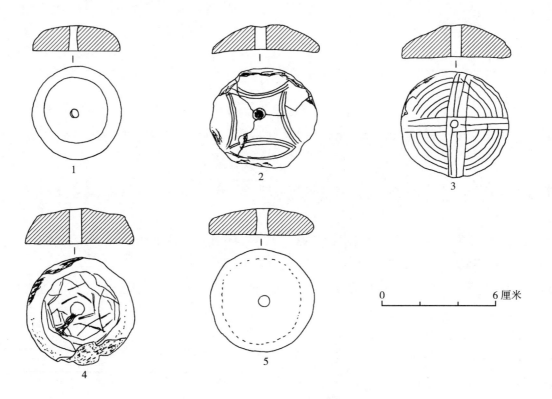

图一六四　良渚文化陶纺轮

1. Ⅰ式（T2803⑤:4）　2. Ⅱ式（T2604④:3）　3. Ⅱ式（T2604④:4）　4. Ⅱ式（T2604④:20）　5. Ⅱ式（T2504④:1）

部有一道凸棱。口径34.8、底径21.8、高20.8厘米（图一六三，5）。

纺轮

6件。分两式。

Ⅰ式　2件。圆饼形，一面馒首形，另一面为平面，中心有一孔。标本T2803⑤:4，泥质橘红陶。直径4.8、厚1.3厘米（图一六四，1；彩版一一五，1）。标本T0604②B:4，泥质灰陶。直径6、厚1.2厘米。

Ⅱ式　4件。形状相近，平的一面为素面，馒首形的一面纹饰各不相同。标本T2604④:3，泥质灰陶。四面弧线组成类似钱纹，直径5.5、高1.5厘米（图一六四，2）。标本T2604④:4，泥质灰陶。同心弦纹加"十"字交叉纹。直径5.8、高1.85厘米（图一六四，3；彩版一一五，2）。标本T2604④:20，泥质灰陶。中心饰冰裂状纹。直径5.6、高1.8厘米（图一六四，4）。标本T2504④:1，泥质灰陶。锥刺纹。直径5.5、高1.45厘米（图一六四，5；彩版一一五，3）。

鼎足

13件。分五型。

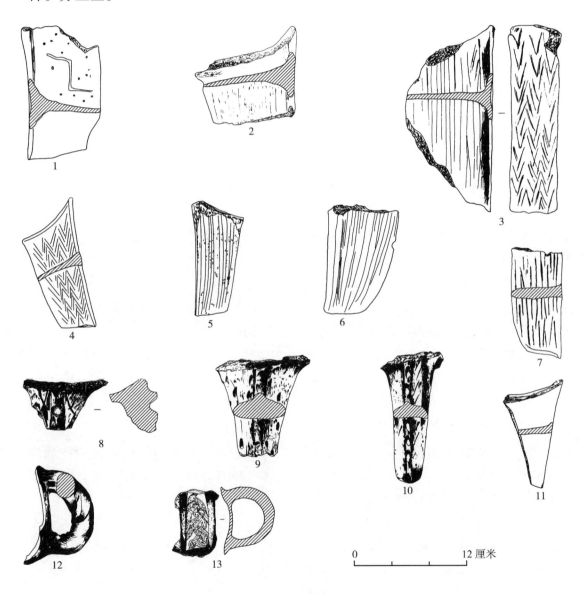

图一六五 良渚文化陶鼎足、把手

1. A型Ⅰ式鼎足（H100 标:4） 2. A型Ⅱ式鼎足（F6G3 标:1） 3. B型Ⅰ鼎足（F11②标:9） 4. B型Ⅱ式鼎足（H17 标:6） 5. C型Ⅰ式鼎足（F6G2 标:4） 6. C型Ⅱ式鼎足（F2①标:1） 7. C型Ⅲ式鼎足（H164 标:3） 8. D型Ⅰ式鼎足（T4205④标:5） 9. D型Ⅱ式鼎足（H168 标:14） 10. D型Ⅲ式鼎足（H165 标:5） 11. E型鼎足（T2603⑤标:5） 12、13. 把手（H168:12、CH-1①标:1）

A 型　2 件。"T" 面与侧面皆较宽。分两式。

Ⅰ式　1 件。标本 H100∶4，夹砂灰褐陶。侧面有 "N" 状划纹与点状锥刺纹。宽 7.8、残高 14 厘米（图一六五，1）。

Ⅱ式　1 件。标本 F6－G3 标∶1，夹砂泥红陶。侧面有竖向划纹。宽 10、残高 9 厘米（图一六五，2）。

B 型　3 件。"T" 面与侧面略窄。分两式。

Ⅰ式　1 件。标本 F11②标∶9，细夹砂褐陶。"T" 面饰 "W" 状划纹；侧面竖向划纹。宽 4.7、残高 10 厘米（图一六五，3）。

Ⅱ式　2 件。标本 T2403⑤标∶18，夹砂橙黄陶，"T" 面为素面，侧面有竖向划纹。宽 5、高 12 厘米。标本 H17 标∶6，夹砂褐黄陶，完整。侧面有 "W" 状划纹。宽 5、高 13.5 厘米（图一六五，4）。

C 型　3 件。如鱼鳍状。分三式。

Ⅰ式　1 件。标本 F6－G2 标∶4，夹砂红褐陶。上宽下窄，侧面有鱼鳍状划纹。宽 5、高 12.5 厘米（图一六五，5）。

Ⅱ式　1 件。标本 F2①标∶1，夹砂褐陶。又似刀形。上部残缺。宽 7.5、残高 11 厘米（图一六五，6）。

Ⅲ式　1 件。标本 H164 标∶3，夹砂红褐陶。侧面鱼鳍状划纹不连贯，上下宽基本一致，略残缺。宽 5.5、残高 11 厘米（图一六五，7）。

D 型　3 件。分三式。

Ⅰ式　1 件。标本 T4205④标∶5，夹砂褐陶。残剩上部，足面中间凸起为附加堆纹，两侧有 "X" 划纹。残宽 9、残高 5.5 厘米（图一六五，8）。

Ⅱ式　1 件。标本 H168 标∶14，夹砂灰陶。中间起脊，两面呈坡状，饰有近似三角形戳印纹。宽 9、残高 10 厘米（图一六五，9）。

Ⅲ式　1 件。标本 H165 标∶5，夹砂红陶。同Ⅱ式相比略窄，饰斜向划纹。宽 6、残高 13.5 厘米（图一六五，10）。

E 型　2 件。上宽下小，形似三角状。标本 T2603⑤标∶5，夹砂红褐陶，两侧面扁平。上宽 7、下宽 1.5、高 12 厘米（图一六五，11）。标本 T2504⑤标∶6，夹砂褐陶，两侧面略呈弧形。上宽 5.5、下宽 2、高 11 厘米。

把手

2 件。绞丝状。标本 H168 标∶12，泥质灰陶。两根泥条相绞（图一六五，12）。标本 CH－1标∶1，四根泥条相绞，又类似发辫（图一六五，13）。

盖纽

3 件。桥形，上有不规则划纹。标本 F6－Q1 标∶1，泥质灰陶（图一六六，1）。标本 F6－Q2 标∶21，泥质红陶（图一六六，2）。

支座

1 件。标本 H99∶3，夹砂灰陶。形似头盔，底平面逐渐向上内收并偏向一侧形成支点。

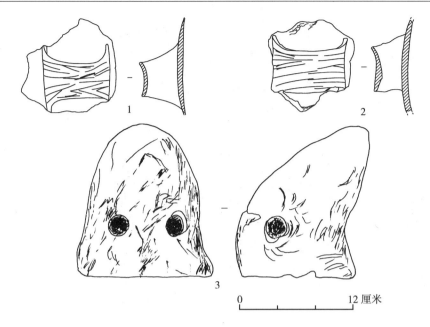

图一六六　良渚文化陶器

1、2. 盖纽（F6 - Q1 标：1、F6 - Q2 标：21）　　3. 支座（H99：3）

侧面偏下有两孔，形似人的眼窝。底径 14、高 16.2 厘米（图一六六，3）。

二　石器

石器数量较多，大部分石器残缺而无法辨认器形，完整或成形的器形有斧、镞、耘田器、锛、刀、凿、犁等。

穿孔石斧

6 件。1 件稍完整，余为残件。分两型。

A 型　1 件。标本 T0404②：2，灰绿色，背刃皆弧，双面刃。穿孔位于中心。宽 9、高 10.2、厚 1.4 厘米（图一六七，1；彩版一一六，1）。

B 型　5 件。长方形，背刃皆平。标本 T2605⑤：1，深灰色。背部残缺，双面刃，通体磨光，体型较厚。残高 10、宽 8.2 厘米（图一六七，2）。标本 T4206⑤：2，上段残缺。残长 10、宽 8 厘米（图一六七，3；彩版一一六，2）。标本 H165：8，灰色。残剩上部，纵剖面看，上薄下厚，逐渐变厚。残高 8.5、残宽 8 厘米（图一六七，4）。

镞

11 件。分两型。

A 型　4 件。分两式。

I式　2 件。两翼稍宽，与尾部圆铤界线分明，中起脊横断面呈菱形。标本 T2803⑤：13，青灰色。双翼与铤部呈直角，铤尾略残。长 9.4、宽 2.7、厚 1 厘米（图一六七，5；彩版一一七，1）。标本 T2803⑤：6，铤尾呈圆锥形，一翼略残缺。长 8.4、宽 2.5 厘米（图一六七，6）。

II式　2 件。镞身细长，双翼与铤部呈钝角。标本 T2603⑤：2，深灰色，锋尖与铤尾均残缺。残长 7.1、宽 1.8、厚 0.7 厘米（图一六七，7；彩版一一七，2）。标本 T2603④：3，青灰

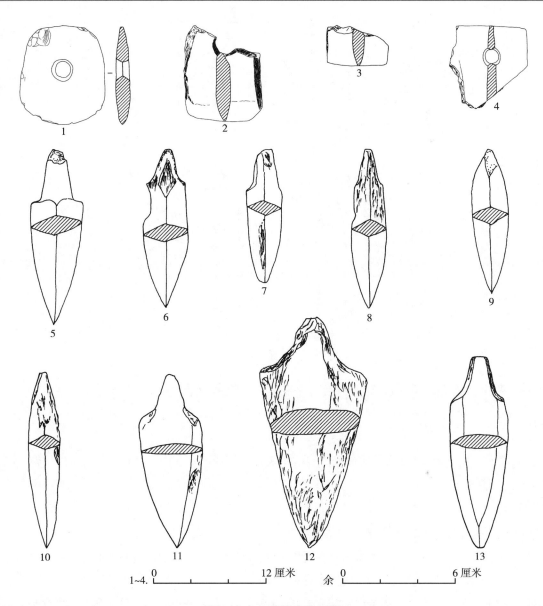

图一六七　良渚文化石器

1. A 型斧（T0404②：2）　2. B 型斧（T2605⑤：1）　3. B 型斧（T4206⑤：2）　4. B 型斧（H165：8）　5. A 型Ⅰ式镞（T2803⑤：13）
6. A 型Ⅰ式镞（T2803⑤：6）　7. A 型Ⅱ式镞（T2603⑤：2）　8. A 型Ⅱ式镞（T2603④：3）　9. B 型镞（T2804⑤：9）　10. B 型镞
（T2603④：1）　11. Ⅰ式标（T2804⑤：7）　12. Ⅰ式标（CH-1④：3）　13. Ⅱ式标（T2603⑤：12）

色。长 8.6、宽 1.9、厚 0.8 厘米（图一六七，8；彩版一一七，3）。

　　B 型　7 件。柳叶形，横断面为菱形。标本 T2804⑤：9，青灰色。铤部残缺。残长 7.5、宽 1.9、厚 1.25 厘米（图一六七，9）。标本 T2603④：1，青灰色。铤尾略残。残长 9.3、宽 1.7、厚 0.7 厘米（图一六七，10；彩版一一七，4）。

　　标

　　3 件。形状基本与镞相同，但其中间扁平无脊。分两式。

　　Ⅰ式　2 件。三角形，器身扁平，双翼无锋刃。标本 T2804⑤：7，灰黑色。双翼略宽，中无脊，与铤部连接处无界线。长9.2、宽3.4、厚0.4厘米（图一六七，11）。标本CH–1④:3，深灰色，器身宽大较厚，打击成型未经磨制。长12.3、宽5.8、厚1.3厘米（图一六七，12；彩版一一七，5）。

Ⅱ式 1件。标本T2603⑤:12，灰色。中脊扁平，双翼磨有刃口，扁平铤。锋尖略残。残长10.1、宽3、厚0.5厘米（图一六七，13；彩版一一七，6）。

耘田器

3件。分两型。

A型 2件。平背。标本F11②:3，灰色。居中线近背部有一孔，三角形刃。长9.8、宽3.9厘米（图一六八，1）。标本G4:3，青灰色。仅剩中间部分，近平背部有三孔，双面刃。残长6.3、宽6厘米（图一六八，2）。

B型 1件。标本T2604④:1，黑灰色。两翼起翘，三角弧形刃。背下弧，中轴偏上有一大圆孔。长12.5、宽5.3厘米（图一六八，4；彩版一一六，3）。

锛

12件。分无段与有段两种。

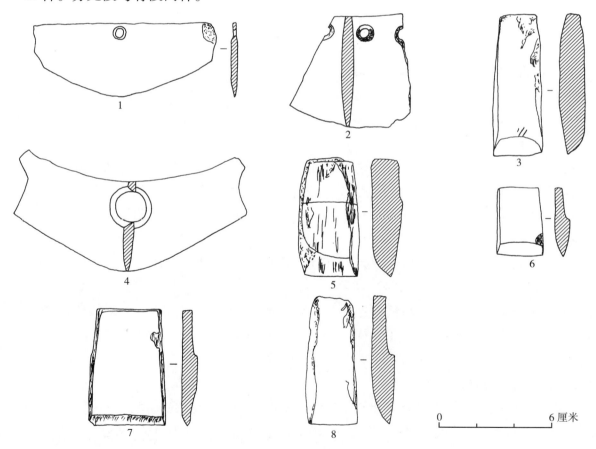

图一六八 良渚文化石器

1. A型耘田器（F11②:3） 2. A型耘田器（G4:3） 3. A型锛（T2804④:6） 4. B型耘田器（T2603④:1） 5. A型锛（T4206⑤:1） 6. A型锛（T2604④:12） 7. B型锛（T2604④:21） 8. B型锛（T2804⑤:8）

无段石锛

6件。分两型。

A型 4件。长方形，磨制光滑，周边棱角分明。标本T2804⑤:15，青灰色。平刃，两角残缺。高6.2、宽3.2、厚1.0厘米。标本F1:1，深湖绿色，磨制抛光，刃口锋利。高5.5、宽2.7、厚0.9厘米。标本T2804④:6灰黑色。背刃皆平。长7.6、宽2.6、厚1.5厘米（图一六八，3）。标本T2504④:2，深灰色。周边有打制留下的印痕。高5.4、宽2.4、厚0.8厘米（彩版一一六，4）。

B型 2件。器形矮小，制作精致。标本T4204④:1，斜刃较锋利。高3.7、宽2.3、厚0.5厘米。标本T2604④:6，灰色。形体宽矮。高4、宽3.6、厚0.6厘米（彩版一一六，5）。

有段石锛

6件。分两型。

A型 2件。器形较小，制作精致，通体打磨光滑。标本T4206⑤:1，青灰色。斜刃，周遍棱角分明。长2.3、宽2.2、厚0.5厘米（图一六八，5；彩版一一八，1）。标本T2604④:12，青灰色。平刃，有段位于中间。长3.6、宽2.5、厚0.8厘米（图一六八，6；彩版一一八，2）。

B型 4件。长方形，磨制光滑。标本T2604④:21，灰色。通体磨制，周遍棱角分明。长6.1、宽4、厚0.8厘米（图一六八，7）。标本T1204②B:2，有段部分折阶棱角不分明。长6.1、宽3.2、厚1.1厘米。标本T2803⑤:8，青灰色，背部略残，平刃较锋利。长6.7、宽2.6、厚0.7厘米（图一六八，8；彩版一一八，3）。

凿

9件。可分三型。

A型 4件。分两式。

I式 3件。细长形，周边棱角磨制分明。标本T0504②:1，黑色。单刃，弧背。长7.3、宽1.2、厚1.4厘米（图一六九，1）。标本T0504②:3，灰绿色。略细长。长8.8、宽1.2、厚1.6厘米（图一六九，2）。标本T0504②:4，黑灰色。稍宽，刃部残缺。长9.1、宽2.3、厚1.7厘米（图一六九，3）。

II式 1件。标本H165:7，灰色。一面微内凹，另一面稍拱。长5.2、宽1.4、厚1.5厘米（图一六九，5；彩版一一八，4）。

B型 2件。长条形，周边不规整。标本T2804⑤:2，灰色。磨制抛光。长7.5、宽2、厚1.7厘米（图一六九，6）。标本T2504④:7，深灰色。器表磨制不平。长8.9、宽1.3、厚1.5厘米（图一六九，7；彩版一一八，5）。

C型 3件。分两式。

I式 2件。体形厚实，加工粗糙。标本T2804⑤:6，灰黑色。宽厚一致。长12.3、宽3.8、厚3.8厘米（图一六九，8；彩版一一八，6）。标本T2803⑤:10，灰色。背微凹，双面刃，器形厚实。长13.4、宽4.6、厚4.9厘米（图一六九，4）。

II式 1件。标本T2503④:3，深灰色。背部有使用受损的缺面，双面刃。长11.8、宽3.4、厚4.1厘米（图一六九，9；彩版一一八，7）。

犁

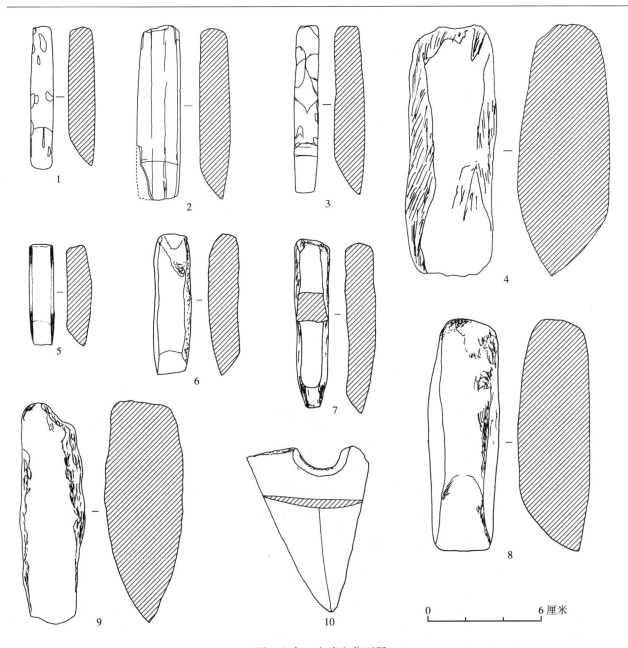

图一六九　良渚文化石器

1. A 型 I 式凿（T0504②:1）　　2. A 型 I 式凿（T0504②:3）　　3. A 型 I 式凿（T0504②:4）　　4. C 型 I 式凿（T2803⑤:10）　　5. A 型 II 式凿（H165:7）　　6. B 型凿（T2804⑤:2）　　7. B 型凿（T2504④:7）　　8. C 型 I 式凿（T2804⑤:6）　　9. C 型 II 式凿（T2503④:3）　　10. 犁（T2804④:8）

1 件。标本 T2804④:8，灰色。仅剩犁头部，似剑峰，中间有脊，残缺处留有半个孔。通体磨光。残长8.9、宽6.5厘米（图一六九，10）。

锤

4 件。利用鹅卵石或石块加工成长条形，两端为圆形面，并有使用留下的麻点。标本 F11①标:1，长 12.5、宽 4、厚 3 厘米（图一七〇，1）。标本 T2604④:17，长 12.7、宽 4、厚 3.5 厘米（图一七〇，2）。标本 H105:3，黑色卵石加工成长卵形，两端为圆锥面，底面稍打，上

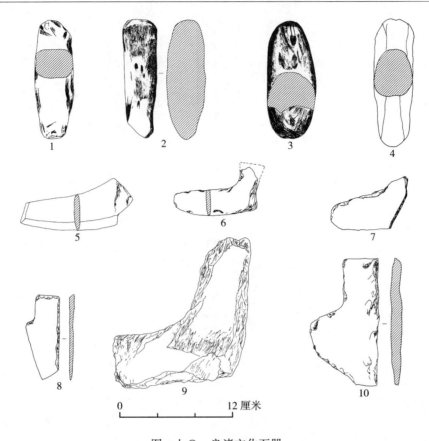

图一七〇　良渚文化石器

1、2、3、4. 锤（F11①标：1、T2604④：17、H105：3、T2803⑤：3）　　5. A 型 Ⅰ 式刀
（T2403⑤：2）　　6、7. B 型Ⅰ式刀（T2603⑤：5、T2804④：3）　　8. A 型 Ⅱ 式刀（T2804④：4）
9. B 型 Ⅱ 式刀（T2403④：2）　　10. A 型 Ⅱ 式刀（T2804④：7）

有锤击留下的麻点。长 12.4、宽 5、厚 4.5 厘米（图一七〇，3）。标本 T2803⑤：3，长 13.7、宽 4、厚 5 厘米（图一七〇，4；彩版一一九，1）。

　　刀

　　6 件。分两型。

　　A 型　3 件。斜直柄。分两式。

　　Ⅰ式　1 件。标本 T2403⑤：2，深灰色。斜柄，双面弧刃。通长 11.5、宽 3.8、厚 0.5 厘米（图一七〇，5）。

　　Ⅱ式　2 件。直柄，平背，斜刃。标本 T2804④：4，灰黑色。通长 9、宽 3、厚 0.6 厘米（图一七〇，8）。标本 T2804④：7，灰黑色。通长 27、宽 15、厚 1.2 厘米（图一七〇，10）。

　　B 型　3 件。靴形。分两式。

　　Ⅰ式　2 件。柄与刀身呈锐角，圆形刀头。标本 T2603⑤：5，深灰色。形完全似靴。长 9、宽 2.7 厚、0.4 厘米（图一七〇，6；彩版一一九，3）。标本 T2804④：3，灰色。柄残缺，平刃，斜背。残长 8.3、宽 3.8、厚 0.7 厘米（图一七〇，7）。

　　Ⅱ式　1 件。垂直柄，平刃。T2403④：2，深灰色。周边均留有打制痕，刀头残缺，柄较高。残长 13.5、宽 5.7、通高 14.5 厘米（图一七〇，9；彩版一一九，4）。

刮削器

3 件。圆角长方形。标本 T2803⑤：9，灰色。背下凹，弧刃。长 8.9、宽 4、厚 0.4 厘米（图一七一，1）。标本 H165：6，深灰色。上下都有刃。长 11.2、宽 4.2、厚 0.4 厘米（彩版一一九，2）。标本 H165：5，近似椭圆形。长 9、宽 4.3、厚 0.4 厘米（彩版一一九，5）。

斧

8 件。分三型。

A 型　2 件。长方形，或下部略宽。标本 F11②：12，灰色。上部残缺，下部略宽，斜弧刃。残长 13.6、宽 9.6、厚 1.5 厘米（图一七一，2）。标本 T2603⑤：21，深灰色。长方形，背微凹，双面磨刃。长 11、宽 7.5、厚 1.7 厘米。

B 型　3 件。斜柄。标本 T2603⑤：13，斜柄较短，平刃，刃部缺一角并有使用留下的五个缺口。通长 15.3、最宽处 15.5 厘米（图一七一，3；彩版一二〇，1）。标本 T2403⑤：21，柄一侧内收，平刃，两侧边，一垂直，另一斜向至柄部内收。通长 11、最宽处 8 厘米。标本 T2803⑤：12，柄与斧身连接处内凹，斧身两边与刃部均斜向。通长 17.7、宽 10.5 厘米（图一七一，4；彩版一二〇，2）。

C 型　3 件。直柄。标本 G11：2，斜肩、弧刃。通长 15、最宽处 9.8、厚 1.6 厘米（图一

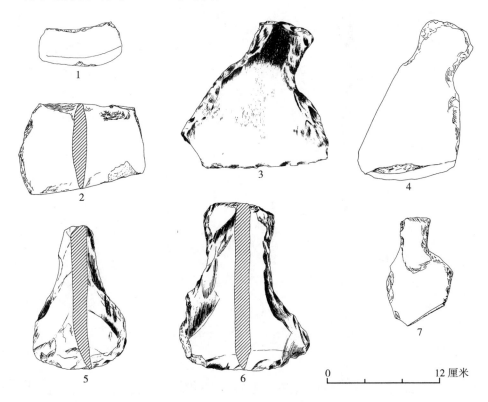

图一七一　良渚文化石器

1. 刮削器（T2803⑤：9）　　2. A 型斧（F11②：12）　　3、4. B 型斧（T2603⑤：13、T2803⑤：12）

5、6、7. C 型斧（G11：2、T2603⑤：1、CH–1②：5）

七一，5；彩版一二〇，3）。标本 T2603⑤:1，柄两侧内凹以便握手，斜肩，弧刃，被使用磨损近平。通长 17.7 宽 13.8、厚 1.6 厘米（图一七一，6；彩版一二〇，4）。标本 CH-1②:5，刃部残缺，残长 11.5、最宽处 7 厘米（图一七一，7）。

三　玉器

均为小形饰件，有璜、坠形器、饰片等。

璜

1 件。标本 T0703②:1，青白色。残剩一段，一端有两孔。磨制抛光。残长 5.2、宽 1.4 厘米（图一七二，1）。

坠形器

5 件。残缺头部 3 件。标本 T2604④:8，茶绿色，尾端也为圆柱形，略小于坠体。残长 5、直径 0.9 厘米（图一七二，2）。标本 T2604④:9，圆柱形，尾端呈锥形，上有一孔。残长 3.5、直径 0.8 厘米（图一七二，3）。残缺尾部 2 件。标本 T2604④:15，残长 2.3、直径 0.5 厘

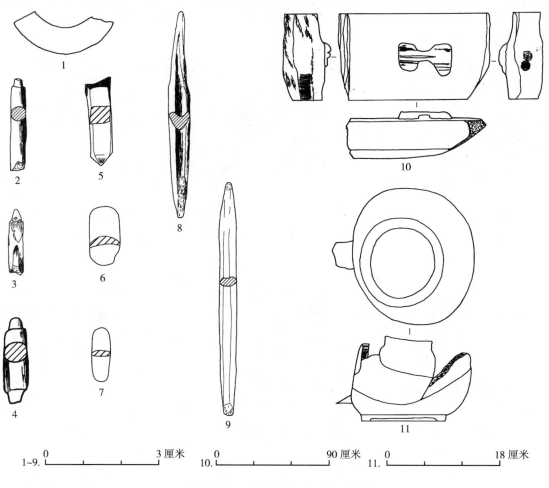

图一七二　良渚文化玉、骨、木器

1. 玉璜（T0703②:1）　　2、3、4、5. 玉坠（T2604④:8、9、15、T2503④:1）　　6、7. 玉饰片（T2603④:7、8）

8. 骨镞（H172:4）　　9. 骨镞（S8:1）　　10. 大木块（CH-1②:8）　　11. 漆木杯（F11②:7）

米（图一七二，4）。标本T2503④：1，残长2.25、直径0.7厘米（图一七二，5）。

饰片

2件。扁椭圆形。标本T2603④：7，一面平，一面为弧形。长1.53、宽0.8、厚0.2厘米（图一七二，6）。标本T2603④：8，两面皆平。长1.4、宽0.45、厚0.1厘米（图一七二，7）。

四　骨器

骨镞

3件。柳叶形。标本H172：4，锥形铤且与镞身界线分明，利用动物胫骨加工制作，一面为圆形的骨面，另一面为骨槽。长11、宽1.2、厚0.9厘米（图一七二，8；彩版一二○，5）。标本S8：1，骨片加工制成，两端均残缺。残长12.4、宽0.9、厚0.4厘米（图一七二，9）。

五　木器

大木块

标本CH-1②：8，马尾松，棕灰色。长方形，左右两侧面都加工平整，前后两端，一端有砍伐留下的断痕，另一端加工成从上往下约呈45°角的斜面，类似船头。木块上面中部有一银锭形挖有象鼻孔的把手，也可用于系绳（图一七二，10；彩版一二一）。

漆木杯

标本F11②：7，器表涂有漆，外红内黑。形似碗，口已残缺，圆弧腹，圈足。有一把柄，已残缺，腹部饰一圆圈纹。最大腹径10.5、底径7.2、残高7厘米（图一七二，11；彩版一二○，6）。

第四节　马桥文化遗物

主要为遗迹单位内出土，大量陶器，少量石器。陶器中以泥质陶为主，依次为夹砂陶、印纹陶和原始瓷。在泥质陶中橙黄与橘红陶占主要部分。大多数陶器上都有纹饰，常见有叶脉纹、绳纹、条格纹、方格纹、云雷纹、管戳纹等（图一七三、一七四）。器形有罐、豆、釜、盆、簋、钵等。

一　陶器

釜

为炊器，以夹砂陶为主，但也有部分为泥质陶，可能也用于存放东西。共出土6件，分两型。

A型　3件。分两式。

Ⅰ式　2件。均夹砂灰褐陶。尖唇，斜平沿外折，深弧腹，圜底。标本G3：2，深腹逐渐下收，圜底较平缓。口径34、高34.2厘米（图一七五，1）。标本G3：1，下腹急收成尖圜底。口径34、高34.2厘米（图一七五，2；彩版一二二，1）。

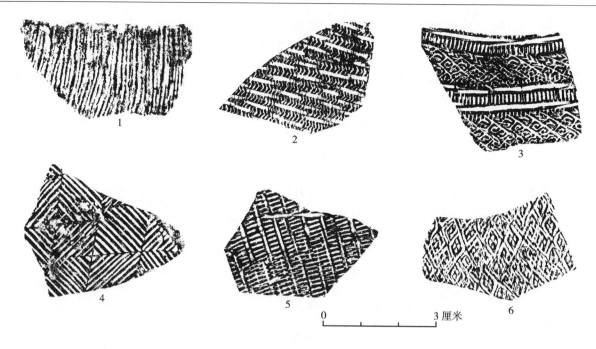

图一七三　马桥文化陶器纹饰

1. 细绳纹（T2904④：21）　2. 瓦楞纹（T2904④：42）　3. 梯格勾连云雷纹（T2904⑥：6）　4. 重回字对角交叉纹（T2904④：45）　5. 梯格纹（T2904⑤：49）　6. 云雷纹（T2904⑥：7）

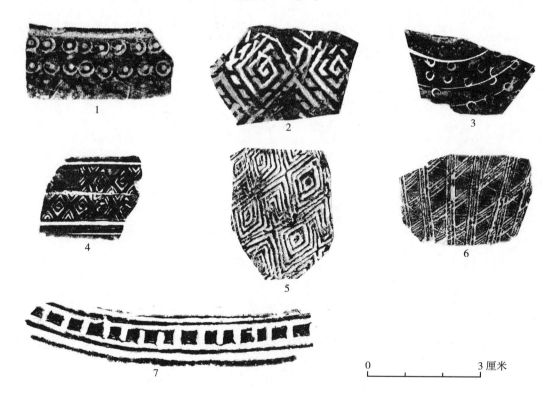

图一七四　马桥文化陶器纹饰

1. 管戳纹（H84：12）　2. 多重云雷纹（H75：8）　3. 半圆与弦纹（H84：11）　4. 云雷纹（T2904⑥：8）　5. 多重菱格纹（H85：8）　6. 多道交叉划刻菱形纹（H86：7）　7. 条格镂空与多道凹弦纹（T2904④：36）

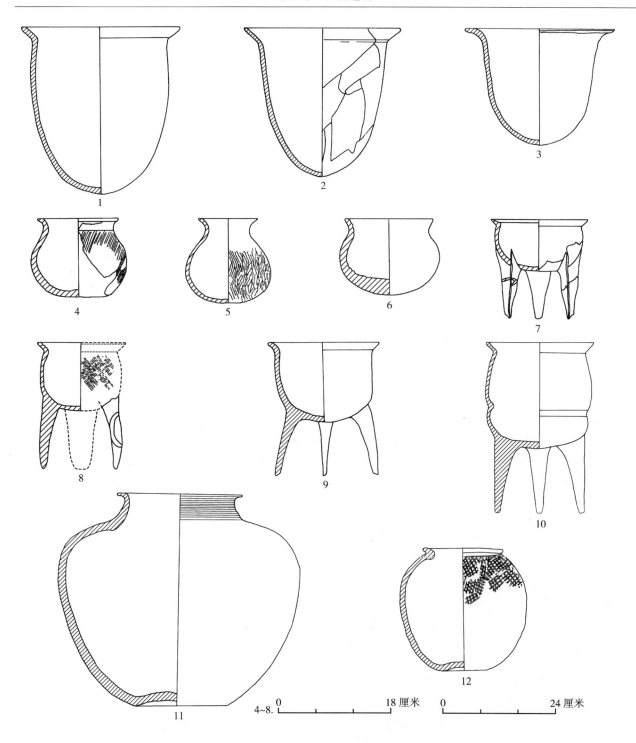

图一七五　马桥文化陶器

1、2. A 型 I 式釜（G3：2、1）　3. A 型 II 式釜（H40：1）　4. B 型 I 式釜（T2904⑤：20）　5. B 型 II 式釜（J14：1）　6. B 型 III 式釜（J47：2）　7. A 型 I 式鼎（T2904⑤：54）　8. A 型 II 式鼎（H69：22）　9. B 型鼎（H36：4）　10. 甑（H36：7）　11. A 型瓮（T3002④：3）　12. B 型瓮（H75：4）

　　II式　1件。标本 H40：1，夹细砂灰陶。沿外翻近平，深弧腹，尖圜底。口径32、高24.8厘米（图一七五，3）。

B 型 3 件，均修复完整。分三式。

Ⅰ式 1 件。标本 T2904⑤：20，夹砂褐陶。尖唇，折沿，束颈，圆腹，圜底近平。口沿下通体饰细划纹。口径 13、最大腹径 15.6、高 12.6 厘米（图一七五，4；彩版一二二，2）。

Ⅱ式 1 件。标本 J14：1，泥质黑灰陶。尖唇，翻沿，高领，束颈，垂腹，圜底。口径 11.4、最大腹径 13.4、高 13.4 厘米（图一七五，5；彩版一二二，3）。

Ⅲ式 1 件。标本 J47：2，泥质橙红色硬陶。敞口，束颈，鼓腹，圜底。沿面与器内壁有弦纹。口径 14、底径 6.6、高 6.6 厘米（图一七五，6；彩版一二二，4）。

鼎

3 件。分两型。

A 型 2 件。分两式。

Ⅰ式 1 件。标本 T2904⑤：54，夹砂灰褐陶。尖唇，斜平沿外折，圆弧腹，圜底，三个瓦形足。口径 15.6、高 15.6 厘米（图一七五，7；彩版一二二，5）。

Ⅱ式 1 件。标本 H69：22，泥质橙黄陶。圆唇，折沿，沿面上有多道凹弦纹。深腹，圜底附三瓦形足。通体饰梯格纹。修复完整。口径 14.2、高 20 厘米（图一七五，8）。

B 型 1 件。标本 H36：4，夹砂红褐陶。尖唇，沿微翻，直腹，圜底，三个羊角形足。口径 24、高 28 厘米（图一七五，9）。

甗

1 件。标本 H36：7，夹砂红褐陶。圆唇，宽折沿，圜底，三个羊角形足，下腹外壁内凹，内壁一周凸出，为箅隔。口径 23、高 36 厘米（图一七五，10；彩版一二二，6）。

瓮

2 件。分两型。

A 型 1 件。标本 T3002④：3，灰色硬陶。圆唇，平折沿，高领，广肩，弧腹，凹圜底。颈部有 10 多道凹弦纹。口径 26.6、最大腹径 52、底径 16、高 45 厘米（图一七五，11；彩版一二三，1）。

B 型 1 件。标本 H75：4，灰色硬陶。厚唇，卷沿，短领，溜肩，长弧腹，凹圜底。颈以下通体饰方格纹。口径 17、最大腹径 27.4、底径 8、高 26 厘米（图一七五，12；彩版一二三，2）。

凹圜底罐

35 件。分 7 型。

A 型 4 件。尖唇，侈口。分三式。

Ⅰ式 2 件。球腹，硬陶。标本 H133：8，褐色。颈部有多道凹弦纹，通体饰云雷纹。口径 12.2、最大腹径 17.8、高 14.2 厘米（图一七六，1；彩版一二三，3）。标本 H133：7，灰色，素面。口径 11.6、最大腹径 17.4、高 15.6 厘米。

Ⅱ式 1 件。标本 H86：3，泥质橙黄陶。颈肩部有三道凹弦纹，通体饰云雷纹，腹部刻有一字符。口径 12、底径 6、最大腹径 18、高 13.8 厘米（图一七六，2；彩版一二三，4）。

Ⅲ式 1 件。尖唇，沿稍外折，中腹外鼓。标本 H63：1，泥质灰陶。通体饰斜方格纹。口径 13.4、最大腹径 16.6、高 13.6 厘米（图一七六，3）。

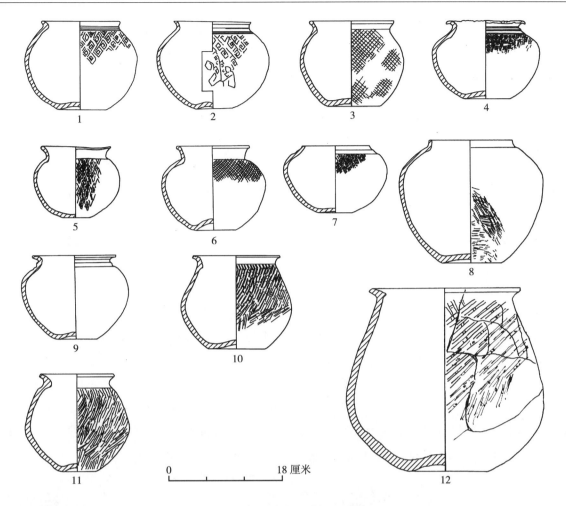

图一七六　马桥文化陶凹圜底罐

1. A 型 I 式（H133：8）　2. A 型 II 式（H86：3）　3. A 型 III 式（H63：1）　4. B 型 I 式（H136：3）　5. B 型 II 式
（H39：5）　6. B 型 III 式（J46：1）　7. C 型 I 式（H136：1）　8. C 型 II 式（H75：3）　9. D 型 I 式（H135：1）
10. D 型 II 式（J59：2）　11. D 型 III 式（H69：7）　12. D 型 IV 式（H69：3）

　　B 型　7 件。圆唇，口沿外折。分三式。

　　I 式　3 件。圆唇，卷沿，中鼓腹。标本 H136：3，泥质灰硬陶。口沿下有多道凹弦纹，通体饰席纹。口径 12.2、最大腹径 17.2、高 12.4 厘米（图一七六，4；彩版一二三，5）。标本 H150：1，泥质灰陶。通体饰方格纹。口径 16、最大腹径 19.2 厘米。

　　II 式　3 件。沿外卷。标本 H39：5，泥质橙黄陶。圆唇，领稍高，沿外翻，圆腹通体饰斜向菱形状云雷纹。口径 11.4、最大腹径 13.8、高 11.2 厘米（图一七六，5）。标本 J59：1，沿面上有数到凹弦纹，颈以下饰条格纹。口径 13、最大腹径 17、6、高 15 厘米（彩版一二三，6）。标本 J59：3，泥质橙红陶，通体饰条格纹。口径 13、8 最大腹径 17、6、高 14.6 厘米。

　　III 式　1 件。圆鼓腹，鼓腹处中偏上。标本 J46：1，泥质黑陶。沿外缘有棱，通体饰网状形方格纹。口径 11.6、最大腹径 16.8、高 13.4 厘米（图一七六，6；彩版一二四，1）。

　　C 型　2 件。方唇，直口，上鼓腹。分两式。

　　I 式　1 件。标本 H136：1，黄褐色硬陶。无领，斜肩，上有两道折阶，通体饰席纹。口径 10.6、最大腹径 16.4、高 10.6 厘米（图一七六，7；彩版一二四，2）。

Ⅱ式 1件。标本 H75：3，泥质灰陶。直口，溜肩，最大腹径偏上，下腹内弧，饰绳纹。口径 13.4、最大腹径 22.4、高 19.6 厘米（图一七六，8）。

D型 7件。方唇，卷沿圆鼓腹。分四式。

Ⅰ式 2件。标本 H135：1，泥质橙黄陶。颈部有道凸棱。口径 13.2、最大腹径 17.2、高 13.4 厘米（图一七六，9；彩版一二四，3）。标本 H133：11，泥质橙黄陶。圆弧腹，颈部有多道凹弦纹，通体饰云雷纹。口径 11.8、最大腹径 18、高 17.6 厘米（彩版一二四，4）。

Ⅱ式 1件。标本 J59：2，橙红色硬陶。口沿微卷，垂腹。通体饰篮纹。口径 13.8、最大腹径 17.6、高 14.6 厘米（图一七六，10；彩版一二四，5）。标本 J59：1，灰褐色硬陶。沿面外缘有道凹槽，领稍高，束颈，通体饰篮纹。口径 13.8、最大腹径 17.6、高 15 厘米。

Ⅲ式 2件。鼓腹处上下内收。标本 H69：7，泥质红褐色硬陶。颈部有道凹槽。通体饰篮纹。口径 11.6、最大腹径 16.4、高 16 厘米（图一七六，11；彩版一二四，6）。标本 H69：1，泥质橙黄陶。通体饰梯格纹。口径 12.4、最大腹径 16.8、高 16 厘米（彩版一二五，1）。

Ⅳ式 1件。标本 H69：3，泥质橙红陶。通体饰篮纹。口径 24、最大腹径 32、高 29 厘米（图一七六，12；彩版一二五，2）。

E型 7件。尖唇，敞口，中鼓腹。分两式。

Ⅰ式 2件。标本 J61：2，泥质橙黄陶。通体饰篮纹。口径 11.4、最大腹径 16.2、高 12.8 厘米（图一七七，1）。标本 J35：2，泥质黑陶。宽折沿。肩部有多道弦纹，肩以下通体饰篮纹。口径 10.6、最大腹径 15.6、高 13.2 厘米（彩版一二五，3）。

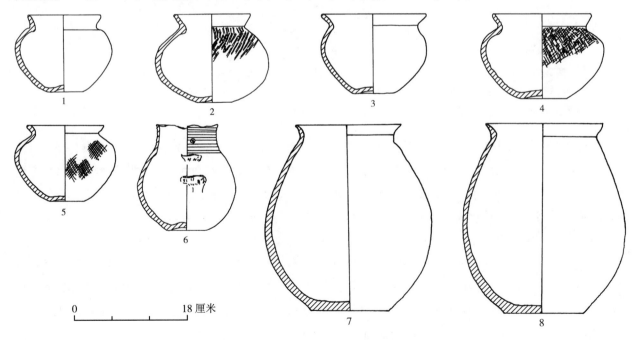

图一七七 马桥文化陶罐

1. E型Ⅰ式凹圜底罐（J61：2） 2. E型Ⅱ式凹圜底罐（H69：10） 3、4. F型Ⅰ式凹圜底罐（H136：8、7） 5. F型Ⅱ式凹圜底罐（H1：1） 6. G型凹圜底罐（J30：3） 7、8. A型平底罐（H42：9、10）

Ⅱ式　5件。标本 H69：10，泥质橙红陶。器身扁矮，近似椭圆形。通体饰梯格纹。口径 12.4、底径 5.6、腹径 18.4、高 15 厘米（图一七七，2；彩版一二五，4）。标本 J61：3，素面。口径 10.8、最大腹径 14.8、高 12.8 厘米。标本 J30：2，肩部有两道弦纹，素面。口径 11.4、最大腹径 13.6、高 11.4 厘米。标本 H69：8，泥质橙黄陶。盘形口，中鼓腹，形似鱼篓。通体饰篮纹。口径 10.8、最大腹径 16.4、高 15 厘米。

F 型　7件。尖唇，大口宽沿，上鼓腹。分两式。

Ⅰ式　5件。标本 H136：8，泥质灰陶。口径 16.6、最大腹径 17、高 12.6 厘米（图一七七，3；彩版一二五，5）。宽沿外折，束颈，鼓腹。标本 H136：7，黑灰色硬陶。通体饰小方格纹。口径 15.6、最大腹径 19.4、高 13.4 厘米（图一七七，4；彩版一二五，6）。标本 H136：9，灰褐色硬陶。通体饰方格纹。口径 13.2、最大腹径 18.2、高 15 厘米。标本 H136：10，黑灰色硬陶。通体饰曲折纹。口径 14.4、最大腹径 19、高 14 厘米。标本 H136：11，灰褐色硬陶。口径 13.8、最大腹径 18、高 12.8 厘米。

Ⅱ式　2件。标本 H1：1，灰黑色硬陶。弧沿外折，束颈，中腹偏上外鼓，通体拍印网格纹。口径 12.4、最大腹径 16、高 12 厘米（图一七七，5）。标本 T2904④：20，泥质灰陶。通体饰网格纹。口径 31.6、最大腹径 34、高 22 厘米（彩版一二六，1）。

G 型　1件。标本 J30：3，橙红色硬陶。直口，高领，削肩，垂腹。颈部有多道凹弦纹，肩部有一把已残缺。口径 9.6、最大腹径 15.8、高 16.8 厘米（图一七七，6；彩版一二六，2）。

平底罐

5件。可分两型。

A 型　2件。尖唇，折沿，削肩，垂腹。标本 H42：9，泥质橙红陶。口径 20.8、最大腹径 29.4、高 31 厘米（图一七七，7）。标本 H42：10，泥质橙黄陶。口径 19.6、最大腹径 29.6、高 30 厘米（图一七七，8）。

B 型　3件。分两式。

Ⅰ式　2件。圆唇，宽折沿，束颈，中腹或中腹偏上外鼓。标本 H42：11，泥质橘红陶。最大腹径偏上。通体饰篮纹。口径 10.4、底径 7.4、最大腹径 16.6、高 17 厘米（图一七八，1）。标本 H42：3，泥质灰陶。中腹外鼓。通体饰篮纹。口径 9.8、底径 5、最大腹径 11.8、高 11 厘米。

Ⅱ式　1件。标本 H51：2，泥质灰陶。折沿，鼓肩，下腹急收。素面。口径 5.8、底径 5、最大腹径 7.4、高 7 厘米（图一七八，2）。

双耳罐

1件。标本 J61：1，泥质橙黄陶。尖唇，高领，中鼓腹。肩饰宽带状云雷纹。口径 10.4、底径 6、最大腹径 16.2、高 12.6 厘米（图一七八，3；彩版一二六，3）。

三足罐

1件。标本 H136：5，夹砂红灰陶。尖唇，折沿，束颈，圆鼓腹，平底，附三圆柱形矮足。口径 6.4、最大腹径 10.4、通高 9.2 厘米（图一七八，4；彩版一二六，4）。

凹底盆

6件。分两型。

图一七八　马桥文化陶器

1. B 型Ⅰ式平底罐（H42：11）　2. B 型Ⅱ式平底罐（H51：2）　3. 双耳罐（J61：1）　4. 三足罐（H136：5）　5. A 型Ⅰ式凹底盆（T2904 ⑤：15）　6. A 型Ⅱ式凹底盆（T2904④：6）　7. A 型Ⅲ式凹底盆（H90：2）　8. B 型Ⅰ式凹底盆（H133：3）　9. B 型Ⅱ式凹底盆（H69：2）　10. 圜底盆（H84：1）

A 型　4 件。分三式。

Ⅰ式　2 件。标本 T2904⑤：15，泥质灰陶。敞口，折沿，垂腹。口沿略残缺。通体饰网格纹。口径 14.6、最大腹径 13、高 9 厘米（图一七八，5；彩版一二六，5）。

Ⅱ式　1 件。标本 T2904④：6，泥质橙黄色硬陶。折沿，弧腹。通体饰网格纹。口径 15、最大腹径 12、高 6.6 厘米（图一七八，6；彩版一二六，6）。

Ⅲ式　1 件。标本 H90：2，泥质灰陶。宽折沿，束颈，弧腹。通体饰梯格纹。口径 17.8、最大腹径 15.6、高 9.4 厘米（图一七八，7）。

B 型　2 件。分两式。

Ⅰ式　1 件。标本 H133：3，泥质灰陶。尖唇，侈口，鼓肩，弧腹。通体饰曲折纹。口径 20、底径 10、高 9.4 厘米（图一七八，8；彩版一二七，1）。

Ⅱ式　1 件。标本 H69：2，泥质橙黄陶。方唇，平折沿，弧腹。通体饰篮纹。口径 19.4、最大腹径 17.8、高 11.4 厘米（图一七八，9）。

圜底盆

1件。标本 H84∶1，泥质橘红陶。敞口，宽折沿。口沿下通体饰梯格纹。口部残缺，修复完整。口径 12.6、最大腹径 10.2、高 7.6 厘米（图一七八，10；彩版一二七，2）。

豆

14 件。可分三型。

A 型　6 件。分三式。

Ⅰ式　1 件。标本 T2904⑤∶3，泥质灰陶。尖唇，敞口，凹弧腹，喇叭形座。柄上部有一道凸棱。口径 18、底径 12、高 13.6 厘米（图一七九，1；彩版一二七，3）。

Ⅱ式　2 件。钵形盘，敛口，弧腹，喇叭形座。柄上部有一道近半圆形凸棱。标本 H75∶5，泥质灰陶。凸棱下方另有两道凹弦纹。口径 16、底径 13、高 21 厘米（图一七九，2；彩版一二七，4）。标本 H79∶15，泥质灰陶。柄部有四道凸棱。口径 18、底径 12、高 13.6 厘米（图一七九，3）。

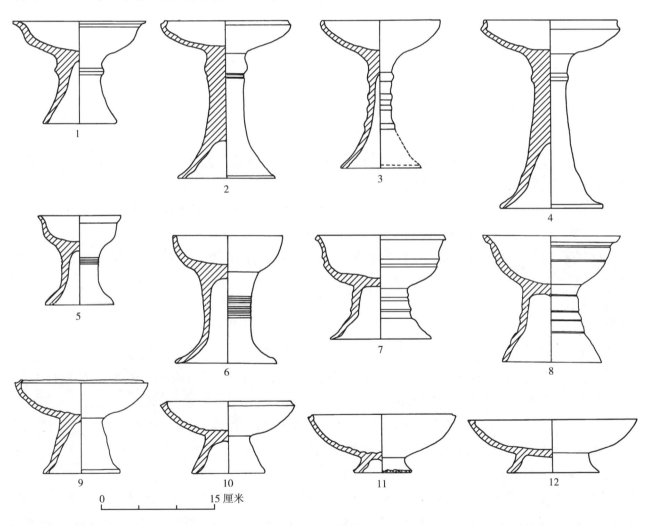

图一七九　马桥文化陶豆

1. A 型Ⅰ式（T2904⑤∶3）　　2. A 型Ⅱ式（H75∶5）　　3. A 型Ⅱ式（H79∶15）　　4. A 型Ⅲ式（H74∶1）　　5. B 型Ⅰ式（T2904④∶1）
6. B 型Ⅱ式（H42∶17）　　7. B 型Ⅲ式（H69∶5）　　8. B 型Ⅳ式（H69∶6）　　9. C 型Ⅰ式豆（H133∶2）　　10. C 型Ⅱ式（T3002④∶1）
11. C 型Ⅲ式（T6301（5A）∶3）　　12. C 型Ⅳ式（T3002④∶2）

Ⅲ式 3件。盘形，沿口下内凹，柄部有一道凸棱，喇叭形座有台阶状底边。标本H74：1，泥质灰陶。口径17.6、底径13.6、高24.8厘米（图一七九，4；彩版一二七，5）。标本H75：3，泥质灰陶。口径18、底径14、高22厘米。标本H75：2，泥质灰陶。口径20、底径12.8、高27厘米。

B型 4件。分四式。

Ⅰ式 1件。标本T2904④：1，泥质黑灰陶。尖唇，折沿，口沿下外壁内凹。粗柄，饰一道凸弦纹，两道凹弦纹。口径11.2、底径9.4、高11.8厘米（图一七九，5；彩版一二七，6）。

Ⅱ式 1件。标本H42：17，泥质灰陶。直口，弧腹，喇叭形圈足。柄部有10道凹弦纹。口径14.8、底径14、高16.4厘米（图一七九，6）。

Ⅲ式 1件。标本H69：5，泥质灰陶。簋形盘，粗矮柄。盘外壁与柄部饰有凹弦纹。口径17.6、底径13.4、通高13.6厘米（图一七九，7）。

Ⅳ式 1件。标本H69：6，泥质灰陶。尖唇，敞口，弧腹，粗柄。盘外壁有两道凹弦纹，柄部有三道凹弦纹。口径18.4、底径13.4、高16.6厘米（图一七九，8）。

C型 4件。分四式。

Ⅰ式 1件。标本H133：2，硬陶。子母口，弧腹，高圈足。口径18、底径12、高12厘米（图一七九，9）。

Ⅱ式 1件。标本T3002④：1，泥质橙黄陶。敛口，斜沿，弧腹，圈足。口径16.2、底径10、高9.6厘米（图一七九，10）。

Ⅲ式 1件。标本T6301⑤A：3，灰色硬陶。口微敛，斜沿微凹，弧腹，矮圈足。口径18.8、底径7.6、高7.8厘米（图一七九，11；彩版一二八，1）。

Ⅳ式 1件。标本T3002④：2，泥质灰陶。敞口，窄平沿，弧腹，矮圈足外撇。口径22.6、底径12.2、高7厘米（图一七九，12）。

豆形簋

7件。分两型。

A型 5件。分三式。

Ⅰ式 1件。标本T2904⑤：48，泥质灰陶。折平沿，圆弧腹，圈足。圈足上对称有两个半孔。口径18.8、底径8、通高9.6厘米（图一八〇，1；彩版一二八，2）。

Ⅱ式 2件。盆形，凹弧腹，圈足。标本T2904⑤：12，泥质灰陶。覆盆形圈足。口径16、底径8.6、高9厘米（图一八〇，2）。标本T2603②：7，泥质灰陶。口径20.4、底径11.2、通高11.6厘米（彩版一二八，3）。

Ⅲ式 2件。平沿，弧腹，矮圈足。标本T2904④：3，泥质黑灰陶。口径19.6、底径9.6、高10.6厘米（图一八〇，3）。标本T2904④：2，灰色硬陶。口径25.8、底径10、高11厘米。

B型 2件。分两式。

Ⅰ式 1件。标本H84：7，泥质灰陶。敛口，折肩，斜腹，圈足稍高，底边外撇近平，上弦纹间有长镂孔。口径13.2、底径14、高12厘米（图一八〇，4）。

Ⅱ式 1件。标本H85：3，泥质灰陶，敛口，沿面外斜，上饰凹弦纹，弧腹，圈足外撇。

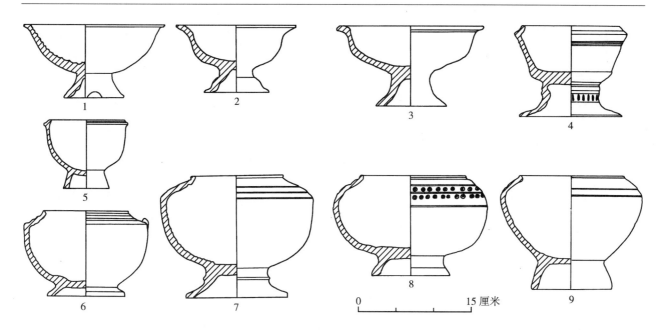

图一八〇 马桥文化陶簋

1. A 型 I 式豆形簋（T2904⑤：48） 2. A 型 II 式豆形簋（T2904⑤：12） 3. A 型 III 式豆形簋（T2904④：3） 4. B 型 I 式豆形簋
（H84：7） 5. B 型 II 式豆形簋（H85：3） 6. I 式罐型簋（H136：2） 7. II 式罐型簋（H75：1） 8. III 式罐型簋（H75：2）
9. IV 式罐形簋（J34：4）

口径 10、底径 6、高 9 厘米（图一八〇，5；彩版一二八，4）。

罐形簋

4 件。分四式。

I 式 1 件。标本 H136：2，青黄色原始瓷。尖唇，肩部微凹，转折处有折棱，矮圈足。肩部饰多道凹弦纹。口径 11.4、底径 10.4、最大腹径 16.4、高 11.2 厘米（图一八〇，6；彩版一二九，1）。

II 式 1 件。标本 H75：1，泥质灰陶。敛口，斜折肩，高圈足外撇。肩部有三道弦纹。圈足上有一道凸棱。口径 12.4、底径 13.6、高 16.2 厘米（图一八〇，7）。

III 式 1 件。标本 H75：2，泥质灰陶。敛口，溜肩，圆鼓腹，圈足外撇。肩部有弦纹间饰圆珠纹（图一八〇，8；彩版一二九，2）。

IV 式 1 件。标本 J34：4，硬陶。敛口，鼓肩，弧腹，圈足微外撇。肩部有弦纹。口径 14、底径 11、最大腹径 19、高 15 厘米（图一八〇，9；彩版一二九，3）。

三足盘

6 件。分两型。

A 型 4 件。浅盘。分三式。

I 式 2 件。方唇，平折沿，浅盘连接圜底，附有三个拱形方足。标本 J34：2，泥质灰陶。口径 18.8、高 11 厘米（图一八一，1）。

II 式 1 件。标本 H133：1，泥质灰陶。方唇，折沿，沿面略内斜，圜底附有三个刀形扁足。口径 18、高 14 厘米（图一八一，2；彩版一二九，4）。

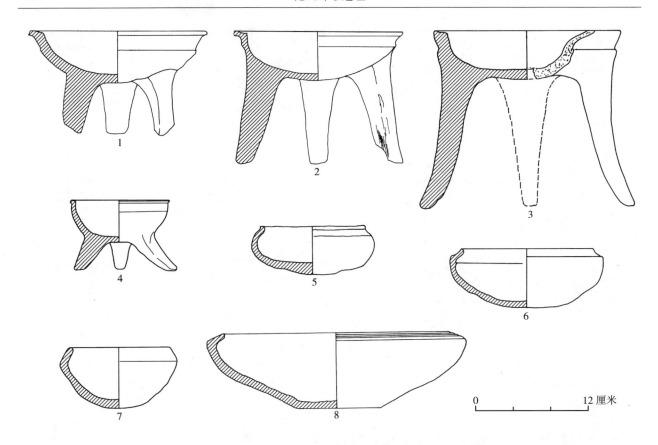

图一八一 马桥文化陶器

1. A 型 I 式三足盘（J34：2） 2. A 型 II 式三足盘（H133：1） 3. A 型 III 式三足盘（H75 标：4） 4. B 型三足盘（J40：1） 5. A 型 I 式钵（T2904⑤：49） 6. A 型 II 式钵（T2904④：13） 7. A 型 III 式钵（J34：3） 8. B 型钵（H81：1）

III式 1 件。标本 H75 标：4，泥质灰陶。直口，浅盘，盘外壁有一折阶，圈底附三羊角形高足。口径 20、高 18.6 厘米（图一八一，3）。

B 型 2 件。盆形，羊角形矮足。标本 H84：3，泥质橙黄陶。口沿残缺，口径 11.8、高 9.6 厘米。标本 J40：1，泥质灰陶。口径 10.4、高 7.2 厘米（图一八一，4；彩版一三〇，1）。

钵

5 件。分两型。

A 型 4 件。分三式。

I 式 1 件。标本 T2904⑤：49，泥质灰陶。方唇，鼓腹，圈底，器身扁矮。口径 11.2、底径 6、高 5 厘米（图一八一，5；彩版一三〇，2）。

II 式 2 件。标本 T2904④：13，泥质橙黄陶。敛口，折肩，弧腹，圈底。口径 14.、最大腹径 16.5、高 6 厘米（图一八一，6）。标本 H1：2，泥质灰陶，凹圈底。口径 13.2、底径 6.4、高 7.6 厘米。

III 式 1 件。标本 J34：3，黄褐色硬陶。敛口，鼓肩，削腹，圈底。口径 10.6、高 6.4 厘米（图一八一，7；彩版一三〇，3）。

B 型 1 件。标本 H81：1，泥质黑灰陶。敛口，鼓肩，下腹内收，平底。口沿处有多道凹

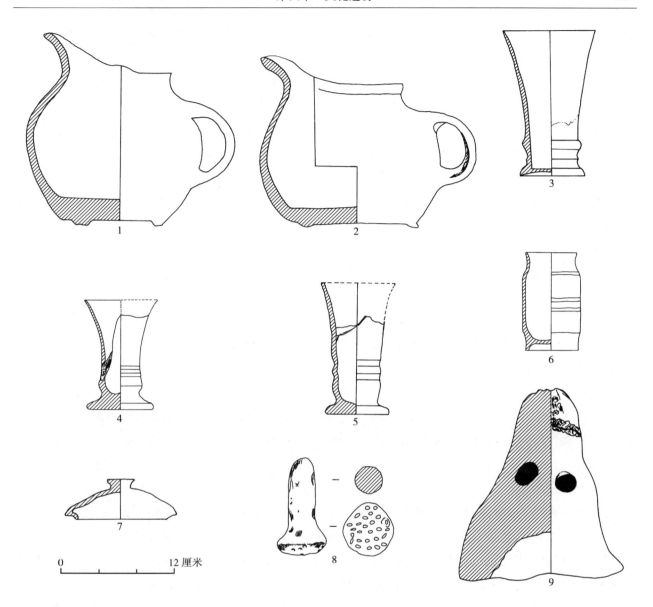

图一八二　马桥文化陶器

1、2. 盉（H35：2、1）　3. A型I式觚（T2904④：19）　4. A型II式觚（H42：6）　5. A型III式觚（H69：25）　6. 筒形杯（H51：1）

7. 器盖（H36：5）　8. 拍（T2904⑤：31）　9. 支座（T6301⑤A：4）

弦纹。口径27.8、底径8.8、高8厘米（图一八一，8）。

　　盉

　　1件。标本H35：2，夹砂灰褐陶。口部有一鸭嘴形流，圆鼓腹，上有一半环形把，平底附三小足。口径14、底径11、高16.2。厘米（图一八二，1）。标本H35：1，口径15、底径13、高15厘米（图一八二，2；彩版一三〇，4）。

　　觚形杯

　　3件。分三式。

　　I式　1件。标本T2904④：19，泥质灰陶。尖唇，敞口，杯壁较薄，口至底逐渐内收，平底略凹。杯身与底之间有一凸棱与两道凹弦纹。上半部残缺,修复完整。口径10、底径6.6、高15.2厘米(图一八二,3)。

Ⅱ式 1件。标本 H42:6,泥质灰陶。敞口,下腹内收,大平底。杯身与底之间有多道凹弦纹。口沿残缺,修复完整。口径7.8、底径7、高11.6厘米(图一八二,4)。

Ⅲ式 1件。标本 H69:25,泥质灰陶。口微敞至底逐渐内收,平底。下腹有两道凹纹。口沿残缺,修复完整。口径7.2、底径6.8、高14厘米(图一八二,5)。

筒形杯

1件。标本 H51:1,泥质灰陶。尖唇,口微敞,从颈部至下腹部为直筒形。腹部有几道弦纹,圈足。口径5.5、底径5.6、高10.3厘米(图一八二,6)。

器盖

1件。标本 H36:5,红褐色硬陶。盅形纽,覆盆式盖,子母口。盖径12、通高4.4厘米(图一八二,7)。

拍

1件。标本 T2904⑤:31,泥质灰陶。莲蓬形,拍纹为米粒形。拍面直径5.5、通高10.4厘米(图一八二,8;彩版一三一,1)。

支座

1件。标本 T6301⑤A:4,夹砂褐陶。上小下大,中有两镂空,形似人的眼窝。上端直径4、下端直径15.4、高23厘米(图一八二,9;彩版一三一,2)。

纺轮

8件。分两型。

A型 3件。横断面近似橄榄形。分两式。

Ⅰ式 2件。轮面上饰锥刺纹。标本 T2904⑤:24,泥质土红色陶。轮面中心孔四等分,如同佛教万字形锥刺纹。最大直径6.1、厚2厘米(图一八三,1;彩版一三一,3)。标本 T2904⑤:25,轮面饰满锥刺纹。最大直径6、厚1.9厘米(图一八三,2;彩版一三一,4)。

Ⅱ式 1件。标本 T2904⑤:35,泥质灰陶。素面。最大直径4.1、厚1.8厘米(图一八三,3)。

B型 5件。横断面为圆角长方形。分两式。

Ⅰ式 4件。均素面。标本 T2904⑤:40,泥质黑陶。直径4、厚1.1厘米(图一八三,4)。标本 T2904⑤:44,泥质黑陶。稍薄。直径4.、厚1.8厘米(图一八三,5;彩版一三一,5)。标本 T2904⑤:29,泥质黑灰陶。较薄。直径3.3、厚0.1厘米。

Ⅱ式 1件。标本 T2904④:4,泥质青灰陶。轮面周边为斜面。直径4、厚1.3厘米(图一八三,6;彩版一三一,6)。

纹饰陶片

1件。标本 T2904⑤:11,泥质黄陶。为一陶器残片,上饰长叶纹与锥刺纹等组合纹。残高5、残宽4.5厘米(图一八三,7)。

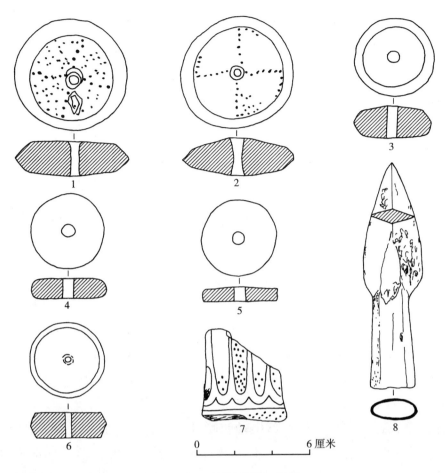

图一八三　马桥文化陶、铜器

1、2. A 型 I 式陶纺轮（T2904⑤：24、25）　3. A 型 II 式陶纺轮（T2904⑤：35）　4、5. B 型 I 式陶纺轮（T2904⑤：40、44）　6. B 型 II 式陶纺轮（T2904④：4）　7. 纹饰陶片（T2904⑤：11）　8. 铜矛（T2902④：7）

二　石器

出土石器较多，但是种类不多，主要有刀、锛、斧、镞等。其中半月形石刀最具特色，出土数量也比较多。

半月形刀

18 件。分三型。

A 型　9 件。凹背，近背部中轴两侧各有一孔，双孔中心间距 2 厘米以上，分三式。

I 式　1 件。标本 T2904⑤：27，黑灰石。背微下弧，双翼为圆角，半圆形刃。近背部。两翼宽 13.5、高 4.5、厚 0.8 厘米（图一八四，1；彩版一三二，1）。

II 式　1 件。标本 H39：3，灰黑石。凹背，双翼微起翘并下弧近似三角形。两翼宽 12.5、高 4.8、厚 0.5 厘米（图一八四，2；彩版一三二，2）。

III 式　7 件。凹弧背，双翼起翘，刃下弧成三角形。标本 H39：1，黑灰石。两翼宽 14、高 4.5、厚 0.4 厘米（图一八四，3）。标本 H39：2，灰黑石。一翼稍残。两翼残宽 10.5、高

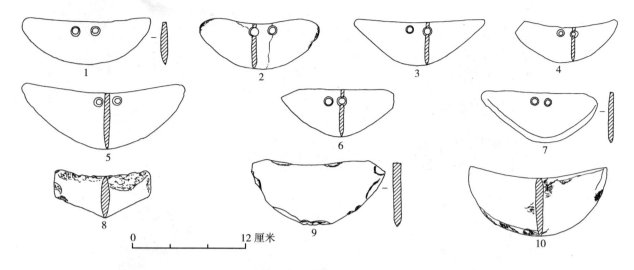

图一八四　马桥文化半月形石刀

1. A型I式（T2904⑤：27）　2. A型Ⅱ式（H39：3）　3、4、5. A型Ⅲ式（H39：1、2，J47：1）　6、7. B型（H42：1、T2904④：5）
8、9、10. C型（H41：2、T2904⑤：19、H95：1）

3.7、厚0.4厘米（图一八四，4；彩版一三二，3）。标本J47：1，黑灰石。两翼宽26、高17.3、厚0.55厘米（图一八四，5；彩版一三二，4）。余下几件均残缺一翼。标本H79：3，黑灰色。背部另有一半圆孔。

B型　6件。平背，三角形，近背部中轴两侧各有一孔，双孔中心间距1.5厘米以下。标本H42：1，深灰石。两翼宽12.2、高5、厚0.4厘米（图一八四，6）。标本T2904④：5，黑灰色。双翼不对称，三角形刃磨出较锋利的刃口。两翼宽12.5、高5.3、厚0.5厘米（图一八四，7）。余下几件均残缺一翼。标本T2904⑤：33，黑灰石。半翼上有三个镂空。

C型　3件。凹背，无镂孔。标本H41：2，灰色岩石。三角形，两翼宽10.5、高4.3、厚0.8厘米（图一八四，8；彩版一三二，5）。标本T2904⑤：19，青灰石。打制后经简单磨光。两翼宽14、高6.4、厚0.8厘米（图一八四，9）。标本H95：1，黑灰石。弯月形。两翼宽14.8、高6.2、厚0.8厘米（图一八四，10；彩版一三二，6）。

靴形刀

2件。分两式。

Ⅰ式　1件。标本T2603③：3，灰色。柄上端缺损，刀头与背均斜，弧刃，双面磨刃。长7.8、宽5.4、厚0.6厘米（图一八五，1）。

Ⅱ式　1件。标本T2904④：2，青灰石。刃与柄成直角，柄上端残缺。长8.4、残宽4.4、厚0.3厘米（图一八五，2）。

锛

13件。分三型。

A型　6件。长方形，较薄，周边棱角分明，分三式。

Ⅰ式　1件。背刃皆平，周边磨制规整，棱角分明。标本T2904⑤：10，灰石。长8.5、宽4、厚1.2厘米（图一八五，3）。

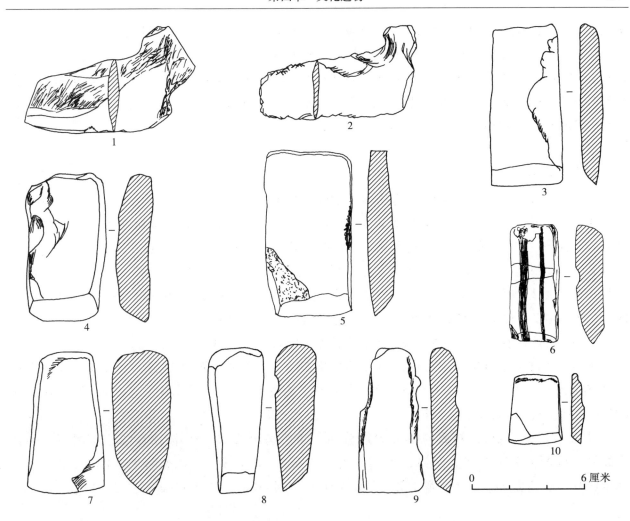

图一八五　马桥文化石器

1. A 型 I 式靴形刀（T2603③:3）　2. A 型II式靴形刀（T2904④:2）　3. A 型 I 式锛（T2904⑤:10）　4. A 型II式锛（T2904⑤:26）

5、6. A 型III式锛（H84:8、H36:3）　7. B 型 I 式锛（H1:3）　8. B 型II式锛（T2904⑤:18）　9. B 型III式锛（T2904④:15）

10. C 型锛（T2904⑤:14）

　　II式　3件。磨制不规整。标本 T2904⑤:26，青灰石。背与侧边均残缺。残长7.9、宽4.4、厚1.8厘米（图一八五,4）。

　　III式　2件。均为青灰色岩石。标本 H84:8，磨制抛光，表面有石筋。长6.3、宽2.6、厚1.4厘米（图一八五,5）。标本 H36:3，厚薄不匀，刃部略有残缺。长8.8、宽4.4、厚1.5厘米（图一八五,6）。

　　B 型　3件。上窄，下宽，"风"字形，较厚。分三式。

　　I式　1件。圆背，弧刃。标本 H1:3，青灰石。双面刃，刃口较锋利。刃宽4.2、高7.5厘米（图一八五,7）。

　　II式　1件。标本 T2904⑤:18，青灰色岩石。上宽、下窄。从上往下逐渐减薄。一面近背部处有道凹槽。长7.8、宽3、厚2.2厘米（图一八五,8）。

　　III式　1件。上窄下宽，一面靠背部处有道凹槽。标本 T2904④:15，青灰色。平刃，磨制光滑。上端侧边局部残缺。长 7.6、宽 3.5、厚 1.5 厘米（图一八五，9）。

C 型　4 件。体型较小，上窄下宽。标本 T2904⑤：14，黑灰石。长 3.7、上宽 2.3、下宽 2.9、厚 0.7 厘米（图一八五，10）。标本 H36：1，青灰石。长 4、宽 3.8、厚 0.8 厘米。标本 T2904④：6，青灰石。长 3.8、宽 2.8、厚 0.9 厘米。标本 H84：4，青灰石。长 3.35、上宽 1.8、下宽 2.3、厚 0.6 厘米。

镞

7 件。分两型。

A 型　3 件。柳叶形，横断面为菱形，较厚。分两式。

Ⅰ式　1 件。标本 H37：1，青灰石。柳叶形，双面刃，中起脊，横断面呈菱形，尾部扁平略残，磨制光滑。残长 4.1、宽 1.9、厚 1.4 厘米（图一八六，1；彩版一三三，1）。

Ⅱ式　2 件，均灰石，中起脊至尾，铤部与镞身分界明显。标本 H85：1，尾端略残缺。残长 8.9、宽 2、厚 0.9 厘米（图一八六，2；彩版一三三，2）。标本 H69：9，尾端略残缺。残长 7.8、宽 2、厚 1.2 厘米（图一八六，3；彩版一三三，3）。

B 型　4 件，菱形，中起脊横断面也呈菱形，较薄。分两式。

Ⅰ式　2 件，中脊棱角不分明。标本 T2902⑤：5，青灰石。峰尖残缺。残长 7、宽 2.2 厘米（图一八六，4）。标本 T2904⑤：43，青灰石。头尾均残缺。长 4.4、宽 2.1、厚 0.6 厘米（图一八六，5；彩版一三三，4）。

Ⅱ式　2 件，菱形，双翼与铤部界线分明，两边磨出刃口。标本 H36：2，灰黑石。中部不起脊，横断面为枣核形，圆铤，磨制光滑。长 6.3、宽 2.5、厚 0.5 厘米（图一八六，6）。标本 H90：1，青灰石。长 6、宽 2.2、厚 0.5 厘米（图一八六，7；彩版一三三，5）。

标

7 件。分两型。

A 型　5 件。尾部均残缺，头部呈三角形，两面皆平，侧边磨出刃口。分三式。

Ⅰ式　2 件。均黑灰石。标本 T2904⑥：3，残长 7.4、宽 5、厚 0.5 厘米（图一八六，8）。标本 T2904⑥：5，残长 5.3、宽 3.5、后 0.6 厘米。

Ⅱ式　2 件。标本 T2904⑤：1，青灰石。两侧磨出较宽的刃口，一侧刃边钻一孔（图一八六，9）。标本 T2904⑤：30，黑灰石。头部起脊其余平背，尾部与锋尖残缺。残长 8.6、宽 4.4、厚 0.8 厘米（图一八六，13）。

Ⅲ式　1 件。标本 H45：4，深灰石。打制后稍经加工，没有磨出刃口。残长 8.2、宽 4.5、厚 0.5 厘米（图一八六，10）。

B 型　2 件。尾部均残缺，头部两边为弧刃，均磨有刃口。标本 T2904⑤：38，青灰石。尾部略残缺，两面皆平。双面宽刃。残长 8、宽 3.8、后 0.5 厘米（图一八六，11）。标本 T2904⑤：32，青灰石。尾部残缺较多，形与Ⅱ式基本相同。残缺处有半个孔。残长 6.4、宽 3.2，厚 0.5 厘米（图一八六，12）。

圆锥形工具

1 件。标本 T2904⑤：17，青灰石。中为圆柱形，逐渐向两头削尖。其中一端尖部与圆柱

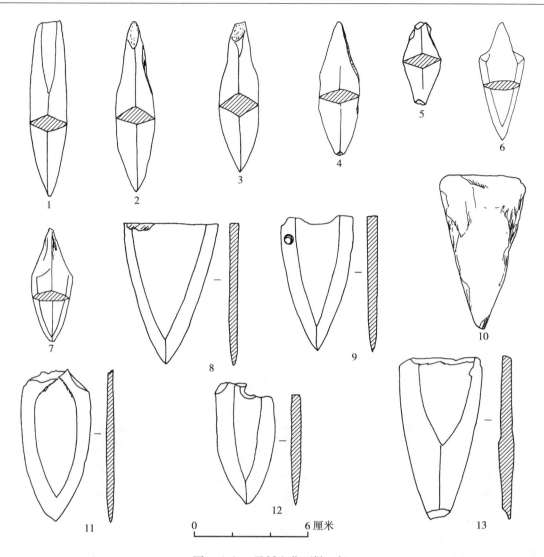

图一八六　马桥文化石镞、标

1. A 型 I 式镞（H37：1）　　2、3. A 型 II 式镞（H85：1、H69：9）　　4、5. B 型 I 式镞（T2902⑤：5、T2902⑤：43）　　6、7. B 型 II 式
镞（H36：2、H90：1）　　8. A 型 I 式标（T2904⑥：3）　　9. A 型 II 式标（T2904⑤：1）　　10. A 型 III 式标（H45：4）　　11. B 型标
（T2904⑤：38）　　12. B 型标（T2904⑤：32）　　13. A 型 II 式标（T2904⑤：30）

体交界处有折阶，估计为安装柄用的，另一端为钻孔的"钻头"。长 8、直径 1 厘米（图一八
七，1；彩版一三三，6）。

斧

9 件。分三型。

A 型　5 件。直柄，有肩。分三式。

I 式　2 件。标本 T2904⑤：8，青灰石。直柄，一侧无肩与刃部垂直相连，另一侧有肩，
弧刃。打磨加工。长 11.5、刃宽 9.4、厚 1.6 厘米（图一八七，2）。

II 式　2 件。直柄与斧身连接处内凹成双肩。标本 T2904④：16，青灰石。柄残缺，双面
弧刃，磨出刃口。残长 10.6、刃宽 9.8、厚 1.2 厘米（图一八七，3）。标本 T2904④：8，青灰
石。刃部残缺。残长 8.7、刃残宽 7.2、厚 1.5 厘米（图一八七，5）。

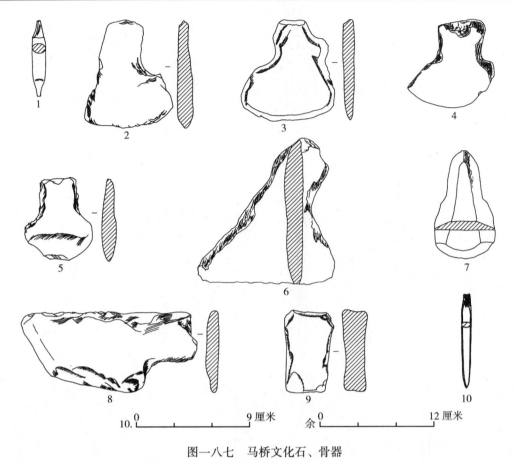

图一八七　马桥文化石、骨器

1. 圆锥形石工具（T2904⑤:17）　　2. A 型 I 式石斧（T2904⑤:8）　　3. A 型 II 式石斧（T2904④:16）　　4. A 型 III 式石斧（H69:12）
5. A 型 II 式石斧（T2904④:8）　　6. B 型石斧（H51:4）　　7. C 型石斧（H84:5）　　8. 直柄石刀（H31:2）　　9. 砺石（T2904⑤:22）
10. 骨簪（H136:6）

　　III式　1 件。标本 H69:12，灰色石。板斧形刃。长 9.3、刃宽 9.4、厚 1.1 厘米（图一八七，4；彩版一三四，7）。

　　B 型　3 件。斜柄与斧身呈不等边三角形。标本 H51:4，柄部一侧为斜边，另一边内折。平刃。长 15.5、刃宽 14.5、厚 1.7 厘米（图一八七，6）。标本 T6502⑤:1，柄部残缺。弧刃。残长约 11.5、刃宽 13.5、厚 1 厘米。标本 T2502④:3，刃口一侧磨出 1.5 厘米左右宽的刃边。长 18、刃宽 17、厚 1.1 厘米。

　　C 型　1 件。标本 H84:5，黑灰石。下为弧刃往上逐渐内收呈匕首状。底部磨出刃口。长 11.4、宽 6.5、厚 0.9 厘米（图一八七，7；彩版一三三，8）。

　　刀

　　2 件。标本 H31:2，青灰石。直柄，平背，刀头残缺，斜刃。残长 18、宽 8.5、厚 1.3 厘米（图一八七，8）。标本 H75:5，头尾均残缺，弧背、单面平刃。残长 19、宽 6.6、厚 0.8 厘米。

　　砺石

　　2 件。标本 T2904⑤:22，灰色细砂石。长方形，两面使用后均下凹。长 8.8、宽 5.3、厚 2厘米（图一八七，9）。标本 T2904⑤:4，土红色细砂石。较平整。长 7、宽 3.7、厚 1.5 厘米。

三　玉器

出土残器数件，仅一件玉瑗可辨。标本 H94：1，青白色。残半，直径约5.3、厚0.2 厘米。

四　骨器

成形器仅两件。

骨笄　2件。标本 J44：1，黄褐色，动物胫骨加工制成，两面均磨平，侧边还保留原有管状弧面。头端磨成扁尖，尾端斩平。长21.5、宽1.1、厚0.3 厘米。标本 H136：6，尾部残缺，头部磨尖，横断面呈椭圆形。残长7.5、宽0.7、厚0.4 厘米（图一八七，10）。

五　铜器

仅一件铜矛。

矛　1件。标本 T2902④：7，青铜。矛头税利，中起脊，两侧边呈弧形。尾部銎边磨出斜面。通长11.9、刃部最宽处3.2、銎宽2.5 厘米（图一八三，8）。

六　原始瓷器

凹圜底罐

4件。分两型。

A 型　2件。方唇，直口，鼓腹，圜底。分两式。

I式　1件。标本 H136：4，青黄色原始瓷。直口，窄斜沿，溜肩，中腹偏上外鼓，颈部有多道弦纹。厚胎。口径11.2、最大腹径18.8、高14 厘米（图一八八，1；彩版一三四，1）。

II式　1件。标本 H133：5，青色原始瓷。直口，削肩，中腹外鼓，下腹急收。颈部有多道凹弦纹，另堆塑三只蜥蜴形耳。口径10.4、最大腹径16.4、高15.2 厘米（图一八八，2；彩版一三四，2）。

B 型　2件。直口，鼓肩，贴塑圜形双耳，凹平底。分两式。

I 式　1件。标本 H133：6，青色原始瓷。圆鼓肩上饰多道弦纹，深弧腹，平底微内凹。口径10、底径6、高8.4 厘米（图一八八，3；彩版一三四，3）。

II 式　1件。标本 T3002③：2，青色原始瓷。鼓肩，弧腹，平底稍内凹。口径11、底径5.4、高7 厘米（图一八八，4）。

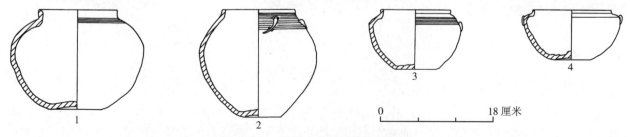

图一八八　马桥文化原始瓷凹圜底罐

1. A 型 I 式（H136：4）　2. A 型 II 式（H133：5）　3. B 型 I 式（H133：6）4. B 型 II 式（T3002③：2）

第五节　东周时期遗物

　　东周时期文化遗物大都出土于各遗迹单位内，大量为陶器，少量为石器。陶器中以泥质陶为主，依次为夹砂陶、几何印纹硬陶及少量原始瓷。大多数陶器上都有纹饰（图一八九），

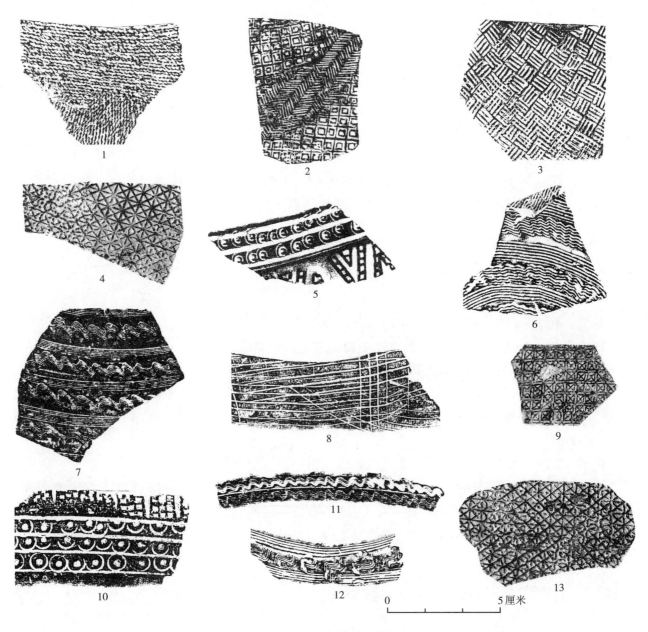

图一八九　东周时期陶器纹饰

1. 细绳纹（H22①标：14）　　2. 回字纹与叶脉纹组合（H31①标：2）　　3. 席纹（H31①标：1）　　4. 方格十字交叉纹（H70 标：13）

5. 圆点纹与梯格纹组合（H22 标：28）　　6. 水波纹与弦纹组合（T2904③标：31）　　7. 波折纹与弦纹组合（T2904③标：33）　　8. 划纹（T2904③标：2）　　9. 方块十字交叉纹（H70 标：15）　　10. 弦纹间圆点纹与小方格组合（T2904③标：47）　　11. 波折纹（T2904③标：28）　　12. 梳篦纹与弦纹组合（T2904③标：29）　　13. 方块填米字纹（H70 标：11）

常见纹饰有梯格纹、席纹、水波纹、圆圈纹、曲折纹、方格纹等。器形有罐、罈、瓮、豆、盘、鼎、甗、鬲、釜、盆、碗、盂等。下面介绍几组典型单位内出土器物。

一　陶器

罐

17 件。分双耳罐、平底罐。

双耳罐

14 件。分三型。

A 型　7 件，高领，乳丁足。分三式。

Ⅰ式　5 件。斜直口，球腹，肩部竖立双耳，罐底附三个较矮的乳丁足，均泥质黑皮陶。标本 H151：9，肩部两弦纹间饰重圆纹，中腹部另有一道凸弦纹。口径 9.2、底径 9.6、最大腹径 16.2、通高 13.2 厘米（图一九〇，1；彩版一三五，1）。标本 J74：1，肩腹部饰四组弦纹，每组三道，每道弦纹上有斜向划纹。口径 7.2、底径 10.4、最大腹径 14.8、通高 12 厘米（图一九〇，2）。

Ⅱ式　1 件。标本 J27：1，泥质黑陶。直领，口微敞，圆弧腹，平底附三乳丁足。肩部有一对耳，另饰弦纹。口径 7.6、底径 7.4、最大腹径 10.4、通高 14 厘米（图一九〇，3；彩版一三五，2）。

Ⅲ式　1 件。标本 T2902③：12，泥质灰陶。敞口，束颈，扁鼓腹，平底附三乳丁足。口径 10、底径 12.2、最大腹径 18.2、通高 11.2 厘米（图一九〇，4）。

B 型　2 件。短领或无领，平底。分两式。

Ⅰ式　1 件。标本 J11：2，泥质黑陶。直口，溜肩，鼓腹，大平底。肩部附双耳，另在上下数道弦纹间饰联珠纹，腹部也饰有多道弦纹。口径 14、底径 18.8、最大腹径 27.6、高 16 厘米（图一九〇，5）。

Ⅱ式　1 件。标本 J7：2，泥质黑陶。直口、矮领，鼓肩上附一对贯耳，下腹内收至平底。肩部有多道凹弦纹。口径 13.4、底径 18、最大腹径 27、高 18.5 厘米（图一九〇，6）。

C 型　5 件。分三式。

Ⅰ式　3 件。侈口，塌肩，弧腹，平底，均为黑陶。标本 H151：11，通体饰细弦纹。口径 12.8、底径 12.4、最大腹径 20、高 13.8 厘米（图一九〇，7；彩版一三五，3）。标本 J74：6，肩部有数道弦纹。口径 12.、底径 11.2、最大腹径 18、高 11.6 厘米。

Ⅱ式　1 件。标本 T2902③：30，灰色硬陶。无领。圆鼓腹。肩部附双耳，另饰多道水波纹。口径 9.4、底径 6.4、最大腹径 14.6、高 10 厘米（图一九〇，8）。

Ⅲ式　1 件。标本 T2902③：29，泥质黑陶。口内收，下垂腹，平底。外壁饰弦纹。口径 4、底径 5、高 5 厘米（图一九〇，9）。

平底罐

3 件。分三式。

Ⅰ式　1 件。标本 T2902③：21，印纹硬陶。卷唇，矮领，凹肩，弧腹，大平底。颈部有多

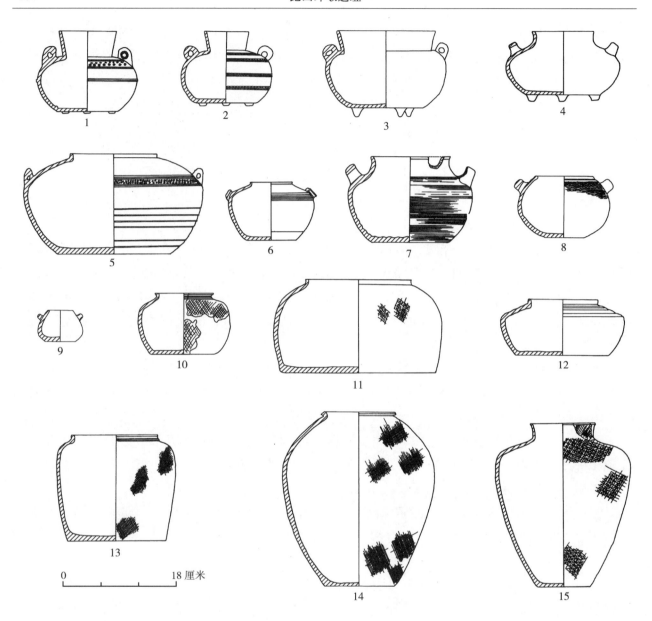

图一九〇　东周时期陶器

1、2. A 型 I 式双耳罐（H151：9、J74：1）　3. A 型 II 式双耳罐（J27：1）　4. A 型 III 式双耳罐（T2902③：12）　5. B 型 I 式双耳罐
（J11：2）　6. B 型 II 式双耳罐（J7：2）　7. C 型 I 式双耳罐（H151：11）　8. C 型 II 式双耳罐（T2902③：30）　9. C 型 III 式
双耳罐（T2902③：29）　10. I 式平底罐（T2904③：21）　11. II 式平底罐（T2902③：32）　12. III 式平底罐（T2902③：18）
13. 罎（H67：6）　14. I 式瓮（J11：1）　15. II 式瓮（J5：2）

道弦纹，通体饰网格纹。口径 18.8、底径 23.4、最大腹径 29.8、高 19 厘米（图一九〇，
10）。

　　II 式　1 件。标本 T2902③：32，泥质橙红陶。直口，溜肩，下腹垂直，大平底，周身饰
席纹。口径 17、底径 24.4、最大腹径 27.8、高 15 厘米（图一九〇，11）。

　　III 式　1 件。标本 T2902③：18，泥质灰陶。直口，广肩，弧腹内收至底。肩部有数道凹
弦纹。口径 11.4、底径 15.2、最大腹径 20、高 9 厘米（图一九〇，12）。

罐

2 件。直口，凹肩，深腹，腹壁较直，平底，印纹硬陶。标本 H67∶6，颈部有弦纹，通体饰网格纹。口径 28、底径 32、高 35 厘米（图一九〇，13）。标本 H67∶5，颈部有弦纹，通体饰网格纹。口径 30、底径 32.8、高 34.8 厘米。

瓮

3 件。分两型。

A 型　1 件。标本 J11∶1，灰色印纹硬陶。沿外缘有道棱，矮领，削肩，中偏上鼓腹，下腹急收，平底。通体饰小方格纹。口径 22.8、底径 23.8、最大腹径 50.6、高 51.5 厘米（图一九〇，14）。

B 型　2 件。直领，鼓肩，下腹收，平底。标本 J5∶2，灰褐色印纹硬陶。通体饰米筛纹。口径 20.8、底径 17、最大径偏上 45、高 53 厘米（图一九〇，15；彩版一三五，4）。标本 J7∶3，灰色印纹硬陶。口微外折。通体饰米筛纹。口径 20.2、底径 18.2，高 34.5 厘米。

豆

8 件。可分两型。

A 型　6 件。勾敛口，喇叭形高圈足。分四式。

Ⅰ式　1 件。子母口。标本 T2904③∶10，泥质灰陶。口沿内勾形成子母口（盖已缺）。豆把上部有两道凹弦纹。口径 15.4、底径 14.8、通高 18.4 厘米（图一九一，1；彩版一三六，1）。

Ⅱ式　2 件。勾敛口，钵形。标本 T3106⑤∶4，泥质灰陶。豆把上端有两道凹弦纹。喇叭形圈足底边外撇成折阶。口径 15.4、底径 11、通高 17 厘米（图一九一，2）。标本 H22②∶5，泥质灰陶。口径 14.2、底径 12、通高 18.6 厘米（图一九一，3；彩版一三六，2）。

Ⅲ式　2 件。敞口，盆钵形。标本 H22②∶7，泥质灰陶。口径 16.4、底径 12、通高 19.5 厘米（图一九一，4；彩版一三六，3）。标本 H22②∶2，泥质黑陶。口径 16.2、底径 11.6、通高 17.4 厘米（图一九一，5）。

Ⅳ式　1 件。沿外翻，盆形。标本 H22①∶6，泥质灰陶。口径 16.6、底径 12.8、通高 20.8 厘米（图一九一，6；彩版一三六，4）。

B 型　2 件。直口，盘形，矮圈足。标本 T3106⑤∶2，泥质红褐陶。口径 14.4、底径 11、通高 11.5 厘米（图一九一，7）。标本 T3106⑤∶14，泥质灰陶。口径 10.8、底径 8.8、通高 8 厘米（图一九一，8）。

圈足盘

1 件。标本 H22②∶8，泥质灰陶。敛口，折腹，高圈足外撇。肩部刻划联珠纹及堆塑一蝌蚪。口径 13.8、底径 13.6、通高 9.8 厘米（图一九一，9）。

三足盘

7 件。分两型。

A 型　4 件。盆形。分三式。

Ⅰ式　2 件。方唇，平沿，浅腹、高足。标本 T2904③∶14，泥质灰陶。足底外撇。口径

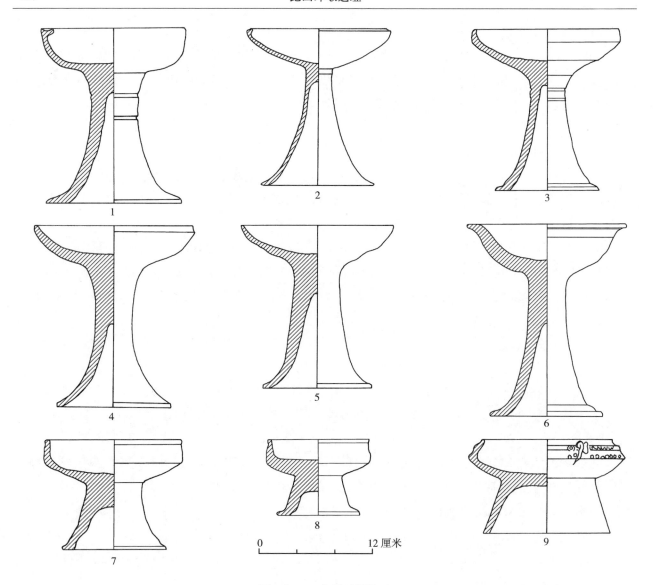

图一九一　东周时期陶豆

1. A 型 I 式豆（T2904③：10）　　2、3. A 型 II 式豆（T3106⑤：4、H22②：5）　　4、5. A 型 III 式豆（H22②：7、2）　　6. A 型 IV 式豆（H22①：6）　　7. B 型豆（T3106⑤：2）　　8. B 型豆（T3106⑤：14）　　9. 圈足盘（H22②：8）

19.2、通高 21 厘米（图一九二，1；彩版一三七，1）。标本 T2904③：3，泥质灰陶。盆口烧造时略有变形，口沿下有弦纹。口径 18、通高 16 厘米。

　　II 式　1 件。方唇，标本 T2904③：12，方唇，沿面微内斜，盆壁内弧，圜底。口径 17、通高 15 厘米（图一九二，2）。

　　III 式　1 件。标本 H22①：2，泥质灰黑陶。尖唇，沿面内斜，壁内凹，羊角形足。口径 16.6、通高 13.6 厘米（图一九二，3）。

　　B 型　3 件。钵形。分三式。

　　I 式　1 件。标本 H22①：7，夹砂橙黄陶。勾敛口，鼓肩，圜底。羊角形三足。口径 18.6、通高 14.6 厘米（图一九二，4；彩版一三七，2）。

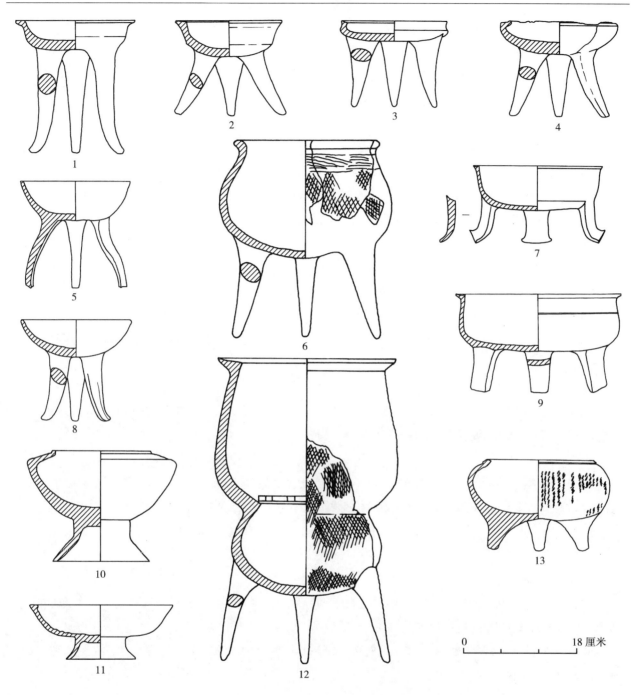

图一九二　东周时期陶器

1. A 型 I 式三足盘（T2904③：14）　　2. A 型 II 式三足盘（T2904③：12）　　3. A 型 III 式三足盘（H22①：2）　　4. B 型 I 式三足盘（H22①：7）　　5. B 型 II 式三足盘（H45：2）　　6. A 型鼎（H22②：9）　　7. B 型鼎（H151：1）　　8. B 型 III 式三足盘（J8：1）　　9. C 型鼎（T2902③：16）　　10. A 型簋（H22①：1）　　11. B 型簋（H68：1）　　12. 甗（H22②：13）　　13. 鬲（T2904③：13）

Ⅱ式　1 件。标本 H45：2，泥质灰陶。大敞口，深腹，圜底，三弯拱形扁足。口径18、通高17 厘米（一九二，5）。

Ⅲ式　1 件。标本 J8：1，夹砂灰陶。三足根部外撇，上部聚集承托钵形盘。口径18、高16.2 厘米（一九二，8；彩版一三七，3）。

鼎

4 件。分三型。

A 型　2 件。厚圆唇外卷，束颈，圆弧腹，圜底，三柱形足，均饰有绳纹。标本 H22②：11，夹砂红褐陶。口径 22、最大腹径 24、通高 28 厘米。标本 H22②：9，口径 23.8、最大腹径 28、高 31.2 厘米（图一九二，6；彩版一三七，4）。

B 型　1 件。标本 H151：1，泥质硬陶。口微敞，子母口，弧腹，平圜底。三足底外折。口径 26、高 12.2 厘米（图一九二，7；彩版一三七，5）。

C 型　1 件。标本 T2902③：16，夹砂陶灰黑陶。尖唇，沿面微凹，直口，圜底近平，附三只扁矮足。盘外壁有一道弦纹。口径 26.8、高 17.6 厘米（图一九二，9）。

簋

2 件。分两型。

A 型　1 件。H22①：1，泥质灰陶。直口，广肩微凹，圆弧腹，喇叭形圈足。口径 15.6、底径 15.4、高 17.5 厘米（图一九二，10）。

B 型　1 件。H68：1，泥质灰硬陶。口沿内勾，斜腹，圈足外撇。口径 22.6、底径 10.5、高 8.6 厘米（图一九二，11）。

甗

1 件。标本 H22②：13，夹砂灰褐陶。尖唇，斜沿微凹，下腹内束成双腹。圜底，附三柱状足。口径 29、最大腹径 30、高 47.8 厘米（图一九二，12）。

鬲

1 件。标本 T2904③：13，夹砂红陶。口微内敛，短颈，鼓肩，三矮柱足。颈以下饰竖列绳纹。口径 18.2、最大腹径 22.8、高 14.4 厘米（图一九二，13）。

釜

5 件。分三型。

A 型　2 件。分两式。

Ⅰ 式　1 件。标本 H151：7，夹砂红陶。尖唇，弧沿外翻，圜底较平缓。通体饰曲折纹。口径 22、高 7.6 厘米（图一九三，1）。

Ⅱ 式　1 件。标本 T2902③：23，夹砂褐陶。尖唇，沿面微凹，上腹壁较直，圜底。口径 16、高 6 厘米（图一九三，2）。

B 型　2 件。分两式。

Ⅰ 式　1 件。标本 H67：4，夹砂黑褐陶。宽折沿，束颈，直腹，圜底。口径 42.6、最大腹径 38、高 28 厘米（图一九三，3）。

Ⅱ 式　1 件。标本 H54②：9，夹砂灰褐陶。宽折沿，沿面微下凹，深直腹，圜底。口径 23、最大腹径 37.4、高 20 厘米（图一九三，4）。

C 型　1 件。标本 H67：3，夹砂褐陶。直口，口沿上附双耳，口沿下饰有多道弦纹，圜底。口径 14.4、高 6.2 厘米（图一九三，5）。

浅腹盆

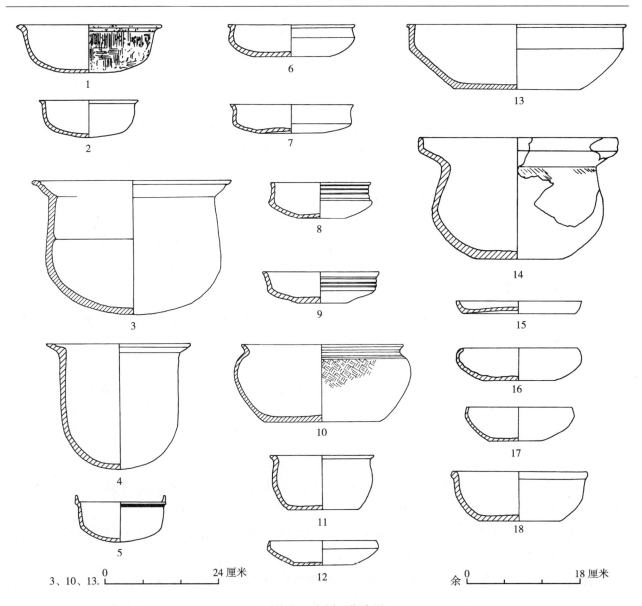

图一九三 东周时期陶器

1. A 型 I 式釜（H151：7） 2. A 型 II 式釜（T2902③：23） 3. B 型 I 式釜（H67：4） 4. B 型 II 式釜（H54②：9） 5. C 型 I
式釜（H67：3） 6. I 式浅腹盆（T2902③：6） 7、8. II 式浅腹盆（H54②：1、6） 9. III 式浅腹盆（H54②：2） 10. A 型 I 式深
腹盆（T2904③：19） 11. A 型 II 式深腹盆（H54①：8） 12. III 式钵（J23：3） 13. B 型深腹盆（J12：1） 14. C 型深腹盆
（T2904③：22） 15. 盘（T2902③：28） 16. I 式钵（T2902③：24） 17. II 式钵（H54②：8） 18. A 型 III 式深腹盆（J23：2）

7 件。分三式。

I式 1件。标本 T2902③：6，泥质灰硬陶。敛口，平沿，下腹微鼓，平底。口径 20.4、
底径 12.8、高 5 厘米（图一九三，6）。

II式 4件。直口或口微侈，折弧腹。标本 H54②：1，泥质灰陶。尖唇，盆上壁微收，平
底内凹。口径 20、底径 9.4、高 4.4 厘米（图一九三，7）。标本 H54②：6，泥质灰陶。肩部有
数道凹弦纹。口径 16、底径 7.8、高 5.6 厘米（图一九三，8）。

III式 2件。敞口，斜壁，平底内凹。标本 H54②：2，泥质灰陶。口径 18.8、底径 7.4、高 5

厘米（图一九三，9）。标本 H54①：4，泥质灰褐色硬陶。口径 17.4、底径 7.6、高 5.4 厘米。

深腹盆

5 件。分三型。

A 型 3 件。分三式。

Ⅰ式 1 件。标本 T2902③：19，泥质黑灰色硬陶。敞口，折沿，束颈，鼓肩，下腹内收，平底。颈部有多道凹弦纹，肩一下饰席纹。口径 34、底径 24.4、高 16.4 厘米（图一九三，10）。

Ⅱ式 1 件。标本 H54①：8，平沿，束颈，弧腹，平底。口径 16.6、底径 11.6、高 8.6 厘米（图一九三，11）。

Ⅲ式 1 件。标本 J23：3，圆唇，弧腹，平底。口径 14、底径 8、高 5 厘米（图一九三，12）。

B 型 1 件。标本 J12：1，泥质黑灰陶。直口，平沿，口沿下直壁至下腹急收，平底。口径 46、底径 29、高 14 厘米（图一九三，13）。

C 型 1 件。标本 T2904③：22，泥质灰陶。盘口，束颈，垂腹，平底。饰细绳纹。口径 32、最大腹径 27、高 19 厘米（一九三，14）。

盘

1 件。标本 T2902③：28，泥质灰陶。敞口，浅腹，平底内凹。口径 20、底径 18、高 1.8 厘米（图一九三，15）。

钵

3 件。分三式。

Ⅰ式 1 件。标本 T2904③：24，泥质深灰陶。敛口，圆鼓肩，弧腹，平底。口径 19、底径 12、高 5.2 厘米（图一九三，16）。

Ⅱ式 1 件。标本 H54②：8，泥质灰陶。敛口，鼓肩，斜腹，平底。口径 17.2、底径 9.4、高 5.4 厘米（图一九三，17）。

Ⅲ式 1 件。标本 J23：2，泥质灰陶。口微敛，鼓肩，斜腹，平底。口径 17、底径 9.4、高 4 厘米（图一九三，18）。

碗

4 件。可分两型。

A 型 1 件。标本 H54①：6，橙黄色硬陶。敛口，弧腹，平底。口沿下饰水波纹，内壁有弦纹。口径 10、底径 5、高 4 厘米（图一九四，1）。

B 型 3 件。分两式。

Ⅰ式 2 件。标本 T3106⑤：12，印纹硬陶。口微敛，下腹圆弧，平底。通体饰麻布纹。口径 8.8、底径 6.6、高 6.4 厘米（图一九四，2）。

Ⅱ式 1 件。标本 H54③：5，泥质硬陶。敛口，球形腹，假圈足底。口沿下有一宽带上列竖条纹。口径 13.4、底径 7.6、高 9 厘米（图一九四，3）。

盂

2 件。分两型。

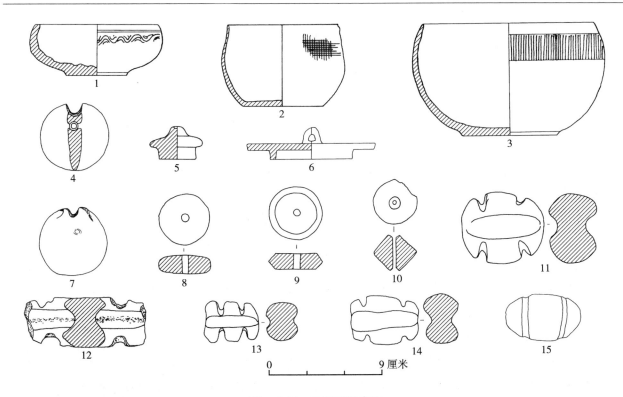

图一九四 东周时期陶器

1. A 型碗（H54①：6） 2. B 型 I 式碗（T3106⑤：12） 3. B 型 II 式碗（H54③：5） 4. A 型 I 式坠饰（T2902③：22） 5. B 型
器盖（T2904③：8） 6. A 型器盖（T2902③：10） 7. B 型坠饰（J23：1） 8. A 型 I 式纺轮（T3106⑤：15） 9. A 型 II 式纺轮
（T3106④：2） 10. B 型纺轮（T2803③：1） 11. A 型网坠（T2904③：6） 12. B 型网坠（H47：2） 13. C 型网坠（T2904③：
19） 14. C 型网坠（T2904③：20） 15. D 型网坠（H96：1）

A 型 1 件。标本 T2904③：5，泥质灰陶。沿微外卷，折肩，弧腹，圈足底。肩部有数道
弦纹。口径 13、底径 9.2、高 5.4 厘米。

B 型 1 件。标本 H54①：7，泥质灰色硬陶。敛口，鼓腹，圜底近平。口径 5.6、底径
3.6、高 4.8 厘米。

器盖

2 件。分两型。

A 型 1 件。锅盖形。标本 T2904②：10，泥质灰色硬陶。盖为平面，拱形纽。盖径 10.2、
高 2.5 厘米（图一九四，6）。

B 型 1 件。壶盖形。标本 T2904③：8，泥质灰陶。草帽形纽。盖径 4.2、高 2.6 厘米
（图一九四，5）。

圆饼形坠饰

3 件。不知用途，分两型。

A 型 2 件。圆形，上有一缺口，中轴偏上有一圆孔。标本 T2902③：22，泥质灰陶。直径
5.5、厚 1.3 厘米（图一九四，4）。标本 T2904③：3，泥质灰陶。直径 5.5~6、厚 1.5 厘米。

B 型 1 件。手捏成形，器表不规整。标本 J23：1，泥质黑灰陶。近似鸡心形，圆孔偏

上。最大直径 5.5、厚 1.2 厘米（图一九四，7）。

纺轮

3 件。分两型。

A 型　2 件。圆形。分两式。

Ⅰ式　1 件。标本 T3106⑤：15，泥质黑灰陶。论面周边棱角磨去。中有一孔。直径 4.1、厚 1.6 厘米（图一九四，8）。

Ⅱ式　1 件。标本 T3106④：2，红褐色陶。周边磨出斜面，横断面呈菱形。直径 4.3、厚 1.3 厘米（图一九四，9）。

B 型　1 件。标本 T2803③：1，泥质灰陶。断面呈菱形。直径 3.5 厘米（图一九四，10）。

网坠

17 件。分四型。

A 型　6 件。四边均圆弧形，近两端各有两个缺口，中部有纵向凹沟。标本 T2904③：6，泥质黑灰陶。长 6.6、宽 5.6 厘米（图一九四，11；彩版一三八，1）。标本 H46：3，泥质灰陶，长 7.1、宽 5.7 厘米。

B 型　6 件。四边皆平。标本 H47：2，泥质灰陶。长 9.9、宽 4 厘米（图一九四，12）。标本 H75：7，泥质灰陶。两端下凹。长 7.4、宽 5 厘米。标本 T3002③：1，泥质灰陶。长 6.8、宽 5 厘米。

C 型　4 件。形似 B 型，稍小。标本 T2904③：19，泥质灰陶。长 3.4、宽 3.2 厘米（图一九四，13；彩版一三八，2）。标本 T2904③：20，泥质灰陶。长 5.4、宽 3.8 厘米（图一九四，14）。

D 型　1 件。形如鹅蛋。标本 H96：1，泥质灰陶。长 6、宽 5.4、厚 3.7 厘米（图一九四，15；彩版一三八，3）。

二　石器

石器出土比较多，但器类不多，主要有半月形石刀与斧以及锛、凿、刀等。

半月形刀

5 件。分两型。

A 型　3 件。弯月形。标本 T2904③：9，灰黑色。背部下弧，半圆形弧双面刃。中轴近背部有两个平行镂孔，侧边另各有一小孔，通体磨光。长 12.5、宽 4.7、厚 0.5 厘米（图一九五，1）。标本 T2904③：11，标本 T3106④：1，均仅残存半个，青灰色。

B 型　2 件。平背，弧刃。标本 H22①：4，黑灰色。近背部有两个镂孔，刃部残缺。通体磨光。长 11.5、宽 5.1、厚 0.6 厘米（图一九五，2）。标本 H55：3，残存半件。

有肩斧

2 件。标本 H22②：3，青灰色。直柄，肩稍平，弧刃，刃口残缺。高 13.2、刃宽 11.5、厚 1.5 厘米（图一九五，3）。标本 H56：2，灰色。直柄，塌肩，双面弧刃。高 8.5、刃宽 6.7 厘米（图一九五，4）。

直柄刀

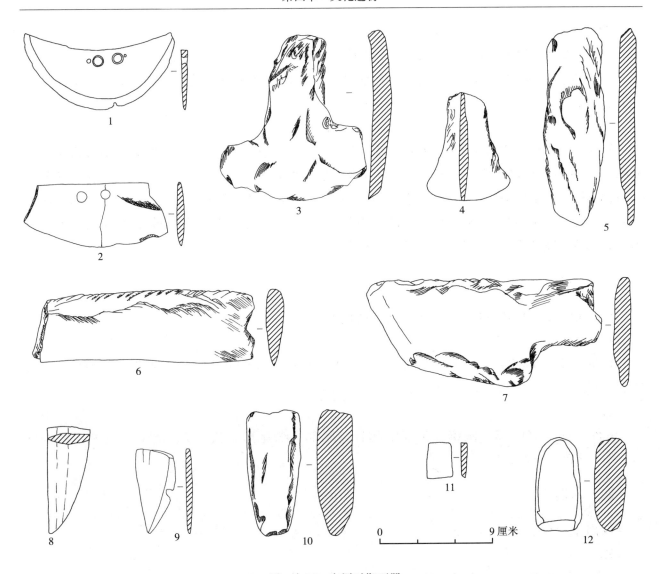

图一九五 东周时期石器

1. A 型半月形刀（T2904③:9） 2. B 型半月形刀（H22①:4） 3. 有肩斧（H22②:3） 4. 有肩斧（H56:2） 5. 直柄刀
（T2904③:13） 6. 直柄刀（H22①:3） 7. 直柄刀（H31:2） 8、9. 残刀头（T2904③:18、J7:1） 10. 凿（H22②:4） 11、
12. 锛（T3106⑤:6、T3106④:3）

　　3 件。标本 T2904③:13，青灰石。长条形，柄部握手处微内凹，刀头下斜与刃部连接如
同匕首状，刃从头部下斜与柄各占一半，双面开刃。长 15.6、宽 5、厚 1 厘米（图一九五，
5）。标本 H22①:3，黑灰色。长方形，柄部残缺，头部也略残。双面磨刃。残长 17.7、宽
5.9、厚 1.5 厘米（图一九五，6）。标本 H31:2，青灰色。平背，直柄略窄偏背部一侧，刀头
下斜连接斜刃。刃口不锋利。通长 18.7、宽 8.6、厚 1.35 厘米（图一九五，7）。

　　残刀头

　　2 件。标本 T2904③:18，青灰色，平背，斜弧刃。通体磨光。残长 8.5、宽 3.5、厚 0.9
厘米（图一九五，8）。标本 J7:1，黑灰色。头尖锐，斜刃利口。残长 6.7、宽 3.2、厚 0.5 厘
米（图一九五，9）。

凿

2 件。标本 T3106②:5，青灰色。长条形，背略平，双面刃，刃口锋利。长 10.5、宽 3.6、厚 3.5 厘米。标本 H22②:4，青灰色。背残缺刃口缺损。残长 10、宽 4.2、厚 2.9 厘米（图一九五，10）。

锛

3 件。两件形状基本相同。标本 H151:5，黑灰色。长方形，背、刃皆平，侧边磨制棱角分明，单面刃，刃口较锋利。长 4.5、宽 3.5、厚 0.8 厘米（彩版一三八，4）。标本 T3106⑤:6，青灰色。器体较小。长 2.75、宽 2.15、厚 0.5 厘米（图一九五，11）。另有一件形状略有不同。标本 T3106④:3，青灰色。圆背，中间偏上有一浅沟，侧边磨制棱角不分明。单面钝刃。长 7.3、宽 3.7、厚 2.6 厘米（图一九五，12）。

三　铜器

出土很少，皆小件器形。有削、镞、残铜器等。

削

1 件。标本 T2904③:7，青铜。背略弧，柄长于刀部，柄的尾端有一圆孔，刀为平头，刃较利。通长 15.2、刃宽 1.8 厘米（图一九六，1）。

镞

1 件。标本 H47:3，圆铤，头部中起脊，尾部为燕尾形。长 3.7、宽 1.6 厘米（图一九六，2；彩版一三八，5）。

四　木器

仅出土一件。

梯

1 件。标本 H67:1，褐色。H67 为一地窖，该梯作为上下阶梯使用，残，仅剩两阶，纵向

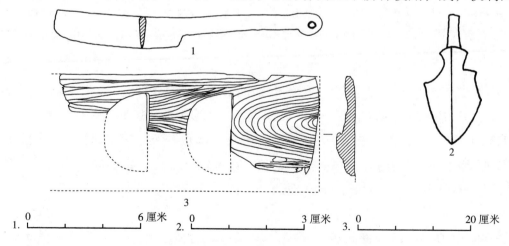

图一九六　东周时期铜、木器

1. 铜削（T2904③:7）　2. 铜镞（H47:3）　3. 木梯（H67:1）

断缺一半。残长 58.5、最宽处 21.5、最厚处为 4 厘米（图一九六，3）。

五 原始瓷器

碗

22 件。分五型。

A 型 8 件。敞口，假圈足。分三式。

Ⅰ式 1 件。标本 T2902③：15，原始青瓷。尖唇，下腹内弧至底形成假圈足。口径 12.8、底径 7、高 4.8 厘米（图一九七，1）。

Ⅱ式 5 件。均为原始青瓷，方唇，器壁微凹。标本 T2902③：2，口径 12.8、底径 5.5、高 5 厘米（图一九七，2）。标本 T2902③：4，口径 11、底径 6.2、高 4 厘米。标本 T2902③：7，口径 12、底径 7.2、高 4.2 厘米。标本 T2902③：8，口径 11.5、底径 5.6、高 5 厘米（图一九七，3）。标本 T2902③：33，口径 12.8、底径 6.4、高 4.2 厘米。

Ⅲ式 2 件。青灰色原始瓷。方唇，器壁内弧，下腹略鼓。标本 H54①：2，厚底。口径 13、底径 6.4、高 5.4 厘米。标本 H46①：2，口径 9.8、底径 4.8、高 3.4 厘米（图一九七，4）。

B 型 6 件。敞口，平底或平底微内凹，均为原始青瓷。分两式。

Ⅰ式 1 件。标本 T2902③：9，方唇，深弧腹，平底微内弧。口径 11.8、底径 5.4、高 4.9 厘米（图一九七，5）。

Ⅱ式 5 件。方唇，器壁内弧，平底微凹。标本 H54③：1，口径 13.2、底径 7、高 5 厘米（图一九七，6）。标本 T2902③：20，口径 14、底径 6.8、高 4.5 厘米。标本 T2902③：1，口径 12.2、底径 7.4、高 4.1 厘米。标本 T2902③：21，口径 8.4、底径 6.5、2.8 厘米。标本 H54③：2，口径 9.5、底径 5.6、高 4 厘米。标本 H54①：1，青灰色。口径 11.2、底径 6.2、高 4.2 厘米。

C 型 2 件。敞口，圈足。分两式。

Ⅰ式 1 件。标本 T3106⑤：3，青灰色原始瓷。尖唇，壁内凹，鼓腹，厚圈足。口径 11.8、底径 6.2、高 4.9 厘米（图一九七，7）。

Ⅱ式 1 件。标本 H46①：3，原始青瓷。圆唇，口沿下壁内凹，折肩，下腹圆弧，圈足底。口径 9.8、底径 3.8、高 3.5 厘米（图一九七，8）。

D 型 2 件。敛口，钵形。分两式。

Ⅰ式 1 件。标本 G4：4，原始青瓷。口微敛，深腹略直，圈足地。口径 8、底径 4、高 3.9 厘米（图一九七，9）。

Ⅱ式 1 件。标本 G4：5，原始青瓷。敛口，圆弧腹，平底。口沿下有几道凹弦纹。口径 10、底径 5、高 6 厘米（图一九七，10）。

E 型 4 件。盖碗，均缺盖。敞口，假圈足或平底。分三式。

Ⅰ式 2 件。标本 H67：1，原始青瓷。敞口，壁斜直，下腹内弧，圈足底。口径 12.2、底径 5.8、高 6.6 厘米（图一九七，12）。标本 T3016⑤：11，灰黄色。口径 7.6、底径 4.4、高 3.2 厘米。

Ⅱ式 1 件。标本 T2904③：2，子母口，底较厚。口径 8.4、底径 4.8、高 5 厘米（图一九七，11）。

Ⅲ式 1 件。标本 H54①：5，原始青瓷。子母口，直壁，厚底。口径 12.8、底径 6.2、高

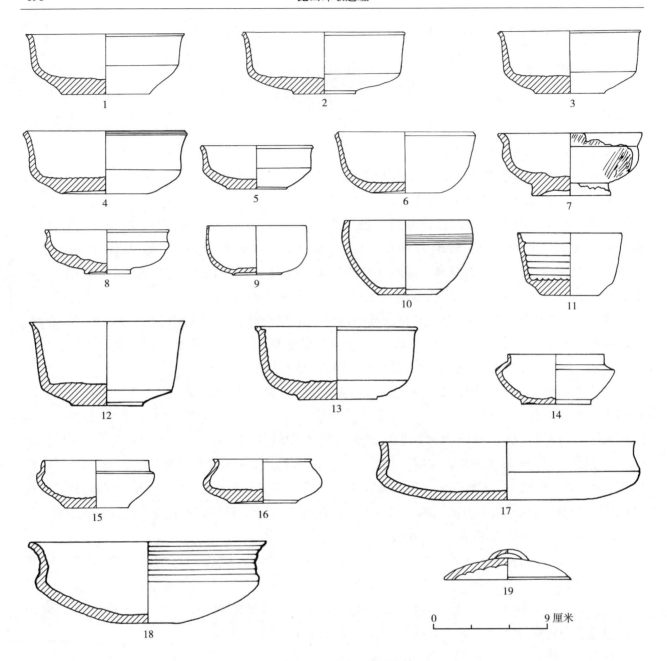

图一九七　东周时期原始瓷器

1. A 型Ⅰ式碗（T2902③:15）　　2、3. A 型Ⅱ式碗（T2902③:2、8）　　4. A 型Ⅲ式碗（H46①:2）　　5. B 型Ⅰ式碗（T2902③:9）
6. B 型Ⅱ式碗（H54③:1）　　7. C 型Ⅰ式碗（T3106⑤:3）　　8. C 型Ⅱ式碗（H46①:3）　　9. D 型Ⅰ式碗（G4:4）　　10. D 型Ⅱ式碗
（G4:5）　　11. E 型Ⅱ式碗（T2904③:2）　　12. E 型Ⅰ式碗（H67:1）　　13. E 型Ⅲ式碗（H54①:5）　　14. A 型Ⅰ式盂（T2904③:1）
15. A 型Ⅱ式盂（H54②:7）　　16. B 型盂（H54③:3）　　17. A 型盆（H56:1）　　18. B 型盆（T2902③:11）　　19. 器盖（T3106⑤:1）

5. 8 厘米（图一九七，13）。

　　盂

　　3 件。分两型。

　　A 型　2 件。直口。分两式。

Ⅰ式 1件。标本 T2904③：1，原始灰色瓷。直口，折肩，弧腹，假圈足。肩部有弦纹。口径7.8、底径5.4、高4厘米（图一九七，14）。

Ⅱ式 1件。标本 H54②：7，原始青灰瓷。直口，折肩，下腹内收，平底。口径8.2、底径5、高3.8厘米（图一九七，15）。

B型 1件。标本 H54③：3，原始青瓷。器中部鼓折，平底较厚微内凹。口径8、底径5.6、高3.5厘米（图一九七，16）。

盆

2件。分两型。

A型 1件。标本 H56：1，原始青瓷。直口，口以下壁内凹，至下腹外鼓。平底。口径20.7、底径12、高4.6厘米（图一九七，17）。

B型 1件。标本 T2902③：11，原始青瓷。敞口，器壁内凹，鼓腹，小平底。口沿下有多道凹弦纹。口径19、底径5、高6.6厘米（图一九七，18）。

器盖

1件。碟形。标本 T3106⑤：1，原始青瓷。条形纽，系筒形碗盖。直径10、通高1.8厘米（图一九七，19）。

第六节 唐宋时期遗物

完整器主要为墓葬出土，灰坑、水井出土器物大多残破，这里仅介绍灰坑与水井出土的部分完整器。

一 釉陶器与青瓷器

（一）釉陶器

双耳罐

1件。标本 T2902②B：1，直口，丰肩，下腹内收，平底。肩附双耳，上半身施酱色釉。口径7.4、底径6.7、腹径12、高12.8厘米（图一九八，1）。

釉陶瓶

9件。分三式。

Ⅰ式 3件。厚圆唇，器身浑圆。标本 J80：1，下身施酱色釉。肩部四系等分，腹中鼓，平底。肩以下有七道瓦楞状纹。口径9、底径9.6、高22.6厘米（图一九八，2；彩版一三九，1）。

Ⅱ式 5件。圆唇，器身瘦长。标本 J79：1，全身施酱绿色釉。削肩，上附四系，平底。口沿下至底有13道瓦楞状纹。口径9、底径9、高25.5厘米（图一九八，3；彩版一三九，2）。

Ⅲ式 1件。标本 T6401②：1，全身施暗红色釉。敛口，斜宽沿，束颈，下腹不对称内收至平底。颈以下呈瓦楞状。口径4.4、底径4.8、高16.4厘米（图一九八，4；彩版一三九，3）。

执壶

1件。标本 J79：6，下身施酱色釉。直口，有流，高领，弧腹，平底。肩腹部附一把手。口径

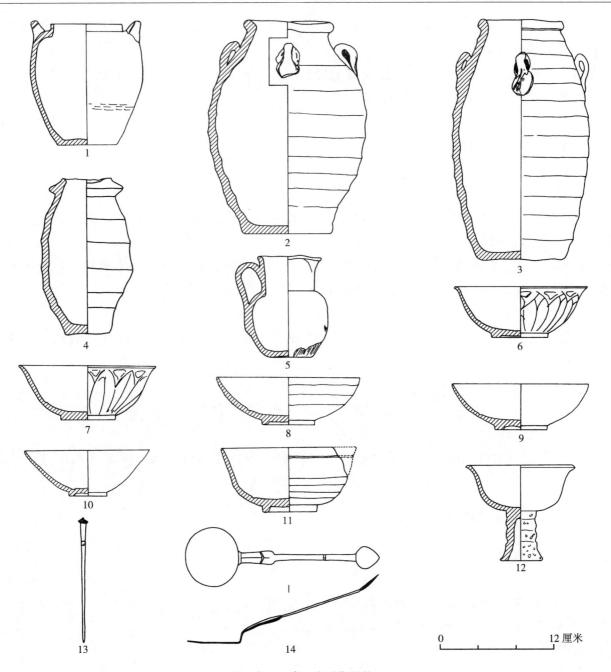

图一九八　唐、宋时期器物

1. 釉陶罐（T2902②B：1）　2. Ⅰ式釉陶瓶（J80：1）　3. Ⅱ式釉陶瓶（J79：1）　4. Ⅲ式釉陶瓶（T6401②：1）　5. 釉陶执壶
（J79：6）　6、7. A型青瓷碗（J80：6、3）　8、9. B型青瓷碗（J80：2、6）　10. C型青瓷碗（J80：1）　11. D型青瓷碗（J80标：
4）　12. 青瓷杯（河道②：1）　13. 金簪（J78：1）　14. 黄铜工具（J78：3）

6.8、底径4.8、高11厘米（图一九八，5；彩版一三九，4）

（二）青瓷器

碗

10件。分四型。

A型　3件。敞口，弧腹，圈足。碗外壁压印莲瓣纹。标本J80：6，青瓷。薄胎，矮圈足。口径14、底径6、高5.4厘米（图一九八，6；彩版一三九，5）。标本J80：3，口径14.6、底径5.8、高5.8厘米（图一九八，7）。

B型 5件。敞口，圆弧腹，圈足。碗外壁有多道宽凹纹。标本J80：2，口径14.5、底径6.4、高5厘米（图一九八，8）。标本J80：6。口径14.5、底径5.6、高4.8厘米（图一九八，9）。

C型 1件。斗笠形。标本J80：1，青瓷。尖唇，薄胎，圈足。口径13.2、底径4、高4.4厘米（图一九八，10）。

D型 1件。深腹。标本J80标：4，尖唇，敞口，圆腹，圈足。碗外壁有多道宽凹纹。口径14.4、底径5.6、高6.8厘米（图一九八，11）。

杯

1件。河道②:1，青白釉。敞口，弧腹，竹节把。杯内底刻画云龙纹。口径11.5、底径4.2、高10厘米（图一九八，12；彩版一三九，6）。

二 金属器

共2件。

金簪

1件。标本J78：1，圆锥形，簪端刻花纹。通长13.3、最大直径1厘米（图一九八，13；彩版一四〇，1）。

黄铜工具

1件。标本J78：3，平面类似调羹，一端为圆饼状，连接着柄，柄端呈鸡心形。通长21.5、厚1～4厘米（图一九八，14；彩版一四〇，2）。

第五章　结语

　　绰墩遗址第一至第六次发掘，共计发掘面积3393平方米，清理发现新石器时代居住址14处、灰坑81个、墓葬84座、水井11口、水田64块及河道一条。马桥文化与东周时期灰坑74个、水井29口。另有唐宋时期墓葬10座、灰坑4个及水井30口。共出土了陶器、玉石器、骨器等各类文化遗物800多件。根据上述文化遗存的层位与叠压关系，出土遗物的特征及分布情况等分析如下。

第一节　文化分期

　　绰墩遗址中心划分 I ~ VI 个区，同一区的地层作了统一，而各区之间的地层相对关系，依据出土内涵列表如下。

绰墩遗址 I 、II 、III 、IV 、VI 区发掘探方地层对应表								
I （南）	I （北）	II （西）	II （东）	III	IV	VI	文化性质	备注
⑤⑥⑦					⑧	⑨	马家浜文化	
	⑤⑥				⑤⑥⑦	⑤B ⑥⑦⑧	马家浜文化	I （南）T0403~0707 I （北）为 T1204
③ ④A ④B	③ ④A ④B				④		崧泽文化	
②	②A ②B	④⑤⑥⑦					良渚文化	II （西）为 T2404~T2804
			④⑤⑥⑦	⑥⑦		⑤A	马桥文化	II （东）为 T2902~T2904
		③		③④⑤		④	东周文化	

　　绰墩遗址文化堆积分马家浜文化、崧泽文化、良渚文化和马桥文化以及东周文化等。本文仅根据遗址本身地层与遗迹的层位及地层与遗迹打破关系等进行各文化的初步分期。

一　马家浜文化

　　马家浜文化，为 I 区第⑤、⑥、⑦层以及开口在第④层下的房址、灰坑、墓葬（F7、H14、M34）；第⑤层下的灰坑、墓葬（H11、M36、M37、M39~M45、M52~M56）；第⑥层下的灰坑 98H10；Ⅳ区第⑤、⑥、⑦、⑧层，第⑤、⑧层下灰坑（H174、H176、H177）；Ⅵ区第⑦、⑧、⑨层，第④、⑤、⑦、⑧、⑨层下灰坑（H108、H109、H112、H113、H115～H121、H123～H128、H138、H139、H144～148），第⑥层下墓葬（M72～M82），第⑨层下水稻田及水沟、蓄水坑（水井）（S1～S24、G12～G14、H129～H132，H145～H148、H160、H161）等。其中第Ⅰ区第⑦、⑥、⑤层、第⑤层下灰坑、墓葬等；Ⅳ区第⑧层；Ⅵ区第⑨、第⑧层下遗存，为绰墩遗址一期。代表器形有 A 型 Ⅰ～Ⅲ式釜、B 型 Ⅰ式豆、A 型 Ⅰ式盆、B 型 Ⅰ式罐 A 型 Ⅰ式鼎足等。这一期相当于草鞋山遗址第⑨、⑧层；吴江广福村遗址第一期（第③至第⑤层）。草鞋山遗址[①]第⑧层出土的木炭，经中国社会科学院考古研究所实验室[14]C 测定，距今为 5380±105 年，树轮校正距今 6010±140 年；吴江广福村遗址[②]第一期的标本，经中国社会科学院考古研究所实验室[14]C 测定，距今为 5410±80 年，树轮校正距今 6055±125 年。绰墩遗址马家浜文化第一期的年代，大约距今 6000 年左右。Ⅰ区第④层及第④层下遗存；Ⅳ区第⑦、⑥、⑤层；Ⅵ区第⑧、⑦、⑥及第④层下灰坑，第⑥层下墓葬，为绰墩遗址第二期。代表器形有 A 型Ⅳ式釜、B 型Ⅱ、Ⅲ式豆、A 型Ⅱ式盆、B 型Ⅱ式罐以及 B 型鼎足，还有墓葬出土的折腹鼎等（附表五）。其折腹鼎、罐、垂腹釜、豆把上出现一道折阶等，这些都与崧泽文化器物接近，此外盉、甗器类的出现等，表明这一期为马家浜文化向崧泽文化过渡期。

二 崧泽文化

崧泽文化，为Ⅰ区第③、④层，开口在第②、④层下的灰坑、墓葬（H3～H5、H13、M1～M27）；第③层下墓葬 M29～M33、M35、M38；第④层下房址（F4、F8）；Ⅳ区第④层下灰坑（H173）。其中Ⅰ区第④A、④B 层，第④层为绰墩遗址第三期。代表地层为Ⅰ区第④层，该层陶系统计：陶质以泥质灰陶和夹碳陶为主，器形有高领罐、澄滤器、盆、凹铲形鼎足，纹饰有鸡冠耳、附加堆纹等。崧泽文化是处于马家浜文化和良渚文化之间，承前启后的一种文化，从绰墩遗址第三期出土遗物看，还包含许多马家浜文化的因素，其凹铲形鼎足源于马家浜晚期出现的类似鼎足，马家浜文化晚期还出现的一种鱼鳍形鼎足，形态如香蕉形或弯角形，到了绰墩遗址第三期为宽鱼鳍形（A 型Ⅰ、Ⅱ式鼎足），上压印竖向瓦楞纹，而类似的鼎足在南河浜崧泽文化遗址中大量出土，其压印的竖向瓦楞纹的条数，从早到晚逐渐增加，鼎足逐渐加宽。此外，鼎的颈部饰数道弦纹，弦纹下方饰一周压印窝点纹，豆盘下转折处出现凸棱以及高领罐开始出现等。代表器形有 A 型Ⅰ～Ⅲ式鼎、A 型Ⅰ式豆、A 型Ⅲ式盆、A 型Ⅰ式盉以及 A 型Ⅰ式罐等。因此，绰墩遗址第三期与南河浜崧泽文化遗址早期的文化面貌有许多相同或相似之处，年代大约相当于崧泽文化早期偏晚。绰墩遗址第四期为Ⅰ区③层和第②、③层下墓葬。这一期生活遗物出土极少，主要为墓葬遗物，代表器形为 A 型Ⅰ式鼎，A 型Ⅱ、Ⅲ式豆，A 型Ⅱ～Ⅳ式盉以及 A 型Ⅲ式、Ⅳ式附鸡冠耳罐（附表六）。其陶鼎以釜形为

① 南京博物院：《江苏吴县草鞋山遗址》，《文物资料丛刊》（3），文物出版社，1980 年。
② 苏州博物馆、吴江文物陈列室：《江苏吴江广福村遗址发掘简报》，《文物》2001 年 3 期。

主，折腹或垂腹，大多为扁足或弧形足；豆为细把亚腰式喇叭形豆把，以多道带状弦纹、弧边三角形或对角三角形间有镂空的豆把为主要装饰风格等；盉的把从下卷角形发展到辫股形等。陶鼎、豆的特征以及陶罐折腹处附鸡冠耳等与福泉山遗址①崧泽文化下层相似，也同崧泽遗址②墓地中期出土器类相似，该墓地中期碳化木的^{14}C 年代测定（经树轮校正）分别为：距今 5620±110 年、5555±110、5840±105 年。绰墩遗址第四期的年代大约相当于崧泽文化中期。

三　良渚文化

良渚文化为 I 区第②层，第①层下房址（F2、F3、F5、F6），灰坑（H1、H2、H6～H9、H12、H17～H21、H163～H166）；第②层下房址（F1），祭台；II 区第④、⑤、⑥层，第②、③、④、⑤层下水井（J15～J17、J20、J21、J39、J52）；灰坑（H44、H47～H50、H52、H53、H59、H99～H105、H137、H140、H142、H163～H166、H168、H170～H172、H175）墓葬（M64、M65、M66～M71）；第⑤层下 F10、F12、F6 以及河道；第⑥层下 F11 等；IV 区第③、④层下灰坑（H168、H170～H172、H175）。其中 I 区（北）第②B 层下灰坑，II 区第⑥层，第⑥层下 F11、第⑤、④层下灰坑，为绰墩遗址第五期；I 区第①层下房址、灰坑，第②层，第②层下房址、祭台；II 区第④层及第②、③层下灰坑、水井、墓葬为绰墩遗址第六期。绰墩遗址第五期代表器形有 A 型鼎、B 型（I、II 式）鼎、A 型簋、A 型双鼻壶、A 型（I～III 式）圈足盘、B 型（I、II 式）豆、A 型（I、II 式）甗、D 型（I、II 式）罐等。其中 A 型 III 式圈足盘、B 型 II 式鼎等，与龙南遗址③第一期出土同类器相似。龙南遗址第一期 T4611 第⑦层木头^{14}C 年代为距今 4785±80（树轮校正 5360±92 年），绰墩遗址第五期的年代经中国社会科学院考古研究所对 F11 木柱^{14}C 年代测试：距今 4680±180 年（经树轮校正），大约相当于良渚文化早期。绰墩遗址第六期代表器形有 A、B 型 III 式鼎、A 型 IV 式圈足盘、B 型 IV 式豆、A 型 III 式甗、D 型 III 式罐等，其年代大致相当于良渚文化中期（附表七）。绰墩遗址 II 区河道（CH－1②：6、T2503⑤标：10）出土的鬶与好川墓地 M32 出土的鬶（M32：12）从整体造型、流口对捏的制法到肩部的附加堆纹风格都完全一致（图一九九，1、3）。另外柄部有大圆形镂空和弧边三角形镂空豆（图一九九，2），与好川墓地出土的同类器物相同或相似。其年代大约相当于良渚文化晚期。由于没有文化地层仅个别遗迹单位且出土的文化遗物少，不作单独分期。

四　马桥文化

马桥文化，为 II 区（东）第④、⑤、⑥、⑦层，第③层下水井（J4、J18），第③、第④层下灰坑（H34～H42、H51、H61～H66），第⑤层下灰坑（H23、H26、H27、H29）、II 区（西）第②层下水井（J53），第③层下水井（J40、J46、J47、J55、J59～J61），第②层下灰坑（H69、H71、H72、H74、H76、H80、H83、H90、H94、H95）第③层下灰坑（H75、H77、

①　上海市文物管理委员会：《福泉山——新石器时代遗址发掘报告》，文物出版社，2000 年。
②　上海市文物管理委员会：《崧泽——新石器时代遗址发掘报告》，文物出版社，1987 年。
③　苏州博物馆、吴江县文物管理委员会：《江苏吴江龙南新石器时代村落遗址第一、二次发掘简报》，《文物》1990 年 7 期。

图一九九　绰墩遗址出土良渚文化晚期陶器

1. 鬶（CH－1②：6）　　2. 镂空豆把（T2603④标：6）　　3. 鬶（T2503⑤标：10）

H78、H79、H81、H82、H84、H85、H86~H89、H91、H92、H93、H97、H98）；Ⅲ区第⑥、⑦层，第⑥层下灰坑（H1）；Ⅵ区第⑤A层，第④层下灰坑（H106、H107、H110、H114、H115、H122、H133、H135、H136、H141、H143、H149、H150、H154、H155），第④层下水井（J75~J78、J83）等。虽然根据地层与遗迹的叠压关系，仅Ⅱ区（东）第⑦、⑥、⑤、④层及第④、⑤层下遗迹单位，可分出六个层位关系，然而各层出土遗物比较少，且各层年代相差不多。根据层位关系与器形的变化特点，大致把Ⅱ区（东）第⑦、⑥、⑤、④层，第④、⑤层下单位；Ⅱ区（西）第③层下单位；Ⅲ区第⑦层，分为绰墩遗址第七期。Ⅱ区②层下单位与Ⅲ区第⑥层为绰墩遗址第八期。第七期代表器形有A型Ⅰ式鼎、A型、B型（Ⅰ、Ⅱ式）豆、B型（Ⅰ、Ⅱ式）釜、A型、D型（Ⅰ、Ⅱ式）凹圜底罐、A型（Ⅰ、Ⅱ式）凹圜底盆、A型（Ⅰ、Ⅱ式）瓠等。第八期代表器形A型Ⅱ式鼎、A型Ⅲ式豆、B型Ⅲ、Ⅳ式豆，D型Ⅲ、Ⅳ凹圜底罐，A型Ⅲ式凹圜底盆（附表八）。绰墩遗址第八期器形出现三角形侧扁鼎足（H136：9）与良渚晚期鼎足一脉相承；折沿垂腹釜、敞口、喇叭形圈足、把上有凸棱的豆等器形，带有商代早期特点；敞口、假圈足器底微内凹的瓠；圜底、底部边缘外凸的盆以及凹圜底通体饰印纹的盆，这类器形与马桥遗址[1]后期同类器相似。因此，绰墩遗址第七期年代大约为商代前期。绰墩遗址第八期器形有折沿凹弧形足鼎；折沿、沿面上饰凹弦纹，垂下腹，通体饰条格纹或叶脉纹的凹圜底罐；折沿凹圜底盆；高圈足，腹部与圈足皆饰弦纹豆；以及蘑菇形捉手器盖与直口、有肩、高圈足簋等，这些器形皆与马桥遗址第3、4段出土的同类器相似。绰墩遗址八期的年代相当于商代中期。然而，本遗址与马桥遗址文化面貌上还是有所差别，如马桥遗址出土较多鸭形壶，而本遗址一件也不见；瓿与簋的形态也与本遗址出土的不完全相同等，说明还有时间上的差别。

五　东周文化

东周文化，为Ⅱ区第③层，第②、③层下灰坑（H22、H24、H25、H28、H30~H33、

---

① 上海市文物管理委员会：《马桥——1993~1997年发掘报告》，上海书画出版社，2002年。

H43、H45、H46、H54～H58、H67、H68、H70、H73、H96）水井（J4～J9、J11～J13、J19、J23、J29、J27、J29、J31、J32、J36）；Ⅲ区第③、④、⑤层，第③层下水井（J1）；Ⅵ区第④层下灰坑（H134、H151）、水井（J65、J66、J68、J74）。上述地层与单位，按照层位关系和出土遗物，大致可分为春秋与战国两期，但是在整体排比中，把早期遗物即马桥文化遗物剔除后，发现春秋与战国时间相差不多（附表九），总体器形变化不大，所以不再作细分，统称绰墩遗址第十期即东周文化时期。

从各文化层之间的叠压关系与出土遗物的发展变化规律，反映了各文化之间的延续性。在马家浜文化时期主要文化遗物为釜、豆、盆三大类。釜，在鼎没出现之前为主要炊器，而豆，是与鼎配套使用的盛器，这两类器形在当时使用比较多，因而马家浜文化时期的器形变化发展主要看这两种器物。而这两种器物发展变化的特点都是从高到低的变化发展。釜由筒形尖底发展到钵形圜底，豆由喇叭形高把逐渐变矮直至发展到圈足形豆。豆把与盘连接处出现折阶等。崧泽文化时期器形种类较多，炊器中釜沿袭马家浜文化釜的变化特点，已全部变为圜底。由于圜底器使用不方便而逐步被鼎所替代。这时还出现了一种带把的称之为盉的新器形，还有不同形状的豆和造型各异的罐以及甑等新器形的出现，反映出崧泽文化时期人类饮食结构的变化以及生活的多样化。这一时期的器类变化主要是豆、罐、鼎。豆的变化主要在把部，把部从有折阶→棱形→喇叭形，且由高向低发展；罐主要在腹部的变化，由折腹到多道折棱的出现；鼎由釜发展而来，开始为釜形垂腹逐步变为圆腹，在鼎腹部出现有附加堆纹或凸弦纹等。良渚文化时期器类更加繁多，鼎、豆、罐、盆、盘、壶、杯等都齐全。炊器中釜已淘汰，被鼎所取代，出现了甗。这种器形是由甑与鼎组合，甑从马家浜文化时期开始出现，到了崧泽文化时期开始甑与鼎配套，发展到良渚文化时期出现由鼎与甑功用合一的甗。甗与鼎的区别在于甗内壁有一周箅隔，另外在甗的下腹部有一注水孔，便于蒸煮时加水。良渚文化时期豆也是在豆把从高到低发展。鼎，主要是足的变化，有早期的拱形足、扁形中起脊足、发展到鱼鳍形、刀形足等。绰墩遗址还发现良渚文化较晚的一些器形，有大镂孔豆（把）、觚形杯、敞口或带双耳的簋、三足盘等。

此外，绰墩遗址马桥文化时期的堆积，出土有大量文化遗物。在良渚文化之前已被淘汰的釜，这一时期又开始出现；大量印有多种纹饰的凹圜底罐，成为这一时期的主要器类；鼎、三足盘、簋、杯等器形与良渚文化同类器有发展变化关系，而与其后的东周文化同类器也有变化发展关系。

总之，绰墩遗址不同时期的地层堆积，反映了从马家浜到东周乃至唐宋不同时期文化的发展变化，其文化源远流长，连绵不断。

第二节　马家浜文化时期的稻作农业

绰墩遗址在第Ⅳ、Ⅵ工作区发掘范围内共发现马家浜文化水田遗迹64块（S1～S64）。这些水田都分布在地势低洼的原生土面上，叠压在马家浜文化层下而打破原生土所形成的长条形、圆角长方形或不规则形等多种形状的坑。这种坑与坑之间的坑边即所保留的原生土为田埂，由几块到几十块田相串联，田块之间有水口连通。另有一些与田块相配套的如水沟、水塘、水井或蓄水坑等，这些均为水田的灌溉系统。其中，在遗址的第Ⅵ工作区，集中分布有水田 54 块（见图二五）。水田面积一般为 0.80~16 平方米左右，平均为 5.4 平方米；深度为 0.12~0.80 米左右，平均深 0.33 米。从水田的平面布局与相互之间的关系情况看，水田的形状与整体水田结构有关，比如长条形水田都分布在整个水田的外围即东西两侧，并与水沟、蓄水坑相连通，起到分流与循环水的作用；而其他形状的水田，分布在长条形水田之间，通过田块之间的水口调节或使水流贯通（见图二五）。如图中所列：G 为水沟，S 为水田，H 为灰坑（蓄水坑），箭头表示水流方向和遗迹之间的连通关系。其中，西路水源通过水沟 G12、G13，分别流入 S6、S7、S5、S27 等。东路把上游以及蓄水坑的水，通过 S24、S36、S23、S40、S38、S41、S42 等长条形田块，分流到其他水田内，整个区域内的水田通过水沟（G12、G13、G16、G17）以及 10 多个蓄水坑来灌溉。而有些蓄水坑也是根据供水需求特意开挖的。例如 H145，分布在区域的南面，坑口直径 3.40~4.00、底径 2.20~2.30、深 1.30 米，坑内可存水约 6 立方米左右，是整个区域内蓄水容积最大的一个坑。坑内水东向经 G17 流入到 S42；西向经 S46 流入到 S2 以后进入 G13，这样不仅与东、西两路水及其水田内分布的蓄水坑，组合形成一个循环的灌溉系统。此外，分布在区域北面的 H129，坑口直径 1.44~2.20、底径 0.60~1.20、深 2.17 米，坑内蓄水容积约为 3 立方米左右，仅次于 H145。该坑基本可以满足周边 S16~S20 等水田的供水问题。另外，在 G12 南侧同时开挖有 H117，坑口直径 1.60~2.20、底径 1.00~1.40、深 0.90 米，坑内蓄水容积约为 2 立方米左右，当水田需要供水时，可以把坑内的水通过水沟分流到田块。还有一些小的蓄水坑也可以用来补充给水，例如 H127、H130、H160、H161 等。在当时的条件下，一方面通过开挖的沟、坑，利用自然落差进行农田灌溉，水位通过水田内的水口调节；另一方面，利用陶器盆、罐等来打水灌溉。

　　绰墩遗址所揭示的水田遗迹，不仅从上述考古学角度，如形状、结构与地层叠压关系以及出土遗物等，证实是人工开挖的史前水稻田遗迹，而且还通过土壤剖面分异、黏粒移动、孢粉学特征、植硅体分布、土壤有机质核磁共振谱和土壤磁化率的变化等理论和技术，对水稻田进行科学界定，其结果为：遗址史前水稻田的土壤剖面已有耕作层、犁底层、心土层、母质层的分异，并且已经有黏粒的淋洗淀积，而同时期非水稻土则无此现象；遗址史前水稻田孢粉和水稻植硅体与现代水稻田的孢粉学特征具有一定的相似性，而每克田土中植硅体均超过 5000 粒，以及通过对遗址史前水稻田（S25、S27、S30、S46、S49、S51）表层土壤有机质进行固态 ^{13}C 核磁共振分析，其有机化合物主要为稀烃基团或芳香族碳，且所有田块的表层土壤有机质均有相似的 ^{13}C 核磁共振谱。说明其来源和组成的同一性。检测显示距今 6000 年左右的马家浜文化时期水田表层土壤有机质含量高达 21~23g/kg，相当于或甚至略高于当地现代水稻土表层的有机质含量。分析认为土壤中积累的有机碳主要是先民在收获稻穗后将稻草、稻秆和稻叶就地焚烧所残留，正是由于火烧后有机质成为稀烃基团或芳香族碳为主的有机碳，才能使其长期持留在土壤中[1]。

---

① 曹志洪：《中国史前灌溉稻田和古水稻土研究进展》，《土壤学报》2008 年 45 卷 5 期，784~791 页。

绰墩遗址水稻田 S27、S46、S42 内都淘洗发现炭化米粒，特别是在 S27 内淘洗出土碳化米粒 1000 多粒，还发现菱角、红蓼等水生植物种子。对出土的碳化米进行"比较野生稻和碳化米的粒型分布，野生稻以细长为主，且分布较为集中，说明了野生稻内的变异较小；而碳化米的粒型多数是短圆型，分布较为分散，说明炭化米已经发生了较大的分化。这种分化应当是由人类栽培行为所产生的结果。因此，从植物学角度可以确认绰墩遗址有稻作存在。遗址出土的碳化米已经在人工栽培下经历的漫长的演化过程改变了野生稻的原始特性，正在向栽培稻进化"①。

在人类刚开始进行水稻栽培的时候，栽培的不是栽培稻而是野生稻。最初挑选粒型大的品种，因此首先是粒型发生变化。在野生稻向栽培稻进化的过程中，粒型经历了从野生稻的粒型小、变异小，向粒型多样化、变异幅度大过渡，再成为粒型大、变异小的栽培稻②。绰墩遗址所发现 6000 年前的水稻就是这种过渡型栽培稻经显微镜观察测量，绰墩遗址马家浜文化时期各地层检测的水稻植物蛋白石的形状特征，判定为粳稻，也就意味着绰墩遗址出土的碳化稻是粳稻。

第三节　崧泽文化分期与崧泽文化墓地

绰墩遗址崧泽文化包括 I 区第③层、第④层、第④A 层、第④B 层；IV 区第④层。I 区崧泽文化还包括 34 座墓葬，其中有 29 座墓葬开口在第②层下，有 5 座墓葬开口在第③层下。本报告通过层位关系与类型学的分析比较，把绰墩遗址崧泽文化分为崧泽文化早期偏晚段，即 I 区第④层、第④A 层、第④B 层，为绰墩遗址第三期；崧泽文化中期段，即 I 区第③层和第②、第③层下墓葬，为绰墩遗址第四期。在太湖流域虽然发现较多的崧泽文化遗址，如：吴县草鞋山③、张陵山④、澄湖⑤、张家港东山村⑥、徐家湾⑦、常熟钱底巷⑧、上海崧泽⑨、福泉山⑩、常州圩墩⑪、乌墩⑫等。由于这些遗址中崧泽文化大多以墓地为主，缺少地层关系，以及早期遗存较少，所以崧泽文化的整个阶段即从早到晚分期还不完全连贯。而绰墩遗址崧泽文化分期可以使整个崧泽文化上下贯穿，其中绰墩遗址第三期文化为第④层、第④A 层、第④B 层文化遗存，与张家港东山村遗址、常州乌墩遗址、常熟钱底巷遗址等崧泽文化早期文化衔

① 见附录八：汤陵华《绰墩遗址稻作遗存鉴定与植物硅酸体分析》。
② 汤陵华：《绰墩遗址的原始稻作遗存》，《绰墩山——绰墩遗址论文集》，《东南文化》2003 年增刊 1。
③ 南京博物院：《江苏吴县草鞋山遗址》，文物编辑委员会编《文物资料丛刊》第 3 辑，文物出版社，1980 年。
④ 南京博物院：《江苏吴县张陵山遗址发掘简报》，文物编辑委员会编《文物资料丛刊》第 9 辑，文物出版社，1985 年。
⑤ 南京博物院：《江苏吴县澄湖古井群的发掘》，文物编辑委员会编《文物资料丛刊》第 9 辑，文物出版社，1985 年。
⑥ 苏州博物馆、张家港市文物管理委员会：《张家港市东山村遗址发掘简报》，《文物》2000 年 10 期。
⑦ 苏州博物馆、张家港市文物管理委员会：《江苏张家港徐家湾新石器时代遗址》，《考古学报》1995 年 3 期。
⑧ 南京大学历史系、考古专业 常熟博物馆：《江苏常熟钱底巷遗址发掘报告》，《考古学报》1996 年 4 期。
⑨ 上海市文物保管委员会：《崧泽——新石器时代遗址发掘报告》，文物出版社，1987 年。
⑩ 上海市文物管理委员会：《青浦福泉山遗址崧泽文化遗存》，《考古学报》1990 年 3 期。
⑪ 常州市博物馆：《1985 年江苏常州圩墩遗址的发掘》，《考古学报》2001 年 1 期。
⑫ 乌墩考古队：《武进乌墩遗址发掘报告》，《通古达今之路——宁沪高速公路（江苏段）考古发掘报告文集》，《东南文化》1994 年增刊 2。

接；绰墩遗址第四期文化为第③层与第②、第③层下崧泽文化墓葬等文化遗存，属于崧泽文化中期，上与福泉山遗址崧泽文化早期遗存衔接，下与草鞋山崧泽文化晚期遗存、张家港徐家湾遗址下、中文化层相接。因此，绰墩遗址在崧泽文化分期中起到承上启下作用，是崧泽文化演变过程中的一个重要环节。

绰墩遗址崧泽文化层直接叠压在马家浜文化层上，依据地层学的原理以及通过对出土器物的分析比较，证明崧泽文化直接来源于马家浜文化。然而类型学又表明，盉、甗、罐等器类的出现，不仅传承了早期文化，而且也吸收了其他文化的因素，新因素的出现，为我们研究提出了新的课题。遗址所揭示的崧泽文化墓地，有34座墓葬集中在一处，墓地中心排列成年人，周围为儿童墓。成年墓头向以南为主，均有随葬品，儿童墓头向不一，大都没有随葬品。随葬品以陶器为主，以鼎、豆、罐、壶为主要组合。器类中盆、杯较少，甗、盉二种器物较特别。葬式均为仰身直肢，头向南，而明显区别于马家浜文化俯身及头向北的埋葬习俗。出土的人骨通过鉴定，发现有拔齿习俗，拔齿部位为上颌左右侧齿12，具有一定的地域特征[①]。这与陶器中出现的其他文化因素相一致。绰墩崧泽文化墓地的发现填补了太湖流域崧泽文化发展过程的重要一环。

第四节 居住址与原始聚落

绰墩遗址从马家浜文化时期至良渚文化时期，共发现与揭示新石器时代房址15座，房址形状有长方形与圆形两种，建筑形式分浅地穴式与平地起筑。马家浜时期房址分布比较分散，有的建筑在水田旁的高地上，或建筑在墓地的一侧。随着人口的增长，村落的发展，居住址规模发生了变化。到了良渚文化时期出现了以河道为中心的村落规模，房址分布在河道的两岸。绰墩遗址Ⅱ区发现的良渚文化河道，分河道与内湾两部分。河道从东北向西南走向，揭露长45米，其南北筑有堤岸。南堤岸宽1米左右，堆筑材料主要是红烧土块；北堤岸宽1.8～2米，用红烧土或黄土堆筑。用黄土堆筑的堤岸上，打有密密麻麻的木桩。整个河道宽6～9米、深1米左右。内湾位于河道的东北部，长6.6、宽3.6～5.6米。

在内湾出口处即通向河道口，发现一块大木块，木块长1.10、宽0.70、厚0.23米。左右两侧面都加工平整，前后两端，见一端有砍伐留下的断痕，另一端加工成从上往下约呈45°角的斜面，类似船头（见图一七二，10；见彩版一四，1）。木块上面中部有一银锭形挖有象鼻孔的把手，也可用于系绳。大木块经南京林业大学鉴定：（1）材质为二针松；（2）体积0.1771立方米；（3）干重94.4千克；（4）浮水力82.7千克（极限）。为此，我们认为木块是当时渡河的工具。大木块一端斜面类似船头而便于靠岸。位于大木块上面中部的象鼻孔把手，推测用于拴绳来回拉绳摆渡过河。在河道南、北两岸分布有F11、F10、F12三座房址，大木块可能就是河道南北两岸住户来往的交通工具。

良渚文化时期房址的建筑结构较马家浜文化有了较大的改进。不仅在土墙内置有木棍、

---

① 李民昌：《绰墩遗址新石器时代墓葬人骨鉴定报告》，《绰墩山——绰墩遗址论文集》，《东南文化》2003年增刊1。

芦苇等，用作墙"骨"来增强墙体牢度，而且在整体建筑结构上已具备台基、柱梁、屋顶三大部分。F11 的建筑结构较有特点，其在生土面上由奠基部分下挖而形成的浅地穴式建筑。下挖部分为居住面，四周所保留的垫高部分为墙。南北两侧墙内排列有 16 个柱子，柱子直径 8～12 厘米不等，按照一定间距排列。根据柱洞的分布及解剖情况看，木柱系底部削尖后，从建筑堆积层直接打入生土，上端露出地面。又根据北排柱洞向南倾斜，南排柱洞向北倾斜的情况，推断 F11 屋顶是二面坡式，即木柱底端打入生土，上端露出地面部分附加枝木（椽子），南北相交后，在交叉处置木梁，形成两面坡的梁架结构。在 F11 室内居住面上发现芦苇编织的席以及鼎、豆、宽把杯等陶器和漆木杯、砺石等生活与生产用具。其中鸟纹宽把杯造型生动，刻纹精美（见彩版一一三）。说明房子的主人不是一般的村民。在绰墩遗址 I 区，发现两处相连的良渚文化时期房址 F2、F3，前者是长方形居住址，后者是圆形厨房。在居住址门道内发现一长方形坑，内埋有一完整似狗的动物，可能与建房时祭祀有关（见彩版八，2、3；彩版九，1）。还发现这一时期的祭台 1 座。祭台平面呈长方形，东西长约 10、南北宽 6、现存高度约 0.5 米。台的东、南两侧边缘环绕 0.25 米宽的灰白土带和 0.7～1.0 米宽的红烧土带（见彩版一五，1）。祭台自下而上分为三层。底层为黄灰色生土，直接堆筑在崧泽文化层上。土台位于遗址的中心区域，原高出地表约 6 米，20 世纪 80 年代逐渐被砖厂取土平掉，曾发现良渚文化墓葬，出土玉琮、石钺等随葬品。根据环绕祭台的灰白土带与红烧土带，以及祭台上发现的良渚文化墓葬观察，并结合考古材料，推测台的功用除祭祀外，还用作墓地。

居住址是随着稻作农业的出现及人类开始定居而出现；房子的建筑结构的变化与社会经济的发展、人口的增长以及村落的规模相关；祭祀活动与祭台的出现伴随着人类文明曙光的出现。通过这几次发掘，揭示出具有一定规模的良渚文化聚落。其以河道为中心，居住址分布在河的两岸。在这一时期共发现居住址 9 座，建筑形式以平地起筑的地面建筑为主，在墙体结构方面已有所改进，土墙内置有木棍、芦苇等，用作墙"骨"来增强墙体牢度。另有浅地穴式居住址（F11），其建筑方法是在生土面上由奠基部分下挖形成浅地穴式建筑。下挖部分为居住面，四周所保留的垫高部分为墙。在墙体上立柱然后盖顶。这些居住址是构成聚落的核心，还有大量的灰坑以及一些水井与墓葬等，反映了聚落内居民的各种活动，这些文化遗存构成了聚落的整体。此外，遗址中心区域四周环河，其环河是否就是当时的环壕，还需要进一步做工作。目前所揭示的良渚文化河道位于遗址中心并由东北向西南走向，而且东部已与环河连接，西向已揭示近 50 米，经考古勘探河道还继续向西部延伸。在江南良渚文化时期以河道为中心或四周环河的遗址已发现多处，因此，绰墩遗址中心区域所环的河道有可能就是良渚文化时期的环壕。

附表一　绰墩遗址灰坑登记表

编号	位置与层位	距地表深（米）	形状	长×宽－深（米）	填土与出土遗物	年代与用途推测
98KC－H1	Ⅰ区 T0404②下	0.1	椭圆形	1.34×3.00－0.70	陶片与禽类碎骨	良渚文化 灶坑
98KC－H2	Ⅰ区 T0404①下	0.45	椭圆形	1.06×1.40－0.80	少量陶片	良渚文化 窖穴
98KC－H3	Ⅰ区 T0404②下	0.35	长方形	1.34×5.80－1.04	少量陶片	崧泽文化 一般灰坑
98KC－H4	Ⅰ区 T0404②下	0.35	长方形	1.08×4.00－0.50	少量陶片	崧泽文化 一般灰坑
98KC－H5	Ⅰ区 T0404②下	0.45	近方形	0.40×0.40－0.75	猪头骨、盆骨等	崧泽文化 祭祀坑
98KC－H6	Ⅰ区 T0604①下	0.52	椭圆形	1.55×1.22－0.50	少量陶片、烧土	良渚文化 F4外垃圾坑
98KC－H7	Ⅰ区 T0604①下	0.55	不规则形	1.64×1.42－0.70	少量陶片、碎骨	良渚文化 F4外垃圾坑
98KC－H8	Ⅰ区 T0604①下	0.46	不规则形	1.08×1.13－0.42	无陶片	良渚文化 F3内窖穴
98KC－H9	Ⅰ区 T0604①下	0.44	不规则形	0.55×0.60－0.30	无陶片	良渚文化 F3灶坑
98KC－H10	Ⅰ区 T0603⑥下	1.63	不规则形	4.00×1.90－0.40	较多陶片、鹿角	马家浜文化 H10－1.2.3
98KC－H11	Ⅰ区 T0503⑤下	1.65	圆形	H11－1 口径0.40、底径0.30、深0.60米；H11－2 口径0.42、深0.61；H11－3 口径0.40、深0.19	H11－1填土灰黄色，出土陶片2块，坑口四周有鱼鳞状的碎骨片；H11－2填土黑灰色；H11－3填土黑灰色。	马家浜文化 H11－1.2.3
98KC－H12	Ⅰ区 T0707①下	0.2	不规则形	5.00－1.00	少量陶片	良渚文化 一般灰坑
98KC－H13	Ⅰ区 T0701④B下	1.35	圆形	2.15－0.45	陶片30及禽骨	崧泽文化 一般灰坑
98KC－H14	Ⅰ区 T0702④B下	1.2	不规则形	1.60～2.20－1.60	填土黄灰色夹黑灰，出土陶片124块，器形有腰沿釜、豆、鸡冠耳盆、红衣陶罐。另有较多兽骨，常见有猪、龟等骨头。另出土骨针、陶球，还有一些禽骨、鱼骨，经火烧烤呈蓝色。	马家浜文化 垃圾坑
98KC－H15	Ⅰ区 T0707					
98KC－H16	Ⅰ区 T0707					
20KC－H17	Ⅰ区 T0706①下	0.16	不规则形	5.25－0.40	少量陶片	良渚文化 F6垃圾坑
20KC－H18	Ⅰ区 T0706	0.65	圆形	1.8×2.1－1.67	出土灰陶罐口1块，腹片8块，杯底1块。	良渚文化 一般灰坑
20KC－H19	Ⅰ区 T0706F6下	0.75	圆形	2.10－3.10	少量陶片	良渚文化 井废弃变坑
20KC－H20	Ⅰ区 T0706F6下	0.75	圆形	1.20－0.90	少量陶片	良渚文化 一般灰坑
20KC－H21	Ⅰ区 T0706F6下	0.75	圆形	0.46－0.48	少量陶片	良渚文化 一般灰坑
20KC－H22	Ⅱ区 T2904②下	0.4	椭圆形	2.7×1.96－1.60		东周时期 窖穴

（续附表一）

编号	位置与层位	距地表深(米)	形状	长×宽-深（米）	填土与出土遗物	年代与用途推测
20KC-H23	Ⅱ区T2904⑤下	1.1	圆角长方形	1.58×0.70-0.80	陶片41块	马桥文化 一般灰坑
20KC-H24	Ⅱ区T2904②下	0.5	不规则形	2.2×-0.14		东周时期 一般灰坑
20KC-H25	Ⅱ区T2904②下	0.48	椭圆形	1.00×0.70-0.60		东周时期 一般灰坑
20KC-H26	Ⅱ区T2904⑤下	0.95	方形	0.54×0.54-0.80	陶片28块	马桥文化 一般灰坑
20KC-H27	Ⅱ区T2904⑤下	1.05	长方形	0.40×0.50-0.26	陶片13块	马桥文化 一般灰坑
20KC-H28	Ⅱ区T2904②下	0.52	长方形	00×0.-0.52		东周时期 一般灰坑
20KC-H29	Ⅱ区T2904⑤下	1.05	圆角长方形	0.78×0.0-0.72	陶片20块	马桥文化 一般灰坑
20KC-H30	Ⅱ区T2904②下	0.49	不规则形	1.70-0.82		东周时期 一般灰坑
20KC-H31	Ⅱ区T2904③下	0.85	圆形	1.76-1.56		东周时期 井废弃变坑
20KC-H32	Ⅱ区T2904③下	0.7	圆角方形	0.70×0.60-0.56		东周时期 一般灰坑
20KC-H33	Ⅱ区T2905③下	0.75	不规则形	口径1.80×1.180、底径1.00×1.100、深0.85	出土泥制黑陶乳丁足罐残片7块，共2件，其中1件肩部有圆点纹	东周时期 一般灰坑
20KC-H34	Ⅱ区T2904④下	1.10米	不规则形	1.60×1.30-1.26	陶片53块	马桥文化 一般灰坑
20KC-H35	Ⅱ区T2904④下	1.1	不规则形	1.00-1.60	陶片20块	马桥文化 一般灰坑
01KC-H36	Ⅱ区T2804③下	0.6	长方形	口径2.46×2.23、底径1.6×1、深0.51	坑内填土为灰色，含红烧土颗粒，出土大量陶片。H36：1 石锛，H36 标本：1~20H36：2石镖，H36：3石锛	马桥文化 一般灰坑
01KC-H37	Ⅱ区T2804③下	0.65	不规则形	口径1.1×0.72、底径1×0.65、深0.2	填土为灰色 H37：1 石镖 H37：2 罐	马桥文化 一般灰坑
01KC-H38	Ⅱ区T2804③下	0.6	圆角长方形	口径0.48×1.55、底径0.4×1.15、深0.92	填土为灰黑色，出土少量陶片。H38 标本：1~5 H38：1残石刀	马桥文化 一般灰坑
01KC-H39	Ⅱ区T2804③下	0.65	不规则形	3.76×2.30	填黑灰土，黑灰经淘洗未发现任何植物遗骸。出土大量陶片。H39 标：1~18H39：1、2、3半月形石刀	马桥文化 一般灰坑
01KC-H40	Ⅱ区T2804③下	0.63	不规则形	口径1.2×2、底径0.75×1.35、深0.44	填黑灰色土，夹黄土、红烧土块。出少量陶片 H40 标:1~5H40：1夹砂陶釜	马桥文化 一般灰坑
01KC-H41	Ⅱ区T2804③下	0.65	椭圆形	口径1.2×2.15、底径1.0×1.90、深0.7	填黑灰夹黄土及红烧土块出有少量陶片	马桥文化 一般灰坑

（续附表一）

编号	位置与层位	距地表深(米)	形状	长×宽－深（米）	填土与出土遗物	年代与用途推测
01KC－H42	Ⅱ区 T2804③下	0.63	不规则形	口径3.70×2.70、底径2.0×1.45、深0.42	填黑灰土出土大量陶片，器形较大 H42：1 半月形石刀 H42：2 三角形石刀	马桥文化 一般灰坑
01KC－H43	Ⅱ区 T2803②下	0.68	长方形	1.80×1.1－0.72	填土为灰土出土少量陶片	东周时期 一般灰坑
01KC－H44	Ⅱ区 T2803④下	0.6	不规则形	1.00×0.82－0.18	填土为黄灰土坑内有一具动物骨骼，似狗，待鉴定	良渚文化 一般灰坑
01KC－H45	Ⅱ区 T2803②下	0.68	不规则形	1.98×1.6－0.47		东周时期 一般灰坑
01KC－H46	Ⅱ区 T2803②下	0.76	不规则形	1.8×2.1－1.78	填土为灰土，有大量陶片 H46：1、2、3 网坠	东周时期 一般灰坑
01KC－H47	Ⅱ区 T2804④下	1.01	不规则形	1.83×2.35－0.51	陶片较多	良渚文化 一般灰坑
01KC－H48	Ⅱ区 T2804④下	0.8	不规则形	1.95×2.20－0.70	少量陶片	良渚文化 一般灰坑
01KC－H49	Ⅱ区 T2804③下	0.9	椭圆形	1.10×1.06－1.18	少量陶片	良渚文化 一般灰坑
01KC－H50	Ⅱ区 T2803④下	0.8	不规则形	1.03×1.28－0.70	较多量红少土	良渚文化 灶坑
01KC－H51	Ⅱ区 T2804③下	0.6	不规则形	3.00×0.80－0.94	陶片 块	马桥文化 一般灰坑
01KC－H52	Ⅱ区 T2804⑤下	1.25	长方形	1.10×1.70－0.65	少量陶片	良渚文化 一般灰坑
01KC－H53	Ⅱ区 T2804⑤下	1.2	不规则形	1.10×1.70－0.65	填土为灰淤土，少量陶片 H53：1 陶罐 H53 标：1 鹿角	良渚文化 一般灰坑
01KC－H54	Ⅱ区 T2902②下	0.6	不规则形	1.56×4.32－1.28	填土为灰褐土有大量草木灰，可分上、中、下三层，出土陶片较多。陶器标本：上层9件，中层8件，下层5件中层另出 铜刀1件。	东周时期 一般灰坑
01KC－H55	Ⅱ区 T2902②下	0.7	不规则形	1.24×1.74－0.95	填土黑灰色，有大量陶片 H55：1 盆 H55：2 罐	东周时期 一般灰坑
01KC－H56	Ⅱ区 T2904③下	1.23	长方形	0.90×0.25－0.25	堆土为黑灰色，有大量陶片 H56：1 陶盆 H56：2 石釜	东周时期 一般灰坑
01KC－H57	Ⅱ区 T2902③下	1.38	圆形	0.42 －0.67	填土灰淤土，有少量陶片	东周时期 一般灰坑
01KC－H58	Ⅱ区 T2902③下	1.38米	圆形	0.42 －0.67	填土为灰土，有少量陶片	东周时期 一般灰坑
01KC－H59	Ⅱ区 T2804③下	0.7	圆形	0.28×0.56	填土灰土，夹杂红烧土块	良渚文化 一般灰坑
01KC－H60	Ⅱ区 T3002②下	0.7	不规则圆形	0.73×1.27－0.45	填土灰黄色，无包含物	宋 一般灰坑坑
01KC－H61	Ⅱ区 T2902④下	1.5	瓢形	1.10×1.70－1.31	泥制黑陶5块，印纹硬陶2块，原始瓷1块。	马桥文化 一般灰坑
01KC－H62	Ⅱ区 T2902④下	1.66	长方形	0.64×090－0.82	填土青灰土，出土夹砂褐陶片2块，泥黑陶6块。	马桥文化 一般灰坑
01KC－H63	Ⅱ区 T2903④下	1.6	不规则形	1.20×1.10－0.75	出土泥质陶片5块、印纹陶片4块。	马桥文化 一般灰坑

（续附表一）

编号	位置与层位	距地表深（米）	形状	长×宽-深（米）	填土与出土遗物	年代与用途推测
01KC－H64	Ⅱ区 T2902④下	1.7	长方形	0.66×090-0.51	填土黑灰土，出土砺石1块，夹砂陶5块，泥灰陶片20块，泥黑陶片3块，泥橙红片1块。	马桥文化 一般灰坑
01KC－H65	Ⅱ区 T2902④下	1.54	不规则形	2.40×1.90-1.00	填土灰白土，出土夹砂陶片10块，泥橙黄陶片5块，泥灰陶片4块，泥黑陶片12块，泥橙红陶片2块，	马桥文化 一般灰坑
01KC－H66	Ⅱ区 T2902④下	1.73	不规则形	3.80×2.40-0.70	出土泥质陶片6块、夹砂陶片4块。	马桥文化 一般灰坑
01KC－H67	Ⅲ区 T3002②B下	1.15	不规则形	4.00×2.20-1.65	填土为灰土，含大量草木灰。出土陶片较多 H67：1原始瓷碗 H67：2原始瓷碗 H67：3夹砂陶碗 H67：4夹砂褐陶釜 H67：5印纹陶大口瓮 H67：6印纹陶大口瓮	东周时期 一般灰坑
01KC－H68	Ⅲ区 T3002②B下	1.2	不规则形	3.57×2.2-0.85	填土灰褐土，有大量陶片 H68：1陶豆	战国 一般灰坑
02KC－H69	Ⅱ区 T2603②下	0.65	近似圆形	口径 2.10×2.90、底径1.10、深3.60	出土陶片666块：泥质硬陶50,有罐口11,纹饰有弦纹5,小方格纹12,大方格纹1,席纹6,条格纹5,篮纹4,叶脉纹2;泥质灰陶94,有盆口4,盘口5,（标本4）,杯3,器纽1,罐口1,纹饰有凹弦纹10;泥质橙黄陶79,有罐口9,纹饰有条格纹79,弦纹9,（标本2）;泥质黑陶31,有簋2,盆2,圈足盘3,杯1,豆盘2,纹饰有小方格纹1,大方格纹3,夔纹1,凹弦纹2;泥质橙红陶166,有罐口27,纹饰有弦纹27,条格纹55,篮纹70,刻划纹4,梯格纹1,叶脉纹8,网格纹1;夹砂褐陶186,有釜口1,鼎口4,甗口1,刀形鼎足5,柱形鼎足1,纹饰有刻画纹1,绳纹3,凹弦纹1;夹砂红褐陶60,器形有釜口7,鼎口1,刀形鼎足5,柱形鼎足6,纹饰有绳纹2,篮纹1,凹弦纹1;残石器8,斧1,兽骨10;橘红陶罐4,橘红钵1。标本:灰陶豆2、橙黄陶罐1、石箭镞1、杯1、石斧1	马桥文化 一般灰坑

（续附表一）

编号	位置与层位	距地表深(米)	形状	长×宽-深（米）	填土与出土遗物	年代与用途推测
02KC–H70	Ⅱ区 T2603②下	0.66	近似圆形	口径 175、底径 160、深 0.30	填土黑灰色含黄土、红烧土及草木灰。出土陶片 212 块：印纹硬陶 79，瓮底 1、罐底 1、口 1，纹饰有麻布纹 11、米字纹 15、米筛纹 1、方块填线纹 1、方块内填 X 纹 2；夹砂褐陶 36，釜口 10、鼎口 1，釜与鼎的口沿上饰凹弦纹；夹砂红褐陶 42，釜口 2、鼎口 1；泥质灰陶 32 片，器盖 1、盘口 1、罐口 1、豆 1。豆盘上饰水波纹，器盖及罐口上饰凹弦纹，另有圆圈纹；橙黄陶 11，仅见方块内填米字纹。原始瓷 12，同心圆碗 1、弧腹敞口碗 1、盂口 1、大盖纽 1。标本：灰陶罐 1、原始瓷器盖 1、残石刀 1、砺石 1。	战国　一般灰坑
02KC–H71	Ⅱ区 T2603②下	0.65	近似圆形	口径 2.25×1.70、底径 2.00×1.50、深 0.39	出土片 37 块：夹砂褐陶 8，有刀形鼎足 1；泥质橙红陶 8，有罐口 2、罐底 1，纹饰有梯格纹 1、条格纹 5；泥质灰陶 21，器形有瓦足 1、釜口 1、罐口 1、罐底 1、豆盘 2、圈足 1、豆座 1，纹饰有方格纹 4、篮纹 1	马桥文化　一般灰坑
02KC–H72	Ⅱ区 T2604②下	0.65	长方形	口径 1.30×4.25、底径 1.00×3.50、深 0.65	填土灰褐色。出土陶片 246 块：泥质灰陶 92，有罐口 9、盆口 2、豆盘 3、豆座 2、澄滤器口 1，纹饰有凹弦纹 4、方格纹 6、网格纹 3、叶脉纹 1、菱形纹 1、划纹 3，方格纹饰于罐肩部、划纹饰于澄滤器内、凹弦纹饰与盆与罐沿；夹砂红褐陶 72，有鼎口 9、釜口 1、羊角形鼎足 1、刀形鼎足 3、瓦形鼎足 1、柱足 1，纹饰有绳纹、篮纹。绳纹施于鼎，有横列与竖列或颈部横列以下竖列；印纹硬陶 26，有罐口 3、豆盘 1、豆把 1，纹饰有云雷纹 1、叶脉纹 4、席纹 2、凹弦纹 3、条格纹 1；泥质桔红硬陶 15，豆座 1、豆盘 2，纹饰叶脉纹 6、云雷纹 2、席纹 1、条格纹	马桥文化　一般灰坑

（续附表一）

编号	位置与层位	距地表深（米）	形状	长×宽－深（米）	填土与出土遗物	年代与用途推测
02KC－H72	Ⅱ区T2604②下	0.65	长方形	口径1.30×4.25、底径1.00×3.50、深0.65	1；泥质橙黄陶27，罐口2，纹饰凹弦纹2、云雷纹1、编织纹1、梯格纹1、篮纹8；原始瓷14，罐口1、豆盘3、豆座1。另有橙黄陶支座1	马桥文化 一般灰坑
02KC－H73	Ⅱ区T2603②下	0.65	圆形	0.55　　－0.20	填土黑灰色，夹黄褐土及草木灰。出土陶片312片，其中夹砂灰褐陶94片，器形有鼎口13、刀形足3。纹饰有绳纹52。泥质灰陶87片，器形有罐口13、底2，豆盘10、把7、三足盘1、澄滤器口3；纹饰有重菱纹、管戳圆圈纹1、网格纹5、凸弦纹5、绳纹8、方格纹7、凹弦纹5、云雷纹1、篱笆状纹1。泥质橙红陶57片，器形有罐口4、澄滤器口2；纹饰有梯格纹、条格纹11、叶脉纹3、曲折纹1、管戳圆圈纹1、绳纹4。夹砂红陶49片，器形有鼎口10、刀足2、柱足1，豆盘1，盖纽1。纹饰有绳纹27。印纹硬陶25片，器形有罐口5，钵口3，盘口1；纹饰有菱形纹3、曲折纹与方格纹组合纹1、米筛纹1、篮纹1、回纹3；二簋、二罐、豆一、釜一、网坠一。	东周时期 一般灰坑
02KC－H74	Ⅱ区T2503②下	0.58	不规则形	口径6.50×4.55、底径6.35×4.40、深0.22	填黑灰色土夹灰黄土及红烧土块。出土陶片419块：泥质灰陶179、有豆把16、盘16，三足盘1、足5，罐口13、凹罐底7，瓮口1，钵口1，澄滤器口7，腹片1，纺轮1，器盖2，盆口1，纹饰有豆把中部有凸棱纹4、豆把中部有凹弦纹2，方格纹、管戳圆圈纹1，凹弦纹、梯格纹4、方格纹16，曲折纹7、菱纹3、绳纹3、大菱纹3、席纹3，叶脉纹1，条格纹1，划纹2，管状戳印纹及曲折纹组合1；夹砂褐陶119，有鼎口16、刀	马桥文化 一般灰坑

（续附表一）

编号	位置与层位	距地表深(米)	形状	长×宽－深（米）	填土与出土遗物	年代与用途推测
02KC－H74	Ⅱ区 T2503②下	0.58	不规则形	口径 6.50×4.55、底径 6.35×4.40、深 0.22	足 18、甗腹 1、柱足 2，纹饰有重菱纹 2、绳纹 33、凹弦纹 3、划纹 1；泥质橙红陶 62，有罐口 10，澄滤器口 1，纹饰有凹弦纹 6、梯格纹 4、篮纹 17、叶脉纹 8、条格纹 1；夹砂红褐陶 60，有鼎口 4、刀足 10、柱足 1，纹饰有绳纹 27、凹弦纹间菱纹 1、凹弦纹与划纹组合 2、梯格纹 1；泥质黑陶 15，豆把 2、座 1、盘 1、三足盘 1、罐口 1、弦纹 2、管戳圆圈纹 1；印纹硬陶 58，罐口 9、底 2、瓮口 2、豆把 5、盂口 1、凹弦纹 5、叶脉纹 3、云雷纹 6、大席纹 2、曲折纹 2、网格纹 1、凸弦纹 2。原始瓷 6，碗底 4；泥质橙黄陶 8，罐口 2、罐腹片 6；叶脉纹 1、篮纹 2、梯格纹 1、凹弦纹 2。另有豆 1、半圆形石刀 1、石箭镞 1、青铜器残件 2、残玉饰件 1、石刀 1	马桥文化 一般灰坑
02KC－H75	Ⅱ区 T2503③下	0.58	不规则形	2.53×1.57－0.67	填土黑灰色，夹黄褐土及草木灰。出土陶片 312 块：夹砂灰褐陶 94，有鼎口 13、刀形足 3，纹饰有绳纹 52；泥质灰陶 87，有罐口 13、底 2，豆盘 10、把 7，三足盘 1，澄滤器口 3，纹饰有重菱纹、管戳圆圈纹 1、网格纹 5、凸弦纹 5、绳纹 8、方格纹 7、凹弦纹 5、云雷纹 1、篱笆状纹 1；泥质橙红陶 57 片，有罐口 4、澄滤器口 2，纹饰有梯格纹、条格纹 11、叶脉纹 3、曲折纹 1、管戳圆圈纹 1、绳纹 4；夹砂红陶 49，有鼎口 10、刀足 2、柱足 1，豆盘 1、盖纽 1，纹饰有绳纹 27；印纹硬陶 25，有罐口 5、钵口 3、盘口 1，纹饰有菱形纹 3、曲折纹与方格纹组合纹 1、米筛纹 1、篮纹 1、回纹 3。标本：簋 2、罐 2、豆 1、釜 1、网坠 1	马桥文化 一般灰坑

（续附表一）

编号	位置与层位	距地表深(米)	形状	长×宽－深（米）	填土与出土遗物	年代与用途推测
02KC－H76	Ⅱ区 T2503②下	0.58	不规则形	口径 1.55×0.90、底径 1.50×0.85、深 0.20	填土灰褐含黄土。出土陶片 51 块：夹砂褐陶 34，有釜口 4、刀形鼎足 1；泥质灰陶 11，有罐口 1、豆盘 1，纹饰有凹弦纹 1、方格纹 1；橙红陶 6，纹饰有方格纹 1、篮纹 1、凸弦纹 1	马桥文化 一般灰坑
02KC－H77	Ⅱ区 T2503③下	0.58	近似长方形	口径 1.95×1.00、底径 1.90×0.95、深 0.20	填土灰黄色。出土陶片 35 块：夹砂红褐陶 12，有鼎口 2、刀足 1、柱足 1；橙红陶 10，有罐底 1、口 1，纹饰有条格纹 2、篮纹 1；泥质灰陶 10，有罐口 2、豆盘 1，纹饰有凸弦纹 1、凹弦纹 1；印纹硬陶 1 片；黑陶 2，杯 1，纹饰有方格纹 1	马桥文化 一般灰坑
02KC－H78	Ⅱ区 T2403③下	0.58	近似长方形	口径 1.45×0.90、底径 1.30X0.65、深 0.21	出土一残石刀，罐口，腹片，鼎足等少量陶片。	马桥文化 一般灰坑
02KC－H79	Ⅱ区 T2503③下	0.58	方形	口径 1.95×1.88、底径 0.99×0.69、深 3.10	出土陶片 140 块：夹砂褐陶 24，有釜口 1，瓮口 1，鼎口 5，刀形鼎足 2，羊角形鼎足 1，纹饰有凸弦纹 1，绳纹 4；泥质灰陶 73，有澄滤器口 2，罐口 3，圈座 1，豆盘 9，豆把 2，三足盘足 3，罐底 2，纹饰有凸弦纹 5，凹弦纹 5，方格纹 9，叶脉纹 2，条格纹 3，网格纹 1；泥质橙黄陶 26，器形有罐口 3，澄滤器口 2，豆座 1，凹底 1，纹饰有划纹 1，条格纹 7，梯格纹 4，凹弦纹 1，叶脉纹 1；印纹硬陶 17，纹饰有重菱纹 2，云雷纹 2，编织纹 2，S 纹 1。另外，砺石 1、罐 1、半圆形石刀 2、原始瓷钵 1	马桥文化 一般灰坑
02KC－H80	Ⅱ区 T2504②下	0.54	近似圆形	口径 1.36×1.25、底径 1.31×1.20、深 0.28	出土陶片 12 块：夹砂褐陶 2；原始瓷 1；泥质灰陶 7；泥质橙黄陶 2，纹饰仅见梯格纹	马桥文化 一般灰坑

（续附表一）

编号	位置与层位	距地表深（米）	形状	长×宽－深（米）	填土与出土遗物	年代与用途推测
02KC－H81	Ⅱ区T2404③下	0.54	不规则形	3.65×1.65－0.28	出土陶片172块：夹砂灰陶91块，有釜口16，柱形鼎足1；夹砂红陶34，有釜口4，器盖1，三足盘1，刀形鼎足2，纹饰有绳纹16，刻划纹1；泥质橙红陶23，有罐口3，凹底1，纹饰有梯格纹4，凹弦纹3，叶脉纹3，绳纹1；泥质灰陶57，有罐口3，盆口1，圈足盘底1、豆把1，凹底1，纹饰有方格纹5，凹弦纹2，镂孔1；印纹硬陶19，有罐口1，纹饰有编织纹8；残石器3，双孔刀1。另有黑皮陶盆1件	马桥文化 一般灰坑
02KC－H82	Ⅱ区T2404③下	0.56	近似圆形	口径1.72×1.45、底径1.05×0.85、深0.58	出土陶片131块：夹砂橙红陶7，有鼎口3，钵口1，刀形鼎足1，纹饰有绳纹4；夹砂灰褐陶75，有釜口5，鼎口1，鼎足1，纹饰有绳纹2，方格纹1；印纹硬陶6，纹饰有重菱纹6；泥质橙黄陶8，纹饰有条格纹2，梯格纹1；泥质灰陶49，器形有罐口4，豆座1，豆盘2，纹饰有凹弦纹6，方格纹19，1件罐内有指捏痕；另有灰陶盆1件	马桥文化 一般灰坑
02KC－H83	Ⅱ区T2504②下	0.57	近似圆形	口径2.10×2.20、底径1.95×1.98、深0.76	出土陶片17块：夹砂灰陶4，有鼎口2，纹饰有菱形纹1；夹砂红陶4，有刀形鼎足1，鼎口1；泥质灰陶8，均素面；泥质橙黄陶1，纹饰有篮纹1	马桥文化 一般灰坑
02KC－H84	Ⅱ区T2404③下	0.58	近似方形	口径2.45×1.55、底径2.10×1.06、深0.60	出土陶片337块：夹砂褐陶150，有釜口31，圈足2，釜腹片3，刀形鼎足1；泥质橙黄陶150，器形有罐口14，凹底3，纹饰有编织纹4，条格纹68，曲折纹8，云雷纹1，网格纹2，凹弦纹12，篮纹45，叶脉纹3；泥质橙红陶30，有罐口4，凹底4，纹饰有条格纹20，曲折纹4，叶脉纹2，凹弦纹4；泥质灰	马桥文化 一般灰坑

（续附表一）

编号	位置与层位	距地表深（米）	形状	长×宽－深（米）	填土与出土遗物	年代与用途推测
02KC－H84	Ⅱ区 T2404③下	0.58	近似方形	口径 2.45×1.55、底径 2.10×1.06、深 0.60	陶 37，有盆口 4，豆盘口 2，器座 2，罐底 1，豆把 2，杯底 1，纹饰有篮纹 5，方格纹 7，凹弦纹 7，云雷纹 2。另有砺石 1，刀柄 1，石片 1，石块 1，钵 1，盆 1，三足盘 1，石锛 2，残石器 1，高领小罐 1、豆 1	马桥文化 一般灰坑
02KC－H85	Ⅱ区 T2404③下	0.59	近似方形	口径 4.35×4.23、底径 1.95×1.50、深 0.80	出土陶片 690 块：夹砂褐陶 248，有刀形鼎足 10，羊角形鼎足 3，鼎口 12，釜口 10，鼎底 1，纹饰有细绳纹 92，粗绳纹 2，方格纹 2，重菱纹 2，叶脉纹 1，菱纹 1；夹砂红褐陶 108，有鼎口 15，釜口 6，三足盘 3，鼎足 10，刀形鼎足 3，盖纽 1，凹底罐 2，器盖 1，纹饰有细绳纹 29，凹弦纹 3，指甲纹 1，云雷纹 2；泥质红陶 25，器形有罐口 2，豆座 1，豆盘 4，器座 1，凹底 4，纹饰有弦纹 3，方格纹 1，叶脉纹 4，条格纹 4，编织纹 5，篮纹 4；泥质橙黄陶 69，有罐口 3，圈座 1，澄滤器口 2，罐底 4，豆把 1，纹饰有梯格纹 6，划纹 2，叶脉纹 6，条格纹 7，方格纹 2，篮纹 7，菱纹 1。泥质灰陶 162，有罐口 10，豆盘 23，豆把 10，三足盘口 1，足 1，圈座 2，钵口 1，盖纽 1，圈足盘 1，豆圈足 6，罐底 8（平），澄滤器残片 4，凹底 3，纹饰有划纹 4，蓖划纹 2，凸弦纹 5，凹弦纹 6，方格纹 11，间断绳纹 2，篮纹 6，管戳圆圈纹 2，圆圈纹 1，叶脉纹 1，席纹 1；硬陶 52，器形有罐口 4，盖纽 1，底 1，纹饰有，云雷纹 2，叶脉纹 2，凹弦纹 3，方格纹 1，编织纹 3；原始瓷 17，器形有钵口 1，罐口 2，豆盘 2；石箭镞 1、纺轮 1、灰陶杯 1、残石器 1	马桥文化 一般灰坑

（续附表一）

编号	位置与层位	距地表深(米)	形状	长×宽 - 深（米）	填土与出土遗物	年代与用途推测
02KC - H86	Ⅱ区 T2403③下	0.59	方形	口径 1.40×1.40、底径 0.90×1.00、深 1.69	出土陶片 59 块：夹砂褐陶 13，有鼎口 4，刀形鼎足 2，纹饰有绳纹 4；泥质橙黄陶 16，器形有罐口 3，瓮口 1，圈足盘座 1，三乳钉盘 1，纹饰有条格纹 7，叶脉纹 2，绳纹 1，凹弦纹 2；泥质灰陶 17，有罐 3，底 1，豆盘 2，豆把 1，大盖纽 1，纹饰有绳纹 1，曲折纹 1，篮纹 2；夹砂红褐陶 6，器形有鼎口 1，纹饰有凹弦纹 1，绳纹四；原始瓷 7，器形有豆盘 3，钵口 2，纹饰有凹弦纹 2，连心纹 1。另有橙黄凹底罐 2 件	马桥文化 一般灰坑
02KC - H87	Ⅱ区 T2403③下	0.59	长条形	口径 0.35×2.15、底径 0.30×2.10、深 0.24	出土 13 块：夹砂褐陶 4；泥质橙黄陶 3，有釜口 1，纹饰有篮纹 1，条格纹 1，弦纹 1；泥质灰陶 6，有盆口 1，圈足 1，豆把 1，纹饰有编织纹 1，凹弦纹 2，篮纹 1	马桥文化 一般灰坑
02KC - H88	Ⅱ区 T2403③下	0.58	近似菱形	口径 1.00×1.33、底径 0.95×1.28、深 0.19	出土陶片 64 块：夹砂灰褐陶 37，有鼎口 7，刀形鼎足 1，盘底 2，鬶口 1，把 1，纹饰有凸弦纹 3，凹弦纹 1，划线纹 1，堆纹 1；泥质灰陶 14，器形有圈足 1，罐口 2，罐底 2，纹饰有凸弦纹 1；泥质橙黄陶 8，器形有罐口 1；泥质红陶 5，器形有罐口 2，罐底 1，纹饰有篮纹 2，条格纹 2，凸弦纹 1。另有釜 1 件	马桥文化 一般灰坑
02KC - H89	Ⅱ区 T2404③下	0.6	近似长方形	1.55×1.10 - 0.13	出土陶片 36 块：夹砂褐陶 10，盆口 1，钵口 1，刀形鼎足 1；泥质灰陶 16，器形有罐口 1，盆口 1，纹饰有编织纹 5，小方格纹 1，篮纹 13；印纹硬陶 2，纹饰有回字纹 1；泥质橙黄陶 8，器形有罐口 1，纹饰有条格纹 2，梯格纹 1，篮纹 2，叶脉纹 1，弦纹 2，菱形填线纹 1	马桥文化 一般灰坑

（续附表一）

编号	位置与层位	距地表深(米)	形状	长×宽-深（米）	填土与出土遗物	年代与用途推测
02KC-H90	Ⅱ区 T2403②下	0.58	不规则形	口径 3.00×6.50、底径 2.90×6.40、深 0.20	出土陶片 337 块：夹砂红褐陶 31，有刀形鼎足 13，鼎口三，羊角形鼎足 7，釜口 1，纹饰有绳纹 8，附加堆纹 1；残石器 3，多孔石刀 1，石犁 1，残石刀 1；印纹硬陶 13，有罐口 3，罐底 1，碗底 1，纹饰有叶脉纹 3，窗花纹 1，篮纹 1；泥质灰陶 104，有罐口 16，钵口 6，盆口 4，豆把 5，豆座 4，豆盘 3，凹圜底 2，杯底 1，纹饰有方格纹 19，凹弦纹 11，凸弦纹 1，篮纹 1，绳纹 5，云雷纹 1；夹砂褐陶 36，器形有鼎口 8，釜口 1，刀形鼎足 4，羊角形鼎足 2，小罐口 1，纹饰有凹弦纹 2，细绳纹 4；泥质橙红陶 29，有罐口 4，凹底 2，纹饰有叶脉纹 7，绳纹 4，条格纹 13；泥质橙黄陶 124，有罐口 16，小罐口 2，豆座 1，纹饰有凹弦纹 12，叶脉纹 4，梯格纹 1，条格纹 81。另有砺石 1，石箭镞 1，黑陶钵 1	马桥文化 一般灰坑
02KC-H91	Ⅱ区 T2404③下	0.52	刀形	口径 6.15×2.60、底径 6.10×2.55、深 0.26	出土 337 块：夹砂红褐陶 46，器形有釜口 3，鼎口 1，刀形鼎足 12，柱形鼎足 2，纹饰有划刻方格纹 1，绳纹 1，凹弦纹 1，方格纹 1；泥质橙黄陶 13，器形有罐口 1，器纽 1，罐底 1，纹饰有绳纹 2，叶脉纹 1，方格纹 1，条格纹 1，曲折纹 1；夹砂灰褐陶 85，有鼎口 10，刀形鼎足 10，纹饰有菱形纹 14，凹弦纹 5，绳纹 3，梯格纹 1，划纹 1；泥质灰陶 25，器形有罐口 3，盘口 3，罐底 3，豆座 1，澄滤器 1，纹饰有凹弦纹 3，条格纹 1	马桥文化 一般灰坑

（续附表一）

编号	位置与层位	距地表深(米)	形状	长×宽-深（米）	填土与出土遗物	年代与用途推测
02KC-H92	Ⅱ区T2504③下	0.55	近似长方形	口径0.62×3.55、底径0.57×3.50、深0.12	出土陶片71块：夹砂灰陶22，器形有釜口3，鼎口1，三足盘足1；泥质橙黄陶14，器形有凹底1，纹饰有叶脉纹7，条格纹6；原始瓷10，豆盘1，碗口1；泥质灰陶25，有罐口1，盆口2，罐底2，豆座1，纹饰有方格纹1，凸弦纹2；砺石3；鹿牙1	马桥文化　一般灰坑
02KC-H93	Ⅱ区T2404③下	0.51	近似椭圆形	口径0.83×0.45、底径0.78×0.40、深0.43	出土陶片5块：夹砂褐陶2片，器形有壶口1；泥质橙黄陶1；印纹硬陶2，有罐口1，纹饰有凹弦纹一	马桥文化　一般灰坑
02KC-H94	Ⅱ区T2403②下	0.6	近似圆形	口径1.95×0.88、底径1.90×0.83、深0.61	出土陶片24块：夹砂橙黄陶5，有柱形鼎足1，罐口2，盆口1，纹饰有方格纹1，凹弦纹1；印纹硬陶4，器形有瓮底1，瓮口1，罐口1，纹饰有菱形纹1，弦纹2；泥质橙黄陶4，梯格纹1，菱形纹1，编织纹1；泥质灰陶15，有圈足1，盆口1，纹饰有小方格纹1，弦纹1。另有残玉瑗1、残石器1	马桥文化　一般灰坑
02KC-H95	Ⅱ区T2403②下	0.55	近似圆形	口径0.70×1.47、底径0.60×1.37、深2.7	出土陶片5块：夹砂褐陶3，刀形鼎足1，柱形鼎足1，罐口1，纹饰有竖线纹1；泥质灰陶2，器形有罐口2，纹饰有凸弦纹1；半圆形石刀1	马桥文化　一般灰坑
02KC-H96	Ⅱ区T2603②下	0.66	圆形	1.00-0.94	出土陶片12块：夹砂陶5，有釜口1，罐口1，鼎足1；泥质灰陶4，器形有盆口1，豆把1，纹饰有凹弦纹1，水波纹1；原始瓷1，碗口1；泥质橙黄陶2，器形有罐口1，纹饰有凹弦纹1，绳纹1，凸弦纹1。另有网坠1	东周时期　一般灰坑
02KC-H97	Ⅱ区T2404③下	0.69	长方形	口径1.70×1.20、底径1.60×1.10、深0.12	出土陶片13块：夹砂褐陶11，有刀形鼎足2，柱形鼎足2，鼎口2，纹饰有凹弦纹2，曲折纹1；泥质灰陶2，有纺轮1，纹饰有凸弦纹1。另有残石器一	马桥文化　一般灰坑

（续附表一）

编号	位置与层位	距地表深（米）	形状	长×宽－深（米）	填土与出土遗物	年代与用途推测
02KC－H98	Ⅱ区 T2404③下	0.51	近似三角形	1.36×1.30－0.45	出土陶片13块：夹砂褐陶6，有壶口2，纹饰有凹弦纹1；泥质黑陶3，有钵口1，圈足底1，器盖1，纹饰有凹弦纹1；泥质灰陶4，有高领罐口1	马桥文化 一般灰坑
02KC－H99	Ⅱ区 T2404③下	0.57	近似圆形	1.70×1.60－1.26	出土陶片26块：泥质灰陶12，有罐口2，盆口1，罐底1，纹饰有凸弦纹；泥质黑陶2，有豆把1，盆口1，纹饰有凸弦纹1；夹砂褐红陶12，有釜口1，柱形鼎足1，刀形鼎足1，鱼鳍形足2，纹饰有刻划线2，弦纹1。标本灰陶罐1、残石锛1	良渚文化 一般灰坑
02KC－H100	Ⅱ区 T2503⑤下	0.81	不规则形	口径4.00×1.50、底径4.00×0.30、深1.00	出土陶片91块：泥质灰陶33，有盆口2，器盖2，罐口2，豆把2，豆座2，双鼻壶盖1，豆盘1，纹饰有凹弦纹6，凸弦纹2，镂孔2；泥质橙黄陶8，纹饰有凸弦纹1，凹弦纹1；夹砂褐陶50，有鼎口2，器盖3，甗口2，丁字形鼎足6，鱼鳍形鼎足1，甗腹片2，纹饰有篮纹2，划纹4。另有残石刀1	良渚文化 一般灰坑
02KC－H101	Ⅱ区 T2604⑤下	1.2	不规则形	1.80×1.90－0.60	出土陶片15块：泥质灰陶8，有壶1，罐腹片6，罐口1，纹饰有凸弦纹4，凹弦纹1；泥质橙黄陶5，有罐腹片3，罐底片2（其中一片有纹饰），纹饰有凸弦纹3；夹砂褐陶2，有甗口1，甗腹1。另有残石锛1	良渚文化 一般灰坑
02KC－H102	Ⅱ区 T2604⑤下	1.9	不规则形	口径1.05×0.70、底径0.65×0.45、深0.33	出土陶片8块：泥质黑皮陶3，有圈足盘底3，纹饰有锥刺纹1，指甲印纹1，镂孔1；泥质灰陶4，有罐腹片3，罐口1；夹砂褐陶鼎腹片1	良渚文化 一般灰坑
02KC－H103	Ⅱ区 T2604⑤下	1.2	长方形	口径1.10×1.45、底径0.90×1.25、深0.34	出土泥质灰陶盘底1（有纹饰）；夹砂褐陶鼎足2（1件有附加堆纹）、夹砂褐陶鼎口2；泥质灰陶罐1件（复原）	良渚文化 一般灰坑

（续附表一）

编号	位置与层位	距地表深(米)	形状	长×宽 – 深（米）	填土与出土遗物	年代与用途推测
02KC – H104	Ⅱ区 T2504⑤下	1.38	圆形	口径 1.50 × 1.90、底径 1.70、深 3.10	出土陶片 79 块：泥质黑皮陶 36，有罐口 3，匜流 1，罐底 4，杯底 1，豆把 1，腹片 20，纹饰有凸弦纹 10，绞丝纹 1；泥质灰陶 28，有罐口 5，罐底 6，盘 2，腹片 5，纹饰有凸弦纹 6；夹砂褐陶 10，器形有鼎口 6，器纽 1，鼎足 1，纹饰有凹弦纹 5，堆纹 1；粗砂红陶缸片 6；泥质红衣陶 2，器形有罐口 1，钵口 1；坑底出土 1 件完整的三足罐	良渚文化 一般灰坑
02KC – H105	Ⅱ区 T2503⑤下	1.17	圆角长方形	5.12 × 0.90 – 0.58	出土陶片 32 块：夹砂褐陶 22，有鼎口 5，鼎足 6；泥质灰陶 7，有罐腹片 5，罐口 1，豆盘口 1，纹饰有凸弦纹 4；泥质黑皮陶 3，器形有罐口 1，罐底 1，罐腹片 1，纹饰有凸弦纹 1；泥质橙黄陶 1；黑色鹅卵石锤 1（两端有锤击痕）；可复原两件鼎	良渚文化 一般灰坑
02KC – H106	Ⅵ区 T6101④下	1.2	椭圆形	口径 6.00 × 2.36、底径 5.35 × 2.10、深 0.40	出土陶片 149 块：夹砂褐陶 31，有釜口 2，鼎口 4，刀形鼎足 3，器盖 1，把手 2，余者为碎片，纹饰有堆纹 3，绳纹 2（有横有竖，鼎上的）；泥质灰陶 40，有豆圈足 5，盖纽 2，三足盘 1，圈足盘 4，罐口 3，豆盘 1，余者为罐腹片，纹饰有凸弦纹 1，余者素面；泥质橙黄陶 39，器形有罐口 4，豆盘 2，余者为罐的腹片，纹饰有篮纹 14，条格纹 3，叶脉纹 1；泥质橘红陶 8，器形有罐口 2，豆盘 1，余者为罐的腹片，纹饰有篮纹 2，叶脉纹 2；泥质灰陶 15，器形有盆口 1，罐口 1，余者为罐腹片，纹饰有曲折纹 4，绳纹 3，梯格纹 1；原始瓷 15，器形有豆座 4，豆盘 6，纹饰有弦纹 5（豆圈足和盘内），绳索纹 1；印纹陶 2，器形有罐底 1，瓮腹片，纹饰有绳纹 1，回字纹 1。	马桥文化 一般灰坑

（续附表一）

编号	位置与层位	距地表深(米)	形状	长×宽－深（米）	填土与出土遗物	年代与用途推测
02KC－H107	Ⅵ区 T6101④下	1.31 米	长条形	口径 1.12×3.50、底径 1.00×3.10、深 0.42	出土陶片 12 块：泥质灰陶 4，有罐口 1、支座 2、豆把 1，纹饰有凹弦纹 1、长镂孔 1。泥质橙黄陶 4，有罐腹片 4，纹饰有条格纹 1、梯格纹 1、篮纹 1；夹砂褐陶 4，有釜口 1、其余为腹片。另外有标本：灰褐陶支座 1，灰陶豆把 1，灰陶罐口 1，残石刀 1	马桥文化 一般灰坑
02KC－H108	Ⅵ区 T6101④下	1.2	圆形	口径 0.86×0.86、底径 0.45×0.45、深 0.68	出土陶片 7 块：夹砂褐陶 4，有筒形釜口 1、罐口 1、其余为腹片；泥质灰陶 1，有豆座 1，纹饰有大镂孔 1。泥质红陶 2，有罐腹 2。标:1釜口，标:2 灰陶豆座	马家浜文化 垃圾坑
03KC－H109	Ⅵ区 T6101④下	1.15	圆角方形	口径 0.72×0.80－0.45、底径 0.58×0.62	填土黑灰土。出土陶片 66 块：夹砂褐陶 28，有筒形釜口 1，鼎足 4，余者为鼎和釜的腹片，纹饰有窝纹 1，凹弦纹 2，附加堆纹 1；泥质红衣陶 24，有盖纽 1，牛鼻耳 1，罐口 1，余者为罐的腹片，纹饰有附加堆纹 3；泥质黑陶 14，有罐底 2，豆足 1，余者为罐腹片，纹饰有镂孔 1；另有鹿头骨 1。标本:1 筒形釜口，2 红衣盖纽，3 鼎足，4 牛鼻耳，5 刀形鼎足，6 罐口	马家浜文化 垃圾坑
03KC－H110	Ⅵ区 T6302④下 被 J65 打破	0.6	近似圆形	口径 3.10×2.15、底径 2.90×1.80、深 0.45	出土陶片 44 块：泥质黑陶 10，有罐口 1，盆口 1，罐底 2，纹饰有凹弦纹 2、席纹 2；夹砂褐陶 36，有鼎口 1，凹面鼎足 1，纹饰有凹弦纹 1，绳纹 1；泥质橙黄陶 8，有凹圜底罐底 3，罐口 1，纹饰有篮纹 3。	马桥文化 一般灰坑
03KC－H111	Ⅵ区 T6302④下	0.6	长条形	口径 3.10×1.00、底径 0.58×0.64、深 0.60	盆口，鼎口	汉代时期 一般灰坑
03KC－H112	Ⅵ区 T6302④下	0.7	近似圆形	口径 0.90×0.85、底径 0.22×0.40、深 0.95	陶片少量 标本：红衣陶罐口 1 鼎口 1	马家浜文化 垃圾坑

（续附表一）

编号	位置与层位	距地表深(米)	形状	长×宽－深（米）	填土与出土遗物	年代与用途推测
03KC－H113	Ⅵ区T6101⑦下	0.95	近似圆形	1.76×1.80－0.55	出土陶片72块：夹砂褐陶30，有腰沿釜口4，筒形釜口1，牛鼻耳，1，盖纽1，钵口1，纹饰有堆纹3，窝纹1；泥质红衣陶32，有罐口3，豆盘2，余者为腹片，纹饰有堆纹2；夹砂红褐陶10，有牛鼻耳3，余者为腹片，纹饰有堆纹2 标本：1腰沿釜口，2钵口，3盖纽，4红衣陶罐口，5红衣陶罐口，6红衣陶牛鼻耳，7豆盘，8红衣陶牛鼻耳，9红衣陶及附加堆纹，10红褐陶牛鼻耳 另有小件：红衣陶钵	马家浜文化 蓄水坑
03KC－H114	Ⅵ区T6102④下	1.36	长方形	2.24×0.90－0.53	出土陶片10块：泥质灰陶3，有高领罐口1，盖纽1，罐底1；泥质橙黄陶4，器形有凹圜底罐底2，纹饰有篮纹3；夹砂褐陶3，器形有鼎足2（刀形、柱形各1）。另外标本：高领罐口1，盖纽1，凹环底罐口1，柱形鼎足4	马桥文化 一般灰坑
03KC－H115	Ⅵ区T6102④下	0.98	长条形	1.15×0.90－1.00	出土陶片8块：夹砂褐陶3，有釜口2，纹饰有绳纹2；泥质橙黄陶1；泥质灰陶4，有圈足盘2，豆把1，凹弦纹加长方形镂孔1	马桥文化 垃圾坑
03KC－H116	Ⅵ区T6102⑤A下	1.31	近似圆形	0.86×0.88－0.50	出土陶片64块：夹砂红褐陶9，有腰沿釜口3，余者为腹片，纹饰有附加堆纹2；泥质红衣陶35，有罐口4，罐底2，牛鼻耳1；泥质黑陶6，有罐腹片；泥质红褐陶14，有鸡冠耳罐3，罐底1，余者为腹片，纹饰有凸弦纹2。鹿角2	马家浜文化 垃圾坑
03KC－H117	Ⅵ区T6302⑥下	1.37	近似方形	口径2.20×1.60、底径1.40×1.00、深0.90	出土少量红衣陶片	马家浜文化 蓄水坑
03KC－H118	Ⅵ区T6302⑨下	1.79	不规则形	1.00×2.10－0.53	出土陶片夹砂褐陶鼎口2，凹弦纹2；泥质黑陶豆把1。标:1鼎口，标:2豆把	马家浜文化 蓄水坑

（续附表一）

编号	位置与层位	距地表深(米)	形状	长×宽−深（米）	填土与出土遗物	年代与用途推测
03KC–H119	Ⅵ区 T6102⑦下	1.13	近似圆形	0.84×1.00−0.55	陶片20块 标本：红衣陶罐口1 红衣陶双耳钵1 器盖1 修复红衣陶钵1 另有骨器1	马家浜文化 蓄水坑
03KC–H120	Ⅵ区 T6202⑧下	1.35	长方形	1.44×0.90−0.95	出土片58块：夹砂褐陶14、有釜腰檐5、其余为腹片，纹饰有堆纹5；泥质灰褐陶37，有大罐底1、其余为腹片36；泥质红衣陶6，有高领罐口1、其余为腹片5；泥质黑陶1，为罐腹片。动物脊椎骨一	马家浜文化 蓄水坑
03KC–H121	Ⅵ区 T6102⑦下	1.1	长方形	口径1.75×3.30、底径1.35×2.90、深0.90	出土陶片51块：夹砂褐陶9，有釜口1、釜腰檐4、鼎口1、炉条1，纹饰有堆纹5。泥质黑陶7，有豆把1，纹饰有牛鼻耳1；泥质红衣陶35块，有豆盘1、罐口1、牛鼻耳2、网坠1，纹饰有堆纹1、凹弦纹1。标本H121：1骨簪，H121：2网坠，H121：3红衣陶豆。标：1夹砂褐陶腰檐釜口，标：2红衣陶豆盘，标：3红衣陶高领罐口，标：4红衣陶牛鼻耳，标：5红衣陶牛鼻耳，标：6泥质褐陶牛鼻耳，标：7红衣陶豆把	马家浜文化 蓄水坑
03KC–H122	Ⅵ区 T6302④下	0.62	圆形	口径1.40×0.57、底径1.30×0.40、深1.01	填灰褐土。出土陶片4块：泥质橙黄陶3块，有罐口2、罐腹片1，纹饰有细绳纹1、篮纹1；泥质橘红陶1，纹饰为篮纹1（罐腹片）。标本：1泥质橙黄陶罐口	马桥文化 一般灰坑
03KC–H123	Ⅵ区 T6302⑥下	1.2	圆角长方形	口径1.80×1.30、底径1.40×0.90、深1.22	陶片9块：标本：黑皮陶罐口1、鸡冠耳1	马家浜文化 蓄水坑
03KC–H124	Ⅵ区 T6202⑧下	1.09	长条形	口径1.25×1.45、底径0.85×1.05、深0.67	出土43块：夹砂褐陶22，有腰檐釜口1、筒形釜口1、鼎口1、其余为腹片，纹饰有附加堆纹1、鸡冠耳2；泥质灰陶4，有罐口2、牛鼻耳罐腹1；泥质黑陶1，有罐腹1，纹饰有堆纹1；泥质红衣陶17，器形有豆盘2、豆把1、其余为腹片，纹饰有堆纹2、牛鼻耳1、凹弦纹2。兽骨2。	马家浜文化 蓄水坑

（续附表一）

编号	位置与层位	距地表深（米）	形状	长×宽－深（米）	填土与出土遗物	年代与用途推测
03KC－H125	Ⅵ区 T6503④下	0.8	圆角长方形	口径 1.42×0.80 －0.43 底径 1.08×0.68	出土陶片18块：泥质红衣陶4，均为罐腹片；夹砂红褐陶14，有鼎口3、牛鼻耳2、其余为腹片9，纹饰有附加堆纹1。动物牙床1个。标本：1－3鼎口，标本：4、5夹砂陶牛鼻耳	马家浜文化 垃圾坑
03KC－H126	Ⅵ区 T6403⑥下	1.15	圆角长方形	口径 1.50×2.08、底径 1.00×0.82、深 0.30		马家浜文化 垃圾坑
03KC－H127	Ⅵ区 T6403 T6303⑥下	1.45	长条形	口径 0.60×2.30、底径 0.36×2.10、深 0.57	填黑灰土，无出土物	马家浜文化 蓄水坑
03KC－H128	Ⅵ区 T6503⑥下	1.15	圆形	口径 0.58×0.55、底径 1.08×0.71、深 0.09	填深灰土 完整小动物骨架	马家浜文化 祭祀坑
03KC－H129	Ⅵ区 T6403⑨下	1.65	圆角长方形	口径 2.20×1.44、底径 1.20×0.60、深 0.67	陶片27块，修复红衣陶盆1、木头工具1；标本：红衣罐口1、牛鼻耳1	马家浜文化 蓄水坑
03KC－H130	Ⅵ区 T6403⑨下	1.54	圆形	0.90×0.90－0.59	填灰白淤土 无陶片	马家浜文化 蓄水坑
03KC－H131	Ⅵ区 T6403⑨下	1.7	长条形	0.75×0.65－0.28	填灰白淤土 无陶片	马家浜文化 蓄水坑
03KC－H132	Ⅵ区 T6403⑨下	1.88	不规则形	1.35×0.50－0.31	填灰白淤土 无陶片	马家浜文化 蓄水坑
03KC－H133	Ⅵ区 T6402④下	0.65	近似圆形	口径 1.96×1.80、底径 1.10×0.90、深 3.60	填灰淤土。出土陶片夹砂褐陶35，有甑口6、甑腹1、鼎口2、其余为残片26，纹饰有绳纹25。泥质灰陶10，有豆把4、绳纹罐口1、三足盘足1，纹饰有细绳纹7；泥质黑陶14，有豆盘2、三足盘2、凹圈底罐底1、钵口1、圈足罐底1、其余罐腹片7，纹饰有绳纹2、方格纹2、划纹1（圈足罐底连接圈足处）、管戳圆圈纹2；原始瓷2,,器形有钵口2，纹饰为凹弦纹2。印纹硬陶16，有凹圈底3，纹饰为菱形纹5。标本：03KCH133：1 三足盘、03KCH133：2 原始瓷豆、03KCH133：3、6、10 钵、03KCH133：4、5、7、8、9、11、12 罐。标本：1－4	马桥文化 一般灰坑

（续附表一）

编号	位置与层位	距地表深（米）	形状	长×宽－深（米）	填土与出土遗物	年代与用途推测
03KC－H133	Ⅵ区 T6402④下	0.65	近似圆形	口径 1.96×1.80、底径 1.10×0.90、深 3.60	甗口，标本：5 鼎口，标本：6 原始瓷钵口，标本：7 泥质黑陶罐口，标本：8、9 三足盘，标本：10－13 豆，标本：14 方格纹，标本：15 圈足罐底，标本：16、17 管戳圆圈纹	马桥文化 一般灰坑
03KC－H134	Ⅵ区 T6402④下，打破 H133	0.65	近似方形	口径 0.95×1.10－1.80 底径 0.50×0.30	填灰黄铁锈土，底部为灰淤土，出土陶片 23 块：夹砂红陶 13，有鼎口 4，器盖 1，其余腹片，纹饰有绳纹 2；夹砂褐陶 1，有鼎口 1；泥质黄陶 3，有腹片 3，纹饰有席纹 1，绳纹 1；泥质灰陶 5，有罐口 1，罐底 1，腹片 3，纹饰有小方格纹 1，席纹 3。H134：1 残石犁，H134：2 硬红陶方格叶脉纹罐	春秋时期 垃圾坑
03KC－H135	Ⅵ区 T6502④下	0.65 米	圆角长方形	口径 1.30×0.90－0.71 底径 1.15×0.65	标本 1：罐口，标本 2：席纹	马桥文化 垃圾坑
03KC－H136	Ⅵ区 T6502④A 下	0.65 米	圆形	2.65×2.60－4.80 底径 1.10	填土黄灰 出土陶片较多修复陶罐 9 件，另有骨镞 1 件，陶鼎 1 件编号 1~11	马桥文化 水井废弃后为灰坑
03KC－H137	Ⅵ区 T6502⑤A 下，打破 M85	0.70 米	不规则形	口径 2.30×1.80、底径 0.70×0.50、深 1.90	填土黑土夹草木灰 修复黑陶盆 1 件填灰黑土夹草木灰，出土陶片 21 块：夹砂褐陶 10，有盘口 1，鼎口 1，足 4，腹片 4，纹饰有凹弦纹 1，刻划纹 1；泥质黑陶 3，有罐底 1，罐口 1，腹片 1；泥质灰陶 8，有罐口 1，底 1，腹片 5，盆 1。标本 1：盘口，标本 2：鼎口，标本 3：罐口，标本 4、5：鼎足。H137：1 黑陶盆	良渚文化 垃圾坑
03KC－H138	Ⅵ区 T6502⑤A 下	0.7	长圆形	口径 1.50×0.90－1.55 底径 0.90×0.50	填灰黄土，出土陶片 5 块：夹砂红陶 1，有器盖 1；泥质黑陶 1，为腹片 1，纹饰有牛鼻耳、凸弦纹各 1；泥质红陶 3，为腹片 3，纹饰有牛鼻耳 1。	马家浜文化 垃圾坑

（续附表一）

编号	位置与层位	距地表深(米)	形状	长×宽-深（米）	填土与出土遗物	年代与用途推测
03KC－H139	Ⅵ区T6502⑤A下	0.7	不规则形	口径2.05×1.00-1.55 底径1.00×0.40	填灰黄土，出土陶片7，夹砂褐陶5，有腹片5，纹饰有双凸弦纹1，凸弦纹2；夹砂红陶2，有腹片1，鸡冠耳1	马家浜文化 垃圾坑
03KC－H140	Ⅵ区J75→T6502⑤A下	0.7	圆形	口径1.60、底径1.20、深1.80	填灰黄土。出土1件罐，03KCH140:1灰陶罐	良渚文化 垃圾坑
03KC－H141	Ⅵ区T6401④下	0.65	圆角长方形	口径1.00×0.62、底径0.40×0.20、深1.60	填灰黑土。出土陶片14块：夹砂黄陶3，有釜口2，腹片1，纹饰有条格纹2；泥质黄陶4，有罐口2，腹片2，纹饰有凹弦纹2；泥质灰陶2，有腹片2，纹饰有篮纹1，凹弦纹1；泥质红陶5，有罐口1，腹片4，纹饰有条格纹2，篮纹2	马桥文化 垃圾坑
03KC－H142	Ⅵ区T6401④下	0.65	圆形	口径1.65×1.60、底径0.60×1.21、深0.60	填灰黄土夹草木灰，出土陶片4块：夹砂红陶2，有腹片2；泥质黑陶1，有腹片1；泥质灰陶1，有腹片1	良渚文化 垃圾坑
03KC－H143	Ⅵ区T6401④下	0.65	不规则形	口径1.65×1.60、底径0.60×1.22、深0.60	填灰黑土。出土陶片21块：泥质黄陶6，有罐口3，腹片3，纹饰有条格纹2，篮纹2，凹弦纹2；泥质黄硬陶1，有豆把1；夹砂红陶4，有釜口2，腹片2；泥质黑陶3，有豆盘底1，腹片2，纹饰有篮纹1；泥质灰陶6，有罐口沿1，腹片5，纹饰有篮纹3，小方格纹1；印纹硬陶1，有罐腹片1，纹饰有曲折纹1；夹砂褐陶1，有鼎足1	马桥文化一般灰坑
03KC－H144	Ⅵ区T6502⑦下，被J76打破	1.15	不规则形	口径1.00×2.00、底径0.40×0.80、深1.18	填灰黑土，出土陶片6块：夹砂红陶5，有器盖1，腹片4；泥质灰陶1，为腹片1	马家浜文化 垃圾坑
03KC－H145	Ⅵ区T6401⑨下	1.55	椭圆形	口径4.00×3.40、底径2.20×2.30、深1.30	填灰黑土，出土陶片15块：泥质黄陶2，有鸡冠耳1，牛鼻耳1；泥质黑陶2，有四系罐1，牛鼻耳1；泥质灰陶4，有罐口1，腹片3，纹饰有鸡冠耳1；夹砂红陶1，器形有鸡冠耳1；夹砂褐陶6，器形有釜口1，把手1，鼎口1，底1，腹片1，炉条1。	马家浜文化 蓄水坑

（续附表一）

编号	位置与层位	距地表深（米）	形状	长×宽-深（米）	填土与出土遗物	年代与用途推测
03KC-H146	Ⅵ区T6401⑨下	1.55	长圆形	口径0.70×0.90、底径0.65×0.70、深0.40	标本1：釜口，标本2：罐口，标本3：鸡冠耳，标本4：泥质黄陶牛鼻耳，标本5：泥质黑陶牛鼻耳，标本6：把手，标本7：夹砂红陶鸡冠耳	马家浜文化 蓄水坑
03KC-H147	Ⅵ区T6401⑨下	1.55	不规则形	口径0.80×1.05、底径0.50×0.65、深1.10	填灰淤土。出土陶片24块：泥质黑皮陶3，有豆把1，圈足2，纹饰有圆形镂孔1，凹弦纹2；泥质黄陶2，有钵口1，牛鼻耳1；夹砂红陶19，有釜口2，盆口3，其余为腹片，纹饰有附加堆纹2，凹弦纹4。	马家浜文化 蓄水坑
03KC-H148	Ⅵ区T6401⑨下	1.55	半圆形	口径1.10×1.35、底径0.90×1.30、深0.65	填灰淤土。标本1、2：釜口，标本3：牛鼻耳，标本4：豆把，标本5：盆口，标本6：钵口	马家浜文化 蓄水坑
04KC-H149	Ⅵ区T6501④下被J79打破，其又打破H154	0.6	圆角长方形	3.24×0.8-0.5	填土灰土。出土陶片37块：夹砂红褐陶8，鼎口1，鼎足6，腹片1；橙黄陶10，罐口2，底片1，腹片7，篮纹2，条格纹1；橘红陶8，罐口3，腹片5，篮纹3，条格纹1；泥灰陶11，罐口2，豆盘1，澄滤器口1，腹片7，篮纹2，条格纹1，粗绳纹1，中绳纹1。	马桥文化 一般灰坑
04KC-H150	Ⅵ区T6501④下	0.6	不规则形	2.16×1.64-0.44	标本：1罐口，2夹砂鼎口，3篮纹陶片，4梯格纹陶片	马桥文化 一般灰坑
04KC-H151	Ⅵ区T6501④下被J77打破	0.6	不规则形	2.9×2.3-4.5	填土灰黄土含黑灰土。出土陶片144块：灰陶55，有盆9，罐口10，罐底1，盆底10，豆口1，豆把2，罐腹片33，纹饰凹弦纹2，方格纹（网格）19，席纹与凹弦纹1，席纹7；黑陶18块，有盆2，双耳罐1，罐底3，豆盘1，罐口1，纹饰凹弦纹4，绳纹1；印纹硬陶37块，器形有罐口5，瓮口1，罐底2，余为腹片，纹饰米筛纹11，方格填线纹5，小方格纹20，席纹与方格填线纹1；夹砂红褐陶34，器形鼎口11，釜口11，余腹片，纹饰竖绳纹6，凹弦6。	战国 一般灰坑

（续附表一）

编号	位置与层位	距地表深（米）	形状	长×宽-深（米）	填土与出土遗物	年代与用途推测
04KC-H151	Ⅵ区 T6501④下被 J77 打破	0.6	不规则形	2.9×2.3-4.5	器物：H151∶1 夹砂陶鼎，H151∶2 灰陶盆，H151∶3 铜削，H151∶4 石锛，H151∶6 灰陶盆，H151∶7 夹砂釜，H151∶8-11 灰陶罐。标本：1-3、9、11盆口，标本：4-8罐，标本：12豆盘，标本：10豆座，标本：13、14釜，标本：15方格与米筛纹，标本：16方格填线纹。	战国 一般灰坑
04KC-H152	Ⅵ区 T6501④下	0.6	不规则形	2.26×0.35-0.6	填土灰土，出土瓷片、瓦片、砖头	宋代 一般灰坑
04KC-H153	Ⅵ区 T6301②B 下	0.22	长方形	2.8×0.9-0.45	填土灰土，出土瓷片7块。标本：1青瓷碗底，2黑釉罐口	宋代 一般灰坑
04KC-H154	Ⅵ区 T6501④下，H149 打破	0.6	圆形（底中心有一小坑直径0.60米左右）	口径 1.45×1.4、底径 0.60、深1.18	填土黑灰色含黄土。出土陶片15块：夹砂陶9，有鼎口1、足1，余腹片；泥灰陶6，把手1，凹弦纹1标本：1鼎足，标本：2把手	马桥文化 一般灰坑
04KC-H155	Ⅵ区 T6501④下，被 J81 打破	0.6	长圆形	2.9×0.72-0.16	填土灰土，出土夹砂红褐陶6块：鼎足3，腹片3；橘红罐口1；泥灰陶3：盘口1，腹片2	马桥文化 一般灰坑
04KC-H156	Ⅵ区 T6301⑥下，分别被 J78J80、打破	0.65	不规则	口径 0.96×1.46、底径 0.93×1.45、深 0.08	填土灰土，出土鹿角1个	马家浜文化 一般灰坑
04KC-H157	Ⅵ区 T6501④下	0.6	椭圆形（西北有一浅沟状的尾巴）	1.44×1.6-0.8	填土灰土，出土白瓷碗底2块，碗口1块。标本：1黄白釉碗底，2釉陶碗口	宋代 一般灰坑
04KC-H158	Ⅵ区 T6501④下	0.6	不规则	1.8×1.24-0.35	填土灰土，出土青瓷碗底2块。标本：1青瓷碗底，2青瓷碗底	宋代 一般灰坑
04KC-H159	Ⅵ区 T6301⑤A 下	0.8	不规则形	1.22×1.20-0.40	浅灰土 出土灰陶罐1	崧泽文化 一般灰坑
04KC-H160	Ⅵ区 T6301⑨下	1.6	圆形	0.68×0.64-0.55	灰白淤土	马家浜文化 水稻田蓄水坑
04KC-H161	Ⅵ区 T6301⑨下	1.6	圆形	0.5×0.64-0.34	灰白淤土	马家浜文化 水稻田蓄水坑
04KC-H162	Ⅰ区 T1204①下	0.18	不规则	1.9×0.45-0.72	黄灰土与草木灰	明代 一般灰坑

（续附表一）

编号	位置与层位	距地表深(米)	形状	长×宽－深（米）	填土与出土遗物	年代与用途推测
04KC－H163	Ⅰ区 T1204①下	0.2	近似圆形	1.25×1.3－0.55	灰黄土	良渚文化 一般灰坑
04KC－H164	Ⅰ区 T1204①下	0.2	不规则	2.45×2.9－1.02	堆积土分两层上层为黑灰土下层为灰黄土	良渚文化 一般灰坑
04KC－H165	Ⅰ区 T1204②B下，打破 F14，其又被 H164 打破	0.47	不规则	3.5×3.2－0.95	灰土含铁锈，大量鹿角，鼎1，器盖1，杯1，壶1，刮削器1，石刀1，石凿1，残石器1，砾石1	良渚文化 一般灰坑
04KC－H166	Ⅰ区 T1204②B下	0.47	圆角长方形	0.75×0.9－0.55	灰土	良渚文化 一般灰坑
04KC－H167	Ⅰ区 T1204⑤下	1.4	不规则	2.3×0.7－0.48	黑灰土	马家浜文化 一般灰坑
04KC－H168	Ⅳ区 T4206③下	0.7	不规则	1.6×2.9－1.6	浅灰土夹草木灰	良渚文化 一般灰坑
04KC－H169	Ⅳ区 T4206③下	0.7	方形	1.28×1.25－0.9	灰土	宋代 一般灰坑
04KC－H170	Ⅳ区 T4206③下	0.7	长圆形	0.94×1.45－0.4	黑灰土	良渚文化 一般灰坑
04KC－H171	Ⅳ区 T4206 ③下	0.7	不规则	0.5×2.4－0.9	黑灰土夹红烧土块	良渚文化 一般灰坑
04KC－H172	Ⅳ区 T4206④下	0.95	不规则	1.6×2－3.2	灰土、灰白淤土	良渚文化 一般灰坑
04KC－H173	Ⅳ区 T4206④下	0.95	不规则	0.9×0.68－0.3	浅灰土	崧泽文化 一般灰坑
04KC－H174	Ⅳ区 T4206⑤下	1.1	不规则	0.96×0.86－0.4	浅灰土	马家浜文化 一般灰坑
04KC－H175	Ⅳ区 T4205④下	0.84	圆角长方形	0.45×0.9－0.38	浅灰土	良渚文化 一般灰坑
04KC－H176	Ⅳ区 T4205⑧下	1.4	不规则	0.75×0.95－0.26	黑土	马家浜文化 一般灰坑
04KC－H177	Ⅳ区 T4205⑧下	1.7	不规则	1.8×6.5－0.5	灰白淤土夹黑灰土	马家浜文化 蓄水坑

附表二　绰墩遗址墓葬登记表

墓号	位置与层位	长×宽-深（米）	方向	性别	年龄	葬式	陶器 鼎	釜	罐	豆	壶	盏	盆	甑	匜	盘	钵	瓮	器盖	碗	杯	纺轮	骨角器 簪	牙梳	石器 锛斧	钺	玉器 璜	饰件	玦	小计	文化性质
98KCM1	I区T0504②下	1.90×0.50-0.45	175°	女	中年	仰直	1																							1	崧泽文化
98KCM2	I区T0505②下	1.85×0.50-0.45	176°	男	中年	侧直			2	1																				3	崧泽文化
98KCM3	I区T0404②下	1.25×0.460-0.45	166°	女		仰直																									崧泽文化
98KCM4	I区T0404②下	1.65×0.56-0.15	149°			仰直																									崧泽文化
98KCM5	I区T0404②下	2.18×0.65-0.40	180°	女	老年	仰直		2	6	1	1	1										1								13	崧泽文化
98KCM6	I区T0504②下	2.20×0.95-0.40	167°	男	中年	仰直		1	2	3			1									1	1			1			2	13	崧泽文化
98KCM7	I区T0504②下	2.60×0.78-0.45	167°	女		仰直		2		2	1	1	1	1									1				1			13	崧泽文化
98KCM8	I区T0504②下	2.20×0.58-0.25	181°	男		仰直		1	2	3																				6	崧泽文化
98KCM9	I区T0503②下	1.45×0.39/0.50-0.30	184°		少年	仰直		1																						1	崧泽文化
98KCM10	I区T0503②下	2.50×0.58-0.65	186°	女		仰直		2	3	2	1	1	1															1		11	崧泽文化
98KCM11	I区T0503②下 被H4打破	2.10×0.65-0.63	179°	女		仰直		1	2	2	1	1	1														1			9	崧泽文化
98KCM12	I区T0504②下	2.20×0.70-0.50	173°	男		仰直		1	2	2	1														1				1	7	崧泽文化
98KCM13	I区T0504②下 被M12打破	1.25×0.60-0.55	183°	儿童	4~5岁	仰直																									崧泽文化
98KCM14	I区T0504②下	1.72×0.53-0.45	99°	少年	9~10岁	仰直		1	1	1	1																1			4	崧泽文化
98KCM15	I区T0504②下	1.34×0.45-0.45	184°	男		二次葬			3					1																6	崧泽文化
98KCM16	I区T0504②下	2.80×0.65-0.55	182°	男	少年	仰直		2	1	2				1											1	2				9	崧泽文化
98KCM17	I区T0504②下	2.33×0.84-0.70	180°	女	老年	仰直		1	2	3	1	1		1												1				10	崧泽文化

（续附表二）

墓号	位置与层位	长×宽-深（米）	方向	性别	年龄	葬式	陶器																骨角器			石器			玉器			小计	文化性质
							鼎	釜	罐	豆	壶	盉	盆	瓿	盘	匜	钵	瓮	器盖	碗	杯	纺轮	簪	镞	牙梳	斧	锛	钺	璜	饰件	块		
98KCM18	I区T0504②下	1.55×0.60-0.60	181°	女	少年	仰直	1		1	2												1							1			6	崧泽文化
98KCM19	I区T0504②下	2.80×1.10-0.70	192°	女	青年	仰直	1		2	2	1											1	1					2	1			11	崧泽文化
98KCM20	I区T0504②下	1.00×0.40-0.30	201°																														崧泽文化
98KCM21	I区T0504②下	1.85×0.55-0.40	91°		儿童	仰直	1			2																1						4	崧泽文化
98KCM22	I区T0504②下	0.80×0.40-0.40	100°			仰直																											崧泽文化
98KCM23	I区T0504②下	0.70×0.35-0.54	234°		儿童	仰直																				1						1	崧泽文化
98KCM24	I区T0404②下	1.10×0.35-0.34	13°		儿童	仰直																				1						1	崧泽文化
98KCM25	I区T0503②下	0.55×0.30-0.35	85°			仰直																											崧泽文化
98KCM26	I区T0504②下	2.15×0.62-0.33	180°	男	中年	仰直	1		3	2	2												1					1				10	崧泽文化
98KCM27	I区T0504②下	1.80×0.45-0.35	151°	女	青年	仰直	2			1																						3	崧泽文化
98KCM28	I区T0703①下	1.98×0.60-0.20	198°			仰直							1																		1	良渚文化
98KCM29	I区T0604③下	1.90×0.40-0.30	182°			仰直																											崧泽文化
98KCM30	I区T0604③下	1.80×0.50-0.20	166°			仰直		1	1	2																				2		6	崧泽文化
98KCM31	I区T0604③下	2.53×0.62-0.13	168°			仰直	1	1	2	3	1																1	2				11	崧泽文化
98KCM32	I区T0604③下	2.25×0.60-0.13	170°	女	中年	仰直	2	1	3	3											1						1	4				15	崧泽文化
98KCM33	I区T0604③下 被H7打破	2.66×0.50-0.20	197°		儿童	仰直																											崧泽文化
98KCM34	I区T0603④下	2.15×0.55-0.12	356°	男	中年	俯直	1	1		1																						3	马家浜文化
99KCM35	I区T0604③下	2.50×0.65-0.20	178°				2	1	1	2	1																			1	1	9	崧泽文化
99KCM36	I区T0504⑤下	2.00×0.58-0.09	352°	男	中年	二次			1																							1	马家浜文化

（续附表二）

墓号	位置与层位	长×宽-深(米)	方向	性别	年龄	葬式	鼎	釜	罐	豆	壶	盉	盆	甑	匜	盘	钵	瓮	器盖	碗	杯	纺轮	簪	镞	牙梳	斧	锛	钺	饰件	璜	珏	小计	文化性质
99KCM37	I区T0505⑤下	1.80×0.45-0.12	344°					1																								1	马家浜文化
99KCM38	I区T0503③下	0.95×0.34-0.15	176°		幼儿	仰直																											崧泽文化
99KCM39	I区T0604⑤下	2.45×0.50-0.13	349°	男	老年	仰直		1		1																						2	马家浜文化
99KCM40	I区T0604⑤下	1.82×0.55-0.10	6°	男	中年	仰直																											马家浜文化
99KCM41	I区T0503⑤下	1.66×0.45-0.10	12°		少年	俯直																											马家浜文化
99KCM42	I区T0503⑤下	1.20×0.40-0.06	16°			仰直											1															1	马家浜文化
99KCM43	I区T0503⑤下	2.00×0.58-0.23	346°			仰直			1											1												2	马家浜文化
99KCM44	I区T0603⑤下	1.22×0.35-0.21	16°	男	中年	仰直																											马家浜文化
99KCM45	I区T0603⑤下	2.13×0.46-0.15	0°			仰直																											马家浜文化
99KCM46	I区T0603④下	1.60×0.55-0.16	27°			仰直																											马家浜文化
99KCM47	I区T0603④下	2.13×0.46-0.17	0°			仰直																											马家浜文化
99KCM48	I区T0701②下	2.20×残0.60-0.23	158°																														宋代
99KCM49	I区T0701②下	残4.76×2.80-0.30	340°																														唐代
99KCM51	I区T0701①下	2.25×0.72-0.17	166°																														宋代

（续附表二）

墓号	位置与层位	长×宽-深（米）	方向	性别	年龄	葬式	陶器 鼎	釜	罐	豆	壶	盃	盆	瓿	匜	盘	钵	瓮	器盖	碗	杯	纺轮	骨角器 簪镞	牙梳	石器 斧锛钺	玉器 璜	饰件	小计	文化性质
99KCM52	Ⅰ区 T0706区⑤下 被 H15 打破	1.90×0.50-0.18	350°	女	20~25岁	仰直										1												1	马家浜文化
99KCM53	Ⅰ区 T0706区⑤下	0.65×0.33-0.22	357°		婴儿	仰直																							马家浜文化
99KCM54	Ⅰ区 T0707⑤下 被 H15 打破仅剩头骨																												马家浜文化
99KCM55	Ⅰ区 T0707⑤下	1.70×0.42-0.29	345°	女	中年	俯直																							马家浜文化
99KCM56	Ⅰ区 T0707⑤下	1.20×0.40-0.22	10°		儿童	俯直																							马家浜文化
99KCM57	Ⅱ区 T2804②下	1.95×0.57-0.82	40°			仰直														2								2	宋代
99KCM58	Ⅱ区 T2803②下	2.40×0.54-1.03	80°		成人	仰直														3								3	宋代
99KCM59	Ⅱ区 T2803②下	1.96×0.53-0.53	55°			仰直														2								2	宋代
99KCM60	Ⅱ区 T2803②下	2.20×0.55-0.55	80°		成人	仰直														2								2	宋代
99KCM61	Ⅱ区 T2803②下	2.30×0.55-0.55	80°		成人	仰直														2								2	宋代
99KCM62	Ⅱ区 T2902③A下	1.65×0.49-0.49	270°		成人	仰直			1																				战国
99KCM63	Ⅱ区 T2803②下	1.67×0.72-0.55	80°		成人	仰直														2								2	宋代
99KCM64	Ⅱ区 T2803③下	1.67×0.72-0.55	320°													1												1	良渚文化
02KCM65	Ⅱ区 T2803③下	1.80×0.70-0.54	183°	女	壮年	仰直	1			1	1		1														2	6	良渚文化
02KCM66	Ⅱ区 T2404③下	1.90×0.66-0.10	186°	男	老年	仰直	2			2	1														6			11	良渚文化
02KCM67	Ⅱ区 T2504③下	2.00×0.72-0.35	182°	女	老年	仰直	1									2			1		1							5	良渚文化
02KCM68	Ⅱ区 T2604③下 被 J52 打破	1.90×0.63-0.10	178°	女		仰直																							良渚文化

（续附表二）

墓号	位置与层位	长×宽-深（米）	方向	性别	年龄	葬式	鼎	釜	罐	豆	壶	盃	盆	甑	匜	盘	钵	瓿	器盖	碗杯	纺轮	簪镞	牙梳	斧锛钺	玉器璜/饰件	玉器玦件	小计	文化性质
02KCM69	Ⅱ区 T2404③下 分别被 J55、J58 打破	1.80×0.65-0.46	195°	女		仰直					1										1				2		4	良渚文化
02KCM70	Ⅱ区 T2504③下	1.90×0.60-0.47	172°	女	中年	仰直																6		2			8	良渚文化
02KCM71	Ⅱ区 T2604③下	1.70×0.70-0.20	181°	女	中年		1							1													2	良渚文化
03KCM72	Ⅵ区 T6202⑥下	1.40×0.56-0.08	356°		少儿	仰直											1											马家浜文化
03KCM73	Ⅵ区 T6101⑥下	1.90×0.56-0.11	349°	女	壮年	仰直											1											马家浜文化
03KCM74	Ⅵ区 T6101⑥下	1.88×0.51-0.10	344°	男	老年	俯直							1										1	1			3	马家浜文化
03KCM75	Ⅵ区 T6101⑥下	1.05×0.46-0.06	16°		幼儿	仰直																						马家浜文化
03KCM76	Ⅵ区 T6101⑥下	1.00×0.45-0.14	350°			仰直																						马家浜文化
03KCM77	Ⅵ区 T6102⑥下	2.06×0.54-0.13	339°	男	中年	仰直											1							1			2	马家浜文化
03KCM78	Ⅵ区 T6102⑥下	1.64×0.59-0.11	350°	女	老年	俯直											1										1	马家浜文化
03KCM79	Ⅵ区 T6102⑥下	1.57×0.50-0.14	347°			仰直																						马家浜文化
03KCM80	Ⅵ区 T6503⑥下	0.67×0.13-0.07	348°		幼儿	仰直																						马家浜文化
03KCM81	Ⅵ区 T6503⑥下	1.67×0.46-0.06	10°			俯直																						马家浜文化

（续附表二）

墓号	位置与层位	长×宽-深（米）	方向	性别	年龄	葬式	鼎	釜	罐	豆	壶	盉	盆	瓶	匜	盘	钵	瓮	器盖	碗	杯	纺轮	镞	簪	牙梳	斧	锛	钺	璜	饰件	块	小计	文化性质
03KCM82	Ⅵ区 T6503⑥下 被 M81 打破	1.61×0.38-0.10	352°	女		侧直																	1									1	马家浜文化
03KCM83	Ⅵ区 T6502④下	1.80×0.50-0.85	15°	女	25岁±	俯直																											马家浜文化
03KCM84	Ⅵ区 T6502④下	1.70×0.55-1.00 165×0.53	15°	女	25-30岁±	俯直																											马家浜文化
03KCM85	Ⅵ区 T6506⑤A 下被 H37 打破	0.60×0.46-0.32	4°	男	35-40岁±	俯直																											马家浜文化
03KCM86	Ⅵ区 T6502④A下	1.65×0.47-0.26	9°	女	35-40岁±	仰直				1									1													2	马家浜文化
03KCM87	Ⅵ区 T6401⑥下	1.80×0.53-0.15 1.75×0.50	359°	女	35-40岁±	仰直				1					1							1										3	马家浜文化
04KCM88	Ⅵ区 T6501④下	1.00×0.48-0.25	343°		儿童										1																	1	马家浜文化
04KCM89	Ⅵ区 T6501④下	1.00×0.38-0.26	14°		儿童																												马家浜文化
04KCM90	Ⅰ区 T1204④A下	0.4×0.39-0.20	4°		幼儿																												马家浜文化
04KCM91	Ⅰ区 T1204④A下	1.30×0.50-0.30		女	中年	俯直																											马家浜文化
04KCM92	ⅣT4206④下	2.20×0.50-0.21	92°	女	青年	仰直				1																						2	崧泽文化

（续附表二）

墓号	位置与层位	长×宽-深（米）	方向	性别	年龄	葬式	鼎	釜	罐	豆	壶	盉	盆	甑	匜	盘	钵	瓮	器盖	碗	杯	纺轮	镞簪	牙梳	斧	锛	钺	璜	饰件	玦	小计	文化性质
04KCM93	IV区 T4206④下	1.70×0.45-0.20	77°	女	老年	仰直					1																				1	崧泽文化
04KCM94	IV区 T4206④下	1.00×0.30-0.20	77°		7-8岁																											崧泽文化
04KCM95	IV区 T4206④下	0.70×0.30-0.22	77°		5-6岁																											崧泽文化

附表三　绰墩遗址水井登记表

编号	探方与层位	距地表深（米）	形状	尺寸（米）	填土与出土遗物	年代与用途
20J3	I区 T0701①C 下	1.05	圆形	口径 0.65、深 1.33	少量陶片	崧泽文化 一般水井
20KCJ4	II区 T2904②下	0.5	圆形		少量陶片	东周时期 一般水井
20KCJ5	II区 T2904②下	0.48	圆形	口径 0.78、深 1.35	坑内灰色土，出土陶片 22 块，大部分为泥质陶，次为印纹硬陶，器形有罐、豆、鼎。另复原一件印纹硬陶瓮，还出土一块砺石。纹饰有叶脉纹、曲折纹、小方格纹、弦纹、米筛纹及麻布纹等。	东周时期 一般水井
20KCJ6	II区 T2904②下					东周时期 一般水井
20KCJ7	II区 T2904②下	0.5	圆形	口径 1.40、深 3.80	填土深灰色，含铁锈颗粒。出土陶片 38 块。器形有高领罐、厚胎灰陶罐口、羊角形盆形鼎足等。复原黑陶贯耳罐和印纹硬陶罐各一件，还出土残石刀一件。纹饰有席纹、米筛纹等。	东周时期 一般水井
20KCJ8	II区 T2904②下					东周时期 一般水井
20KCJ9	II区 T2904②下					东周时期 一般水井
20KCJ10	II区 T2804②下	0.65	圆形	口径 0.55、底径 0.55、深 1.10	填土灰色，有少量陶片与瓷片	唐代 一般水井
01KCJ11	II区 T2804③下	0.67	圆形	口径 0.8～0.9、底径 0.8～0.9、深 4.29	填土为灰土，出土陶片较多，复原陶器有 J11：1 印纹陶瓮 J11：2 黑皮陶双耳罐	战国时期 一般水井
01KCJ12	II区 T2804③下	0.6	圆形	口径 0.6	填灰色淤土，出土少量陶片。修复陶盆 1 件 J12：1	战国时期 一般水井
01KCJ13	II区 T2804②下	0.6	圆形	口径 0.70、底径 0.70、深 1.55	填土为灰土，含黄绿土，出土少量陶片。	战国时期 一般水井
01KCJ14	II区 T2803③下	0.65	圆形	口径 1.60、深 3.60	大量陶片	马桥文化 一般水井
01KCJ15	II区 T2804④下	0.8	圆形	口径 1.00～0.90、深 1.75	少量陶片	良渚文化 一般水井
01KCJ16	II区 T2804⑤下	1.25	圆形	口径 1.21～1.26、深 1.70	填土灰淤土，出土 J16：1 陶罐 J16：2 黑皮陶双耳罐、J16：3 黑皮陶双耳壶	良渚文化 一般水井

（续附表三）

编号	探方与层位	距地表深（米）	形状	尺寸（米）	填土与出土遗物	年代与用途
01KCJ17	Ⅱ区 T2904⑤下	1.4	圆形	口径1.10~1.15、深1.50	填土灰淤土，发现大块陶片，标本 J17:1 陶罐	良渚文化 一般水井
01KCJ18	Ⅱ区 T2903③下	0.6	圆形	口径1.22~1.14、深3.40	上层填土是铁锈黄土夹杂红烧土块下层灰淤土含有少量陶片	马桥文化 一般水井
01KCJ19	Ⅱ区 T2803②下	0.65	圆形	口径0.68、深1.96	填土为灰淤土，出土8块陶片。	战国时期 一般水井
01KCJ20	Ⅱ区 T2804③下	0.65	圆形	口径1.02~0.95、深2.50	填土灰淤土，有大量陶片。	良渚文化 一般水井
01KCJ21	Ⅱ区 T2803⑤下	1.32	圆形	口径0.54、深0.76	填土灰黄，有十几块陶片。	良渚文化 一般水井
01KCJ22	Ⅱ区 T2902②B下	0.99	方形	口径1.13~1.33、深1.85	填土灰黑，有少量陶片 J22:1 釉陶钵 J22:2 灰陶盆	唐代时期 一般水井
01KCJ23	Ⅱ区 T2902②下，打破 H56	0.5	方形	口径0.88~0.80、底径0.80、深1.22	填土为灰黑土，陶片较多。修复器物2件：J23:1、J23:2 灰陶盆。另有陶挂件1。	战国时期 一般水井
02KCJ24	Ⅱ区 T2604③下	0.65	椭圆形	口径0.80~0.70、底径0.65、深1.60	出土泥质黑陶8片，器形有盆口5，盆底2；砖2块；黄釉瓷碗3，其中一碗底毛笔书写史小六；釉陶瓶口1；木桶底1；完整釉陶瓶13件；石斧2件、执壶2件。	宋代时期 一般水井
02KCJ25	Ⅱ区 T2603③下，被 J30 打破	0.65	椭圆形	口径0.70~0.60、底径0.57、深1.00	出土青瓷碗6，底3。	宋代时期 一般水井
02KCJ26	Ⅱ区 T2603③下，打破 J40	0.65	椭圆形	口径0.90~0.70、底径0.68、深2.15	出土釉陶瓶底1；青瓷碗底2；黑陶盆口2、盆底2；四系瓶4；灰陶盆1。	宋代时期 一般水井
02KCJ27	Ⅱ区 T2603③下	0.65	椭圆形	口径0.75~0.95、底径0.70~0.75、深3.20	出土乳钉足罐底1；圈足盘底1；水波纹、凹弦纹盘口1；罐底2；钵口1；原始瓷碗底1；石磨盘残块7；黑皮银光罐片1。	东周时期 一般水井
02KCJ28	Ⅱ区 T2603③下，打破 J40、H71	0.65	椭圆形	口径0.70~1.00、底径0.55、深1.40	出土影青瓷碗2；黄釉碗2；釉陶瓶底1；黑陶盆口4、底8；釉陶器盖1；釉陶瓶1件。	宋代时期 一般水井

（续附表三）

编号	探方与层位	距地表深（米）	形状	尺寸（米）	填土与出土遗物	年代与用途
02KCJ29	Ⅱ区 T2604②下	0.65	近似三角形	口径 1.40~1.00、底径 0.70、深 3.30	出土原始瓷 31，器形有小盅 2，碟 2，器盖 1，罐口 1，钵口 1，纹饰有弦纹 2，水波纹 1；泥质灰陶 28，器形有盆口 1，罐口 2，豆盘；夹砂红褐陶 32，器形有鼎口 3，柱形鼎足 2，纹饰有绳纹 1；印纹硬陶 32，器形有罐口 3，纹饰有小方格纹 4，麻布纹 2，方格填线纹 2，米字纹 3；砺石两块；原始瓷盅 1、鹿角 1。	战国时期 一般水井
02KCJ30	Ⅱ区 T2604③下，被 J25 打破	0.65	圆形	口径 1.20、深 2.50	出土泥质灰陶 42，器形有罐口 5、底 3，纹饰有方格纹 9，篮纹 10，弦纹 5；黑陶罐 1、黑皮银光罐 1、橙黄高领罐 1、残石器 1。	马桥文化 一般水井
02KCJ31	Ⅱ区 T2603③下	0.65	圆形	口径 0.70、底径 0.60、深 1.15	出土印纹硬陶 5 块，纹饰有方格纹 2，叶脉纹 1；原始瓷盂口 1；豆盘 1；夹砂红褐陶 3，纹饰有绳纹 3；泥质灰陶 3。	东周时期 一般水井
02J32	Ⅱ区 T2603③下	0.65	梯形	口径 1.10~0.75、底径 0.70、深 2.10	出土泥质灰陶 17 片，器形有豆盘 1，罐口 1，底 1，纹饰有席纹 3，重菱纹 2；印纹硬陶 20 片，器形有瓮口 1，罐口 1，纹饰有米字纹 4，方格填 X 纹 2，回纹 2，麻布纹 9，小方格纹 2，编织纹 1，方块填竖线纹 12；泥质橙黄陶 6 片，器形有高领罐 1，纹饰有凹弦纹 1；夹砂褐陶 2，器形有鬲足 1、口 1；泥质黑皮陶 3 片，器形有罐口 1、底 1、盆口 1；原始瓷 2 片，器形有器盖 1，碗口 1；兽骨一堆，见有鹿角 1，头骨 1。	东周时期 一般水井
02J33	Ⅱ区 T2604②下 打破 H96		椭圆形	1.60×1.50	出土大瓦片 1；盆口 1；青瓷碗底 1；釉陶罐底 1；完整器有执壶 3、铁釜 1。	唐代一般灰坑

（续附表三）

编号	探方与层位	距地表深（米）	形状	尺寸（米）	填土与出土遗物	年代与用途
02J34	Ⅱ区 T2604③下	0.65	圆形	口径1.80、深5.60	出土陶片160块：有原始瓷12，器形有豆2，罐口1，纹饰有弦纹1；泥质黑皮陶18，器形有豆盘4，豆把2，罐口1，盘1，纹饰有凹弦纹加圆竹钻纹；夹砂灰陶32，器形有釜口4，甗片1，器盖1，鼎足2，纹饰有竖绳纹1，斜绳纹1；泥质灰陶28，器形有豆盘1，杯1，罐口3，纹饰有弦纹五，竖绳纹10，小方格纹1，篮纹5；泥质橙黄陶42，器形有罐口6，底4，纹饰有篮纹15，梯格纹4，竖绳纹3，小方格纹2，长条间格纹2，弦纹4，菱纹加间格纹1；夹砂黑褐陶20，器形有甗口2、腹片1，纹饰有竖绳纹9；残石斧1件；三足盘2、钵1、篮1、残石刀1。	马桥文化 一般水井
02J35	Ⅱ区 T2603③下	0.65	椭圆形	口径1.00~1.25、深2.40	出土陶片113块：泥质橘红陶8，器形有罐口1，纹饰有篮纹6；泥质橙黄陶72，器形有罐口8，凹底3，纹饰有篮纹36，凹弦纹4，绳纹2，梯格纹1，叶脉纹1；夹砂灰陶31，器形有釜口5，凹形足1，纹饰有篮纹5；泥质灰陶17，器形有盆口2，罐口1，三足盘足1，豆座4、盘2，纹饰有凸弦纹2，凹弦纹3，长镂孔1；泥质黑皮陶2，器形有豆座2，纹饰有凸弦纹2；石器1；钵1、黑陶罐1。	马桥文化 一般水井

（续附表三）

编号	探方与层位	距地表深（米）	形状	尺寸（米）	填土与出土遗物	年代与用途
02KCJ36	Ⅱ区T2604③下	0.65	椭圆形	口径1.25~0.90、底径0.65、深3.05	出土夹砂灰褐陶36片，器形有釜口4，刀形鼎足2，柱形鼎足2，纹饰有篮纹1，凹弦纹4；泥质灰陶34片，器形有盆口5，罐口1，罐底2，圈足1，纹饰有凹弦纹8，凸弦纹4，编织纹3，点纹1，小方格纹2；泥质橙黄陶4片，纹饰有编织纹1，条格纹1，曲折纹1；骨头1块；木3；印纹硬陶74片，器形有瓮底3，瓮口3，纹饰有曲折纹加灰纹1，回纹1，菱形纹1，填线纹1，编织纹1，凹弦纹1，小方格纹7，麻布纹4，方格填米字纹12，方格圆点纹；石块2；釉陶19片，器形有碟口4，碟底5，纹饰有连心弦纹5，凸弦纹4；原始瓷豆1、印纹陶罐2、砺石1。	东周时期　一般水井
02KCJ37	Ⅱ区T2603③下，打破河道南面红烧土堤岸	0.65	近似圆形	口径0.85~0.60、底径0.65、深2.50	出土瓷碗2；盆口1、底1；四系瓶3；碗1件。	宋代时期　一般水井
02KCJ38	Ⅱ区T2603③下，打破H70	0.65	近似圆形	口径0.70~0.80、底径0.80~0.50、深2.25	出土青瓷大敞口碗2；青瓷小敞口碗1；釉陶瓶底1；执壶1；完整执壶1；黑陶盆口1、底1；底有小坑，出土原始瓷盅1；铁刀1。	宋代时期　一般水井
02KCJ39	Ⅱ区T2604②下，被H72打破	0.65	圆形	口径0.95、深1.20	出土31块：夹砂褐陶13，器形有刀形鼎足1，柱形鼎足1，罐底1，瓿腹1，纹饰有划线纹1；泥质黑皮陶1，器形有宽把杯1，纹饰有镂空加泥条堆筑纹1；泥质灰陶17，器形有罐口2，罐底1，纹饰有弦纹3；壶1。	良渚文化　一般水井

（续附表三）

编号	探方与层位	距地表深（米）	形状	尺寸（米）	填土与出土遗物	年代与用途
02KCJ40	Ⅱ区 T2603③下，打破 H71、被 J48 打破	0.65	圆形	口径 1.50、深 1.85	出土陶片 124 块：夹砂褐陶 26，器形有刀形鼎足 3，柱形鼎足 2，盖纽 1，把手 1，甗腹 1，纹饰有刻划纹；印纹硬陶 7，器形有碗口 1，盘口 1，盆口 1，纹饰有凸弦纹 2，小方格纹 1；泥质黑陶 30，器形有罐口 1，豆盘 1，纹饰有方格纹 6，凸弦纹 2；泥质灰陶 36，器形有豆把 1，盘底 1，罐底 1，盆口 1，纹饰有凹弦纹 3，篮纹 1；泥质橙黄陶 22，器形有豆盘 1，罐 1，纹饰有凹弦纹 2，梯格纹 1，小方格纹 2，篮纹 6，叶脉纹 2，凸弦纹 2，竖线纹 1；骨 1；石块 2；黑皮陶 3，捉形盅纽 1。	马桥文化　一般水井
02KCJ41	Ⅱ区 T2603③下	0.65	圆形	口径 0.60、底径 0.55、深 5.60	出土青瓷碗口、底 12；釉陶瓶底 4；釉陶四系瓶口 4；黑陶盆口 6；影青瓷碗底 1；砖 1；釉陶四系瓶 6 件；双耳釉陶罐 2；白瓷碟 1；执壶 1；银钗 1；木梳 1；木桶 1。	宋代时期　一般水井
02KCJ42	Ⅱ区 T2403③下	0.58	椭圆形	口径 0.90～0.72、底径 0.70～0.60、深 0.90	出土黑陶盆 2 件；黄釉瓷碗口片 1 及下层陶片等。	唐代时期　一般水井
02KCJ43	Ⅱ区 T2403③下	0.58	椭圆形	口径 1.00～1.30、底径 0.56、深 1.40	出土瓦片 3；瓷碗口 1；釉陶瓶底 1；修复黑陶盆 1。	唐代时期　一般水井
02KCJ44	Ⅱ区 T2503③下	0.58	圆形	口径 0.85～0.75、深 3.60	陶片 38 块	马桥文化　一般水井
02KCJ45	Ⅱ区 T2504③下，打破北面红烧土堤岸	0.58	圆形	口径 0.70、深 3.10	填土黑灰色淤土。出土黑陶盆、缸口、四系釉陶瓶、青瓷碗、执壶等	宋代时期　一般水井
02KCJ46	Ⅱ区 T2504③下，打破北面红烧土堤岸	0.58	圆形	口径 0.84、深 2.30	出土陶片 42 块：泥质黑皮陶 10，器形有罐口 3，豆盘 2，豆圈足 2，纹饰有小方格纹 4，弦纹 3；泥质灰陶 2，器形有罐口 2，纹饰有小方格纹 1；夹砂灰褐陶 21，器形有罐口 2，鼎足 5，鼎 1，纹饰有方格纹 3，竖线纹 2；泥质橙黄陶 9，器形有罐口 3，底 1，纹饰有篮纹 2，弦纹 3；残石器 1；黑陶罐 1。	马桥文化　一般水井

（续附表三）

编号	探方与层位	距地表深（米）	形状	尺寸（米）	填土与出土遗物	年代与用途
02KCJ47	Ⅱ区T2404③下	0.58	近似圆形	口径1.04~1.18，深2.85	出土陶片27块：泥质橙黄陶15，器形有罐口4、底1，纹饰有叶脉纹1、篮纹1、弦纹4、长条间隔纹2；原始瓷6，器形有罐口2、豆座1，纹饰有竖绳纹3；夹砂褐陶5，器形有鼎5；泥质灰陶6，器形有罐口3、豆圈足2、钵1，纹饰有小方格纹2、大方格纹2；半圆形石刀1。	马桥文化 一般水井
02KCJ48	Ⅱ区T2403③下	0.58	圆形	口径0.73、底径0.65、深1.23	出土白瓷碗2；白瓷盘口1；青瓷碗底4；釉陶瓶底1；黑陶盆底3；完整四系瓶1。	宋代时期 一般水井
02KCJ49	Ⅱ区T2403③下	0.58	椭圆形	口径0.84、底径0.70、深3.00	出土豆青釉碗底1，黄釉瓷碗底1，青瓷瓜棱壶腹片若干，葵口黄釉碗，黄釉壁形碗底1；四系瓶件。	唐代时期 一般水井
02KCJ50	Ⅱ区T2403③下，打破H86	0.56	椭圆形	口径0.78~0.85、底径0.55×0.60、深1.70	出土钧窑药碾器一（半残），灰陶盆口一，瓦片若干。	宋代时期 一般水井
02KCJ51	Ⅱ区T2404③下，打破H98、H85	0.54	圆形	口径0.70、底径0.57、深1.09	出土褐釉壶1，褐釉罐（底有六支钉）1，褐釉盏残片，小平底盏1，黄釉陶壶把1，灰陶盆口片1。	唐代时期一般水井
01J52	Ⅱ区T2604④下，打破M68	0.65	椭圆形	口径0.90~0.80、底径0.45、深1.90	出土泥质灰陶15，器形有罐口1、罐底1、豆盘1、豆座1，纹饰有弦纹1；泥质黑陶8，器形有罐口1、罐底2、豆座1，纹饰有弦纹1；残石片1。	良渚文化 一般灰坑
02J53	Ⅱ区T2403②下，打破H90、H95	0.58	椭圆形	口径1.50~1.33、深1.10	出土陶片104块：夹砂灰褐陶46，器形有鼎口1、刀形鼎足7、盘底1、釜口11、柱形鼎足1、圈足2，纹饰有绳纹3；泥质灰陶44，器形有豆把1、罐口7、罐底4，纹饰有凸弦纹1、小方格纹2；泥质橙黄陶12，器形有罐口2、豆盘底1，纹饰有条格问纹2、篮纹5、凸弦纹1；原始瓷2，器形有豆座1、钵口1，纹饰有凹弦纹2；印纹硬陶1，纹饰有叶脉纹1。	马桥文化 一般水井

（续附表三）

编号	探方与层位	距地表深（米）	形状	尺寸（米）	填土与出土遗物	年代与用途
02KCJ54	Ⅱ区 T2404③下，打破 M69	0.58	椭圆形	口径 0.75～0.85、底径 0.75、深 1.30	出土灰陶面具 1，青瓷壁形碗底 1，灰陶盆口 1，豆青釉罐底片 1，大骨头（可能为牛腿骨）1。	宋代时期 一般水井
02J55	Ⅱ区 T2404③下，打破 M69	0.58	椭圆形	口径 1.00～1.25、深 2.16	出土 112 块：泥质灰陶 29，器形有盆口 1，罐口 3，罐底 1，圈足盘 1，纹饰有篮纹 13，竖线 2，云雷纹 1，弦纹 1；泥质橙黄陶 71，器形有罐口 11，纹饰有梯格纹 44，绳纹 1，云雷纹 1，叶脉纹 1，篮纹 1，斜线纹 9，凹弦纹 5；夹砂褐陶 12，器形有 刀形鼎足 2，纹饰有小方格纹 1；石块 1。	马桥文化 一般水井
02KCJ56	Ⅱ区 T2403③下	0.58	椭圆形	口径 0.70～0.80、底径 0.50、深 2.50	出土灰陶油盏 1，黑陶盆 1，影青瓷碗底 1，青瓷碗底 1，大镂孔黑陶盆底 1；四系瓶 2 件。	宋代时期 一般水井
02KCJ57	Ⅱ区 T2403③下，打破 G10、H91	0.58	圆形	口径 0.75、底径 0.65、深 1.62	出土釉陶罐片 1，青瓷片 2，器形有碗 1，罐口 1；灰白瓷碗底 1；黑陶 2，器形有灯罩 1，镂孔 1；执壶 1 件、四系瓶 4 件。	宋代时期 一般水井
02KCJ58	Ⅱ区 T2404③下 M69	0.55	椭圆形	口径 0.85～0.80、底径 0.70、深 1.80	出土黑陶盆 1，器盖 1，黄釉碗 1，影青瓷碗 1，四系瓶七件，大缸（井栏圈）若干片；四系瓶 4 件、执壶 2 件。	宋代时期 一般水井
02J59	Ⅱ区 T2603③下	0.76	圆形	口径 0.68、深 2.34	出土陶片 8 块：泥质橙黄陶 2，器形有凹圜罐底 2，纹饰有条格纹 2；夹砂褐陶 5，器形有釜口 2，刀形鼎足 1，柱形鼎足 2，纹饰有绳纹 2；残石器 2；橙黄陶罐 1。	马桥文化 一般水井
02J60	Ⅱ区 T2504③下	0.58	圆形	口径 1.05～1.00、深 2.45	出土陶片 5 块：泥质黑陶 2，器形有盆口 2；泥质橙黄陶 1，器形有罐口 1，纹饰有凹弦纹及条格纹；印纹硬陶 3，器形有 豆座 1，盘 1；石器 2；罐 1。	马桥文化 一般水井
02J61	Ⅱ区 T2503②下，打破 H74	0.56	椭圆形	口径 0.90～0.85、深 1.80	出土陶片 4 块：泥质灰陶 2，器形有盘口罐口 1，盘口 1，纹饰有绳纹 1；夹砂褐陶鼎足 1；泥质橘红陶罐腹 1；罐 3 件。	马桥文化 一般水井

（续附表三）

编号	探方与层位	距地表深（米）	形状	尺寸（米）	填土与出土遗物	年代与用途
02KCJ62	Ⅱ区 T2503②下，打破 H74	0.56	椭圆形	口径 0.80~0.85、底径 0.70、深 3.25	出土黄釉碗 3，豆绿釉瓷碗 1，黄釉瓷盘底 1（内有刻划纹）；四系瓶 1 件。	宋代时期 一般水井
03KCJ63	Ⅵ区 T6101④下	0.58	圆形	口径 0.70	填灰淤土，出土砖块、瓦片、四系罐片。	宋代时期 一般水井
03KCJ64	Ⅵ区 T6302④下，打破 S7	0.6	圆形	口径 0.80、底径 0.70、深 4.50	填浅灰土。出土釉陶瓶口 1、腹片 3。	宋代时期 一般水井
03KCJ65	Ⅵ区 T6302④下，打破 H110	0.63	圆形	口径 1.34、底径 0.80、深 4.70	黑皮陶双耳罐，J65：1~6（5、6 较小），残石锛 J65：7。	东周时期 一般水井
03KCJ66	Ⅵ区 T6302④下，打破 S2	0.63	圆形	口径 1、40、底径 0.70~0.65、深 5.10	填灰褐土，两米下为淤土。出土泥质黑皮陶 8 片，器形有三足盘 1，瓮口 1，罐底 2，纹饰有凹弦纹和编织纹组合 1，席纹和水波纹组合 1；印纹硬陶 9 片，器形罐口 1，瓮口 1，纹饰弦纹和小方格组合 2，方格填线 2，重回纹 2；原始瓷 3 片，筒形碗底 1，筒形碗口 1，罐口 1，纹饰米筛纹 1；残石器 1。标：1 三足盘口，标 2 席纹和水波纹组合腹片，标 3 瓮口，标 4 罐口，标 5 方格填线腹片，标 6 罐口。J66：1 印纹陶瓮，J66：2、3 黑皮陶乳丁足双耳罐 2，J66：4 麻布纹双耳杯。	东周时期 一般水井
03KCJ67	Ⅵ区 T6403④下	0.58	近似圆形	口径 1.60~1.80、底径 0.40~0.40、深 2.50	出土宽沿盆口 4，小口宽束颈圜底罐 3，双耳水波纹罐口 1，硬陶粗把豆 1，原始瓷碗底 3，直口广肩罐口 1。标本：1 泥质灰陶宽沿盆口，标本：2 双耳小口罐口。	汉代时期 一般水井
03KCJ68	Ⅵ区 T6503④下	0.71	圆形	口径 0.80、底径 0.50、深 2.00	共出土陶片 28 块，代表本坑时代的仅 55 块，即泥质水波纹灰陶片 1，泥质席纹灰陶片 1，回字纹印纹硬陶片 1，泥质黑陶罐肩片 1，泥质黑陶豆把 1。标本：1 泥质水波纹灰陶片，标本：2 回字纹印纹硬陶片。	战国时期 一般水井

（续附表三）

编号	探方与层位	距地表深（米）	形状	尺寸（米）	填土与出土遗物	年代与用途
03KCJ69	Ⅵ区 T6402④下	0.65	椭圆形	口径 0.88～0.76	内填灰淤土。出土泥质灰陶96块，器形有井栏口1、板瓦4、宽沿盆口3、瓮口1、其余为井圈残片，纹饰为瓦纹、绳纹；另有印纹硬陶，夹砂陶等。标本：1瓮口、标本：2宽沿盆口、标本：3井栏口。	汉代时期 一般水井
03KCJ70	Ⅵ区 T6402④下	0.65	不规则形	口径 1.70～1.3	内填灰淤土。出土泥质灰陶34块，器形有宽沿盆口，小口圈底罐口2、小口圈底罐底四、直口罐口1，纹饰为五线划纹、瓦楞纹、绳纹。残石锤1。标本：1宽沿盆口，标本：2直口罐口，标本：3直口广肩罐口，标本：4残石锤。	汉代时期 一般水井
03KCJ71	Ⅵ区 T6401④下	0.65	圆形	口径 0.75、底径 0.65、深 1.90	填回淤土，出土陶瓷片21，青瓷7，器形有碗口6，底1；釉陶片14，器形有碗底12，腹片1，壶底1；骨3；木2；砖1。标本1：砖，标本2、3：釉陶碗底，标本4：壶底，标本5：瓷碗口，标本6：瓷碗底。	唐五代 一般水井
03KCJ72	Ⅵ区 T6401④下	0.65	圆形	口径 0.80、底径 0.75、深 0.70	填黑灰土，出土陶片4，泥质红陶1，器形为腹片，纹饰为附加堆纹；泥质黑陶2，器形为底1，腹片1；夹砂红陶1，器形为鼎足。标本1：鼎足。	良渚文化 一般灰坑
03KCJ73	Ⅵ区 T6401④下	0.65	圆形	口径 0.76、底径 0.82～0.85、深 1.60	填黄土、灰淤土，出土少量砖块。	唐五代 一般水井
03KCJ74	Ⅵ区 T6401④下	0.65	椭圆形	口径 0.85～1.20、底径 0.80、深 3.65	填黑灰土，出土陶片14，印纹硬陶3，器形有钵口1、罐口1，底1，纹饰有圆点加凹弦纹组合1，凹弦纹1；泥质黑陶1，器形有腹片1，纹饰有席纹1；泥质黄陶2，器形有腹片2，纹饰有绳纹1；泥质红陶1，器形有腹片1，纹饰有席纹1。标本1：钵口。J74：1双耳罐，J74：2双耳罐，J74：3双耳罐，J74：4双耳罐，J74：5双耳罐，J74：6双耳罐，J74：7双耳罐。	战国时期 一般水井

（续附表三）

编号	探方与层位	距地表深（米）	形状	尺寸（米）	填土与出土遗物	年代与用途
03KCJ75	Ⅵ区 T6401④下，打破 H140	0.65	圆形	口径 0.80、底径 0.75、深 1.20	填灰黑土，出土泥质红陶 1，器形有凹圜底罐底 1，纹饰有篮纹 1。标本 1：凹圜底罐底。03KCJ75：1 罐，03KCJ75：2 罐。	马桥文化 一般水井
03KCJ76	Ⅵ区 T6502④下，打破 H144	0.65	椭圆形	口径 1.30~1.20、底径 0.85~0.90、深 3.40	填五花土夹灰淤土。出土陶片 16 块。标本 1：夹砂红陶鼎足，标本 2：夹砂褐陶划线纹，标本 3：灰硬陶鼎足。	马桥文化 一般水井
03KCJ77	Ⅵ区 T6501④下，被 H151 打破	0.6	圆形	口径 0.70、底径 0.45、深 3.20	填土灰淤土，出土灰陶 5 块：罐口 1、凹弦纹 2、篮纹 1。硬陶 1。小件带柄石刀 1。	马桥文化 一般水井
03KCJ78	Ⅱ区 T2403③下	0.5	近似长方形	口径 1.45~0.90、深 0.80	陶片 45 块	马桥文化 一般水井
03KCJ79	Ⅵ区 T6501④下，打破 H149	0.6	圆形	口径 0.7~0.68、底径 0.45、深 1.60	填土灰淤土。出土器物：J79：1-5 釉陶四系瓶，J79：6 带流执壶，出土瓷片 2 块，碗口 1，底 1，釉陶缸片 6、口片 3，泥质黑陶 13：盆口 2、底 3。釉陶罐口 1、腹片 1。	宋代时期 一般水井
03KCJ80	Ⅵ区 T6301④下，打破 H159	0.65	圆形	口径 0.85、深 5.50	黑灰土夹草木灰，韩瓶 3，瓷碗 3，木桶 1	宋代时期 一般水井
03KCJ81	Ⅵ区 T6501④下	0.6	圆形		灰土	宋代时期 一般水井
03KCJ82	Ⅵ区 T6301④下	0.65	圆形	口径 0.96、深 1.50	填黄灰土含灰土，出土少量陶片	良渚时期 一般水井
03KCJ83	Ⅵ区 T6501④下	0.6	圆形	口径 1.10. 深 1.45	填灰土，出土少量印纹陶片	马桥文化 一般水井
03KCJ84	Ⅵ区 T6301④下	0.65	圆形	口径 1.0. 深 2.65	填青黄土及灰淤土，出土少量陶片，标本:罐 1。	良渚文化 一般水井
03KCJ85	Ⅵ区 T4205②下	0.42	圆形		填灰黑土	宋代时期 一般水井

附表四　绰墩遗址第Ⅵ、Ⅳ区马家浜文化水田及相关遗迹登记表

编号	位置与周边遗迹关系	口距地表深（米）	形状	坑底距地表深（米）	长×宽－深（米）面积	填土与出土遗物	年代与用途
03ks-S1	Ⅵ区 T6302 东南角，北向东南走向，正北与 H118 相通；东南与 S45 相通。水流从北→东南	1.82	不规则形	1.96，高差 0.02	2.40×0.90－0.46（2.2 平方米）	灰淤土	马家浜文化水稻田
03ks-S2	Ⅵ区 T6301 东北角，南、北分别被 J80、J66 打破，东北与 H118 相通。水流从北→南	1.84	长条形	1.86～1.80，高差 0.06	12.4×1.20/0.50－0.25（10.54 平方米）	灰淤土	马家浜文化水稻田
03ks-S3	Ⅵ区 T6302 东北角，南北走向，南部与 S4 连通。东西两侧分别为 S2、S6。水流从北→南	1.66	长条形	1.97～191，高差 0.06	4.00×0.80/0.90－0.28（32 平方米）	灰淤土	马家浜文化水稻田
03ks-S4	Ⅵ区 T6302 东南部，南北走向，北与 S3 连通。水流从北→南	1.54	长条形	1.72～1.93，高差 0.11	10.80×1.40/0.40－0.42（9.72 平方米）	灰淤土	马家浜文化水稻田
03ks-S5	Ⅵ区 T6302 东北部，南北向，南端与 S6 连通，东侧与 G12 相接。水流从南→北	1.38	长方形	1.50～1.43，高差 0.07	2.00×0.80－0.12（16 平方米）	灰淤土	马家浜文化水稻田
03ks-S6	Ⅵ区 T6302 东北部，西南向东北走向，南部、北部分别与 S7、S5 连通。水流从北→南	1.7	不规则形	1.79～1.54，高差 0.25	2.30×1.20－0.54（2.76 平方米）	灰淤土	马家浜文化水稻田
03ks-S7	Ⅵ区 T6302 中部偏南，南北向，东北与 S6 连接。水流从北→北	1.25	不规则形	1.61～1.56，高差 0.05	5.60×0.40/0.90－0.33（3.92 平方米）	灰淤土	马家浜文化水稻田
03ks-S8	Ⅵ区 T6202 西南角，东北角被宋代河道打破，东南角与 H120 蓄水坑连通。水流从北→南	1.24	刀形	1.46～1.38，高差 0.08	6.40×0.90/2.00－0.33（9.28 平方米）	陶罐 1	马家浜文化水稻田
03ks-S9	Ⅵ区 T6202 西南角，东侧向西北走向。西南与 S8 连接，西侧有 S10。东南向	1.24	圆角长方形	1.63，较平	1.60×1.20－0.40（1.92 平方米）	陶片 8 块、釜、鼎、炉条残片	马家浜文化水稻田

（续附表四）

编号	位置与周边遗迹关系	口距地表深（米）	形状	坑底距地表深（米）	长×宽-深（米）/面积	填土与出土遗物	年代与用途
03ks-S10	VI区 T6102 东南角，东侧有 S9，西南向东北走向	1.23	不规则形	1.57，较平	1.60 × 1.40 - 0.34（2.24平方米）	陶片 40 块：罐、豆、鼎、釜、器盖等残片，鹿角 2。小件有骨镖 1	马家浜文化水稻田
03ks-S11	VI区 T6102 东北部，东西向再折北，南与 H121 连接，西北侧有 H119、H124，水流从北→西南走向	1.1	近似直角形	1.70~1.80，高差 0.10	2.45 × 0.80 - 0.41（1.96平方米）	陶片 32 块：罐、鼎、釜、豆残片	马家浜文化水稻田
03ks-S12	VI区 T6403 西北角，西南向东北走向。东侧与 G13 相连	1.63	圆角长方形	1.9	1.40 × 1.00 - 0.27（1.40平方米）	陶片 32 块	马家浜文化水稻田
03ks-S13 I	VI区 T6403 西南角，西侧与 S13 II 相连，北与 G13 相通	2.07	圆角长方形	1.64	2.00 × 1.40 - 0.43（2.80平方米）	有鼎、罐、釜残片，鹿角残片等	马家浜文化水稻田
03ks-S13 II	VI区 T6403 西南角，南部进入 T6402 北梁内，西与 S13 I 相连	1.65	长方形	2.50~2.42，高差 0.08	3.30 × 1.96 - 0.45（6.46平方米）		马家浜文化水稻田
03ks-S14	VI区 T6403 西南部，南北向略偏东。北部被 J67 打破，南与 S13 相通	1.81	圆角长方形	2.35~2.20，高差 0.15	2.00 × 1.40 - 0.54（2.80平方米）	陶片 14 块：鼎、釜残片	马家浜文化水稻田
03ks-S15	VI区 T6403 西南部，南北向．西侧有 S14，东侧有 H130。水流从南→北走向．	1.73	长条形	2.14~2.00，高差 0.14	2.90 × 1.50 - 0.51（4.35平方米）	陶片 23 块：罐、鼎、釜残片，鹿角 1	马家浜文化水稻田
03ks-S16	VI区 T6403 西南，南北向偏东。东侧有 H127，水流从南→北	1.33	圆角长方形	1.69~1.60，高差 0.06	1.80 × 1.44 - 0.36（2.60平方米）	陶片 18 块：罐、鼎、釜残片，鹿角 2，其他兽骨 2	马家浜文化水稻田
03ks-S17	VI区 T6403 东部，西南向东北走向，北有蓄水坑 H132，东侧有 S22、S18，南部有 H127	1.77	不规则形	1.92~1.80，高差 0.12	4.00 × 2.00 - 0.51（8.00平方米）	陶片 21 块：罐、豆、釜、鼎残片，兽骨 1	马家浜文化水稻田

（续附表四）

编号	位置与周边遗迹关系	口距地表深（米）	形状	坑底距地表深（米）	长×宽－深（米）/面积	填土与出土遗物	年代与用途
03ks－S18	VI区 T6403 东南部，西南向东北走向，北部被 J68 打破，东侧与 S20 相连，南有 S19。	1.45	圆角长方形	1.84	1.30 × 0.75 － 0.39（1.00 平方米）	陶片 18 块：罐、釜、炉条、鼎残片	马家浜文化水稻田
03ks－S19	VI区 T6503 西南部，东南至西北走向。东侧与 S20 相连，西南与 H127 相通	1.45	不规则形	1.84	1.00 × 0.80 － 0.47（0.80 平方米）	仅见兽骨	马家浜文化水稻田
03ks－S20	VI区 T6503 西南角，南北向。北部被 J68 打破，东侧有 S21，西北与 S18 连通。水流从南向北	1.45	长条形	1.75 ~ 1.62，高差 0.13	2.60 × 0.90/0.40 － 0.33（9.69 平方米）	仅见兽骨	马家浜文化水稻田
03ks－S21	VI区 T6503 西南部，南北向。北部与 S22 相连，西侧 S20，东侧有 S23，南有 S40	1.54	长条形	1.68 ~ 1.62，高差 0.06	4.00 × 2.00 － 0.26（8.00 平方米）	灰淤土	马家浜文化水稻田
03ks－S22	VI区 T6503 西侧，西侧与南部分别为 S17、S21 相连	1.42	近似圆形	1.82	1.32 × 1.20 － 0.47（1.60 平方米）	灰淤土	马家浜文化水稻田
03ks－S23	VI区 T6503 西南部，南北向。东北部与 G14 相连，南部通向 S40	1.2	长条形	1.35 ~ 1.32，高差 0.03	2.40 × 1.00/0.80 － 0.17（2.16 平方米）	灰淤土	马家浜文化水稻田
03ks－S24	VI区 T6503 西南部，西南向东北走向。西南角与 G14 相通	1.18	长条形	1.37 ~ 1.35，高差 0.02	2.00 × 0.90 － 0.19（1.80 平方米）	灰淤土	马家浜文化水稻田
03KC－S25	VI区 T6402 西南角，南北向。西北与 S2 相连，南与 H118 连通	1.22	圆角长方形	2.02	1.00 × 0.60 － 0.17（0.60 平方米）	灰黄土	马家浜文化水稻田
03KC－S26	VI区 T6402 西南角，南北向。东与 S29，西与 H118 相连	1.23	近似长方形	1.49	2.80 × 2.00/1.60 － 0.26（9.72 平方米）	灰淤土	马家浜文化水稻田
03KC－S27	VI区 T6402 西北角，南北向。北端进入 T6403 与 G13 连通、西南分别与 S2、S25 相连	1.34	近似长方形	1.87	5.60 × 2.80/1.40 － 0.42（5.04 平方米）	灰黄土含黑灰，出土大量碳化米粒以及红蓼、葫芦籽等	马家浜文化水稻田

（续附表四）

编号	位置与周边遗迹关系	口距地表深（米）	形状	坑底距地表深（米）	长×宽-深（米）面积	填土与出土遗物	年代与用途
03KC-S28	VI区T6402西部，南北向。东西分别与S30/S27相连；南有S26、S29	1.35	不规则形	1.7	1.60×0.60/0.40-0.40（0.80平方米）	灰白淤土	马家浜文化水稻田
03KC-S29	VI区T6402西南，东西向。西与S26相连，东与H134相通	1.34	不规则形	1.56	2.80×1.40/0.80-0.22（2.80平方米）	灰白淤土	马家浜文化水稻田
03KC-S30	VI区T6402中部，东西向。南有S29，东北与S31相连，东南与H133相通	1.34	刀形	1.55	3.60×1.60/0.80-0.22（4.32平方米）	灰黄土	马家浜文化水稻田
03KC-S31	VI区T6402东北部，南北向略偏西。西南与S30、东北与S35、东南与S34相连	1.3	圆角方形	1.45	2.00×1.80-0.29（3.60平方米）	灰黄土。陶片6块；罐、杯等残片，另有动物牙床	马家浜文化水稻田
03KC-S32	VI区T6402西北部，南北向。东与S33相连，西与S27相通	1.34	长条形	1.49	2.60×1.20/0.40-0.15（2.08平方米）	灰黄土夹红烧土粒	马家浜文化水稻田
03KC-S33	VI区T6402北部，东西向。西与S32相连，东南S30、S31	1.35	椭圆形	1.45	1.60×1.20-0.10（1.92平方米）	灰黄土夹红烧土粒	马家浜文化水稻田
03KC-S34	VI区T6402东南部，东西向。北与S31相连，西南与H133连通	1.3	圆角长方形	1.54	1.40×1.20-0.23（1.68平方米）	灰黄土，夹红烧土粒。陶片2快：杯、圈足器等残片，鹿角1	马家浜文化水稻田
03KC-S35	VI区T6402东南角，东西向。西与S31相连，东有S40	1.3	近似圆形	1.5	2.00×1.90-0.24（1.90平方米）	灰淤土夹黄土斑	马家浜文化水稻田
03KC-S36（原G14）	VI区T6503东部，西南东北走向。东北与S24，西南与S23相通	1.2	长条形	1.24	4.80×0.80-0.29（3.84平方米）	灰淤土	马家浜文化水稻田排水沟
03KC-S37	VI区T6402东南角，东西向。北端与H133相连，南有S45、S44	1.44	近似桃形	1.83	3.40×2.60-0.39（8.84平方米）	灰淤土夹黄土斑	马家浜文化水稻田

（续附表四）

编号	位置与周边遗迹关系	口距地表深（米）	形状	坑底距地表深（米）	长×宽－深（米）/面积	填土与出土遗物	年代与用途
03KC－S38	VI区 T6502 西南角，西南东北走向。西侧与 S34/H133 相连，北端与 S40 相连	1.52	圆角长方形	1.99	5.40 × 2.00/1.40 － 0.47（9.18 平方米）	灰淤土夹黄土斑	马家浜文化水稻田
03KC－S39	VI区 T6502 东部，东西向。西与 G16 相连	1.25	椭圆形	1.35	1.10 × 1.00 － 0.24（1.10 平方米）	灰淤土夹黄土斑	马家浜文化水稻田
03KC－S40	VI区 T6502 西北角，南北向。南与 S38 相连。水流从南→北	1.25	圆角长方形	1.33～1.68	4.80 × 2.00/1.40 － 0.16（8.16 平方米）	灰淤土夹黄土斑	马家浜文化水稻田
03KC－S41	VI区 T6401 东北角，南北向。西北与 S37 相连，南部与 S42 相通	1.52	腰子形	1.85	2.30 × 1.20/0.80 － 0.23（2.30 平方米）	灰白淤土	马家浜文化水稻田
03KC－S42	VI区 T6401 东部，南北向。西部与 G17、北端与 S41 相通，水流从南→北	1.52	长条形	1.86～1.88	6.00 × 1.20/0.80 － 0.34（6.00 平方米）	灰白淤土夹黄土斑	马家浜文化水稻田
03KC－S43	VI区 T6401 东南角，南北向。部分在南部探方外	1.42	不规则形	1.45～1.52	2.00 × 1.60/0.80 － 0.35（3.38 平方米）	灰白淤土夹黄土斑	马家浜文化水稻田
03KC－S44	VI区 T6401 东北部，南北向。西与 S45 相通，东侧与北部分别与 S41、S37 相连，西南被 J73 打破	1.52	不规则形	1.66～1.83	2.80 × 1.50/0.80 － 0.31（3.22 平方米）	灰白淤土夹黄土斑	马家浜文化水稻田
03KC－S45	VI区 T6401 北部，东西向。东部与 S44 相通，北部、西部分别与 S37、S1 相连	1.44	椭圆形	1.8	4.40 × 1.40/0.80 － 0.36（7.04 平方米）	灰白淤土，夹黄土斑。陶片 8 块；罐、杯等残片	马家浜文化水稻田
03KC－S46	VI区 T6301 东部，南北向。东侧与 S2 相通。与 H145 连通，西北与 S54、S53	1.14	长条形	2.10～2.20	6.80 × 2.00/1.00 － 0.32（10.20 平方米）	灰白淤土，夹黄土斑。淘洗出碳化米粒	马家浜文化水稻田
04KC－S47	VI区 T6501 西南部，南北向。南与 S43 连通，西北有 S42	1.13	椭圆形	1.45	3.20 × 1.20 － 0.29（3.84 平方米）	灰淤土	马家浜文化水稻田

（续附表四）

编号	位置与周边遗迹关系	口距地表深（米）	形状	坑底距地表深（米）	长×宽−深（米）面积	填土与出土遗物	年代与用途
04KC－S48	Ⅵ区 T6301 西部，南北向，西部被宋代河道打破，东南与 S49 连通	1.13	不规则形	1.88	4.00 × 2.40/0.80 − 0.40（6.40 平方米）	灰淤土	马家浜文化水稻田
04KC－S49	Ⅵ区 T6301 西部，南北向。南与 S50 连通，西南被 J84 打破	1.34	圆角长方形	1.49	2.00 × 0.80 − 0.19（6.40 平方米）	灰淤土	马家浜文化水稻田
04KC－S50	Ⅵ区 T6301 西南部，南北向。北部与 S49 连通	1.35	近似椭圆形	1.55	1.40 × 0.80/0.40 − 0.20（1.68 平方米）	灰淤土	马家浜文化水稻田
04KC－S51	Ⅵ区 T6301 西南部，南北向。部分在南部探方外	1.38	不规则形	1.59	1.40 × 0.80 − 0.20（1.40 平方米）	灰淤土	马家浜文化水稻田
04KC－S52	Ⅵ区 T6301 南部，部分在南部探方外	1.38	长条形	1.92	1.80 × 0.60 − 0.54（1.08 平方米）	灰淤土	马家浜文化水稻田
04KC－S53	Ⅵ区 T6302 东南角，东西向。部分在南部探方外	1.65	不规则形	1.91 米	1.20 × 0.60 − 0.26（3.84 平方米）	灰淤土	马家浜文化水稻田
04KC－S54	Ⅵ区 T6303 东南角，东西向。西南有 S54	1.65	不规则形	1.95	0.65 × 0.60 − 0.30（0.39 平方米）	灰淤土	马家浜文化水稻田
04KC－S55	Ⅳ区 T4206 西北部⑧下，延伸到探方外	1.58	长圆形	1.88	1.20 × 0.55 − 0.30（0.66 平方米）	灰淤土	马家浜文化水稻田
04KC－S56	Ⅳ区 T4206 西北部⑧下，被 H168 打破	1.5	长圆形	2.15	1.70 × 1.40 − 0.55（2.38 平方米）	灰淤土	马家浜文化水稻田
04KC－S57	Ⅳ区 T4206 西北部⑧下，H172 打破与 S56 相连，大部分在探方外	1.46	长条形	1.56	0.35 × 2.10 − 0.10（0.74 平方米）	灰淤土	马家浜文化水稻田
04KC－S58	Ⅳ区 T4205 西部与 H177 相通，北部⑧下	2.15	不规则形	2.3	2.20 × 0.85 − 0.15（1.87 平方米）	灰淤土	马家浜文化水稻田
04KC－S59	Ⅳ区 T4206 南部⑧下	1.7	椭圆形	1.85	0.80 × 0.95 − 0.15（0.76 平方米）	灰褐土	马家浜文化水稻田

（续附表四）

编号	位置与周边遗迹关系	口距地表深（米）	形状	坑底距地表深（米）	长×宽-深（米）面积	填土与出土遗物	年代与用途
04KC-S60	IV区 T4206 南部⑧下，分为南北两块	1.4	椭圆形	1.58	1.85×1.28-0.18，0.85×0.90-0.28（0.77-2.38平方米）	灰淤土	马家浜文化水稻田
04KC-S61	IV区 T4206 东部⑧下，北与S62相连	1.61	长条形	1.87	0.85×3.75-0.26（3.19平方米）	灰淤土	马家浜文化水稻田
04KC-S62	IV区 T4206 东部⑧下，北与S63、S64连接	1.55	不规则形	1.7	1.00×1.50-0.15（1.5平方米）	灰淤土	马家浜文化水稻田
04KC-S63	IV区 T4206 东北部⑧下，南与S62连接	1.6	不规则形	1.9	0.70×1.70-0.30（1.19平方米）	灰淤土	马家浜文化水稻田
04KC-S64	IV区 T4206 东北部⑧下，南与S62接	1.6	不规则形	1.9	1.20×1.90-0.30（2.28平方米）	灰淤土	马家浜文化水稻田
03KC-G12	VI区 T6302 西北部，西向东走向。东南与S6连通，西部被末代河打破，南面与H117相通，南面与S13相通，水流从西→东	1.33	长条形	1.63~1.67	6.00×0.80-0.30（4.80平方米）	灰淤土	马家浜文化水稻田排水沟
03KC-G13	VI区 T6403 西部，南北向略偏东，北部延伸到未发掘部分的探方内，南面与S13相通，水流从北→南	1.65	长条形	1.80~1.95	0.50×3.00-0.23（1.50平方米）	灰淤土	马家浜文化水稻田排水沟
03KC-G16	VI区 T6502 中部偏北，南北向。北与S39相通，水流从南→北	1.25	长条形	1.25~1.29	5.00×0.50-0.18	灰黄土，夹黑土斑	马家浜文化水稻田排水沟
03KC-G17	VI区 T6401 中部偏南，东西向。东与S42相通，西接H145，水流从西→东	1.18	瓢形	1.32~1.36	3.50×1.40/0.40-0.19	灰淤土，夹黄土斑	马家浜文化水稻田排水沟
03KCH113	VI区 T6101 东南部	0.95	近似圆形	1.5	1.76×1.80-0.55	灰淤土。陶片72块；罐、豆	马家浜文化蓄水坑

（续附表四）

编号	位置与周边遗迹关系	口距地表深（米）	形状	坑底距地表深（米）	长×宽-深（米）面积	填土与出土遗物	年代与用途
03KCH117	VI区T6302 西北部，北与G12相通	1.37	近似方形	2.27	2.20×1.60-0.90 底径1.40×1.00	灰白土。红衣陶数片	马家浜文化蓄水坑
03KCH118	VI区T6302 东南角，北与S2、东与S26相通。	1.79	不规则形	2.32	1.00×2.10-0.53	灰淤土。陶片数块：鼎、豆	马家浜文化蓄水坑
03KCH119	VI区T6102 东北角，南与S11相通	1.13	近似圆形	1.68	0.84×1.00-0.55	灰淤土。陶片20块：罐、钵、器盖、骨器	马家浜文化蓄水坑
03KCH120	VI区T6202 东南角，北与S8相通	1.35	长方形	1.87	1.44×0.90-0.95	灰淤土。陶片58块：罐	马家浜文化蓄水坑
03KCH121	VI区T6102 中部，北与S11相通	1.1	长方形	2	1.75×3.30-0.90 底径1.35×2.90	灰淤土。陶片51块：豆、骨针、镞、网坠	马家浜文化蓄水坑
03KCH123	VI区T6302 西南部，东侧为S7	1.2	圆角长方形	2.33	1.80×1.30-1.22 底径1.40×0.90	灰淤土。陶片9块：罐	马家浜文化蓄水坑
03KCH124	VI区T6102 东北角，西侧为S11	1.09	长条形	1.72	1.25×1.45-0.67 底径0.85×1.05	灰淤土。陶片43块：鼎、釜、豆	马家浜文化蓄水坑
03KCH127	VI区T6403 西部，东与G13相通	1.45	长条形	2.06	0.60×2.30-0.57	黑灰土。无陶片	马家浜文化蓄水坑
03KCH129	VI区T6403 东南部，西、北、东侧分别为S16、S17、S19	1.65	圆角长方形	3.82	2.20×1.44-2.17 底径1.20×0.60	灰淤土。陶片27块：罐、盆	马家浜文化蓄水坑
03KCH130	VI区T6403 中部偏东，西侧有S15	1.54	圆形	2.13	0.90×0.90-0.59	填灰白淤土。无陶片	马家浜文化蓄水坑
03KCH131	VI区T6403 中部偏东，东侧有S17	1.7	长条形	1.98	0.75×0.65-0.28	填灰白淤土。无陶片	马家浜文化蓄水坑
03KCH132	VI区T6403 东部，南与S17相通。H130、131、132 为一组蓄水坑	1.88	不规则形	2.19	1.35×0.50-0.31	填灰白淤土。无陶片	马家浜文化蓄水坑

（续附表四）

编号	位置与周边遗迹关系	口距地表深（米）	形状	坑底距地表深（米）	长×宽－深（米）面积	填土与出土遗物	年代与用途
03KCH145	Ⅵ区 T6401 西南部，西北有 S46。东与 G17 连通	1.55	椭圆形	2.45	400×340－1.30 底径 2.20×2.30	填灰黑淤土。陶片 15 块：有鼎、罐、釜等残片。底部横有一段树木，另有三个小坑，三等分排列	马家浜文化 蓄水坑
04KC－H160	Ⅵ区 T6301 东北部，与北部 H161 为两个蓄水坑，分别与 S4 连通	1.6	圆形	2.15	0.68×0.64－－0.55	灰白淤土	马家浜文化 蓄水坑
04KC－H161	Ⅵ区 T6301 东北部，与南部 H160 为两个蓄水坑，分别与 S4 连通	1.6	圆形	1.94	0.50×0.64－0.34	灰白淤土	马家浜文化 蓄水坑
04KC－H177	Ⅳ区 T4205 西部⑧下	1.7	不规则	1.80×6.50－0.50	1.80×6.50－0.50	灰白淤土夹黑灰土	马家浜文化 蓄水坑

附表五　绰墩遗址马家浜文化陶器分期表

分期＼器名	釜	豆	盆	盂	罐	鼎（足）
第一期	1　2　3	5	8		11	13
第二期	4	6　7	9	10	12	14　15

1. A 型 I 式釜（H147 标:14）　2. A 型 II 式釜（T6401⑨:4）　3. A 型 III 式釜（T0701⑥:1）　4. A 型 IV 式釜（T0603⑥:9）　5. B 型 I 式豆（T6402⑨:1）　6. B 型 II 式豆（T6302⑦:4）　7. B 型 III 式豆（M34:1）　8. A 型 I 式盆（T6403⑨标:12）　9. A 型 II 式盆（T6403⑥:4）　10. 盂（M34:3）　11. B 型 I 式罐（S8:1）　12. B 型 II 式罐（M34:2）　13. A 型 I 式鼎足（T6403⑨标:12）　14. B 型 II 式鼎足（T6403⑥:3）　15. 折腹鼎（M34:3）

附表六　缂墩遗址崧泽文化陶器分期表

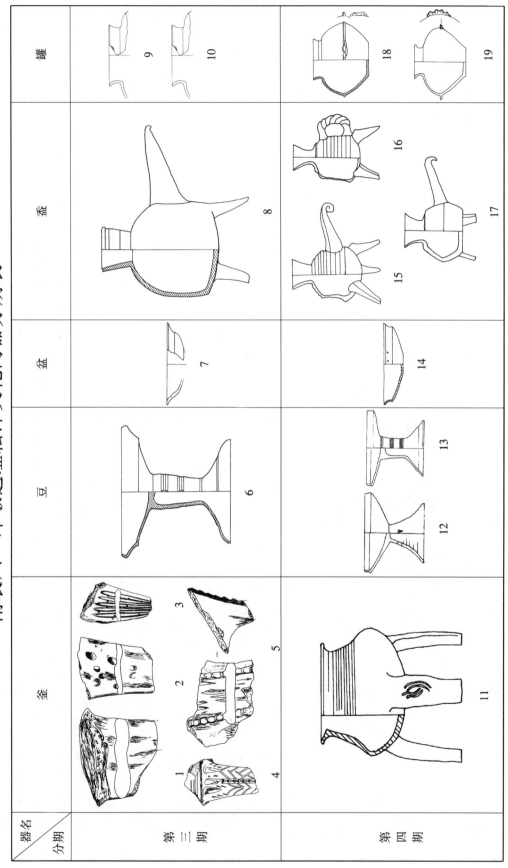

1. A 型 I 式鼎足（H13 标：1）　2. A 型 II 式鼎足（H13 标：4）　3. A 型 III 式鼎足（H13 标：6）　4、5. B 型鼎足（T0503④B 标：6）　6. A 型 III 式鼎足（T0706④A 标：1，T0707④A 标：4）　6. A 型 I 式豆（M31：10）　7. A 型 III 式盆（H13 标：2）　8. A 型 I 式盉（M31：3）　9. A 型 I 式罐（T0707④A 标本：5）　10. A 型 II 式罐（T0707④A 标本：5）　11. A 型 I 式鼎（M17：5）　12. A II 式豆（M16：5）　13. A 型 III 式豆（M19：5）　14. A 型 IV 式盆（M11：6）　15. A 型 II 式盉（M35：1）　16. A 型 III 式盉（M19：8）　17. A 型 IV 式盉（M5：1）　18. A 型 III 式罐（M31：9）　19. A 型 IV 式罐（M17：3）

器名／分期　罐　盉　盆　豆　釜　第三期　第四期

附表七　绰墩遗址良渚文化陶器分期表

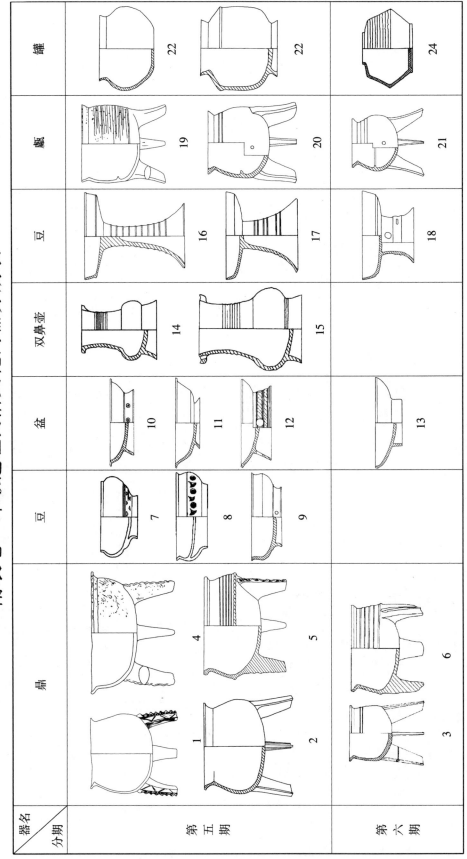

1. A 型 I 式鼎 (H168：3)　2. A 型 II 式鼎 (F11 (2)：6)　3. A 型 III 式鼎 (H35：3)　4. B 型 I 式鼎 (H168：2)　5. B 型 II 式鼎 (H105：2)　6. B 型 III 式鼎 T2604④：5　7. A 型 I 式簋 (H168：7)　8. A 型 II 式簋 (H168：6)　9. A 型 III 式簋 (T2804⑤：18)　10. A 型 I 式盘 (CH－1②：3)　11. A 型 II 式盘 (T2503 ⑤：1)　12. A 型 III 式盘 (T2604⑤：3)　13. A 型 IV 式盘 (T2804④：9)　14. A 型 I 式双耳壶 (F11②：8)　15. A 型 II 式双耳壶 (J16：2)　16. B 型 I 式豆 (F11②：10)　17. B 型 I 式豆 (F11②：1)　18. B 型 IV 式豆 (F2：4)　19. A 型 II 式瓿 (H165：1)　20. A 型 II 式瓿 (F11②：5)　21. A 型 III 式瓿 (T0603② A：2)　22. D 型 I 式罐 (T2804⑤：5)　23. D 型 II 式罐 (T2503⑤：2)　24. D 型 III 式罐 (T0707 (2)：1)

附表八　绰墩遗址马桥文化陶器分期表

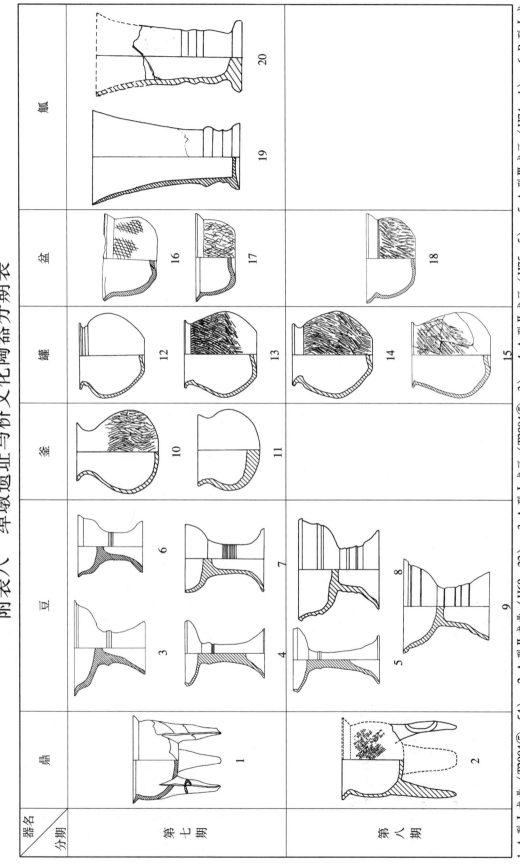

1. A 型 I 式鼎（T2904⑤: 54） 2. A 型 II 式鼎（H69: 22） 3. A 型 II 式豆（T2904⑤: 3） 4. A 型 II 式豆（H75: 5） 5. A 型 III 式豆（H74: 1） 6. B 型 I 式豆（T2904④: 1） 7. B 型 II 式豆（H42 标: 17） 8. B 型 III 式豆（H69: 5） 9. B 型 IV 式豆（H69: 6） 10. B 型 I 式釜（H40: 1） 11. B 型 II 式釜（J47: 2） 12. D 型 I 式罐（H135: 1） 13. D 型 I 式罐（J59: 2） 14. D 型 III 式罐（H69: 7） 15. D 型 IV 式罐（H69: 3） 16. A 型 I 式盆（T2904⑤: 15） 17. A 型 II 式盆（T2904④: 6） 18. A 型 III 式盆（H90: 2） 19. A 型 I 式觚（T2904④: 19） 20. A 型 III 式觚（H69 标: 25）

附表九　绰墩遗址东周时期陶器分期表

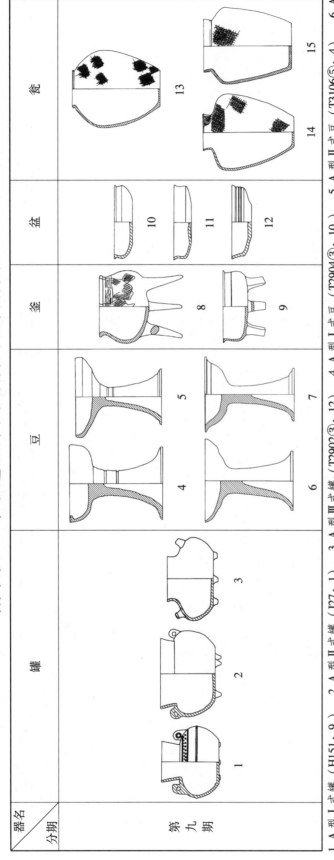

器名 分期	罐	豆	釜	盆	瓮
第九期					

1. A 型 I 式罐 (H151: 9) 　2. A 型 II 式罐 (J27: 1) 　3. A 型 III 式罐 (T2902③: 12) 　4. A 型 I 式豆 (T2904③: 10) 　5. A 型 II 式豆 (T3106⑤: 4) 　6. A 型 III 式豆 (H22②: 2) 　7. A 型 IV 式豆 (H22①: 6) 　8. A 型 釜 (H22②: 9) 　9. C 型 鼎 (T2902③: 16) 　10. I 式盆 (T2902③: 6) 　11. II 式盆 (H54②: 1) 　12. III 式盆 (H54②: 2) 　13. I 式瓮 (J11: 1) 　14. II 式瓮 (J5: 2) 　15. III 式瓮 (J7: 3)

附录一

中国史前灌溉稻田和古水稻土研究进展

曹志洪

中国科学院南京土壤研究所

一 中国土壤学家的历史责任

通过古土壤发生、演变的研究来了解历史上农业发展的历程及全球气候变化对土壤质量的影响，进而与目前正在发生的全球气候变化及其对土壤和陆地生态系统安全的影响作比较，提出应对生态安全、社会可持续发展的策略与思路，例如能扩大土壤大量固持二氧化碳的所谓"Terra Preya"技术就是在研究巴西亚马逊流域古土壤（黑色土）中的黑炭引申出来的土壤技术，研究古土壤已成为国际土壤学界新的研究热点。2006 年在美国费城召开的世界土壤学大会上把古土壤列为"土壤的时空演变大专业（Division - 1）"下的第 6 专业会委员会，共有论文 55 篇，是这个大专业范围内论文最多的分支学科之一①②③④。

我国水稻栽培已有 7000 多年历史，目前的稻谷产量和水稻土面积分别占世界的 40% 和 23%，稻米是国人的主食。开展灌溉稻田和水渍人为土起源、演化及古今水稻土质量比较的研究，揭示水稻土发生发育过程的生物地球化学机制，阐明水稻土可持续利用机理，应该是我国土壤学界对土壤学理论和世界粮食安全做出重要贡献的优先领域之一。

我们在国家自然科学基金会的支持下，从 2004 年开始开展了"中国史前水稻田和古、今水稻土质量比较"的研究，以揭示 7000 年来我国稻作农业的兴衰与全球气候变化的关系以及灌溉水稻和水耕人为土起源及其对世界文明的贡献。本文是就这方面的研究已有的进展及今后的研究方向做一综述，与读者进行交流。

① Vanessa Spadding: Ancient soil methods impress modern science and help Climate *http://environmentalresearchweb.org/cws/article/future*/3243［en］2008，Jan 15.

② Kristofer D. Johnson，Richard E Terry，Mark W Jackson，and Charles Golden: Ancient soil resources of the UsumacintaRiver Region，Guatemala.［J］*Journal of Archaeological Science* Vol.: 34（7）111 -1129, 2007.

③ D. E. Dahms: Reconstructing paleoenvironments from ancient soils: A critical review.［J］*Quaternary International* Vol: 51 -52, 58 - 60.

④ 赵其国:《第十八届国际土壤学大会综述》,《土壤》（39 辑）2007 年 1 期, 2 ~18 页.

二 古水稻土研究获得的初步成果

（一）史前灌溉稻田和古水稻土的鉴别标准

研究和确认史前水稻田和研究史前和古代的水稻土是土壤学的一项基础性、理论性的工作，由于资源或技术等原因，在本项目开展前国内外的土壤学界涉及这方面研究的报道很少。中国科学院土壤研究所的龚子同先生等从土壤地理、时空分布的角度做过一些研究①，主要是考古部门在发掘过程中出土碳化稻粒时提及可能有稻谷种植的报道，其中在江苏草鞋山遗址中日联合发掘时发现了考古学上的古水稻田②。位于现江苏昆山绰墩遗址（北纬31°24′07″，东经120°50′41″）发掘出土的新石器时期（6280¹⁴C a BP）22块灌溉稻田是迄今世界上最早的灌溉稻田，也是国际土壤分类系统公认的水耕人为土类——"水稻土"的起源地之一。由于远古的水稻田（6000¹⁴C a BP的马家浜时期）面积较小，因而可以在有限的发掘范围内发现其田塍、灌水沟渠等稻田边界，而到3000¹⁴C a BP的商周—马桥时期的稻田面积可能已经比较大，所以很难发现稻田田块的边界，当然埋藏的水稻土剖面仍然可以清晰的鉴别和研究③④⑤。

国际水稻研究所前副所长、英国的Greenland教授为定义现今的灌溉稻田提出了稻田构成的三个要素：田塍、灌溉渠道和灌溉工具⑥。2003年11月我们与苏州博物馆、苏州市农业环境检测站、昆山市文物保护管理所等合作对位于绰墩山遗址第Ⅵ工作区进行第六次次发掘，在300平方米的发掘范围内的距地表100~118厘米深原生土面上又发现有大小（面积为0.5~14平方米）和形状（长方形、长条形、圆形、椭圆形、近三角形等）不一、但均有田塍和进出水口（图一）、周边有配套的灌溉沟渠和水井、小池塘的22块田（S25~S46）分布。并在田块和沟渠内发现大量陶器碎片、少量完整的陶盆和陶罐，应是当时灌溉和取水兼用的一种工具等⑦⑧⑨⑩。河姆渡及长江下游其他地方发现的马家浜时期的大量木耜、骨耜或石耜等工具⑪足以能在生土面上（绰墩山是下蜀黄土）上

① 龚子同、刘良梧、张甘霖：《苏南昆山地区全新世土壤与环境》，《土壤学报》（39卷）2002年5期，618~626页。
② 丁金龙：《长江下游新石器时代水稻田与稻作农业的起源》，《东南文化》2004年2期，19~23页。
③ Cao ZH, et al.：Examination of Ancient Paddy Soils from the Neolithic Age in China's Yangtze River Delta. *Naturwissenchaften* 145 (1), 35-40, 2006.
④ 曹志洪等：《绰墩遗址新石器时期水稻田、古水稻土剖面、植硅体和碳化稻形态特征的研究》，《土壤学报》（44卷）2007年5期，838~847页。
⑤ Lu J, Hu ZY, Cao ZH, et al：Characteristics of Soil fertility of buried ancient paddy at Chuo-dun Site in Yangtze River Delta. *Agricultural Sciences in China*, 5 (6)：441-450, 2006.
⑥ Greenland D. J. The Sustainability of Rice Farming. [M] London：CAB International Publication in Association with the International Rice Research Institute. 1998. pp. 23-28.
⑦ 丁金龙：《长江下游新石器时代水稻田与稻作农业的起源》，《东南文化》2004年2期，19~23页。
⑧ Cao Z. H. et al.：Examination of Ancient Paddy Soils from the Neolithic Age in China's Yangtze River Delta. *Naturwissenchaften* 145 (1)：35-40, 2006.
⑨ 曹志洪等：《绰墩遗址新石器时期水稻田、古水稻土剖面、植硅体和碳化稻形态特征的研究》，《土壤学报》（44卷）2007年5期，838~847页。
⑩ Lu J, Hu ZY, Cao ZH, et al：Characteristics of Soil fertility of buried ancient paddy at Chuo-dun Site in Yangtze River Delta. *Agricultural Sciences in China*, 5 (6)：441-450, 2006.
⑪ 游修龄编著：《中国稻作史》，中国农业出版社，1995年，204~205页。

构筑田塍、开挖沟渠和不很深的水井的。我们在这些田块的表层土壤中发现很多碳化稻粒及灰坑。例如在编号为 S27 的稻田 0.04 立方米的表土里就淘洗出 200 多粒碳化稻以及菱角和红蓼等水生植物的种子[1][2][3][4][5]。至此,在草鞋山(1992～1995)、绰墩(2003/4,2003/11)两个遗址共出土了马家浜时期的水稻田 90 块[6]。根据 Greenland 的定义和考古学家的工作,是可以定义史前"水稻田"了。但是土壤学家必须用土壤剖面分异、黏粒移动、孢粉学特征、植硅体分布、土壤有机质核磁共振谱和土壤磁化率的变化等理论和技术,对史前水稻田进行科学界定。

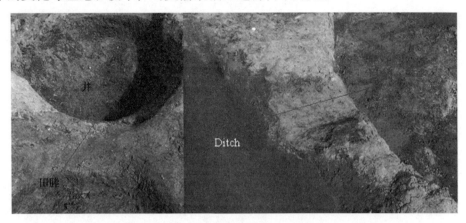

图一 绰墩遗址 No.17 马家浜文化水稻田之田塍、水沟、水口和(蓄水坑)水井

表 1 史前(6000a BP)水稻土和旱地土的一些理化性质

	土层	水稻植硅体	pH	有机质	黏粒含量≤2μm
	Layer(cm)	Rice Opal(No./g soil)		SOM(g/Kg)	Clay≤2μm(%)
史前水稻土 – P – 01, Prehistoric paddy soil P – 01					
A	100 – 116	105159	5.85	22.31	11.9
Ap	116 – 130	64007	5.90	18.26	15.0
B	130 – 150	17327	5.86	19.68	11.2
C	150 – 160	19678	5.75	17.20	12.1
史前旱地土 – P – 03, Prehistoric uplans soil P – 03					
A	88 – 103	0	5.97	13.98	17.9
B1	103 – 130	0	5.85	13.53	12.4
B2	130 – 155	0	5.75	13.30	18.5
C	155 – 180	0	6.01	13.30	18.3

---

① 丁金龙:《长江下游新石器时代水稻田与倒座农业的起源》,《东南文化》2004 年 2 期,19～23 页。

② Cao ZH, et al.: Examination of Ancient Paddy Soils from the Neolithic Age in China's Yangtze River Delta. *Naturwissenchaften* 145(1):35 – 40, 2006.

③ 曹志洪等:《绰墩遗址新石器时期水稻田、古水稻土剖面、植硅体和碳化稻形态特征的研究》,《土壤学报》(44 卷)2007 年 5 期,838～847 页。

④ Lu, Hu ZY, Cao ZH, et al: Characteristics of Soil Fertility of Buried Ancient Paddy at Chuo – dun Site in Yangtze River Delta. *Agricultural Sciences in China*, 5(6):441 – 450, 2006.

⑤ 游修龄编著:《中国稻作史》,中国农业出版社,1995 年,204～205 页。

⑥ 丁金龙:《长江下游新石器时代水稻田与倒座农业的起源》,《东南文化》2004 年 2 期,19～23 页。

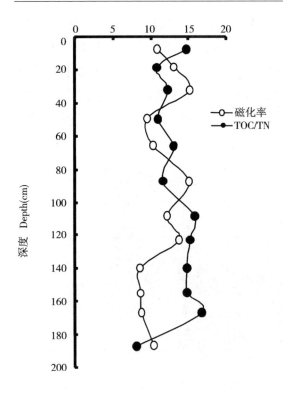

图二　绰墩 P－01 剖面土壤磁化率（$10^{-8}m^3$/Kg）
与 TOC/TN（g/Kg）随深度变化曲线

对绰墩遗址发现的史前水稻田土壤全剖面进行的观测研究表明，史前水稻土剖面已有 A（耕作层）、Ap（犁底层）、B（心土层）、C（母质层）的分异[1][2][3]。而且已经有黏粒的淋洗淀积，即从表层淋洗和向亚表层淀积而同时期非水稻土则无此现象（表1）。

对绰墩遗址史前水稻田的表土层的孢粉和水稻植硅体的分析表明，在水稻植硅体浓度较高的史前稻田与现代水稻田的孢粉学特征具有一定相似性：禾本科花粉（水稻）占主要优势，但其他水生植物花粉（如香蒲等）含量则很少。这说明先民在水稻种植过程中已经有清除杂草的农事活动[4]，例如水稻成熟时用手或骨镰收获稻穗[5]，然后在田间用火将稻草和水生杂草秸秆和种子一起焚烧，这就是所谓"火耕"，以便使来年土壤肥沃，种植方便，同时还杀灭了水生杂草[6][7][8][9]。春天直播或用骨耜点播稻种前，引水淹田，使土壤表层软化，以脚踏或驱牛入田"踏耕"[10]，在稻苗生长期间田间维持一定深度的淹水层，为水稻生长发育创造好的环境条件，同时也可以抑制或杀灭旱生杂草，这就是所谓"水溽"。

对 P－01 土壤剖面的土壤磁化率的测定表明，剖面上出现两个埋藏的水稻土：180～100 厘米（6280a BP），90～40 厘米（3300a BP）和表层的现代水稻土：37～0 厘米（宋朝以来），因此土壤磁化率有三次由高逐渐下降的趋势，与有机质含量的消长呈相反的规律[11]（图二），表明这里有 2 次史前的和 1 次现代的水稻土成土过程。在淹水条件下，强磁性矿

---

① Cao ZH, et al. Examination of Ancient Paddy Soils from the Neolithic Age in China's Yangtze River Delta. *Naturwissenchaften*, 145 (1), 35 - 40, 2006.

② 曹志洪等：《绰墩遗址新石器时期水稻田、古水稻土剖面、植硅体和碳化稻形态特征的研究》，《土壤学报》（44 卷）2007 年 5 期，838～847 页。

③ Lu J, Hu ZY, Cao ZH, et al：Characteristics of Soil fertility of buried ancient paddy at Chuo - dun Site in Yangtze River Delta. *Agricultural Sciences in China*, 5 (6)：441 - 450, 2006.

④ Li Chunhai, Zhang Gangya, Yang linzhang, Lin Xiangui, Hu Zhengyi, Dong Yuanhua, Cao Zhihong Zheng Yunfei and Ding Jinlong：Pollen and Phytolith Analyses of Ancient Paddy Fields at Chuodun Site, the Yangtze River Delta. *Pedosphere*, 17 (2), 209 - 218, 2007.

⑤ 游修龄：《中国稻作史》，中国农业出版社，1995 年，204～205 页。

⑥ Kristofer D. Johnson, Richard E Terry, Mark W Jackson, and Charles Golden：Ancient soil resources of the UsumacintaRiver Region, Guatemala. [J] *Journal of Archaeological Science* Vol. 34 (7)：111 - 1129, 2007.

⑦ D. E. Dahms：Reconstructing paleoenvironments from ancient soils：A critical review. [J] *Quaternary International* Vol：51 - 52, 58 - 60.

⑧ 龚子同、刘良梧、张甘霖：《苏南昆山地区全新世土壤与环境》，《土壤学报》（39 卷）2002 年 5 期：618～626 页。

⑨ 曹志洪等：《绰墩遗址新石器时期水稻田、古水稻土剖面、植硅体和碳化稻形态特征的研究》，《土壤学报》（44 卷）2007 年 5 期，838～847 页。

⑩ 游修龄：《中国稻作史》，中国农业出版社，1995 年，204～205 页。

⑪ 游修龄：《中国稻作史》，中国农业出版社，1995 年，204～205 页。

物（磁铁矿和磁赤铁矿）发生了还原分解，变成弱磁性纤铁矿和针铁矿和无定型氧化铁，使磁化率降低。

对取自绰墩遗址的史前灌溉水稻田表层土壤有机质进行固态^{13}C 核磁共振分析表明，史前水稻土表层有机质主要是化学位移在 95～170ppm 范围内的有机化合物，其中最强的峰值信号出现在 125 ppm，属于典型的烯烃基团或芳香族碳（图三），所采土样来自 S－25，S－27，S－30，S－46，S－49，S－51，但所有田块的表层土壤有机质都有相似的^{13}C 核磁共振谱。这说明其来源和组成的同一性。土壤中积累的有机碳主要是先民在收获稻穗后把稻草、稻秆和稻叶就地焚烧所残留的，正是由于是火烧后有机质成为烯烃基团或芳香族碳为主的有机碳（黑炭或腐殖化很高的胡敏素）才能使其长期持留在土壤中。这些 6290 年前（新石器时期）形成的水稻田表层土壤有机质的含量高达 21～23g/kg，相当于或甚至略高于当地现代水稻土表层的有机质含量[1][2]。史前水稻土有机质的^{13}C 核磁共振谱在 168 ppm 处还出现的峰值信号应是典型的苯酸、苯甲酸、安息香酸类物质羧基碳，表明在这样长期埋藏的条件下部分有机碳也可能被氧化了。

所以，我们在提出了一套鉴别古水稻土和古水稻田的土壤学诊断条件和技术如下：

a. 发现有栽培的碳化稻谷；或每克土中应有 5000 颗以上的水稻植硅体；

b. 土壤剖面上有黏粒的淋洗和淀积；

c. 土壤剖面有特征性磁化率的变化；

d. 有特征性土壤孢粉谱；

e. 有特征性的土壤有机质核磁共振谱；

f. 有田塍、灌溉渠道、灌溉工具及水源等。

在埋藏的土层中发现有碳化稻粒，或者在每克土中鉴定出 5000 颗以上的水稻植硅体，两者都说明这里种过稻；但可以是水稻也可以是旱稻；如剖面上能鉴定出有黏粒向下移动，那就能证明确实是水稻，因只有在长期淹水耕作下才有黏粒向下淋洗移动的条件。土壤磁化率的测定结果能进一步证明是淹水导致的磁化率逐渐下降轨迹；特征性的土壤孢粉谱是古今水稻土共同的，若有条件进行土壤有机质核磁共振谱的测定，那么对于史前或远古水稻土来说是唯一性的。只要符合上述诊断条件中前三条（a，b，c），或者其中的 a，d 或 a，e 两条都能证明有埋藏水稻土的存在。至于水稻田则只要有 a 和 f 两条就能证明有古水稻田的存在，而如果再有 d 和 e 两条的佐证，则对古代耕作方法也就有更多的了解。

（二）"火耕水溽"原始农作技术的科学证据

绰墩遗址出土的史前灌溉稻田表层（100～116 厘米）的土壤有机质的核磁共振谱表明其芳香族有机碳占 70% 左右（见图三），古稻田剖面中发现焚烧稻草的灰炕和残留的碳化

---

[1]　Kristofer D. Johnson, Richard E Terry, Mark W Jackson, and Charles Golden: Ancient soil resources of the UsumacintaRiver Region, Guatemala. [J] *Journal of Archaeological Science* Vol. 34 (7): 111-1129, 2007.

[2]　龚子同、刘良梧、张甘霖：《苏南昆山地区全新世土壤与环境》，《土壤学报》（39 卷）2002 年 5 期，618～626 页。

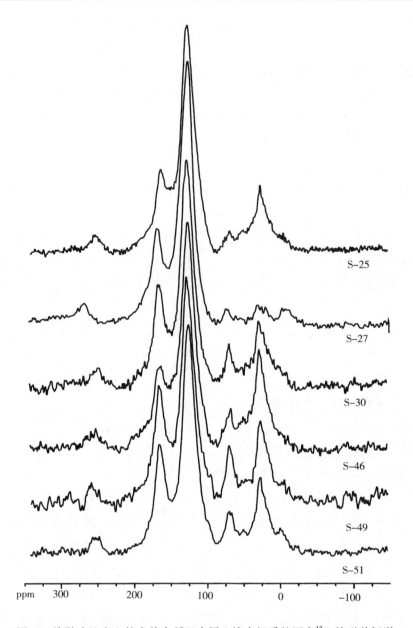

图三　绰墩遗址出土的史前水稻田表层土壤有机质的固态^{13}C 核磁共振谱

稻粒、黑炭等①②③④是先民"火耕"的遗物遗迹；焚烧秸秆时既清洁了田面、便于下个季节的种植，同时也把大部分杂草烧死；而史前稻田表层土壤孢粉谱以水稻孢粉"一统天下"

① 丁金龙：《长江下游新石器时代水稻田与倒座农业的起源》，《东南文化》2004 年 2 期，19～23 页。
② Cao Z. H. et al.：Examination of Ancient Paddy Soils from the Neolithic Age in China's Yangtze River Delta. *Naturwissenchaften*, 145 (1), 35 - 40, 2006.
③ 曹志洪等：《绰墩遗址新石器时期水稻田、古水稻土剖面、植硅体和碳化稻形态特征的研究》，《土壤学报》（44 卷）2007 年 5 期，838～847 页。
④ Greenland D. J. The Sustainability of Rice Farming. ［M］London：CAB International Publication in Association with the International Rice Research Institute. 1998. pp. 23 - 28.

的特点①，则是先民年复一年的"水淹"把大部分旱生杂草淘汰——"水耨"的证据。我国汉代的古籍如《史记》、《汉书·武地帝本纪》、《盐铁记》等早有记载，"楚越之地，地广人稀，饭稻羹鱼，或火耕而水耨"②，当然这不是说火耕水耨仅从汉代才有的，而是从远古就开始的，因为火与水两种力量是自然赋予人类的礼物，加上骨耜、木耜或石耜这些简单的原始工具就能农作了。只是因为秦汉前南方的历史没有留下文字记载，直到统一以后有秦汉的记载罢了。但是过去对这种原始的农作技术一直缺乏实物的或技术的证据。今天，运用史前土壤有机质的核磁共振谱和史前稻田表层孢粉谱技术把留在土壤中的这个重要信息提取出来了。

（三）土壤中多烷芳烃（PAHs）等有机污染物部分是自然产生的

新石器时期史前水稻土剖面中也发现有较高含量的 PAHs 有机污染物，达 56.0μg/kg，而且其中91%是 2～3 环的萘和菲最多，4 环以上的含量很低③。特征化合物分子比值 Phe/Ant 和 BaA/Chr、土壤有机质^{13}C－NMR 谱图以及稻草秸秆焚烧试验都证明了古土壤中 PAHs 污染物主要源自先人焚烧稻草秸秆——"火耕"——耕作习惯。而同时期相邻旱地土壤及母质层中 PAHs 仅为 32.0～36.9μg/kg，2～3 环的各占 63% 和 60% 左右④⑤⑥。证明古土壤中的有机质是焚烧稻草秸秆等的残留物为主，而我们焚烧稻草的模拟实验结果也表明烟气的主要多烷芳烃（PAHs）是 2～3 环的 Ace、Nap、Phe、Flu 等低分子量的 PAHs 为主，灰烬中也以低分子量的 PAHs 为主，与史前水稻土中 PAHs 的测定结果相吻合。因此史前水稻土的这些 PAHs 来源于稻草的焚烧是无疑的，其中少量的可能是还原条件下生物自然合成的。

历史上森林、草地等陆地生态系统由于各种自然的原因如雷电打击、火山爆发、物体碰撞摩擦、陨石坠落、高温等引发的火灾有很多次，这些火灾之后必将在土壤中留下多烷芳烃（PAHs）等各种有机污染物，再加上自然条件下土壤中生物的合成、转化等生物地球化学过程中产生的各种各样的有机物等，所以即使没有人类活动的干扰自然界中也会有部分有机污染物存在的，当然数量和强度是因地因时而异的。

（四）史前水稻土的全磷和有效磷含量特别高是先人长期使用动物残留物的结果

研究了史前、现今水稻土、古泥沼肥力状况的异同（表2）。埋藏的史前水稻土表层有机质、全氮（N）、全钾与现代水稻土表土层的接近或略低，现代水稻土表层有效氮和可溶性碳含量却大大高于埋藏的史前水稻土，这既是由于现今水稻土施入的是新鲜氮肥和有机肥的结

① Li Chunhai, Zhang Gangya, Yang linzhang, Lin Xiangui, Hu Zhengyi, Dong Yuanhua, Cao Zhihong Zheng Yunfei and Ding Jinlong: Pollen and Phytolith Analyses of Ancient Paddy Fields at Chuodun Site , the Yangtze River Delta. *Pedosphere*, 17（2）：209–218, 2007.
② 游修龄：《中国稻作史》，中国农业出版社，1995 年，204～205 页。
③ 杨用钊、李福春等：《绰墩遗址中存在全新世水稻土的新证据》，《第四纪研究》2006 年 5 期，864～871 页。
④ 李久海、董元华等：《古水稻土中多环芳烃的分布特征及其来源判定》，《环境科学》（27 卷）2006 年 6 期，1235～1239 页。
⑤ 李久海、董元华等：《6000 年以来水稻土剖面中多环芳烃的分布特征及来源初探》，《土壤学报》（44 卷）2007 年 1 期，41～46 页。
⑥ Dong Yuanhua, Cao Zhihong Li Jiuhai et al: Molecular ratiao of PAHs as a tool to reveal ancient Farming practice from paleo–paddy soils in the Yangtze River Delta of China. *in Proceeding of* 18*th World congress of Soil Sciences*, July 15, 2006, Philadelphia , Pennsylvania, USA.

表 2   史前稻田土壤、现代水稻土和古泥昭的一些基本性质

项目 Items	pH	有机碳	全氮	全磷	全钾	可溶性碳	有效氮	速效磷	有效钾
		g/kg				mg/kg			
史前水稻土 (n = 5) Prehistoric paddy soilS (n = 5)									
Mean:	5.7	20.3	2.1	1.58	18.2	89.5	10.8	48.0	167.7
现代水稻土 (n = 7) Prehistoric paddy soilS (n = 7)									
Mean:	4.8	21.4	2.3	0.91	17.1	206.5	191.0	9.2	139.3
史前古泥沼 (n = 3) Prehistoric wetlan topsoils (n = 3)									
Mean:	5.6	5.8	0.6	0.75	17.7	61.6	11.2	34.2	117.0

果，也与史前水稻土有机质是火烧后的残留物及高度芳香化的结构和长期埋藏时的高度腐殖化有关。全磷（P）和速效磷则是史前水稻土的大大高于现今水稻土的；说明古代先民在农田中曾使用过大量的动物残留物肥田，这与国际上对古旱地土壤的研究结果是一致的。

古泥沼是没有种植过水稻的与史前水稻土同代、同源（下蜀黄土）、同层次（100～116厘米）的低洼湿地（土壤中水稻植硅体为零的沟渠或水塘中的黑色淤泥），可以认为是史前水稻土直接的母质。因此对两者的比较具有土壤学上认识人类早期稻作农业对土壤质量发育演变的重要意义。表2的结果显示，古泥沼的养分含量除全钾与史前水稻土接近外（全钾的含量在一定的种植时间内变化不会很大），其余的如有机质、全氮、全磷、有效磷、速效钾等都是低于史前水稻土，说明先人粗放的耕作活动对水稻土土壤肥力的培育已经有显著的影响。特别要指出的是史前水稻土的有机质含量大大高于史前古泥沼，说明水稻种植即使是在6000年前也已经是有利于大气二氧化碳在土壤中储存了。

（五）灌溉稻田和水渍人为土的固碳潜力

同期、同源（下蜀黄土）、同层次（100～116厘米）的旱地（P-03）土壤，是以水稻植硅体含量为零、旱地杂草及蔬菜旱作等十字花科孢粉为绝对优势、黄棕色为特征的土壤[1][2][3][4]，与史前水稻土土壤肥力质量的比较见表3。

种植水稻后土壤有机质比旱地土壤的提高37%，全氮提高31%，全磷提高46%，全硫提高41%，有效磷和有效硫分别提高16%和33%，说明所有这些生命元素都因为种植水稻、灌溉和施肥而提高。唯有全钾和速效钾分别下降了27%和49%。说明在长期种植灌溉水稻的农业活动对于钾素的消耗（水稻的吸收和收获移出及灌溉水的排放和渗漏迁移）是相当大的。

---

① 丁金龙：《长江下游新石器时代水稻田与稻作农业的起源》，《东南文化》2004年2期，19～23页。

② 曹志洪等：《绰墩遗址新石器时期水稻田、古水稻土剖面、植硅体和碳化稻形态特征的研究》，《土壤学报》（44卷）2007年5期，838～847页。

③ Greenland D. J. The Sustainability of Rice Farming. [M] London：CAB International Publication in Association with the International Rice Research Institute. 1998. pp. 23－28.

④ Li Chunhai, Zhang Gangya, Yang linzhang, Lin Xiangui, Hu Zhengyi, Dong Yuanhua, Cao Zhihong Zheng Yunfei and Ding Jinlong：Pollen and Phytolith Analyses of Ancient Paddy Fields at Chuodun Site, the Yangtze River Delta. *Pedosphere*, 17 (2)：209－218, 2007.

表3　古水稻土与同期、同源、同层次旱地土壤肥力质量比

项目（单位） Items & unit	古水稻土 Paddy soil	古旱地土壤 Non paddy soils	差异% Percent difference
水稻硅质体 Rice opal	105159	0	100
CEC	28.21	26.48	+6.1
有机 C Org . C g/kg)	12.88	8.07	+37.3
总 N TN（g/kg）	1.02	0.70	+31.4
总 P TP（g/kg）	4.55	2.45	+46.2
总 K TK（g/kg）	17.2	21.8	−26.7
总 S TS（mg/kg）	169.8	98.9	+41.8
有效 P Avail. P（mg/kg）	54.05	45.55	+15.7
有效 K Avail.　K（mg/kg）	115.93	226.80	−48.9
有效 S Avail.　S（mg/kg）	51.72	34.56	+33.2
C/N 比值 C/N Ratio	12.6	11.5	+8.7

当时除了食用动物的残留物做肥料补充大量磷素和氮素外，不可能有钾素的投入，只有随着收获的稻谷移出土壤，仅靠焚烧稻草是不能完全循环补充钾素的。即使是现代的稻作农业尽管使用了大量的钾肥，仍然出现大面积钾素亏缺的土壤。

稻田是人工湿地生态系统[1]，史前稻田和水稻土与现今水稻土一样都比古代或现代的旱地土壤储存着更大量的有机质，而且是随着种植年限的延长，水稻土有机质的腐殖化程度就越高，有机碳也就越加稳定[2]。而且当水稻土表层的有机质趋于一定生态环境的最大容量以后，水稻土亚表层、心土层中土壤有机质含量也逐渐提高，我们初步的结果表明在深达1米的土壤剖面中有机质含量随着水稻种植年限的不断延长，下部土层（约60厘米以下）中有机C的 δ13C 值不断下降，上下土层间有机碳 δ13C 值的差异也不断减小。这表明，随着水稻种植年限的增加，因种植水稻（C–3作物）而带入的年轻的 δ13C 值较低的有机碳不断向下层迁移并固定起来。结果揭示了种植历史很长的水稻土也仍有较大的固碳潜力，即使耕种上千年后仍具有碳汇效应，而旱地土壤迄今还没有发现有这种特性。可见，灌溉稻田生态系统的固碳潜力值得更加深入地研究和广泛地利用。

（六）史前水稻土的甲烷排放潜势低和硝化功能的失去

产生甲烷是水稻土的典型性质之一，与表层的现代水稻土（P–01，0～15厘米）相比，

---

[1]　曹志洪、林先贵：《太湖流域土—水间的物质交换与水环境质量》，科学出版社，2006年，321～322页。

[2]　Jingyu Dai, Wei Ran, Baoshan Xing, Gu Min, Wang Liansheng：Characterization of Fulvic acid fractionobtained by sequential extraction with pH buffers，water and ethanol from paddy soils. *Geoderma*，135：284–295，2006.

地下埋藏的史前水稻土的甲烷排放潜势都很弱（图四）。这与史前水稻土长期埋藏在地下，一方面是产甲烷古菌群落的物种多样性指数和丰富度指数都有下降，这种优势种群数量的减少是产甲烷潜势趋于减少的直接原因。另一方面由于史前水稻土中的有机质都是腐殖化程度很高的胡敏素和芳香度很高的有机碳，所以产甲烷潜势很弱①②③。

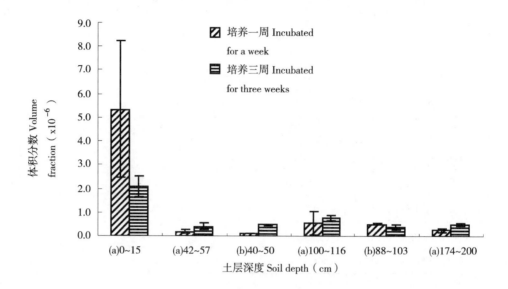

图四　史前水稻土剖面 P－01（a）和旱地剖面 P－03（b）相应土层产甲烷潜势比④⑤⑥⑦

就硝化作用而言，无论是加入（NII$_4$）$_2$SO$_4$ 还是不加入（NH$_4$）$_2$SO$_4$ 的情况下，古水稻土培养体系中 NO$_3^-$－N 累积量没有明显的变化，而且很低，说明在长期的地下埋藏以后，这些古水稻土已经失去了硝化功能（图五），说明经过长期的厌氧过程，好氧的硝化细菌几乎已经全部死亡⑧⑨。

不仅是史前水稻土的低甲烷排放潜势和硝化功能的缺失，初步的结果也已经显示随着水稻种植年限的延长，水稻土的甲烷排放潜势和硝化功能也随之下降，也即越是利用年代久远的稻田甲烷排放量越少，释放氮氧化物的能力越低。显然这也是稻田生态系统可持续利用，对生态环境具有保护作用的优点之一，值得进一步深入探讨。

---

①　申卫收、尹睿等：《绰墩山遗址古水稻土的一些微生物学特性研究》，《土壤学报》（43 卷）2006 年 5 期，814～820 页。

②　胡君利等：《种植水稻对古水稻土与现代水稻土微生物功能多样性的影响》，《土壤学报》（44 卷）2007 年 2 期，280～287 页。

③　胡君利、林先贵等：《古水稻土与现代水稻土的供氮差异及其氮肥效应》，《土壤学报》（44 卷）2007 年 3 期，556～560 页。

④　Dong Yuanhua, Cao Zhihong Li Jiuhai et al: Molecular ratiao of PAHs as a tool to reveal ancient Farming practice from paleo－paddy soils in the Yangtze River Delta of China. *in Proceeding of* 18*th World congress of Soil Sciences*, July 15, 2006 Philadelphia, Pennsylvania, USA.

⑤　申卫收、尹睿等：《绰墩山遗址古水稻土的一些微生物学特性研究》，《土壤学报》（43 卷）2006 年 5 期，814～820 页。

⑥　胡君利等：《种植水稻对古水稻土与现代水稻土微生物功能多样性的影响》，《土壤学报》（44 卷）2007 年 2 期，280～287 页。

⑦　胡君利、林先贵等：《古水稻土与现代水稻土的供氮差异及其氮肥效应》，《土壤学报》（44 卷）2007 年 3 期，556～560 页。

⑧　申卫收、尹睿等：《绰墩山遗址古水稻土的一些微生物学特性研究》，《土壤学报》（43 卷）2006 年 5 期，814～820 页。

⑨　胡君利、林先贵等：《古水稻土与现代水稻土的供氮差异及其氮肥效应》，《土壤学报》（44 卷）2007 年 3 期，556～560 页。

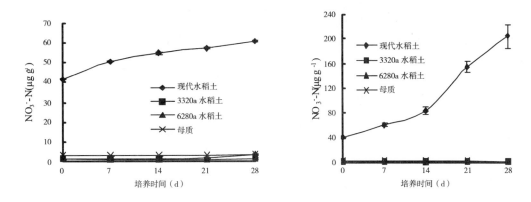

图五　古水稻土与现代水稻土的硝化作用潜势①②③④

三　今后继续研究的展望

前期的研究工作取得了一批创新性的成果，不仅发掘鉴定了埋藏的 5000、6000 和 7000 年前新石器时期的水稻田和水稻土，阐明了史前水稻土上述物理、化学、生物学和生物地球化学的一些特性。同时还发现了一组在相同母质，相同生态条件以及相同耕作制度下发育的具有 50、100、300、500、700、1000、2000 年不同植稻年龄的水稻土序列（Chronosequences）。引起了国内外同行的关注，不少国家的土壤学家表示了合作研究的兴趣。首先我们与德国 7 所大学和马普学会下属的研究所组成的团队共同申请了一项德中合作的 DFG 研究项目——水稻土发育演变过程中的生物地球化学过程研究。

今后的研究除了要继续与考古部门合作到长江三角洲以外的区域（国内外）去发掘和鉴定不同年代的古水稻田和水稻土的遗迹，还要加强与地理学家、地质学家和气候学家的合作，研究不同年代的气候变化对水稻土形成发育的影响及土壤性质对气候变化的反馈。完成专著《中国灌溉稻田和水稻土的起源与演化》的撰写，确立我国稻作农业对世界文明发展的贡献，揭示水渍人为土演化的过程与机理。同时与德国和其他国家对古水稻土研究有兴趣的科学家密切合作，研究史前、古代、现今水稻土演化的地球化学机制。首先要开展下列研究。

（一）水稻土演化过程中由氧化还原条件引起的矿物组成变化

评价水稻土氧化还原电位对矿物组成及其相关土壤溶液组成的影响。通过比较分析一组不同时间序列的土壤，包括近代的盐碱湿地、50 ~ 2000 年的水稻土、3000 年以上的埋藏水稻

---

① Dong Yuanhua, Cao Zhihong Li Jiuhai et al: Molecular ratiao of PAHs as a tool to reveal ancient Farming practice from paleo – paddy soils in the Yangtze River Delta of China. *in Proceeding of* 18*th World congress of Soil Sciences*, July 15, 2006 Philadelphia, Pennsylvania, USA.

② 申卫收、尹睿等:《绰墩山遗址古水稻土的一些微生物学特性研究》,《土壤学报》（43 卷）2006 年 5 期，814 ~ 820 页。

③ 胡君利等:《种植水稻对古水稻土与现代水稻土微生物功能多样性的影响》,《土壤学报》（44 卷）2007 年 2 期，280 ~ 287 页。

④ 胡君利、林先贵等:《古水稻土与现代水稻土的供氮差异及其氮肥效应》,《土壤学报》（44 卷）2007 年 3 期，556 ~ 560 页。

土及 6000 年前的史前水稻土，明确（1）矿物的风化、转化及形成速率，（2）有机质对风化过程及土壤溶液组成的影响，（3）铁氧化物、黏土矿物及植硅体对土壤碳固定的贡献。兴奋点是水稻植硅体对水稻土溶液中的硅和碳固定的影响及植硅体的生物可利用性。

（二）水稻土中氧化还原条件控制的与矿物相关的有机质固定机理

建立水稻土中有机质稳定过程机制及理论，鉴定并定量分析水稻土中的稳定性有机质组分，阐明水稻植硅体、碳化有机质（黑炭）和有机质 – 矿物复合体之间强烈的化学过程对有机质稳定性的贡献。揭示长期水稻种植对土壤有机质稳定性，特别是对稳定性有机质含量和组成的影响。

（三）水稻土中依赖于氧化还原的可溶性有机质的产生与固定

研究氧化还原条件对水稻土中 DOM 产生及稳定性的影响。研究水稻土亚土层中 DOM 被铁氧化物及黏土矿物吸附或共沉淀的固定作用及对氧化还原条件的依赖性。揭示长期水稻种植对土壤可溶性有机质含量和组分、矿物集合以及土壤溶液化学组成的影响。

（四）水稻土发育过程中氧化还原控制下氨基酸氮的循环和及通过氨基酸定年

更好地了解现今、古代及史前水稻土中有机氮在系统内的循环。通过分析特定化合物（土壤氨基酸）中 ^{13}C、^{14}C 丰度来阐明有机氮（SON）在不同时间尺度下的转化。并通过示踪 D – 丙氨酸的 ^{14}C 指纹来测定细菌残体内积累的碳年龄。

（五）水稻土中参与碳氮循环的微生物群落

分析长期种植水稻下微生物多样性与微生物功多样性随时间的变化，重新构建古水稻土、史前水稻土中碳氮循环的微生物生态过程。利用分子生物学技术（DGGE 和 T – RFLP）研究不同种植年限的水稻土中以及对照的海相沼泽土中的细菌、古菌、固氮菌、硝化细菌、反硝化细菌、氨氧化细菌、铁还原细菌、产甲烷菌和甲烷氧化菌的群落结构及多样性，从而揭示海相沼泽转变为稻田后人为影响和淡水淹水条件引起的土壤微生物结构和功能上的变化，揭示长期种植水稻对微生物群落结构的影响。

（六）水稻土中脂类化合物和多环芳烃（PAHs）

通过分析史前、古代和现今水稻土及不同种植年限序列水稻土中作为水稻和各种微生物分子标记物的脂类物质，确定来源于水稻有机质的脂肪组分与比例，来自微生物有机质的脂肪组分与比例以及水稻土中因焚烧秸秆而残留的 PAHs 等有机污染物的量，从而揭示随水稻种植年限的增加细菌、真菌和藻类残体在水稻土有机质演化中重要的贡献，探索能指示埋藏古水稻土水稻种植的脂肪类分子标记物。

本文原载于《土壤学报》（45 卷）2008 年 5 期，784～791 页。有改动。

附录二

绰墩遗址古水稻土孢粉学特征初步研究

李春海[1]　章钢娅[2]　杨林章[2] 等

1. 中国科学院南京地理与湖泊研究所　2. 中国科学院南京土壤研究所

　　位于江苏省昆山市正仪镇北约 2 千米的绰墩遗址，地处阳澄湖和傀儡湖之间的狭长地带（图一），总面积约 400000 平方米[①]。1998～2003 年，南京博物院、苏州博物馆、昆山文物管理所、中国科学院南京土壤研究所、浙江省农业科学院环境资源与土壤肥料研究所等合作，先后进行了 6 次发掘。2003 年 11 月第 6 次发掘中，在第Ⅵ工作区 300 平方米发掘范围内又发现了马家浜文化水稻田 22 块（S25～S46），这些古水稻田打破原生土，形成有田埂（保留原生土）相隔的圆角长方形或不规则等多种形状的低洼田块，面积为 1～10 多平方米，几块或十几块田串联，田块之间有水口连接，有与田块配套的水沟、水塘、水井等灌溉系统，在一些水塘、水井、水沟里出土了盆和罐等陶器，拟为舀水灌溉所用。同时，在灰坑中还淘洗出大量碳化米。根据最近的研究，出土的碳化米的粒型变异比野生稻大的多，粒形大小与野生稻差不多，属于原始栽培的稻，处于野生稻向栽培稻进化的阶段[②]。

　　绰墩遗址古水稻田的发现对于研究东亚稻作农业的发展具有重要的意义，有必要开展多方面的研究。我们对所发掘的一些古水稻田的表土层，P01 和 P03 两个剖面上相关层位的孢粉学记录做了研究，而且与覆盖其上的其现代水稻土和采自附近的古湖沼沉积物的孢粉记录做了比较，与植硅体分析相结合，探讨了新石器时代水稻田的孢粉学特征。

一　现代地理环境

　　绰墩遗址位于太湖平原的阳澄湖低地，地面高程一般在 3 米以下。阳澄湖地区湖泊密布，地势低下，为古太湖泻湖的一部分，经葑淤而成[③]。

　　太湖地区属于中亚热带常绿阔叶林北部亚地带，但是由于长时期的人类活动，几乎不存在自然植被。常见的落叶阔叶和常绿阔叶乔木科属有：常绿阔叶栎 *Quercus*（*Cyclobalanopsis*）、栲属 *Castanopsis*、栎属 *Quercus*、栗属 *Castanea*、枫香 *Liquidambar formosana*；此外，马尾松

①　汤陵华：《绰墩遗址的原始稻作遗存》，《东南文化》2003 年（增刊 1），46～49 页。

②　汤陵华：《绰墩遗址的原始稻作遗存》，《东南文化》2003 年（增刊 1），46～49 页。

③　陈吉余、虞志英、恽才兴：《长江三角洲的地貌发育》，见陈吉余、沈焕庭、恽才兴等《长江河口动力过程和地貌演变》，上海科学技术出版社，1988 年，1～18 页。

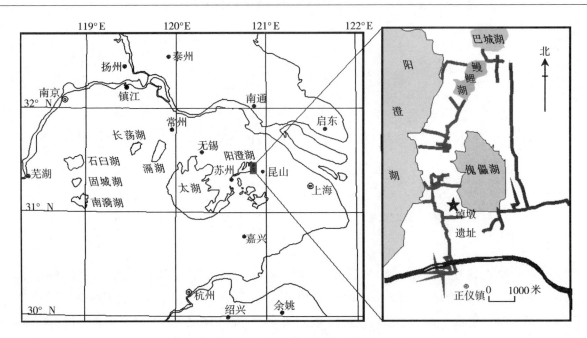

图一　绰墩遗址地理位置图

（*Pinus massoniana*）也比较常见。本地区由于有大量的湖泊存在，地势低洼，因此有大量的水生植物分布，常见的有：莲（*Nelumba nucifera*）、茭笋（*Zizania caduciflora*）、慈姑（*Sagittaria sagitiflora* var. *sinensis*）、睡莲（*Nymphea tetragona*）、菱（*Trapa bispinosa*）、芡实（*Euryale ferox*）、水浮莲（*Pistia stratiotes*）、风眼莲（*Eichhornia*）、满江红（*Azolla imbricata*）、槐叶萍（*Salvinia natans*）、紫萍（*Spirodela polyrrhiza*）、浮叶萍（*Lemna minor*）、眼子菜（*Potamogetonaceae*）等①。

二　剖面描述与年代

由于使用土壤有机质测定的¹⁴C年代数据有很大的不确定性②，本研究主要使用考古器物类型资料提供的时间序列来确定年代顺序。Ⅵ区的地层堆积北部地势低为稻田，南部地势高为村落高地，现为村委会和小学所在地（北纬31°24′12.0″，东经120°50′31.5″）。1号剖面（P01）具体描述见表1。根据考古器物，160～130厘米属于马家浜文化中期，约为6000aBP；100～75厘米属于马家浜文化中后期，6000a BP～5800a BP；75～57厘米属于马桥文化时期，4000a BP～3700a BP；57～22厘米属于宋代文化层，1279AD～960AD；22～0厘米为现代耕作土。

3号剖面（P03），距1号剖面东南约30米，剖面描述见表2。103厘米以下，时代大于6600a BP。

① 吴征镒等：《沼泽和水生植被》，《亚热带常绿阔叶林区域》，见吴征镒主编《中国植被》，科学出版社，1980年，666～697、838～852页。

② Wang Y, Amundson R, Trumbore S. Radiocarbon dating of soil organic matter, *Quaternary Research*, 1996, 45：282～288.

表1　P01 剖面层位描述、孢粉和植硅体取样深度

编号 Number	深度 Depth (cm)	地层描述及时代 Sediment description and ages	孢粉取样 Pollen samples	植硅体连续取样 Phytolith samples (cm)
P01 – 9	0 ~ 22	灰黄色，现代水稻土耕土层		0 ~ 15，15 ~ 22
P01 – 8	22 ~ 42	扰动土，宋代文化层，现代水稻土心土层		22 ~ 42
P01 – 7	42 ~ 57	灰色淤土，宋代文化层，第一个埋藏的古水稻土层，出土有青瓷碗，高圈足碗等残片	P01 – 1：50cm	42 ~ 57
P016	57 ~ 75	黄灰土夹黑灰色土，马桥文化层（3000aBP），是该埋藏古水稻土的心土层，出土有泥质灰陶，器形有盆，三足盘，豆把；泥质橙黄陶、橘红陶、黑陶和原始瓷片等	P01 – 2：60cm；P01 – 3：70cm	57 ~ 75
P01 – 5	75 ~ 100	灰棕色土夹红烧土颗粒，马家浜文化层（马家浜文化后期）	P01 – 4：85cm	75 ~ 100
P01 – 4	100 ~ 116	黑灰色，马家浜文化层（马家浜文化后期），出土很多陶片，第二个埋藏的古水稻土的耕作层		100 ~ 116
P01 – 3	116 ~ 130	棕灰色土夹大量红烧土颗粒，马家浜文化层（马家浜文化中后期），第二个埋藏古水稻土的心土层	P01 – 5：118cm	11 ~ 130
P01 – 2	130 ~ 160	棕灰色淤土，局部黑灰色淤土，出土大量马家浜文化陶片，器形有盆、罐、豆、鼎等，马家浜文化中期	P01 – 6：130cm；P01 – 7：150cm	130 ~ 150，150 ~ 160
P01 – 1	>160	黄土母质层	P01 – 8：175cm	160 ~ 174，174 ~ 200

表2　P03 剖面层位描述、孢粉和植硅体取样深度

编号 Number	深度 Depth (cm)	地层描述及时代 Sediment description and ages	孢粉取样 Pollen samples	植硅体连续取样 Phytolith samples (cm)
P03 – 5	0 ~ 50	灰黄色，现代水稻土		0 ~ 13，13 ~ 23，23 ~ 40，40 ~ 50
P03 – 4	50 ~ 60	黄灰色，宋代文化层，属第一个埋藏的古水稻土层	P03 – 1：50cm	50 ~ 60
P03 – 3	60 ~ 88	黄棕色，马家浜文化层，是第一个埋藏古水稻土的心土层	P03 – 2：60cm；P03 – 3：70cm；P03 – 4：80cm	60 ~ 70，70 ~ 88
P03 – 2	88 ~ 103	马家浜文化层		88 ~ 103
P03 – 1	103 ~ 130cm 以下	黄土母质层	P03 – 5：108cm	103 ~ 130，130 ~ 155，155 ~ 180，180 ~ 200

三　材料与方法

由浙江省文物考古所对 P01 和 P03 两个剖面按照剖面的考古层位和岩性连续取样（表 1 和表 2），采用藤原等分析方法外加玻璃粒子法进行定量计算①②。

在 P01 剖面上，根据考古文化层位间距取样 8 个（见表 1），在 P03 剖面取样 4 个（见表 2）。此外，还对来自太湖地区 4 个现代水稻田样和 3 个古湖沼样做了孢粉记录的研究，以进行对比分析。孢粉分析采用标准 HF 酸分析方法③，每个样品取 10 克，外加 1 片石松孢子片剂（12540 粒/片）用于孢粉浓度计算。

四　结果与讨论

（一）两个剖面相关层位的植硅体和孢粉记录

一般说来，如果土壤中稻属植硅体的含量超过 5000 个/克，说明有很大的可能性存在大量水稻生长④⑤。P01 剖面植硅体分析表明，除生土层外各个层位都含有数量不等的植硅体，然而 75～100 厘米（马家浜文化层）植硅体浓度小于 5000 个/克，说明这个时期这个地点可能没有大量种植水稻。P03 剖面植硅体分析显示，88 厘米深度以下没有发现任何水稻植硅体，60～88 厘米（马家浜文化时期）只有少量的植硅体（小于 2000 个/克），说明没有水稻种植，60 厘米以上水稻植硅体浓度普遍较高（23～40 厘米除外），说明有大量水稻种植，这与层位描述吻合。

12 个孢粉样大部分统计粒数均超过 200，由于本文主要讨论研究点的植被变化，单个科属的百分含量建立在所有孢粉总数之上。下文主要介绍 P01 基本情况。

P01 和 P03 的母质层花粉谱（图二、三）基本相似，孢粉浓度较低，木本植物花粉都超过 20%，主要是松和落叶栎。草本植物花粉，香蒲属所占比例较高，在 P01 中占 23%，在 P03 中占 7.9%。在 P03 中，禾本科花粉含量较高（45.8%），香蒲的含量也比较高（7.9%）。没有发现水稻的植硅体。这是没有人类影响之前的自然沉积物，常绿阔叶栎和枫香属花粉的出现，表明气候比较温暖，香蒲等水生植物花粉含量较高，说明研究点环境湿润，有湖沼存在。

① Fujiwara H.. Fundamental studies in plant opal analysis: On the silica bodies of motor cell of rice plants and their relatives and the method of quantitative analysis. *Journal of Japanese Aarchaeology Ssociety*, 1976, 9: 55～56.

② Fujiwara H. Study of plant opal analysis (4). Detection of plant opals in soil in Jomon vessels in the Kumamoto region. *Archaeology and Natural Science*, 1982, 14: 55～65.

③ Fægri K, Iversen J. *Textbook of Pollen Analysis*. 4th Ed. London: John Wiley and Sons, 1989.

④ 宇田津彻朗、邹厚本、藤原宏志等：《江苏省新石器时代遗址出土陶器的植物蛋白石分析》，《农业考古》1999 年 1 期，36～45 页。

⑤ Fujiwara H, Sugiyama S. Study of plant opal analysis (5). Investigation of rice paddy sites using plant opal analysis. *Archaeology and Natual Science*, 1984, 17: 73～85.

表3　P01 剖面植硅体浓度（个/克）

深度 Depth（cm）	稻 Oryza	芦苇 Phragmites	芒属 Miscanthus	竹亚科 Phyllostachys	黍属 Milium
0～15	19476	1025	15376	7175	3075
15～22	17093	0	23930	4558	1140
22～42	14147	0	19806	3773	1886
42～57	25271	8748	31102	8748	0
57～75	11477	956	13390	956	0
75～100	3542	885	20366	0	1771
100～116	105159	0	6632	0	0
116～130	64007	2371	33189	0	2371
130～150	17327	1238	17237	0	1238
150～160	19678	2952	17711	0	0
160～174	0	4337	18431	0	0
174～200	0	0	1009	0	0

表4　P03 剖面植硅体浓度（个/克）

深度 Depth（cm）	稻 Oryza	芦苇 Phragmites	芒属 Miscanthus	竹亚科 Phyllostachys	黍属 Milium
0～13	15425	1028	7198	3085	0
13～23	7646	3277	12016	4369	0
23～40	4919	1968	7871	6887	984
40～50	7008	3003	11012	2002	1001
50～60	15306	3601	9004	2701	0
60～70	1897	949	4744	0	0
70～88	1795	897	1795	0	0
88～103	0	0	3489	0	0
103～130	0	0	0	0	0
130～155	0	1968	3936	0	0
155～180	0	0	3295	0	0
180～200	0	0	0	0	0

　　150 厘米，孢粉浓度在整个剖面中为最高（67042 粒/克）。木本花粉在整个孢粉谱中所占比例很小（仅 3.4%），草本植物花粉约占 94.9%，其中香蒲属约占 63.8%、禾本科占

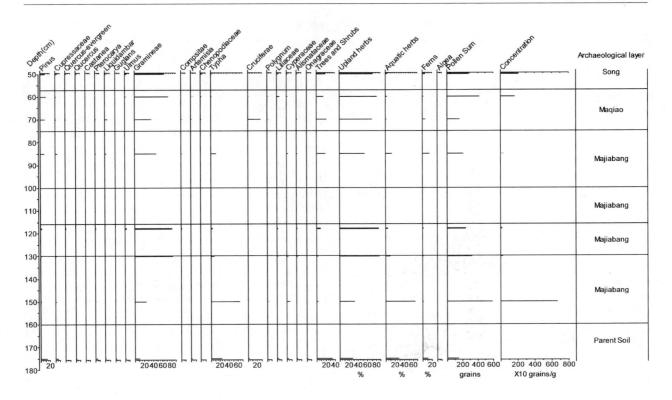

图二 P01 剖面孢粉百分含量和总浓度图

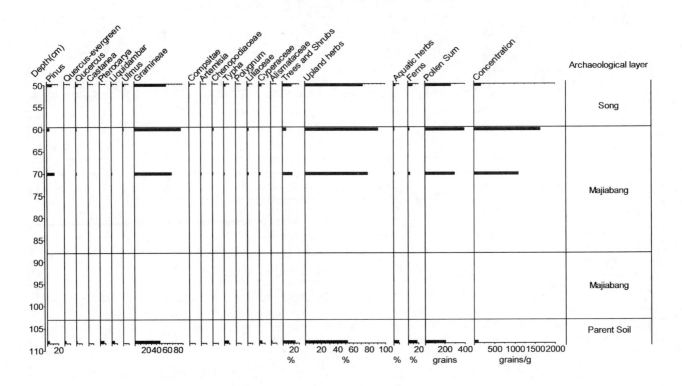

图三 P03 剖面孢粉百分含量和总浓度图

23.8%。130～150 厘米和 150～160 厘米的植硅体分析发现大量的水稻植硅体，分别达到 17327 个/克和 19678 个/克（见表 2）。

130～118 厘米，木本植物花粉含量相对较小（3.4%～8.6%），草本植物花粉含量较高，其中最主要的是禾本科（47%～83%），而香蒲属等其他水生植物花粉含量较低，蕨类的孢子含量较高。116～130 厘米土壤的稻属植硅体含量为 64007 个/克，说明有大量的稻属植物生长。

85 厘米，木本植物花粉占 19.3%，草本植物花粉中香蒲的百分含量升高（10.6%），十字花科花粉在这个层位开始出现（0.48%）。75～100 厘米水稻的植硅体含量为 3542 个/克，在这个时期研究点可能没有稻属作物生长。

70 厘米，木本植物花粉为 19.3%，草本植物中，禾本科含量下降，十字花科达到整个剖面的最高值（27.6%），香蒲含量是整个剖面的最低值（0.6%），其他的水生植物花粉含量也较少。孢粉浓度最低，只有 162 粒/克。57～75 厘米的水稻植硅体含量为 11477 个/克，说明在这个地方有稻属作物的生长。

50 厘米和 60 厘米的孢粉谱基本相似，木本植物含量为 15%～19%，其中松占优势；草本植物中，禾本科的含量比 70 厘米处上升，水稻的植硅体，在 42～57 厘米为 25271 个/克。

P03 的 50、60、70 厘米孢粉谱的孢粉百分含量与 P01 的 130～118 厘米和 50 厘米、60 厘米的孢粉百分含量接近，草本植物花粉占优势，其中禾本科的花粉最多。但是植硅体的含量有一定的差距，P03 的 50～60 厘米植硅体的含量为 15306 个/克，但是 70 厘米处各个属的植硅体含量较低（表 4），有可能是实验误差。

（二）讨论

长江下游地区不少考古遗迹中已获大量的证据（包括农具和碳化水稻）证实早在河姆渡文化和马家浜文化时期人类就开展了水稻种植活动[1][2][3]，草鞋山遗址和绰墩遗址古水稻田的发现更进一步提供了史前时期人类进行稻作农业活动的直接证据[4][5]。

藤原等[6]认为每克土壤中植硅体的含量多寡可以作为判断该土壤中是否种植水稻的一

---

[1]　浙江省文物管理委员、浙江省博物馆：《河姆渡遗址第一期发掘报告》，《考古学报》1978 年 1 期，39～94 页。

[2]　罗家角考古队：《桐乡罗家角遗址发掘报告》，见浙江省文物考古研究所编《浙江省文物考古研究所学刊》，文物出版社，1981 年，1～42 页。

[3]　Huang F, Zhang M. Pollen and phytolith evidence for rice cultivation during the Neolithic at Longqiuzhuang, eastern Jianghuai, China. *Vegetation History and Archaeobotany*, 2000, l9（3）：161～168.

[4]　谷建祥、邹厚本、李民昌等：《对草鞋山遗址马家浜文化时期稻作农业的初步认识》，《东南文化》1998 年 3 期，15～24 页。

[5]　苏州博物馆、昆山市文物管理所、昆山市正仪镇政府：《江苏昆山绰墩遗址第一至第五次发掘简报》，《东南文化》2003 年（增刊 1），1～42 页。

[6]　Fujiwara H, Sugiyama S. Study of plant opal analysis（5）. Investigation of rice paddy sites using plant opal analysis. *Archaeology and Natual Science*, 1984, 17：73～85.

个工具。宇田津彻朗等[①]认为观测到每克土壤中水稻的植硅体超过5000个，则生长水稻的可能性很大。本文研究的两个剖面的植硅体分析结果显示，研究地区在史前和历史时期几乎一直存在着稻作生长活动。在 P－01 剖面中，150 厘米以上大部分层位都含有大量的水稻植硅体（75～100 厘米除外），说明有水稻生长，根据汤陵华的研究，绰墩遗址水稻属于人工栽培的[②]。这和草鞋山遗址第 8 单元东壁和西壁植硅体分析结果相同[③]。虽然多数层位还未发现类似与在 P－01 的 100～116 厘米层位上观测到的古水稻田的外部形态证据，但根据植硅体研究可以看出，P－01 剖面所在地点从马家浜文化以来到现在的大部分时期都有水稻生长，与土壤剖面结构的观测和其他各项分析的结果（其他未显示资料）均是相吻合的。

　　长江三角洲和江苏地区史前人类活动对植被变化有明显的影响[④][⑤]。本研究揭示母质层的木本花粉含量明显高于有人类活动的层位。木本花粉含量的减少有两个原因，一个有可能是高海面和温暖湿润的气候造成太湖地区湖泊和沼泽面积扩大，另外就是人类的影响。7.5～4.0ka BP 是全新世高海面时期，其中最高在 6.5～4.0ka BP[⑥]。陈中原等[⑦]通过对太湖平原研究，发现因海平面的上升，导致地下水位的上升和湖沼面积扩大。南京句容宝华山（5140±120[14]C a BP）山龙眼化石的发现，显示本地区当时温暖湿润的气候环境[⑧]。虽然如此，相对于 7.2～6ka BP 特别温暖湿润的气候条件，6～5ka BP 是一个气候变化比较剧烈时期[⑨]。由海平面变化导致的太湖平原水体面积的增减也是波动的，如：在 6.5～5.814Cka BP 期间，由于海平面的迅速上升，太湖地区河流演化为高湖面型水下河道，但是在 5.8～5.514Cka BP 期间，有一次低海面事件[⑩]。因此，气候和地形对于木本植物生长的影响应该是波动的。但是，P－01 剖面孢粉分析结果显示在比较长时间内木本植物花粉一直保持较少的比例，唯一的例外是 70～85 厘米。70 厘米处孢粉花粉谱中禾本科花粉含量减少，而十字花科花粉比例较高，可能反映这个时期出现水稻和其他十字花科植物交替种植的耕作方式，此外，总花粉浓度较低，木本花粉浓度并没有显著上升，说明木本植物没有扩展。85 厘米，根据植硅体分析表明人类的种植活动影响较小。可以看出，木本植

① 宇田津彻朗、邹厚本、藤原宏志等：《江苏省新石器时代遗址出土陶器的植物蛋白石分析》，《农业考古》1999 年 1 期，36～45 页。
② 汤陵华：《绰墩遗址的原始稻作遗存》，《东南文化》2003 年（增刊 1），46～49 页。
③ 孙加祥、汤陵华、宇田津彻朗等：《草鞋山遗址各文化层植物蛋白石的试分析》，《江苏农业科学》1999 年 1 期，17～19、41 页。
④ Huang F, Zhang M. Pollen and phytolith evidence for rice cultivation during the Neolithic at Longqiuzhuang, eastern Jianghuai, China. *Vegetation History and Archaeobotany*, 2000, l9（3）：161～168.
⑤ 王开发、张玉兰、封卫青等：《上海地区全新世植被、环境演替与古人类活动关系探讨》，《海洋地质与第四纪地质》（16 辑）1996 年 1 期，1～4 页。
⑥ 赵希涛、唐领余、沈才明等：《江苏建湖庆丰剖面全新世气候变迁和海面变化》，《海洋学报》（16 辑）1994 年 1 期，76～88 页。
⑦ 陈中原、洪雪晴、李山等：《太湖地区环境考古》，《地理学报》（52 辑）1997 年 2 期，131～137 页。
⑧ 施雅风、孔昭宸、王苏民等：《中国全新世大暖期气候与环境的基本特征》，见施雅风主编《中国全新世大暖期气候与环境》，海洋出版社，1992 年，1～18 页。
⑨ 施雅风、孔昭宸、王苏民等：《中国全新世大暖期气候与环境的基本特征》，见施雅风主编《中国全新世大暖期气候与环境》，海洋出版社，1992 年，1～18 页。
⑩ Wang Y, Amundson R, Trumbore S. Radiocarbon dating of soil organic matter, *Quaternary Research*, 1996, 45：282～288.

物花粉的增减主要原因在于禾本科植物花粉的数量的增多或者减少，也即归因于人类的种植活动。母质层或者人类影响较小的层位，木本植物花粉含量高于考古文化层的现象在其他考古遗址的孢粉记录中也有类似的表现①②③④。但是在长江下游地区的自然剖面或者钻孔中，即使在海平面升高或者是全新世最湿热时期的水生植物花粉含量也没有显著上升，如：启东孔⑤和建湖剖面⑥。

　　不少研究者用禾本科花粉大小特征——即个体直径大于 40μm 可能是水稻⑦，论证长江中下游的水稻种植活动。然而，在考古遗址的孢粉记录中高含量的禾本科花粉经常伴随高含量的水生植物花粉，如：香蒲 (Typah)、眼子菜 (Potamogetoaceae)、蓼属 (Polygonum) 以及大量的水生蕨类，如：水龙骨 (Polypodiaceae) 等⑧⑨⑩⑪⑫。在广富林遗址，水稻植硅体丰富的层位，禾本科和水生植物花粉呈同步的变化⑬⑭。这种情况使我们对水稻种植的具体生产方式还难以做出清晰的了解，即使有古水田的发现，我们也无法科学判断水田的管理方式。因为大量的水生植物花粉和水稻花粉（或根据植硅体判断）共存，会让人得出田间管理粗放经营的看法。然而，P－01 剖面的孢粉记录显示了截然不同的特征，即在植硅体浓度较高的层位，孢粉谱中禾本科花粉含量很高但水生植物花粉较低；相反，植硅体浓度较低的层位，水生植物花粉含量恰相对较高（见图三），如：在 85 厘米，植硅体含量小于 5000 个/克，孢粉谱中出现大量的香蒲花粉。这种特征与绝大多数考古遗址的孢粉记录，包括同一遗址其他探方的孢粉记录⑮不同；而与龙虬庄遗址的比较一致，后者通过植硅体研究

----

① 王开发、张玉兰、封卫青等：《上海地区全新世植被、环境演替与古人类活动关系探讨》，《海洋地质与第四纪地质》（16 辑）1996 年 1 期，1～4 页。

② 张玉兰、张敏斌、宋建：《从广富林遗址中的植硅体组合特征看先民农耕发展》，《科学通报》（48 辑）2003 年 1 期，96～99 页。

③ 萧家仪：《江苏吴江县龙南遗址孢粉组合与先民生活环境的初步研究》，《东南文化》1990 年 5 期，107、259～263 页。

④ Huang F, Zhang M. Pollen and phytolith evidence for rice cultivation during the Neolithic at Longqiuzhuang, eastern Jianghuai, China. *Vegetation History and Archaeobotany*, 2000, l9 (3): 161～168.

⑤ Liu K B, Sun S, Jiang X. Environmental change in the Yangtze River Delta since 12 000 a BP. *Quaternary Research*, 1992, 28: 32－45.

⑥ 唐领余、沈才明：《江苏北部全新世高温期植被与气候》见施雅风主编《中国全新世大暖期气候与环境》，海洋出版社，1992 年，80～93 页。

⑦ 王开发、张玉兰、封卫青等：《上海地区全新世植被、环境演替与古人类活动关系探讨》，《海洋地质与第四纪地质》（16 辑）1996 年 1 期，1～4 页。

⑧ 王开发、张玉兰、封卫青等：《上海地区全新世植被、环境演替与古人类活动关系探讨》，《海洋地质与第四纪地质》（16 辑）1996 年 1 期，1～4 页。

⑨ 张玉兰、宋建、吕炳全：《富林遗址新发现及先人生活环境探析》，《同济大学学报》2002 年 30 辑 12 期，1454～1457 页。

⑩ 封卫青：《福泉山考古遗址孢粉组合与先人活动环境分析》，《上海地质》1994 年，49 辑，40～46 页。

⑪ 萧家仪：《江苏吴江县龙南遗址孢粉组合与先民生活环境的初步研究》，《东南文化》，1990 5 期，259～263、107 页。

⑫ 王开发、张玉兰、蒋辉等：《崧泽遗址的孢粉分析研究》，《考古学报》1980 年 1 期，59～66 页。

⑬ 张玉兰、张敏斌、宋建：《从广富林遗址中的植硅体组合特征看先民农耕发展》，《科学通报》（48 辑）2003 年 1 期，96～99 页。

⑭ 张玉兰、宋建、吕炳全：《富林遗址新发现及先人生活环境探析》，《同济大学学报》（30 辑）2002 年 12 期，1454～1457 页。

⑮ 萧家仪：《江苏吴江县龙南遗址孢粉组合与先民生活环境的初步研究》，《东南文化》1990 年 5 期，107、259～263 页。

表明当时该地已有稻作农业活动①。

由于长江三角洲地区海拔低，河网密布，在非人类种植的区域，往往有大量的野生水生植物生长，尤其是香蒲和芦苇等。这个地区考古点的孢粉记录中禾本科和水生植物花粉含量一般都比较高，反映了这种湖沼环境②③④⑤⑥⑦⑧与古湖沼样品的孢粉谱相近（图四）。绰墩遗址处于太湖地区最低洼由于长江三角洲地区海拔低，河网密布，在非人类种植的区域，往往有大量的野生水生植物生长，尤其是香蒲和芦苇等。这个地区考古点的孢粉记录中禾本科和水生植物花粉含量一般都比的区域，紧邻阳澄湖和其他小湖，河网密布，即使是现在仍然有大量的野生水生植物生长。在本文研究区的其他地点的孢粉记录也证实在当时有大量的水生植物生长，如萧家仪等⑨的 T0707 南壁和 T2904 东壁孢粉记录显示香蒲在整个剖面中一直持续地大量出现，这两个个地点可能没有进行水稻种植，因为禾本科花粉含量很小。

P01 的 130～118 厘米（马家浜文化时期）和 70～57 厘米（马桥文化层）孢粉谱水生植物含量多少的特征与现代水稻土的非常相近（见图四），P-03 的 60 厘米以上也显示相同的特征。

在不同地点的水稻田样品孢粉谱中，草本植物中占优势的是禾本科和十字花科的花粉（现代主要的作物是水稻和油菜），而水生植物花粉含量很少。这说明在古人种植水稻可能与现代人相似，除去水生杂草（淹水后，陆生杂草已被基本控制）而开始有一定的田间管理，当然水稻作为栽培作物的优势竞争生长也能淘汰一些其他水生杂草。汤陵华⑩根据植硅体研究认为古代的田间管理可能是比较粗放，因为有大量的非水稻属的禾本科植硅体。但是不排除其他原因造成芦苇、竹子和芒草等植硅体存在，如：这些杂草在非水稻种植期生长，来自周边区域，或者是作为肥料，因为 P-01 和 P-03 的上部，在现代水稻土中仍然可以看到有大量的芒属、芦苇和竹亚科的植硅体，这可能需要更多的研究来揭示。虽然浓度高的植硅体对应于较低的水生植物花粉百分含量，也有例外，如 150 厘米，存在高浓度的植硅体和高含量的水生植物花粉共存的现象。由于 150 厘米在古水田表层的下部，可能是先于水田形成的沉积物，大量的植硅体是由于后来的人类活动造成的，即自然和人类活动共同的影响，沉积物中在含有大量的水稻植硅体同时，仍然含有大量的香蒲等水生植物花粉。

70 厘米（马桥文化层），大量的十字花科植物花粉的出现，由于十字花科花粉产量较低，

---

① Huang F, Zhang M. Pollen and phytolith evidence for rice cultivation during the Neolithic at Longqiuzhuang, eastern Jianghuai, China. *Vegetation History and Archaeobotany*, 2000, l9（3）：161～168.

② 王开发、张玉兰、封卫青：《上海地区全新世植被、环境演替与古人类活动关系探讨》，《海洋地质与第四纪地质》（16辑）1996 年 1 期，1～4 页。

③ 封卫青：《福泉山考古遗址孢粉组合与先人活动环境分析》，《上海地质》（49 辑）1994 年，40～46 页。

④ 萧家仪：《江苏吴江县龙南遗址孢粉组合与先民生活环境的初步研究》，《东南文化》1990 年 5 期，259～263、107 页。

⑤ 张玉兰、宋建、吕炳全：《富林遗址新发现及先人生活环境探析》，《同济大学学报》（30 辑）2002 年 12 期，1454～1457 页。

⑥ 王开发、张玉兰、蒋辉等：《崧泽遗址的孢粉分析研究》，《考古学报》1980 年 1 期，59～66 页。

⑦ 李珍、封卫青、杨振京：《上海马桥遗址孢粉组合及先人活动环境分析》，《同济大学学报（人文·社会科学版）》（7 辑）1996 年 2 期，69～75 页。

⑧ Yi S, Saito Y, Zhao Q H, et al. Vegetation and climate changes in the Changjiang（Yangtze River）pollen records. *Quaternary Science Reviews*, 2003, 22：1501～1519.

⑨ 萧家仪：《江苏吴江县龙南遗址孢粉组合与先民生活环境的初步研究》，《东南文化》1990 年 5 期，107、259～263 页。

⑩ 汤陵华：《绰墩遗址的原始稻作遗存》，《东南文化》（增刊 1）2003 年，46～49 页。

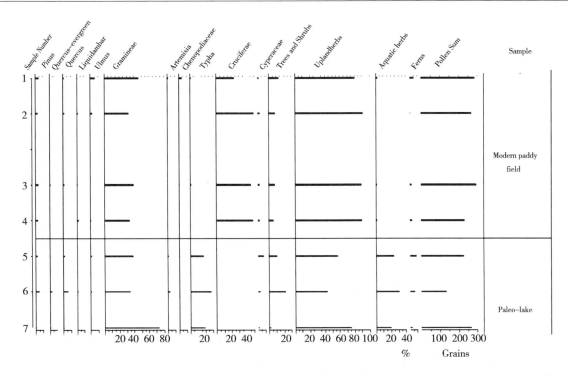

图四 现代水稻土和古湖沼孢粉百分含量图

十字花科植物能在一定时期占优势，表明该时古人可能在试种蔬菜，耕作方式有一定的变化。

五 结 论

虽然研究点的马家浜文化层以上的有些层位还没有找到明显的古水稻田遗迹，根据孢粉学记录结合植硅体分析，仍有可能确定其是曾种植水稻的地点。本研究表明，古水稻田和现代水稻田的孢粉学特征具有一定的相似性：禾本科花粉占主要优势，水生植物花粉（如香蒲花粉）含量很少。这种现象不仅仅在本研究的地点出现，也可出现于长江三角洲的其他地区，如龙虬庄孢粉和植硅体研究中也有在水稻植硅体含量较高的层位而水生植物花粉含量较少的现象[1]。古人在耕作过程中，可能已经进行了一定的清除杂草的劳作，当然，水稻作为栽培作物的优势竞争生长也会淘汰一些其他水生杂草。因此本研究获得的初步认识是：在长江三角洲水网密布地区，根据考古点土壤中水生植物与禾本科植物花粉含量的比例、结合植硅体分析做出是否有过水稻种植的判断。通过进一步的研究将有可能为古水稻土的诊断提供一种新的手段。

本文原载《土壤学报》（43 辑）2006 年 3 期，452~460 页。

① Huang F, Zhang M. Pollen and phytolith evidence for rice cultivation during the Neolithic at Longqiuzhuang, eastern Jianghuai, China. *Vegetation History and Archaeobotany*, 2000, l9（3）: 161~168.

附录三

绰墩遗址古水稻土的
一些微生物学特性研究

申卫收　尹　睿　林先贵等

中国科学院南京土壤研究所

　　水稻（*Oryza sativa* L.）是当今世界上最重要的谷类作物之一，目前在世界许多地方广泛种植。水稻栽培已经有非常悠久的历史，但关于古代水稻栽培技术及其与水稻土形成、发育和可持续利用的关系尚无研究。近年来在浙江、江苏、湖南等地相继发现了多处7000~8000a BP 史前古代稻作遗址[1][2]，因此水稻栽培在我国至少可追溯到7000a BP。2003年底，中国科学院南京土壤研究所与江苏考古部门合作，对江苏昆山的绰墩遗址进行考古发掘，在其马家浜文化层（地下 100 厘米左右）土层再次发现了十几块大小不等的田块，经过对从中出土的陶片、淘洗得到的碳化稻粒、土壤中植硅体含量、土壤有机碳^{14}C 定年以及稻田灌溉系统，如水沟、出水口、蓄水池塘和水井、在田间和水沟中出土的灌溉用的陶罐和陶盆等的研究和考证，确定是距今约 6500a 的古灌溉稻田（待刊），是迄今发现的最早的灌溉稻田。

　　从土壤学的角度看，在长期的水稻栽培过程中，由于受人类耕作活动影响和氧化还原交替等物理化学的作用，种植水稻的土壤会在土壤物理结构、化学成分以及土壤生物等方面形成独特的与非水稻种植土壤有明显差异的特征。因此，对古水稻土进行土壤学研究，一方面可以了解古代水稻栽培措施对土壤性质的影响，另一方面也可以为水稻栽培起源提供土壤学佐证。本文报告了江苏绰墩山遗址古水稻土微生物学研究的一些初步结果和进展。

一　材料与方法

（一）土壤样品采集与处理

　　采样地点在绰墩山遗址（北纬 31°24′07″，东经 120°50′41″），采样时间为 2003 年 12 月。在考古发掘现场挖出两个邻近（相距 15 米）的土壤剖面，分别命名为 P - 01 和 P - 03（图

---

①　游修龄：《中国稻作史》，中国农业出版社，1995 年，43~57、209~215 页。

②　丁金龙：《长江下游新石器时代水稻田与稻作农业的起源》，《东南文化》2004 年 2 期，19~23 页。

一）。根据土壤质地和颜色判断，两个剖面从表层到母质层都可分为 12 个土层。其中剖面 P -
01 含有三个时期的水稻土：0～15 厘米为现代水稻土表层，42～57 厘米为 3320 年前的商周时
期的古水稻土表层，100～116 厘米为 6500a 前的新石器时代古水稻土表层；剖面 P - 03 仅含
有两个时期的水稻土：0～13 厘米为现代水稻土表层，50～60 厘米为 3320a 前的商周时期古水
稻土表层。采集时使用无菌竹刀，将暴露于空气的表面土壤铲掉后，迅速采集土壤并保存于
无菌聚乙烯袋，一部分于 4℃下保存，另一部分在 -20℃下保存至分析。部分土层有机碳含量
与 pH 值见表 1。

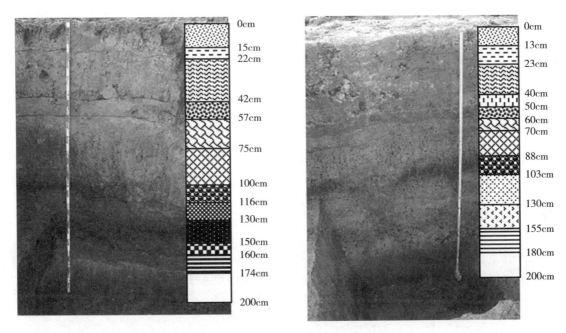

图一 绰墩山遗址古水稻土 P - 01 与 P - 03 剖面图

（二）土壤提取液——琼脂培养基（Soil Extract Agar, SEA）制备

参照 Taylor 等①的方法。将 100 克新鲜土壤悬浮于 200 毫升自来水中，连续湿热灭菌 3 天
（121℃，0.2 x 106 Pa，1h）。静置使固体颗粒沉降，轻轻倒出上清液，并离心（3500 克，10
分钟）。上清液冻融 1 次，过滤，滤液用自来水补足到 200 毫升。取 50 毫升过滤液加入到 950
毫升自来水，加 15 克琼脂，以制备 SEA 培养基。

（三）寡营养微生物计数

称取 10 克新鲜土于盛有 100 毫升无菌水的 250 毫升三角瓶内，振荡 10 分钟，按 10 倍进
行系列稀释。取 0.05 毫升滴加于 SEA 平板，均匀涂布后在 24℃下进行厌氧培养。28 天后计
数生成的菌落数。

---

① Taylor J P, Wilson B, Mills M S, Burns R G. Comparison of microbial numbers and enzymatic activities in surface soils and subsoils using
various techniques. *Soil Biology and Biochemistry*, 2002, 34, 387～401.

（四）Biolog 分析

采用 Garland 等[1]介绍的方法。称取 10 克新鲜土置于 100 毫升无菌水中，振荡 20 分钟。用无菌水稀释到 10^{-3} 后，用 8 通道加样器向 Biolog GN 微孔板（Biolog, Inc., Hayward, USA）各孔分别添加 150 μl 稀释后的悬液。每个土壤样品做 3 个重复。25℃恒温培养，72h 后在 BI-OLOG Emax™ 自动读盘机上利用 Microlog Rel 4.2 软件读取 750 nm 和 590 nm 波长下的吸光值，数据统计分析利用 SPSS10.0 软件完成。

（五）土壤产甲烷潜势测定

称取新鲜土样 50 克，置于 250 毫升气体培养瓶（事先加入 50 毫升无菌水），然后以高纯氮气置换空气，持续 3 分钟。用 Parafilm 膜封口后，于 25℃恒温培养。在培养后 1 周和 3 周时采集气体样品，分别收集在抽真空后的收集瓶中，气相色谱（Shimadzu, GAS CHROMATO-GRAPH GC－12A）测定甲烷浓度。每个土样设三次重复，以不加土样的气体培养瓶作为对照。气相色谱斜率设置为 200，在 20℃下测定采集的气体样品，峰面积的测量使用自动积分器法，气体样品浓度通过外标法确定。

（六）土壤样品总 DNA 的提取与纯化

采用 FastDNA® SPIN Kit for Soil 试剂盒和 FastPrep™ FP120 核酸提取仪提取和纯化土壤样品总 DNA[2]，具体方法参见生产商使用说明。提取的总 DNA 置于 －20℃保存。

（七）产甲烷古菌 16S rDNA PCR 与嵌套式 PCR 扩增

首先使用正向引物 1Af（5'－TCYGKTTGATCCYGSCRGAG－3'）和反向引物 1100Ar（5'－TGGGTCTCGCTCGTTG－3'）扩增广古生菌界 16S rDNA 片段[3]。反应体系为：在 50μl PCR 反应体系中，加入 10 × PCR 缓冲液 5μl，dNTP 0.2 mmol L^{-1}，MgCl2 1.5 mmol L^{-1}，正向引物与反向引物 0.4 μmol^{-1}，1.25U *Taq* DNA 聚合酶（宝生物工程（大连）有限公司），1μl 模板，加 Milli－Q 水至 50μl。反应参数为：95℃ 5 分钟；94℃ 1 分钟，50℃ 30 秒，72℃ 2 分钟，10 个循环；92℃ 1 分钟，55℃ 30 秒，72℃ 2.5 分钟，30 个循环；72℃ 10 分钟[4]。然后以上一轮 PCR 产物为模板，利用正向引物 SAf[5]（为引物 SAf1 与 SAf2 以 2：1 混合而成，SAf1：5'－CGCCCGC-

① Garland J L, Mills A L. Classification and characterization of heterotrophic microbial communities on the basis of patterns of community－level－sole－carbon－source－utilization. *Applied and Environmental Microbiology*, 1991, 57 (8): 2351～2359.

② 腾应、骆永明、赵祥伟等：《重金属复合污染农田土壤 DNA 的快速提取及其 PCR－DGGE 分析》，《土壤学报》（41 卷）2004 年 3 期，343～347 页。

③ Embley T M, Finlay B J, Thomas R H, et al. The use of rRNA sequences and fluorescent probes to investigate the phylogenetic positions of the anaerobic ciliate Metopus palaeformis and its archaeobacterial endosymbiont. *Journal of General Microbiology*, 1992, 138: 1479～1487.

④ Nicol G W, Glover L A, Prosser J I. Molecular analysis of methanogenic archaeal communities in managed and natural upland pasture soils. *Global Change Biology*, 2003, 9: 1451～1457.

⑤ Nicol G W, Glover L A, Prosser J I. The impact of grassland management on archaeal community structure in upland pasture rhizosphere soil. *Environmental Microbiology*, 2003, 5 (3): 152～162.

CGCGCGCGGCGGGCGGGGCGGGGGCACGGGGGGCCTAYGGGGCGCAGCAGG – 3'；SAf2：5' –
CGCCCGCCGCGCGCGGCGGGCGGGGCGGGGGCACGGGGGG CCTACGGGGCGCAGAGGG – 3'）
和反向引物 PARCH519r① （5' – TTACCGCGGCKGCTG – 3'）进行嵌套式 PCR 扩增。反应体系
同上一轮，反应参数在 Nicol 等②基础上略有改动：95℃ 5 分钟；94℃ 1 分钟，53.5℃ 30 秒，
72℃ 1 分钟，5 个循环；92℃ 30 秒，退火温度从 53.5℃ 降到 50.5℃，每循环降低 0.1℃，
72℃ 1 分钟，30 个循环；72℃ 10 分钟。PCR 扩增使用 MyCycler™ Thermal Cycler 热循环仪
（Bio-Rad，170-9703）。

（八）嵌套式 PCR 产物的变性梯度凝胶电泳（DGGE）

利用 DCode™ Universal Mutation Detection System 系统（Bio-Rad，170-9103）进行变性梯度
凝胶电泳。聚丙烯酰胺凝胶浓度为 8%，变性剂梯度为 35% ~ 60% ③④。在 60℃、130V 电压
下持续电泳 11h，然后用 SYBR Gold⑤ 染色 30 min，Universal Hood Ⅱ 凝胶成像系统观察（Bio-Rad，S. N. 76S/0089），Quantity One® 1-D Analysis Software 软件（Bio-Rad，The Discovery Series™）记录与分析。

表1　古水稻土剖面 P - 01 和 P - 03 部分土层有机碳含量与 pH 值

土层深度 Soil Depth（cm）	P - 01						P - 03					
	0 ~ 15	42 ~ 57	57 ~ 75	75 ~ 100	100 ~ 116	150 ~ 160	0 ~ 13	50 ~ 60	60 ~ 70	70 ~ 88	88 ~ 103	130 ~ 155
有机碳 Organic C（g kg – 1）	20.5	9.8	7.7	13.4	22.3	17.2	23.5	10.1	5.5	6.8	14.0	3.3
pH（H₂O）	5.8	6.1	5.9	6.1	6.2	6.3	5.6	6.9	6.9	6.8	6.7	6.7

① Øvreås L, Forney L, Daae F L, Torsvik V. Distribution of bacterioplankton in meromictic Lake Saelenvannet, as determined by denaturing gradient gel electrophoresis of PCR – amplified gene fragments coding for 16S rRNA. *Applied and Environmental Microbiology*, 1997, 63 (9): 3367 ~ 3373.
② Nicol G W, Glover L A, Prosser J I. Molecular analysis of methanogenic archaeal communities in managed and natural upland pasture soils. *Global Change Biology*, 2003, 9: 1451 ~ 1457.
③ Nicol G W, Glover L A, Prosser J I. The impact of grassland management on archaeal community structure in upland pasture rhizosphere soil. *Environmental Microbiology*, 2003, 5 (3): 152 ~ 162.
④ McCaig A E, Glover L A, Prosser J I. Numerical analysis of grassland bacterial community structure under different land management regimes by using 16S ribosomal DNA sequence data and denaturing gradient gel electrophoresis banding patterns. *Applied and Environmental Microbiology*, 2001, 67 (10): 4554 ~ 4559.
⑤ Tuma R S, Beaudet M P, Jin X, et al. Characterization of SYBR Gold nucleic acid gel stain: A dye optimized for use with 300 – nm ultraviolet transilluminators. *Analytical Biochemistry*, 1999, 268: 278 ~ 288.

二　结果与讨论

（一）古水稻土寡营养细菌数量

寡营养细菌是一类只能在含低浓度碳源的贫营养培养基上生活（专性寡营养细菌），或既可以在含较低浓度碳源的贫营养培养基上生活又可以在含高浓度碳源的富营养培养基上生活（兼性寡营养细菌）的微生物[1]，这类微生物可以在极端贫瘠的环境里生存。传统的富营养培养基可以培养土壤中可培养的快速生长的细菌，但不能培养生长缓慢的寡营养细菌。SEA 培养基仅含土壤中可溶态的有机碳，因此可看作贫营养培养基，可反映土壤中适应贫营养条件

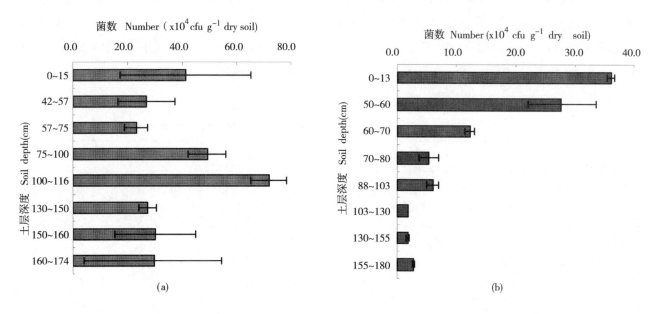

图二　古水稻土剖面 P-01（a）和 P-03（b）部分土层厌氧寡营养细菌数量

的微生物数量。图二给出了利用 SEA 培养基在厌氧条件下培养计数的寡营养菌数量。可以看出，对于剖面 P-03 来说，随着土层深度的增加，厌氧的寡营养菌数量逐渐减少，但剖面 P-01 却在 75 厘米以下土层都有较多的厌氧寡营养细菌，其中在 6500 年前古水稻土层，即 100～116 厘米土层数量最多。对比两个土壤剖面可以看出，P-03 剖面 103 厘米以下土层颜色浅黄，有机质含量低（见表 1），为黄土母质（生土）层，因而微生物数量较少。而 P-01 剖面 100～170 厘米土层颜色呈深灰色，质地细腻，有机质含量较高（见表 1），属于受人为干扰、类似湿地的有利于微生物生存的土层。史前古人类由于缺乏适合的耕作工具和栽培技术，因而只能选择在地势低洼经常积水的湿地状地块种植水稻，在此基础上逐步发明了沟渠、池塘、水井等灌溉技术后，便可以长期在同一地块种植水稻。淹水植稻和季节性的落干对稻田土壤

---

① Tada Y, Himori M, Yamaguchi J. Oligotrophic bacteria isolated from clinical materials. *Journal of Clinical Microbiology*, 1995, 33 (2): 493～494.

加入了人为影响，以及大量秸秆焚烧和根系的残留，使得耕作层积累了大量有机物，创造了有利于微生物活动和多样性的土壤条件。

（二）古水稻土微生物群落功能多样性

从所采集的两个土壤剖面中分别选择了 5 个土层进行了 BIOLOG 分析。表 2 列出了不同土壤样品在反应 72 小时时的 BIOLOG 板平均吸光值（Average Well Color Development，AWCD）和由此计算出的 Shannon 多样性指数。AWCD 可以指示土壤中微生物的总代谢活性，而 Shannon 多样性指数可以表征土壤中微生物群落代谢功能丰富度。从表 2 中可以看出，无论是好氧还是厌氧培养条件下，两个剖面的现代水稻土层（0～15 厘米）、商周时期古水稻土层（P－01：42～57 厘米；P－03：50～60 厘米）和母质层（P－01：174～200 厘米；P－03：180～200 厘米）的 AWCD 和 Shannon 多样性指数都没有显著差异。但剖面 P－01 的史前古水稻土层（100～116 厘米）和其下面的土层（130～150 厘米）的 AWCD 和 Shannon 多样性指数均比剖面 P－03 相应的土层（88～103 厘米和 130～155 厘米）显著高。从纵向来看，两个剖面都表现出随土层深度增加而 AWCD 和 Shannon 多样性指数均逐渐减少的趋势，但剖面 P－01 的史前古水稻土层（100～116 厘米）比其下面的土层（130～150 厘米）的 AWCD 和 Shannon 多样性指数高得多。由此可以推论，随土壤深度增加，土壤微生物（包括好氧和厌氧微生物）代谢活性逐渐下降，微生物对碳源的利用能力也逐渐降低。但史前古水稻土层的 AWCD 和 Shannon 多样性指数都比其同时期非水稻土层和其下面的黄土母质层高，说明种植水稻提高了土壤微生物的代谢活性和碳源利用能力，特别是提高了厌氧微生物的代谢能力。

表 2　不同土层土壤微生物群落功能多样性指数的比较

土层 Soil layer		吸光值 AWCD		指数 Shannon index	
		厌氧 Anaerobic	好氧 Aerobic	厌氧 Anaerobic	好氧 Aerobic
P－01	0～15cm	0.414（0.016）*	0.609（0.040）	3.992（0.045）	4.237（0.018）
	142～57cm	0.422（0.066）	0.453（0.059）	3.997（0.116）	3.984（0.074）
	100～116cm	0.336（0.011）	0.499（0.048）	3.944（0.056）	3.974（0.020）
	130～150cm	0.211（0.017）	0.396（0.007）	3.905（0.017）	3.953（0.006）
	174～200cm	0.186（0.029）	0.304（0.010）	3.679（0.083）	3.934（0.005）
P－03	0～13cm	0.406（0.013）	0.581（0.019）	3.939（0.030）	4.118（0.072）
	50～60cm	0.419（0.022）	0.437（0.004）	3.950（0.041）	3.966（0.022）
	88～103cm	0.190（0.005）	0.302（0.009）	3.739（0.026）	3.905（0.002）
	130～155cm	0.167（0.004）	0.265（0.016）	3.680（0.079）	3.869（0.020）
	180～200cm	0.155（0.022）	0.280（0.001）	3.550（0.026）	3.880（0.015）

*　括号内数字为标准误差（The number in brackets was standard error）

（二）古水稻土产甲烷潜力

土壤经长期种植水稻后，由于周期性地处于淹水状态，会逐渐形成具有特殊理化和生物学性质的水稻土。积聚有机质和产生甲烷是水稻土的典型性质。图三给出了利用厌氧培养测定的不同土层的产甲烷潜势，以测定的甲烷体积分数表征。可以看出，与现代水稻土（P - 01：0 ~ 15 厘米）相比，地下土层的甲烷排放潜势都很弱。但史前古水稻土的甲烷排放潜势显著高于同时期同深度的非水稻土层，说明水稻种植增加了土壤产甲烷潜势。

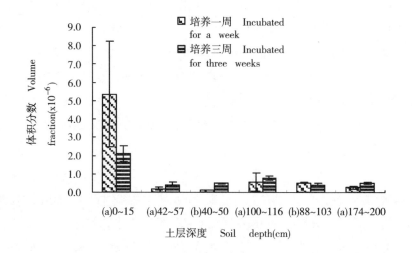

图三 古水稻土剖面 P - 01（a）和 P - 03（b）部分土层产甲烷潜力比较

（四）古水稻土产甲烷古菌群落多样性

水稻田中甲烷的产生主要与产甲烷古菌有关。产甲烷古菌是严格的厌氧原核微生物，属于古菌域的广古生菌界[1][2]，它们在厌氧环境中执行有机质分解的最后一步，矿化产生 CH_4 与 CO_2[3]。水稻田土壤 CH_4 排放潜力受到产甲烷古菌种群、数量及其活性的影响[4]。本研究利用 PCR - DGGE 技术分析了两个剖面各 6 个土层中产甲烷古菌多样性，DGGE 指纹图谱见图四。应用 Quantity One 软件共检测到 19 个条带类型。由图四可知，三个不同时期的水稻土既有与其他土层共有的条带类型（条带 i 和 j），也有其他土层没有的特异条带。现代水稻土（泳道 1 和 2）具有三条特异性条带（条带 k、l 和 o），商周时期古水稻土（泳道

① Nicol G W, Glover L A, Prosser J I. Molecular analysis of methanogenic archaeal communities in managed and natural upland pasture soils. *Global Change Biology*, 2003, 9: 1451 ~ 1457.

② Adachi K. Methanogenic archaea and methanotrophic bacteria in subtropical paddy field and their interaction: controlling methane emissions from paddy fields. *Microbes and Environments*, 2001, 16（4）: 197 ~ 205.

③ Joulian C B, Ollivier B, Patel B K C, et al. Phenotypic and phylogenetic characterization of dominant culturable methanogens isolated from ricefield soils. *FEMS Microbial Ecology*, 1998, 25（2）: 135 ~ 145.

④ 陈中云、闵航、陈美慈等：《不同水稻土甲烷氧化菌和产甲烷菌数量与甲烷排放量之间相关性研究》，《生态学报》2001 年 9 期，1498 ~ 1505 页。

3 和 4）具有两条特异性条带（条带 b 和 f），而史前古水稻土（泳道 9）也具有两条特异性条带（条带 a 和 c）。如果每种条带类型可以假定代表一个实用分类单位，即简单种①，这些结果表明，水稻种植可以引起特异性的产甲烷古菌群落发育，而且不同的栽培措施可能导致不同的优势种群。

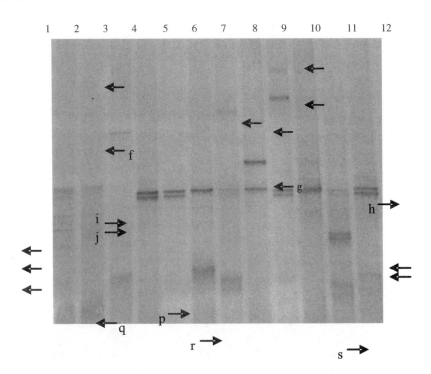

1. P－01：0～15cm；2. P－03：0～13cm；3. P－01：42～57cm；

4. P－03：50～60cm；5. P－01：57～75cm；6. P－03：60～70cm；

7. P－01：75～100cm；8. P－03：70～88cm；9. P－01：100～116cm；

10. P－03：88～103cm；11. P－01：150～160cm；12. P－03：130～150cm

图四　古水稻土剖面 P01 与 P03 部分土壤样品产甲烷古菌 16S rDNA 嵌套式 PCR 产物变性梯度凝胶电泳

三　结　论

1. 在埋藏于地下 100 厘米深度的 6500 年前的史前古水稻土中仍有较多厌氧微生物存活，可达 7.0×10^5 cfu/g 干土，显著高于其黄土母质和相同时期同深度的的非水稻土层。

2. 史前古水稻土微生物群落的碳源利用能力和多样性也显著高于其黄土母质和相同时期同深度的非水稻土层。

3. 与现代水稻土相比，古水稻土仅存留了很微弱的产甲烷潜势，但史前古水稻土比同期非水稻土和商周时期古水稻土的产甲烷潜势较高。

---

① Hughes J B, Hellmann J J, Ricketts T H, Bohannan B J M. Counting the uncountable：statistical approaches to estimating microbial diversity. *Applied and Environmental Microbiology*, 2001, 67（10）：4399～4406.

4. PCR – DGGE 结果显示，水稻土都有区别于其他土壤的产甲烷古菌群落结构，而现代水稻土、商周时期古水稻土和史前古水稻土各有不同的优势产甲烷古菌种群。

本文原载于《土壤学报》（43 卷）2006 年 5 期，814～820 页。

附录四

绰墩遗址埋藏古水稻土
肥力特征研究

卢　佳　　胡正义　　曹志洪等

中国科学院南京土壤研究所/土壤与农业可持续发展国家重点实验室

一　引言

目前中国稻米产量占世界产量的40%左右，水稻土面积为 2.5×107 万平方米，占世界的23%[1]。鉴于水稻土在中国非常重要，从20世纪30年代开始中国科学家对水稻土进行了较为系统的研究[2][3][4][5]。这些研究几乎全部在现代水稻土上进行，有关古水稻土研究仅有零星涉及[6][7]。为探明人类活动对水稻土可持续利用的影响程度以及水稻土肥力的演变规律，对古水稻土肥力研究已引起土壤学界的广泛关注。中国水稻栽培史达7000年以上，已发现多个5000年以上的古水稻遗址[8][9]，绝大多数分布在长江中下游地区[10]。这些遗存古水稻土，为探明水稻土肥力自然调节提供了独特的研究材料。现有研究侧重于古土壤分类、断代、形态学[11][12][13][14]；而对古水稻土肥力则鲜有研究[15]。本研究以绰墩遗址古稻田为对象，研究古水稻土肥力特征，

[1] 李庆逵：《中国水稻土》，科学出版社，1992年，1～545页。

[2] 李庆逵：《中国水稻土》，科学出版社，1992年，1～545页。

[3] 徐琪、陆彦椿、刘元昌、朱洪官：《中国太湖地区水稻土》，上海科学技术出版社，1980年，1～98页。卢佳等：《长江三角洲绰墩遗址埋藏古水稻土肥力特征研究》，《中国农业科学》2006年1期。

[4] Gong Z T. Origin, evolution and classification of paddy soils inChina. *Advance in Soil Science*, 1986, 5: 174 – 200.

[5] 熊毅、李庆逵：《中国土壤》，科学出版社，1990年，206～232页。

[6] 林蒲田：《中国古代土壤分类和土地利用》，科学出版社，1996年，1～180页。

[7] 龚子同、刘良梧、张甘霖：《苏南昆山地区全新世土壤与环境》，《土壤学报》（39辑）2002年，618～626页。

[8] Greenland D J. *The Sustainability of Rice Farming*. Manila: CAB International Publication in Association with the International Rice Research Institute, 1997: 23 – 263.

[9] 丁金龙：《长江下游新石器时代水稻田与稻作农业的起源》，《东南文化》2004年2期，19～31页。

[10] Greenland D J. *The Sustainability of Rice Farming*. Manila: CAB International Publication in Association with the International Rice Research Institute, 1997: 23 – 263.

[11] 林蒲田：《中国古代土壤分类和土地利用》，科学出版社，1996年，1～180页。

[12] 丁金龙：《长江下游新石器时代水稻田与稻作农业的起源》，《东南文化》2004年2期，19～31页。

[13] 苏州博物馆：《江苏昆山绰墩遗址第一至第五次发掘简报》，《东南文化》2003年1期，1～42页。

[14] 谷建祥：《绰墩遗址马家浜文化时期水稻田》，《东南文化》2003年1期，42～57页。

[15] 龚子同、刘良梧、张甘霖：《苏南昆山地区全新世土壤与环境》，《土壤学报》（39辑）2002年，618～626页。

结果为揭示水稻土质量演变机理提供依据。

二　材料与方法

本研究以绰墩遗址（北纬 31°24′07″，东经 120°50′41″）为研究对象。绰墩遗址位于江苏昆山正仪镇以北约 2 千米，地处阳澄湖和傀儡湖之间的狭长地带，总面积约 4×106 平方米[①]。南京博物院与苏州博物馆等单位从 1978~2003 年进行了 5 次发掘，获得了许多有价值的成果[②]。其中第 5 次发掘时，出土了马家浜时期水稻田 24 块[③]。为了对古水稻土进行土壤、环境等多学科综合研究，2003 年 11 月，在国家自然科学基金委员会资助下，中国科学院南京土壤研究所与苏州博物馆等单位合作，对绰墩遗址进行了第 6 次发掘。在第Ⅵ工作区的 300 平方米发掘范围内，在剖面深 1 米左右的马家浜文化层再次发现古水稻田 22 块。发掘区典型土壤剖面见图一，部分古稻田水平分布见图二。笔者选择 20 块古水稻田测量其大小、形状；同时采集土壤样品（约 15 厘米厚），通过室内化学分析来确定古水稻土的年龄和肥力特征。在同一区域采集了现代水稻土 7 个，拟对现代与古代水稻土肥力作简单比较。按土壤碳化稻粒、田埂、沟渠分布特征结合土壤植硅体含量来确定稻田边界；按土壤植硅体含量来评判土壤种稻强度。古水稻土稻植硅体含量 >5000 颗/克[④]，定义为水稻种植强度大，<5000 颗/克定义为种植强度小；根据田块所在的文化层和古遗迹初步判断水稻土形成年代；根据测定土壤中碳化稻粒、土壤有机质中 ^{14}C 含量确定古水稻土成土年龄[⑤]；遗址的考古发掘按中国考古界常用方法进行[⑥]；土壤剖面的挖掘、记载、描述，土壤理化性质的分析，按土壤学的常规方法进行[⑦]；根据玻璃粒子法分析土壤植硅体[⑧⑨⑩]；去离子水浸提（水∶土 =2.5∶1），TOC 分析仪测定土壤可溶有机碳（DOC）[⑪]。土壤有机碳按重铬酸钾氧化－外加热法测定；土壤全氮按开氏法测定；$HF－HNO_3－HClO_4$ 消化，ICP 测定土壤元素全量（K，1 期卢佳等：《长江三角洲绰墩遗址埋藏古水稻土肥力特征研究》111P，S，Ca，Mg，Fe，Mn，Cu，Zn）[⑫]；EDTA 浸提，

---

① 苏州博物馆：《江苏昆山绰墩遗址第一至第五次发掘简报》，《东南文化》2003 年 1 期，1~42 页。
② 苏州博物馆：《江苏昆山绰墩遗址第一至第五次发掘简报》，《东南文化》2003 年 1 期，1~42 页。
③ 谷建祥：《绰墩遗址马家浜文化时期水稻田》，《东南文化》2003 年 1 期，42~57 页。
④ Hiroshi F J. Fundamental studies in plant opal analysis: on the silica bodies of motor cell of rice plants and their relatives and the method of quantitative analysis. *Journal of Japanese Archaeology Society*, 1976, 9: 55-56.
⑤ 仇士华：《中国 ^{14}C 年代学研究》，科学出版社，1990 年。
⑥ 苏州博物馆：《江苏昆山绰墩遗址第一至第五次发掘简报》，《东南文化》2003 年 1 期，1~42 页。
⑦ 中国土壤学会：《土壤农业化学分析方法》，中国农业科技出版社，2000 年。
⑧ Hiroshi F J. Fundamental studies in plant opal analysis: on the silica bodies of motor cell of rice plants and their relatives and the method of quantitative analysis. *Journal of Japanese Archaeology Society*, 1976, 9: 55-56.
⑨ Nakamura I, Chen W B, Sato Y I. Analysis of chloroplast DNA from ancient rice seeds. *Annual Report of National Institute of Genetics*, *Japan*, 1991, 2: 108-109.
⑩ Wang C L, Udatsu T, Fujiwara H, Zheng Y F. Principal component analysis and its application of four morphological characters of silica bodies from motor cells in rice (Oryza sativa L.). *Archaeology and Nature Science*, (in Japanese) 1996, 34/35: 53-71.
⑪ Zhou L X, Wong J. Microbial decomposition of dissolved organic matter derived from organic wastes and its control during sorption experiment. *Journal of Environmental Quality*, 2000, 29: 1852-1856.
⑫ 中国土壤学会：《土壤农业化学分析方法》，中国农业科技出版社，2000 年。

ICP 测定土壤有效 Fe、Mn、Cu、Zn [1]。

三 结果与分析

（一）古水稻土植硅体和碳化稻研究

植物的细胞内或细胞间会合成具有一定生理生态功能和稳定形态特征的水合二氧化硅颗粒[2]。禾本科植物大量吸收土壤中的硅化物，并大多分布在运动细胞、硅细胞、表皮组织的长短细胞和结合组织细胞中等。沉积了硅酸的细胞呈坚固的玻璃体壳状，可在土壤中长期保存而不变形，被称作植硅体。水稻运动细胞植硅体已被用来判别土壤是否种稻以及古水稻亚种的鉴定[3][4]。一般认为，当 1 克土壤所含水稻运动细胞植硅体数量在 5000 颗以上时，表明土壤种植过水稻[5]。由表 1 可见，0～75、100～160 厘米土层，土壤植硅体含量均 >5000 颗/克。在 42～57、100～130 厘米深度处土壤发现有灰色粉沙胶膜。粉沙－黏粒胶膜是水耕人为土形成的特色产物[6][7]。因此，可以推测该剖面层次土壤有种植水稻历史。从表 1 还发现，马家浜文化层的表层（100～116 厘米），水稻植硅体最高，达 105159 颗/克，超过种稻表层土壤 5 倍。因此，笔者认为该区域马家浜时期不但种植水稻，而且种植水稻历史可能相当长。笔者从马家浜文化层编号为 S－27 的田块 0.04 立方米的表土中淘洗出 200 多粒碳化稻粒（图三），进一步证实了上述推论。

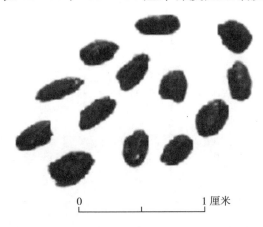

0   1 厘米

图三 绰墩山马家浜时期古水稻田发现的碳化稻

1. 稻植硅体占总植硅体百分数

第Ⅵ工作区的 300 平方米发掘范围内，在深 1 米左右的马家浜文化层发现古水稻田 22 块，其中 20 块土壤植硅体含量列于表 2。在这 20 块稻田中，11 块稻田古土壤水稻植硅体含量 >5000 颗/克，平均达 20802 颗/克（表 2）。依据 Hiroshi 等[8]提出的评判标准，这 11 个田块应种植过水稻。另外

① Quevauviller P H, Lachica M, Barahona E, Gomez A, Rauret G, Ure A, Muntau H. Certified reference material for the quality control of EDTA - and DTPA - extractable trace metal contents in calcareous soil (CRM 600). *Fresenius Journal of Analytical Chemistry*, 1998, 360: 505 - 511.

② Dayanandan P. Detection of silica in plants. *American Journal of Botany*, 1983, 70: 1079 - 1084.

③ Hiroshi F J. Fundamental studies in plant opal analysis: on the silica bodies of motor cell of rice plants and their relatives and the method of quantitative analysis. *Journal of Japanese Archaeology Society*, 1976, 9: 55 - 56.

④ Wang C L, Udatsu T, Fujiwara H, Zheng Y F. Principal component analysis and its application of four morphological characters of silica bodies from motor cells in rice (Oryza sativa L.). *Archaeology and Nature Science*, (in Japanese) 1996, 34/35: 53 - 71.

⑤ Hiroshi F J. Fundamental studies in plant opal analysis: on the silica bodies of motor cell of rice plants and their relatives and the method of quantitative analysis. *Journal of Japanese Archaeology Society*, 1976, 9: 55 - 56.

⑥ 李庆逵：《中国水稻土》，科学出版社，1992 年，1～545 页。

⑦ Bammer H. Coating in seasonally flooding soils. *Geoderma*, 1971, 6 (1): 5 - 16.

⑧ Hiroshi F J. Fundamental studies in plant opal analysis: on the silica bodies of motor cell of rice plants and their relatives and the method of quantitative analysis. *Journal of Japanese Archaeology Society*, 1976, 9: 55 - 56.

9 块稻田土壤水稻植硅体含量为 869～2879 颗/克（表2），虽然没有达到 5000 颗/克，但与已确认为古稻田的 11 个田块具有相同田埂、沟渠、灌排系统：每块田的四周都有田埂围隔，田埂上都有排（放）灌的水口，还有与田块配套的水沟、水塘（井）等灌溉设施（见图二）。它们与确认的 11 个种稻田块分布在不大的区域（300 平方米）内（见图二）。因此，推测这些田块可能也种过水稻，只是种植水稻强度较小（时间短、密度小）而已。碳化稻粒中14C 测定表明，碳化稻的年龄为 5907a BP（校正年龄），与考古部门根据出土陶器判断为马家浜文化时期（6000a BP 左右）的水稻田相吻合。采用马家浜文化层的表层（100～116 厘米），测定土壤有机质14C，其土壤平均成土年龄为 6280a BP（校正年龄）。

表 1　绰墩遗址土壤植硅体含量剖面分布

剖面深度 Depth（cm）	水稻 Rice	芦苇 Reed	芒属 *Miscanthus*	竹亚科 *Bambusoideae*	黍属 *Panicum*	百分数* (%)
0～15	19476	1025	15376	7175	3075	42.2
15～22	17093	0	23930	4558	1140	36.6
22～42	14147	0	19806	3773	1886	35.7
42～57	25271	8748	31102	8748	0	34.2
57～75	11477	9561	3390	956	0	42.9
75～100	3542	885	20366	0	1771	13.3
100～116	105159	0	6632	0	0	94.1
116～130	64007	2371	33189	0	2371	62.8
130～150	17327	1238	17237	0	1238	46.7
150～160	19678	2952	17711	0	0	48.8
160～174	0	4337	18431	0	0	0
174～200	0	0	1009	0	0	0

　*　稻植硅体占总植硅体百分数 Percent of rice phytolith in total

可见，利用碳化稻中碳和土壤有机质中碳进行断代，结果相当吻合。本研究也发现碳化稻的年龄比土壤成土年龄相差大约 300 年，说明该田块水稻种植历史至少有 300 年以上。

（二）古土壤剖面和水平分布特征

第Ⅵ工作区的地层堆积是北部较低，被开辟为灌溉稻田。而南部较高，是先民聚居的村落和墓葬地（见图二）。考古学家根据出土的陶器及其造型、纹饰等将地层划分如下：表层为现代水田耕作层，暗褐色，厚 20 厘米左右；表层以下 35 厘米左右，浊黄褐色～黑褐色，为宋代文化层；再向下为马桥文化层，褐灰色，厚度为 20 厘米左右；在剖面深度大约 100 厘米开始为马家浜文化层，黑色～褐灰色，厚 60 厘米左右；160 厘米以下，呈黄棕灰色，为母质层（见图一）。绰墩遗址中每块田的都有田埂围隔，田埂上都有排（放）灌水的水口，还有与田块配套的水沟、水塘（井）等灌溉设施（见图二）。水沟的一头与稻田进出水口相连，另一头则与水塘（井）相连，形成较完整的灌溉系统。国际水稻研究所水稻专家 Greenland① 教授认

---

① Greenland D J. *The Sustainability of Rice Farming*. Manila：CA BInternational Publication in Association with the International Rice Research Institute, 1997：23 - 263.

为，灌溉稻田须具备下列条件：（1）四周有田埂围护和进出水口以维持田面具有一定的水层；（2）有灌溉的渠道保证灌溉水的来源；（3）有灌溉的工具或设备，用以将灌溉水输入稻田。因此，笔者认为，研究区域发现的稻田具有灌溉特征。古水稻田的田块形状不一，呈圆角长方形或不规则形等多种。所发现的古稻田面积都很小（见表1），最小的一块为0.32平方米（S-25），最大的田块是12.9平方米（S-8）。一般为1~10平方米，平均田块面积为5.2平方米。推测马家浜时期的先人们还不可能制造大型工具用来平整土地，以形成较大面积的田块。

表 2　绰墩山古稻田遗址水稻土中植硅体含量

编号 Field No	水稻 Rice	芦苇 Reed	芒属 *Miscanthus*	竹亚科 *Bambusoideae*	黍属 *Panicum*	总植硅体 Total	百分数 * （%）
S-02	2038	4077	4077	1019	0	11211	18.2
S-04	13871	1982	11889	0	991	28733	48.3
S-25	29723	2972	5945	0	1982	40622	73.2
S-26	963	963	963	0	0	2888	33.3
S-27	12773	2737	12773	0	0	28283	45.2
S-28	2879	0	14393	0	960	18231	15.8
S-29	5004	0	9007	0	1001	15011	33.3
S-30	5205	0	7286	0	0	12491	41.7
S-31	1007	0	4029	0	0	5036	20.0
S-32	5838	0	11677	0	973	18488	31.6
S-33	6503	4335	15174	0	0	26012	25.0
S-34	13804	3681	29449	0	0	46934	29.4
S-36	869	0	2606	0	0	3475	25.0
S-35	2820	0	4700	0	0	7520	37.5
S-37	869	0	2606	0	0	3475	25.0
S-38	18998	950	7599	0	0	27547	69.0
S-39	1944	0	3887	0	0	5831	33.3
P-01	105159	0	6632	0	0	111790	94.1
S-48	935	0	0	935	0	1870	50.0
S-51	921	4607	7372	0	0	12901	7.1
Max	105159	4607	29449	1019	1982	111790	94.1
Min	869	0	0	0	0	1870	7.1
Mean	12160	1365	8471	98	295	22388	39.2
SD	23160	1717	6541	301	564	24492	21.2
CV（%）	190	126	77	308	191	109	54.0

*　稻植硅体占总植硅体百分数 Percent of rice phytolith in total

（三）古水稻土物理性状

现代表层水稻土有肉眼可见的稻茬、稻根；而在古水稻土只能看到根系腐体，如图1所示剖面100~160厘米。如前所述，从该层位古水稻土中漂洗出大量碳化稻。现代表层水稻土为团块状结构，重壤~轻黏土质地，次表层为块状结构，质地黏，刀难插入，犁底层发育明显；而古水稻表层（100~116厘米）为块状结构（1期，卢佳等：《长江三角洲绰墩

表3　绰墩遗址发现的古稻田的面积、形状和厚度

编号 Field No	面积 Area（m^2）	形状 Shape	厚度 Thickness（cm）
S－02	12.9	长条形 Strip	20
S－04	7.68	长条形 Strip	36
S－25	0.32	圆形 Circular	17
S－26	4.32	长方形 Quadrate	21
S－27	10.80	长方形 Quadrate	42
S－28	0.96	不规则形 Irregular	40
S－29	10.8	长圆形 Long－round	44
S－30	4.29	近三角形 Triangle	22
S－31	4.00	方圆形 Square－round	29
S－32	2.88	长条形 Strip	17
S－33	1.74	圆形 Circular	10
S－34	2.64	不规则形 Irregular	20
S－35	3.20	圆形 Circular	24
S－37	8.84	圆形 Circular	33
S－38	7.04	长圆形 Long－round	16
S－39	0.77	圆形 Circular	24
Max	12.90		44
Min	0.32		10
Mean	5.20		26

遗址埋藏古水稻土肥力特征研究》11336，48，51，P－01 号稻田没有记载 No record at fields of No. 36，48，51，P－01），质地重壤，其下（116～130 厘米）为块状结构，重壤质地，刀较易插入。

（四）古水稻土肥力特征

1. 古水稻土的 pH、有机碳和可溶有机碳（DOC）由表4可见，11 个马家浜时期古水稻土（水稻运动细胞植硅体 >5000 颗/克；下同）pH 值为 5.4～6.0（均值 5.65），变异系数很小，为 4.14%；与同期种植强度较小（水稻运动细胞植硅体 <5000 颗/克；下同）的另外 9 个古水稻土差异很小。研究区域现代表层水稻土 pH 为 4.8，似乎小于古水稻土（P <0.001，见表4）。古水稻土 pH 与同期自然湿地泥沼（没有检测到水稻运动细胞植硅体，下同）没有差异。马家浜时期古水稻土有机碳含量为 5.3～17.3 克/千克（均值 9.7 克/千克），显著大于同期种植强度较弱的古水稻土（P <0.05），前者比后者高 67.2%（见表4）。种植强度大的古水稻土有机碳含量也大于同期泥沼。表明随着种稻强度增加，土壤有机碳含量增加，即种稻有利于土壤碳固定。采样区表层水稻土有机碳含量为 21.4 克/千克，大于古水稻土有机碳含量（见表4）。

表4 土壤养分全量、C/N 和 pH

	pH (KCl)	C/N	有机碳 DOC	全氮 Total N	全磷 Total P	全钾 Total K	全硫 Total S	全钙 Total Ca	全镁 Total Mg	全铜 Total Cu	全锌 Total Zn	全铁 Total Fe	全锰 Total Mn
古水稻土植硅体 >5000 颗/g（Mean =20802 个/g，n =11）Rice phytolith more than 5000 pellet/g（Mean =20802 pellet/g, n =11）													
Max	6.0	14.8	17.3	1.2	4.55	22.7	0.17	13.9	7.9	56.5	115.9	30.3	1.41
Min	5.4	9.7	5.3	0.5	0.37	12.3	0.05	4.3	5.0	27.8	64.0	12.8	0.25
Mean	5.7	12.5	9.7	0.8	1.58	18.2	0.10	7.6	6.3	40.9	80.8	22.7	0.51
SD	0.2	1.8	4.2	0.2	1.32	3.0	0.04	2.6	0.9	7.3	16.8	5.4	0.39
CV(%)	4.1	14.1	43.1	31.7	83.7	16.4	37.2	34.0	13.5	17.9	20.7	23.8	77.2
古水稻土中植硅体 <5000 颗/g（Mean =1597 个/g，n =9）Rice phytolith less than 5000 pellet/g（Mean =1597 pellet/g, n =9）													
Max	5.8	12.0	7.3	0.7	1.57	22.7	0.14	7.1	7.9	48.1	91.8	29.2	0.51
Min	5.3	8.1	4.2	0.5	0.56	16.4	0.05	5.1	5.9	24.3	56.8	17.3	0.24
Mean	5.6	10.2	5.8	0.6	1.07	19.2	0.10	6.0	6.9	40.3	76.0	23.4	0.37
SD	0.2	1.2	1.1	0.1	0.38	2.5	0.03	0.7	0.6	7.7	11.9	3.4	0.08
CV(%)	3.0	11.4	19.7	14.4	35.5	13.1	26.0	12.2	9.2	19.1	15.7	14.7	22.9
现代表层水稻土（n =7）Recent top – layer paddy（n =7）													
Max	5.2	9.9	25.7	2.8	1.84	19.7	0.63	6.8	7.3	77.7	92.4	3.3	0.65
Min	4.3	9.1	11.8	1.2	0.57	14.8	0.30	4.5	6.4	49.5	81.4	2.7	0.27
Mean	4.8	9.4	21.4	2.3	0.91	17.1	0.51	5.5	6.9	59.0	88.1	3.0	0.39
SD	0.3	0.3	6.0	0.6	0.51	1.6	0.11	0.9	0.4	9.2	4.3	0.2	0.15
CV(%)	5.7	2.9	27.9	27.9	56.0	9.1	20.9	15.7	5.9	15.6	4.9	6.4	39.2
古代泥沼（没有发现水稻植硅体，n =3）Natural wetland（Rice phytolith no detection, n =3）													
Mean	5.6	11.3	5.8	0.6	0.75	17.7	0.09	5.6	6.5	47.0	73.5	19.5	0.34
SD	0.2	6.4	3.5	0.3	0.30	0.5	0.03	1.3	0.4	7.0	9.5	3.8	0.08

　　土壤可溶性有机碳（DOC）是土壤微生物可直接利用的碳源。马家浜时期古水稻土 DOC 平均含量为89.5毫克/千克，稍大于同期种植强度弱的古水稻（表5）。在该研究区域，现代表层水稻土 DOC 含量为154～246毫克/千克（均值206.5毫克/千克）（见表5）。可见，现代表层水稻土 DOC 含量远大于古水稻土（P <0.001）。这种差异可能是由于表层现代水稻土与埋藏古水稻土微生物活性差异所致。古水稻土由于长期被埋在1米以下，微生物活性一般较弱。相反，现代表层水稻土，微生物应该非常活跃，易将有机质分解为小分子物质。种植强度大的水稻田土壤有机碳变异系数为43.1%，显著大于水稻种植强度低的水稻土（见表4）。

现代表层土壤有机碳变异系数也达 28% （见表 4）。可见，种稻强度增加，人的扰动必将增强，这导致土壤碳含量空间变异加剧。

2. 古水稻土大量营养元素（氮磷钾）状况　由表 4 可见，古水稻土全氮含量为 0.5 ~ 1.2 克/千克（均值 0.8 克/千克），显著大于种植强度较小的水稻土（P < 0.05），前者比后者大 33%。种植强度大的古水稻土全氮含量也大于同期泥沼。

古水稻土碱解氮含量为 2.2 ~ 18.8 毫克/千克（均值 10.8 毫克/千克），与种植强度较小的古水稻土和同期泥沼差异不大。研究区域现代水稻土的碱解氮含量为（191 ± 102）毫克/千克，显著大于古水稻土碱解氮含量（P < 0.005）（见表 5）。

种植强度大的古水稻土全氮变异系数为 32%，大于种植强度较弱的古水稻土（见表 4）。碱解氮则不同，种植强度大的古水稻土反而略低于种植强度较弱的（分别为 46% 和 65%），但差异不显著（见表 5）。现代表层水稻土全氮、碱解氮也有较大变异系数，分别为 28% 和 53%（见表 4、5）。可见，种稻强度增加，人的扰动必将增强，导致土壤全氮含量空间变异加剧。

马家浜时期古水稻土全磷（P）含量为 0.37 ~ 4.55 克/千克（均值 1.58 克/千克），大于种植强度较小的水稻土，前者比后者大 48%（见表 4）。种植强度大的古水稻土全磷含量也大于同期泥沼，这可能与水稻种植导致的表层土壤磷富积有关。古水稻土有效磷（P）的含量为 12.3 ~ 96.0 毫克/千克（均值 48 毫克/千克），与种植强度较小的古水稻土差异不明显。古水稻土有效磷含量明显高于同一研究区域现代表层水稻土（P < 0.001），也大于同期泥沼（表 5）。

种植强度较大的古水稻土全磷变异系数为 84%，显著大于种植强度小的古水稻土（36%）（见表 4），而种植强度大的古水稻土有效磷变异系数为 54%，稍高于种植强度小的古土壤（35%）（见表 5）。现代表层水稻土全磷、有效磷变异系数较大，分别为 56% 和 105%（见表 4、5）。可见，种稻强度增加，人的扰动必将增强，导致土壤磷含量空间变异加剧。

马家浜时期古水稻土全钾（K）为 12.3 ~ 22.7 克/千克（均值 18.2 克/千克），不同古水稻种植强度之间土壤全钾含量差异不明显（见表 4）。该结果与大市镇 65 ~ 100 厘米深度古水稻土全钾（19.9 克/千克）相当[1]。该区域现代表层水稻土全钾含量稍低于古水稻土，但差异不显著。

古水稻土有效钾（K）的含量为 115.9 ~ 267.8 毫克/千克（均值 167.7 毫克/千克），与种植强度较小的古水稻土差异不明显（见表 5）。同一区域现代表层水稻土有效钾含量平均值为 139 毫克/千克，与 59 个吴中区现代水稻土含量相当（139 毫克/千克）[2]，稍低于古水稻土，差异也不显著（见表 5）。这种差异主要是由于现代水稻种植强度大，大量消耗钾导致的。

不同种植强度间古土壤全钾、有效钾变异系数差异不明显（见表 4、5），而现代表层水稻土有效钾含量变异系数为 115%，显著大于古水稻土（见表 5）。现代水稻种植施肥是导致现代表层土壤有效钾变异系数大的主要原因。

3. 古水稻土中量营养元素（硫、钙、镁）状况　马家浜时期古水稻土全硫和有效硫含量分别为 0.05 ~ 0.17 克/千克（均值 0.10 克/千克）和 11.2 ~ 19.8 毫克/千克（均值 16.3 毫克/千

① 龚子同、刘良梧、张甘霖：《苏南昆山地区全新世土壤与环境》，《土壤学报》（39 辑）2002 年，618 ~ 626 页。

② Wang T J，Yang H M，Gao L J，Zhang Y，Hu Z Y，Xu C K. Atmospheric sulfur deposition on farmland in East China. *Pedosphere*, 2005, 15（1）：120 – 128.

克），不同古水稻种植强度之间土壤全硫、有效硫差异不明显。但古水稻土全硫、有效硫含量大于同期泥沼（见表4、5）。该研究区域现代表层水稻土全硫和有效硫含量分别为0.5克/千克和102毫克/千克，均值显著大于古水稻土（P分别＜0.001和0.01）。种植强度高的古水稻土全硫变异系数大于种植强度较小的水稻土，有效硫则相反（见表4、5）。现代表层水稻土有效硫变异系数大于古水稻土，但全硫则相反（见表4、5）。马家浜时期古水稻土全钙和全镁平均含量分别为7.6和6.3克/千克，与种植强度较弱古水稻土差异不明显（见表4）。本研究调查的古土壤全钙浓度与大市镇65～100厘米深度古水稻土全钙（7.2克/千克）相当，但镁偏低①。研究区域现代表层水稻土钙含量比古水稻土稍低，但镁含量差异不大。

表5 土壤有效态养分、可溶性有机碳和可溶性无机碳含量

	溶解有机碳	溶解无机碳	碱解氮	有效磷	速效钾	有效硫	有效铁	有效锰	有效铜	有效锌
	DOC	IC	Avail. N	Avail. P	Avail. K	Avail. S	Avail. Fe	Avail. Mn	Avail. Cu	Avail. Zn
古水稻土中植桂体＞5000颗/g（Mean=20802个/g，n=11）Rice phytolith more than 5000 pellet/g（Mean=20802pellet/g n=11）										
Max	210.7	5.1	18.8	96.0	267.8	19.8	304.9	174.1	6.7	8.9
Min	35.5	1.5	2.2	12.3	115.9	11.2	63.9	44.9	1.8	0.6
Mean	89.5	2.9	10.8	48.0	167.7	16.3	117.9	91.5	3.9	2.6
SD	47.1	0.9	4.9	25.7	58.9	2.6	69.4	37.6	1.8	2.5
CV（%）	52.6	30.9	45.6	53.5	35.1	16.2	58.8	41.1	45.5	95.1
古水稻土中植桂体＜5000颗/g（Mean=1597个/g，n=9）Rice phytolith less than 5000 pellet/g（Mean=1597pellet/g，n=9）										
Max	223.9	3.8	21.3	78.0	211.7	27.7	157.8	135.7	3.7	1.8
Min	42.1	1.8	1.8	27.1	73.9	12.7	54.5	40.7	2.0	0.4
Mean	80.9	3.0	10.7	48.5	151.0	17.9	96.3	69.4	2.8	0.8
SD	54.9	0.7	6.9	17.0	44.3	4.6	35.4	29.7	0.6	0.4
CV（%）	67.8	22.0	65.0	34.9	29.3	25.7	36.7	42.8	22.1	50.6
现代表层水稻土（n=7）Recent top-layer paddy（n=7）										
Max	246.1	3.9	292.2	23.7	398.1	164.3	739.2	201.0	9.5	2.4
Min	154.1	2.1	23.9	1.9	41.1	24.6	608.4	85.1	8.1	0.8
Mean	206.5	2.7	191.0	9.2	139.3	102.2	658.7	125.5	8.9	1.5
SD	36.3	0.6	101.5	9.7	160.2	57.6	46.1	46.3	0.4	0.7
CV（%）	17.6	22.4	53.1	105.4	115.0	56.3	7.0	36.9	4.5	46.7
古代泥沼（没有发现水稻植硅体，n=3）Natural wetland（Rice phytolith no detection，n=3）										
Mean	61.6	2.9	11.2	34.2	117.0	13.9	62.8	62.1	2.9	0.6
SD	7.7	0.8	4.5	13.2	18.1	3.3	16.7	26.8	1.3	0.3

① 龚子同、刘良梧、张甘霖：《苏南昆山地区全新世土壤与环境》，《土壤学报》（39辑）2002年，618～626页。

4. 古水稻土微量营养元素（铁、锰、铜、锌）状况　马家浜时期古水稻土全铜含量为 27.8～56.5 毫克／千克（卢佳等：《长江三角洲绰墩遗址埋藏古水稻土肥力特征研究》115 值 41 毫克／千克），与水稻种植强度较弱古水稻土和同期泥沼铜含量无显著差别（见表 4）。研究区域现代表层水稻土铜平均含量为 59 毫克／千克，大于古水稻土（P < 0.001）。土壤有效铜与全铜含量具有类似规律（见表 5）。现代水稻土有较高铜含量，与铜污染有关。例如，废水灌溉导致太湖地区水稻土铜含量由 17 毫克／千克上升到 102 毫克／千克[1]。

马家浜时期古水稻土全锌含量为 64～116 毫克／千克（均值 81 毫克／千克），与水稻种植强度较弱古水稻土和同期泥沼锌含量无显著差别。研究区域现代表层水稻土锌平均含量为 88 毫克／千克（见表 4），稍高于古水稻土，差异不显著。不同种植强度古水稻土之间、古水稻土与现代表层水稻土有效锌含量无显著差异（见表 5）。马家浜时期古水稻土全铁含量为 13～30 克／千克（均值 23 克／千克），与水稻种植强度较弱古水稻土和同期泥沼铁含量无显著差别。该区域现代表层水稻土铁平均含量为 3.0 克／千克（见表 4），显著低于古水稻土（P < 0.001）。不同种植强度古水稻土有效铁浓度差异不大，但都高于同期泥沼（见表 4）。本区域现代表层水稻土有效铁平均浓度为 659 毫克／千克，是古水稻土有效铁浓度大约 7 倍（见表 5）。马家浜时期古水稻土全锰含量为 0.25～1.41 克／千克（均值 0.51 克／千克），比种植强度较小的古水稻土稍高，但差异没有达到显著性水平。现代表层水稻土全锰平均含量为 0.39 克／千克，稍低于种植强度大的古水稻土，但与种植强度较弱古土壤和同期泥沼没有差异（见表 4）。不同种植强度古水稻土有效锰含量差异不大（见表 5），但现代表层水稻土有效锰含量显著大于古水稻土。

四　讨　论

（一）古水稻土确认与断代

龚子同等[2]在距本研究点 50 千米苏南昆山大市镇研究全新世土壤与环境时发现其剖面深度在 18～35、65～110、165～225 厘米深度处，土壤具有明显水稻土形成特征，还发现那里古水稻土（距地表 65～165 厘米）成土年龄为 5500～7000a BP，与本结果基本吻合。

（二）古水稻土物理性质

古水稻残体历经 6000 多年，仍然没有分解，表明该层位绝大多数时期处于厌氧条件。现代表层水稻土为暗褐色，主要是由于高价铁所致；而古水稻土为黑灰色（见图三），反映其土壤中铁以低价为主，再次说明研究地古水稻土主要处于厌氧条件。与现代水稻土相比，古水稻犁底层发育不明显。这种差异应该与新石器时期农耕实践有关。犁为现代主要水耕农具，

---

① 曹慧等：《太湖流域丘陵地区土壤养分的空间变异》，《土壤学报》（4 辑）2002 年，201～205.
② 龚子同、刘良梧、张甘霖：《苏南昆山地区全新世土壤与环境》，《土壤学报》（39 辑）2002 年，618～626 页。

而新石器时期没有水耕农具记载①②③。推测脚、手、木棍可能是先民采用的主要农耕器具。这种水耕方式不易形成像现代水稻土犁底层。

（三）古水稻土化学性质

现代水稻土 pH 高于古水稻土，这种差异可能是剖面深度差异所致，也有可能是大气酸沉降的缘故。长江三角洲地区大气硫沉降较高，酸雨频率大④。大市镇 65～100 厘米深度古水稻土有机碳含量为 4.2 克/千克⑤，接近本研究结果最小值，可能由于那里古稻田种植强度小所致。水稻秸秆直接还田应该是导致稻田有利于土壤碳固定主要原因。根据当时条件，秸秆不是直接还田，就是燃烧后还田。太湖地区 471 个现代水稻土的有机碳平均含量为 14.9 克/千克⑥。苏州地区的吴中区（原吴县市）59 个样本有机碳含量平均为 13.2 克/千克⑦。可见，现代水稻土有机质含量高于埋藏古水稻土。马家浜时期水稻种植不但不导致土壤全氮下降，反而导致土壤全氮增加。原因可能与稻田固氮蓝藻有关⑧⑨，应进一步深入研究。大市镇古水稻土有机氮含量为 0.47 克/千克⑩，接近本研究结果最小值。这种差异可能是不同地点古水稻田种植强度不同所致。太湖地区 458 个现代水稻土全氮含量为（1.49±0.54）克/千克，大于古水稻土⑪。吴中区水解氮的含量为（160±71）毫克/千克，与本试验现代水稻土中含量相近⑫。不管全氮还是碱解氮，古水稻土中含量都显著低于现代水稻土。这种差异除与剖面深度差异有关外，主要原因应该是现代水稻种植中长期大量施氮所致。大市镇 65～100 厘米深度古水稻土全磷（P）（1.83 克/千克）与本试验结果相当⑬。研究区域现代表层水稻土全磷（P）含量为 0.91 克/千克，259 个太湖地区现代水稻土全磷（P）含量为（0.29±0.11）克/千克⑭，比古水稻土稍低（见表 4）。244 个太湖地区水稻土的有效磷含量是（5.81±5.11）毫克/千克⑮，

① 丁金龙：《长江下游新石器时代水稻田与稻作农业的起源》，《东南文化》2004 年 2 期，19～31 页。
② 苏州博物馆：《江苏昆山绰墩遗址第一至第五次发掘简报》，《东南文化》2003 年 1 期，1～42 页。
③ 谷建祥：《绰墩遗址马家浜文化时期水稻田》，《东南文化》2003 年 1 期，42～57 页。
④ Cao Z H, Hu Z Y. Copper contamination in paddy soils irrigated with wastewater. *Chemosphere*, 2000, 41 (1-2): 3-6.
⑤ 龚子同、刘良梧、张甘霖：《苏南昆山地区全新世土壤与环境》，《土壤学报》（39 辑）2002 年，618～626 页。
⑥ 徐琪、陆彦椿、刘元昌、朱洪官：《中国太湖地区水稻土》，上海科学技术出版社，1980 年，1～98 页。卢佳等：《长江三角洲绰墩遗址埋藏古水稻土肥力特征研究》，《中国农业科学》2006 年 1 期。
⑦ Wang T J, Yang H M, Gao L J, Zhang Y, Hu Z Y, Xu C K. Atmospheric sulfur deposition on farmland in East China. *Pedosphere*, 2005, 15 (1): 120-128.
⑧ 徐琪、陆彦椿、刘元昌、朱洪官：《中国太湖地区水稻土》，上海科学技术出版社，1980 年，1～98 页。卢佳等：《长江三角洲绰墩遗址埋藏古水稻土肥力特征研究》，《中国农业科学》2006 年 1 期。
⑨ 熊毅、李庆逵：《中国土壤》，科学出版社，1990 年，206～232 页。
⑩ 龚子同、刘良梧、张甘霖：《苏南昆山地区全新世土壤与环境》，《土壤学报》（39 辑）2002 年，618～626 页。
⑪ 徐琪、陆彦椿、刘元昌、朱洪官：《中国太湖地区水稻土》，上海科学技术出版社，1980 年，1～98 页。卢佳等：《长江三角洲绰墩遗址埋藏古水稻土肥力特征研究》，《中国农业科学》2006 年 1 期。
⑫ Wang T J, Yang H M, Gao L J, Zhang Y, Hu Z Y, Xu C K. Atmospheric sulfur deposition on farmland in East China. *Pedosphere*, 2005, 15 (1): 120-128.
⑬ 龚子同、刘良梧、张甘霖：《苏南昆山地区全新世土壤与环境》，《土壤学报》（39 辑）2002 年，618～626 页。
⑭ 徐琪、陆彦椿、刘元昌、朱洪官：《中国太湖地区水稻土》，上海科学技术出版社，1980 年，1～98 页。卢佳等：《长江三角洲绰墩遗址埋藏古水稻土肥力特征研究》，《中国农业科学》2006 年 1 期。
⑮ 徐琪、陆彦椿、刘元昌、朱洪官：《中国太湖地区水稻土》，上海科学技术出版社，1980 年，1～98 页。卢佳等：《长江三角洲绰墩遗址埋藏古水稻土肥力特征研究》，《中国农业科学》2006 年 1 期。

古水稻土有效磷含量大于现代水稻土。

土壤磷的含量在剖面中随深度增加而减小[1]。古水稻土在现代水稻土以下 1 米深度，但前者含磷量却高于后者，说明古现代水稻土磷素差异并非由于深度差异造成。现代水稻产量高，水稻收获时输出磷较多是导致现代表层水稻土磷含量下降主要原因。所以上世纪 80 年代以来采取施用磷肥来满足水稻生长的需求和维持水稻土肥力。虽然剖面深度可能导致古水稻土与现代水稻土硫含量差异，但是主要原因可能是大气沉降向现代表层土壤输入硫。长江三角洲地区大气硫沉降每年向农田输入超过 30 千克/万平方米[2]；含硫过磷酸钙施用可能也是导致现代表层水稻土硫含量高的另一个原因。现代水稻土与古水稻土全铁、有效铁含量差异可能与铁在水稻土剖面中迁移有关。当水稻土淹水时，铁易被还原，Fe^{2+} 容易从表层土壤被淋洗到剖面下部，导致表土全铁含量显著高于底土，马家浜古土壤层分布在土壤剖面 1 米以下，是铁向下迁移的接纳层。但铁被淋溶到剖面下部后，在还原条件下，易形成难溶硫化物和铁的氢氧化物，这些形态铁不能被 EDTA 浸提。这是导致古土壤具有高浓度全铁，但较低浓度有效铁的缘故。锰的情况与铁类似。

四　结　论

1. 绰墩遗址最古老水稻土为距今 6000 年的马家浜文化时期，属于人类文明的新石器时代。古稻田位于表层以下 1 米左右，每块稻田平均面积 5.2 平方米。

2. 古水稻土（水稻植硅体含量 > 5000 颗/克）有机碳、全氮含量、C/N 比显著大于同期种植强度较弱古水稻土（水稻植硅体含量 < 5000 颗/克），其他元素差异不显著；不同种植强度古水稻土有效态养分含量和 pH 差异不显著。

3. 古水稻土 N、S、Cu 全量的含量显著低于现代表层水稻土，而有机碳、P、Fe、Mn 全量的含量则相反；现代表层水稻土有效态养分含量一般大于古水稻土。

4. 种植强度大的古水稻土有机碳和营养元素变异系数一般大于种植强度小的古水稻土，表明人类种稻活动将加剧土壤养分空间变异。

5. 古水稻土有机碳、全氮、全磷、全硫大于同期自然湿地泥沼，而其他元素含量差异不大，表明马家浜时期种稻有利于土壤 C、N、P、S 等生命元素的增加。

本文原载于《中国农业科学》2006 年 1 期，109 ~ 117 页。

---

[1]　徐琪、陆彦椿、刘元昌、朱洪官：《中国太湖地区水稻土》，上海科学技术出版社，1980 年，1 ~ 98 页。卢佳等：《长江三角洲绰墩遗址埋藏古水稻土肥力特征研究》，《中国农业科学》2006 年 1 期。

[2]　Cao Z H, Hu Z Y. Copper contamination in paddy soils irrigated with wastewater. *Chemosphere*, 2000, 41 (1 - 2): 3 - 6.

附录五

绰墩农业遗址中存在中全新世
水稻土的新证据

杨用钊[1]　李福春[1]　金章东[2] 等
1. 南京农业大学资源与环境科学学院　2. 中国科学院南京地理与湖泊研究所

　　古土壤是相对温暖湿润的地质历史时期形成的土壤，其中所包含的地质信息的丰富程度也是其他沉积物（岩）无法可比的。国内对古土壤的研究主要集中在北方的黄土—古土壤剖面，研究表明，黄土高原的黄土—古土壤序列记录了第四纪气候的多旋回变化[1]。在中国北方第四纪气候多次发生交替变化的同时，中国南方的气候有何种程度和何种规模的响应？为了回答类似的问题，科学家们已在广大的南方地区开展了探索性研究，并在南方红土[2][3]、下蜀黄土[4]以及长江三角洲地区第四纪古土壤[5][6]研究中取得了令人鼓舞的成果。这些研究成果表明，长江中下游地区的古土壤对于重建东亚古气候具有重要的意义。

　　长江中下游地区在古气候学研究上具有独特的区位优势。它既是指示东亚冬季风影响范围的风尘堆积之边缘相[7]，同时又是夏季风敏感地区，该区降水量变化可以反映夏季风的进退和强弱变化[8]。因此，加强长江中下游地区古土壤研究可以帮助我们揭示不同时期季风进退的总体框架和理解东亚冬、夏季风的循环过程。长江三角洲地区，尤其是太湖流域，是我国新石器时代文化起源中心和考古研究的重点之一[9][10][11]。中国考古学家对长江三角洲地区新石器时代的古文化进行了系统的研究，建立了马家浜文化（7000～6000a BP）、崧泽文化（6000～

---

[1]　刘东生：《黄土与环境》，科学出版社，1985 年，219～238 页。
[2]　杨达源、韩辉友、周旅复：《安徽宣城地区中晚更新世风成堆积与环境变迁》，《海洋地质与第四纪地质》（11 卷）1991 年 2 期，97 页。
[3]　胡雪峰、沈铭能、方圣琼：《皖南网纹红土的粒度分布特征及古环境意义》，《第四纪研究》（24 卷）2004 年 2 期，160～166 页。
[4]　李福春、谢昌仁、冯家毅：《粒度分组：提取古环境变化信息的一种有效方法》，《地球化学》（33 卷）2004 年 5 期，477～481 页。
[5]　邓兵、李从先、张经：《长江三角洲古土壤发育与晚更新世末海平面变化的耦合关系》，《第四纪研究》（24 卷）2004 年 2 期，222～230 页。
[6]　覃军干、吴国瑄、郑洪波：《从孢粉、藻类化石组合看长江三角洲第一硬质黏土层的成因及其古环境意义》，《第四纪研究》（24 卷）2004 年 5 期，546～554 页。
[7]　杨达源、韩辉友、周旅复：《安徽宣城地区中晚更新世风成堆积与环境变迁》，《海洋地质与第四纪地质》（11 卷）1991 年 2 期，97 页。
[8]　刘晓东、李力：《东亚夏季风气候变迁强迫机制初探海洋地质与第四纪地质》（20 卷）2000 年 3 期，83～90 页。
[9]　严文明：《史前文化研究》，科学出版社，1998 年，261 页。
[10]　朱诚、张强、张之恒：《长江三峡地区汉代以来人类文明的兴衰与生态环境变迁》，《第四纪研究》（22 卷）2002 年 5 期，442～450 页。
[11]　王张华、陈杰：《全新世海侵对长江口沿海平原新石器遗址分布的影响》，《第四纪研究》（24 卷）2004 年 5 期，537～545 页。

5200a BP)、良渚文化（5200～4000a BP）和马桥文化（3900～3300a BP）等前后相承的古文化发展序列①。一个不容忽视的事实是，考古学家感兴趣的主要是出土的古文物，对其载体，即蕴涵着许多环境变化和人类活动信息的古土壤，往往注意不够。因此，对农业遗址及其附近的古土壤进行研究，是一个亟待加强的领域，并可为考古工作提供间接的证据。

　　长江三角洲地区古土壤的研究报道已有不少，但研究对象主要是晚更新世的古土壤②。对全新世古土壤研究报道较少的主要原因是缺乏理想的研究剖面。绰墩农业遗址的发掘为研究全新世古土壤提供了机会。目前，有关该遗址的研究成果已经陆续发表③④⑤⑥⑦。这些论文往往开门见山地指出研究对象是古水稻土，但缺少作为古水稻土的论证，尤其是缺乏土壤学证据。另外，研究者都认为（p－01）剖面中有两个古水稻土层，但划分的顶、底界线却不同，例如胡君利等⑧认为分别是 42～57 厘米和 100～116 厘米；卢佳等⑨认为是 42～57 厘米和 100～130 厘米。造成古水稻土顶、底界线的划分不一致的原因可能主要是没有具体的划分标志。

　　识别古土壤的标志包括野外宏观特征、微形态特征、矿物学特征和地球化学特征 4 个方面⑩。为了正确判断古土壤层存在与否及其顶/底界线，不仅需要了解剖面的宏观特征和获取生物学证据，更需要寻找土壤学证据。因此，本文试图根据总有机碳（TOC）含量、全氮（TN）含量、黏土矿物学特征以及磁化率和黏粒含量等方面的资料就如下问题展开讨论：绰墩遗址中是否存在古土壤？如果存在，它是否具备古水稻土的特征？其顶、底界线在何处？

一　样品采集和分析方法

　　绰墩农业遗址自 1982 年首次发掘以来，已进行了多次挖掘，发现了大量的陶器、瓷器等古文物⑪。绰墩农业遗址中心位置（图一）位于北纬 31°25′，东经 120°50′，行政区划上属于昆山市巴城镇（原属正仪镇）绰墩山村，南距正仪镇 2 千米，东距昆山市区 10.5 千米。其东、西分别是傀儡湖和阳澄湖（见图一），目前已确定遗址东西长约 500、南北长约 800 米，

①　于世永、朱诚：《上海马桥地区全新世中晚期环境演变》，《海洋学报》（20 卷）1998 年 1 期，58～64 页。
②　邓兵、李从先、张经等：《长江三角洲古土壤发育与晚更新世末海平面变化的耦合关系》，《第四纪研究》（24 卷）2004 年 2 期，222～230 页。
③　苏州博物馆、昆山市文物管理所：《江苏昆山市绰墩遗址发掘报告》，《东南文化》2000 年 1 期，40～55 页。
④　张瑞虎：《江苏苏州绰墩遗址孢粉记录与太湖地区的古环境》，《古生物学报》（44 卷）2005 年 2 期，314～321 页。
⑤　萧家仪、郭平、王丹：《太湖平原全新世中晚期古植被、古环境与古文化》，《南京师大学报（自然科学版）》（27 卷）2004 年 2 期，91～97 页。
⑥　胡君利、林先贵、褚海燕：《古水稻土与现代水稻土硝化活性的比较》，《土壤学报》（42 卷）2005 年 6 期，1044～1046 页。
⑦　卢佳、胡正义、曹志洪等：《长江三角洲绰墩遗址埋藏古水稻土肥力特征研究》，《中国农业科学》（39 卷）2006 年 1 期，109～117 页。
⑧　胡君利、林先贵、褚海燕：《古水稻土与现代水稻土硝化活性的比较》，《土壤学报》（42 卷）2005 年 6 期，1044～1046 页。
⑨　卢佳、胡正义、曹志洪等：《长江三角洲绰墩遗址埋藏古水稻土肥力特征研究》，《中国农业科学》（39 卷）2006 年 1 期，109～117 页。
⑩　Nettleton W D. Brasher B R. Benham, *E C A classification system for buried paleosols*, 1998.
⑪　苏州博物馆、昆山市文物管理所：《江苏昆山市绰墩遗址发掘报告》，《东南文化》2000 年 1 期，40～55 页。

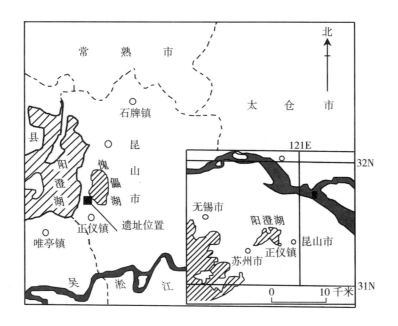

图一　绰墩遗址位置图

总面积约为 40×104 平方米。地面海拔一般在 3 米以下①。研究剖面（P-01）位于绰墩农业遗址内，发掘于 2003 年 12 月；由下向上共采集样品 12 个。

（一）化学分析

样品用 10% 盐酸浸泡 24 小时去除碳酸盐后，用美国 GKL 公司生产的 CE-401 型元素分析仪测定 TOC 含量，误差 <0.02%。用半微量凯氏法测定 TN 含量。由于样品量的限制，以上测定未做重复。

（二）粒度和磁化率测定

将 2~3 克土壤样品放入烧杯，加少量蒸馏水湿润。然后，加入 10 毫升过氧化氢（30%），静置 24 小时，再加入 10 毫升的盐酸（10%），待不再产生泡沫后加满蒸馏水放置 12 小时。去除上清水层，加入 10 毫升偏磷酸钠（0.05N），超声波振荡 10 分钟，制成悬浮液。英国 Mastersizer-2000 型激光粒度仪测定粒度分布，测定范围为 0.2 微米至 2 毫米分析误差 <2%；国土资源部南京地质矿产研究所 HKB-I 型卡帕桥磁化率仪测定质量磁化率，测定误差 ±0.5%。

（三）黏粒矿物的提取和测定

取土样 10 克置于 150 毫升三角瓶内，加入 10 毫升过氧化氢（30%），静置 12 小时。加热除去有机质和多余的过氧化氢。用 WH-961 型旋转式颗粒分散仪分散 24 小时，过 1 毫米筛，用沉降虹吸法提取 <2 微米黏粒。为了避免铁的（氢）氧化物对 X-射线衍射（XRD）图谱

---

① 苏州博物馆、昆山市文物管理所：《江苏昆山市绰墩遗址发掘报告》，《东南文化》2000 年 1 期，40~55 页。

的干扰，用连二亚硫酸钠—柠檬酸钠—重碳酸钠（DCB 法）去除黏粒的铁。将去铁的黏粒分成两份，分别用 KCl 和 MgCl₂ 溶液浸泡 12 小时使之饱和。然后再分别用 1mol/L 的 Kcl 和 MgCl₂ 溶液反复清洗、离心三次。最后，用去离子水清洗、离心。分别涂两片定向片，在室温下自然风干。其中的 1 片 MgCl₂ 饱和片用于甘油饱和处理，一片 KCl 饱和片加热处理（550℃，2 小时）。然后将每个样品的 4 片风干片在日本理学 D/Max – B 型衍射仪上测定。测定条件为：Cu 靶，工作电压 32.5 千伏，工作电流 20 毫安，步长 0.02°。

二　结果

（一）TOC 和 TN 含量

TOC 和 TN 含量见表 1。剖面底部 TOC（含量最低，仅 3.6 克/千克；底部向上一直到 100 厘米处，TOC 含量呈现逐渐升高的趋势；116～100 厘米最高，达 17.9 克/千克；100～15 厘米的 TOC 含量在较小的范围内（7.4～9.1 克/千克）变化；土壤表层 TOC 含量 16.9 克/千克。

TN 含量与 TOC 含量具有相近的变化趋势。剖面底部 TN 含量仅为 0.45 克/千克向上到 100 厘米处升高到 1.2 克/千克；100～15 厘米在 0.57～0.84 克/千克范围内波动；现代土壤表层高达 1.15 克/千克。

从底部到 100 厘米处，TOC/TN 比有升高的趋势。100～15 厘米比值变化于 10.9～13.0 之间，土壤表层达 14.7。

（二）黏粒含量和磁化率

表 1　P－01 剖面 TOC、TN、黏土矿物、黏粒、磁化及相关比值

序号	深度/cm	TOC	TN	伊利石	蒙脱石	高岭石	黏粒	磁化率	TOC/TN	K/I
		/g/kg		/%				/×10⁻⁸m³/kg		
12	0～15	16.9	1.15	84.00	1.88	14.11	7.70	10.76	14.7	0.17
11	15～22	9.1	0.84	79.64	9.19	11.17	9.53	14.29	10.9	0.14
10	22～42	8.1	0.66	82.01	10.07	7.92	9.27	17.66	12.3	0.10
9	42～57	7.6	0.69	91.62	3.60	4.77	9.14	8.52	11.0	0.05
8	57～75	7.4	0.57	82.92	10.31	6.77	8.62	9.86	13.0	0.08
7	75～100	8.9	0.77	92.58	2.07	5.35	9.34	17.56	11.6	0.06
6	100～116	17.9	1.12	86.81	3.34	9.85	8.52	12.89	15.9	0.11
5	116～130	13.5	0.89	88.32	3.67	8.01	8.26	15.34	15.2	0.09
4	130～150	11.4	0.77	80.76	13.60	5.65	7.37	6.88	14.8	0.07
3	150～160	12.2	0.82	81.24	13.75	5.01	10.04	7.16	14.9	
2	160～174	7.2	0.43	78.71	16.74	4.55	11.21	7.29	16.7	0.06
1	174～200	3.6	0.45	93.62	2.71	3.66	12.03	10.05	8.1	0.04

黏粒（<2μm）含量列于表1。从200厘米到130厘米处黏粒含量由12.03%降低至7.37%，表层土壤黏粒含量较低（7.70%）；从200厘米到130厘米处磁化率由$10.05 \times 10^{-8} m^3/kg$降低至$6.88 \times 10^{-8} m^3/kg$处到土壤表层磁化率又一次降低，由$17.66 \times 10^{-8} m^3/kg$降低至$10.76 \times 10^{-8} m^3/kg$。

（三）黏土矿物种类及在黏粒中的百分含量

所有样品的XRD衍射峰数量和位置基本相同。本文以4号样品（150～130厘米）为例分析黏粒矿物的定性鉴定结果（图二）。由图二可以看出，MgCl饱和样品衍射峰的d值分别为1.452nm、0.997nm、0.713nm、0.495nm、0.356nm、0.335nm和0.199nm。根据这些衍射峰的位置和强度，可初步判断样品中可能存在的黏土矿物有高岭石、蒙脱石、绿泥石、伊利石、蛭石等。为了进一步鉴定黏土矿物种类，分别对KCl和$MgCl_2$饱和片进行加热和甘油饱和处理。甘油饱和处理后，1.452nm处的衍射峰移动到1.758nm处（见图2a）。KCl饱和样品经加热处理后，0.713nm和0.356nm处的衍射峰消失（见图2c）。据此可以确定，剖面中主要的黏土矿物是蒙脱石、伊利石和高岭石。采用ГорσуHOB方法[1]对黏土矿物进行半定量计算。积分强度$I = \Sigma S_i \cdot C_i$，其中S_i为某黏土矿物（001）晶面在$MgCl_2$+甘油饱和片上的峰面积，可在电脑上直接读出。本文中峰面积取三次读数的平均值。C_i为经验系数，本文采用ГорσуHOB[2]的推荐值，即蒙脱石、伊利石和高岭石的C值分别为1，3和2。根据积分强度计算各矿物所占权重，即为该矿物在黏粒中的百分含量。

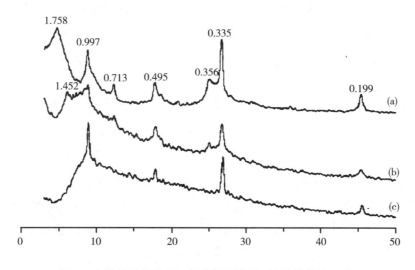

图二　4号样品黏粒X-射线衍射曲线（d值单位为nm）

（a）$MgCl_2$+甘油饱和　　（b）$MgCl_2$饱和　　（c）KCl饱和+550℃

表1中高岭石含量变化呈现出很好的规律性。从剖面底部到100厘米处，高岭石含量从3.66%逐渐增加到9.85%。从57厘米处到剖面顶部的土壤表层，高岭石含量又出现有规律的

---

① Gorbunov. N I, *Mineralogy and Physical Chemistry of Soils*, 1978.

② Gorbunov. N I, *Mineralogy and Physical Chemistry of Soils*, 1978.

增加，由 4.77% 增加到 14.11%。

蒙脱石含量变化趋势与高岭石相反。从 174 厘米到 75 厘米处，蒙脱石含量由 16.74% 降低至 2.07%；从 42 厘米到表层土壤，蒙脱石含量又一次出现降低的趋势，由 10.07% 降低至 1.88%。从整个剖面来看，伊利石含量没有表现出明显的变化规律。高岭石/伊利石（K/I）比值的变化规律与高岭石变化规律基本相同。从剖面底部到 100 厘米处，K/I 比值由 0.04 增加到 0.11；又从 57 ~ 42 厘米的 0.05 增加到土壤表层的 0.17。

三 讨论和结论

在气候、母质、地形、生物及时间五大因素的共同作用下，土壤形成了有别于其母质的微形态特征、黏土矿物特征和有机质含量特征。识别古土壤的标志包括野外宏观特征、微形态特征、矿物学特征和地球化学特征 4 个方面[①]，其中，矿物学特征和地球化学特征是判断土壤成熟度的重要依据。土壤有机质的含量水平是表征土壤肥力状况的重要指标，黏土矿物组合和相对含量可以作为土壤发育程度的主要指标。本文主要利用上述的地球化学和矿物学资料来讨论绰墩遗址中发育古土壤的可能性。

（一）是否存在古土壤层

土壤中 TOC 和 TN 的含量变化决定于它们的输入和输出量的相对大小。绰墩 P－01 剖面从底部到 116 ~ 100 厘米，TOC 和 TN 的含量呈现逐渐升高的趋势（图三 a）。而且，全剖面的 TOC 与 TN 具有很好的相关性，相关系数高达 0.94。这说明 TOC 和 TN 含量升高是成壤过程导致的有机残体积累的结果。

高岭石和蒙脱石分别是暖湿和干冷气候的风化产物，而气候干燥、弱淋滤作用则对伊利石的形成和保存有利[②③]。因此，黏土矿物的相对含量及相关比值的变化可以指示气候和成壤强度的变化。高岭石含量从剖面底部到 100 厘米，有规律地升高，从 57 厘米到剖面顶部又一次有规律地升高。K/I 比值与高岭石呈现同步变化，从剖面底部的 0.04 增加到 100 厘米的 0.11，再从 57 厘米的 0.05 增加到土壤表层的 0.17（图三 b）。蒙脱石含量变化趋势与高岭石相反：从 174 厘米到 75 厘米，降低，从 42 厘米到表层土壤又一次出现降低的趋势。这清楚地说明了土壤成熟度有两次明显的增加，即全剖面中可能包括两次土壤发育过程，第 1 次形成了一层古土壤，其顶部界线位于 100 厘米处附近。第 2 次则形成了现代水稻土。蒙脱石对环境变化的敏感程度不如高岭石，这可能是蒙脱石含量降低的层位总是高于高岭石含量升高的层位的原因。

高岭石含量与 TOC 含量、TN 含量都有较好的相关性，相关系数分别是 0.68 和 0.77。这

① Nettleton W. D, Brasher B R, Benham E C et at. A Classification system for buried paleosots. *Quaternary International*, 1998, 51/52: 175 – 183.

② Singer A. Stoffers P, *Clay mineral diagenesis in two East African lake sediment*, 1980.

③ Jiménez – Espinosa R. Jimenez M J, *Calcrete development in Mediterranean colluvial carbonate systemsfrom SE Spain*, 2003（04）.

恰好说明土壤的发育进程与有机质积累是同步的。TOC/TN 比变化反映了土壤有机质积累过程中碳、氮周转速率的差异。不同的埋藏条件可能会导致土壤剖面具有不同的 TOC/TN 比变化规律。P-01 剖面显示出，TOC/TN 比和 K/I 比值的变化曲线非常相似（见图 3b）。这是纯属巧合，还是包含着重要的科学信息？这是值得进一步探索的问题。但可以肯定的是，TOC/TN比从剖面底部到 100 厘米逐渐增大反映了植物残体积累的增多，这既有可能是自然发育土壤的特征，也有可能是粗放型耕作土壤的特征。

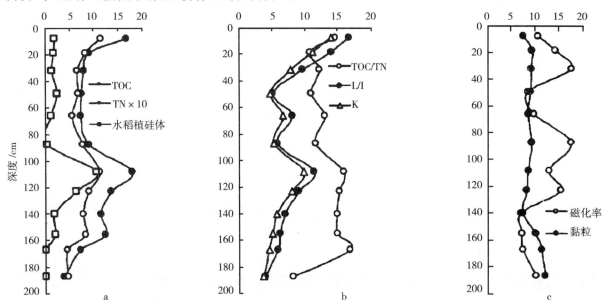

图三　某些测值和比值的深度变化曲线
图中点的位置为各样品采样上下界线的中点

（a）TOC 和 TN（g/kg）和水稻植硅体含量（10^4 个/g，数据引自文献①）　　（b）TOC/TN 比，K/I 比（×100）和高岭石（K）含量（%）　　（c）磁化率（10^{-8} m^3/kg）和黏粒含量（%）

综上所述，黏土矿物学特征反映剖面中存在一个古土壤层和一个现代水稻土层。TOC 含量和 TN 含量仅指示存在一个古土壤层。TOC 含量和 TN 含量在现代水稻土发育过程中体现得不甚明显，其原因有待进一步研究，但有可能是有机物质分解较快造成的。总之，可以认为，P-01 剖面中可能包含着两个土壤发育旋回，它们分别形成了古土壤层和现代水稻土。200~160 厘米段为古土壤的母质层，古土壤的下部界线位于 160 厘米附近，100 厘米附近是古土壤的表层，100~57 厘米段以接受沉积为主，成壤作用微弱，KL57 是新一轮成壤过程的开始，最后形成了现代的水稻土。

（二）古土壤层是否具备古水稻土的特征

前面讨论的结果是，P-01 剖面中包含着一个古土壤发育旋回。那么。这个古土壤层是旱地型的还是淹水型的？是自然发育的还是人为影响下形成的？为了回答该问题，既需要寻找

---

① 卢佳、胡正义、曹志洪等：《长江三角洲绰墩遗址埋藏古水稻土肥力特征研究》，《中国农业科学》（39 卷）2006 年 1 期，109~117 页。

考古学的证据，更需要寻找土壤学的证据。

研究认为，P－01 剖面中 174～75 厘米段对应的时间是马家浜文化时期，其中 116～100 厘米段的考古年龄是 6280a BP[1]，属于中全新世。马家浜文化时期总体上属于温暖潮湿期，年均温度比现在高 2℃～3℃[2]，有利于土壤的形成。因此，这一时期在自然条件下和人为因素影响下都有可能形成古土壤。

1. 生物学和考古学证据

研究表明，剖面底部不含水稻植硅体；从 160 厘米处向上，水稻植硅体含量逐渐升高，在 100～116 厘米段达到最大值（10.05×104 个/克）[3]。通常认为，在水稻植硅体的含量超过 5000 个/克的土壤中，大量生长水稻的可能性很大[4]。另外，在 100～116 厘米段发现了碳化稻粒。这些都说明该区曾经生长过水稻。日本没有野生稻，所以稻的存在就等于稻作的存在[5]。而长江三角洲地区则不同，尽管现在没有适宜野生稻生长的未开发区，但是在古代曾经有过野生稻[6]。所以，必须判断曾经大量生长的水稻是野生稻还是栽培稻。然而，现在还没有鉴定碳化稻粒属于野生稻还是栽培稻的有效方法[7][8]。研究发现，在植硅体多的层位，禾本科植物的花粉含量高而水生植物花粉含量低，并据此推断这有可能是稻作农业活动的结果[9]。总之，生物学证据仅仅说明，绰墩地区在马家浜文化期有可能生长过水稻，但不能直接证明这些水稻就是人工栽培稻。目前，在马家浜文化层中圈定的 40 多块类似水稻田的遗构[10]是古代先民种植水稻的最直接证据。确认水稻田的依据主要是遗构和水稻植硅体含量（＞5000 个/克）[11]。然而，根据遗构判断是否为水稻田有很大的不确定性。水稻植硅体含量高也只能说明生长的水稻数量可能较大或保存条件较好。

2. 土壤学证据

中国北方黄土的研究结果表明，古土壤的磁化率通常高于黄土，而且黄土—古土壤序列的磁化率曲线能准确地指示古气候的多旋回变化[12]。因此，磁化率被作为古气候的代用指标而得到广泛的应用。尽管在古土壤磁化率增强的机制方面还存在有多种看法，但多数学者把古

① 卢佳、胡正义、曹志洪等：《长江三角洲绰墩遗址埋藏古水稻土肥力特征研究》，《中国农业科学》（39 卷）2006 年 1 期，109～117 页。
② 张强、刘春玲、朱诚：《长江三角洲地区全新世以来环境变迁对人类活动的影响》，《海洋地质与第四纪地质》（24 卷）2004 年 4 期，9～15 页。
③ 卢佳、胡正义、曹志洪等：《长江三角洲绰墩遗址埋藏古水稻土肥力特征研究》，《中国农业科学》（39 卷）2006 年 1 期，109～117 页。
④ Fujiwara H. Sugiyama S Study of plant opal analysis（Ⅴ）. *Investigation of paddy sites using plantopal analysis*，1984.
⑤ 宇田津彻朗、邹厚本、藤原宏志：《江苏省新石器时代遗址出土陶器的植物蛋白石分析》，《农业考古》1998 年 1 期，36～45 页。
⑥ 严文明：《稻作农业的起源与小鲁里稻谷》，《农业考古》2003 年 3 期，73～79 页。
⑦ 宇田津彻朗、邹厚本、藤原宏志：《江苏省新石器时代遗址出土陶器的植物蛋白石分析》，《农业考古》1998 年 1 期，36～45 页。
⑧ 李宁利：《珠江流域稻作农业起源的再思考》，《四川文物》2005 年 6 期，32～37、26 页。
⑨ 卢佳、胡正义、曹志洪等：《长江三角洲绰墩遗址埋藏古水稻土肥力特征研究》，《中国农业科学》（39 卷）2006 年 1 期，109～117 页。
⑩ 丁金龙：《长江下游新石器时代水稻田与稻作农业的起源》，《东南文化》2004 年 2 期，19～23 页。
⑪ 丁金龙：《长江下游新石器时代水稻田与稻作农业的起源》，《东南文化》2004 年 2 期，19～23 页。
⑫ 胡雪峰：《"黄土—古土壤"序列中氧化铁和有机质对磁化率的影响》，《土壤学报》（41 卷）2004 年 1 期，7～12 页。

土壤磁性增强归因于成土作用，认为古土壤中的大部分铁磁性矿物是在成土过程中形成的[①]。进一步的研究还证明，黄土和古土壤的有机质含量与磁化率明显正相关[②]。绰墩 P - 01 剖面中，200～130 厘米和 42～0 厘米两段的磁化率出现逐渐降低的趋势（图 3c），与有机质的变化趋势相反。这说明，该剖面中的古土壤与表层的现代水稻土一样是在淹水条件下形成的。在长期淹水条件下，母质中原有的强磁性矿物（磁铁矿和磁赤铁矿）发生还原分解、水化和无定形化而变成弱磁性矿物（纤铁矿、针铁矿）和无定形氧化铁，使磁化率降低[③]。已有的研究表明，旱地土壤 TOC 与磁化率显著正相关，而水稻土的 TOC 与磁化率显著负相关，并且磁化率随植稻年限的增加而降低[④]。因此 P - 01 剖面的磁化率资料说明，古土壤层是在长期淹水条件下形成的。需要指出的是，在剖面的 130～42 厘米段，磁化率值出现波状变化，其原因有待进一步研究。对现代水稻土的研究表明，荒地土壤水耕利用之后，普遍存在黏粒的淋失现象[⑤]。随着水耕过程的进行，黏粒含量下降而粉砂含量升高。水耕利用条件下黏粒含量的降低与水耕造成的黏粒的机械淋失有关，包括沿着土壤孔隙向下层移动的垂直淋失和灌溉水在排泄过程中对耕层黏粒的带走流失[⑥]。P - 01 剖面的 200～130 段，黏粒含量从 12.03% 逐渐降低至 7.37%（见图 3c）。为了排除这一现象属于巧合的可能性，对距离 P - 01 剖面 30 米左右的 P - 03 剖面（地势略高于 P - 01）的黏粒含量进行了分析。结果表明，从底部（200 厘米）向上一直到 103 厘米处，黏粒含量分别为 11.89%、14.79%、10.60% 和 7.69%，即呈现出与 P - 01 剖面类似的变化规律。现代水稻土的发育过程中（57～0 厘米），黏粒含量逐渐降低的规律不明显。但是，现代水稻土表层中较低的黏粒含量（7.70%）也许佐证了黏粒淋失现象的存在。有研究表明，稻田土壤之氧化还原条件的交替变化造成的铁解作用会使黏粒遭到破坏，最终也可能导致黏粒含量降低[⑦]。尽管自然界中含铁的磁性矿物普遍存在，但其含量极低（≪% =[⑧]。黏粒的主要成分是黏土矿物，含铁矿物的含量也不会很高。因此，在导致黏粒含量降低的贡献方面，铁解作用应该远远小于黏粒的淋失作用。总之，黏粒含量降低有可能是长期的水耕作业造成黏粒流失的结果。换言之，该层古土壤有可能是人为影响下形成的古水稻土。

（三）结论

根据以上分析，我们可以得出以下的初步结论。

1. 根据 TOC、TN 以及黏土矿物学特征，认为绰墩 P - 01 剖面中包含两次成壤作用过程（旋回）：从 160～100 厘米处属于第 1 个旋回。这一阶段经历了由母质向土壤发育的过程。

---

① Zhou L P. Oldfield F. Wintle A G, *Partly pedogenic origin of magnetic variations in Chinese loess*, 1990.
② 胡雪峰：《"黄土—古土壤"序列中氧化铁和有机质对磁化率的影响》，《土壤学报》（41 卷）2004 年 1 期，7～12 页。
③ 胡雪峰：《"黄土—古土壤"序列中氧化铁和有机质对磁化率的影响》，《土壤学报》（41 卷）2004 年 1 期，7～12 页。
④ 胡雪峰：《"黄土—古土壤"序列中氧化铁和有机质对磁化率的影响》，《土壤学报》（41 卷）2004 年 1 期，7～12 页。
⑤ 李忠佩、李德成、张桃林：《红壤水稻土肥力性状的演变特征》，《土壤学报》（40 卷）2003 年 6 期，870～878 页。
⑥ 李忠佩、李德成、张桃林：《红壤水稻土肥力性状的演变特征》，《土壤学报》（40 卷）2003 年 6 期，870～878 页。
⑦ Brinkman R Ferrolysis：*A hydromorphic soil forming process*，1969.
⑧ 俞劲炎、卢升高：《土壤磁学》，江西科学技术出版社，1991 年，104～146 页。

TOC 和 TN 逐渐积累，高岭石含量和比值逐渐升高，蒙脱石含量逐渐降低，当时的土壤表层可能位于 100 厘米处附近。从 57 厘米处到现代表层土壤属于第 2 个旋回。这一阶段，高岭石含量和 K/I 比值升高，蒙脱石含量降低。由于该旋回表层一直处于人为耕作条件下，因此没有被埋藏成为古土壤。TOC 和 TN 以及水稻植硅石资料不支持在深度 57～42 厘米段存在古土壤的观点。

　　2. 根据磁化率和黏粒含量逐渐降低的特点，结合考古学和生物学证据推测该剖面的中全新世古土壤层可能是古水稻土。

　　本文原载于《第四纪研究》（26 卷）2006 年 5 期。

附录六

六千年以来水稻土剖面中多环芳烃的
分布特征及来源初探

李久海[1]　董元华[2]　曹志洪[1] 等

1. 土壤与农业可持续发展国家重点实验室（中国科学院南京土壤研究所）
2. 中国科学院南京土壤研究所—香港浸会大学土壤与环境联合开放实验室

多环芳烃（PAHs）是目前较受关注的一类持久性有机污染物，它们既可产生于某些自然过程，也可来自人类的各种活动，在环境中广泛存在[1][2]。土壤作为一种重要的环境介质，承担着90%以上的PAHs环境负荷[3]。国内外对土壤中的PAHs进行了大量的研究[4]，但多数工作集中于表层土壤，深层分布研究较少[5]，而有关PAHs在含有古水稻土的土壤剖面中的纵向分布情况更未见报道。苏州是长江三角洲地区近年来发展较快的城市之一，土壤中的有机污染物已引起关注[6]，同时苏州也是一座历史文化名城，境内分布着较多的马家浜文化（距今约6000年）遗迹。2003年12月，在绰墩山马家浜文化遗址第6次发掘现场，采集了部分含古水稻土的剖面土样。本研究主要是了解古水稻土剖面中多环芳烃的含量及分布特征，并对其可能的来源进行探讨。

一　材料与方法

（一）样品采集与制备

2003年12月在江苏省昆山市绰墩山马家浜文化遗址发掘现场（北纬31°24′07″，东经12°50′41″）选取一个含有古水稻土的剖面，由底向上分层采取土壤样品，表层水稻土为黄泥土（简育水耕人为土，Hapli – Stagnic Anthrosols）。有关考古分析显示，100～116厘米土壤层中水

① Wilcke W. Polycyclic aromatic hydrocarbons (PAHs) in soil – A review. J. Plant Nutr. Soil Sci., 2000, 163: 229–248.

② Edwards E T. Polycyclic aromatic hydrocarbonMYM (PAHs) in the terrestrial environment – Areview, J. Environ. Qual., 1983, 12 (4): 427–441.

③ Wild S R, Jones K C. polynuclear aromatic hydrocarbons in theUnited Kingdom environment: A preliminary inventory and budget. Environ. Pollut., 1995, 88: 91–108.

④ Lichtfouse E, Budzinski H, Garrigues P, et al. Ancient polycyclicaromatic hydroearbons in modem soils: ¹³C, ¹⁴C and biomarker evidence. Org. Geochem., 1997. 26 (5/6): 353–359.

⑤ 陈静、王学军、陶澍等：《天津地区土壤多环芳烃在剖面中的纵向分布特征》，《环境科学学报》（24卷）2004年2期，286～290页。

⑥ 安琼、骆永明、倪俊等：《水田土壤中除草剂丁草胺残留的测试方法及其应用》，《土壤》（32卷）2000年2期，107～111页。

稻植硅体含量高达 105 159 个/克土），远远高于水稻土的判定标准（水稻植硅体大于 5000 个/克土），另对其中的碳化稻粒进行 ^{14}C 测定，年龄为 5903 年，确认此层土壤为 6000 年前马家浜文化时期的农业遗迹①。该地区地下水位在 1 米左右。为避免人为污染，采样时剥去每层的外表面土壤，采取里面部分装于具有磨口塞的玻璃瓶中带回实验室。样品覆以硫酸纸在黑暗中风干后，磨碎后过 1 毫米筛，冰柜中 –18℃ 保存备用。土壤有机碳、pH 值及 CEC 分析测定参照文献②。采样点位置如图一所示，供试土壤的有关特性见表 1。

表 1　供试土壤的理化性质

深度 Depth（cm）	有机碳 Organic carbon（g/kg）	pH	CEC（emol/kg）	植硅体 Rice opal（个/克 土）
0~15	20.52	5.24	19.13	19.476
15~22	10.12	5.80	18.92	17.093
22~42	9.89	5.82	17.73	14.147
42~57	9.75	5.37	17.51	25.271
75~100	13.40	5.57	23.24	3.542
100~116	22.31	5.85	28.21	105.159
116~130	18.26	5.90	24.00	64.007
130~150	19.68	5.86	18.92	17.327
150~160	17.20	5.75	20.86	19.678
160~174	10.70	5.71	16.11	0
174~200	4.00	5.35	24.11	0

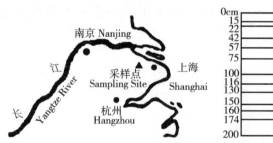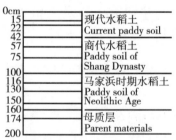

图一　采样点位置及采样剖面示意图

（二）PAl – Is 的提取及测定

准确称取 10.0 克土壤，以 60 毫升二氯甲烷索氏提取 18 小时（回流速率为 6~8 次/小时）；提取液旋转蒸发浓缩，并将溶剂逐渐替换为环己烷 1~2 毫升，过硅胶柱纯化：用正己烷：二氯甲烷（1:1）混合液淋洗，弃去部分滤液后，收集剩余部分，旋转蒸发浓缩后，缓和 N₂ 气流吹至近干，用乙腈定容 1 毫升，HPLC 测定。每样重复两次。

本试验主要检测了 16 种美国环保总署（USEPA）优控 PAHs，即萘（Nap）、苊烯

---

① 丁金龙：《长江下游新石器时代水稻田与稻作农业的起源》，《东南文化》2004 年 2 期，19~23 页。

② 鲁如坤主编：《土壤农业化学分析方法》，中国农业科技出版社，1999 年。

（Acl）、苊（Ace）、芴（Flu）、菲（Phe）、蒽（Ant）、荧蒽（Fla）、芘（Pyr）、苯并（a）蒽（BaA）、苊（Chr）、苯并（b）荧蒽（BbF）、苯并（k）荧蒽（BkF）、苯并（a）芘（BaP）、二苯并（a，h）蒽（DaA）、苯并（g，h，i）菲（BgP）、茚并（1，2，3 - c，d）芘（IcP）。HPLC 分析条件 Waters 2695 配备荧光检测器，激发和发射波长程序变化，以获得待测组分的最大响应值；分析柱为 Waters PAH 分析专用柱（WatersPAH C18，5μm，4.6×250 毫升）；流动相为乙腈和水，梯度洗脱；外标法定量。各化合物的最低检测限在 0.04 毫克/千克（BaA 和 BaP）到 1.15 毫克/千克（Nap）之间（表2）。由于 Acl 无荧光特性，故只获得 15 种 PAHs 测定值，结果以土壤干重计算。另对部分样品进行了 GC - MS - MS（Varian，USA）检测，验证了检出组分的可靠性。

表2　15 种 PAHs 缩写、回收率及最低检出限

化合物 Compound	缩写 Abbreviation	回收率 Recovery（%）	最低检出限 Lowest detectable Limit（μg/kg）
萘 Naphthalcne	Nap	35.5	1.15
苊 Acenaphthene	Ace	87.6	0.47
芴 Fluorene	Fle	87.7	0.09
菲 Phenathrene	Phe	90.5	0.05
蒽 Anthracene	Ant	73.2	0.06
荧蒽 Fluoranthene	Fla	99.7	0.08
芘 Pyrene	Pyt	54.8	0.08
苯并（a）蒽 Benzo（a）anthracene	BaA	106.0	0.04
䓛 Chrysene	Chr	87.6	0.05
苯并（b）荧蒽 Benzo（b）fluranthene	BbF	92.3	0.09
苯并（k）荧蒽 Benzo（k）fluranthene	BkF	85.6	005
苯并（a）芘 Benzo（a）pyrene	Bap	100.2	0.04
二苯并（ah）蒽 Dibenzo（ah）anthracen	DaA	91.7	0.09
苯并（ghi）菲 Benzo（ghi）perlene	BgP	75.4	0.11
茚并（1，2，3 - cd）芘 Indeno（1，2，3 - cd）pyrene	IcP	85.6	0.05

（三）数据分析

实验数据用 SPSS 统计软件进行分析。

二　结果与讨论

（一）PAHs 在剖面中的含量及分布

剖面不同层次土壤中的 15 种多环芳烃的总量及单体化合物的含量见表3。

表3 古水稻土剖面各层土壤中多环芳烃的含量

深度 Depth （cm）	Nap (2)[1]	Ace (3)	Flu (3)	Phe (3)	Ant (3)	Fla (4)	Pyr (4)	BaA (4)	Chr (4)	BbF (5)	BkF (5)	BaP (5)	DaA (5)	BgP (6)	IcP (6)
0~15	61.0	nd[2]	4.6	30.8	1.5	20.4	17.1	8.1	12.3	7.3	6.0	9.3	2.1	13.3	9.3
15~22	21.7	nd	5.7	28.4	0.9	6.4	6.42	1.3	2.1	1.6	1.2	0.5	nd	nd	1.6
22~42	nd	nd	7.5	31.1	0.4	nd	nd	0.2	0.8	0.9	0.4	0.3	nd	nd	0.5
42~57	34.2	nd	9.3	23.9	0.6	nd	nd	0.2	1.0	1.4	0.5	nd	nd	3.2	0.6
57~75	18.7	nd	7.5	26.9	nd	nd	nd	0.1	0.5	0.5	0.3	nd	nd	3.0	nd
75~100	nd	nd	4.9	18.0	nd	nd	nd	0.1	0.4	0.4	0.3	0.1	nd	1.7	nd
100~116	22.7	nd	0.2	10.6	1.8	nd	5.6	1.5	1.5	1.8	1.3	1.0	nd	6.1	nd
116~130	20.2	nd	4.0	10.3	nd	nd	nd	0.1	0.3	0.8	0.4	nd	nd	2.5	nd
130~150	28.5	nd	7.7	13.7	0.7	nd	nd	0.6	0.6	0.8	0.4	0.3	nd	3.3	nd
150~160	34.1	nd	8.2	17.6	0.4	nd	nd	0.1	0.5	0.7	0.3	nd	nd	2.4	nd
160~174	23.8	nd	8.0	12.1	1.4	nd	nd	0.2	0.3	0.6	0.4	nd	nd	3.2	nd
174~200	10.8	nd	7.4	16.7	nd	nd	nd	0.3	0.3	nd	nd	nd	nd	nd	nd

各层土壤中 PAHs 总量在 25.9~202.9 毫克/千克之间，表层土壤的含量最高，其下各层土壤中的含量均大幅下降，这表明 PAHs 主要富集在土壤的表层。表层土壤与下面各层土壤不仅 PAHs 总量存在差异，而且检出的 PAHs 的组成也有所不同。除 Ace 各层均未检出外，其余 14 种多环芳烃在表层土壤中均有不同程度的检出，含量较高的几种化合物及其大小顺序为 Nap > Phe > Fla > Pyr > BgP > Chr > BaP = IcP > BaA > BbF > BkF，4 环以上的多环芳烃占总量的 51.8%，这一结果与其他报道相似[1][2]。其中 Fla、Pyr、Chr、BaP 等被认为是典型的燃烧产物[3]，因此表层土壤中的多环芳烃可能主要来源于燃烧排放，Nap 和 Phe 也可能部分来源于生物合成[4]。第二层中多环芳烃的组分与表层相似，但含量较低，化合物种类只检出 12 种，4 环以上的 PAHs 比例也只有 27.1%；其余各层检出的化合物种类都有不同程度的减少（≤12 种），高环（≥4 环）芳烃的比例仅占 10% 左右；但马家浜文化时期的古水稻土（100~116 厘米）中检出 12 种多环芳烃，相对较多，高环芳烃也占有一定的比例，达到 37%，含量较高的 4 种化合物为 Nap、Phe、BgP 和 Pyr，特征化合物分子比例及土

① Nam J J, Song B H, Eom K C, el at. Distribution of polycyclic aremariehydrocarbons in a cultural soils in South Korea, Chemosphere, 2003, 50: 1281-1289.
② Tao S, Cui Y H, Xu B G, et at. Polycyclic aromatic hydrocarbons (PAHs) in agricultural soil and vegetables from Tianjin. Sci. TotalEnviron., 2004, 320: 11-24.
③ A Bssova I, Brümmer G W. Polycyelic aromatic hydrocarbons ofanthrepogenic and biopedogenie origin in a colluviated hydromorphic-soil of Western Europe. Geoderma, 2004, 210: 27-34.
④ Wilcke W, Amelung W, Maaius C, et at. Biological sources of polycyclic aromatic hydrocarbons (PAHs) in the Amazonian rain forest. J. Plant Nutr Soil Sci., 2000, 163: 27-30.

壤有机质 ^{13}C – NMR 分析显示，该层土壤中 PAHs 可能主要来源于古代稻草的焚烧及厌氧条件下的生物合成[1]。在所检测的 15 种 PAHs 中，Nap 水溶性相对最大，随水分或水溶性有机质向下迁移的可能性也最大，但在第三层和第六层中 Nap 没有检出，可排除表层淋溶迁移对多环芳烃在剖面第三层以下土壤中的分布的影响。各层土壤中多环芳烃组成上的差异表明其有不同的来源。

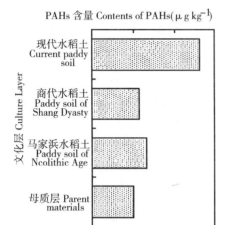

PAHs 含量 Contents of PAHs（μg kg⁻¹）

文化层 Culture Layer

现代水稻土 Current paddy soil

商代水稻土 Paddy soil of Shang Dyasty

马家浜水稻土 Paddy soil of Neolithic Age

母质层 Parent materials

图二　古水稻土剖面中不同文化层中多环芳烃的平均含量

考古工作者从历史文化的角度将剖面划分为 4 个层次，即现代水稻土层（0 ~ 42 厘米）、商代水稻土层（42 ~ 100 厘米）、马家浜文化时期水稻土层（100 ~ 160 厘米）和母质层（160 ~ 200 厘米）。

根据这种分层方法，对相应土壤层中的 PAHs 含量进行了加权平均计算，各文化层中的 PAHs 的含量如图二所示。现代水稻土层中的 PAHs 含量明显高于其下的 3 个层次，马家浜文化时期水稻土层中的 PAHs 略高于商代水稻土层及母质层中的含量，这可能是由于古代"刀耕火种"耕作方式如焚烧秸秆的影响[2]，但其含量仍接近于工业化前土壤中 PAHs 的水平[3]。这说明古代的人类活动虽使土壤中的 PAHs 含量有所增加，但贡献很小，而现代人类活动，特别是化石燃料的燃烧加剧了环境中多环芳烃的输入和累积。

（二）PAHs 来源

为了更好地了解多环芳烃的来源，本研究对土壤剖面中多环芳烃的分布特征进行了主成分分析及聚类分析。图三表示了各化合物在两个主因子中的载荷系数分布。以特征值大于 1 作为产生主因子的标准，这两个主因子解释了总方差的 88.1%。图中 I 区的化合物在第一主因子中的载荷系数都较大，这些化合物主要包括 Nap、Fla、Pyr、BaA、Chr、BbF、BkF、BaP、DaA 和 IcP 等，其中 BaP 是化石燃料和其他有机物料燃烧的主要产物之一，其余几种化合物也多由燃烧产生[4]，因此第一主因子可概括为"人为产生"。II 区中主要有 Flu 和 Phe 两种多环芳烃，在第二主因子中载荷系数分别为 0.76 和 0.77。据 Thiele 和 Brümmer[5] 报道，土壤中加入可分解的植株物料后，在厌氧条件下能产生 3 ~ 6 环的多环芳烃，较早的研究也

①　李久海、董元华、曹志洪等：《古水稻土中多环芳烃的分布特征及其来源判定》，《环境科学》（27 卷）2006 年 6 期，1235 ~ 1239 页。

②　李久海、董元华、曹志洪等：《古水稻土中多环芳烃的分布特征及其来源判定》，《环境科学》（27 卷）2006 年 6 期，1235 ~ 1239 页。

③　Edwards E T. Polyeyclic aromatic hydrocarbons（PAHs）in the terrestrial environment – A review. *J. Environ. Qual*., 1983, 12（4）: 427 –441.

④　A Bssova I, Brümmer G W. Polycyelic aromatic hydrocarbons ofanthrepogenic and biopedogenie origin in a colluviated hydromorphicsoil of Western Europe. *Geoderma*, 2004, 210: 27 –34.

⑤　Thiele S, Bümmer G W. Bieformation of polycyclic aromatic hydrocarbons in soil under oxygen deficient conditions. *Soil Bio1. Biochem*., 2002, 34: 733 –735.

表明，厌氧条件下较有利于土壤中 Nap、Phe 等化合物的生物合成[1][2]。本研究的剖面地下水位在 1 米左右，长期处于还原状态，即使是表层水稻土，一年之中也有较长的淹水期，从而为某些多环芳烃的生物合成提供了较为合适条件，因此可认为 Flu 和 Phe 可能来源于"生物合成"。Ⅲ区中仅 Ant 一种化合物，在两个主因子中的载荷系数比较接近，受它们的共同影响，Ant 既可能是"人为产生"也可能由"生物合成"。

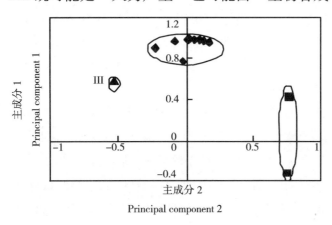

图三　剖面中多环芳烃来源主成分分析结果

对剖面中 PAHs 进行的聚类分析也得到了相似的结果。由图四可以看出，PAHs 可分为两大类：第一大类又可分为二类，其中第一类包含 Chr、BkF、BaA、IcP、BbF、Pyr、BaP、DaA 和 Fla 等，这一类主要是"人为产生"的化合物；第二类主要有 Nap、BgP 和 Ant，它们既可能是"人为产生"也可能由"生物合成"。第二大类包括 Flu 和 Phe，主要来自"生物合成"。

Atanassova 和 Brümmer[3] 运用主成分分析和聚类分析对西欧的一个由崩积作用形成的土壤剖面中的多环芳烃的来源进行了分析，得出与本研究类似的结论。可见，主成分分析结合聚类分析对解析土壤环境中有机污染物的来源有一定的帮助。

三　结论

在含古水稻土剖面中，PAHs 主要富集在表层土壤，含量较高的几种化合物及大小顺序为 Nap > Phe > Fla > Pyr > BgP > Chr > BaP = IcP > BaA > BbF > BkF，主要是人为产生。其下各层土壤中 PAHs 的含量大幅降低，检出的化合物种类也有所减少，各层土壤中以 2 环和 3 环化合物为主，但古水稻土中高环芳烃也占有一定的比例。主成分分析及聚类分析显示，Chr、BkF、BaA、IcP、BbF、Pyr、BaP、DaA 和 Fla 等主要是人为产生，Flu 和 Phe 来自生物合成，而两种来源对 Nap、BgP 和 Ant 的含量均有一定的贡献。主成分分析和聚类分析为环境中有机污染物的源解析提供了可能。

本文原载于《土壤学报》（第 44 卷）2007 年 1 期。

致谢：感谢浙江省文物考古研究所郑云飞博士对土壤中水稻植硅体的测定。

① Wilcke W, Mailer S, Kanchanakool N, *et al*. Polyeyclic aroma tichydrocarbons in hydromorphic soils of the tropical metropolisBarlgkok. *Geoderma*, 1999, 91：297－309.

② Guggenberger G, Pichler M, Hartman n R, *et al*. Polycyclie aroma tichydrocarbons in diferent forest soils：Mineral horizous. *J. Plant Nutr. Soil SCi.*. 1996. 159：565－573.

③ A Bssova I, Brllmmer G W. Polycyelic aromatic hydrocarbons ofanthrepogenic and biopedogenie origin in a colluviated hydromorphicsoil of Western Europe. *Geoderma*, 2004, 210：27－34.

附录七

绰墩遗址考古钻探调查报告

朱伟峰

苏州博物馆

绰墩遗址位于苏州昆山市正仪镇北 3 千米，西靠阳澄湖，东临傀儡湖。东西宽约 700、南北长约 600 米，总面积 40 万平方米左右。自 1998 年至 2003 年，由苏州博物馆与昆山文物管理所合作先后进行了五次发掘。在第三次发掘中，对遗址进行了考古钻探调查。现把钻探调查情况整理分析如下。

一　钻探调查

钻探调查范围是根据遗址的自然地形分为七个地块，依此编号为 A～G。其中 A～D 地块在绰墩村的西—西北部（发掘 V 区）；庙前村东南为 E 地块（发掘 III 区）；绰墩村东（傀儡湖西岸）为 F 地块（发掘 II 区）；G 地块位于绰墩村的西南部（发掘 I、IV 区）。

A 地块（发掘 V 区东部）

在紧靠村西的小高地上，中部偏北第 17 孔处地势最高，此处耕土层厚 60 厘米，其余地方均为 30 厘米。第二层，黄灰色土，为明清时期堆积，钻探发现明代青花瓷片，此层堆积厚 30～80 厘米，南部较厚。第三层，分灰白土与灰黄土，厚 20～40 厘米。第四层，灰白土，含宋代陶片，厚 50～140 厘米。第五层，黑灰土，有些探孔显示此层为青灰土。在该层中出有马桥和良渚时期的陶片，深度在 180～320 厘米，个别孔由于探棒长度不够而无法打到底。第六层，生土层，大部分孔都探到了生土。深度在 270～330 厘米。

B 地块（发掘 V 区中部）

曲尺形高地，地层钻探结果基本一致，现以第 2 孔为例说明如下：第一层，地表土，厚 50 厘米。第二层，灰黄色土，厚 100 厘米。第三层，灰白色土，厚 40 厘米。第四层，黑灰土，厚 70 厘米。第五层，青灰色黏土，厚 20 厘米。第六层，青灰色细泥，深 320 厘米以下。大部分孔在深 270 厘米处见生土层，其中第 5、11 两孔不见生土，可能是井、灰坑或低地。

C 地块（发掘 V 区西南部）

为农田南面的高地，地表由于后期破坏向西北倾斜，深 120～210 厘米为清代至宋代的堆积，以下为东周至良渚时期的堆积，厚 60～150 厘米，深 280 厘米到生土层。

D 地块（发掘 V 区南部）

为一处四面环河的小高地，为重点钻探区。在中部偏北东西向排例 13 孔，孔距 5 米，南北向三排，中、西两排各有 19 孔，东一排为 18 孔。此高地的中部海拔有 4 米左右，深 250 厘米以上为后期堆积，250 厘米以下进入早期文化层，堆积厚仅 20～40 厘米。高地四周河边海拔在 150～200 厘米，南北向中排南第 1 孔深 230 厘米见生土，此孔生土海拔高程约为 80 厘米。

E 地块（发掘Ⅲ区）

位于遗址东南部，东西向探有四排孔：第一层，地表土，厚 30 厘米左右。第二层，黄灰土，厚 80 厘米左右。第三层，浅灰色土，含木炭、红烧土、陶片等，厚 20 厘米左右。第四层，灰白色花土，带绿锈点，有红烧土块、陶片等，厚 80 厘米左右。此层下为生土层，深度在 210 厘米。第四层，为东周—马桥文化时期堆积。这一地块面积有 1100 平方米。

F 地块（发掘Ⅱ区）

在绰墩村东南，东傍傀儡湖，文化堆积面积 3200 平方米。地表下 80～160 厘米为带灰白点的灰黄花土，从收集的陶片标本分析，时代为东周—良渚文化时期。这层土的下面为白灰色土含绿锈土，厚约 40 厘米左右，出土有红烧土块和陶片等物，时代大致为马桥—良渚文化时期。生土层距地表深 120～200 厘米，整个地形为东低西高。

G 地块（发掘Ⅰ、Ⅳ区，发掘Ⅳ区在发掘Ⅰ区之南）

在绰墩村南面。1 号孔位于在发掘Ⅰ区小庙的北侧，探孔从小庙西侧的第 2 号孔开始一直向西排列。

在 1 号孔深 130 厘米，探测到马家浜文化时期的房址堆积，布孔重点探测后，其面积为南北长 1.5、东西宽 2.5、厚 20 厘米，再下面是生土。

然而从其他探孔探测到的陶片分析：深度在 130～170 厘米，可能是良渚文化时期的地层堆积；深度在 170～190 厘米，可能是马家浜文化时期的地层堆积。此地块面积有 2300 平方米。

另外，在小庙西 10 米处，距地表深 30 厘米，发现一夯土台，面积 7×8 平方米，为灰黄斑点花土，土质紧密坚硬，夯层明显，大约厚 80～120 厘米。出土有良渚文化时期陶片。

二　钻探情况分析

钻探 G 地块（发掘Ⅰ区）

北部发现土台和房址遗迹。

土台，地表下 30 厘米，面积 7×8 平方米，厚度 80～120 厘米，从出土陶片分析为良渚文化时期。

房址，地表下 130 厘米，南北长 1.5、东西宽 2.5 米，面积约 3.75 平方米。从出土陶片分析为马家浜文化时期的房址。

文化层：深度在 130～170 厘米之间可能是良渚文化时期的地层堆积，深度在 170～190 厘米之间可能是马家浜文化时期的地层堆积。

钻探 F 地块（发掘Ⅱ区）

文化层：深度在 80～160 厘米之间地层，时代为东周至良渚。在东周层与良渚文化层之间可能有马桥文化时期堆积。该地块面积约 3200 平方米。

钻探 E 地块（发掘Ⅲ区）

文化层：深度在 110～140 厘米处，为东周至马桥文化时期堆积。该地块面积约 1100 平方米。

钻探 A～D 地块（发掘Ⅴ区）

A 地块（发掘Ⅴ区东部）

文化层：深 180 厘米以上是宋代以后的地层堆积；深 180～320 厘米为马桥至良渚时期堆积。深度在 270～330 厘米为生土层，有些探孔未打到生土，可能是井或灰坑之类的遗迹。

文化遗迹：有马桥文化至良渚文化遗迹，可能是水井或灰坑。

B 地块（发掘Ⅴ区中部）

文化层：深 150～190 厘米为马桥至良渚文化时期的堆积。深 270 厘米为生土层。

文化遗迹：第 5、11 两孔在深 270 厘米不见生土，可能是水井、灰坑或低地。

C 地块（发掘Ⅴ区西南部）

文化层：深 120 以上为清代堆积；深 120～210 厘米为宋代堆积；深 210 厘米以下为东周—良渚文化时期的堆积。深 280 厘米以下为生土层。

D 地块（发掘Ⅴ区南部）

文化层：深 250 厘米以上为后期堆积；深 250 厘米以下为东周到良渚文化时期的堆积；深 330 厘米以下为生土层。生土面的海拔高度为 70 厘米左右。

从钻探情况看：各地块进入马桥文化时期的地层海拔高度分别为：绰墩村西侧 130、东侧 120、庙前村东侧 90 厘米，整个地势西高东低。

三　发掘情况

遗址内地面平均海拔（黄海高程，下同）200 厘米。根据发掘所知，地下生土面的海拔高程为：绰号墩村西侧（发掘Ⅰ区）80、南侧（发掘Ⅵ区）70、东侧（发掘Ⅱ区）70～60、庙前村东侧（发掘Ⅲ区）50～40 厘米，呈东低西高之势。原绰墩山所在处地势最高，向东渐低，在近傀偏湖边生土面下折，东侧似为一湖（河）泊。钻探情况与发掘结果完全吻合。绰墩遗址一共分为Ⅰ～Ⅵ个发掘区（图一）。

Ⅰ区：在绰墩山底部，绰墩山全部用黄土堆成，20 世纪 70 年代取土把土墩夷为平地。发掘从地平面下挖，发现良渚文化时期墓一座、祭台一座、房址 5 座，崧泽文化时期墓 34 座、马家浜文化时期墓 18 座、房址一座。主要为马家浜文化至崧泽文化时期的公共墓区。房址和祭台在墓区东侧，良渚文化居住址叠压在崧泽文化墓葬上。钻探情况另发现有房址和土（祭）台，是否与发掘所发现"房址"、"土台"时代与性质相同，还有待发掘证实。

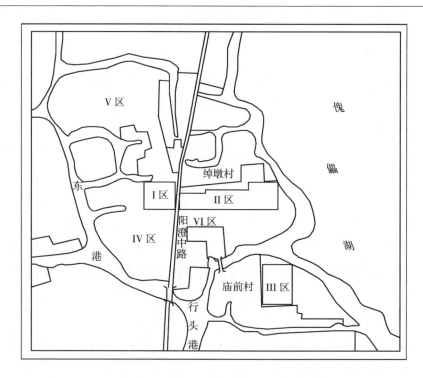

图一　绰墩遗址考古发掘区域图

Ⅱ区：在Ⅰ区东侧傀儡湖西侧，发掘揭示出一个以河道为中心的良渚文化时期的古村落（T2403、T2404～T2803、T2804）。发现一条自西向东的河道，两岸有用红烧土堤坝及房屋基址。该区东侧即傀儡西岸（T2902、T2904等）不见良渚文化堆积，主要为马桥文化时期的堆积，出土了大量马桥文化时期的陶片、石器等遗物。这些情况在钻探材料中也有反映。

Ⅲ区：位于绰墩山村的西南面，仅发掘了5×5平方米，钻探材料弥补了发掘的不足之处。

Ⅵ区：在Ⅱ区的西南，为马家浜文化时期的水稻田和部分墓葬区，水稻田地势较低，利用不规则形的小地块串联而成，墓葬区在水稻田西侧，地势较水稻田为高。

综上所述，考古钻探工作为考古发掘工作提供了地下文化层堆积的初步情况，是考古发掘前期必不可少的工作，有利于发掘布方、整体规划以及遗址的保护等。

附录八

绰墩遗址稻作遗存鉴定与植物硅酸体分析

汤陵华

江苏省农业科学学院

一 稻作遗存的鉴定

原始稻作遗存的鉴定一直是考古学方面的难题。从考古学的角度，稻作遗存需要有人类加工的痕迹或工具的遗留。但是，在人工栽培稻的行为之前，还有采集的行为。即使在栽培行为开始的初期也很难发现有田块和工具，只有当稻作文化发展到一定程度时，生产达到相当的规模，人类加工的痕迹和加工工具才有可能遗留。在稻作发生的初期，人类只是对天然的地形加以利用，尚未使用劳动工具进行耕作。由于可能根本没有人为耕作的痕迹遗留，从考古学的角度证明出土炭化米是否人工栽培的有一定难度。

在古人类刚刚开始栽培野生稻时，栽培的不是栽培稻而是野生稻。因为短暂的栽培行为还不能改变野生稻的生活习性。在由野生稻向栽培稻转变的过程中，稻本身的生物学特性会发生变化，如①食用部分膨大化、②休眠性消失、③脱粒性减低等等。这些性状都是在稻作开始之后，稻种本身在栽培化过程中逐渐发生的一些改变。通过对出土碳化稻米在这些性状上的变化的研究，从植物学角度可以推断出栽培行为的存在。

关于稻谷粒型的变化，是稻种在进化过程中由于人类无意识淘汰使得稻谷性状向人类喜爱的方向发展，粒形变异增大，此现象在绰墩山遗址出土的炭化米中再次得到证实。在比较广西普通野生稻与绰墩山碳化米时看到，碳化米的粒长从3.3~5.74毫米，野生稻的粒长从5.65~7.25毫米。碳化米的粒宽从1.86~3.06毫米，野生稻的粒宽从1.86~2.4毫米（表一）。碳化米和野生稻的粒厚则完全没有区别。从表一中看到变异最大的是谷粒的宽度。碳化米的宽度最大值比野生稻有了显著增加。

比较野生稻和碳化米的粒型分布，看到野生稻以细长为主，且分布较为集中，也说明了野生稻内的变异较小。而碳化米的粒型多数是短圆型，分布较为分散（图一、二），说明碳化米已经发生了较大的分化。这种分化应当是由人类栽培行为所产生的结果。因此，从植物学角度可以确认绰墩山遗址有稻作存在。遗址出土的碳化米已经在人工栽培下经历的漫长的演化过程改变了野生稻的原始特性，正在向栽培稻进化。

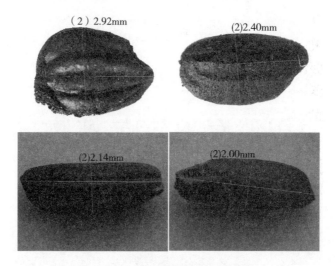

图一　碳化米与野生稻的显微照片

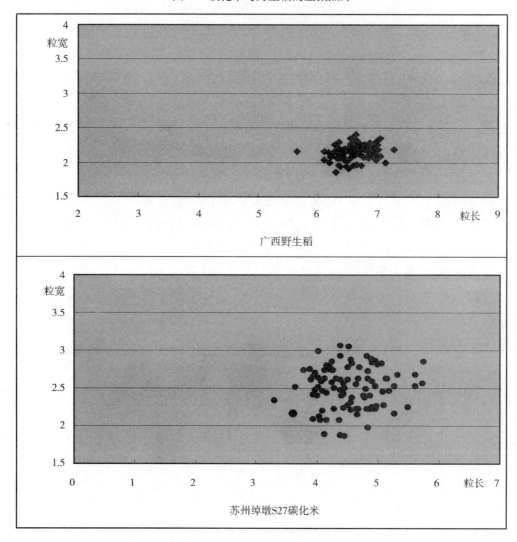

图二　野生稻和碳化米的粒型分布

表 1　碳化米和野生稻的性状测定值

	S27 碳化米			广西野生稻		
	长	宽	厚	长	宽	厚
检测数	96			100		
Mean	4.54	2.50	1.68	6.61	2.15	1.68
SD	0.49	0.28	0.06	0.26	0.10	0.06
max	5.74	3.06	1.85	7.25	2.40	1.85
min	3.30	1.86	1.54	5.65	1.86	1.54

二　植物硅酸体分析

在禾本科植物会在生长过程中吸收土壤中的游离硅，并在部分特定的细胞中沉积下来，形成与植物细胞性状相同的硅酸体。在植物体消亡后，硅酸体随植物体落入土壤中，因硅酸体具有稳定的化学成分，不易受酸碱腐蚀而长期留存在土壤中形成植物蛋白石（Plant opal）。禾本科植物叶片中的"机动细胞"带有物种的特征性状，因此，根据禾本科植物的"机动细胞硅酸体"形状，可以判断植物的种和属。应用这一原理，检测出土壤中的植物蛋白石，再依据其形状确定土壤中植物蛋白石所属植物的种类[4]。这就是植物硅酸体分析在考古学上的延伸应用，称之为"植物蛋白石分析法"。

利用植物蛋白石分析法可以用遗址文化层中是否含有水稻植物蛋白石来确定稻的存在；根据水稻植物蛋白石的性状判断稻的籼粳类型；根据每克土样中水稻植物蛋白石数量判断是否农耕构造的遗存。

（一）水稻植物蛋白石定量分析

在遗址土样的植物蛋白石定量分析中看到⑥层的水稻植物蛋白石含量为 12372 个／克，⑦层的水稻植物蛋白石含量为 10667 个／克，⑨层的水稻植物蛋白石含量为 11981 个／克。

根据此检测结果，T5403 北壁⑥、⑦、⑨三层土样的水稻植物蛋白石密度均超过 5000 个／克，认定在这三个地层中均有过大量稻的生长。在地层中有大量的水稻植物蛋白石，还不能断定这是由栽培而遗留的水稻植物蛋白石，因为，目前无法区分野生稻和栽培稻的水稻植物蛋白石。在野生稻的繁衍地同样可以检测到有大量的水稻植物蛋白石。是否栽培稻或被栽培的稻应当有栽培行为的依据。在对本遗址出土碳化米的分析中已经确定碳化米的粒型有变异，这种变异无疑是由人类的栽培行为所造成。

同样，用植物蛋白石定量分析法对疑似稻田的 S12、S14、S16、S18、S21、S24、G13 等遗迹现象进行分析，以确定遗迹现象的真实用途。按每克土样 5000 个水稻植物蛋白石的水田判断标准，发现在 S12、S14、S16、S18、S21 等 5 个遗迹现象中水稻植物蛋白石的数量均超过水田判断标准。S24 和 G13 中没有看到有足够多的水稻植物蛋白石，但不能排除与稻作栽培的关系。

可以认定：S12、S14、S16、S18、S21、S24 和 G13 等遗迹现象有人为加工痕迹，其用途从 S12、S14、S16、S18、S21 中含有大量水稻植物蛋白石来看。应当是为栽培水稻而筑。S24 和 G13 土样中的水稻植物蛋白石含量未达到确认为水田的标准，但根据它们与水田遗迹共处于同一地层和它们之间的相互关系来看，应当是与水田相关的遗迹现象。这说明马家浜时期在昆山市正仪镇绰墩遗址居住的先民开始在地面上掘坑围田种稻了。

表 2　土样中植物蛋白石调查

样品名 Name of sample	各植物蛋白石理论数/克土 Theoretical number of protein stones from various plants /soil grams			
	水稻 Rice	芦苇 Reed	竹子 Bamboo	芒草 Awn grass
S12	8，887	1，367	684	3，418
S14	6，601	0	550	1，650
S16	8，980	816	408	1，225
S18	7，658	0	511	1，021
S21	5，150	0	644	1，287
S24	3，235	809	809	1，617
G13	3，002	858	429	858

在这些水田状遗迹现象中水稻植物蛋白石显著地少于覆盖在遗迹上层的第⑨层，很可能是由于当时的自然环境还比较恶劣，水田筑成后利用的时间不长。并在间隔较长时间、地层有了较厚的沉积后，先民再次回到这里重新构筑水田时才没有破坏最原始的水田。而在第⑨层之后的时期里，频繁的自然灾害、频繁的先民重返及频繁地构筑水田，使得水田遗迹难以保存，并且使地层有长期种植水稻的迹象。

（二）水稻植物蛋白石定性分析

水稻类型的划分一直是鉴定出土碳化米类型的难题。前人的研究通常只能用粒型判断稻种类型，但农学家们持有不同见解，因为对现代水稻品种粒形的分析结果发现，用粒形判断的籼粳类型只有 60% 的可信度。随着科学技术的发展，目前，较为常用的鉴定方法有：植物蛋白石分析法、叶绿体 DNA 分析法、稻谷外稃双峰乳突分析法。

稻谷外稃双峰乳突分析法：当出土碳化稻谷具有完好谷壳时，观察谷壳表面的双峰乳突结构，两峰之间凹陷较深，峰的正面角度较锐，并有较多的褶皱时定为"锐型"双峰乳突，是籼稻的特征。两峰间距较宽，凹陷浅而平展，峰的正面角度较钝，定为"钝型"双峰乳突，是粳稻的特征。这一方法较之粒形分析注重籼粳稻的品种特征，具有较高的分辨率。缺陷在于考古发掘时碳化米的发现受到种种条件的限制，具有谷壳的碳化稻更是得来不易。

叶绿体 DNA 分析法：根据 Nakamura（1991）的报道，在水稻叶绿体 DNA 的 Pst－R 片段上粳稻比籼稻多 69 个碱基对。使用引物扩增水稻叶绿体 DNA 的 Pst－R 片段，在这一片段上粳稻比籼稻多69个碱基对。在电泳、染色后看到的前行带是籼稻带，滞后的是粳稻带。使用这一方法对籼粳的判断正确率可高达95%。但前提是必须有炭化米可供分析用，以及需要精密的分析仪器和高昂的试验费用。

　　植物蛋白石分析法：从土壤中检测出植物蛋白石，再依据其形状确定土壤中植物蛋白石所属植物的种类。根据水稻植物蛋白石的形态特征推断地层中曾经种植的稻种类型。

　　根据对T5403北壁⑥、⑦、⑨三层土样的植物蛋白石形态分析的结果，在各层中检测出水稻（*Oryza sativa L*）、芦苇（*Phragmites communis*）、竹（*Bambusaceae*）和芒草（*Miscanthus sinensis*）的植物蛋白石。

　　测定方法是在显微镜测量水稻植物蛋白石的各个形状（长、宽、厚、b）。每样品随机测50个，以其平均作为形状值，判别用长、宽、厚及表现平面形状的b/a值代入下式进行计算（Z<0：籼稻；Z>0：粳稻）。

　　判别值 Z=0.497×长－0.2994×宽+0.1357×厚－3.8154×（b/a）－8.9567 [5]

　　经显微镜观察测量，各地层检测的水稻植物蛋白石的形状特征如下。

　　第⑥层：长37.56μm，宽29.88μm，厚28.54μm，b/a：0.86

　　第⑦层：长38.24μm，宽30.21μm，厚26.87μm，b/a：0.79

　　第⑨层：长35.33μm，宽28.62μm，厚25.16μm，b/a：0.68

　　代入上述判别公式后得判别值分别为1.3561、1.6358、0.8532，判定为粳稻，也就意味着绰墩遗址出土的碳化稻是粳稻。

参考文献

1. 游修龄：《从河姆渡遗址出土稻谷试论我国栽培稻的起源、分化与传播》，《作物学报》（5卷）1979年3期。
2. 张文绪：《河姆渡出土稻谷外稃表面双峰乳突的研究》，《中国栽培稻起源与演化研究专集》，中国农业大学出版社，1996年，42~46页。
3. Nakamura, I., Chen, W. B. and Sato, Y. I.: Analysis of Chloroplast DNA from ancient rice seeds. *Annual report of National Institue of Genetics*, Japan. 1991, 42, pp.108–109.
4. 藤原宏志（1982）| プラント？ オパール分析法の基礎的研究（4）—熊本地方における縄文土器胎土に含まれるプラント？ オパールの検出—]『日本文化財科学会志』14：pp.55–56。
5. 藤原宏志（1976）| プラント？ オパール分析法の基礎的研究（1）—数種イネ科植物の硅酸体標本と定量分析法]『日本文化財科学会志』9：pp.55–56。
6. 王才林、宇田津徹朗等（1996）| イネの機動細胞硅酸体形状における主成分分析およびその亜種判別への応用]『日本文化財科学会志』35：pp.53–71。
7. 汤陵华等：《江苏龙虬庄遗址的原始稻作》，《作物学报》（22卷）1996年5期，606~612页。

附录九

绰墩遗址与澄湖出土的部分植物遗存

秦　岭[1]　傅稻镰（Dorian Q Fuller）[2]

1. 北京大学考古文博学院　　　　2. 伦敦大学学院考古学院

在绰墩遗址和澄湖遗址的发掘中，部分考古堆积现场进行了筛选，从中获得了大量的稻米遗存，这些稻米已由汤陵华教授进行了专项研究[①]。除此之外，在筛选中也发现一定数量的其他植物遗存，本文主要对此部分进行简述[②]。筛选土样未进行现场计量，筛网尺寸大约为1毫米左右（很多小型种子可能丢失），因此更进一步的定量分析无法展开。尽管如此，这些数据仍然为讨论稻属以外共存的其他野生果实、田间杂草等研究提供了重要信息，并且可以据此与已发表的跨湖桥[③]、河姆渡[④]、八十垱[⑤]及城头山[⑥]等遗址进行初步的比较分析。

表2是按照出土单位分别鉴定统计的植物遗存原始数据。之后我们会对每一类种属进行简要讨论，最后略作小结。和长江流域许多遗址的保存情况类似，此两处地点出土的植物遗存有些是碳化的，有些是在饱水环境下保存下来的（未碳化）。

菱角 *Trapa quadrisponisa* 和 *Trapa bispinosa*，菱科

除了一个完整保存的四角菱外，绰墩 S27 中还出土另一片可能是两角菱的角尖残块（图一，1）。菱角在长江流域的新石器遗址中是较普遍的一类植物遗存。比如两角菱 *Trapa bispinosa* 大量见于跨湖桥、河姆渡、田螺山等遗址；八十垱遗址亦报导有发现。另外，位置较北的贾湖遗址[⑦]也有大量出土。龙虬庄报告中，对四角菱进行了描述，从发表彩版看，两角和四角的变种均有发现[⑧]。长江中游的城头山遗址还报导利用了更为小型的 *Trapa maximoxicxii* 类菱角。

这些不同变种的菱角，看来是这一地区早期采集经济中的重要食物资源。菱角是一种一年生水生草本植物，一般生长在湖泊、河湾、积水沼泽、池塘等静水淡水水域。菱角需要 6 ~

---

① 参见本报告附录八：汤陵华《绰墩遗址稻作遗存鉴定与植物硅酸体分析》。
② 本文表一及彩版也包括这批资料中的稻米数量和初步分类（彩版二，6）。但囿于篇幅，不展开讨论。
③ 浙江省文物考古研究所：《跨湖桥》，文物出版社，2004 年。
④ 浙江省文物考古研究所：《河姆渡——新石器时代遗址发掘报告》，文物出版社，2003 年。
⑤ 湖南省文物考古研究所：《彭头山与八十垱》，科学出版社，2006 年。
⑥ 湖南省文物考古研究所、国际日本文化研究中心：《澧县城头山——中日合作澧阳平原环境考古与有关综合研究》，文物出版社，2007 年。
⑦ 河南省文物考古研究所：《舞阳贾湖》，科学出版社，1998 年。
⑧ 龙虬庄遗址考古队：《龙虬庄——江淮东部新石器时代遗址发掘报告》，科学出版社，1999 年。

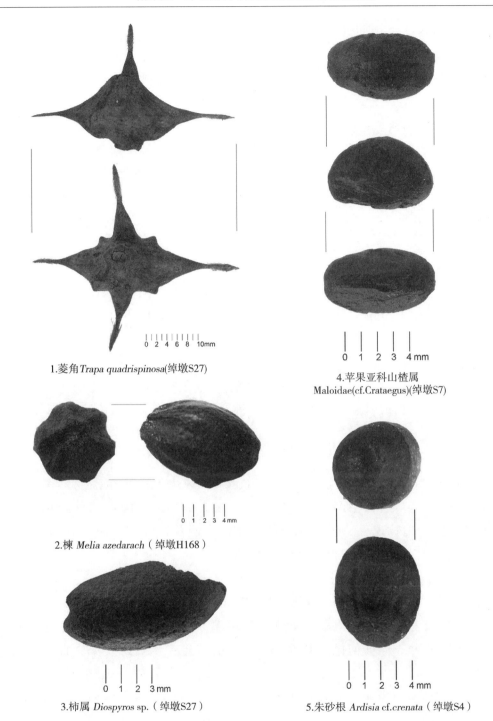

1.菱角 *Trapa quadrispinosa*(绰墩S27)

2.楝 *Melia azedarach*（绰墩H168）

3.柿属 *Diospyros sp.*（绰墩S27）

4.苹果亚科山楂属
Maloidae(cf.Crataegus)(绰墩S7)

5.朱砂根 *Ardisia cf.crenata*（绰墩S4）

图一

8 个月的生长期，通过水底淤泥中自然传播的种子得以繁殖，或是育苗移栽，移栽后等待数周至果实成熟。一般驯化种的形态特征是趋向于尺寸增大，菱角部分更弯曲更大，以便有更多空间。这与野生种的果实更趋向于沉入水里以利于自然繁殖的特性有所区别。如以此为标准判定，绰墩遗址出土的菱角似乎还都是野生品种，何时驯化菱角目前尚不清楚。一般而言，菱角生长在较深水域内，生长期内水域不会干涸，水深至少要超过 30 ~ 60 厘米[1]。这说明菱角的生态环境和稻属植物并不相同，这对于我们认识菱角采集和稻作经济间的互补关系是很重要的。值得一提的是，菱角不仅仅是一般人类取食的资源，也是很好的猪饲料，猪甚至可以连壳食用。

柿属 *Diospyros* sp. 柿科

此批样品中，仅一个残片可鉴定为柿属（图一，3）。根据种子尺寸判断，可能为野生种，大小落在野柿 *Diospyros kaki* var. *sylvestris* 的分布区间内，此为现代栽培柿子的野生祖本。由于缺乏可资比较的现代种属研究，不能排除为其他野生柿属品种的可能性[2]。在八十垱遗址考古报告中，也提及出土君迁子 *D. lotus*，但判定标准未说明。另外，田螺山遗址也出土了一定数量的柿属种子。

樱属？cf. *Cerasus* 蔷薇科 李亚科

根据核果大小，推测为李亚科樱属。据《中国植物志》，中国有 10 种原生可食的樱属植物[3]，其中 6 种新石器时代可能生长在这一地区。无更多比对样本的情况下，尚无法确定到种。

山楂 cf. *Crataegus* 蔷薇科（图一，4）

根据三角形截面和基本居中的种脐位置，判断这一双子叶植物种子应为山楂。山楂属在中国包括 16 个种[4]，均可食。新石器时代其中一部分可能生长在太湖地区。

楝 *Melia azedarach*，楝科

这种带棱角的楝树核果非常有特征，中国仅见此一种（*Melia azedarach* L.，synonymous with *M. toosendan* Siebold & Zuccarini.[5]），现分布于河南以南地区和东南亚（图一，2）。最初野生种的分布范围不详。考古遗存也见于八十垱、城头山、田螺山等遗址，在长江下游一直到良渚时期都是常见的植物遗存，可见原来的分布至少遍及长江中下游。其酸果今多作药用，但史前也未尝不能炊煮食，作为调味或维生素来源。

朱砂根 *Ardisia* cf. *crenata* 紫金牛科

朱砂根属在中国有 65 种，大部分仅分布于热带或半热带地区（广东、广西、云南、海南），东南亚国家也有很多品种（图一，5）。此项鉴定依据八十垱考古报告发表的植物彩版[6]，报告中鉴定为此种。但如何排除其他同属植物有待进一步确认（如在此地区可能生长的

---

① Yuan Longyi, Liu guiha, Li Wei et al. 2007. Seedbank variation a long water depth gradient in a sub tropical lakeshore marsh, Longgan Lake, China. *Plant Ecology*. 189：127 – 137.

② 柿属是一个大属，有很多可食的种属。更多柿属比较研究详见 Li, Shugang 李树刚, Michael G. Gilbert and Frank White 1996. Ebenaceae. . In *Flora of China* volume 15, edited by Wu, Z. Y. & P. H. Raven. Science Press. Beijing & Missouri Botanical Garden Press, St. Louis. pp. 215 – 234.

③ Li, Chaoluan 李朝銮 and Bruce Bartholomew 2003. Cerasus. In *Flora of China* volume 9, edited by Wu, Z. Y. & P. H. Raven. Science Press. Beijing & Missouri Botanical Garden Press, St. Louis. pp. 404 – 420.

④ Gu, Cuizhi 谷粹芝 and Stephen A. Spongberg 2003. Crataegus. In *Flora of China* volume 9, edited by Wu, Z. Y. & P. H. Raven. Science Press. Beijing & Missouri Botanical Garden Press, St. Louis. Pp. 111 – 117.

⑤ Peng Hua 彭华 and David J. Mabberley 2008. Melia. In *Flora of China* volume 11, edited by Wu, Z. Y. & P. H. Raven. Science Press. Beijing & Missouri Botanical Garden Press, St. Louis. Pp. 130 – 131.

⑥ 湖南省文物考古研究所：《彭头山与八十垱》，科学出版社，2006 年，彩版四五：1。

A. hanceana，*A. gigantifolia*，*A. faberi*，*A. japonica*，*A. pusilla*，*A. brevicaulis*，*A. primulifolia A. alyxiifolia*，or *A. crispa*）。类似遗存也见于田螺山遗址的植物样品种。朱砂根的根传统可作药用，部分品种的叶可食。我们尚未知任何果实可食用的信息，因此这类植物遗存的发现可能代表了史前居址附近常见的杂草型灌木生态。

葫芦 *Lagenaria siceraria* 葫芦科

葫芦在河姆渡、跨湖桥、田螺山、城头山、八十垱等很多早期遗址中都有发现（图二，1）。果实一般被用作容器，当然未成熟时也可食。大约这一阶段，葫芦在很多日本绳文早期遗址中也被发现。

最近的分子生物学显示，美洲地区的葫芦从遗传学角度看是东亚葫芦的一个变种①，而北美和美索不达米亚地区都发现了全新世早期的葫芦。这一假设暗示葫芦是很早时候通过白令海峡由人类带去美洲新大陆的②，因此说明早在东亚的狩猎采集社会葫芦可能已经被利用或栽培。真正的野生葫芦及其他同源亲缘种类均来自非洲，这一事实更暗示葫芦的传播可能追溯到更新世早期某个阶段。

因此，在长江下游地区，葫芦恐怕早在绰墩遗址之前就被栽培利用了。要判断葫芦的驯化与否，一般是根据种皮的厚度，澄湖遗址仅见葫芦籽类遗存，故无法做进一步讨论。

甜瓜/菜瓜 *Cucumis melo* 葫芦科（图二，5）

绰墩遗址 S11 中发现了四颗甜瓜子。这些典型的长椭圆形葫芦科种子，在其基部有非常平直的种脐。甜瓜子在长江流域的一些新石器遗址中都有报道③。目前最早的例子见于河姆渡文化的田螺山遗址第⑥层（约距今 6600 年）。良渚时期的遗址出土大量瓜子，如姚家山、庄桥坟、塔地、卞家山等，同时马桥时期的钱山漾遗址也很丰富。例如郑云飞等在其研究中指出的那样，大部分瓜子的尺寸落在野生种群的范围内（长度 <5 毫米），唯有良渚晚期以后的塔地和钱山漾遗址可见甜瓜种子尺寸上的明显增长，显示出尺寸变化与甜瓜驯化的相关性。

城头山遗址也见大溪文化早期的甜瓜子遗存④。根据发表彩版判断，被定为黄瓜（C. sativus）的种子更可能是甜瓜子（C. melo）。黄瓜起源于印度北部，只有该地区可见其野生祖本⑤。如果城头山彩版所示正是甜瓜子，其长度有 5.9 毫米，可以视为已被驯化，当然这需要更多的考古学测量数据加以证实。

尽管绰墩出土瓜子有限，但仍将测量数据列表如下（表1）。从尺寸上看，均落在野生种群的范围之内。

---

① Erickson, David L., Bruce D. Smith, Andrew C. Clarke, Daniel H. Sandweiss & Noreen Tuross 2005. An Asian origin for a 10, 000 – year – old domesticated plant in the Americas. *Proceedings of the National Academy of Sciences*（*USA*）102：18315 – 18320.

② 同上注。

③ 郑云飞、陈旭高：《甜瓜起源的考古学研究——从长江下游出土的甜瓜属（Cucumis）种子谈起》，《浙江省文物考古研究所学刊》（8 辑），科学出版社，2006 年。

④ 湖南省文物考古研究所、国际日本文化研究中心：《澧县城头山——中日合作澧阳平原环境考古与有关综合研究》，文物出版社，2007 年。

⑤ A. Walters, T. W. 1989；Historical overview on domesticated plants in China with special emphasis on the Cucurbitaceae. *Economic Botany* 43：297 –313.

B. Decker – Walters, D. S. 1999. Cucurbits, Sanskrit, and the Indo – Aryas. Economic Botany 53：98 –112.

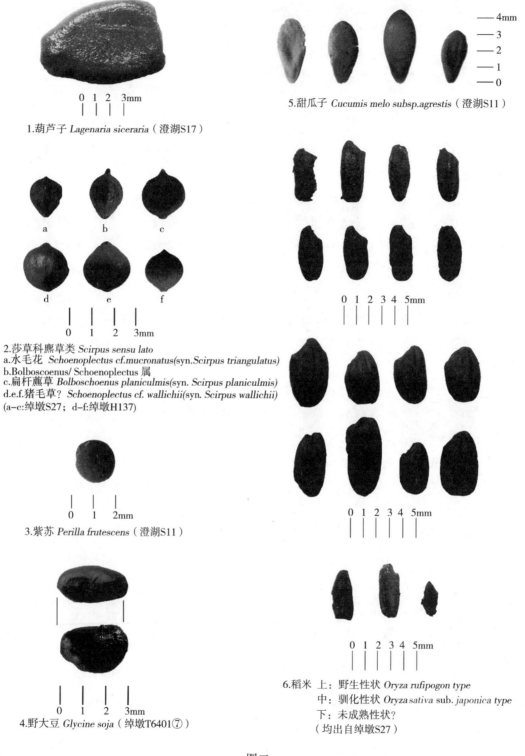

1.葫芦子 *Lagenaria siceraria*（澄湖S17）

2.莎草科藨草类 *Scirpus sensu lato*
a.水毛花 *Schoenoplectus cf.mucronatus(syn.Scirpus triangulatus)*
b.*Bolboschoenus/ Schoenoplectus* 属
c.扁杆藨草 *Bolboschoenus planiculmis(syn. Scirpus planiculmis)*
d.e.f.猪毛草？ *Schoenoplectus cf. wallichii(syn. Scirpus wallichii)*
(a–c:绰墩S27；d–f:绰墩H137)

3.紫苏 *Perilla frutescens*（澄湖S11）

4.野大豆 *Glycine soja*（绰墩T6401⑦）

5.甜瓜子 *Cucumis melo subsp.agrestis*（澄湖S11）

6.稻米 上：野生性状 *Oryza rufipogon type*
中：驯化性状 *Oryza sativa sub. japonica type*
下：未成熟性状？
（均出自绰墩S27）

图二

　　野生甜瓜虽在现代长江下游未见报道，但根据田螺山及其他周边遗址的材料，可见其在新石器时代是本地常见的野生资源。现代野生甜瓜的分布从云南延伸到印度和东南亚的一部分地区，同时也见于非洲的撒哈拉周边地区。过去一般认为驯化甜瓜的起源是多中心的，包括埃及和印度，长江下游的材料显示出存在另一个单独起源中心的可能性。

表1　绰墩 S11 出土瓜子测量数据（mm）

	长	宽
1	3.6	1.8
2	4.6	1.95
3	3.9	2
4	4.2	2

大豆　*Glycine soja* 豆科

野生大豆资源普遍分布于中国北部和长江流域，也包括朝鲜半岛和日本（图二，4）。近年来的分子生物学研究显示大豆存在相当程度的地区多样性[1]。不管怎样，中国新石器时代野生大豆已经被先民广泛利用。较早的野生大豆见于八十垱、城头山、贾湖等遗址，稍后普遍见于中原仰韶文化遗址并一直延续至龙山时期，山东龙山文化遗址中也有发现[2]。在中原地区，至迟到二里头时期，已可见大豆尺寸骤增的驯化证据，如王城岗[3]、皂角树[4]等遗址。

绰墩遗址的发现非常重要，把长江下游也列入了这一版图。到目前为止，同类工作较多植物遗存保存丰富的跨湖桥、田螺山等遗址均未见有野生大豆报导。

莎草类 Cyperaceae 莎草科

绰墩遗址可见若干不同种属的莎草科种子，部分尚未能明确鉴定到种（见表2；图二，2）。这些种子今天都是稻田或灌溉渠中的常见杂草，因此绰墩遗址中这些种属的出现可能与早期的水稻栽培有关系。由于可鉴定数量不多，无法作进一步推论，但可以肯定的是，不同莎草种类组合能帮助我们揭示当时的耕作环境及其生态特点。比如绰墩遗址发现的扁杆藨草和水毛花，这两种莎草的生境和分布特点目前来看就略有不同。扁杆藨草是长江下游地区最常见的莎草科杂草，但并不见于中原地区出土稻米遗存的遗址[5],[6]。相反，水毛花在中原地区出土稻属遗存的遗址中则很普遍，在八里岗遗址甚至出土数量巨大。这种地区差异应该同耕作小环境的差异有关。相关工作还有待进一步深入。

紫苏 *Perilla frutescens* 唇形科（图二，3）

此属仅一种，种皮表面特殊的纹理是其非常明确的鉴定特征。这类植物在旱田水田等不

---

① Xu, D. H., J. Abe, J. Y. Gai, and Y. Shimamoto, 2002：Diversity of chloroplast DNA SSRs in wild and cultivated soybeans：evidence for multiple origins of cultivated soybean. *Theoretical and Applied Genetics* 105，645 – 653.

② Crawford, G. A., A. Underhill, Z. Zhao, G. – A. Lee, G. Feinman, L. Nichola, Luan Fengshi, Yu H., Fang Hui, and Cai F. 2005. Late neolithic plant remains from Northern China：preliminary results from Liangchengzhen, Shandong. *Current Anthropology* 46（2）：309 – 17.

③ 北京大学考古文博学院、河南省文物考古研究所：《登封王城岗：考古发现与研究》（上），大象出版社，2007 年。

④ 洛阳市文物工作队：《洛阳皂角树——1992 ~ 1993 年洛阳皂角树二里头文化聚落遗址发掘报告》，科学出版社，2002 年。

⑤ 八里岗遗址数据为作者待发表资料。

⑥ 北京大学考古文博学院、河南省文物考古研究所：《登封王城岗：考古发现与研究》（下），大象出版社，2007 年。

同环境下均有广泛分布，因此可视为是田间杂草。作为经济作物，紫苏在东亚地区被广泛栽种，其叶可食为香菜，其种子可榨油，在日本韩国地区是重要的食材，早在史前时期就被利用①。长江中游的城头山遗址（大溪阶段）报导有出土紫苏，该遗址出土了稻和粟②；此外，在以粟作为主的伊洛河流域也有发现③。

小型豆科种子

豆科包括了几百种小型种子的种属，这些种属大部分是田间杂草。碳化种子目前很难被鉴定到种。值得一提的是豆科杂草的抗环境能力很强，可以生长于其他杂草无法生存的土壤条件下。

小结

尽管没有进行系统取样和浮选，但绰墩和澄湖遗址所见部分植物遗存，至少可与三类不同的经济形态联系起来讨论：

首先是野生采集食物资源，包括坚果类如菱角、核果类如柿子、楝，可能还有樱桃和山楂类等。第二类暂且可称为是园艺类作物的代表，如甜瓜和葫芦，可以推测是栽种在水田边缘或居址内，如房子周围常见的藤蔓类作物。第三类是跟水稻种植共生的杂草，包括不同种类的莎草，也可能包括紫苏。在这一时期，尚不清楚发现的具野生性状的大豆是属于园艺类作物还是野生食物资源，也有可能这和其他豆科一样只是居址田间常见的杂草。

绰墩遗址发现了与草鞋山遗址类似的水田遗迹，同时也出土了大量的碳化稻米，这无疑对进一步认识早期水稻栽培的具体形态和内涵具有非凡的意义。但同时，遗址中所见的其他植物类遗存也同样具有重要的学术价值。

首先，通过这些遗存可知，非稻属类的植物资源仍然是早期先民生业经济中的一个重要内容。遗址中零星见到了各类坚果、核果和藤蔓类植物，虽数量很少，但品种多样。只是数量上同稻米有多寡差异，一方面与未能系统采样有关，另一方面也跟采样地点多为水田块有关，因此缺乏代表性和可比性。但从各类植物不同的生长习性可以看出，当时绰墩先民的资源域范围还是很广阔的，获得植物资源的方式也很多样。这为我们进一步研究采集经济、园艺经济等在早期稻作农业社会中的作用提供了后续的线索。

其次，遗存中包括了不少与水田经济有关的杂草，这为将来如何进一步开拓水田综合研究提供了新的线索。通过对这些杂草种类的鉴定、其生态特性的考察，可以进一步深化

---

① A. Crawford, Gary 1992. Prehistoric plant domestication in East Asia. In Cowan, C. W. and Watson, P. J., editors, The origins of agriculture: an international perspective. Washington, D. C.: Smithsonian Press. pp. 117–132.

B. Crawford G, Lee G–A. Agricultural origins in the Korean Peninsula. Antiquity (2003) 77: 87–95.

② A. NASU, H. A. MOMOHARA, Y. YASUDA & J. HE. 2007. The occurrence and identification of Setaria italica (L.) P. Beauv. (foxtail millet) grains from the Chengtoushan site (ca. 5800 cal B. P.) in central China, with reference to the domestication centre in Asia. Vegetation History and Archaeobotany 16 (6): 481–94.;

B. 湖南省文物考古研究所、国际日本文化研究中心：《澧县城头山——中日合作澧阳平原环境考古与有关综合研究》，文物出版社，2007年。

③ LEE, G. –A., G. W. CRAWFORD, L. LIU & X. CHAN. 2007. Plants and people from the early Neolithic to Shang periods in North China. Proceedings of the National Academy of Sciences (USA) 104 (3): 1087–92.

对早期稻作农业生态系统的认识，进而更确切的认识水田遗迹的性质、栽培方式和其他相关信息。

　　总之，绰墩和澄湖遗址出土的这些植物遗存，仍然为我们了解当时遗址的生计形态提供了新的资料，也为相关课题研究提出了新的发展方向。

表 2　绰墩和澄湖出土的部分植物遗存

遗址名		绰墩								澄湖	
出土单位		H168	H137	T6402⑦	T6401⑦	S27	S7	S42	S4	S11	S17
四角菱（WL） *Trapa quadrispinosa*	菱科					1					
菱（两角？）残角 *Trapa* cf. *bispinosa*	菱科					1					
柿属 *Diospyros* sp.（small）	柿科					1					
樱属？（WL） cf. *Cerasus*	蔷薇科	1									
山楂属？ cf. *Crataegus* sp.	蔷薇科						1				
楝 *Melia azedarach*	楝科	1	1								1
朱砂根？ *Ardisia* cf. *crenata*	紫金牛科								1		
葫芦子（WL） *Lagenaria siceraria*	葫芦科										1
甜瓜 *Cucumis melo* subsp. *agrestis*	葫芦科									4	
大豆 *Glycine soja*	豆科				1						
稻米 *Oryza* grains – typical	禾本科		27	24	29	309		1			
稻米（未成熟？） *Oryza* grains cf. immature	禾本科					17		1			
稻米（野生？） *Oryza* grains cf. wild	禾本科					8		1			
稻米残块 *Oryza* grain frags	禾本科		2	18	15	54					
水毛花 *Schoenoplectus* cf. *mucronatus* （syn. *Scirpus triangulatus*）	莎草科					1					

（续表 2）

遗址名		绰墩								澄湖	
出土单位		H168	H137	T6402⑦	T6401⑦	S27	S7	S42	S4	S11	S17
扁杆藨草 *Bolboschoenus planiculmis* （syn. *Scirpus planiculmis*）	莎草科					1					
其他藨草类大型种子 *Scirpus sensu lato*（other large）	莎草科		6			1					
莎草科/禾本科根茎 Cyperaceae/Poaceae rhizome tuber			1								
紫苏（WL） *Perilla frutescens*	唇形科									1	
小型豆科种子 Leguminosae seed，small	豆科		1								
植物残体总数		1	37	42	45	394	1	3	1	5	1
植物种类		2	5	1	2	7	1	1	1	2	2

附录一○

绰墩遗址的孢粉植物群与古环境研究

王伟铭　舒军武　陈炜

中国科学院南京地质古生物研究所

从 2005 年起，我们先后在绰墩遗址Ⅳ区的 T4205 探方、Ⅱ区的 T2502 和 T2905 探方，取得长度分别为 200、149 和 188.5 厘米的探方剖面和钻孔剖面样，并在绰墩遗址现代水稻田及附近的傀儡湖取得表土样品（图一），分别进行地层和表土孢粉研究，以探讨太湖地区新石器时期人类活动与环境变化的关系[①]。此外，我们还在三个探方不同层位选取 21 块样品，送往北京大学考古文博院作 AMS^{14}C 同位素年龄测定，用于建立地层的年龄框架。年龄测定结果显示除生土层外，考古文化层样品均存在较大的偏差。上述情况可能与所选的测试物有很大关系，由于在野外取样时我们没有发现合适的测试物如植物种子、贝壳、炭块等，而未经筛选的土质样品受人类活动和老炭再沉积影响的几率极大。这里主要根据区内考古发掘的文化期层序，重点介绍新石器时期以来不同时期的孢粉研究结果。

一　遗址剖面概况

（一）T4205 剖面

直接取自位于遗址Ⅳ区开挖的探方壁（见图一）。探方地层共分为 8 层，自上而下依次为现代耕土层、明清文化层、宋代文化层、崧泽文化层和马家浜文化层。地层分布情况如下（图二）。

第①层：棕黄色土壤，为现代耕作层。厚度 13 厘米。

第②层：黄褐色土壤，为明清文化层，含青花瓷碎片。厚 18 厘米。

第③层：深灰色土壤，为宋代文化层，含青瓷、砖瓦碎片。厚 27 厘米。

第④层：浅灰色含铁锈斑土壤，为崧泽文化层，含灰陶片、残石斧（钺）、砺石和鼎足等遗物器具。厚 34 厘米。

第⑤层：深灰色含铁锈斑土壤，属马家浜文化层，含灰陶、黑陶、红陶等碎片、砺石、豆粑和鼎足等器具。厚 13 厘米。

[①] 舒军武：《太湖地区全新世以来植被、环境变化与人类活动关系研究》，中国科学院南京地质古生物研究所博士学位论文，2007 年，1～140 页。王伟铭、舒军武、陈炜、丁金龙：《长江三角洲地区全新世环境变化与人类活动的影响》，《第四纪研究》（2 卷）2010 年 2 期，233～244 页。

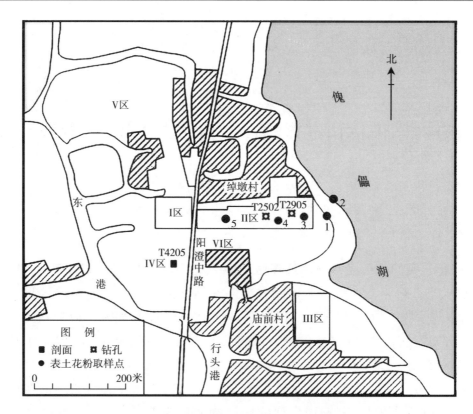

图一　探方剖面、钻孔和表土花粉取样点分布位置图

第⑥层：黑灰色土壤，为马家浜文化层，含黑陶和夹砂红陶等器具。厚12厘米。

第⑦层：黄灰色土壤，为马家浜文化层，含灰陶、黑陶、红陶等碎片、釜、鼎足、和砺石等器具。厚30厘米。

第⑧层：深灰色土壤夹灰黑色土壤，为马家浜文化层，含灰陶、黑陶、橙黄陶、夹砂红陶等碎片、鼎足、砺石、豆把和钵等器具。厚12厘米。

第⑧层下灰坑，属马家浜文化时期。厚41厘米。

（二）T2502剖面

探孔位于遗址Ⅱ区T2502探方（见图一），野外使用洛阳铲取得，样品柱长149.0厘米。该孔自上而下层序为：第①层厚44厘米，为黄褐色现代耕作层；第②层厚28.5厘米，为黄灰色土壤，属明代文化层；第③层厚39厘米，第④层厚20.5厘米，分别为灰坑和黄褐色土壤层，为良渚文化层；底部是硬土质生土层（厚17厘米，未及底）（见图二）。

（三）T2905剖面

探孔位于遗址Ⅱ区T2905探方（见图一），野外同样使用洛阳铲获得，样品柱长188.5厘米。该孔第①层厚27厘米，为黄灰色现代耕作层；第②层厚13厘米，为灰色土壤，属宋文化层；第③层厚29厘米，为黑灰色土壤，属东周文化层；第④～⑦层都为马桥文化层，其中第④（厚25厘米）为黄灰色土壤，第⑤层（厚20.5厘米）为黄褐色土壤，第⑥层（厚22厘

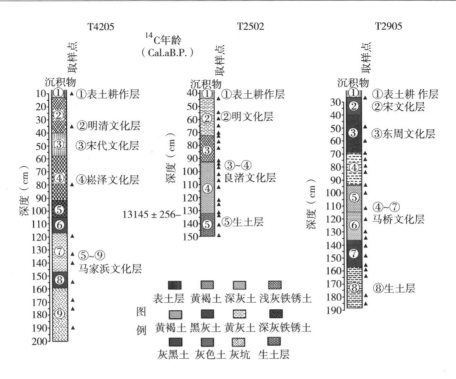

图二 绰墩遗址探方 T4205、T2502 和 T2905 地层柱状图

米）为深灰色土壤，第⑦层（厚 27 厘米）为灰黑色土壤；底部为硬土质生土层（厚 25 厘米，未及底）（见图二）。

二 孢粉研究结果

（一）表土孢粉

遗址附近的农田与湖泊表层孢粉研究表明，组合都以陆生草本被子植物花粉为主，木本被子植物花粉、裸子植物花粉和蕨类植物孢子仅少量或零星见到（图三）。但孢粉组合的成分在农田与湖泊表层样品中存在明显的差别，其中油菜（*Brassica campestris*）花粉在农田的平均含量达到 72.6%，在湖泊中只有 6.6%；而禾本科（Poaceae）花粉在农田中的平均含量为 18.1%，湖泊中占 52.5%。其他不论是木本植物花粉如栎属（*Quercus*）、枫香属（*Liquidambar*）、青冈属（*Cyclobalanopsis*）和松属（*Pinus*）等，还是其他草本植物花粉如莎草科（*Cyperaceae*）、香蒲属（*Typha*）和蒿属（*Artemisia*）等，它们在湖泊样中的含量都比农田里的要高（见图三）。

当地的农业生产现在采用稻—麦—油菜轮作制，由于采样季节的缘故，在农田花粉谱中出现有高含量的油菜花粉，这在一定程度上会影响到其他花粉类型的统计数量和百分比例。相比农田样品，湖泊样品中油菜花粉的含量较低，而禾本科花粉的含量较高。考虑到湖岸边有大量的芦苇丛（*Phragmites* sp.）分布，禾本科花粉大多都应该是芦苇产生的。从孢粉的总体含量上分析，湖泊表层样可能更多地反映了周围广大区域内植物分布情况。此外，在靠农

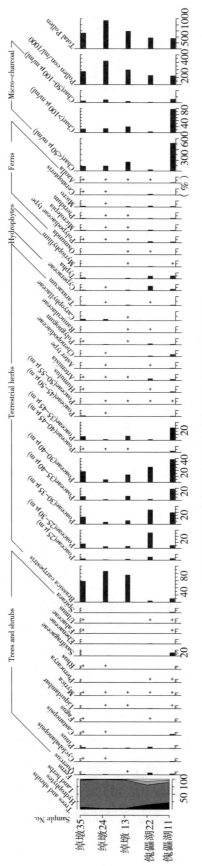

图三　绰墩现代农田及傀儡湖表土孢粉百分含量图式

田相对较近的湖泊样（傀儡湖，见图一）中，含较多与水稻（*Oryza sativa*）有关的花粉[①]（粒径为 34－38 μm）和大量的炭屑，推测该样品孢粉谱面貌较为真实地反映出当地的实际情况，而高碳屑则可能是由于取样点的局部因素引起。

（二）遗址剖面孢粉

1. T4205 探方剖面

上部第①～③和下部第⑦～⑨文化层（共 14 块样品）的孢粉含量丰富，浓度较高，平均每样鉴定 324（120～676）粒；中间第④～⑥层 4 块样品孢粉较少，浓度也低，每个样品的统计数量不足 100 粒。下列孢粉百分含量和孢粉浓度计算中未包括各种藻类，以及满江红属（*Azolla*）的小孢子和孢子囊。

孢粉统计结果显示，除第④～⑥层外，其他文化层孢粉科属都较为丰富。孢粉植物群以草本被子植物花粉占优势，达 82%（平均含量，下同）以上，其中，陆生草本植物花粉占据 59%，并以禾本科占主导，达 23.1%，其他常见有蒿属、油菜、菊科（Asteraceae）、蓼属（*Polygonum*），偶见有石竹科（Caryophyllaceae）、藜科（Chenopodiaceae）、葎草属（*Humulus*）、毛茛科（Ranunculaceae）等。湿/水生植物类型较少，以香蒲属和莎草科占优势，分别为 14.0% 和 8.9%，常见分子还有眼子菜属（*Potamogeton*）、莕菜属（*Nymphoides*）、狐尾藻属（*Myriophyllum*）等。木本被子植物花粉含量较低，平均含量近 25%，主要以青冈属、栎属为主，两者含量一般都在 1%～4% 之间。此外，还有少量的亚热带常见乔灌木植物花粉的分布，如枫香属、榆属（*Ulmus*）、桦属（*Betula*）、水青冈属（*Fagus*）、榛属（*Corylus*）、胡桃属（*Juglans*）、栲属（*Castanopsis*）/柯属（*Lithocarpus*）、漆树属（*Rhus*）等，偶见有冬青属（*Ilex*）、杨梅属（*Myrica*）、蔷薇科（Rosaceae）、芸香科（Rutaceae）等。裸子植物花粉只有少量松属和杉科（Taxodiaceae）分布。蕨类植物孢子较少，一般在 2% 左右，常见有水龙骨科（Polypodiaceae）、紫萁属（*Osmunda*）、水蕨属（*Ceratopteris*）、蕨属（*Ptcridum*）等。水生满江红属小孢子及小孢子囊常见。藻类含量较低，见有环纹藻属（*Concentricystes*）、双星藻属（*Zygnema*）、水绵属（*Sperogyra*）等，沟鞭藻类（Dinoflagellate）和盘星藻属（*Pediastrum*）偶见（图四）。

马家浜文化层（Ⅳ区第⑤～⑧层以及第⑧层下遗迹）

根据考古资料以及与邻近草鞋山遗址的对比，缫墩地区的马家浜文化处于晚期，年代上应不早于 6200 或 6000 年。从图四上看，本剖面马家浜文化晚期的孢粉植物群可以进一步分为前（第⑦～⑧层）后（第⑤～⑥层）两个阶段。其中，前阶段孢粉类型多样、孢粉浓度较高（约 39000 粒/毫升），后阶段孢粉贫乏，除环境因素以外，这在很大程度可能与岩性有关。

在前阶段孢粉组合中，阔叶木本植物花粉以常绿青冈属（1.2%～6.2%）和栎属

[①] 舒军武：《太湖地区全新世以来植被、环境变化与人类活动关系研究》，中国科学院南京地质古生物研究所博士学位论文，2007 年，1～140 页。舒军武、王伟铭、陈炜：《太湖平原西北部全新世以来植被与环境变化》，《微体古生物学报》（24 卷）2007 年 2 期，210～221 页。舒军武、王伟铭、王爱根：《江苏宜兴龙池山表土孢粉的初步研究》，《古生物学报》（46 卷）2007 年，340～346 页。王伟铭、舒军武、陈炜、丁金龙：《长江三角洲地区全新世环境变化与人类活动的影响》，《第四纪研究》（2 卷）2010 年 2 期，233～244 页。

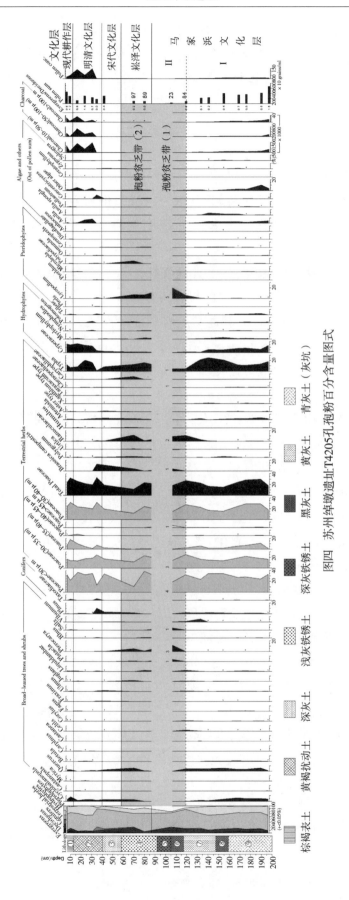

图四　苏州绰墩遗址T4205孔孢粉百分含量图式

（1.5%～6.2%）为主，此外枫香属、榆属、桦属较常见，栲属/柯属、漆树属、胡桃属、朴属（*Celtis*）、水青冈属、榛属、芸香科、大戟科等含量较低或零星出现。针叶植物花粉以松属为主，占1.4%，除此还见有个别的杉科分子。青冈属自最底部第⑧层下遗迹到第⑦层，含量逐步减低，而栎属和松属含量则基本保持稳定。草本植物花粉中禾本科占绝对优势（23.1%），其中与水稻花粉粒径重合的成分占有一定的比例，且在第⑧层下遗迹内含量最高。此外，蒿属、菊科紫菀型（*Aster* type）、蒲公英型（*Taraxacum* type）、苍耳型（*Xanthium* type）花粉常见。以香蒲属和莎草科为主导的湿、水生植物花粉平均含量26.7%。此外，狐尾藻属、苍菜属、水蕨属、满江红属、淡水藻类（环纹藻、盘星藻、双星藻等）常见，说明遗址周围水体如湖沼水塘低洼地繁育。此外在第⑧层下灰坑内见有个别的沟鞭藻类与盘星藻等淡水藻类共存现象，推测可能是再沉积形成。

本剖面的第⑤～⑥层，即本期的后阶段孢粉浓度骤降，且类型单调，主要为禾本科、石松属（*Lycopodium*）、柳属、松属、毛茛科等，少量见有香蒲属、莎草科等。前阶段见有的青冈属、水蕨属、满江红属、狐尾藻属、苍菜属、淡水藻类等均消失。这一方面是因为这两层的铁锈土不易孢粉保存，另一方面可能还指示了马家浜末期可能出现的气候波动和遗址周围水体的缩减。其上直接与崧泽文化层相衔接，暗示了可能的环境原因所导致的文化层中断。

崧泽文化层（Ⅳ第④层）

孢粉浓度有所增加，但仍处于低值。从孢粉组成分析，湿生和水生植物花粉的含量较上述第⑤、⑥层有明显提高，如香蒲属、莎草科花粉常见，满江红属、狐尾藻属、苍菜属和淡水藻类又重新开始出现。另外，栎属、青冈属、枫香属也有一定的含量。陆生草本植物花粉除禾本科外，蓼属、毛茛科也较常见。蕨类植物孢子时有石松属和水龙骨科分布。这在一定程度上表明当时的气候条件已有所好转，水体开始扩展，遗址周围环境再度适宜人类的居住与生活。因本层同属铁锈色土壤，不利于孢粉的保存，当时的植被面貌无法作进一步判断。

宋代、明清文化层（Ⅳ第②、③层）

从宋代开始孢粉浓度逐步提高，至明清达峰值。孢粉组合中青冈属含量明显增加，栎属常见，松属逐步减少，油菜型花粉从宋文化层开始含量明显提高，其他湿生植物特别是莎草属、环纹藻、满江红孢子和淡水藻类，以及炭屑浓度都有明显增加。说明研究区进入历史时期以后，植被有所恢复、气候适宜，同时人类对本地区自然环境的干扰也日益增强，并逐步向现代过渡。

2. T2502探方钻孔剖面

除生土层和上部44.0～55.0厘米段5个样品的孢粉浓度低（每样统计不足100粒）外，其他文化层中的孢粉含量都很丰富，平均每样（共15样）统计孢粉382（295～610）粒。

从孢粉统计结果看，文化层孢粉组合与上述T4205探方的相似，均以草本植物花粉占主导，一般含量都在80%以上。湿、水生植物略多于陆生草本植物的含量，其中陆生类以禾本科花粉占优势，一般在35%（26.4%～46.5%）左右，常见有蒿属、蓼属、菊科（紫菀型等）、藜科，零星见有十字花科（Cruciferae）、葎草属、毛茛科等；水生类以香蒲属和莎草科占优势，平均含量分别为28.9%和14.2%，狐尾藻属和金鱼藻属（*Ceratophyllum*）常见，苍菜属、眼子菜属等零星出现。木本植物花粉含量较低（2.3% ~ 14.0%），主要有松属（4.5%）、栎属（3.5%）和青冈属（1.0%），其他枫香属（0.9%）、榆属（0.6%）常见，水青冈属、栲属/柯属、胡桃属、椴树属（*Tilia*）、杨梅属、山核桃属（*Carya*）、枫杨属和榛属零星出现。蕨类植物孢子含量平均仅为 3.2%，主要见有水龙骨科（1.2%）、水蕨属（0.6%）、紫萁属、凤尾蕨属（*Pteris*）等。其他淡水类植物还有满江红孢子及孢子囊（9.7%）、转板藻属（*Mougeotia*）、环纹藻等，以及沟鞭藻类（图五）。

生土层（Ⅱ区 T2804 第⑤层下）

孢粉浓度非常低，平均为 4170 粒/毫升，为孢粉贫乏带。孢粉成分非常单调，以下层（149.0 厘米）为例，以环纹藻属占绝对优势（74 粒），不见有阔叶木本植物，主要见有云杉属（10 粒）、松属（6 粒）、禾本科（6 粒）、菊科（1 粒）、香蒲属（5 粒）、莎草科（2 粒）。蕨类植物孢子较多，紫萁属（13 粒）、石松属（8 粒）。上层（133.0 厘米）个别见有栎属、榆树、桦属、蒿属、蓼属，香蒲属、莎草科花粉较有增多，环纹藻消失，沟鞭藻类（7 粒）出现。这样的孢粉组合与长江三角洲硬土层中以环纹藻占优势的孢粉组合相似（覃军干等，2004）。指示了当时有水域的分布，气候较为干凉。下部的 AMS^{14}C 年龄 11150 ± 50a. B. P.（134.0 ~ 135.0 厘米）也表明该生土层形成于晚更新世晚期。

良渚文化层（第③、④层）

孢粉含量丰富，平均浓度为 40000 粒/毫升；炭屑的浓度也较高。孢粉类型丰富，木本植物花粉以栎属（4.5%）、青冈属（1.3%）和松属（4.7%）为主，常见有枫香属（0.8%）、榆属（0.6%）和胡桃属（0.5%），其他水青冈属、柯属/栲属、杨梅属、椴属、桦属、鹅耳枥属（*Carpinus*）、桤木属等零星见到。陆生草本植物以禾本科（36.1%）为主，常见有蒿属、蓼属和菊科分子；另外，藜科、十字花科、葎草属、荨麻属少量出现。湿/水生植物含量较高，以香蒲属（23.3%）和莎草科（17.3%）为主，其他狐尾藻属（0.8%）和水蕨属（0.6%）常见，莕菜属少量分布；此外，满江红孢子和孢子囊含量较高（8.3%），淡水藻类丰富（10.2%），沟鞭藻类常见（0.7%）。

明代文化层（第②层）

基本承袭了良渚文化后阶段的植被面貌，但青冈属逐步消失，松属（4.0%）、枫香属（1.1%）较多，常见有水青冈属、胡桃属、榆属等。反映当时活跃的人类活动已对森林产生强烈的影响。香蒲属（35.7%）和莎草科（4.7%）维持高含量，常见有水蕨属（1.4%）孢子。上部开始出现油菜型花粉，可能指示当时油菜经济作物的种植。

3. T2905 探方钻孔剖面

除生土层（共 2 样）孢粉浓度低（每样统计不足 100 粒）外，其他文化层中的孢粉含量都丰富，平均每样（共 18 样）统计孢子花粉 320（108 ~ 521）粒。

本剖面各文化层孢粉组合特征与 T4205、T2502 剖面相似，都以草本植物花粉占主导，一般含量在 80% 以上，其中陆生草本植物的含量比湿、水生植物的要高。成分上，陆生草本植物花粉以禾本科占优势，平均达 33.5%；其他蓼属（2.4%），蒿属（1.7%）、菊科（紫菀型）（0.9%）和藜科（0.9%）常见；十字花科、葎草属、毛茛科等零星见到。水生草本植

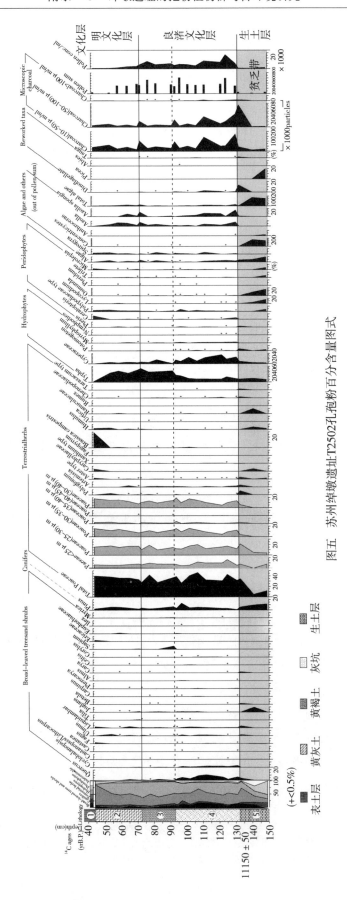

图五　苏州缚墩遗址T2502孔孢粉百分含量图式

物以香蒲属（16.4%）和莎草科（6.7%）占主导，其他眼子菜属、狐尾藻属常见，菩菜属零星分布。木本植物花粉的含量平均为11.7%，主要有栎属（5.4%）、青冈属（1.4%）、松属（4.4%），其他常见成分包括枫香属（1.1%）和槭属（0.9%），榆属、榛属含量较低，朴属、水青冈属、桦属和胡桃属偶见。蕨类植物孢子平均占7.0%，主要有水龙骨科（12.2%）、水蕨属（3.3%）、海金砂属（Lygodium）（1.3%）、紫萁属和凤尾蕨属等。淡水类植物丰富，满江红孢子及孢子囊（12.0%）含量较高，环纹藻、沟鞭藻类及其他淡水藻类常见（图六）。

生土层（Ⅱ区第⑧层）

孢粉浓度200~300粒/毫升，属孢粉贫乏带。与T2502底部生土层相似，都以环纹藻占优势。蕨类植物孢子海金砂属较多出现，常见孢子还见有石松属、紫萁属等。根据与T2502底部年龄，推测该硬土质生土层形成于晚更新世晚期。

马桥文化层（Ⅱ区第④~⑦层）

孢粉浓度高，2000~35000粒/毫升不等，类型丰富。木本植物花粉以栎属（6.0%）、青冈属（1.6%）和松属（5.1%）为主，常见有枫香属（1.3%），零星见有榆属、胡桃属、水青冈属、柯属/栲属、桦属、鹅而枥属和桤木属等。E/D比值多数在0.1~0.2之间。陆生草本植物以禾本科（29.6%）为主，常见有蒿属（1.9%）、蓼属（2.8%）和菊科分子（0.9%）。另外，藜科、石竹科、十字花科、葎草属和荨麻属少量分布。湿/水生植物以香蒲属（19.0%）、莎草科（7.6%）、水蕨（2.8%）为主。常见有眼子菜属（0.7%）和狐尾藻属（0.5%）以及少量的菩菜属花粉。满江红孢子和孢子囊（13.2%）含量较高、淡水藻类（1.7%）和沟鞭藻类（1.1%）常见。

根据一些重要科属含量的变化情况，可在马桥文化第⑤层和第⑥层之间划分前后两个阶段，青冈属、栎属和松属含量在后阶段明显下降，而陆生草本植物禾本科、香蒲属，以及水蕨属、满江红孢子和孢子囊和其他淡水藻类含量明显增加。与此同时，炭屑含量显著上升，并在第⑤层达到峰值。

本文化层出现了较多云、冷杉属花粉，这些亚高山针叶植物一般分布1000米以上的亚高山，而长江下游地区地势低平，即使周围山地一般也在800米以下，由此这些花粉以判断为再沉积分子，这与卜弋桥孔孢粉组合情况相似[①]。另外，所见有的沟鞭藻类常与丰富的淡水藻类一起出现，由此推测其可能同属于再沉积分子。

东周、宋文化层（Ⅱ区第②、③层）

孢粉浓度较低，木本植物花粉含量在东周文化层急剧降低，在宋文化层基本消失，反映了历史时期人类活动对森林植被的强烈破坏。孢粉植物群以禾本科为主，在宋代文化层开始见到较多的油菜型花粉，表明该时期油菜经济作物已广为栽培。

① 舒军武：《太湖地区全新世以来植被、环境变化与人类活动关系研究》，中国科学院南京地质古生物研究所博士学位论文，2007年，1~140页。舒军武、王伟铭、陈炜：《太湖平原西北部全新世以来植被与环境变化》，《微体古生物学报》（24卷）2007年2月期，210~221页。舒军武、王伟铭、王爱根：《江苏宜兴龙池山表土孢粉的初步研究》，《古生物学报》（46卷）2007年，340~346页。王伟铭、舒军武、陈炜、丁金龙：《长江三角洲地区全新世环境变化与人类活动的影响》，《第四纪研究》（2卷）2010年2月期，233~244页。

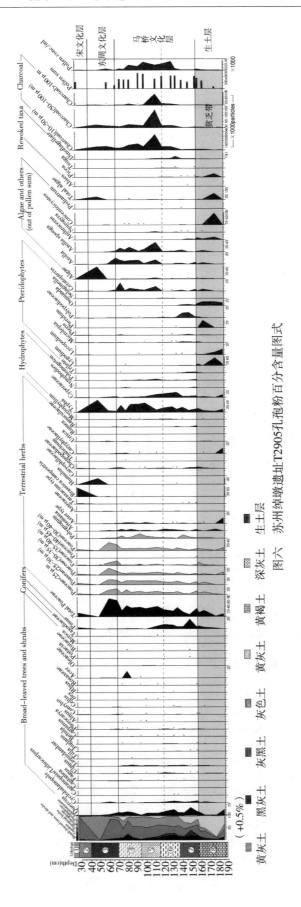

图六　苏州绰墩遗址T2905孔孢粉百分含量图式

三　古环境讨论

　　绰墩遗址孢粉研究表明：史前文化层的孢粉植物群以草本植物占优势，一般可达60% ~
80%以上。陆生草本植物和湿/水生草本植物含量都十分丰富，其中陆生草本植物花粉以禾本
科花粉为主，百分含量一般在20% ~ 40%，其他蒿属、藜科、菊科分子等常见；水生草本植
物都以香蒲属和莎草科居优，含量为20% ~ 40%。蕨类植物孢子含量低，以水龙骨科、水蕨
属、凤尾蕨属和紫萁属为常见。

　　孢粉反映当时的地带性植被为亚热带含针叶植物的常绿落叶阔叶混交林，遗址周围一般
都有较大面积的水域湿地或沼泽湖泊发育。在马家浜文化晚期，常绿阔叶木本植物花粉/落叶
木本植物花粉含量比值（E/D值）较高，平均值为0.6。根据我们在附近宜兴山地地区表土
花粉的研究结果[①]，反映当时遗址周围高岗或山地可能分布有中亚热带性质的混生有落叶阔叶
树种的常绿阔叶林。从E/D比值来看，马家浜文化时期气候较其后的文化期气候更加温暖
（表1），这与研究区其他相关研究的结果相一致[②]，反映出全新世大暖期鼎盛时期的气候特
征。自1998年以来，在绰墩地区共发现64块古水稻田，另有水稻田的植硅体[③]证据，说明研
究区稻作农业在马家浜晚期已具有一定的规模。

　　绰墩史前遗址的孢粉浓度较历史时期的要高，类型也更加多样化，表明本地区新石器时
期先民所处的自然植被发育较好，史前先民对植被的干预比历史时期要弱得多。孢粉组合中
有较多可能与水稻相关的禾本科花粉分布，说明绰墩地区自史前马家浜文化以来一直延续有
稻作农业的生产[④]。

---

①　舒军武：《太湖地区全新世以来植被、环境变化与人类活动关系研究》，中国科学院南京地质古生物研究所博士学位论文，
　　2007年，1~140页。舒军武、王伟铭、陈炜：《太湖平原西北部全新世以来植被与环境变化》，《微体古生物学报》（24卷）
　　2007年2期，210~221页。舒军武、王伟铭、王爱根：《江苏宜兴龙池山表土孢粉的初步研究》，《古生物学报》（46卷）
　　2007年，340~346页。王伟铭、舒军武、陈炜、丁金龙：《长江三角洲地区全新世环境变化与人类活动的影响》，《第四纪研
　　究》（2卷）2010年2期，233~244页。
②　舒军武、王伟铭、陈炜：《太湖平原西北部全新世以来植被与环境变化》，《微体古生物学报》（24卷）2007年2期，210~221
　　页。舒军武、王伟铭、王爱根：《江苏宜兴龙池山表土孢粉的初步研究》，《古生物学报》（46卷）2007年，340~346页。王伟
　　铭、舒军武、陈炜、丁金龙：《长江三角洲地区全新世环境变化与人类活动的影响》，《第四纪研究》（2卷）2010年2期，233~
　　244页。许雪岷、William Y. B. Chang.、刘金陵：《11000年以来太湖地区的植被与气候变化》，《古生物学报》（35卷）1996年2
　　期，175~186页。Chen Zhong - yuan, Wang Zhang - hua, Schneiderman J., Tao Jin, Cai Yong - li, 2005. Holocene climate fluctuations
　　in the Yangtze delta of eastern China and the Neolithic response. The Holocene, 15 (6): 915 - 924; Liu Kam - Biu, Sun Shuncai, Jiang
　　Xinhe, 1992. Environmental change in the Yangtze River Delta since 12, 000 yr B. P. Quaternary Research, 38 (1): 32 - 45; Tao Jing,
　　Chen Min - Te, Xu Shiyuan, 2006. A Holocene environmental record from the southern Yangtze River delta, eastern China. Palaeogeogra-
　　phy, Palaeoclimatology, Palaeoecology, 230 (3 - 4): 204 - 229; Yi S., Saito Y, Zhao Quan - hong, Wang Pin - xian, 2003. Vegetation
　　and climate changes in the Changjiang (Yangtze River) Delta, China, during the past 13, 000 years inferred from pollen records. Quaternary
　　Science Reviews, 22: 1501 - 1519; Yi S., Saito Y., Yang Dong - Yoon, 2006. Palynological evidence for Holocene environmental change
　　in the Changjiang (Yangtze River) Delta, China. Palaeogeography, Palaeoclimatology, Palaeoecology, 241: 103 - 117.
③　李春海、章钢娅、杨林章等：《绰墩遗址古水稻土孢粉学特征初步研究》，《土壤学报》（43卷）2006年3期，452~460页。Li Chun -
　　hai, Zhang Gang - ya, Yang Lin - zhang, Lin Xian - gui, Hu Zheng - Yi, Dong Yuan - hua, Cao Zhi - Hong, Zheng Yun - fei, Ding Jin - long,
　　2006. Pollen and phytolith analysis of ancient paddy fields at Chuodun site, the Yangtze River Delta. Pedosphere, 17 (2): 209 - 218.
④　Wang Wei - Ming, Ding Jin - Long, Shu Jun - Wu, Chen Wei, 2010. Exploration of early rice farming in China. Quaternary Internation-
　　al, 227: 22 - 28.

表 1　绰墩遗址部分文化期孢粉植物群主要类群含量对比表

植物群 / 文化期	木本植物（%）					草本植物（%）			蕨类植物（%）
	常绿阔叶植物	落叶阔叶植物	针叶植物	木本植物总计	E/D比值	陆生草本	湿/水生草本	草本植物总计	
马桥文化期	1.7	10.3	11.4	23.4	0.1-0.2	37.4	28.0	65.4	16.0
良渚文化期	1.5	8.3	4.7	9.8	0.1-0.3	38.5	41.8	80.3	3.0
马家浜文化期	4.0	8.7	1.8	14.4	0.6	56.1	26.7	82.8	2.8

　　绰墩遗址点史前孢粉植物群高草本含量的特点与自然剖面所揭示的孢粉植物群如卜弋桥[①]、太湖盆地 W1、E2 孔[②]等有很大的差别。这一方面可能跟人类活动对森林植被的干预有关，另一方面本地区低平的地势使平原地带常有湖泊和沼泽发育，一定程度上限制了森林植被的发育[③]。

　　木本植物花粉，如栎属和青冈属等的平均含量和浓度在良渚文化层上部急剧下降，可能与当时气候变凉和人类活动增强有关。而香蒲属的大量出现，则说明良渚中后期水域有所扩大[④]。相似的变化在马桥文化后期也有反映，很大程度上反映了当时可能的气候变动和区内人类活动的起落。进入历史时期以后，当地的阔叶林曾一度获得部分恢复，但随着人类活动的不断增强，原生植被开始大量消失。

　　致谢：本文工作得到中国科学院知识创新工程重要方向项目（批准号：KZCX2-YW-155）、国家自然科学基金项目（批准号：40730210 和 40872014）和德国大众汽车科学基金项目（批准号：I/78 365）的共同资助。

① 舒军武、王伟铭、陈炜：《太湖平原西北部全新世以来植被与环境变化》，《微体古生物学报》（24 卷）2007 年 2 期，210～221 页。舒军武、王伟铭、王爱根：《江苏宜兴龙池山表土孢粉的初步研究》，《古生物学报》（46 卷）2007 年，340～346 页。
② 许雪岷、William Y. B. Chang.、刘金陵：《11000 年以来太湖地区的植被与气候变化》，《古生物学报》（35 卷）1996 年 2 期，175～186 页。
③ Li Chun-hai, Zhang Gang-ya, Yang Lin-zhang, Lin Xian-gui, Hu Zheng-Yi, Dong Yuan-hua, Cao Zhi-Hong, Zheng Yun-fei, Ding Jin-long, 2006. Pollen and phytolith analysis of ancient paddy fields at Chuodun site, the Yangtze River Delta. *Pedosphere*, 17 (2): 209-218.
④ 萧家仪、丁金龙、郭平等：《绰墩遗址古植被、古环境与古文化》，《东南文化》（增刊）2003 年，93～69 页。萧家仪、郭平、王丹等：《太湖平原全新世中晚期古植被、古环境与古文化——以苏州绰墩遗址为例》，《南京师范大学学报》（27 卷）2004 年 2 期，91～97 页。张瑞虎：《江苏苏州绰墩遗址孢粉记录与太湖地区的古环境》，《古生物学报》（44 卷）2005 年 2 期，314～321 页。

附录一一

绰墩遗址孢粉组合和考古学意义

萧家仪　高亚炜　韩　艳　徐时强

南京师范大学地理科学学院

位于苏州昆山的绰墩遗址，是太湖流域近几年发掘的一处重要遗址。1998~2004 年，南京博物院、苏州博物馆及昆山文物管理所三家合作，先后对绰墩遗址进行了多次发掘①。发掘成果表明：绰墩遗址不仅面积大，而且内涵丰富，文化堆积涵盖马家浜、崧泽、良渚和马桥四个文化阶段，这在太湖流域以及长江三角洲不多见的。因此，多学科合作，采用孢粉分析的方法，对绰墩遗址地层中古植被、古环境信息方面进行研究，探讨太湖流域全新世自然环境的变迁，与史前时期古代先民的文化活动互为影响的现象与机制，为太湖流域新石器时期的古文化研究，增添新的内容。

一　地理位置及考古发掘

绰墩遗址位于太湖东北部，在江苏省昆山市境内，东距昆山市区约 10.5 千米，巴城镇南 7 千米左右（图一）。处于阳澄湖和傀儡湖之间的狭长地带，中心位置约在北纬 31°25′，东经 120°50′。遗址面积约 40 万平方米，四周环河，原为一南北长 70、东西长 30、高约 6 米的土墩，后因砖厂取土和农耕，逐渐被夷为平地。

二　文化层取样和孢粉组合

绰墩遗址从马家浜文化到马桥文化都有文化层堆积。因此本文选取不同文化期的文化层展开孢粉分析。马家浜文化期为 T4206 东壁剖面；崧泽文化期因某些原因未见孢粉；良渚文化期为 T2803 东壁剖面；马桥文化期为 T2904 东壁剖面等为代表。室内富集、分析和统计孢粉样品 33 块。

各工作剖面如下（图二~四）。

---

① 苏州博物馆、昆山市文物管理所、昆山市正仪镇政府：《江苏昆山绰墩遗址第一至第五次发掘简报》，《东南文化》（增刊 1）2003 年，1~41 页。

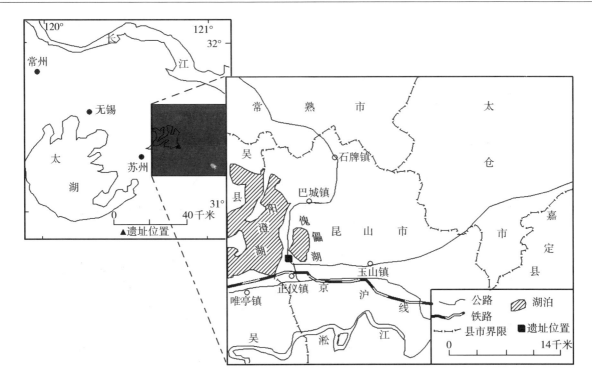

图一　绰墩遗址地理位置图

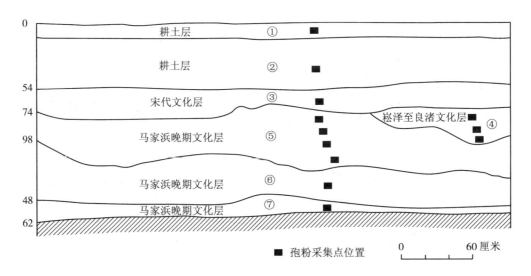

图二　绰墩遗址 T4206 东壁剖面图

　　T4206⑤~⑦层为马家浜文化晚期堆积，④层为崧泽文化至良渚文化过渡阶段。③层为宋代文化层。本文涉及层段是的是④~⑦文化层（图二）。

　　T2803 东壁，主要是良渚时期（④~⑦文化层）和战国及以后的堆积（图三）。

　　T2904 东壁，马桥期（④~⑦文化层）及以后的文化层（图四）。

　　笔者孢粉分析时段为新石器文化期。在绰墩遗址选择了三个不同文化阶段的探方，逐层取样。室内分析，实验室内用酸碱法富集孢粉，即先用盐酸去除样品中的钙质，水洗至中性后用10%碳酸钠溶液热水浴15分钟去除有机质，再水洗至中性用2.0重液浮选两次，水洗至

低于 10% 。木本植物花粉松属少见，含量明显增高的是青冈属和栗属/栲属，峰值分别为 15% 和 7% ；栎属也增至 5% 左右，草本植物花粉最明显的是禾本科花粉骤减，最低值为零；而香蒲属花粉稍多，最多超过 30% ，蒿属和莎草科的花粉与前带相比，波动不大，蕨类孢子本带出现较少。

带Ⅲ：④层，崧泽文化至良渚文化过渡期。孢粉特点与带Ⅰ相似，木本植物花粉含量稳定在 20% 左右，草本植物花粉含量上升，平均在 70% 以上。蕨类孢子下部为 5% ，上部升至 10% 。木本植物花粉中，仍然以青冈属和栗属/栲属、栎属为主，不过比带Ⅱ略少一些。草本植物花粉中禾本科花粉升至 30% 左右，香蒲属花粉与禾本科互为消涨，但也保持了 20% 左右的百分含量。

崧泽文化期因地层中未见孢粉，无法讨论。

T2803 探方是良渚文化期的堆积，取孢粉样样 6 块（④～⑦，见图三）。每样统计数均在 200 粒以上，该剖面孢粉特征与分带如下（图六）。

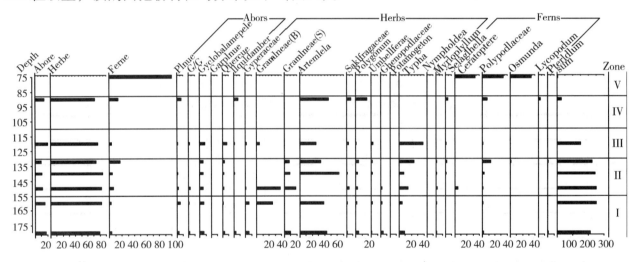

图六　昆山绰墩遗址 T2803 孢粉百分比图

带Ⅰ（176～155 厘米，⑦层上部、⑥层下部）：本带孢粉含量丰富，统计粒数多于 200 粒。本带中木本植物花粉 15% 左右，类型较多。主要有松属、青冈属、栎属、栗属/栲属等，鹅耳枥属（*Carpinus*）、枫香属等少见。草本花粉含量在 80% 以上，主要是蒿属、大、小型禾本科、香蒲属，其次是莎草科、虎耳草科（Saxifragaceae）、蓼属（*Polygonum*）等。其中大型禾本科含量由少渐多，蒿由多到少，蕨类孢子含量极少，零星出现水龙骨科（Polypodiaceae）、水蕨属（*Ceratopteri*s）等。

带Ⅱ（155～130 厘米，⑥层中上部）：本带孢粉含量丰富，每个样品统计数在 200 粒以上，与带Ⅰ相比，木本花粉稍有下降波动，但幅度很小. 木本花粉仍然主要是青冈属、栎属，松属的含量减少，栗属/栲属的含量先升后降。草本花粉含量虽然与带Ⅰ相差不大，仍占 75% 以上。主要的种属是禾本科、蓼属，香蒲属含量上升。蕨类孢子仍以水龙骨科为主，含量与带Ⅰ相比，有所增加。

带Ⅲ（130～110 厘米，⑤层）：本带孢粉含量较丰富，鉴定统计孢粉 150 粒左右。木本比例上升，占 20%，仍以青冈属、栎属为主。草本比例仍很高，为 76% 左右，大型禾本科仍然出现，但较上带少，蒿属的比例下降，香蒲比例达到整个剖面中的峰值，约 38%，表明遗址周边大的区域，可能乔木的密度增加。样点周围水域面积增大。

　　带 IV（110 ~ 90 厘米）：④层，孢粉数量急剧下降仅 28 粒，孢粉贫乏，木本、草本花粉种类、数量迅速下降，木本花粉零星可见松属、枫香属等，其他木本花粉不见。草本花粉偶见蒿属、蓼属、虎耳草科等，香蒲属未见。蕨类孢子个别见水蕨属、水龙骨科、紫萁属（*Osmunda*）等。

　　马桥文化的代表探方是 T2904，取样点在距地表 70 厘米以下的马桥期的文化层中（图四），本剖面共取样 8 块，除顶部、底部两块样品外，其他样品中花粉含量都很丰富，统计粒数均在 250 粒以上。从总的特点看，还是草本花粉占绝对优势。该探方剖面孢粉图式可划分为三个花粉带（图七）。

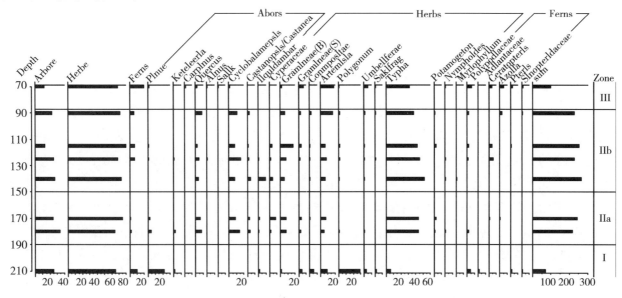

图七　绰墩遗址 T2904 剖面孢粉图式

　　带 I（生土层）：松—蓼—香蒲带。花粉总数 69 粒，花粉较少。该带中草本花粉占多数。木本花粉主要多见松属，偶见生长在湿热环境的油杉属（*Keteleeria*）和少量的枫香属等。草本花粉中以蓼属、香蒲属、蒿属为常见，藜科（Chenopodiaceae）、伞形科（Umbelliferae）、虎耳草科较为少见。蕨类孢子约占 10%，多见水龙骨科、卷柏属（*Selaginella*）、凤尾蕨属（*Ptris*）等。

　　带 II（192 ~ 90 厘米）：⑦ ~ ⑤层，孢粉丰富，木本花粉比例 15% ~ 34%。以草本花粉占绝对优势，在 65% ~ 80% 之间。木本类以青冈属、栎属、栲属/栗属为优势成分。松属在 5% 以下；同时可见榆属、鹅耳枥属、柳属（*Salix*）以及亚热带成分的油杉属、五加科（Araliaceae）、杨梅属（*Myrica*）等，虽然它们的数量很少，但是却使木本植物成分结构发生了根本的改变。草本花粉中，以水生的香蒲属最多，占 37% ~ 52%，其次是蒿属，占 10% ~ 17%，禾本科（大型）最高含量达 20%。眼子菜属（*Potamogeton*）、狐尾藻属（*Myriophyllum*）连续出现。蕨类孢子中，可见水龙骨科、凤尾蕨以及水生的水蕨、满江红属。

带Ⅱa（192～150厘米）：本亚带最大的特点是花粉的科属最多、数量丰富、枫香在该亚带的顶部达到峰值20%左右，香蒲在整个剖面中比例最高，达到40%以上。

带Ⅱb（150～90厘米）：本亚带与带Ⅱa相比，大型禾本科比例增加，最高时达到20%，蒿属的比例上升，香蒲属百分比呈下降趋势。

带Ⅲ（90～70厘米）④层：本带花粉数量大为减少，花粉数仅统计98粒。木本比例下降，仅占12%，见有松属、栎属、榆属、柳属等，青冈属、桤木属（Alnus）、无患子科（Spindaceae）、五茄科（Araliaceae）等零星出现。不见栲属/栗属、枫香属。草本比例仍占68%，大型禾本科减少，仅为2%，小型禾本科上升，约为7%，蒿属的比例上升幅度最大，占18%，香蒲属比例仍占31%。蕨类植物比例上升幅度很大，达到20%。主要为水龙骨科、满江红属、水蕨属等。

三　遗址古植被、古地理与古文化

众所周知，人类的活动，文明的起源与发展，与自然环境有着密切的联系。在生产力低下的史前时期，古代先民的生存、摄食和文化发展，对地表环境有极强的依赖性。太湖流域在全新世繁育了璀璨的史前文化，与全球气候进入温暖的间冰期气候有关。虽然在全新世阶段，全球的气候发生了气候波动与气候事件[①]。但太湖平原地处亚热带湿润地区，东临南黄海，受东亚季风与海洋性气候影响，与我国内陆和北方地区相比，全球全新世气候变化幅度，对长江三角洲以及太湖流域的自然景观影响比较小。绰墩遗址保留了新石器四期古文化的客观事实，也印证了绰墩周边地区环境的相对稳定。有许多学者从不同研究视角和方法就气候、植被、海面变化与太湖及周边地区的新石器古代先民活动的影响机制做了大量的研究工作[②]。综合前人的研究成果，太湖地区的先民活动和古文化发展的自然影响因子，除了温度、湿度、三角洲的发育以外，海面变化和植被的变化也是重要的自然因素。海面变化是长江三角洲新

① Paul A. Mayewski, Eelco E. Rohling, J. Curt Stager, Wibjfrn Karle'n, Kirk A. Maasch, L. David Meeker, Eric A. Meyerson, Francoise Gasse, Shirley van Kreveld, Karin Holmgren, Julia Lee - Thorp, Gunhild Rosqvist, Frank Rack, Michael Staubwasser, Ralph R. Schneider, Eric J. Steig. Holocene climate variability, 2004, *Quaternary Research* 62（2004）243 - 255；Yongjin Wang, Hai Cheng, R. Lawrence Edwards, Yaoqi He, Xinggong Kong, Zhisheng An, Jiangying Wu, Megan J. Kelly, Carolyn A. Dykoski, Xiangdong Li。The Holocene Asian Monsoon：Links to Solar Changes and North Atlantic Climate, 6 May 2005, *SCIENCE*, VOL 308：854 - 857.《杨怀仁论文选集》编辑组：《环境变迁研究》，《杨怀仁教授论文选集》，河海大学出版社，1996年，15、222页。
② 许雪珉、刘金陵：《11000年以来太湖地区的植被与气候变化》，《古生物学报》1996年。萧家仪等：《太湖流域全新世气候海面短期振荡事件及其对新石器文化的影响》，《地理科学》（第20卷第4册），2000年，331～334页。李春海等：《晚更新世以来浙江余姚地区植被变化及人类活动》，《微体古生物学报》（第26卷第1册），2009年，48～56页。史威：《太湖地区多剖面地层学分析与良渚期环境事件》，《地理研究》（第27卷第5册），2008年，1129～1138页。申洪源、朱诚、贾玉连：《太湖流域与环境变迁对新石器文化传承的影响》，《地理科学》（第24卷第5册），2004年，580～585页。Sangheon Yi, Yoshiki Saito, Quanhong Zhao, et al. Vegetation and Climate Changes in the Changjiang Delta, China, during the past 13000 years inferred from Pollen records [J]. *Quaternary Science Reviews*, 2003, 22：1508 - 1517. 陈中原等：《太湖地区环境考古》，《地理学报》（第52卷第2册），1997年，133～136页。丁金龙：《长江下游新石器时代水稻田与稻作农业的起源》，《东南文化》2004年2期，19～23页。

石器各期文化遗址空间分布的重要因子[1]，杨怀仁先生[2]的研究认为 7000a BP 左右有一次大的海侵，之后发生海退，约 6000a BP 以来，海平面与现代相比，除个别地区和个别时段外，波动范围不大、相对稳定。植被因素至今也是影响人类活动重要因子之一。在石器时代，茂密的植被能为古代先民提供丰富的动、植物食物资源。开展农耕要"毁林开荒"；生产、生活工具要利用树干和枝条；搭建居住场地要木材；燃料的来源……揭示过去自然植被的变化和遗址周边植被的变化和差异，是探讨过去古代先民活动内容的有效方法之一。虽然全新世时期有气候波动，但许雪珉等[3]对全新世太湖地区孢粉植被进行研究，认为约 9000～5000a BP，太湖地区生长着类似目前中亚热带环境性质的常绿阔叶林，植被指示当时当地年均气温可能较今高 1°～2℃，属全新世的高温期，自然环境优越，5000a BP 以来，太湖地区阔叶木本植物的生长密度，特别是亚热带成分呈下降趋势；针叶树和暖温带成分密度略有上升。研究者认为 5000a BP 左右植被的变化表明气温较前一阶段略有下降和受新石器古代先民活动叠加作用。太湖平原 7000a BP 以来，气候、植被、地貌、水文等自然环境为人类居住和古文明的发展提供了相当优越的条件。就是在这样的环境背景下，古代先民从马家浜期至马桥期都在绰墩地区生存居住了 3000 多年。现根据遗址文化层的孢粉组合特点对古植被演变进行阐述，从古植被演变的特点，完善绰墩遗址的先民经济与生活内涵与信息。

马家浜期：以 T4206 剖面为例。花粉带 I（⑦～⑥层）。虽然木本花粉中栗属/栲属、青冈属的含量各在 10% 以下，但有孢粉工作者论述了在考古遗址的文化层中，只要栗/栲和青冈两类花粉总和达到 10% 以上，即有阔叶林存在[4]。揭示当时绰墩遗址周边生长有常绿阔叶林，同时有草地以及湖泊沼泽发育。草本植物的花粉，依据禾本科花粉含量大于 35u，说明农业稻作已开展。孢粉带 II（⑤层）的孢粉组合反映的是常绿阔叶林更加繁茂，森林面积增大。此时在采样点附近，稻作活动一度停止或规模大减少，证据是禾本科花粉含量在这一阶段急剧减少。

马家浜期至崧泽期的过渡阶段是 T4206 剖面孢粉带 III（④）层。孢粉特点与带 I 相似，由此推断当时的自然环境与带 I 相似，从禾本科花粉的含量又恢复到带 I 的水平，所以采样点附近的稻作又得以恢复和扩张。

因一些客观原因，崧泽期的孢粉工作缺失。

良渚期的代表剖面是 T2803 剖面，4 个孢粉带，同样表明在良渚期绰墩及周边地区的环境发生了一些变化。带 I 这样的孢粉组合反映的植被类型是在遗址附近陆地有中亚热带常绿阔叶林发育，平原上地势低洼处分布着一定面积的沼泽浅湖。环境暖湿。带 II 阶段，森林面积较上带减少，水域面积可能也减少，环境偏温、偏湿，本带下部草本植物花粉中大型禾本科

① 李春海等：《晚更新世以来浙江余姚地区植被变化及人类活动》，《微体古生物学报》（第 26 卷第 1 册），2009 年，48～56 页。
  吴建民：《江三角洲史前遗址的分布与环境变迁》，《东南文化》1988 年 6 期。
② 杨怀仁、谢志仁：《中国东部近 20000 年以来的气候波动与海面升降运动》，《海洋与湖沼》（第 15 卷第 1 册），1984 年，1～13 页。
③ 许雪珉、刘金陵：《11000 年以来太湖地区的植被与气候变化》，《古生物学报》1996 年。萧家仪等：《太湖流域全新世气候海面短期振荡事件及其对新石器文化的影响》，《地理科学》（第 20 卷第 4 册），2000 年，331～334 页。
④ 韩辉友等：《江苏句容宝华山全新世中晚期花粉与环境》，《古生物学报》（第 39 卷第 1 册），2000 年，2～295 页。

含量有一峰值，可能当时在近样点处．有稻作遗存存在。带Ⅲ阶段，遗址周边大的区域，森林面积又增加。水域面积增大，环境暖、湿。带Ⅳ阶段，该带孢粉数量太少，无法反映植被。该层出土较多陶片，可能是受人类活动的影响，不利于孢粉粉的传播和保存。

马桥期的 T2904 剖面，带Ⅰ是生土层，孢粉稀少，本文不做评论。带Ⅱ的孢粉组合表明当时在遗址及周边地势高爽的丘陵岗地生长着亚热带常绿阔叶林，而在低洼部位如池塘、浅湖等水体中水生或湿生草本植物繁茂。可能是马桥期暖湿阶段。但该带中，植被变化可细分为两个阶段：前一阶段显示常绿阔叶林繁茂，温度上升，降水丰沛，水生、湿生植物花粉反映池塘沼泽面积增加，后一阶段遗址周边地区趋于变干，水域面积略有减少。带Ⅲ阶段可能植被向稀树草甸演变，水域面积继续变小。环境变化比较大，绰墩地区不太适宜先民生存了。

绰墩遗址孢粉分析完整的恢复马家浜期至马桥期的植被演替，显示的植被分别为常绿阔叶林—浅湖沼泽水生、湿生植被和常绿—落叶阔叶混交林—草甸两大类型。再次证明太湖平原全新世的古环境总体是温暖、湿润的，古植被基本保持阔叶林景观。但客观存在的是，古植被在各文化期有变化，则反映古气候有波动。这与"全新世的气候有多次气候事件与波动"的论点不谋而合。全新世在太湖地区虽然温度的波动有 1°～2℃[①]，降水量随着季风的活动有所增加或减少。但从目前我国新石器古文化的研究成果而言，1°～2℃的温度变化，不足以形成对太湖平原新石器人类活动根本性影响。绰墩遗址各文化期阔叶林的存在，显示太湖平原在新石器时期是稳定湿润的气候，没有出现极端的，持续时间长的干旱气候。应注意的是过大的气候降水反而会对低平的太湖平原人类活动造成洪涝的灾难。虽然本文中缺少绰墩遗址崧泽期的古植被资料，但太湖流域全新世的气候变化，绰墩遗址崧泽期文化层的存在，有理由认为崧泽期的植被变化不会发生草原植被与气候恶化。中生、水生植物孢粉的出现，大型禾本科花粉高含量出现，表明古代先民在选择居住地时，是近邻浅湖等水体的。近浅湖沼泽的陆地，适宜稻作活动的开展。

全新世中期优越的气候条件，使得孢粉反映的太湖地区亚热带植被（常绿阔叶林）繁茂，茂密的森林养育了梅花鹿、四不像、野猪、獐、水牛等大型哺乳动物。长江带来的陆源沉积物和海面的共同作用，使三角洲的低洼处的浅湖沼泽和地势略高的近水的陆地为古代先民在此定居繁衍提供了良好的居住环境。绰墩遗址的孢粉记录，因为取自于人类活动的史前遗址。与反映长江三角洲古植被与自然环境的自然剖面（钻孔）孢粉记录1[②]不太一样。有学者指出，用考古遗址孢粉资料恢复古环境时，应考虑人类活动的影响，须与其他分析指标相互印证[③]。笔者认为，古遗址剖面中的的孢粉记录，有自然植被的成分。同时也包括了人类活动的内容，这也是孢粉分析对环境考古的贡献所在。以绰墩的孢粉组合为例，草本植物花粉含量

① 许雪珉、刘金陵：《11000 年以来太湖地区的植被与气候变化》，《古生物学报》1996 年。萧家仪等：《太湖流域全新世气候海面短期振荡事件及其对新石器文化的影响》，《地理科学》（第 20 卷第 4 册），2000 年，331～334 页。

② 许雪珉、刘金陵：《11000 年以来太湖地区的植被与气候变化》，《古生物学报》1996 年。萧家仪等：《太湖流域全新世气候海面短期振荡事件及其对新石器文化的影响》，《地理科学》（第 20 卷第 4 册），2000 年，331～334 页。Sangheon Yi, Yoshiki Saito, Quanhong Zhao, et al. Vegetation and Climate Changes in the Changjiang Delta, China, during the past 13000 years inferred from Pollen records [J]. Quaternary Science Reviews, 2003, 22: 1508-1517.

③ 安成邦等：《甘肃中部 4000 年前环境变化与古文化变迁》，《地理学报》（第 58 卷第 5 册），2003 年，743 页。

占绝对优势，占 70%～80%。草本植物花粉中，水生和湿生的种类出现的比例较高。而常绿阔叶乔木和落叶阔叶乔木花粉较少，约占 15%～20%（仅个别取样层位达 30%），与许雪珉等揭示的全新世太湖平原为森林所覆盖的孢粉组合不太一致，这是当时古代先民的生产活动如采集食品、捕猎动物、农耕和搭建居住地等，对遗址周围森林有一定的破坏作用。可以认为，绰墩遗址古代先民对村落河道的改造，稻作活动的开展，使得草本和水生植被发育。在遗址的良渚期遗存中，出土一长约 110、宽约 70、厚达 23 厘米整块的"大木块"，考古工作者认为是渡河工具，经南京林业大学有关专家鉴定木块的材质为"二针松"（见本期发掘报告）。这样的松树，树龄至少有数十年至百年。如前所述，良渚期太湖平原的自然植被应是阔叶林。按自然植被演替的原理，生长粗壮的松树是在原生的阔叶林被破坏后，作为次生林的先锋树种，生长起来的。或是人为地栽培，才生长得如此粗壮。

结论与讨论

绰墩遗址马家浜期、良渚期、马桥期的孢粉序列，揭示的古植被与古环境演变，与前人研究的太湖平原的古植被与占环境演变，总体面貌比较一致。但在植被的成分上，在木本植物与草本植物的比例上，在陆生草本与水生草本植物的含量上，有一定的差别。笔者认为，这主要是人类活动对原生植被破坏和改造的结果，且文化越发达，破坏程度越大。就像良渚期的渡河工具"大木块"，是松树制作。可见古代先民已经会选择性的利用乔木树种了。这样的利用会造成景观中植被群落和类型的变化。

绰墩遗址考古研究的重点内容是稻作活动。长江下游的杭嘉湖及太湖地区可以说是稻作起源的一个重要地区之一，绰墩遗址中笔者进行的孢粉分析中反映的古植被与古环境，为栽培稻的生长、培育和规模的扩大，提供了比较有利的条件。在绰墩遗址中及邻近的草鞋山遗址中，都发现马家浜时期大量的古水稻田[①]，同时，在苏州吴中区的澄湖中发现崧泽文化时期的古水田。绰墩遗址与草鞋山遗址马家浜时期的水稻的年代约为距今 6000 年，这些稻田的出现，与当地的自然环境密切相关。

注：本文得到南京师范大学创新团队资助。

① 丁金龙：《长江下游新石器时代水稻田与稻作农业的起源》，《东南文化》2004 年 2 期，19～23 页。

附录一二

绰墩遗址新石器时代环境研究

丁金龙　萧家仪

苏州市考古研究所　南京师范学院地理科学学院

全新世开始，由于全球气温回升、海面快速升高，长江三角洲范围内覆盖沉积一层青灰色淤土，之后又相继堆积海滨相、河口冲击相、湖沼相等灰黑色泥质粉沙和亚黏土等[①]。这一古地理演变过程，创造了多种多样的生态环境，为各种生态习性的动物繁殖、栖息及植物的生长发育提供了所需的适宜条件，同时也为原始人类创造了生存条件。

距今7000年以后，东海海面有一次波动下降过程，海面东退，长江三角洲开始有人类活动。在距今7000年左右，海平面可能较现今低3~4米。这一时期人类只能生活在孤丘及山麓地带。相当于马家浜文化早期阶段的东山村遗址^{14}C测定距今7260±60年，遗址位于张家港东山村，当时人类生活在位于江边海拔136.6米香山东麓[②]。而绰墩遗址这一时期还处在海平面下，人类可能生活在东距遗址5千米左右的昆山市西北的马鞍山南麓即马鞍山遗址，内曾出土大量马家浜文化遗物[③]。距今6000年左右在绰墩遗址及附近平原地带开始有人类活动，其中草鞋山遗址就位于遗址西南4千米左右。绰墩遗址马家浜文化居住址（F7）的居住面海拔1米左右，说明这一时期海平面下降，人类开始在平原上生活。在生土面上开沟（引水）、掘井（蓄水）种植水稻。草鞋山遗址与绰墩遗址都发现这一时期的水稻田以及与农田配套的水沟、蓄水坑、水路等简单的农田水利"灌溉系统"。而且水稻田可以分期[④]；绰墩遗址马家浜文化水稻田位于第⑨层下，在第⑦层、第⑥层马家浜文化层内淘洗出大量的碳化谷粒，表明人类种植水稻经历一个发展过程。水稻田与碳化米的发现以无可争辩的事实证明：人工栽培水稻始于长江下游6000年前的马家浜文化时期。这并不是偶然现象，而是当地优越的地理环境与自然条件的必然结果。绰墩遗址孢粉研究表明：史前文化层的孢粉植物群以草本植物占优势，一般可达60%~80%以上。陆生草本植物和湿/水生草本植物含量都十分丰富，其中陆生草本植物花粉以禾本科花粉为主，百分比含量一般在20%~40%，其他蒿属、藜科、菊科分子等常见；水生草本植物都以香蒲属和莎草科居优，含量为20%~40%。蕨类植物孢子含量低，以水龙骨科、水蕨属、凤尾蕨属和紫萁属为常见。

①　徐馨、沈志达：《全新世环境——最近一万多年来环境变迁》，《贵州人民出版社》，1990年，240页。
②　苏州博物馆、张家港市文物管理委员会《张家港市东山村遗址发掘简报》，《文物》2000年10期。
③　根据苏州博物馆与昆山文物管理所调查资料。
④　《"中国草鞋山遗址古代水田稻作"日本学术讨论会论文集》，1996年，日本宫崎。

孢粉反映当时的地带性植被为亚热带含针叶植物的常绿落叶阔叶混交林，遗址周围一般都有较大面积的水域湿地或沼泽湖泊发育。在马家浜文化晚期，常绿阔叶木本植物花粉/落叶木本植物花粉含量比值（E/D 值）较高，平均值为 0.6。从 E/D 比值来看，马家浜文化时期气候较其后的文化期气候更加温暖。

在新石器时代，生产力低下，依靠人工来改善水稻生产条件是很困难的，在这种情况下，优越的古气候与当时的自然环境，成为水稻生产的重要条件。绰墩遗址与草鞋山遗址地理坐标为北纬 31°22′0″，东经 120°47′33″，地处亚热带湿润季风气候区[①]。这为人类种植水稻提供了优越条件。

水稻生长要有充足的水分供应，要获得所需水的方式，在当时的条件下主要依靠自然。如果自然条件保证了充足的水分供应，则几乎在任何类型的土壤上都可以种植水稻。遗址所处湖泊岸和沼泽地带，孢粉分析结果在遗址文化层中有大量水生植物，主要为香蒲、禾本科、沙草科、蓼等湿生或浅水生种类，表明在遗址周围，水系发育，为池塘、沼泽环境。

马家浜文化水稻田面位于现在水田面以下 1.2~1.8 米左右。绰墩遗址的孢粉组合[②]，以草本花粉为主，其中水生植物花粉占很大比重，木本花粉以亚热带常绿阔叶的青冈、栲、栗为主，见有阔叶落叶的栎、榆、桑以及松等。出土有梅花鹿、四不象、野猪、獐、水牛等动物，孢粉分析结果与这些生活在湖沼地带的动物习性相一致。说明这一时期的环境温暖湿润，适应水稻生长。

绰墩遗址马家浜文化之上是崧泽文化，这一时期孢粉浓度有所增加，但仍处于低值。从孢粉组成分析，湿生和水生植物花粉的含量较马家浜时期有明显提高，如香蒲属、莎草科花粉常见，满江红属、狐尾藻属、苔菜属和淡水藻类又重新开始出现。另外，栎属、青冈属、枫香属也有一定的含量。陆生草本植物花粉除禾本科外，蓼属、毛茛科也较常见。蕨类植物孢子时有石松属和水龙骨科分布。这在一定程度上表明当时的气候条件已有所好转，水体开始扩展，遗址周围环境再度适宜人类的居住与生活。"到了晚期，水域面积缩小，陆地面积有所扩大，气候变凉干"[③]。绰墩遗址这一时期文化堆积主要集中在 I 区，发现有 34 座墓葬集中在一起的墓地，另有居住址 2 座。绰墩遗址中心区域划分 I~VI 区，现在农田地表海拔 2 米左右，堆积底界（生土面）海拔 0.5~0.8 米，其中 I 区生土面海拔 0.8 米，地势较高。因此，马家浜文化、崧泽文化墓葬都集中在这一区，之后堆筑有 6 米左右的良渚文化土台。

距今 5000~4000 年左右，长江下游是环境最好时期，多种亚热植物都在这里丛生[④]。绰墩遗址 II 区 T2803 与 T2804 良渚文化时期堆积有⑦、⑥、⑤、④四层，第⑦层的孢粉分析，木本花粉含量一般在 15%；草本花粉含量在 80% 以上。主要是蒿，大、小型禾本科，香蒲，其次是莎草科、虎耳草科、蓼属等。其中禾本科含量由少渐多，蒿由多到少，蕨类孢子含量

① 丁金龙：《草鞋山遗址 6000 年前水稻田遗迹的揭示与认识》，《"中国草鞋山遗址古代水田稻作"日本学术讨论会论文集》，1996 年，日本宫崎。

② 《"中国草鞋山遗址古代水田稻作"日本学术讨论会论文集》，1996 年，日本宫崎。

③ 吴建民：《长江三角洲史前遗址的分布与环境变迁》，《东南文化》1998 年 6 期。

④ 徐馨、沈志达：《全新世环境——最近一万多年来环境变迁》，贵州人民出版社，1990 年，240 页。

极少，零星出现水龙骨科、水蕨等。这样的孢粉组合反映遗址所处的植被类型是中亚热带常绿阔叶、落叶与阔叶混交林；平原地带分布有一定面积的沼泽湖泊，气候温干。在这一层上发现一座居住址（F11），为半地穴式，其居住面距地表深1.2～1.45米，海拔0.4～0.6米。孢粉分析结果与当时人类生活实际情况基本吻合。第⑥层孢粉分析，木本花粉稍有下降，仍然以青冈、栎为主，只是松的数量减少，栲/栗增加。草本花粉含量仍然占75%以上，但在该层的下部大型禾本科含量达到峰值，蒿则急剧下降，而该层的上部却相反，大型禾本科不见，蒿急剧上升。此外，香蒲含量上升，蕨类孢子以水龙骨为主，含量与第⑦层相比有所增加。因此，从孢粉组合来看，第⑥层与第⑦层比，气候环境趋于暖、湿。第⑤层孢粉分析，木本花粉比例上升，占20%，还是以青冈、栎为主。草本比例仍然占76%，蒿的比例下降，香蒲比例达到整个剖面的峰值，约占38%。表明温度有所上升，湿度增加，水域面积扩大。到了良渚文化后期，一次大规模的水侵使良渚文化突然中断，继之而起的是马桥文化，人类社会进入文明阶段。

附录一三

绰墩遗址新石器时代墓葬人骨鉴定报告

李民昌

南京博物院

1998 年至 2003 年，苏州博物馆及昆山市文物管理委员会办公室，先后对位于昆山市正仪镇北的绰墩遗址进行了考古发掘，共发掘出马家浜文化、崧泽文化及良渚文化时期的墓葬 82 座，并在发掘的过程中，对墓葬人骨进行了现场鉴定。所有墓葬人骨，保存状况一般，大部分头骨均因受压而破裂，骨骼也大多疏松，甚至无存，只有部分的墓葬人骨保存较好，故只依据现场所见，在原地对其中的 51 个个体进行简要的性别年龄鉴定，而未进行较全面的观察和测量（见文后附表）。

1. 墓葬人骨保存较好的主要集中在马家浜文化和崧泽文化时期，良渚文化时期的墓葬人骨几乎未能保留。

2. 葬式方面，马家浜文化时期主要是仰身直肢葬，少数为俯身直肢葬，个别为二次葬，头向均朝北；而在崧泽文化时期，均为仰身直肢葬，头向主要朝南，只有未成年个体的头向呈现无规律现象。

3. 从附表中可以看出，51 具墓葬人骨中，成年个体 29 具，未成年个体 16 具，在成年个体中，马家浜文化时期的男性个体为 8 具，女性个体为 4 具，男女性别比率为 2∶1；而崧泽文化时期的男性个体为 6 具，女性个体为 10 具，男女性比为 1∶1.6；两个文化时期的男女死亡比率都属于非正常现象，均为非正常的人口死亡比率。考虑到所发掘的面积只是整个墓地的一小部分，而且墓地的家族性质比较明显，未成年个体较多，结合在新石器时代原始部落之间的战争，导致部分成年男性战死疆场，死后未能安葬于本族墓地中，这一异常的死亡比率也是可以理解的，最终的性别比率还有待后期的继续发掘，才能确定。

成年个体的死亡年龄大多集中在青壮年到中年，老年个体主要为女性，这与该地区其他新石器时代墓地具有相同的特征，单在墓地中未成年个体较多，又有别于其他墓地。

1. 在成年个体中，有 M2、M6、M7 和 M11 等 4 具标本存在着拔齿习俗，M2 和 M11 拔齿部位为上颌左右侧齿 I2，M6 和 M7 拔齿部位为左上颌侧门齿 I2，具有一定的地域特征，其中 M6 和 M7 拔除上颌左右侧门齿的习俗与徐州梁王城东周墓地和日本弥生时期外来人的形式一致。而这种习俗与本地区的草鞋山遗址及常州圩墩遗址、高淳薛城遗址却有不同，后三者皆拔掉上颌一侧的一二门齿，与海岱地区的大汶口文化的拔齿习俗也有不同。4 具标本中最小的年龄是 M2，为青壮年，可以认为拔齿的行为至少在青年之前。

2. 该墓地中成年人死亡年龄年轻化和未成年个体的比重偏高，说明当时人类的健康状况不容乐观。龋齿的发病率较高，就说明了这一点。在遗址中发掘出了马家浜文化时期的水稻田遗存，而且已具有一定的规模，与临近的苏州草鞋山遗址的新石器时代水稻田遗迹相同，又反映出当时该地区的史前人类已经从事农业生产，水稻已经是他们的主要食物，从而导致龋齿病多有发生。

附表　绰墩山遗址新石器时代墓葬人骨鉴定统计表

墓号	性别	年龄	葬式	头向	文化时期
M1	女性	老年	仰身直肢	南	崧泽文化
M2	男性	青壮年	仰身直肢	南	崧泽文化
M3	女性	壮年	仰身直肢	南	崧泽文化
M3－1	不详	幼儿（3~4岁）	仰身直肢	南	崧泽文化
M4	不详	不详	仰身直肢	南	崧泽文化
M5	女性	老年	仰身直肢	南	崧泽文化
M6	男性	中年	仰身直肢	南	崧泽文化
M7	女性	青壮年	仰身直肢	南	崧泽文化
M8	男性	壮年	仰身直肢	南	崧泽文化
M9	不详	少年（10~12岁）	仰身直肢	东	崧泽文化
M10	女性	老年	仰身直肢	南	崧泽文化
M11	女性	壮年	仰身直肢	南	崧泽文化
M12	男性	壮年	仰身直肢	南	崧泽文化
M13	不详	儿童（4~5岁）	仰身直肢	南	崧泽文化
M14	不详	少年（10岁左右）	仰身直肢	东	崧泽文化
M15	不详	成年	不详	不详	崧泽文化
M16	男性	壮年	仰身直肢	南	崧泽文化
M17	女性	老年	仰身直肢	南	崧泽文化
M18	不详	少年（9岁左右）	仰身直肢	南	崧泽文化
M19	女性	青壮年	仰身直肢	南	崧泽文化
M20	不详	儿童	仰身直肢	南	崧泽文化
M21	女性	老年	仰身直肢	东	崧泽文化
M22	不详	婴儿（小于1岁）	仰身直肢	东	崧泽文化
M23	不详	婴儿（小于1岁）	仰身直肢	西	崧泽文化
M24	不详	婴儿（3~4岁）	仰身直肢	北	崧泽文化
M25	不详	儿童（3岁左右）	仰身直肢	东	崧泽文化
M26	男性	中年	仰身直肢	南	崧泽文化
M27	女性	青年	仰身直肢	北	崧泽文化

（续附表）

墓号	性别	年龄	葬式	头向	文化时期
M34	男性	中年	俯身直肢	北	马家浜文化
M36	男性	中年	二次葬	北	马家浜文化
M37	不详	不详	不详	北	马家浜文化
M39	男性	老年	仰身直肢	北	马家浜文化
M40	男性	中年	仰身直肢	北	马家浜文化
M41	不详	少年	仰身直肢	北	马家浜文化
M42	不详	儿童	不详	北	马家浜文化
M43	不详	不详	仰身直肢	北	马家浜文化
M44	不详	儿童	仰身直肢	北	马家浜文化
M45	男性	中年	仰身直肢	北	马家浜文化
M46	不详	不详	仰身直肢	北	马家浜文化
M52	女性	中年	仰身直肢	北	马家浜文化
M53	不详	婴儿	仰身直肢	北	马家浜文化
M55	女性	中年	俯身直肢	北	马家浜文化
M56	不详	不详	俯身直肢	北	马家浜文化
M72	不详	少儿	仰身直肢	北	马家浜文化
M73	女性	壮年	仰身直肢	北	马家浜文化
M74	男性	老年	俯身直肢	北	马家浜文化
M75	不详	幼儿	仰身直肢	北	马家浜文化
M76	不详	不详	仰身直肢	北	马家浜文化
M77	男性	中年	俯身直肢	北	马家浜文化
M78	女性	老年	仰身直肢	北	马家浜文化
M79	男性	成年	俯身直肢	北	马家浜文化

附录一四

绰墩遗址出土动物遗存研究报告

刘羽阳　袁靖

中国社会科学院考古研究所

　　绰墩遗址位于江苏省昆山市巴城镇正仪绰墩村，遗址于 1982 年起由南京博物院、苏州博物馆及昆山文物管理所等几家单位联合调查发掘了六次，在马家浜文化层、良渚文化层、马桥文化水井及灰坑和东周、宋代水井中出土了一批动物骨骼遗存，我们受委托整理这批动物遗存。在整理过程中，又发现了一些出自江苏省昆山市千灯镇东、尚书浦东侧少卿山遗址出土的动物遗存，这些动物遗存出自该遗址的马家浜文化层及良渚文化层，我们一并整理，并在此分别报告。

　　我们的整理方法是对这些动物遗存进行了种属鉴定，确定了其所属的部位（包括左右），统计了数量，对部分脊椎动物的颌骨、牙齿及肢骨进行了测量，观察了骨骼表面有无切割等人工痕迹，在此基础上进行了各种统计和分析。

　　绰墩遗址出土的动物遗存均为脊椎动物骨骼及鹿角，共计 55 块，它们分别出土于马家浜文化层的 S16；良渚文化层的 T2603⑤、T2604④、H105、河道⑤；属于马桥文化的 H69、J46、G10 马桥层；东周水井 J29 和宋代水井 J50 等单位中。有一些骨骼因为过于破碎，缺乏明显的特征，我们无法明确鉴定其种属或部位；另外，由于认识水平的限制，暂时无法认定一些动物的种属；鉴于这两个原因，只能将这些动物遗存分别归入鱼类、龟科及哺乳类，共计 13 块，约占出土全部动物骨骼总数的 23.64%。

　　少卿山遗址出土的动物骨骼均为脊椎动物骨骼，共计 23 块，它们分别出土于马家浜文化层的 T0403⑥，良渚文化层的 T3④、T3⑥、T3H2、T3 积水坑、H4、KST3⑨下 F1 等单位中。另据发掘简报，在少卿山遗址 T3H2 坑中，曾发现一只完整动物，当时判定为狗，但因未见实物，所以目前无法对其进行分析研究。

　　以下分为整理结果、讨论和结论分别阐述。

一　整理结果

（一）绰墩遗址的整理结果分为种属鉴定、出土状况、数量统计等三个方面。

1. 种属鉴定

脊索动物门　Chordata

　　鱼纲　Pisces

　　爬行纲　Reptilia

　　　龟鳖目　Chelonia

　　　　龟科　Emydidae

　　哺乳纲　Mammalia

　　食肉目　Carnivora

　　　犬科　Canidae

　　　　狗　*Canis familiaris* Linnaeus

　　偶蹄目　Artiodactyla

　　　猪科　Suidae

　　　　家猪　*Sus scrofa domesticus*

　　　鹿科　Cervidae

　　　　麋鹿　*Elaphurus davidianus*

　　　　梅花鹿　Cervus nippon Temminck

　　　牛科　Bovidae

　　　　水牛　*Bubalus* sp.

绰墩遗址出土的动物种属包括鱼、龟、狗、家猪、麋鹿、梅花鹿、水牛等7种。

2. 出土状况

这里将全部动物按照学名排列顺序分别叙述。

鱼（种属不明）

H105中，椎骨2、鱼刺2（图一，1）。

龟

H69中，背甲1（图一，2）。

狗

H69中，右下颌碎块1块（图一，3），$P_3 - M_3$均残存齿根

猪

T2603⑤中，右下颌碎块1块（图一，4）（残存$P_2 - M_3$，$P_2 - M_3$长102.53毫米，齿列扭曲，M_1磨损级别1，无法测量；M_2长22.37、前宽13.33、后宽15.01毫米，磨损级别d；M_3长33.18、宽15.40毫米，磨损级别b；年龄超过2.5岁。）；T2604④中，左下颌碎块1块（残存M_2和萌出到一半的M_3，M_2长21.01、前宽14.34、后宽14.70毫米，磨损级别j，年龄超过2岁，不到2.5岁。）；H105中，右上颌碎块1块（犬齿刚刚萌出，残存P^2和P^3）；河道⑤中，左下颌碎块2块（1为残存M_3，长38.06、宽15.67毫米，磨损级别为c，年龄在2.5岁以上，另1为M_2残，M_3未萌出，年龄在2岁以下），右下颌碎块3（2块均为仅残存P_2和P_3齿根，年龄不清楚；还有1块残存M_1和M_2，M_3未萌出，M_1长17.68、前宽10.26、后宽10.67毫米，磨损级别e，M_2长20.32、前宽12.92、后宽13.92毫米，

磨损级别 b，年龄在 2 岁以下），左右肱骨远端各 1；G10 马桥层中，下颌 M₃ 游离齿碎块 1，左肱骨远端 1 块。

麋鹿

S16 中，左角 1 块（图一，5），带角柄，属于自然脱落，角尖处残破，但非人工砍砸。

梅花鹿

H105 中，第 1 节趾骨 1；河道⑤中，右角 1 块，带角柄，自然脱落（第 1 眉枝被割掉，割痕明显，第 2 眉枝上有割痕，未割断），角碎块 2，右掌骨 1；H69 中，角碎块 4，左、右胫骨近端碎块各 1，右掌骨近端碎块 1、上有割痕 1 道，右跖骨 1，近端残缺；J29 中，角尖 1 块，割痕明显；J29：3，头骨带两侧角（图一，6），前端破碎（右侧角柄处将近一周均有明显砍痕，角尖处被切割，残存一圈割痕，第 2 眉枝下侧有两道割痕，与砍痕区别明显，左侧角柄处砍痕有数道，但是没有右侧明显，角尖同样被切割，第 2 眉枝下侧同样有两道割痕（图一，7））。

水牛

T2603⑤中，右距骨碎块 1；T2604④中，水牛上臼齿 4，磨损不明显；G10 马桥层中，左跟骨碎块 1；J50 左掌骨 1 块（图一，8），近端完整，远端残缺。

大型哺乳动物

J46 中，肱骨远端碎块 1。

哺乳动物

H105 中，哺乳动物碎骨 10 块，均被烧过；河道⑤中，碎骨 1；H69 中，头骨碎块 1。

3. 数量统计

（1）马家浜文化期

在全部动物的可鉴定标本数中，只有 1 块哺乳动物骨骼，最小个体数亦为 1，为麋鹿。

（2）良渚文化期

A. 全部动物

在全部动物的可鉴定标本数中，按照数量多少排列，哺乳动物为 20，占 83.3%；鱼为 4，占 16.7%。

在全部动物的最小个体数中，按照数量多少排列，哺乳动物为 6，占 85.7%；鱼为 1，占 14.3%。

从全部动物的可鉴定标本数和最小个体数看，均是以哺乳动物为主。

B. 哺乳动物

在可以确定到目以下的哺乳动物的可鉴定标本数中，按照数量多少排列，猪为 10，占 50.0%；梅花鹿为 5，占 25.0%；水牛为 5，占 25.0%。

在可以确定到目以下的哺乳动物的最小个体数中，按照数量多少排列，猪为 4，占 66.7%；梅花鹿为 1，占 16.7%；水牛为 1，占 16.7%。

从哺乳动物的可鉴定标本数和最小个体数看，均是以猪为主。

（3）马桥文化期

1.H105鱼骨

2.H69龟背甲

3.H69狗下颌

4.T2603⑤猪右下颌

5.S16麋鹿角

6.J29:3梅花鹿头骨

7.J29:3梅花鹿头骨上的砍痕

8.J50水牛左掌骨

图一

A. 全部动物

在全部动物的可鉴定标本数中，按照数量多少排列，哺乳动物为 12，占 92.3% ；爬行动物为 1，占 7.7% 。

在全部动物的最小个体数中，按照数量多少排列，哺乳动物为 4，占 80% ；爬行动物为 1，占 20% 。

从全部动物的可鉴定标本数和最小个体数看，均是以哺乳动物为主。

B. 哺乳动物

在可以确定到目以下的哺乳动物的可鉴定标本数中，按照数量多少排列，梅花鹿为8，占66.7%；猪为2，占16.7%；狗为1，占8.3%；水牛为1，占8.3%。

在可以确定到目以下的哺乳动物的最小个体数中，梅花鹿为1，占25%；猪为1，占25%；狗为1，占25%；水牛为1，占25%。

从哺乳动物的可鉴定标本数和最小个体数看，似乎鹿科动物更多。

（4）东周时期

水井J29中发现梅花鹿角尖1块，割痕明显。J29：3中发现梅花鹿头骨，带两侧角，头部前端破碎，左右角柄处均有砍痕，其中右侧较为明显。

（5）宋代

水井J50中发现水牛左掌骨1块（近端完整，远端残缺）。

（二）少卿山遗址的整理结果同样可以分为种属鉴定、出土状况、数量统计等三个方面。

1. 种属鉴定

脊索动物门　Chordata

　　鱼纲　Pisces

　　　　鲤形目　Cypriniformes

　　　　　鲤科　Cyprinidae

　　爬行纲　Reptilia

　　　　龟鳖目　Chelonia

　　　　　龟科　Emydidae

　　哺乳纲　Mammalia

　　　偶蹄目　Artiodactyla

　　　　猪科　Suidae

　　　　　家猪　*Sus scrofa domesticus*

　　　　鹿科　Cervidae

　　　　　梅花鹿　*Cervus nippon* Temminck

绰墩遗址出土的动物种属包括鱼、龟、家猪、梅花鹿等4种。

2. 出土状况

这里将全部动物按照学名排列顺序分别叙述。

鱼

KST3⑨下 F1 中，鱼鳞3、脊椎4、鲤鱼右咽齿1、方骨碎块1。

鱼

KST3⑨下 F1 中，腹甲碎块2。

猪

T3④中，上游离臼齿碎块 1。T3⑥中，右上颌残块 1（M3 残留齿根）；右下颌碎块 1（残存 M3，M3 长 33.44、宽 17.59 毫米，磨损级别 c，M3 后 50.55 毫米，年龄在 2.5 岁以上。）。T3⑥:12 中，下颌一副（两侧均残存 P3 - M3，M1 - M3 长 73.12 毫米；M1 长 15.20、前宽 12.02、后宽 12.12 毫米，磨损级别 e；M2 长 20.48、前宽 13.51、后宽 15.50 毫米，磨损级别 d；M3 长 37.22、宽 16.74 毫米，磨损级别 c；M1 前 52.03 毫米，M3 后 58.42 毫米；年龄在 2.5 岁以上。）。T3H2 中，猪犬齿碎块 1。T3 积水坑中，右下颌碎块 1（M3 露孔，M1 和 M2 残缺，年龄不到 2 岁）；右上犬齿 1。H4 中，门齿碎块 1。

梅花鹿

T0403⑥中，右角 1 块，角柄自然脱落（第 1 和第 2 眉枝均被割掉）。T3⑥中，下游离臼齿碎块 1。T3 积水坑中，左上颌残块 1（残存 P4 - M3）；右上颌残块 1（牙齿残缺）。

哺乳动物

KST3⑨下 F1 中，头骨碎块 1 块（种属不明）。

3. 数量统计

（1）马家浜文化期

在全部动物的可鉴定标本数中，只有 1 块哺乳动物骨骼，最小个体数亦为 1，为梅花鹿。

（2）良渚文化期

A. 全部动物

在全部动物的可鉴定标本数中，按照数量多少排列，哺乳动物为 11，占 50.0%；鱼为 9，占 40.9%；爬行动物为 2，占 9.1%。

在全部动物的最小个体数中，按照数量多少排列，哺乳动物为 4，占 66.7%；鱼、爬行动物均为 1，各占 16.7%。

从全部动物的可鉴定标本数和最小个体数看，均是以哺乳动物为主。

B，哺乳动物

在可以确定到目以下的哺乳动物的可鉴定标本数中，按照数量多少排列，猪为 8，占 72.7%；梅花鹿为 3，占 27.3%。

在可以确定到目以下的哺乳动物的最小个体数中，按照数量多少排列，猪为 3，占 75%，梅花鹿为 1，占 25%。

从哺乳动物的可鉴定标本数和最小个体数看，均是以猪为主。

二　讨论

（一）家猪的证据

两处遗址在良渚文化期均出土了猪的骨骼遗存，这就为我们讨论其是否为家猪提供了材料。目前我国使用的古代家猪鉴定的系列标准有形体特征、年龄结构、性别特征、数量比例、埋葬或随葬现象、病理现象、食性分析、古 DNA 研究等[1]。具体到这两处遗址，由于猪骨出土状况的局限，我们只能通过形体特征、年龄结构及数量比例来对这个问题进行分析讨论。

首先是形体特征方面，主要的依据是齿列的形态特征及 M_3 的大小。由于在饲养家猪的过程中，猪的活动范围受到极大地限制，加之人类向猪提供食物，使它可以不必像野猪那样必须用鼻吻部拱地掘食，在长期饲养的过程中，会引起鼻吻部及头骨长度缩短。通过对考古遗址出土的猪的牙齿和骨骼进行观察和测量，可以发现由于头骨的缩短，出现头骨的宽长比值变大以及下颌联合部的倾斜角度增大，又因为家猪整个形体的变小过程不是同步进行的，颌骨齿槽可能先变小、而保持遗传特征最稳定的牙齿的尺寸却暂时没有相应变小，要在缩短的空间里长出尺寸仍然是原大的牙齿，这样往往就会产生齿列扭曲的现象。也就是说，齿列扭曲的现象很可能是家猪在被驯化的过程中产生的显著特征之一。同时，家猪与野猪 M_3 的大小也有很大不同，目前一般认为考古遗址中出土的家猪的下颌 M_3 的平均长度不会超过 40 毫米、平均宽度不会超过 17 毫米[2]。因为绰墩遗址地处长江下游地区，所以我们选择迄今为止长江下游地区出现家猪最早的距今 8200 年至 7000 年的浙江杭州萧山跨湖桥遗址作为参照系进行比较说明。跨湖桥遗址中从早期到晚期的 13 个 M_3 标本中，早期的 M_3 有 6 个，其最大值为 42.37、最小值为 32.78、平均值为 38.58 毫米，其宽度中最大值为 20.42、最小值为 16.39 毫米，平均值为 18.07 毫米。中期的 M_3 有 3 个，其最大值为 39.53、最小值为 34.96、平均值为 37.79 毫米，其宽度中最大值为 17.24、最小值为 16.4 毫米，平均值为 16.71 毫米。晚期的 M_3 有 4 个，其最大值为 40.96、最小值为 36.61、平均值为 38.1 毫米，其宽度中最大值为 17.45、最小值为 16.92 毫米，平均值为 17.24 毫米。我们认为除早期的 3 个 M_3 超过 42 毫米的数据可以推测属于野猪以外，其余在 40 毫米以下的 10 个 M_3 的数据均属于家猪的范围，且早、中、晚三期均发现猪颌骨标本上存在齿列明显扭曲的现象，显示出因为下颌缩短而造成的牙齿排列凌乱、齿列不整齐的结果，尺寸也从早期到晚期有变小的趋势，家畜化过程十分明显[3]。绰墩遗址良渚文化期出土的可用于提供形体特征证据的猪上下颌共 5 块，M_3 长和宽的平均值为 35.62 和 15.54 毫米，其中，最大的 M_3 的长和宽均没有超过 40 毫米和 17 毫米。另外，T2603⑤出土的右下颌碎块有齿列扭曲的现象。这证明从形态特征方面看，绰墩遗址的猪应该是已被驯化的家猪。

其次是年龄结构方面，跨湖桥遗址的猪的年龄结构由早期的平均 4.6 岁降低到中期的平均 3.5 岁，再降低到晚期的平均 2.9 岁，有一个明显地逐步年轻化的过程，这是推测当时存在家猪的依据之一[4]。而年代比跨湖桥遗址晚大约三千年的绰墩遗址出土的猪，通过牙齿萌生和磨蚀等级得出的死亡年龄平均约为 2.2 岁，与跨湖桥遗址相比，其在平均年龄上持续变小的特征还是十分明显的，因跨湖桥遗址的猪已被判定为家猪，所以同处于长江下游地区且年代

① 袁靖：《中国古代家猪的鉴定标准》，《科技考古文集》，文物出版社，2009 年，54 ~ 62 页。
② 袁靖：《中国古代家猪的鉴定标准》，《科技考古文集》，文物出版社，2009 年，54 ~ 62 页。
③ 袁靖、杨梦菲：《第六章 生态与经济，第三节 动物研究》，浙江省文物考古研究所、萧山博物馆编著：《跨湖桥》，文物出版社，2004 年，241 ~ 270 页。
④ 袁靖：《论长江流域新石器时代居民获取肉食资源的方式》，《科技考古文集》，文物出版社，2009 年，125 ~ 141 页。

偏晚的绰墩遗址的猪也应为家猪。另外需要强调的是在家猪鉴定的系列标准中，通常认为遗址中出土的家猪的平均年龄应在 1~2 岁左右①，绰墩遗址猪的平均年龄与之相比有些偏大，但超过得有限，基本可以算作接近家猪平均年龄的上限，而且绰墩遗址的猪有年龄超过 2.5 岁的，但也有小于 2 岁的，这可能是当时正处于家畜化进程中的体现。

其三在数量比例方面，考古遗址出土的哺乳动物骨骼中家猪的骨骼往往占有相当的比例，这是因为饲养家猪的首要目的是获取肉食资源，其饲养的数量必须达到一定的规模才能满足肉食供给的要求，随着饲养水平的提高，家猪的数量也会呈现出增多的趋势，所以家猪骨骼在出土动物骨骼中往往占有较大的比例②。具体到绰墩遗址，按最小个体数统计，马家浜文化期没有发现猪，而良渚文化期哺乳动物中猪的比例最高，达到 66.7%，数量上占据明显多数，说明了饲养水平的提高。由此判断其应为家猪。

通过以三种鉴定标准进行比对及与跨湖桥遗址家猪特征的比较，我们可以得出这样的结论：绰墩遗址良渚文化期的猪应为家猪。

同理，少卿山遗址出土的三块可用于提供形体特征及年龄结构证据的猪上下颌中，下颌 M_3 长宽的平均值为 35.33 和 17.17 毫米，且最大长和最大宽均未超过 40 毫米和 17 毫米的范围。通过牙齿萌生和磨蚀等级可知其死亡年龄平均约为 2.3 岁，个体年龄有大于 2.5 岁的，也有小于 2 岁的。数量比例方面，按最小个体数统计，猪占 75%。由上面的分析可知，少卿山遗址良渚文化期的猪亦应为家猪。

（二）获取肉食资源的方式

尽管绰墩遗址出土的动物骨骼遗存数量很少，但从这些有限的材料出发，再结合以往研究，我们似乎仍然可以窥见一些端倪。我们曾经探讨过长江下游地区新石器时代居民获取肉食资源的方式，长江下游地区自距今 8200 年前就开始出现家猪，但是从距今 8200 年前到距今 5000 年左右的各个遗址里出土家猪的数量始终很少，鹿科动物一直占据多数。但在距今 5000 年至距今 4000 年的良渚文化时期，家猪骨骼在出土的动物骨骼中突然变为多数，不过在良渚文化之后的马桥文化的遗址里，家猪又失去了数量上的优势③。本文所涉及到绰墩遗址中从马家浜文化期到马桥文化期的动物骨骼数量、比例的变化与上述的结果相同。绰墩遗址马家浜文化期，只出土了两块鹿科动物的骨骼；良渚文化期，无论从可鉴定标本数还是最小个体数看，都是猪的数量占优；而到了马桥文化期，从最小个体数看，猪和鹿科动物基本持平，但可鉴定标本数却是鹿科动物占明显多数。由此可以看出长江下游地区的确经历了这样一个家猪饲养在特定时间段里突然很发达，而后又衰落的过程。少卿山遗址中亦有此现象，马家浜文化期仅发现一梅花鹿，而在良渚文化期的动物遗存中，猪的数量占绝对多数，与绰墩遗址良渚文化期的特征极为相似。良渚文化时期家猪数量突然占据优势这种现象，与当时存在的底下先铺石头、上面夯作黄土的大型人工遗迹、具有相当水平的稻作农业、制作精美的玉器

① 袁靖：《中国古代家猪的鉴定标准》，《科技考古文集》，文物出版社，2009 年，54~62 页。
② 袁靖：《中国古代家猪的鉴定标准》，《科技考古文集》，文物出版社，2009 年，54~62 页。
③ 袁靖：《论黄河流域和长江流域史前居民获取肉食资源方式的差异》，《光明日报》2008 年 9 月 21 日第 7 版。

等现象密切相关，关于这一系列现象产生的原因，还有待以后的深入研究。

绰墩遗址还出土了东周和宋代的动物骨骼遗存，主要是 2 块梅花鹿的角和 1 块水牛的掌骨，由于数量极少，另外，以往对属于这些时间段里的动物骨骼研究也极少，很难开展比较研究。因此，本文对东周和宋代获取肉食资源方式不展开讨论。

（三）关于鹿角上的切割痕迹

绰墩遗址中还出土了一些带有切割痕迹的鹿角，基本上都是自然脱落后再进行加工，如砍掉眉枝，作为制作角器的材料。东周水井中出土的带角的梅花鹿头骨也显示出当时是先将梅花鹿杀死，然后将头骨砍掉，再切割鹿角，可能也是为了制作角器做准备。由此可见，大概是因为鹿角质地致密的特殊性，各个时期的古人都把其作为制作角器的理想材料。

三　结　论

综上所述，我们利用动物考古学的方法对绰墩遗址和少卿山遗址的动物骨骼遗存进行了鉴定、分析和研究，基本可以确认在这一地区的良渚文化时期，通过饲养家猪获取肉食资源的方式占据了主流。这与以前对长江下游地区史前居民获取肉食资源方式的研究结果是一致的。使用鹿角作为工具在这两处遗址中也有较为明显的体现。

这里需要强调的是遗址中出土的鱼类遗存很少，但这不能作为说明当时人很少进行捕鱼活动的证据，这有可能是因为鱼骨等比较细小，且容易破碎，不易采集。如果当时在发掘过程中进行浮选，可能会获取更多的鱼骨资料。

附录一五

黄幡绰与绰墩

陈兆弘
昆山文物管理所

南朝梁天监六年即 507 年，朝廷设置信义郡、信义县，正仪镇为信义县治。直到隋开皇九年即 589 年撤销为止，这 82 年中，正仪成为当时全县的政治、经济和文化的中心①。

作为文化中心，除了文人创作以外，民间的文艺活动也有了开展。根据现有资料可知，主要有两个方面：一是民间歌谣，二是迎神送祖的歌舞活动。

在六朝时期盛行的新乐府辞中，有一种"吴声歌曲"。吴声歌曲是吴地的民歌，根据专家考证，主要流行于太湖地区②。其中最著名的一组歌谣叫"子夜吴歌"。为什么叫这个名称呢？相传它们由一个名叫"子夜"的青年女子所唱。子夜因为婚姻不如意，内心痛苦，所以她唱出来的歌谣"声过哀苦"。一共有 40 多首，究其内容都是青年男女悦爱的诗语，未必为一人一时之作。例如：

始欲识郎时，两心望如一；

理丝入残机，何悟不成匹！③

意思说：早先我结识你郎君时，一心想结为夫妻；哪知道到头来除了思念还是思念，不能配成双！这里的"丝"是思念的"思"字的谐音，"匹"是匹配的双关语。把"丝"放进"残机"里怎么能织成"匹"呢？大家知道，在封建社会里，青年女子婚姻不能自主，要想和意中人结合难上难，她又不敢明白地说出来，只能用谐音、双关语来曲折地表达对封建礼教的不满。子夜吴歌是吴地民歌的滥觞。在往后的历史长河中，昆山民歌一直很发达。例如，有一首非常有名的民歌："月儿弯弯照九州，几家欢乐几家愁；几家夫妇同罗帐，多少漂零在外头"。最早就流传在昆山地区④。

中华人民共和国建立初期，江苏省音乐家协会主席费克，到昆山来采风，在县文化馆的帮助下，记录到《划龙船》、《搭凉棚》等昆山民歌。

地方志上还记载，古时候昆山民间流传着"伎乐送祖"的习俗。所谓伎乐送祖，就是由专业或业余的演艺人员，用乐器伴奏，表演动作或演唱歌舞，以取悦神灵、追念祖先，祈求

① 《昆新两县续修合志》卷一沿革。
② 徐调孚：《中国文学名著讲话》，中华书局，1981 年，31 页。
③ 郭茂倩：《乐府诗集》卷四四。
④ 叶盛：《水东日记》卷五。

来年的幸福和平安。因为年代久远，我们对伎乐送祖的具体情况已经不太清楚了。在六朝时期的墓葬中，常常出土一种陶罐叫"魂瓶"（又称谷仓），有的上面塑着各种人物，正在表演杂耍和歌舞，伎乐送祖大概跟这差不多。到后来，逢年过节要出会赛演戏，婚丧喜庆请堂名、鼓手奏乐演唱，正是这种古老的传统风俗习惯。

从民歌演唱和伎乐送祖，可以看出，昆山是一个具有艺事传统的地方。这类民间的文艺活动，正是戏曲发生的萌芽。它再次证明，一切中西戏剧最初都发源于民间。

到了唐代中期，因为有杰出的宫廷艺人黄幡绰到来，使这里的表演艺术水平大大提高了一步。杜甫《江南逢李龟年》诗云：

岐王宅里寻常见，崔九堂前几度闻；

正是江南好风景，落花时节又逢君。

李龟年是唐代开元、天宝年间声名显赫的大歌唱家，曾受到唐玄宗的优待。杜甫少年时代曾在洛阳听到过他的演唱。安史之乱以后，李龟年流落江南，每逢良辰美景，为人演唱数阙，闻者无不掩泣罢酒。杜甫40年后又与他在长沙不期而遇，无限感慨，写下了这首有名的诗。

黄幡绰的生平遭遇，和李龟年十分相似。作为一名宫廷艺人，黄幡绰擅长"参军戏"，入宫30多年，侍奉唐玄宗。他性格幽默，善于口才，曾经用滑稽风趣的语言，谏劝玄宗不要轻信安禄山，应该疼爱自己的儿子（唐肃宗）；提醒他注意安全，不要在马上打球摔坏了身子，得到了玄宗的赏识和信任[①]。当时人说：唐玄宗一日不见黄幡绰，龙颜为之不悦。安史之乱，王室出逃到四川，黄幡绰陷于叛军，在长安被迫为安禄山表演。乱平被拘，玄宗不以为有罪，将他开释了。晚年流落江南，死后葬在昆山正仪绰墩。《全唐诗》收有他的诗；山西省有一块石碑，刻唐玄宗所作《霓裳羽衣曲》，原迹由黄幡绰所书[②]。

黄幡绰所擅长演出的参军戏，又称"弄参军"，是唐宋时代相当流行的一种表演艺术。传说东汉时有个馆陶县令叫石耽，犯了贪污罪，汉和帝怜惜他的才能，未加处罚。每逢宴会，将他取乐，叫他穿白夹衫，让伶人戏弄他、取笑他，一年以后才放走。后来发展成为一种表演形式，因为石耽当过"参军"，就叫参军戏。由两个角色："参军"和"苍鹘"，表演滑稽的动作和对话，引观众发笑，近似现在的对口相声。参军戏都是即兴表演，常常穿插一些时政，讽刺社会现象。宋元以后，参军的角色演变为"副净"，苍鹘演变为"副末"，所以参军戏被看成是中国戏剧的早期形式之一。开元中，黄幡绰和另一位宫廷名角张野狐（擅长弹箜篌）搭档演出参军戏，配合默契，风靡一时。他被称为"滑稽之雄"，后世誉为中国十大名伶之一[③]。

黄幡绰的名气很大，后来凡是表演滑稽出色的演员，都被叫做"黄幡绰"。清代乾嘉年间，江南有一位读书人，家境贫寒，弃儒习乐，取艺名叫"黄幡绰"，他努力演戏，精心著述，终于

---

① 《太平广记》卷一六五、二五○。

② 诗见《全唐诗》谐谑一，碑见《佩文斋书画谱》卷三○。

③ 蒋星煜主编：《十大名伶》，上海古籍出版社，1992年。

成为一位有名的昆曲艺人①。发生在唐玄宗与黄幡绰之间的故事很多，这里不一一介绍。从唐朝开国到唐玄宗李隆基继位（712～756年在位），一百多年里，岁月承平，经济发展，开元年间达到了极盛时期，称"开元之治"。因为西域文化的东传中原，以与汉族本土文化相融合，唐代的音乐、舞蹈有了高度的发展。李隆基酷爱音乐，六岁演戏，长大后成为优秀的作曲家、表演艺术家。他在京都长安（今陕西西安）创立梨园、教坊，作为训练和管理演员的机构，曾选拔梨园子弟300人，组成庞大的宫廷乐队，并亲自担任乐队的指挥和导演。他爱演丑角三花脸，有一次演员在演出时将他打了一下，吓得跪下饶命，他一笑了之，说这是演戏，不必当真。所以旧时戏班，奉他为祖师爷，每逢演出，要在后台他的牌位前供香点烛。在旧戏班里，丑角在诸行当中雄踞首位。他作的《霓裳羽衣曲》，根据印度婆罗门曲改编，代表了唐代音乐舞蹈的最高成就。他和杨贵妃的爱情故事，被小说、戏剧一再表现。据说玄宗有一部名为《骷髅格》的曲谱，在安史之乱中几遭焚毁，幸亏得黄幡绰保存下来。黄幡绰作为优伶，弄臣，他的艺术生涯与唐玄宗紧密相连，两人在中国戏曲史上都享有崇高的地位。

隋唐时代，全国的经济重心，已转移到长江以南。隋炀帝开凿南北大运河，目的就是把江南的粮食、丝绸、瓷器等大量物资，通过水路运送到东都洛阳。经过唐朝长时期的统一，江南又相对比较安定，苏州因商业而繁荣起来。当时东南沿海的对外贸易十分发达，海舶由吴淞江可以直达苏州城下。对于苏州的繁华景象，唐代诗人一再歌咏。所以，黄幡绰出宫以后，流落民间，最后到达江南昆山，并不偶然。

关于黄幡绰的葬地绰墩，地方志上这样记载：

绰墩，在信义北三里。高三丈余，四周百步。土人以山称之。《中吴纪闻》云：昆山县西数里，有村曰"绰堆"。（注：避［宋］光宗讳，改墩为堆）故老相传，此黄幡绰之墓。至今村人皆善滑稽，及能作三反语。（《信义志稿》卷二）②。

绰墩因黄幡绰而命名，当地老百姓叫它"绰墩山"。高约10米，可以从东、南、西三条路上山。它由原始先民用泥土人工堆筑而成，考古学上称为"高土台建筑"，作为祭祀的场所和埋葬氏族首领的地方。山顶原有不少巨石，巨石下有深沟，是春秋战国时代的"石室结构"，与常熟虞山顶上的"藏军洞"类似。清代康熙年间，曾在墩内发现一个砖石雕镂精工的墓室，疑即幡绰葬处。上世纪70年代，我曾到过绰墩，当时山顶有一座古庙，叫"寿宁庵"，做了农村合作医疗室；南京大学历史系考古专业79届毕业实习，我曾带领学生考察绰墩古文化遗址，当时保存基本完好，我们还在山背断面下拍过合影；80年代初，由于当地砖瓦厂取土烧窑，县文管会和南京博物院考古部联合进行过一次抢救性发掘，出土了不少重要文物，那时绰墩山快要被夷为平地了③。唐代时，人们把黄幡绰这位杰出的艺术家埋葬在这里，并且以他的名字命名"绰墩"，表示对他的极大尊崇。

黄幡绰晚年流落到昆山，虽然没有具体记载，但是，对当地的影响是巨大、深远的。

首先，绰墩村民皆善滑稽。讲笑话，做滑稽动作，本来是参军戏的特征。这里讲的善滑

---

① 《中国大百科全书·戏曲曲艺卷》，194～195页。

② 赵诒翼撰，缪荃孙序：《信义志稿》，苏州古旧书店影印本。

③ 南京博物院、昆山县文管会：《江苏昆山绰墩遗址的调查与发掘》，《文物》1984年2期。

稽，未必指也会表演参军戏，而主要指这里的村民，由于受到黄幡绰的影响，机智、聪明，伶牙利齿，说话风趣幽默。这些正是后来戏曲中"插科打诨"所需要的。

其次，能作三反语。什么叫"三反语"呢？就是反切，是中国汉字的一种传统注音方法。我们知道每个汉字包括音、形、义三个方面，字音由声母和韵母组成。反切的方法，就是用两个汉字来拼一个字音，前面一个字的声母，后面一个字的韵母和声调，拼合起来，就成了这个字的读音，称为××切，或××反。例如"冬"，可以用"德翁"二字切，"苏州"的反切是"素乌、支欧"。用吴语来反切，"一"说成"郁结"，"二"说成"虐基"。这种反切注音的方法，起源于汉代，自从佛教梵文输入以后，更加精密了，《康熙字典》、《佩文韵府》等传统汉字工具书都采用这种方法来注音。在秘密会党和行业用的隐语中一直保留着这种语言，称为"切口"。绰墩村民直到今天还会作三反语，俗话叫"打三反"、"打切口"。这种三反语从参军戏而来，在昆曲角色的宾白中也常有使用，可见二者之间的传承关系。

再有，绰墩东有傀儡湖。傀儡湖又叫东湖，"东湖浮玉"是正仪镇十景之一。这里现在是昆山市区自来水的取水口。地方志上说："或云亦以黄幡绰得名。"认为傀儡湖名称的来历，也与黄幡绰有关。傀儡戏就是木偶戏，发源于汉代，唐代很盛行，宋代发展到了鼎盛时期，有悬丝傀儡、走线傀儡、杖头傀儡、药发傀儡、肉傀儡、水傀儡等多种[1]。它以敷衍故事为主，从戏曲发展的观点看，比滑稽戏更进了一步。在起角色、自报家门、化妆、步法等方面，对后世戏曲有很大影响。所以中国戏剧起源的种种说法中，有"傀儡戏"一说[2]。现在我们从温州"永嘉剧"中，还能看到演员模仿木偶和皮影的动作，就是明证。清代顾公燮明确认为昆曲从继承古代皮影戏、傀儡戏而来[3]。在安史之乱以后，唐玄宗写过一首《傀儡吟》诗：

"刻木牵丝作老翁，鸡皮鹤发与真同；须臾弄罢寂无事，还似人生一梦中。"他看到的是牵线木偶，寄托了对世事无常人生如梦的无限感叹，这时，恐怕黄幡绰已经流落到江南了。正仪傀儡湖，因傀儡戏而命名，既证明黄幡绰其人其事的真实性，又说明昆曲的产生源远流长。

地方志还记载，近镇村庄从新年到初夏，有演戏的风俗。"绰墩为黄幡绰葬地，戏价较廉，并有时特送者。"各地的戏班，出于对黄幡绰的敬仰，到绰墩村来演出，少收钱甚至不收钱。常年成为惯例，停泊戏船的地方，被叫做"行头浜"。在俗语里，角色的服装穿戴称为"行头"。现在绰墩遗址南面的一条河还保留"行头港"的名称。

在谈到昆曲的起源时，明代伟大的戏曲音乐家魏良辅说："惟昆山为正声，乃唐玄宗时黄幡所传"（《南词引正》）[4]。这句话不但确认了昆山腔在南戏各种声腔中的正宗地位，而且把它的起源追溯到唐代中期的黄幡绰。对不对呢？对的。黄幡绰与绰墩，以及其他有关的遗址遗迹，无可辩驳地证明正仪镇是世界文化遗产昆曲的最早发源地。

---

① 王国维：《宋元戏曲史》，东方出版社，1996年，30页。
② 孙楷第先生在《傀儡戏考原》中说：近世戏曲起源，莫不归之于傀儡、影戏。
③ 顾公燮：《消夏闲记选存》，吴中文献小丛书，1930年，31页。
④ 路工：《访书见闻录》，上海古籍出版社，1985年，239～241页。

附录一六

绰墩唐墓考识

程振旅

昆山文物管理所

1982 年前后村办砖瓦厂取土烧砖，把绰墩山夷为平地。

2000 年 10 月至 2001 年一月，苏州考古队和昆山文管所对绰墩遗址进行了第三次抢救性发掘，发掘点位于在现阳澄公路之西侧即原绰墩山的范围内。

这次发掘，发现五千年左右先民祭祀台，残高 0.5 米，东西长约 10、南北宽约 6 米。祭祀台是良渚首领、先民进行重大政治、军事、宗教活动的中心场所，可惜已被烧砖取土破坏，十分可惜。在离祭台近 10 米的正南方向，发掘到宋墓两座（M48、M51）和唐墓两座（M49、M50）。其中 M49，为已被破坏的唐代船形砖室墓，方向 340°，残长 4.76、宽 2.80 米，墓地铺人字形底砖，中间铺砌二批砖为棺床，长 3.16、宽 1.10 米。墓壁残剩砖为二横一竖二横。残高 0.30 米。不见棺木，在棺床上出土"开元通宝"三枚。墓顶已毁，无前后隔墙，且无剩砖，未见墓志铭，十分遗憾。另有 M50 与 M49 并葬，M50 只存土框。在 M49 残剩下的几百块砌砖中，发现四块刻有"天"、"调"、"不口口"、"天子问什"等文字的墓砖。墓虽为残墓，但是从墓的形制、规模来看，其并不是一般人的墓葬。地方志载有："唐伶人黄幡绰葬此"。

难道这就是黄幡绰墓葬吗？笔者自问，经查考结论：完全有这种可能。故阐述如下，作为抛砖引玉，以求指正。

一 绰墩山和黄幡绰墓，宋、元、明、清昆山县志与方志上都有记载。其主要内容：

（一）"绰墩山在城西北十八里朱塘乡，……山有巨石，三面逶迤而上，独其北矗立三丈余，有寿宁庵，……"

（二）龚明之《中吴纪闻》云"唐，至今村人皆善滑稽，能三反语"。又云"昆山县西楼里村名绰堆，避光宗讳改墩为堆，有黄幡绰墓"。

龚明之（1090~1186 年），昆山人，宋宣和二年（1120）三十岁入国子监，年七十中进士。宋孝宗淳熙元年（1174 年）撰《中吴纪闻》，共记吴中风土人物 225 则，比范成大撰《吴郡志》略早。是苏州地方志书中的精品。他在自序中讲："恐其论无传也"，怕他儿子"属意不伦，措辞无法"，"盖效范忠文《东斋纪事》苏文忠公志林体"编写此书。可见龚明之是极为认真的；连避讳堆改墩也写清楚。龚氏世代昆山人，写昆山的条则，更具可考性。绰墩应是黄幡绰的归葬处。

二 绰墩山，经考古发掘证实为良渚文化时期由先民筑的高土台，距今约 5000 年。此土台宋之前无记载,可见,在黄幡绰下葬之前没有什么名称,因为葬了黄幡绰,所以才叫绰墩山。这是其一。我在 20 世纪 80 年代初去绰墩看过,又向老乡调查,原绰墩山,东西宽仅 30 余米,南北长 70 余米。山的北面、东面现在是小河。根据良渚时期筑高墩和江南水乡的特点,土山的四周都应是小河。发掘证实,山南确有池塘遗迹。所以绰墩应是一个"小岛",从现在发现的唐墓位置,正好在山的最南面,向阳,较低的斜坡上,再挖圹筑砖墓室埋葬,是符合唐代葬俗的。这是其二。

三　黄幡绰他是以演"参军"戏为业,是一种说白、调笑的滑稽演员,深受唐玄宗欢喜。天宝十四年（755 年）"安史之乱"李隆基被迫把杨贵妃赐死于马嵬驿,第二年肃宗登基,他当了太上皇,在西宫度过凄凉的晚年,在这种情况下,黄幡绰一批优伶必然失宠,被迫离开长安,到了阳澄湖畔安家落户,仍操旧业,传授说唱、调笑。另外宋、元、明、清昆山地方志上都有"唐伶人黄幡绰葬于绰墩,至今村人皆善滑稽,能作三反语"的记载,这不是凭空猜测,是黄幡绰他们南下到阳澄湖畔的证据。

四　自宋至清苏州、昆山地区不泛写诗作词的文人。作诗题材丰富,有怀念的、有讽刺的、有借古喻今的。元代书画文人,诗词曲家写绰墩诗的最多。其中元郭翼七律:"绰墩树色青如荠,荡里张帆晓镜开,……好入桃源张渥画,只惭扬马是仙才"。明代大文人高启的绰墩诗直刺时弊曰:"淳于曾解救齐城,优孟还能念楚卿,嗟尔只教天子笑,不言忧在禄山兵。"邑人明末诗人周南老也为绰墩写了一首五言古风:"谈谐多滑稽,启宠纳慢侮,笑取玉环欢,伯乐盲胡舞……胡为王门优,有此一抔土,逐令村之民,犹能三反语"。这些诗,也可辅证黄幡绰确是葬在绰墩。

五　绰墩 M49、M50 两座唐墓,墓砖都是青砖,竖砌砖是正长方形,规格约为 30 × 15 × 3 厘米。横砌砖因为要砌成船形,所以都经过打磨加工,成斜长方形,有宽有窄不一。从残墓来看,规格还是比较高的。昆山张浦大市发现类似级别的唐墓,出土了瓷枕和砖刻墓志铭。绰墩山唐墓墙内夹含零星刻砖,说明有墓志铭的可能性,可惜墓葬已被破坏而没有发现,所以只能对四块墓砖刻字作些分析。

（一）从四块刻字砖来看。第一块上只有一个"天"字,第二块铺底砖上刻有"不□."三个字,第三块东墓壁横砖右上角刻一个"调"字,第四块西壁西南角竖砖上刻有"天子问什"四个字。因为残墓,不排除还有其他刻字砖。因为这几个字好象是工匠试刻的,似从所刻的墓志文字中选刻的。当然这是一种猜想。此墓有一定规模,又有这四块选刻性实物,还因为我们也曾出土唐墓简短墓志铭实物,那是刻在比墓砖稍大的砖上。有关墓砖上刻字考证解释如下:

（1）"天子"是唐代诗文中常见词,"天子"即为"皇帝"泛称。

（2）"问"字的解释有九种之多,主要是"询问"之意,辞海还有"问"通"闻"一条。

（3）"什"字,从说文解字看,就是从人,从数字十,犹十个人。故"什"字有"十成"、"十倍"、"十户为什"、"十成一组"、"十篇一卷"含义等,辞海还有一条解释:"什犹言杂",也有日用杂品称为"什器",也称"杂器"。所以"天子问什"应该解释为"天子询问（打听）杂（什）戏才人"之意，或者是"天子要听（闻）杂戏"之意。

（二）黄幡绰他们是表演参军戏滑稽之才人，也可能有表演木偶、傀儡戏的，也可能是搞管弦说唱的。

中国戏曲的孕育发展很早，种类很广，有音乐弦管、舞蹈、表演说唱、滑稽、武术什要等。汉代就有"百戏"之称，到隋唐代音乐就分"九部乐"，说唱中有"坐部"、"立部"之分，有表演、滑稽参军戏，有傀儡木偶等等，唐代把以上种种称为"杂戏"。唐大诗人白居易有"咏立部伎"一诗："堂上坐部笙歌请，堂下立部鼓笛鸣，坐部退为立部伎，击鼓吹笛和杂戏。"就可以说明。至于墓砖刻的"调"字，可认为这是曲调、声调、调式之"调"，或者"才性风调"之"才调"，也附合唐开元至至德年间，有说白的弄参军，也出现"弦管弄参军"，在科白中融进了有管弦伴奏和歌舞表演的参军戏，那当然要有曲调、才调的了。

（三）M49 墓砖都是青砖，砖泥是比较细腻的，刻的字都是在砖泥坯上用刻刀随手刻后，再烧成砖的。从刻字的结体，笔锋和横竖钩捺的特点多方面看，不是初唐欧、褚、虞字体，而是唐中期成熟楷书字体，一眼看去，就是颜体。其中两个"天"字，一个"子"字颇具有颜真卿风韵。"问"、"什"和"调"等，字对照颜真卿"勤礼铭"碑帖，学得也很象。可以说刻砖者具有一定的写书镌刻能力。大家知道"安史之乱"，颜鲁公的哥哥和侄子都死于战乱之中，因此颜真卿留下了千古佳作"祭侄文稿"行书帖。墓中主人，刻墓砖者和大书写都是与唐玄宗李隆基同时代人，刻写颜体一般来说应在安史之乱（755 年）后。

六　在 49 号墓棺椁下投放的开元钱是唐玄宗启用"开元"的年号钱。可能原来较多，现只捡到三枚，因此绰墩唐墓应在开元元年（713 年）之后。

756 年肃宗即位，改年号"至德"，也曾出钱币，但唐开元钱一直延用到唐末，所以也不排除此唐墓还会比至德晚一些。但最可能的还是 755 年之后，与黄幡绰去世的年限相接近。

七　正仪绰墩地处阳澄湖与傀儡湖中间。村民说，绰墩山上庙内有古戏台，年年演出，我查阅了清代正仪乡村志，在戏曲条目中说：凡到绰墩演唱的戏团，特别是昆剧，不是三天免费就是半价优惠。昆曲民间社团和堂名班子，都设"老郎庙"，供奉"老郎神"为戏祖，因李隆基爱称"三郎"，后谐音为"老郎"，被戏社封神，奉为祖宗，唐玄宗是无愧的。

明代嘉靖年间，昆山腔的革新者魏良辅，在他撰写的《南词引正》中称"南戏以昆山为正声，乃唐玄宗时黄幡绰所传。"又说："元朝有顾坚者，精于南辞。"他在界溪河畔顾阿瑛的玉山草堂，与杨铁笛、高明、张雨、倪元镇，研究南曲新腔，"故国初有昆山腔之称"。顾坚被后人称为昆山腔的创始人，昆曲之鼻祖。这虽是后话，而黄幡绰应是昆曲之元祖，也当之无愧的。

综上所述，笔者认为绰墩唐墓的主人，有可能就是黄幡绰，或者是黄幡绰稍后的继承者；再或者是黄幡绰的优伶同伴。因而位于阳澄湖之畔的绰墩山所在地成为昆曲的发祥地也不足为奇了。

参考资料：
1.《中吴纪闻》

2. 宋元明清各昆山县志

3. 第三次绰墩遗址考古记录

4.《百科全书戏曲卷》

5.《中国戏曲史》

6.《中国木偶艺术的源流》

7.《南词引正》

后　记

　　《昆山绰墩遗址》终于脱稿了，为完成此报告，除了本人花了很大的精力外，更重要的是得到了方方面面的关心与支持。南京博物院的邹厚本、张敏两位先生曾担任绰墩遗址前几次的发掘领队，并亲临现场给予指导；浙江省文物考古研究所王明达、刘斌、蒋卫东、芮国耀、方向明等先生，以及上海博物馆宋建先生，多次专程来到绰墩遗址发掘现场，一起探讨发掘中碰到的有关问题，对发掘工作帮助很大。

　　绰墩遗址的发掘体现了多学科合作，先后有江苏省农业科学院粮作所汤陵华先生、南京师范大学地理科学学院萧家仪先生、中国科学院南京古生物所王伟铭先生、南京博物院李民昌先生、中国社会科学院考古所袁靖先生等，分别进行碳化米检测、孢粉、植硅石分析以及人骨与兽骨鉴定等。2004 年，以中国科学院南京土壤研究所曹志洪教授为首的课题组，对绰墩遗址史前水稻田进行土壤剖面分异、黏粒移动、孢粉学、植硅体、土壤有机质核磁共振谱、土壤磁化率的变化等系列研究，取得了很大的成果，共发表有关研究论文 20 多篇，分别发表在《土壤学报》、《环境学报》、《中国农业科学》、《第四纪研究》、《土壤通报》、《科学学报》、《农业环境》、《生态学报》、《中国环境科学》等刊物上。上述不同学科专家学者的参与及撰写的研究成果，为本报告提供了十分重要的科学依据。

　　报告出版与同事的帮助密不可分，他们不仅在野外，在报告整理过程中也给予了支持与帮助。因此《昆山绰墩遗址》一书集中了大家的智慧，是集体的成果。报告发掘现场与出土器物照片由徐耀明先生拍摄；报告插图由朱伟峰、张铁军、王霞、浦强绘制，最后均由王霞重新进行绘制与编排；报告日文提要和英文提要分别由中村慎一和秦岭、陈洋、丁一翻译。

　　在绰墩遗址发掘与《绰墩报告》出版过程中，得到了昆山市各级政府的关心与支持以及合作单位昆山市文物管理所的默契配合，在此表示衷心的感谢！

编者

2011 年 6 月

Chuodun Site in Kunshan

(Abstract)

Chuodun site lies in the Chuodun village of northern Zhengyi town, and was discovered by Nanjing Museum in January, 1961. The center of the site was a mound, about 70 meters long from south to north, 30 meters wide from east to west, and 6 meters high. The site area is about 400,000 square meters in size, bordered on the north by Chuodun – Shan road, on the south by Luzhao – bang River, on the east by Kuilei Lake and to the west by Minquan village. The center of Chuodun site is around 250,000 square meters surrounded by water. From 1998 to 2004, six excavations were conducted by Nanjing Museum, Suzhou Museum and Kunshan Cultural Heritage Management Office with the total area excavated of 3393 square meters. 15 Neolithic houses, 81 ash pits, 84 ancient tombs, 11 water wells, 64 paddy fields and 1 river channel, as well as more than 600 cultural relics such as ceramics, jade wares, bone objects were discovered.

Besides the archeological findings above, 85 ash – pits, 34 water wells, over 400 relics from Eastern – Zhou Dynasty to Maqiao period, 2 water wells from Han Dynasty, 10 ancient tombs, 9 ash pits, 37 water wells, and 1 river channel from Tang – Song period were also discovered.

The report is divided into 5 chapters. Chapter 1 has three separate sections – geographic environment and historical changes, site overview and excavation activities, data compilation and archiving, and report writing. In chapter 2, the stratigraphy is described in five separate sections. Chapter 3 is about cultural relics, and it includes of 3 sections: Section 1 is about historic monuments, focusing on 15 dwelling sites from Majiabang culture, Songze culture and Liangzhu culture, as well as altars and river channels related to Liangzhu culture. Section 2 introduces ash pits and water wells of different periods. Section 3 describes all the ancient tombs. After each section is a brief summary of the main described characteristics, including the traits of dwelling sites, use of ash pits, funeral rites and burial customs, etc. Chapter 4 introduces cultural relics such as the unearthed artifacts from different periods. Chapter 5 is the conclusion of cultural stages of Chuodun site.

This chapter is followed by appendixes below,

Appendix 1: STUDY OF PREHISTORIC IRRIGATED PADDYS AND ANCIENT PADDY SOILS IN CHINA.

Appendix 2: POLLEN EVIDENCE FOR ANCIENT PADDY FIELDS AT CHUODUN SITE.

Appendix 3: MICROBIOLOGICAL PROPERTIES OF AN ANCIENT PADDY SOIL DISCOV-ERED IN CHUODUNSHAN RELICS OF KUNSHAN, CHINA.

Appendix 4: NEW EVIDENCE FOR THE PRESENCE OF MIDDLE HOLOCENE PADDY SOIL IN THE CHUODUN ARCHEOLOGICAL SITE

Appendix 5: CHARACTERISTICS OF SOIL FERTILITY OF BURIED ANCIENT PADDY AT CHUODUN SITE IN YANGTZE RIVER DELT

Appendix 6: DISTRIBUTION AND ORIGINS OF POLYCYCLIC AROMATIC HYDROCARBONS IN A SOIL PROFILE CONTAINING 6000 – YEAR OLD PADDY SOIL

Appendix 7: The Kunshan – Chuodun site archaeology coring report.

Appendix 8: The identification of rice remains an the phytolith analysis of Chuodun site

Appendix 9: Some plant remains from Chuodun and Chenghu site

Appendix 10: Pollen assemblage and palaeoenvironmental analysis of Chuodun site

Appendix 11: Chuodun site Pollen analysis and its archaeological significance

Appendix 12: Neolithic environmental studies of Chuodun site

Appendix 13: Human bone identification report for Chuodun Neolithic burials

Appendix 14: Animal bone identification report for Chuodun Neolithic site

Appendix 15: The relation between Huang Fanchuo and Chuodun site

Appendix 16: The research on Tang dynasty's tomb in Chuodun site

昆山綽墩遺跡

（摘要）

　　昆山綽墩遺跡は正儀鎮の北、綽墩山村に位置する。1961年1月、南京博物院の調査により発見された。綽墩山村にはもともと南北70メートル、東西30メートル、高さ約6メートルの土墩があったが、そこが昆山綽墩遺跡の中心に当たる。そこから北は綽墩山路まで、東は傀儡湖まで、西は民権村まで、南は魯灶浜までが遺跡全体の範囲で、総面積は約40万平方メートルに及ぶ。遺跡中心部はその四周を水で囲まれており、面積は約25万平方メートルほどである。1998年から2004年にかけて、南京博物院、蘇州博物館、昆山市文物管理所の3機関が共同で、前後6次にわたり発掘調査を実施した。発掘面積は延べ3,393平方メートルで、そこから新石器時代の住居址15棟、ピット81基、墓84基、井戸11基、水田址64面、河川跡1条が検出？発掘され、土器、玉？石器、骨器等の各種文化遺物が計600点余り出土した。

　　このほか、馬橋文化期から春秋戦国期にかけてのピット85基と井戸34基が発見され、土器、石器等の遺物400点余りが出土しており、また、漢代の井戸2基、唐宋時代の墓10基、ピット9基、井戸37基、河川跡1条なども見つかっている。

　　昆山綽墩遺跡報告は5つの章から成る。

　　第1章「概述」では、地理環境と歴史沿革を扱い、「遺跡概況」「発掘経過」および「資料整理と報告書作成」の3節に分かれる。

　　第2章「地層堆積」は5節に分かれており、それぞれ5つの発掘区の地層堆積を紹介する。

　　第3章「文化遺存」のうち、第1節「建築遺構」では馬家浜？崧沢？良渚文化期の15棟の住居址および良渚文化期の祭壇と河川跡を中心に紹介する。第2節では各時期のピットと井戸、第3節では各時期の墓とその関連状況の紹介を行う。各節の後には、住居址の特徴、ピットの用途、墓の葬法と埋葬習俗などについての小括が置かれる。

　　第4章「文化遺物」は、主に各時期の出土品についての紹介である。

　　第5章「結語」は、主に綽墩山遺跡の文化編年の紹介となる。

　　本文の後には報告付録が付される。

　　付録1：中国先史時代の灌漑水田と水田土壌研究の進展

　　付録2：綽墩山遺跡水田土壌の花粉学的特徴に関する初歩的研究

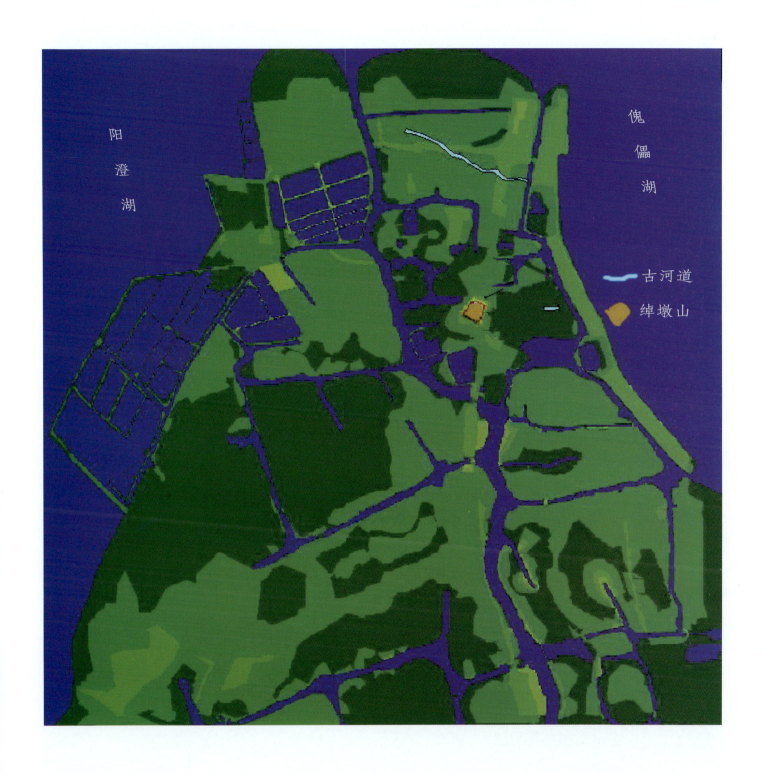

阳澄湖

傀儡湖

—— 古河道

⬟ 绰墩山

彩版一　绰墩遗址地形图

1.绰墩遗址环水环境（由西向东）

2.Ⅰ区全景（由西北向东南）

彩版二　绰墩遗址环水环境及Ⅰ发掘区

1. Ⅱ区发掘场景（由西向东）

2. Ⅲ区全景（由北向南）

彩版三　绰墩遗址Ⅱ、Ⅲ发掘区

1. Ⅳ区全景（由北向南）

2. Ⅵ区发掘场景（由西向东）

彩版四　绰墩遗址Ⅳ、Ⅵ发掘区

1.水稻田蓄水坑与水沟（由南向北）

2.崧泽文化房址F4（由西向东）

彩版七　马家浜文化水稻田蓄水坑及崧泽文化房址

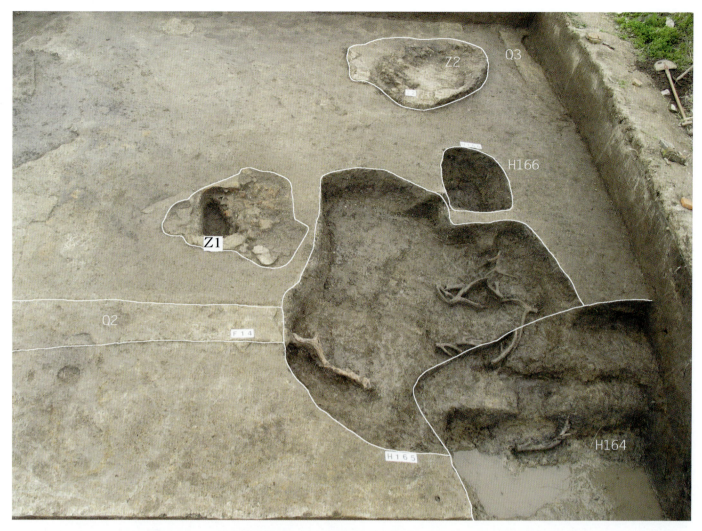

1. 崧泽文化房址 F14 被 H165 打破（由南向北）

2. 良渚文化房址 F2（由东向西）

3. 良渚文化房址 F2 内祭祀坑 H5

彩版八　崧泽、良渚文化房址

1. 房址 F3（由西向东）

2. 房址 F5（由东向西）

彩版九　良渚文化房址

1.房址 F6（由西向东）

2.房址 F6 南面基槽内排柱（由东向西）

彩版一〇 良渚文化房址

1.房址 F11（由南向北）

2.柱洞

3.柱洞内木柱

4.柱洞内木柱

5.房址内竹篾编织物

彩版一一　良渚文化房址 F11

1.房址 F12（由北向南）

2.房址 F12 位于河道北岸（由东南向西北）

彩版一二 良渚文化房址 F12

1.陶鼎（H105：1）

2.陶鼎（H105：2）

3.河道（由西向东）

彩版一三　良渚文化房址 F12 窖穴 H105 内出土陶鼎及良渚文化河道

1.河道内出土大木块

2.河道北堤岸用红烧土堆筑及河滩出土砺石

3.河道北岸堤岸上布满木桩（由北向南）

彩版一四　良渚文化河道

1.祭台（由东南向西北）

2.祭台东南角（由东向西）

3.祭台东南角（由南向北）

彩版一五　良渚文化祭台

1.房址与水田（由北向南）

2.墓葬与水田（由南向北）

彩版一六　马家浜文化房址、墓葬与同时期水田

1.崧泽文化房址 F4 位于马家浜墓地上（由西向东）

2.良渚文化房址 F2 位于崧泽文化墓地上（由东向西）

彩版一七　房址与墓地关系

1. H10

2. H112

3. H113

4. H125

5. H128

6. H129

7. H139

彩版一八　马家浜文化灰坑

1.水稻田Ⅵ区局部之一（由东向西）

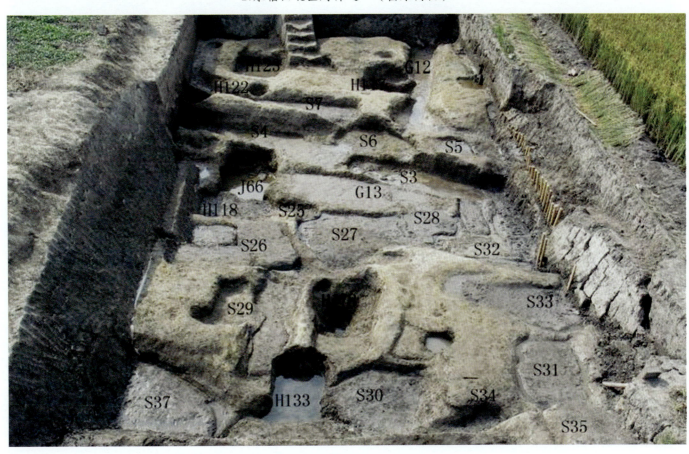

2.水稻田Ⅵ区局部之二（由北向南）

彩版一九　马家浜文化水稻田

1.良渚文化灰坑 H99

4.良渚文化水井 J39

2.良渚文化灰坑 H137

5.良渚文化水井 J52

3.良渚文化灰坑 H140

6.马桥文化灰坑 H69

彩版二〇　良渚、马桥文化灰坑、水井

彩版二一　良渚文化灰坑 H165(由南向北)

1.陶鼎（H165：1）

2.B型Ⅳ式陶杯（H165：3）

3.石刮削器（165：6）

4.A型Ⅱ式石凿（H165：7）

5.陶器盖（H165：2）

6.陶杯（H165：4）

7.石刮削器（H165：5）

彩版二二　良渚文化灰坑 H165 出土器物

1. 红陶罐（H69：1）

2. D型Ⅳ式陶罐（H69：3）

3. D型Ⅲ式陶罐（H69：7）

4. 陶杯（H69：11）

5. E型Ⅱ式陶罐（H69：10）

6. A型Ⅱ式石镞（H69：9）

7. A型Ⅲ式石斧（H69：12）

彩版二三　马桥文化灰坑 H69 出土器物

1.石刀（H74：6）

2.铜斧（H74：7）

3.陶豆（H74：1）

彩版二四　马桥文化灰坑 H74 出土器物

1.簋（H75：2）

2.Ⅱ式罐（H75：4）

3.A型Ⅱ式豆（H75：5）

4.网坠（H75：7）

彩版二五　马桥文化灰坑 H75 出土陶器

1.马桥灰坑 H79

2.陶壶（H79：1）

3.陶钵（H79：4）

彩版二六　马桥文化灰坑 H79 与出土陶器

彩版二七　马桥文化灰坑 H84

1.陶盆（H84：1）

2.陶三足盘（H84：3）

3.石锛（H84：4）

4.石斧（H84：5）

5.陶圜底罐（H84：6）

6.石锛（H84：8）

彩版二八　马桥文化灰坑 H84 出土器物

1.灰坑 H85 全景（由南向北）

2.石镞（H85：1）

3.陶纺轮（H85：2）

4.B 型 Ⅱ 式陶簋（H85：3）

彩版二九　马桥文化灰坑 H85 与出土器物

1.灰坑 H86

2.陶凹圜底罐（86：1）

3.A 型 Ⅱ 式陶凹圜底罐（H86：3）

彩版三〇　马桥文化灰坑 H86 与出土器物

1. 灰坑 H95 全景

2. 水井 J30

彩版三一　马桥文化灰坑 H95、水井 J30

1.半圆形石刀（H95：1）

2.G型陶罐（J30：3）

3.黑陶罐（J30：2）

4.黑陶罐（J30：1）

彩版三二　马桥文化灰坑 H95、水井 J30 出土器物

1.水井 J34

2.水井 J35

彩版三三　马桥文化水井 J34、J35

1. 三足盘（J34：1）

2. A型Ⅲ式钵（J34：3）

3. Ⅳ式簋（J34：4）

4. 红陶罐（J35：1）

5. E型Ⅰ式罐（J35：2）

彩版三四　马桥文化水井 J34、J35 出土陶器

1. 水井 J46

2. 水井 J47

彩版三五 马桥文化水井 J46、J47

1. B型Ⅲ式陶罐（J46：1）

2. A型Ⅲ式半月形石刀（J47：1）

3. B型Ⅱ式陶罐（J47：2）

彩版三六　马桥文化水井 J46、J47 出土器物

1.水井 J59

2.水井 J60

彩版三七　马桥文化水井 J59、J60

1. B型Ⅱ罐（J59∶1）

2. D型Ⅱ式罐（J59∶2）

3. 黑陶罐（J60∶1）

彩版三八　马桥文化水井 J59、J60 出土陶器

1.马桥文化水井 J61

2.东周灰坑 H70

彩版三九　马桥文化水井 J61、东周灰坑 H70

1. A型Ⅱ式陶罐（J27：1）

2.水井 J32 内出土鹿角

彩版四二　东周水井 J27、J32 出土器物

彩版四三　东周水井 J36

1.原始瓷豆（J36：1）

2.印纹陶瓮（J36：2）

3.印纹陶罐（J36：3）

4.砺石（J36：4）

彩版四四　东周水井 J36 出土器物

1. J65：1

2. J65：2

3. J65：3

4. J65：4

5. J65：5

6. J65：6

彩版四五　东周水井 J65 出土双耳黑陶罐

1. J37

2. J38

彩版四六　宋代水井 J37、J38

1.青瓷碗（J37：4）

2.黄釉瓷盂（J38：2）

3.釉陶执壶（J38：1）

彩版四七　宋代水井 J37、J38 出土器物

1.水井 J41

2.水井 J58

彩版四八　宋代水井 J41、J58

1.铜笄（J41：5）

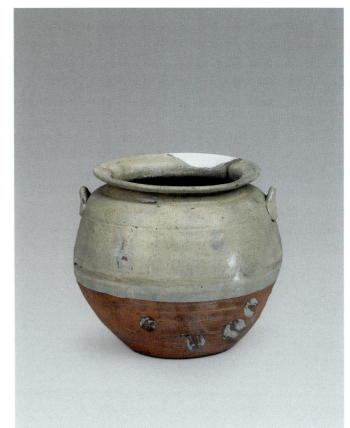

2.豆青釉双耳瓷罐（J41：9）

3.白釉瓷碗（J41：6）

4.釉陶壶（J58：4）

彩版四九　宋代水井 J41、J58 出土器物

1. M34 全景

2. M43 全景

彩版五〇　马家浜文化墓葬 M34、M43

1.C型Ⅱ式豆（M34：1）

4.鼎（M34：3）

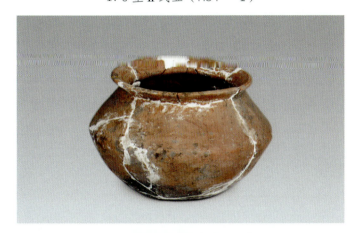

2.罐（M34：2）

3.红陶碗（M43：1）

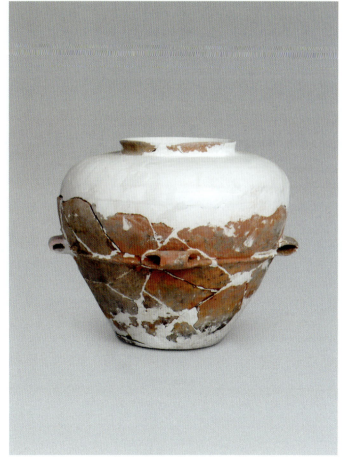

5.红陶罐（M43：2）

彩版五一　马家浜文化墓葬 M34、M43 出土陶器

1. M72 全景

2.红陶钵（M72：1）

彩版五二　马家浜文化墓葬 M72 与出土器物

1. M73 全景

2. M73 头部象牙梳

彩版五三　马家浜文化墓葬 M73

1. M74 全景

2. 陶盆（M74：1）

3. 石锛（M74：2）

彩版五四　马家浜文化墓葬 M74 与出土器物

1. M77 全景

2. 清理场景

3. 骨盆处嵌一石锛

4. 石锛（M77：2）

彩版五五　马家浜文化墓葬 M77 与出土器物

1. M82

2. M83

3. M84

彩版五六　马家浜文化墓葬 M82、M83、M84

1. M86

2. M87

彩版五七　马家浜文化墓葬 M86、M87

1.豆盘（M86：1）

2.器盖（M86：2）

3.豆盘（M87：1）

4.纺轮（M87：3）

彩版五八　马家浜文化墓葬 M86、M87 出土陶器

1.崧泽文化墓葬分布图（由南向北）

2.崧泽文化墓葬 M3

彩版五九　崧泽文化墓葬分布图及 M3

1.全景

2.墓主人头部

彩版六〇　崧泽文化墓葬 M5

1.陶盉（M5：1）

2.陶釜（M5：2）

3.陶罐（M5：3）

4.陶罐（M5：4）

5.石纺轮（M5：5）

6.陶罐（M5：6）

彩版六一　崧泽文化墓葬 M5 出土器物

1.骨笄（M5：7）

2.陶罐（M5：8）

3.陶豆（M5：9）

4.陶豆（M5：10）

5.陶罐（M5：11）

6.陶鼎（M5：13）

彩版六二　崧泽文化墓葬 M5 出土器物

98KCM6

彩版六三　崧泽文化墓葬 M6

1.陶三足罐（M6：1）

2.玉玦（M6：2、13）

3.穿孔石斧（M6：3）

4.陶豆（M6：5）

5.陶盆（M6：6）

彩版六四　崧泽文化墓葬 M6 出土器物

1.陶釜（M6：7）

2.陶豆（M6：8）

3.陶罐（M6：9）

4.陶鼎（M6：10）

5.石锛（M6：11）

6.陶纺轮（M6：12）

彩版六五　崧泽文化墓葬 M6 出土器物

1.罐（M7：1）

2.罐（M7：2）

3.鼎（M7：3）

4.豆（M7：4）

5.盆（M7：6）

6.罐（M7：7）

彩版六六　崧泽文化墓葬 M7 出土陶器

1.甑（M7：8）

4.鼎（M7：12）

2.豆（M7：9）

3.壶（M7：10）

5.盉（M7：11）

彩版六七　崧泽文化墓葬 M7 出土陶器

彩版六八　崧泽文化墓葬 M8

1.鼎（M8：1）

2.罐（M8：2）

3.豆（M8：3）

4.罐（M8：4）

5.豆（M8：5）

6.豆（M8：6）

彩版六九　崧泽文化墓葬 M8 出土陶器

彩版七〇　崧泽文化墓葬 M10

1.陶罐（M10：1）

2.陶罐（M10：2）

3.陶罐（M10：3）

4.陶罐底部纹饰（M10：3）

5.玉璜（M10：4）

彩版七一　崧泽文化墓葬 M10 出土器物

1.罐（M10：5）

2.豆（M10：6）

3.甑（M10：7）

4.盉（M10：8）

5.豆（M10：10）

6.匜（M10：11）

彩版七二　崧泽文化墓葬 M10 出土陶器

1.陶豆（M11：1）

2.陶鼎（M11：2）

3.玉璜（M11：3）

4.陶豆（M11：4）

彩版七三　崧泽文化墓葬 M11 出土器物

1.盆（M11：6）

2.罐（M11：7）

3.罐（M11：8）

4.盉（M11：9）

彩版七四　崧泽文化墓葬 M11 出土陶器

1.全景

2.陶罐（M14：1）

3.陶豆（M14：3）

4.玉璜（M14：4）

彩版七五　崧泽文化墓葬 M14 出土器物

彩版七六　崧泽文化墓葬 M16

1.陶鼎（M16：1）

2.A型Ⅰ式豆（M16：5）

3.陶罐（M16：6）

4.陶鼎（M16：7）

5.陶甑（M16：8）

6.陶豆（M16：9）

彩版七七　崧泽文化墓葬 M16 出土陶器

98KCM17

彩版七八　崧泽文化墓葬 M17

1.豆（M17：1）

2.盉（M17：2）

3.A型Ⅱ式罐（M17：3）

4.豆（M17：4）

彩版七九　崧泽文化墓葬 M17 出土陶器

1.鼎（M17：5）

2.豆（M17：6）

3.罐（M17：7）

4.壶（M17：8）

5.甑（M17：9）

彩版八〇　崧泽文化墓葬 M17 出土陶器

1. 全景

2. 头部随葬器物

彩版八一　崧泽文化墓葬 M19

1.石锛（M19：1）

4.玉璜（M19：4）

2.陶纺轮（M19：3）

3.陶豆（M19：5）

5.陶罐（M19：6）

彩版八二　崧泽文化墓葬 M19 出土器物

1.石锛（M19：7）

2.陶盉（M19：8）

3.陶鼎（M19：9）

4.陶豆（M19：10）

5.陶罐（M19：11）

彩版八三　崧泽文化墓葬 M19 出土器物

1. M23 全景

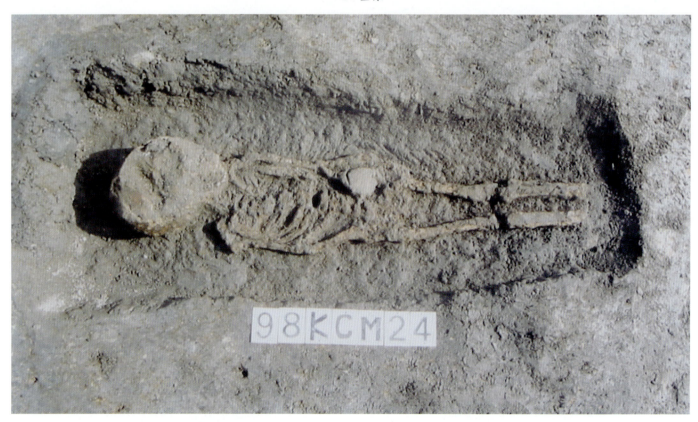

2. M24 全景

彩版八四　崧泽文化墓葬 M23、M24

1.豆（M26：1）

2.罐（M26：2）

3.罐（M26：3）

4.罐（M26：4）

5.罐（M26：5）

6.鼎（M26：9）

彩版八五　崧泽文化墓葬 M26 出土陶器

1.玉耳坠（M30：1）

2.陶罐（M30：2）

3.玉耳坠（M30：3）

4.陶豆（30：4）

5.陶罐（M30：5）

6.陶豆（M30：6）

彩版八六　崧泽文化墓葬 M30 出土器物

彩版八七　崧泽文化墓葬 M31

1.陶豆（M31：1）

2.陶壶（M31：2）

3.陶盉（31：3）

4.石锛（M31：4）

彩版八八　崧泽文化墓葬 M31 出土器物

1.陶豆（M31：5）

2.石斧（M31：6）

3.陶釜（M31：7）

4.陶鼎（M31：8）

5.陶罐（M31：9）

6.陶豆（M31：10）

彩版八九　崧泽文化墓葬 M31 出土器物

1. M32 全景

2.石锛（M32：5）

3.石锛（M32：7）

4.石钺（M32：6）

彩版九〇　崧泽文化墓葬 M32 及出土石器

1.罐（M32：1）

2.罐（M32：2）

3.罐（M32：3）

4.杯（M32：4）

彩版九一　崧泽文化墓葬 M32 出土陶器

1.石锛（M32：8）　　　　2.石锛（M32：9）　　　　3.陶豆（M32：10）

4.陶豆（M32：11）　　　　　　　5.陶鼎（M32：12）

6.陶盉（M32：13）　　　　　　　7.陶豆（M32：14）

彩版九二　崧泽文化墓葬 M32 出土器物

1. M33 全景

2. 陶豆（M33：1）

3. 玉璜（M33：2）

4. 陶釜（M33：3）

5. 陶罐（M33：4）

彩版九三　崧泽文化墓葬 M33 与出土器物

99KCM35

彩版九四　崧泽文化墓葬 M35

1.陶盉（M35：1）

2.玉饰件（M35：4）

3.陶豆（M35：2）

4.陶釜（M35：3）

彩版九五　崧泽文化墓葬 M35 出土器物

1.豆（M35：5）

3.鼎（M35：7）

4.甑（M35：8）

2.鼎（M35：6）

5.壶（M35：9）

彩版九六　崧泽文化墓葬 M35 出土陶器

1.玉琮

2.玉琮局部纹饰

彩版九七　绰墩遗址出土的良渚文化玉琮

彩版九八　良渚文化墓葬 M66（由北向南）

1. M66：1

2. M66：2

3. M66：3

4. M66：5

5. M66：6

6. M66：11

彩版九九　良渚文化墓葬 M66 出土石斧

1.双鼻壶（M66：4）

2.双鼻壶（M66：7）

3.鼎（M66：8-2）

4.器盖（M66：8-1）

5.器盖（M66：9-1）

6.鼎（M66：9-2）

7.簋（M66：10）

彩版一〇〇　良渚文化墓葬 M66 出土陶器

1.全景

2.锛（M70：3）

3.锛（M70：4）

彩版一〇一　良渚文化墓葬 M70 及出土石锛

1. M70：1　　　　　　2. M70：2　　　　　　3. M70：5

4. M70：6　　　　　　5. M70：7　　　　　　6. M70：8

彩版一〇二　良渚文化墓葬 M70 出土石镞

1.全景

2."天"字砖

3."天子问什"砖

4."调"字砖

彩版一〇三　唐代墓葬 M49 与文字墓砖

1. A型Ⅲ式釜（T0701⑥：1）

2. A型Ⅳ式釜（T0603⑥：9）

3. A型Ⅱ式豆（T6502⑦：3）

4. A型Ⅲ式豆（T6302⑦：3）

5. B型Ⅰ式豆（T6402⑨：1）

6. B型Ⅲ式豆（T6302⑦：4）

彩版一〇四　马家浜文化陶器

1. A型Ⅰ式盆（T0703⑥：1）

2. A型Ⅱ式盆（T6403⑥：4）

3. B型Ⅱ式盆（T6302⑨：3）

4. A型罐（T0603⑥：10）

5. B型Ⅱ式钵（T6301⑨：1）

6. B型器盖（H119：3）

彩版一〇五　马家浜文化陶器

1.陶甑（H124：1）

2.陶炉垫（T6403⑥：5）

3.A型Ⅰ式石锛（T6503⑧：4）

4.A型Ⅱ式石锛（T6502⑦：2）

5.A型Ⅲ式石锛（T6402⑥：2）

6.A型Ⅲ式石锛（T6301⑥：1）

7.B型Ⅰ式石锛（T6503⑧：2）

8.B型Ⅲ式石锛（T6402⑥：1）

彩版一〇六　马家浜文化器物

1.石纺轮（T0603⑤：6）

2.石镞（T6301⑨：4）

3.A型骨镞（S38：1）

4.B型骨镞（S2：1）

5.B型骨镞（T4205⑥：1）

彩版一○七　马家浜文化器物

1. A型I式豆（H18：1）

2. B型Ⅳ式豆（F2：4）

3. D型陶豆（F11②：9）

4. A型Ⅲ式盘（T2604⑤：3）

5. A型I式簋（H168：7）

6. A型Ⅱ式簋（H168：6）

彩版一〇八　良渚文化陶器

1. A型Ⅰ式双鼻壶（F11②：8）

2. A型Ⅱ式双鼻壶（J16：2）

3. B型Ⅰ式双鼻壶（J16：3）

4. 圈足壶（H15：3）

5. 澄滤器（T0603③：3）

6. 提梁壶（H72：2）

彩版一一一　良渚文化陶器

1.鬶（CH-1②：6）

2.瓶（H172：1）

3.Ⅱ式瓮（H168：1）

4.Ⅲ式瓮（H164：1）

彩版一一二　良渚文化陶器

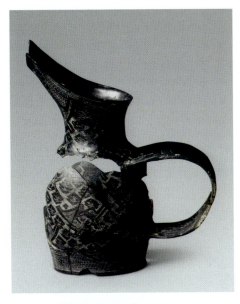

1.宽把杯（F11②：5）

4.宽把杯沿面上刻纹

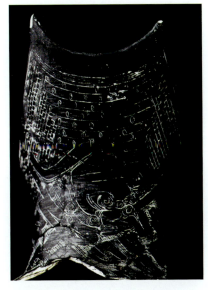

2.宽把杯沿下与颈部纹饰

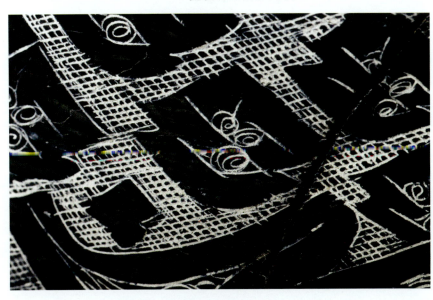

5.宽把杯腹部纹饰

3.宽把杯身上纹饰

6.宽把杯颈部纹饰

彩版一一三　良渚文化房址 F11 出土 A 型 I 式陶杯（F11②：5）

1. A型Ⅲ式杯（T2604④：2）

2. B型Ⅱ式杯（CH-1①：5）

3. B型Ⅳ式杯（H165：3）

4. A型Ⅱ式器盖（H168：4）

5. B型器盖（F11②：4）

彩版一一四　良渚文化陶器

1. Ⅰ式（T2803⑤：4）

2. Ⅱ式（T2604④：4）

3. Ⅱ式（T2504④：1）

彩版一一五　良渚文化陶纺轮

1. A型斧（T0404②：2）

2. 斧（T4206⑤：2）

3. B型耘田器（T2604④：1）

4. A型无段石锛（T2504④：2）

5. B型无段石锛（T2604④：6）

彩版一一六　良渚文化石器

1. A型Ⅰ式石镞（T2803⑤：13）

2. A型Ⅱ式镞（T2603⑤：2）

3. A型Ⅱ式镞（T2603④：3）

4. B型镞（T2603④：1）

5. Ⅰ式标（CH-1④：3）

6. Ⅱ式标（T2603⑤：12）

彩版一一七　良渚文化石器

1. A型有段锛（T4206⑤：1）

2. A型有段锛（T2604④：12）

3. B型有段锛（T2803⑤：8）

4. A型Ⅱ式凿（H165：7）

5. B型凿（T2504④：7）

6. C型Ⅰ式凿（T2804⑤：6）

7. C型Ⅱ式凿（T2503④：3）

彩版一一八　良渚文化石器

1.锤（T2803⑤：3）

3.B型Ⅰ式刀（T2603⑤：5）

4.B型Ⅱ式刀（T2403④：2）

2.刮削器（H165：6）

5.刮削器（H165：5）

彩版一一九　良渚文化石器

1. B 型石斧（T2603⑤：13）　　　　　　　　2. B 型石斧（T2803⑤：12）

3. C 型直柄石刀（G11：2）　　　　　　　　4. C 型直柄石刀（T2603⑤：1）

5. 骨镞（H172：4）　　　　　　　　　6. 漆木杯（F11②：7）

彩版一二〇　　良渚文化器物

彩版一二一　河道内出土的良渚文化大木块

1. A型I式釜（G3：1）

2. B型I式釜（T2904 ⑤：20）

3. B型II式釜（J14：1）

4. B型III式釜（J47：2）

5. A型I式鼎（T2904 ⑤：54）

6. 甗（H36：7）

彩版一二二　马桥文化陶器

1. I 式瓮（T3002④：3）

2. II 型瓮（H75：4）

3. A 型 I 式凹圜底罐（H133：8）

4. A 型 II 式凹圜底罐（H86：3）

5. B 型 I 凹圜底罐（H136：3）

6. B 型 II 凹圜底罐（J59：1）

彩版一二三　马桥文化陶器

1. B型Ⅲ式（J46：1）

2. C型Ⅰ式（H136：1）

3. D型Ⅰ式（H135：1）

4. D型Ⅰ式（H133：11）

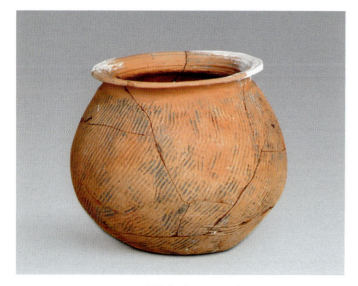

5. D型Ⅱ式（J59：2）

6. D型Ⅲ式（H69：7）

彩版一二四　马桥文化陶凹圜底罐

1. D型Ⅲ式（H69：1）

2. D型Ⅳ式（H69：3）

3. E型Ⅰ式（J35：2）

4. E型Ⅱ式（H69：10）

5. F型Ⅰ式（H136：8）

6. F型Ⅰ式（H136：7）

彩版一二五　马桥文化陶凹圜底罐

1.F型Ⅱ式陶凹圜底罐（T2904④：20）

2.G型陶凹圜底罐（J30：3）

3.双耳罐（J61：1）

4.三足罐（H136：5）

5.A型Ⅰ式凹底盆（T2904⑤：15）

6.A型Ⅱ式凹底盆（T2904④：6）

彩版一二六　马桥文化陶器

1. B型Ⅰ式凹底盆（H133：3）

2. 圜底盆（H84：1）

3. A型Ⅰ式（T2904⑤：3）

4. A型Ⅱ式（H75：5）

5. A型Ⅲ式（H74：1）

6. B型Ⅰ式（T2904④：1）

彩版一二七　马桥文化陶器

1. C型Ⅲ式豆（T6301⑤A：3）

2. A型Ⅰ式豆形簋（T2904⑤：48）

3. A型Ⅱ式豆形簋（T2603②：7）

4. B型Ⅱ式豆形簋（H85：3）

彩版一二八　马桥文化陶器

1. I 式罐形簋（H136：2）

2. III 式罐形簋（H75：2）

3. IV 式罐形簋（J34：4）

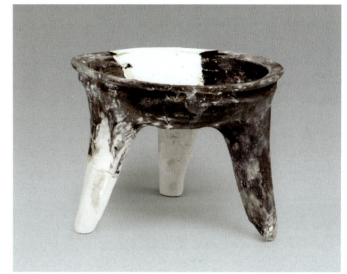

4. II 式三足盘（H133：1）

彩版一二九　马桥文化陶器

1. B型三足盘（H84：3）

2. A型Ⅰ式钵（T2904⑤：49）

3. A型Ⅲ式钵（J34：3）

4. 盉（H35：1）

彩版一三〇　马桥文化陶器

1. 拍（T2904⑤：31）

2. 支座（T6301⑤A：4）

3. A型Ⅰ式纺轮（T2904⑤：24）

4. A型Ⅰ式纺轮（T2904⑤：25）

5. B型Ⅰ式纺轮（T2904⑤：44）

6. B型Ⅱ式纺轮（T2904④：4）

彩版一三一　马桥文化陶器

1. A 型 I 式（T2904 ⑤：27）

2. A 型 II 式（H39：3）

3. A 型 III 式（H39：2）

4. A 型 III 式（J47：1）

5. C 型（H41：2）

6. C 型（H95：1）

彩版一三二　马桥文化半月形石刀

1. A型Ⅰ式镞（H37∶1）

2. A型Ⅱ式镞（H85∶1）

3. A型Ⅱ式镞（H69∶9）

4. B型Ⅰ式镞（T2904⑤∶43）

5. B型Ⅱ式镞（H90∶1）

6. 圆锥形工具（T2904⑤∶17）

7. A型Ⅲ式斧（H69∶12）

8. C型斧（H84∶5）

彩版一三三　马桥文化石器

1. A 型 I 式（H136：4）

2. A 型 II 式（H133：5）

3. B 型 I 式（H133：6）

彩版一三四　马桥文化原始瓷罐

1. A型I式双耳罐（H151：9）

2. A型II式双耳罐（J27：1）

3. C型I式双耳罐（H151：11）

4. B型瓮（J5：2）

彩版一三五　东周时期陶器

1. Ⅰ式（T2904③：10）

2. Ⅱ式（H22②：5）

3. Ⅲ式（H22②：7）

4. Ⅳ式（H22①：6）

彩版一三六　东周时期 A 型陶豆

1. A型I式三足盘（T2904③：14）

2. B型I式三足盘（H22①：7）

3. B型III式三足盘（J8：1）

4. A型鼎（H22②：9）

5. B型鼎（H151：1）

彩版一三七　东周时期陶器

1. A型陶网坠（T2904③：6）

2. C型陶网坠（T2904③：19）

3. D型陶网坠（H96：1）

4. 石锛（H151：5）

5. 铜镞（H47：3）

彩版一三八　东周时期器物

1. Ⅰ式釉陶瓶（J80：1）

2. Ⅱ式釉陶瓶（J79：1）

3. Ⅲ式釉陶瓶（T6401②：1）

4. 釉陶执壶（J79：6）

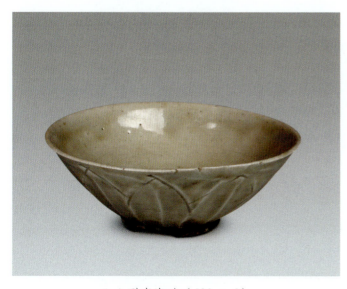

5. A型青瓷碗（J80：6）

6. 青白釉高足杯（河道②：1）

彩版一三九　唐宋时期器物

1.金簪（J78：1）

2.黄铜工具（J78：3）

彩版一四〇　唐宋时期器物